Das taiwanesische Regulierungsrecht im Telekommunikationssektor im Vergleich mit dem deutschen Recht

Veröffentlichungen des Instituts für Energie- und Regulierungsrecht Berlin
Herausgegeben von Franz Jürgen Säcker und Jochen Mohr

Band 74

PETER LANG

Chia-Yang Lin

Das taiwanesische Regulierungsrecht im Telekommunikationssektor im Vergleich mit dem deutschen Recht

Ein Rechtsvergleich unter rechtspolitischem Aspekt

Bibliografische Information der Deutschen Nationalbibliothek
Die Deutsche Nationalbibliothek verzeichnet diese Publikation in der Deutschen Nationalbibliografie; detaillierte bibliografische Daten sind im Internet über http://dnb.d-nb.de abrufbar.

Zugl.: Berlin, Freie Univ., Diss., 2020.

D 188
ISSN 2363-684X
ISBN 978-3-631-84668-1 (Print)
E-ISBN 978-3-631-84854-8 (E-PDF)
E-ISBN 978-3-631-84855-5 (EPUB)
E-ISBN 978-3-631-84856-2 (MOBI)
DOI 10.3726/b18096

Peter Lang – Berlin · Bern · Bruxelles · New York · Oxford · Warszawa · Wien

Diese Publikation wurde begutachtet.

www.peterlang.com

Meinen Familien

Vorwort

Die vorliegende Arbeit ist im Sommersemester 2020 vom Fachbereich Rechtswissenschaft der Freien Universität Berlin als Dissertation angenommen worden. Literatur und Rechtsstatut in Taiwan werden bis zum Juni 2019 berücksichtigt, so dass die folgende (bislang noch nicht in Kraft getretene) Änderung des taiwanesischen Telekommunikationsgesetzes im Sommer 2019 nicht zum Ausdruck gebracht werden konnte. Trotzdem hat der Inhalt über die Änderungsvorschläge in diesem Werk (Teil 3 Kap. E) auf diese Novellierung des taiwanesischen Telekommunikationsrechts im Jahr 2019 bereits ausreichend hingewiesen.

Mein Dank gilt meinem Doktorvater Professor Dr. iur Dr. rer. pol. Dr. h.c. Franz Jürgen Säcker. Durch seine Anregungen und mir gewährten Freiräume bei der Erstellung dieser Arbeit hat er zu ihrem Gelingen beigetragen. Die Zeit bei ihm war zudem zweifellos für mich fachlich eine große Bereicherung. Gleichfalls möchte ich Herrn Prof. Dr. iur. Andreas Engert für die Erstellung des Zweitgutachtens und die praktischen Hinweise für meine Dissertation danken. Außerdem danke ich Prof. Dr. iur. Shin-Min Chen und Prof. Dr. Shih-Tung Chuang, die mich immer motivieren konnten und für mich gute Bedingungen geschaffen haben, in Deutschland zu promovieren.

Dank meiner Kolleginnen und Kollegen und meiner Berliner Freundinnen und Freunde – ein besonderer Dank gilt hier Herrn Alexander Kohl und Frau Karin Kohl – ist die Zeit in Berlin eine ganz besonders schöne Zeit für mich gewesen, die ich in guter Erinnerung behalten werde.

Zu guter Letzt danke ich meinen Eltern, Geschwistern und meiner Freundin Pershia Huang für die mir gewährte Unterstützung. Meine Eltern haben in vielerlei Hinsicht das Umfeld dafür geschaffen, dass ich meine Promotion in Berlin erfolgreich absolvieren konnte. Meine Freundin zeigte großes Verständnis dafür, dass sie wegen meines Studiums im Ausland viele Jahre ohne mich verbringen musste. Ohne ihre Unterstützung hätte ich das Leben in Berlin gar nicht aushalten können.

Berlin und Taipei, im Dez. 2020. Chia-Yang Lin

Inhaltsverzeichnis

Abkürzungsverzeichnis

1KTU	Erstklassiges Telekommunikationsunternehmen
2KTU	Zweitklassiges Telekommunikationsunternehmen
2KTULaV	*Verwaltungsvorschrift für den Lizenzantrag des 2KTU* (Taiwan)
2KTUVO	*Verordnung für zweitklassiges Telekommunikationsunternehmen* (Taiwan)
ABl.	Amtsblatt
Abs.	Absatz
AEUV	*Vertrag über die Arbeitsweise der Europäischen Union*
a. F.	alte Fassung
AfP	*Zeitschrift für Medien- und Kommunikationsrecht*
AG	Aktiengesellschaft
AGB	Allgemeine Geschäftsbedingungen
AöR	*Archiv für öffentliches Recht* (Zeitschrift)
ARegV	Anreizregulierungsverordnung
Art.	Artikel
Aufl.	Auflage
Az.	Aktenzeichen
Bd.	Band
Beil.	Beilage
BEREC	Body for European Regulators for electronic Communications
BGB	*Bürgerliches Gesetzbuch*
BK	Beschlusskammer
BKartA	*Bundeskartellamt*
BNetzA	*Bundesnetzagentur*
BT-Drs.	*Bundestagsdrucksache*
BVerfG	*Bundesverfassungsgericht*
BVerfGE	*Entscheidungssammlung des Bundesverfassungsgerichts*
BVerwG	*Bundesverwaltungsgericht*
BVerwGE	*Entscheidungssammlung des Bundesverwaltungsgerichts*
bzw.	beziehungsweise
CAPM	*Capital Asset Pricing Modell*
CHT	*Chung-Hwa Telecom*

CPP	Calling Party Pays
CPNP	Calling Party Network Pays
CR	*Computer und Recht*
ders.	derselbe
dies.	dieselbe
d. h.	das heißt
DeBGB	Bürgerliches Gesetzbuch (Deutschland)
DeTKG	*Telekommunikationsgesetz* (Deutschland)
DICE	Düsseldorf Institute for Competition Economics
DÖV	*Die öffentliche Verwaltung*
DSL	Digital Subscriber Line
DSLAM	Digital Subscriber Line Access Multiplexer
DTAG	*Deutsche Telekom Aktiengesellschaft*
DVBl.	*Deutsches Verwaltungsblatt*
EG	*Europäische Gemeinschaft*
Einl.	Einleitung
EntRVO	*Verordnung zur Entgeltregulierung des erstklassigen Telekommunikationsunternehmens* (Taiwan)
EnWG	*Energiewirtschaftsgesetz*
et al.	*et alii*
EU	*Europäische Union*
EuG	*Gericht der Europäischen Union*
EuGH	*Gerichtshof der Europäischen Union*
f.	folgende
ff.	fortfolgende
FCA	*Fundamental Communications Act* (Taiwan)
FCC	*Federal Communications Commission* (USA)
FKVO	*Verordnung (EG) Nr. 139/2004 des Rates über die Kontrolle von Unternehmenszusammenschlüsse*
Fn.	Fußnote
FS	Festschrift
FTA	*Fair Trade Act* (Taiwan)
FTC	*Fair Trade Committee* (Taiwan)
FTdVO	*Verordnung zum fairen Terminierungsdienst* (Taiwan)
FTTB	Fiber to The Building
FTTH	Fiber to The Home
GATT	The General Agreement on Tariffs and Trade

GenehmigungsRL	Richtlinie 2002/20/EG des Europäischen Parlaments und Rates vom 7. März 2002 über die Genehmigung elektronischer Kommunikationsnetze und -dienste.
GewArch	*Gewerbearchiv* (Zeitschrift)
GewO	*Gewerbeordnung*
GG	*Grundgesetz der Bundesrepublik Deutschland*
ggf.	gegebenenfalls
GH-Bek.	*Bekanntmachung für die zum Großhandelspreis anzubietenden Produkte* (Taiwan)
GSM	*Global System for Mobile Communications*
GVwR	*Grundlagen des Verwaltungsrechts*
GWB	*Gesetz gegen Wettbewerbsbeschränkungen*
Hb.	Halbsatz
HbStR	Handbuch des Staatsrechts
h. M.	herrschende Meinung
Hrsg.	Herausgeber
i. d. F.	in der Fassung
IEEE	Institute of electronical and electronics Engineers
IMT	International Mobile Communications
insb.	insbesondere
i. R. d.	im Rahmen des(-r)
ISO/OSI	International Organization for Standardization/ Open Systems Interconnection Model
i. S. v.	im Sinne von
ISP	Internetzugangsanbieter
i. V. m.	in Verbindung mit
IXP	Internet Exchange Point
JuHACT	The Judgement of the Administrative Court of Taipei (Taiwan)
JuS	Juristische Schulung
JuSAC	The Judgement of the Supreme Administrative Court (Taiwan)
JZ	*Juristenzeitung* (Zeitschrift)
K&R	*Kommunikation und Recht* (Zeitschrift)
Kap.	Kapitel
KeL	Kosten der effizienten Leistungsbereitstellung
Komm.	Kommentar

litt.	*littera*
LizenzRL	Richtlinie 97/13/EG des Europäischen Parlament und des Rates vom 10. April 1997 über einen gemeinsamen Rahmen für Allgemein- und Einzelgenehmigungen für Telekommunikationsdienste.
LRIC	Long-Run Average Incremental Cost
LTE	Long Term Evolution
LY-Drs.	*Drucksache des Legislative Yuan* (Taiwan)
MMR	*MultiMedia und Recht* (Zeitschrift)
MOTC	*Ministry of Transportation and Communications* (Taiwan)
N&R	*Netzwirtschaften und Recht* (Zeitschrift)
NCC	*National Communication Committee* (Taiwan)
NJW	*Neue Juristische Wochenschrift* (Zeitschrift)
Nr.	Nummer
NVwZ	*Neue Zeitschrift für Verwaltungsrecht*
OECD	*Organization for Economic Co-operation and Development*
ORDO	Jahrbuch für die Ordnung von Wirtschaft und Gesellschaft (Zeitschrift)
PKS	Preis-Kosten-Schere
PSTN	Public Switched Telephone Network
RahmenRL	Richtlinie 2002/21/EG des europäischen Parlaments und Rates vom 7. März 2002 über einen gemeinsamen Rechtsrahmen für elektronischer Kommunikationsnetze und -dienste.
RdE	*Recht der Energiewirtschaft* (Zeitschrift)
RmL	*Leitlinie der Rechnungsmethode und bezügliche Arbeitsweise erstklassiger Telekommunikationsunternehmen* (Taiwan)
RL	Richtlinie
Rn.	Randnummer
Rs.	Rechtssache
S.	Satz; Seite
Slg.	Sammlung
SMP	significant market power
sog.	sogenannte
TAL	Teilnehmeranschlussleitung
TdFVO	*Verordnung zum Telekommunikationsdienst mittels des Festnetzes* (Taiwan)
TELRIC	Total Element Long-Run Average Incremental Cost

TSLRIC	Total Service Long-Run Average Incremental Cost
TKG	Telekommunikationsgesetz
TwTKG	*Telekommunikationsgesetz* (Taiwan)
TwVG	*Verfassungsgesetz* (Taiwan)
v.	von
Var.	Variante
VerfA	*Auslegung des Verfassungsrichters am Justiz Yuan* (Taiwan)
VerwArch	*Verwaltungsarchiv* (Zeitschrift)
VG	Volksgericht
Vgl.	Vergleiche
VO	Verordnung
VoIP	Voice over IP
VVDStRL	*Veröffentlichungen der Vereinigung der deutschen Staatsrechtslehre*
u. a.	unter anderem
usw.	und so weiter
ÜT-Bek.	*Bekanntmachung über das Überwachungsverhältnis zum Telekommunikationsunternehmen* (Taiwan)
WACC	*Weighted Average Cost of Capital*
WiMax	Worldwide Interoperability for Microwave Access
WiVerw	*Wirtschaft und Verwaltung* (Zeitschrift)
WuW	*Wirtschaft und Wettbewerb* (Zeitschrift)
ZHR	*Zeitschrift für das gesamte Handelsrecht und Wirtschaftsrecht*
ZVO	*Verordnung zur Zusammenschaltung von Telekommunikationsunternehmen* (Taiwan)
z. B.	zum Beispiel
zit.	zitieren
Ziff.	Ziffer
ZNER	*Die Zeitschrift für Neues Energierecht* (Zeitschrift)
zw.	zwischen

Teil 1 Einleitung

A. Überblick über das taiwanesische Telekommunikationsrecht

I. Liberalisierungsprozess im Telekommunikationssektor

Die Bereit- und Sicherstellung der Telekommunikationsdienste wurden in Taiwan lange Zeit als eine vom Staat selbst zu erfüllende Aufgabe eingestuft[1]. Vor den 90er Jahren wurden Telekommunikationsdienstleistungen durch die Auslegung der Verfassungspraxis und -lehre als ein sachgerechter Bestandteil der Leistungsverwaltung oder Daseinsvorsorge angesehen, so dass die öffentlich-rechtliche Rechtfertigung für das staatliche Monopol festgestellt werden konnte[2]. Das staatliche Monopol im Bereich der Telekommunikation wurde genauso wie in anderen Staaten aus ökonomischen Gründen, die auf die Beständigkeit des natürlichen Monopols Bezug nahmen, für kostengünstiger als die Schaffung von telekommunikationsrelevanten Märkten mit mehreren Anbietern gehalten[3]. In dem taiwanesischen *Telekommunikationsgesetz* (TwTKG) i. d. F. 1958 wurde somit prinzipiell die staatliche Monopolisierung statuiert[4]. Dies hatte zur Folge,

1 Vgl. *Lin, S.-H.*, Soochow Journal of Political Science 18/3, S. 71 f.

2 Die von *Forsthoff* in seinem Aufsatz „Verwaltung als Leistungsträger" entwickelte Leistungsverwaltung, bei der es sich um den Rechtsbegriff „Daseinsvorsorge" handelt, wird grundsätzlich von der Verfassungspraxis und -lehre Taiwans eingeräumt. Die Sicherstellung der umfassenden und flächendeckenden Telekommunikationsdienstleistungen wird wie die Wasser-, Gas- sowie Elektrizitätsversorgung usw. von dem Volk aufgrund der Deckung eines „Appropriationsbedürfnisses" für eine staatliche Verantwortung gehalten, so dass der Staat selbst solche Leistungen erbringen muss. Vgl. VerfA Nr. 428, Begründung Rn. 1.; vgl. dazu näher *Chen, S.-M.*, Verwaltung als Leistungsträger, S. 55 f.; *Chan, C.-J.*, Daseinsvorsorge, S. 275 f. Zum Rechtscharakter von VerfA siehe folgende Fn. 31.

3 *Knieps*, Wettbewerbsökonomie, S. 21; *Lin, S.-H.*, Soochow Journal of Political Science 18/3, S. 85; *Lin, S.-G.*, Telekommunikative Regulierung, S. 15; *Wang, W.-Y.*, National Taiwan University Law Journal 29/4, S. 86, 102.

4 Dazu können §§ 3 i. V. m. 4 i. V. m. 27 TwTKG i. d. F. 1958 herangezogen werden. Die erste Vorschrift schrieb vor, das Telekommunikationsunternehmen, über das das *Ministry of Transportation and Communications* (MOTC) verfüge, müsse ein von der zentralen Regierung kontrollierter Monopolist sein. Die zweite Vorschrift hatte hingegen nur mit der Genehmigung der lokalen Regierungen den Betrieb des Rundfunks sowie Telefondienstes, dessen Netze lediglich in einer Gemeinde angelegt worden waren, zugelassen. Die Marktwirtschaft war zugleich gem. § 21 TwTKG i. d. F. 1958 so strikt beschränkt, dass die privaten Unternehmen überhaupt keine Entscheidungsfreiheit

dass der Staat statt mehrerer privater Unternehmen als einziger Dienstanbieter fungierte. Die zuständige Behörde für Telekommunikationsverwaltung und -dienstleistung in Taiwan, das *Ministry of Transportation and Communications* (MOTC) und die ihm untergeordnete *Hauptbehörde der Telekommunikation*[5], hatten somit über 50 Jahre lang zugleich die Doppelrolle als Aufsichtsamt und einziger Anbieter auf den Telekommunikationsmärkten gespielt[6]. Bis zur Privatisierung wurde das TwTKG nur einmal im Jahr 1977 geringfügig geändert und diese Änderung richtete sich lediglich auf die Konkretisierung sowie die Detailregelung von Einzelheiten, um die Leistungsfähigkeit des staatlichen Monopols zu verbessern[7].

Angesichts der ununterbrochenen Innovation der Telekommunikationstechnologien und der Tendenz zur Liberalisierung wie auch der Globalisierung im Telekommunikationssektor in den 90er Jahren schienen das staatliche Monopol und das nach den öffentlichen Dienstleistungen orientierte TwTKG a. F. nicht mehr im Einklang mit der technischen und wirtschaftlichen Entwicklung auf

---

bezogen auf die Preissetzung hatten, sondern unter übergreifender Kontrolle der zuständigen Behörde standen, also MOTC.

5 *Hauptbehörde der Telekommunikation* ist anhand der Organisationsform im *Organzational Act of Directorate Generals of Communications, Ministry of Transportation and Communications* (1943) keine echte öffentliche Gesellschaft, vielmehr eine öffentlich-rechtliche Behörde. Vgl. *Chan, C.-J.*, Academia Sinica Law Journal 1, S. 19. Daneben sollte sie zwar ein wirkliches Institut für die Erbringung der Telekommunikationsdienste sein, sie stand aber gem. § 3 TwTKG 1958 unter Kontrolle vom MOTC. Die Aufgabensteilung zw. beiden Organen wurde gem. § 10 TwTKG 1977 weiterhin dahingehend bestimmt, dass das Erste Organ für die Aufsicht und das Zweite hingegen für die Bereitstellung der Leistung zuständig ist. Vgl. dazu *Liu, S.-L.*, Umformung der Regulierungsbehörde, S. 246 f. Es ist jedoch zu beachten, dass die *Hauptbehörde der Telekommunikation* trotz des Wortlauts im geltenden TwTKG heutzutage nicht mehr besteht, da sie schon durch die formelle und materiale Privatisierung 1996 in *Chung-Hwa Telecom AG* umformiert worden war. Dementsprechend ist das *National Communication Committee* (NCC) statt der alten Aufsichtsbehörde, also MOTC, errichtet worden. Das NCC hat keine Befugnis zur Erbringung der Dienstleistung und ist auch nicht berechtigt, jegliches private oder öffentliche Unternehmen zu kontrollieren. Dazu wird das NCC als unabhängige Regulierungsbehörde formuliert. Siehe dazu unter Fn. 19.

6 *Lin, S.-G.*, Telekommunikative Regulierung, S. 145 f.

7 Die Kompetenz für die Preiskontrolle des MOTC war beispielsweise im TwTKG i. d. F. 1977 nach wie vor geblieben.

telekommunikationsrelevanten Märkten zu stehen[8]. Der Telekommunikationsdienst sollte grundsätzlich durch Wettbewerb erbracht werden. Dazu musste der Markt jedoch zuerst für den Wettbewerb geöffnet und das gesetzliche Monopol schrittweise abgeschafft werden, um einen funktionsfähigen Wettbewerb zu gewährleisten.[9] Als die Öffnung der Dienstleistungsmärkte, zu denen auch Dienstleistungen im Telekommunikationssektor gehörten, im Jahr 1986 zu einer Anforderung i. R. d. *The General Agreement on Tariffs and Trade* (GATT) geworden war, entschied die taiwanesische Regierung im Jahr 1988 unter internationalem Druck verbindlich so schnell wie möglich die Beitrittsvoraussetzungen eines GATT-(WTO-)Mitgliedes zu erfüllen, indem das gesetzliche Monopol und die Marktzutrittsschranken auf den taiwanesischen telekommunikationsrelevanten Märkten schrittweise aufgelöst werden sollten[10].

Die historische Entwicklung der Liberalisierung des Telekommunikationssektors in Taiwan kann in drei Phasen aufgeteilt werden. In Phase 1 (1987–1995) erfolgte die Auflösung von Erstellungs- und Absatzprivilegien im Endgerätebereich. Das Ziel lag darin, den Wettbewerb für Endgeräte zu schaffen. Darüber hinaus wurden die telekommunikationsgestützten Dienste teilweise freigegeben[11]. Der Gesetzesentwurf zur ersten Novellierung des TwTKG war auf die Deregulierung und Förderung der Telekommunikationsinfrastruktur gerichtet und im Jahr 1992 in Kraft getreten. Er war jedoch viel Kritik ausgesetzt, da Vorgaben für ein staatliches Monopol im Entwurf noch nicht abgeändert und die Marktzutrittsschranken für Telekommunikationsdienste sowie telekommunikationsunterstützte Dienste nicht herabsenkt wurden[12]. Solch ein dem Liberalisierungstrend zuwiderlaufender Gesetzesänderungsplan wurde daher eingestellt.

Bei Phase 2 (1996–1998) handelte es sich um die Umstrukturierung der *Hauptbehörde der Telekommunikation* und die funktionelle Trennung zw. dem hoheitlichen Bereich und dem Dienstbereich der *Hauptbehörde der Telekommunikation*. Die sog. formelle und funktionelle Privatisierung im Telekommunikationssektor wurde durch den Erlass von „Drei Gesetzen zu den die

---

8 *Wang, W.-Y.*, National Taiwan University Law Journal 29/4, S. 107 f.; *Chuang, Y.-F./Liu, C.-J.*, Socioeconomic Law and Institution Review 28, S. 40.

9 *Liu, K.-C./He, C.-J./Hsueh, C.-W.*, Fair Trade Quarterly 20/1, S. 55 f.; *Liu, S.-F.*, Academia Sinica Law Journal 2, S. 62 f.

10 *MOTC*, Weißbuch, S. 1; *Lin, S.-H.*, Soochow Journal of Political Science 18/3, S. 86.

11 *MOTC*, Weißbuch, S. 2 f.; *Lin, S.-H.*, Soochow Journal of Political Science 18/3, S. 88 f.; *Lin, S.-G.*, Telekommunikative Regulierung, S. 135 f.

12 *Lin, S.-G.*, Telekommunikative Regulierung, S. 137.

Telekommunikationsdienste erbringenden Unternehmen"[13] durchgeführt. Dies zog nach sich, dass der die öffentlichen Aufgaben erfüllende Dienstanbieter, also die Hauptbehörde für Telekommunikation, schrittweise in eine Aktiengesellschaft (*Chung-Hwa Telecom AG*, CHT AG) transformiert und an die Börse geführt wurde[14]. Dies impliziert die tatsächliche Abschaffung des gesetzlichen Monopols. Nennenswert ist dabei die TKG-Novelle 1996, die sich an der Marktöffnung und dem Umbau des regulatorischen Regimes orientiert. In dieser Gesetzesrevision werden die Unternehmen, die öffentlich zugängliche Telekommunikationsdienste bzw. die telekommunikationsunterstützten Dienste anbieten, in eine erste und eine zweite Klasse unterteilt. Das erstklassige Telekommunikationsunternehmen (1KTU) ist gem. dem derzeitig noch geltenden § 11 Abs. 2 TwTKG das Unternehmen, das das öffentliche Telekommunikationsnetz einrichtet und zugleich Telekommunikationsdienste anbietet. Hingegen ist das zweitklassige Telekommunikationsunternehmen (2KTU) gem. § 11 Abs. 4 TwTKG dasjenige Unternehmen, das nicht zum 1KTU gehört. Diese

---

13 „Drei Gesetze über das die Telekommunikationsdienste erbringende Unternehmen" bestehen aus dem novellierten TwTKG und dem geänderten *Statute of Privatization of Government-owned Enterprises* sowie dem neu eingeführten *Gesetz zur Gründung der CHT AG*. Vgl. *Lin, S.-G.*, Telekommunikative Regulierung, S. 138. In Taiwan müssen die Gründung und die Änderung der öffentlichen Organisationen gem. § 5 Nr. 3 *Central Regulation Standard Act* in Form des Gesetzes verwirklicht werden. Das Verfahren der Privatisierung im Telekommunikationssektor stellte sich somit anders als die deutsche Postreform II dar, die teilweise durch die Änderung des Grundgesetzes, aber meistens gerade durch die Umformung der zuständigen Verwaltungsbehörden erfolgte. Dies bedeutet, dass die zentrale Regierung in Taiwan keine vollständige Organisationsgewalt hat. Vgl. dazu *Wu, G./Sheng, T.-L.*, Theorie und Praxis des Verwaltungsrechts, S. 83; *Chen, A.-E.*, Organisationsrecht, S. 39 f.

14 Gem. § 3 *Statute of Privatization of Government-owned Enterprises* ist ein Unternehmen dasjenige öffentliche Unternehmen, soweit in ihm allein von der Regierung interveniert wird oder die Regierung ihre Anteile, die über 50 % des Kapitals erreichen, erwirbt. Dieses Kriterium ist daher lediglich von dem formellen Eigentümer oder Betreiber abhängig und verkennt die Rechtsform seiner Organisation oder der Ausübung des Rechts auf Kontrolle oder Einfluss. Deshalb ist die Privatisierung i. S. v. einer Rechtsdefinition schon vollendet, wenn halbe Anteile am in Rede stehenden Unternehmen von privaten Personen erworben werden. Zur Kritik dazu siehe auch *Chen, A.-E.*, The Taiwan Law Review 36, S. 39 f.; *Chan, C.-J.*, Public-Private-Partnership, S. 14 f. Im Fall der Privatisierung der *Hauptbehörde für Telekommunikation* ergab sich das Problem auch gleich, da das MOTC zwar formell über nicht so viele Anteile an der CHT AG verfügte, konnte es aber durch besondere Anteile Einfluss auf die Aktivitäten der CHT AG ausüben. Vgl. *Liu, K.-C./He, C.- J./Hsueh, C.-W.*, Fair Trade Quarterly 20/1, S. 61.

Klassifikation dient der Schaffung einer Ungleichbehandlung hinsichtlich der Marktzutrittsvoraussetzungen und des Handlungsspielraums auf dem Markt.[15]

In Phase 3 (1999–2005) bezog sich die Reform im Telekommunikationsgesetz auf die Annäherung an die sektorspezifischen Wettbewerbsnormen[16]. Bei den Gesetzesänderungen 1999 und 2002 wurde das wettbewerbsorientierte Marktregulierungsregime eingeführt, durch das die Regierungsbehörde einem 1KTU die Verpflichtungen zur Zugangsgewährung und Entgeltgenehmigung auferlegen konnte. Zunächst war das Zusammenschaltungsregime (§ 16 TwTKG) bei der TwTKG-Novelle 1999 als primärer Regulierungs- und Schlichtungsmechanismus für zugangsrelevante Streitigkeiten zw. 1KTU angefügt, um kommunikative Interoperabilität zw. 1KTU sicherzustellen. Daneben wurde die Preisgenehmigungsklausel (§ 26 TwTKG) zugleich in das kostenbasierte Price-Cap-Verfahren umgewandelt. Nicht zu vernachlässigen ist auch, dass der asymmetrische Regulierungsgedanke (§ 26-1 TwTKG) sowie die Klausel zur Mitnutzung der Bottleneck-Einrichtung (§ 31 TwTKG) neu hinzugefügt wurden. Damit ist die Novellierung 1999 eine der größten Reformen in der Entstehungsgeschichte des TwTKG. Bei der TwTKG-Novelle 2002 handelt es sich um die Erweiterung des Anwendungsbereichs des Zusammenschaltungsregimes, so dass es im Fall der Zugangsbedürftigkeit vom 2KTU Anwendung findet (§ 16 Abs. 7 TwTKG). Über solche Marktregulierungsmaßnahmen hinaus wurden die Vorschriften über den weiteren Abbau der Marktzutrittsschranken, die strukturelle Separierung, das Verfahren vom Universaldienst sowie die Konkretisierung der Wegerechte statuiert oder erneuert. Daneben hat das MOTC in der Praxis mithilfe von Verwaltungsakten mehrere kommunikative Geschäfte zugelassen, damit mehrere Telekommunikationsdienste oder telekommunikationsgestützte Dienste im Wege des Marktmechanismus bereitgestellt werden können, unabhängig von der angewendeten Netzform. Durch eine derartige wettbewerbsorientierte Rechtsordnung im Telekommunikationssektor wurden vielfältige Telekommunikationsdienste mit niedrigerem Entgelt zugunsten der Verbraucher ermöglicht.[17]

---

15 *Lin, S.-G.*, Telekommunikative Regulierung, S. 138.

16 *Shyr, S.-H.*, Transformation der kommunikativen Sicherheit, S. 68 f. Diese Reform wird auch unter dem Schlagwort „Privatisierungsfolgenrecht" oder i. R. d. Gewährleistungsverantwortung diskutiert. Vgl. dazu *Chan, C.-J.*, Verpflichtungen zum Einfluss und zur Regulierung, S. 103 f.

17 *Lin, S.-G.*, Telekommunikative Regulierung, S. 139 f.

Die Marktentwicklung für verschiedene Telekommunikationsdienste in Taiwan kam somit nach dem dauerhaften Liberalisierungsverfahren zur Blüte[18].

Um der aus dem GATT abgeleiteten Anforderung zur Einrichtung einer unabhängigen Regulierungsagentur im Telekommunikationssektor zu entsprechen, hatte die vormals für die Telekommunikationsaufsicht zuständige Behörde (MOTC) der neu eingerichteten Regulierungsbehörde, *National Communication Committee* (NCC), im Jahr 2005 die Aufsichtskompetenz für das Telekommunikationswesen ausgehändigt[19]. Dazu traf das NCC im Jahr 2007 hinsichtlich der immer schnelleren Entwicklung digitaler Konvergenz und schwieriger Anwendbarkeit der gegenwärtigen telekommunikationsrelevanten Regulierungsmechanismen die Entscheidung, sich um einen effektiven Gesetzentwurf zur sektorspezifischen Regulierung zu bemühen. Ein alle wichtigen Regulierungsmaßnahmen im Rundfunk- und Telekommunikationssektor integrierender

18 Die Benutzungsrate für 2G – Mobilfunk im Jahr 2002 gelangt beispielsweise an die Spitze in der Welt. Vgl. *MOTC*, Weißbuch, S. 2–1–2.

19 *Lin, S.-G.*, Telekommunikative Regulierung, S. 146. *Liu, S.-F.*, Academia Sinica Law Journal 2, S. 223 f.; *Chan, C.-J.*, Verpflichtungen zum Einfluss und zur Regulierung, S. 141; *Liu, K.-C.*, Communication and Broadcast Law, S. 69. Das NCC ist anhand des Grundgedankens einer „unabhängigen Behörde" zu errichten, deren Urform sich wahrscheinlich aus der amerikanischen „Independent Regulatory Commission" ableitet. Die damalige Begriffsbestimmung einer unabhängigen Behörde war dennoch unklar, weil diese Organisationsform einerseits unvereinbar mit taiwanesischen Rechtsregimen war, andererseits fielen die Meinungen über ihr Rechtsverhältnis mit dem obersten Verwaltungsorgan, *Executive Yuan*, aus politischen Gründen im Gesetzgebungsprozess ganz divergent aus. Dies führte dazu, dass die Bestimmungen über die Reichweite der persönlichen Unabhängigkeit im *National Communications Commission Organization Act* a. F. in die Verfassungsfrage einbezogen worden war. Nach der VerfA Nr. 613 wird festgestellt, dass die Ernennungsweise, durch die alle Kommissionsmitglieder allein vom Parlament ohne Mitwirkung des Chefs von *Executive Yuan* erzeugt werden, aufgrund des Verstoßes gegen das Gewaltenteilungsprinzip und Prinzip der Einheit der Verwaltung verfassungswidrig ist. Durch diese Auslegung und die Novellierung vom *National Communications Commission Organization Act* und *Basic Code Governing Central Administrative Agencies Organisation* (2010) wird die unabhängige Behörde interpretiert als eine grundsätzlich weisungsfreie Verwaltungseinheit, die in Form des Gremiums gebildet ist und deren Mitglieder vom Parlament eine Zustimmung erhalten müssen. Das NCC stellt sich somit als unabhängige Behörde dar. Die weitergehenden Fach- und Rechtsaufsichtsfragen für die unabhängige Behörde bleiben jedoch noch unberührt. Vgl. *Su, Y.-C.*, Taiwan Law Journal 82, S. 89 f. Zur Kritik an taiwanesischen unabhängigen Behörden im Wege der Rechtvergleichung siehe *Huang, C.-T.*, Academia Sinica Law Journal 3, S. 1 f.

Gesetzesentwurf, „Regulierungsgesetz für Telekommunikations- und Rundfunksektor", wurde vor diesem Hintergrund geboren. Durch dieses Gesetz sollten die alten telekommunikationsrelevanten Gesetze so ersetzt werden, dass das NCC zur effizienten Durchführung der „horizontalen Regulierung" in der Lage ist[20]. Dieser novellierte Gesetzesentwurf ist jedoch durch die Einstellung des Gesetzgebungsverfahrens bedingt nicht verwirklicht worden. Um das durch fehlende Regulierungsinstrumente verursachte Regulierungsdefizit zu vermeiden, muss das NCC entweder weiterhin die Änderung des geltenden Telekommunikationsrechts anstreben oder mehrere Rechtsverordnungen erlassen.

II. Grundlage der wirtschaftlichen Verfassung

1. Verwaltungs- und Gesetzgebungskompetenz gem. Art. 107 lit.5 Var. 6 TwVG

Art. 107 lit. 5 Var. 6 Taiwans *Verfassungsgesetz* (TwVG, 01.01.1947)[21] verleiht der Zentralregierung die Gesetzgebungs- und Verwaltungskompetenz im Bereich der Telekommunikation. Dem Wortlaut des TwVG nach gibt es keinen Terminus „Telekommunikation", vielmehr wird der Begriff „elektronische Verwaltung" verwendet. Aus diesem Grund ist es auslegungsbedürftig, ob der Terminus „elektronisch" synonym mit der Telekommunikation ist. Die „elektronische Verwaltung" steht neben dem Flugverkehr, der Autobahn, der staatlichen Eisenbahn, dem Schiffsverkehr sowie der Post nach Art. 107 Nr. 5 Var. 6 TwVG; der Inhalt dieser Norm hat durch diese Klassifikation ein Merkmal staatlicher Allgemeinheit. Dadurch lässt sich „elektronische Verwaltung" als Verwaltungsaufgabe für den Verkehr mittels elektronischer Signale interpretieren, was die Telekommunikationsverwaltung beinhaltet.[22] Durch ein solches

---

20 „Die horizontale Regulierung" umfasst eine funktionelle Regulierungstrennung zw. der Transportebene und der Inhaltsebene. Solch ein regulatorisches Modell sollte dem Regulierungsrahmen nach der Rahmenrichtlinie (2002/21/EG) in der Tat entsprechen. Vgl. dazu *Shyr, S.-H.*, Regulierungsgesetz für Telekommunikation und Rundfunk, S. 285 f.

21 Englische Fassung ist abrufbar unter: http://law.moj.gov.tw/Eng/LawClass/LawAll.aspx?PCode=A0000001 (letzter Abruf: 01.09.2015).

22 Vgl. *Dong, S.-F.*, Verfassung und Regierung, S. 640; *Chou, S.-J.*, Gewaltenteilung, S. 358. Ein historischer Nachweis ist dabei ebenfalls zu liefern, weil die „*Behörde für elektronische Verwaltung*" im Jahr 1928 in China zur *Hauptbehörde der Telekommunikation* umstrukturiert wurde. Zu diesem Zeitpunkt gab es in China noch keine Verfassung im formellen Sinne.

Begriffsverständnis des Gesetzeswortlauts „Verwaltung" ist ein Indiz dafür geliefert, dass das Verfassungsgesetz im Bereich der Telekommunikation auf die staatseigene Verantwortung verweist[23]. Darüber hinaus unterscheidet sich der Rechtsbegriff der „elektronischen Verwaltung" im Sachbereich Rundfunk, dessen Schwerpunkt nicht auf die Vermittlungstechnologie oder -dienste gelegt wird, sondern auf Informationsinhalte und Meinungsversendung[24]. Im TwVG gibt es zwar anders als im deutschen GG keine exakten Vorgaben über die strikte Kompetenztrennung zw. technischer Transportebene (reiner Telekommunikation) und Inhaltsebene (u. a. Rundfunk)[25], aber der Bestandteil der physischen Technologie des Rundfunks soll ebenfalls wie die Rechtsdefinition im deutschen *Telekommunikationsgesetz* (DeTKG) unter die Telekommunikation fallen, da der Rundfunk i. S. v. Übertragungstechnologie grundsätzlich als spezifische Art von Telekommunikation angesehen wird[26]. Demgegenüber sind der vermittelte Inhalt und die Benutzung der Telekommunikation vom Begriff der Telekommunikation ausgeschlossen, da sich solche Gegenstände auf die Transportebene stützen und auf der Inhalts- und Anwendungsebene befinden[27]. Diese logische Trennung zw. Transport- und Inhaltsebene bewertet den Begriff der Telekommunition in der Verfassung als rein technisch und meistens persönlich, d. h., dass zwei Personen untereinander als Sender und Empfänger Informationen austauschen, nicht hingegen zur Öffentlichkeit[28]. Die Telekommunikation ist daher i. S. v. TwVG als „nicht körperliche Übermittlung von Informationen mittels technischer Einrichtung" interpretiert[29]. Ob eine solche elektromagnetische

---

23 Art. 107 TwVG ist zwar grundsätzlich nach der systematischen Auslegung als die Bestimmung der vertikalen Gewaltenteilung formuliert, sie kann aber nach h. M. auch als Aufgabenzuweisung interpretiert werden. Die Bereit- und Sicherstellung der Telekommunikationsdienste sind daher als Verwaltungsaufgabe anerkannt. Vgl. dazu näher *Chan, C.-J.*, Daseinsvorsorge, S. 268.

24 Dazu schrieb § 3 Abs. 2 TwTKG i. d. F. 1987 vor, dass das Rundfunkgesetz statt des Telekommunikationsgesetzes Anwendung findet, wenn die zuständige Behörde im Bereich des Rundfunks reguliert.

25 Vgl. BVerfG, Urteil v. 11.03.2008 – 1 BvR 2074/05, Rn. 73 (bundesverfassungsgericht.de) = BVerfGE 120, 378; BVerfG, Urteil. v. 02.03.2010 – 1 BvR 256/08, Rn. 73 (bundesverfassungsgericht.de) = BVerfGE 125, 260; BVerfG, Beschl. v. 24.01.2012 – 1 BvR 1299/05, Rn. 73 (bundesverfassungsgericht.de) = BVerfGE 130, 151.

26 Vgl. *Shyr, S.-H.*, Definitionsproblem, S. 53 f.

27 Vgl. *Shyr, S.-H.*, Cross-Strait Law Review 3, S. 99 f.

28 *Shyr, S.-H.*, Kodifikation des Kommunikationsrechts, S. 282 ff.

29 Vgl. *Shyr, S.-H.*, Definitionsproblem, S. 34. Dabei hatte der Gesetzgeber hinsichtlich der Teilung des Bereichs zw. dem Rundfunk und der Telekommunikation durch mehrere

Übermittlung leitungsgebunden oder drahtlos ist und mit welcher Übermittlungstechnologie sie erfolgt, ist dabei unerheblich[30].

2. Prinzip des öffentlichen Leistungsmonopols gem. Art. 144 TwVG

Wie oben erklärt, verweist Art. 107 Nr. 5 Var. 6 TwVG auf sowohl die Gesetzgebungskompetenz als auch die entsprechende Verwaltungskompetenz. Würde diese Verwaltungskompetenz auf dem Gebiet der Telekommunikation in Verbindung mit dem Wortlaut von Art. 144 TwVG interpretiert, sollten die Hoheitsaufgaben im Telekommunikationssektor nicht nur die Gefahrenabwehrverantwortung enthalten, sondern auch die unmittelbare Erfüllungsverantwortung. Art. 144 TwVG schreibt vor, dass solche Dienstleistungen grundsätzlich von der öffentlichen Hand und nur in Ausnahmefällen von privaten Unternehmen erbracht werden sollen, soweit sie die Merkmale der Öffentlichkeit und Monopolisierung erfüllen. Dabei begründet die *Auslegung der Verfassungsrichter am Justiz Yuan* (VerfA)[31] Nr. 428 am 23.05.1997 für den Art. 144 TwVG eine Konkretisierung der öffentlichen Verantwortungen für die Daseinsvorsorge, indem die von öffentlicher Verwaltung selbst erbrachte Dienstleistung als taugliche Maßnahme für die Erfüllung dieser Grundversorgung fungiert. Aufgrund dessen soll der Staat grundsätzlich selbst den Telekommunikationsdienst bereitstellen, sobald die Telekommunikation als monopolisiert gilt und ein Grundbedarf für das Sozialleben ist[32]. Dementsprechend hatte der Gesetzgeber schon

---

Organisationsgesetze zwei voneinander unabhängige Behörden zugelassen. Vgl. *Liu, S.-L.*, Umformung der Regulierungsbehörde, S. 260.

30 Gem. § 2 Nr. 1 TwTKG ist die Telekommunikation die jeweilige Übermittlung, die den Empfang, die Versendung oder die Übertragung der Symbole, Wörter, Bilder sowie Sprache ermöglicht, unabhängig von der genutzten Anschlusstechnologie oder dem angewandten Medium.

31 Die VerfA ist eine sonstige Urteilsform im Justizsystem Taiwans und ähnlich wie die Entscheidung des BVerfG, da gem. Art. 78 TwVG das *Justiz Yuan* befugt ist, durch die Abstimmung des Senats das Verfassungsrecht auszulegen und die Verfassungsmäßigkeit einer Vorschrift in einem Gesetz oder einer Verordnung zu prüfen. Deswegen bindet die VerfA in der Regel alle öffentlichen Institute und Bürger. Vgl. *Wu, H.-H.*, Taiwan Jurist 47, S. 8 f. Allerdings hat die VerfA keine Entscheidungskraft i. S. v. deutschen Verfassungsbeschwerden für konkrete Einzelfälle. Eine Gefahr des unwirksamen Rechtsschutzes kann nicht von vornherein ausgeschlossen werden. Aufgrund dessen wird eine Reform des Gesetzes über Verfahren der VerfA aufgefordert. Vgl. dazu näher *Wong, Y.-S.*, The Constitutional Review, 39/4, S. 2.

32 VerfA Nr. 428, Tenor Rn. 1.

dauerhaft durch seine Gesetzgebungskompetenz im Telekommunikationsgesetz das staatliche Monopol aufgestellt und die umfassende Preiskontrolle gebildet[33].

Die Grundentscheidung der Liberalisierung auf dem Gebiet der Telekommunikation könnte unvermeidlich dem Art. 144 TwVG zuwiderlaufen. Es ist jedoch zu beachten, dass das im Art. 144 TwVG angelegte Prinzip des staatlichen Monopols nur dann anwendbar ist, wenn solch eine Leistung in wirtschaftlicher Ansicht die Merkmale der Monopolisierung darstellt, wobei das Prinzip des Sozialstaats und die ökonomische Entwicklung berücksichtigt werden müssen[34]. Der Telekommunikationssektor sollte heutzutage aufgrund des technischen Fortschritts nicht mehr monopolisiert werden. Die durch den wettbewerbsoffenen Marktmechanismus angebotenen Telekommunikationsdienste werden im Vergleich zu den durch das öffentliche Leistungsmonopol erbrachten Leistungen für effizienter gehalten und schließlich als den Verbraucherinteressen dienend eingeschätzt[35]. Art. 144 TwVG steht daher nicht unbedingt der Aufgabenprivatisierung des Telekommunikationssektors entgegen und kann sogar umgekehrt als Gebot zur Marktöffnung ausgelegt werden[36].

Da die Abschaffung staatlicher Erfüllungsverantwortung im Wege der Liberalisierung beim Telekommunikationssektor nicht darauf hindeutet, dass der Staat sich auch zugleich aus den an öffentlichen Interessen orientierten Staatsaufgaben zurückziehen soll, verbleiben ihm zumindest noch eine Steuerungs- und Gewährleistungsverantwortung[37]. Während der Staat schrittweise auf die

33 Solch eine Marktkontrolle bestand bis zur TwTKG-Novelle 1996 und wurde danach schrittweise abgeschafft. Vgl. *Chuang, Y.-F./Liu, C.-J.*, Socioeconomic Law and Institution Review 28, S. 39.

34 Vgl. *Chan, C.-J.*, Taiwan Jurist 80, S. 68 f.

35 *Chan, C.-J.*, Taiwan Jurist 80, S. 73.

36 Hingegen werden nach Art. 144 TwVG das staatliche Monopol als primäres Prinzip und die Marktwirtschaft als Ausnahme bestimmt. Dies ist einer Kritik ausgesetzt, weil das Prinzip des öffentlichen Unternehmens zu unzeitgemäß erscheint und es ungeeignet nach wie vor als ein wirtschaftlicher Grundsatz in der Verfassung ist. Vgl. dazu *Chen, S.-M.*, Verfassungsrecht, S. 879 f.

37 Die öffentlichen Aufgaben in Kooperation zw. dem Staat und der Gesellschaft, „Öffentlich-Private-Partnerschaft", „soziale Selbstregulierung", „Privatisierungsfolgenrecht" sowie der als gänzliches Leitbild ausgeprägte Gewährleistungsstaat statt des Gemeinwohlstaats werden allgemein in der taiwanesischen juristischen Literatur als legitim gewertet. Vgl. dazu näher *Chan, C.-J.*, Verpflichtungen zum Einfluss und zur Regulierung, S. 125 f.; *Hsu, T.-L.*, FS Wong, S. 606 f.; *Tsai, T.-C.*, Taiwan Law Journal 122, S. 33; *Sheng, T.-L.*, Verwaltungsvertrag, S. 343 f.; *Chan, C.-J.*, Öffentlich-Private-Partnerschaft, S. 363 f.; *Chen, A.-E.*, Öffentlich-Private-Partnerschaft, S. 259 f.; *Hsu, D.-K.*, Gewährleistungsstaat, S. 50 f.

Erfüllungsaufgaben und die gleichzeitige Erfüllungskontrolle verzichtet und sich auf die Gewährleistung von Infrastrukturen beschränkt, übernehmen Private die realen Dienstleistungen, um Kundenbedürfnisse zu befrieden[38]. Fraglich ist, wie der Staat seine dauerhafte Gewährleistungsverantwortung wahrnehmen kann und gleichzeitig private Anbieter freiwillig für das Übernehmen von öffentlichen Aufgaben motiviert werden können. Die gemeinwohlorientierte sozial-rechtsstaatliche Gebundenheit der hoheitlichen Verwaltung könnte durch den Ersatz durch neue private Unternehmen entfallen, die nur eigennützigen Zielen verpflichtet ist; nach diesem Aspekt könnte eine solche Gefahr nach dem Rückzug der staatlichen Aufgabenerfüllung nicht ausgeschlossen werden: Die überlegene Marktposition von Privaten könnte missbräuchlich zur Verfügung stehen und unberechtigte Marktungleichgewichte würden eskalieren. Um ein mögliches Marktversagen zu vermeiden, muss eine Rahmengesetzgebung zur Bildung eines aktiven Regulierungsregimes für die durch private Kräfte erbrachten Dienstleistungen dadurch gewährleistet werden, dass einerseits die unternehmerische Handlungsfreiheit auf dem Markt geschützt werden kann, zugleich aber andererseits die Förderung inländischer Infrastruktur für die angemessenen und ausreichenden Dienstleistungen (Grundversorgung) als die fortdauernd gemeinwohlorientierte Staatsaufgabe beibehalten wird. Diesem doppelfunktionellen Zweck soll das TwTKG als netzwirtschaftliches Ordnungsrecht dienen.[39]

III. Normsystem der telekommunikationsrelevanten Vorschriften

1. Gesetzliche Vorgaben

In Taiwan ist das TwTKG (12.11.2013)[40] dem Kommunikations- und Rundfunkrecht zuzuordnen[41]. Da im Hinblick auf eine digitale Konvergenz die

---

38 *Tsai, T.-C.*, Taiwan Law Journal 122, S. 34.; *Chen, A.-E.*, Öffentlich-Private-Partnerschaft, S. 264; *Chan, C.-J.*, Öffentlich-Private-Partnerschaft, S. 366 f.

39 Vgl. *Säcker*, AöR 130 (2005), S. 186 f.; *Masing*, Die Verwaltung 36 (2003), S. 4 f.; *Schuppert*, Gewährleistungsstaat, S. 38 f.; *Hoffmann-Riem*, Gewährleistungsrecht, S. 89 ff. Zur taiwanesischen Literatur vgl. *Chan, C.-J.*, Verpflichtungen zum Einfluss und zur Regulierung, S. 129 f.; *Dai, H.-J.*, Innovation des digitalen IT-Rechts, S. 191 f.; *Hsu, T.-L.*, FS Wong, S. 307 f.; *Wang, W.-Y.*, National Taiwan University Law Journal 29/4, S. 113 f.; *Tsai, T.-C.*, Taiwan Law Journal 122, S. 35; *Hu, P.-Y.*, Chihlee Law Review 3, S. 31 f.

40 Die englische Fassung dieses Gesetzes ist abrufbar unter: http://law.moj.gov.tw/Eng/LawClass/LawAll.aspx?PCode=K0060001 (letzter Abruf: 15.03.2016).

41 Vgl. *Liu, K.-C.*, Communication and Broadcast Law, S. 3 f.

verschiedenen Kommunikationsinfrastrukturen, die jeweils auf verschiedenen Übertragungstechnologien basieren, fortwährend integriert sind und Nachrichten dank des TCP/IP-Protokolls und paktvermittelnder Technologie durch vielfältige Endgeräte ausgesendet oder empfangen werden können, entsteht der gemeinsame Rechtsbereich für Kommunikation und Massenmedien[42].

Wenn man Rücksicht auf die Entwicklung der digitalen Konvergenz nimmt, sind die durch Regelungen ausgestalteten Wettbewerbsmöglichkeiten in betreffenden Gesetzen nicht richtig aufeinander abgestimmt[43]. Der Hintergrund liegt darin, dass der Gesetzgeber in frühen Phasen anhand verschiedener Netze, die jeweils unterschiedliche soziale und wirtschaftliche Eigenschaften aufweisen, im Wege der Einzelgesetzgebung pluralistische Gesetze mit uneinheitlichen Gesetzeszielen und Eingriffsintensitäten erlassen hat[44]. Eine unverkennbare Diskrepanz zw. TwTKG, *Rundfunkgesetz* (06.01.2016)[45], *Gesetz für Kabelfernsehen* (06.01.2016)[46] sowie *Gesetz für Satellitenfernsehen* (06.01.2016)[47] liegt insb. bei den gesetzlichen Marktzutrittsschranken sowie Regulierungsmaßnahmen vor, auch wenn die Signalübertragung vom Rundfunk oder Kabel im technischen Sinne mit der Telekommunikation keinen wesentlichen Unterschied aufweist[48]. Aufgrund dessen entspricht das gegenwärtige taiwanesische Regulierungsrecht im Telekommunikationssektor dem Konzept der horizontalen Marktregulierung, d. h. einer funktionellen Trennung zw. Transportebene und Inhaltsebene, noch nicht, sondern vielmehr einer vertikalen Marktregulierung, also „eine[r] Netzform, ein[em] Gesetz“[49].

Neben den Gesetzen für die Telekommunikation und das Fernsehen muss der *Fundamental Communications Act* (FCA, 07.01.2004)[50] i. R. d. Regulierungsziele

---

42 *Shyr, S.-H.*, Kodifikation des Kommunikationsrechts, S. 280 f.

43 *Liu, K.-C.*, Competition Policy, S. 8.

44 *Shyr, S.-H.*, Definitionsproblem, S. 27 f.

45 Die englische Fassung dieses Gesetzes ist abrufbar unter: http://law.moj.gov.tw/Eng/LawClass/LawAll.aspx?PCode=P0050001letzter Abruf: 15.03.2016).

46 Die englische Fassung dieses Gesetzes ist abrufbar unter: http://law.moj.gov.tw/Eng/LawClass/LawAll.aspx?PCode=P0050008 (letzter Abruf: 15.03.2016).

47 Die englische Fassung dieses Gesetzes ist abrufbar unter: http://law.moj.gov.tw/Eng/LawClass/LawAll.aspx?PCode=P0050013(letzter Abruf: 15.03.2016). Rundfunkgesetz, Gesetz für Kabelfernsehen und Gesetz für Satellitenfernsehen sind auch als drei Gesetze für das Fernsehen genannt.

48 *Chiang, Y.-K.*, Taipei Bar Journal 276, S. 35 f.

49 *Shyr, S.-H.*, Kodifikation des Kommunikationsrechts, S. 286 f.

50 Die englische Fassung dieses Gesetzes ist abrufbar unter: http://law.moj.gov.tw/Eng/LawClass/LawAll.aspx?PCode=P0010005(letzter Abruf: 15.03.2016).

einbezogen werden, da bei diesem Gesetz telekommunikationsrelevante Regulierungsprinzipien hervorgehoben werden und die Regulierungsbehörde gem. § 16 Abs. 1 FCA verpflichtet ist, solchen enumerativen Grundsätzen im Rahmen ihrer Regulierungskompetenz nicht zuwiderzulaufen. § 16 Abs. 2 FCA schreibt weiterhin vor, dass dieses Gesetz vorrangige Anwendung findet, wenn andere Gesetze oder Rechtsverordnungen gegen dieses Gesetz verstoßen. Aus diesem Grund statutiert das FCA einen Anwendungsvorrang im Vergleich zu anderen Regelungen, obwohl die im FCA vorgesehenen Regulierungsziele so abstrakt sind, dass sie nicht unmittelbar anwendbar sind und im Fall der Normkollision eine Interessenabwägung getroffen werden muss.

2. Rechtsverordnungen

Durch mehrere Verordnungsermächtigungen hat der Gesetzgeber vom TwTKG der Regulierungsbehörde die Kompetenz verliehen, die Einzelheiten in der Rechtsverordnung zu statuieren. Zahlreiche regulatorische Vorschriften sind somit tatsächlich nicht im formellen Gesetz, sondern in den Rechtsverordnungen ausgestaltet. Um die Kritik an dem TwTKG in dieser Dissertation ausführlich darzustellen, ist es erforderlich, neben dem TwTKG solche Verordnungen miteinzubeziehen.

Laut taiwanesischer Gesetzgebungstechnik des TwTKG ist der Regulierungsgedanke nicht auf Telekommunikationsdienste oder telekommunikationsgestützte Dienste gerichtet, sondern vielmehr auf Telekommunikationsunternehmen. Bei der Regulierungsintensität kommt es gem. § 11 Abs. 1 TwTKG darauf an, ob das in Frage gestellte Unternehmen ein Telekommunikationsnetz betreibt oder nicht. Wer über das öffentliche Telekommunikationsnetz verfügt, ist dem 1KTU zuzuordnen. Dem gegenüber steht das 2KTU. Welche Produkte oder Dienstleistungen angeboten werden, wird dabei nicht berücksichtigt. Für das 2KTU besteht eine spezifische Rechtsverordnung, also die *Verordnung für zweitklassige Telekommunikationsunternehmen* (2KTUVO)[51], bei der mildere Marktzutrittsvoraussetzungen und Verhaltensverpflichtungen ausgestaltet werden.

Demgegenüber sind sieben Rechtsverordnungen geregelt, die unmittelbar entweder anhand der Geschäftsgegenstände oder der Netzformen für mehrere 1KTU separat erlassen werden. Dabei sollte die *Verordnung zum*

---

51 Die englische Fassung dieser Verordnung ist abrufbar unter: http://law.moj.gov.tw/Eng/LawClass/LawAll.aspx?PCode=K0060038 (letzter Abruf: 15.03.2016).

Telekommunikationsdienst mittels des Festnetzes (TdFVO)[52] zu den wichtigsten Rechtsverordnungen des 1KTU zählen, da es bei ihr meistens um geschäftliche Gegenstände geht, die auf Basis öffentlicher Fest-Telekommunikationsnetze erbracht werden[53]. Über striktere Verhaltensverpflichtungen hinaus schreiben solche Verordnungen i. R. d. Marktzutrittsvoraussetzungen, insb. das Verfahren für Lizenzzuteilung, vor, wobei im Bereich des Mobilfunkdienstes das Ausschreibungsverfahren sowie die Frequenzzuteilung eine wichtige Rolle spielen.

Was die Marktregulierung unmittelbar betrifft, sind die *Verordnung zur Zusammenschaltung von Telekommunikationsunternehmen* (ZVO)[54], die *Verordnung zum fairen Terminierungsdienst* (FTdVO)[55] sowie die *Verordnung zur Entgeltregulierung des erstklassigen Telekommunikationsunternehmens* (EntRVO) zu nennen[56].

Bei der VZO handelt es sich tatsächlich nicht nur um erstklassige Zusammenschaltungsverpflichtungen zur Verwirklichung der Interoperabilität im inländischen oder internationalen Gebiet, sondern auch um viele erforderliche Zugangsregulierungsmaßnahmen, durch die sowohl 1KTU als auch 2TKU gegen Zahlung einer Gebühr eine solche für die Erbringung des Telekommunikationsdienstes benötigte Zugangsleistung in Anspruch nehmen können. Die FTdVO steht tatsächlich in keinem Zusammenhang mit dem Terminierungswesen. Sie ist spezifisch auf den Zugang zur Betreiber(vor)auswahl gerichtet, um neue Wettbewerber auf dem Sprachtelefondienstmarkt zu unterstützen. Die EntRVO soll mit der ZVO als wichtigste Rechtsquelle bei der Marktregulierung

52 Die englische Fassung dieser Verordnung ist abrufbar unter: http://law.moj.gov.tw/Eng/LawClass/LawAll.aspx?PCode=K0060050 (letzter Abruf: 15.03.2016).

53 Die übrigen Verordnungen sind im Wesentlichen ähnlich und wird wie folgend aufgezählt: 1. Verordnung zum Telekommunikationsdienst mittels des Mobilfunknetzes, 2. Verordnung zum Telekommunikationsdienst mittels des 3G-Mobilfunknetzes, 3. Verordnung zum Datendienst mittels des Mobilfunknetzes, 4. Verordnung zum Telekommunikationsdienst mittels des 4G-Mobilfunknetzes, 5. Verordnung zum Telekommunikationsdienst mittels Satelliten; die beiden letzten sind heutzutage irrelevante Rechtsverordnungen, da es schon keinen Lizenznehmer mehr gibt: 6. Verordnung zum Sprachtelefondienst mittels des 1900 Hz-Mobilfunknetzes sowie 7. Verordnung zum Wireless-Breitband-Telekommunikationsdienst (sog. WBA-Verordnung).

54 Die englische Fassung dieser Verordnung ist abrufbar unter: http://law.moj.gov.tw/Eng/LawClass/LawAll.aspx?PCode=K0060029 (letzter Abruf: 15.03.2016).

55 Die englische Fassung dieser Verordnung ist abrufbar unter: http://law.moj.gov.tw/Eng/LawClass/LawAll.aspx?PCode=K0060065 (letzter Abruf: 15.03.2016).

56 Die englische Fassung dieser Verordnung ist abrufbar unter: http://law.moj.gov.tw/Eng/LawClass/LawAll.aspx?PCode=K0060056 (letzter Abruf: 15.03.2016).

gewertet werden. Dabei handelt es sich ursprünglich um die Maßnahmen, durch die die Regulierungsbehörde die Preise auf dem Endnutzermarkt kontrolliert. Seit 2006 wird der Anwendungsbereich dieser Rechtsverordnung vom NCC erweitert, wobei sich die Anwendbarkeit des Price-Cap-Verfahrens in die vom NCC ausgewählten Vorleistungsmärkte erstreckt.

B. Problemstellung des taiwanesischen Telekommunikationsrechts

Diese Dissertation setzt sich mit der häufig regulatorischen Problematik auseinander, die meistens vom jahrelang nicht gelösten Konflikt in der Normstruktur des Telekommunikationsrechts verursacht wird. Ohne einen umfassenden Legislativvorschlag, der mit dem Grundsatz des Regulierungsrechts übereinstimmen sollte, könnte die auftretende Schwierigkeit in der Regulierungspraxis nicht überwunden werden. Dabei sind die möglichen Probleme anhand der verschiedenen Kategorien kurz zu erwähnen.

I. Zweck des Gesetzes

Der Zweck des Gesetzes ist es, die Fortentwicklung im Bereich der Telekommunikation sowie das Gemeinwohl zu fördern, so dass öffentliche Sicherheit sowie die Rechte der Nutzer gewährleistet werden können, § 1 S. 1 TwTKG. Der Programmsatz des TwTKG verweist nach wie vor lediglich auf die skizzenhaft formulierte Gemeinwohlorientierung, da das TwTKG ausdrücklich den Schwerpunkt nur auf flächendeckende Dienste und die leistungsfähige Telekommunikationsinfrastruktur legt[57]. Dabei könnten die Einführung und Förderung des nachhaltig wettbewerbsorientierten Telekommunikationsmarktes als derzeitige Zielsetzung nicht berücksichtigt werden. Nach der Liberalisierung des Telekommunikationsmarkts steht dieser Zweck nicht mehr mit der realen Telekommunikationsentwicklung in Einklang, da die heutige Regulierungsbehörde in erster Linie keinem Versorgungsproblem ausgesetzt ist. Die vorrangige Aufgabe der Regulierungsbehörde soll im Hinblick auf das Privatisierungsfolgenrecht die Entgegenwirkung oder Relativierung der überlegenen Marktmacht eines Telekommunikationsunternehmens sein, die dem nachhaltig wettbewerbsorientierten Markt im Weg steht. Demgegenüber sind eine „Förderung des Wettbewerbs und der leistungsfähigen Telekommunikationsinfrastrukturen" und die „Gewährleistung der flächendeckend angemessenen und ausreichenden

57 Obwohl der Gesetzgeber schon beim Gesetzgebungsverfahren die Förderung des Wettbewerbs als ein nicht unverzichtbares Ziel angenommen hatte, wurden nur die drei groben Ziele, die sich nicht auf die Wettbewerbsordnung beziehen, bei der TWTKG-Novelle 1996 erlassen. Vgl. dazu Entwurfsbegründung zum TwTKG (1996), LY-Drs. Nr. 85/6, S. 85 ff.

Dienstleistungen" als zwei grundlegende Zwecke in § 1 des deutschen Telekommunikationsgesetzes (DeTKG) eindeutig geregelt[58]. Dazu obliegt dem DeTKG der zuständigen Behörde, mehrere in § 2 DeTKG verankerte Regulierungsziele verhältnismäßig zu harmonisieren, um die hoheitlichen Aufgaben für die Sicherung des in § 1 DeTKG geregelten Zweckes sowie die dynamische Entwicklung des von privatrechtlichen Subjekten aktivierten Markts zugleich bestmöglich zu verwirklichen[59]. Das Interessenabwägungsgebot zw. der an dem Freiheitschutz orientierten Wettbewerbsfunktion und der für die Gewährleistungsverantwortung sorgenden Eingriffskompetenz sollte in die Zielsetzungen des TwTKG deutlich eingeführt wird.

II. Marktzutrittskontrolle

Bei der Marktzutrittskontrolle des TwTKG geht es in der Sache um ein kompliziertes Lizenzsystem. Gem. § 11 Abs. 1 TwTKG sind alle Telekommunikationsunternehmen in die erste und zweite Klasse aufgeteilt. Das erstklassige Telekommunikationsunternehmen (1KTU) ist gem. § 11 Abs. 2 TwTKG dasjenige Unternehmen, das durch den Betrieb eines eigenen Telekommunikationsnetzes die öffentlich zugänglichen Telekommunikationsdienste bereitstellt. Umgekehrt ist gem. § 11 Abs. 4 TwTKG das zweitklassige Unternehmen (2KTU) dasjenige Unternehmen als solches, das nicht zum 1KTU gehört. Dass solch eine Klassifizierung nicht mehr mit der durch digitale Konvergenz stets integrierten Marktentwicklung übereinstimmt, ist ein Anhaltspunkt für die Analyse des taiwanesischen Regulierungsdefektes[60]. Dies ist insb. der Fall, wenn sowohl das 1KTU als auch das Unternehmen, das kein eigenes Telekommunikationsnetz besitzt, in der Gegenwart gleichartige Telekommunikationsdienste für ihre Kunden erbringen können; ebenfalls kann ein 1KTU wie 2KTU ohne weitere telekommunikationsgestützte Dienste sogar mittels des paketvermittelnden Datenverkehrs für seine Kunden etwaige Rundfunkprogramme oder andere Inhaltsdienstleistungen (Triple-Play) anbieten[61]. Trotzdem wird das asymmetrische Lizenzzuteilungsregime, unter dem anhand der gesetzlichen Klassifizierung eine Reihe unterschiedlicher Marktzutrittsvoraussetzungen mit jeweils milderer oder strengerer Eingriffsintensität vorgeschrieben werden, meistens nicht

58 *Säcker*, in: Säcker (Hrsg.), TKG-Komm., § 1, Rn. 1.

59 *Säcker*, in: Säcker (Hrsg.), TKG-Komm., § 2, Rn. 1.

60 *Peng, H.-Y./Chien W.-K.*, Beschränkung des fremden Kapitals, S. 415 ff.; *Wang, Y.-C.*, Klassifizierung der Telekommunikationsunternehmen, S. 243 ff.

61 *Wang, Y.-C.*, Netzzusammenschaltung, S. 230 f.

abgeändert. Wer gem. § 12 Abs. 1 TwTKG gegen Entgelt öffentlich zugängliche Telekommunikationsdienste erbringen und zugleich das öffentliche Telekommunikationsnetz betreiben möchten, also als 1KTU tätig ist, untersteht von vornherein einer strengen Lizenzpflicht[62]. Dies impliziert, dass es einem Unternehmen grundsätzlich nicht gestattet ist, ohne die behördliche Erlaubnis ein öffentliches Telekommunikationsnetz zu betreiben, es sei denn, dass die zuständige Behörde das ausschließliche Betriebsrecht erteilt. Hingegen bedarf es gem. § 17 Abs. 1 TwTKG beim 2KTU einer milderen „generellen Erlaubnis"[63]. Die geschäftlichen Kategorien, welche nicht vom eigenen Netzbetrieb abhängen, sind daher grundsätzlich freigestellt. Entsprechend der uneinheitlichen Marktzutrittsregulierung ist eine Reihe unausgeglichener unternehmerischer Verantwortungsregelungen eingeführt worden, mit denen eine folgende asymmetrische Marktregulierung gegen das 1KTU mit beträchtlicher Marktmacht (SMP-1KTU) auch im engen Zusammenhang steht. Diese gesetzlich asymmetrischen Marktzutrittsschranken zw. beiden Unternehmensklassen verfälschen unvermeidlich den Wettbewerbsmechanismus auf dem Markt. Die Festlegung der Regulierungsbedürftigkeit auf dem Markt sollte nicht in erster Linie von den Arten der Lizenz abhängig sein, sondern von der am Wettbewerbsrecht anliegenden Marktdefinition sowie -analyse.

III. Marktregulierungsverfahren

Seit der TwTKG-Novelle 1999 ist das taiwanesische Telekommunikationsrecht als sektorspezifisches Regulierungsrecht gegenüber dem allgemeinen Wettbewerbsrecht aus Sicht des Gesetzgebers anerkannt. Der Gesetzgeber hatte sich einverstanden erklärt, dass eine besondere „asymmetrische Regulierung" ins TwTKG als unerlässliches Verpflichtungsinstrument eingeführt werden sollte[64]. Unter der asymmetrischen Regulierung ist nach h. M. in Taiwan ein Übergangscharakter in das allgemeine Kartellrecht zu verstehen, da es die Schaffung eines wirksamen Wettbewerbs anstrebt[65]. Es ist aber erstaunlich, dass die Vorschriften über die Marktdefinition und -analyse im TwTKG nur grob als Verordnungsermächtigung zur Definition eines oder mehrerer 1KTU mit beträchtlicher Marktmacht (§ 26-1 Abs. 2 TwTKG) formuliert sind. Diesbezügliche Kriterien

62 *Liu, K.-C.*, Competition Policy, S. 18 f.

63 *Lin, S.-G.*, Telekommunikative Regulierung, S. 157 ff.

64 *Chen, Y.-C.*, Wettbewerbsnorm, S. 93 ff.

65 Vgl. *Chan, C.-J.*, Verpflichtungen zum Einfluss und zur Regulierung, S. 137 f.

für die Marktdefinition liegen im TwTKG nicht vor[66]. Dies weist darauf hin, dass es an ausreichender Rechtssicherheit hinsichtlich der Begründung der Regulierungsbedürftigkeit aus Sicht der Normadressaten fehlt, so dass niemand von vornherein Kenntnis nehmen und einschätzen kann, ob er in der vorhersehbaren Zukunft einer Regulierungsverfügung unterliegen wird. Daneben ist der tatbestandliche Anknüpfungspunkt des § 2 EntRVO, der von der Regulierungsbehörde aufgrund des § 26-1 Abs. 2 TwTKG geregelt wird, für die Festlegung eines marktbeherrschenden Telekommunikationsunternehmens als mangelhaft zu werten, da der Würdigung einer beträchtlichen Marktmacht überhaupt nur der Marktanteil eines geprüften Unternehmens zugrunde liegt[67].

Hierbei muss die Ausgestaltung des Regulierungsverfahrens in Anlehnung an das DeTKG erneut berücksichtigt werden. Für die Frage, ob und welche Regulierungsverpflichtungen aufzuerlegen sind, sollten die Marktdefinition und -analyse sowie der Verhältnismäßigkeitsgrundsatz unter Einbeziehung der Ziele des Gesetzes berücksichtigt werden. Die Auferlegung der hoheitlichen Regulierungsverfügung, durch die der beträchtlichen Marktmacht von einem oder mehreren Telekommunikationsunternehmen entgegengewirkt oder diese zumindest geschwächt wird, setzt voraus, dass ein regulierungsbedürftiger Markt besteht[68]. Angesichts der monopolistischen Struktur, die auf Netzeffekte und erheblich gesunkene Kosten sowie eine Netzexternalität zurückgeführt werden kann, verfügt der vormalige Monopolist trotz der Öffnung des Markts noch über eine beträchtliche Marktmacht, so dass ohne eine präventive Regulierung des Zugangs zu Netzmärkten und der Entgelte für den Netzzugang solcher überlegenen Marktposition nicht entgegenwirkt werden könnte[69]. Aufgrund dessen sollten die Marktdefinition und -analyse als erststufige Überprüfung der Marktregulierung durchgeführt werden, wobei die Regulierungsbehörde anhand der Materialien zum gefragten Markt beurteilt, ob die Regulierungsbedürftigkeit auf diesem Markt besteht und welche Regulierungsmaßnahmen gerechtfertigt werden können[70]. Die Regulierungsbehörde muss dem marktmächtigen Betreiber eines öffentlichen Telekommunikationsnetzes angesichts der Regulierungsbedürftigkeit auf dem gefragten Markt die Regulierungsverfügung als adäquate

66 Dies könnte auch zur Problematik über die Abgrenzung zw. dem allgemeinen Wettbewerbsrecht und dem sektorspezifischen Regulierungsrecht führen. Vgl. dazu *Wei, H.-F.*, Fair Trade Quarterly 20/1, S. 3 f.

67 *Lin, S.-G.*, Telekommunikative Regulierung, S. 233 f.

68 *Gurlit*, in: Säcker (Hrsg.), TKG-Komm., § 13, Rn. 7.

69 *Säcker*, in: Säcker (Hrsg.), TKG-Komm., Einl. I, Rn. 3, 22 f.

70 *Neumann/Koch*, TKG, Kap. 3, Rn. 16 ff.; *Kühling/Schall/Biendl*, TKG, Rn. 156 f.

Rechtsfolge auferlegen. Danach kann sie weiter mehrere konkrete Verpflichtungen, z. B. Zugangsgewährung oder Ex-ante-Preiskontrolle, feststellen. Die deutsche Regulierungsbehörde hat zwar nach der Festlegung eines Unternehmens mit beträchtlicher Marktmacht kein „Entschließungsermessen" für die Regulierungsverfügung, d. h., dass sie jedenfalls das Verhalten eines Unternehmens mit beträchtlicher Marktmacht regulieren „soll", aber sie verfügt noch über ein „Auswahlermessen" i. R. d. „Wie-Regulierung", indem sie anhand der regulierungsbedürftigen Marktrealität die wirksamen gesetzlichen Verpflichtungen (Abhilfemaßnahmen) auswählen „kann".[71]

Der Rechtsrahmen des TwTKG lässt sich jedoch in Form der konditionalen Programmierung ausgestalten. Die Normen, die sich auf die zugangs- oder entgeltbezüglichen Regulierungsmaßnahmen richten, werden teilweise durch ein Normsetzungsermessen der Regulierungsbehörde in verschiedenen Verordnungen ausgeprägt und teilweise vom Gesetzgeber selbst vorbestimmt werden. Dies hat zur Folge, dass bei der taiwanesischen Marktregulierung im Telekommunikationssektor die Regulierungsbedürftigkeit am bestimmten Markt nicht von einer administrativen Entscheidung mit einer verzeitlichten Erwägung abhängig ist, sondern von den vorab bestimmten Tatbestandsvoraussetzungen der Regulierungsvorgaben, die entweder durch Gesetze oder Verordnungen in Form des Gebots oder Verbots vorstrukturiert werden. Wenn ein 1KTU als marktmächtiges Unternehmen eingestuft wird, entstehen ihm automatisch alle gesetzlichen Verpflichtungen beim Bereich der Marktregulierung[72]. Eine flexible und daher auf die Marktrealität gerichtete Marktregulierung ist somit in Taiwan nicht ersichtlich. Ob solch eine Normprogrammierung für die als Gestaltungsaufgabe angesehene Telekommunikationsregulierung angemessen ist, bildet eine Kernfrage dieser Dissertation. Darüber hinaus ist die Regelungsdichte der konkreten Regulierungsmaßnamen im TwTKG nicht ausreichend, so dass die Regulierungsbehörde selbst eine Reihe erforderlicher Regulierungsinstrumente in verschiedenen Rechtsverordnungen in der Praxis ausgestaltet hat. Ob es solchen verordnungsrechtlichen Vorschriften an der gesetzlichen Ermächtigungsgrundlage fehlt und ob ihnen schließlich ein Gesetzesvorbehalt entgegenstehen, ist bei dieser Dissertation ebenfalls zu untersuchen.

---

71 *Gurlit*, in: Säcker (Hrsg.), TKG-Komm., § 13, Rn. 40.

72 *Chuang, Y.-F./Liu, C.-J.*, Socioeconomic Law and Institution Review 26, S. 87.

IV. Zugangsregulierung

Die in § 16 Abs. 1, 2 TwTKG vorgesehenen Zusammenschaltungsvorgaben gelten als Kernelement der Zugangsregulierung. Um die kommunikative Interoperabilität im gesamten Gebiet zu gewährleisten, sind alle Betreiber des öffentlichen Telekommunikationsnetzes, also 1KTU, verpflichtet, anderen Betreibern des öffentlichen Telekommunikationsnetzes auf Verlangen ein Angebot auf Zusammenschaltung unverzüglich zu unterbreiten (§ 16 Abs. 1 TwTKG)[73]. Dies entspricht dem unverzüglichen Angebot an Zusammenschaltungen nach dem Wortlaut von § 16 S. 1 DeTKG. Daneben ist die Regulierungsbehörde gem. § 16 Abs. 9 TwTKG ermächtigt, Einzelheiten über den Zusammenschaltungsvertrag in Form der Rechtsverordnung zu regeln. Die aufgrund des § 16 Abs. 9 TwTKG erlassene ZVO schreibt jedoch nicht nur die Vorgaben für die Vertragsabschließung der Zusammenschaltung vor, da der Verordnungsgeber auch andere mit dem Zusammenschaltungsvortrag in der Tat in keinem Zusammenhang stehenden Zugangsverpflichtungen des 1KTU, die über beträchtliche Marktmacht verfügen, ausgestaltet. Der Regelungsinhalt der Zusammenschaltung im taiwanesischen Regulierungsrahmen überschreitet offensichtlich die wie § 3 Nr. 34 DeTKG beschriebene (klassische) Definition der Zusammenschaltung[74]. Die Vorschriften über die Zugangsgewährung in der ZVO sind allerdings aus der Perspektive des Regulierungsrechts unvermeidbaren Zweifeln ausgesetzt, da ein systematisches Zugangsregulierungssystem im TwTKG nicht ersichtlich ist.

Zuerst fehlt es bei der Zugangsregulierung an einer gerechtfertigten Verbindung mit der Regulierungsbedürftigkeit eines Vorleistungsmarkts. Die in § 16 Abs. 1 TwTKG geregelte Verpflichtung zur Erbringung der Terminierung und Orientierung in Verbindung mit dem Abschluss- und Kontrahierungszwang ist so vorstrukturiert, dass es nicht darauf ankommt, ob eine ausführliche Abwägung zw. der positiven Wirkung auf die Förderung des Dienstwettbewerbs und den möglichen negativen, von der Zugangsverpflichtung verursachten Effekte vorgenommen wird. Der Gesetzgeber will alle für die Ermöglichung der Telefonverbindung unerlässlichen Vorleistungen unabdingbar und umfassend

---

73 *Wang, Y.-C.*, Netzzusammenschaltung, S. 8 f.

74 Die Zusammenschaltung ist gem. § 3 Nr. 34 DeTKG ein Sonderfall des Zugangs und auf die physische und logische Verbindung öffentlicher Telekommunikationsunternehmen ausgerichtet. Dabei handelt es sich um die Ermöglichung der Inanspruchnahme der Signalübermittlung zw. verschiedenen Netzen. Siehe dazu *Säcker*, in: Säcker (Hrsg.), TKG-Komm., § 3, Rn. 77.

kontrollieren, unabhängig davon, ob ein 1KTU mit beträchtlicher Marktmacht auf dem Markt agiert.

Darüber hinaus fehlt es an einer gesetzlichen Vorschrift der allgemeinen Zugangsverpflichtung, nach der die Regulierungsbehörde den Nachfragern jede erforderliche Zugangsleistung gewährleisten kann. Die meisten Zugangsverpflichtungen werden von der Regulierungsbehörde in entweder ZVO oder EntRVO selbst vorgeschrieben, auch wenn dies hinsichlich des Grundsatzes des Gesetzesvorbehalts Bedenken begegnet. Angefügt worden ist beispielsweise eine besondere Vorschrift für die Anmietung entbündelter Teilnehmeranschlussleitungen (TAL) als eine Art der Zugangsgewährung in der ZVO: Wer die Kupferlader-Metallleitungen besitzt, die sich mit den Endgeräten am Standort des Teilnehmers verbinden[75], ist gem. § 18 Abs. 3 ZVO unmittelbar verpflichtet, das entsprechende Vermietungsentgelt zu genehmigen. Dies ist auch der Fall, wenn ein Zugang zur entbündelten Netzkomponente verlangt wird, was von der Regierungsbehörde gem. § 37 Abs. 4 TdFVO von vornherein als „Bottleneck-Einrichtung" bekanntgegeben wird, § 18 Abs. 2 ZVO[76]. Die Verwendung des Terminus „Bottleneck-Einrichtung" ist jedoch fraglich, da im TwTKG eine parallele Verpflichtung zur Mitnutzung der als „Bottleneck-Einrichtung" qualifizierten Netzkomponente vorliegt. § 31 Abs. 1 TwTKG schreibt vor, dass ein Telekommunikationsunternehmen vom 1KTU, das die Bottleneck-Einrichtung kontrolliert, während des Aufbaus seines öffentlichen Telekommunikationsnetzes gegen Entgelt die Mitnutzung der nachgefragten Netzkomponente verlangen kann. Diese Vorschrift lässt sich vom Gesetzgeber aus der „*Essential-Facilities-Doctrine*" des GATT ableiten und umsetzen[77]. Was das Anwendungsverhältnis zw. beiden Vorschriften anbelangt und ob sie in der Perspektive des Wettbewerbsrechts sinnvoll sind, muss mithilfe der Rechtsdogmatik noch eingehend ausgelegt werden. Eine einheitliche Systematisierung der taiwanesischen Zugangsvorgaben ist daher nicht ersichtlich.

Schließlich handelt es sich um eine dezentralisierte Zugangsregulierung. Die ZVO stößt wegen des Umfangs des Zusammenschaltungsbegriffs, der sich nach der Vorstellung des Verordnungsgebers nur auf den Verbindungsaufbau in den schmalbandigen PSTN-Telefonnetzen erstreckt, an ihre Grenzen. Die Regulierungsbehörde muss hinsichtlich der wirklichen Regulierungsbedürftigkeit andere Regulierungsregeln, beispielsweise für die den

75 *Säcker*, in: Säcker (Hrsg.), TKG-Komm., § 3, Rn. 35.

76 *Shyr, S.-H.*, Teilnehmeranschlussleitung S. 187 f.

77 *Liu, K.-C.*, Communication and Broadcast Law, S. 133 f.

breitbandigen Internetzugangsdiensten dienenden Zugangsleistungen, schaffen. In der EntRVO wurde dafür eine Entgeltgenehmigung für die als „Dienstleistung zu Großhandelsbedingungen" gekennzeichneten Zugangsleistungen eingeführt. Diese in Form der Entgeltregulierung ausgestaltete Zugangsgewährung ist als ein verwaltungspraktischer Kompromiss anerkannt[78]. Eine technologieneutrale und gleichbehandelte Regulierung auf dem Vorleistungsmarkt ist daher in Taiwan nicht ersichtlich. Dieses uneinheitliche, durch die Ergänzung mehrerer Verordnungen etablierte Regulierungsmodell könnte nicht nur die Regulierungseffizienz vermindern, sondern auch der Weiterentwicklung von „Next-Generation-Networks[79]" im Wege stehen[80].

V. Entgeltregulierung

Das NCC hat i. R. d. Entgeltregulierung für die Endnutzerleistung keine Befugnis zu entscheiden, welche Vorgehensweise für die Preiskontrolle gegenüber den regulierten Telekommunikationsunternehmen auszuwählen ist. Darüber hinaus sind die meisten entgeltregulierungsbezüglichen Maßnahmen nicht im Gesetz verankert, sondern entweder in der ZVO oder in der EntRVO, welche von der Regulierungsbehörde aufgrund des Gesetzes oder ohne Verordnungsermächtigung selbst in „Wenn-Dann" programmierter Form postuliert wird.

1. Entgeltgenehmigung für Endnutzerleistungen

Gem. § 26 Abs. 1 i. V. m. Abs. 2 TwTKG unterliegt das Entgelt für die Endnutzerleistung einem Price-Cap-Verfahren. Ob solch eine Entgeltgenehmigung von der Regulierungsbedürftigkeit auf dem gefragten Markt abhängig ist, kann dem Gesetzeswortlaut nicht entnommen werden. Eher ist es fraglich, ob das Price-Cap-Verfahren, das vom Gesetzgeber als einzige Vorgehensweise statuiert wird, ausreichend und adäquat ist, eine positive Auswirkung auf die vielfältige Fortentwicklung des liberalisierten Telekommunikationsmarkts zu erzeugen. Diese Ausgestaltung der Ex-ante-Entgeltregulierung könnte mit dem Zweck des Gesetzes nicht vereinbar sein, denn würden alle 1KTU nach dem Wortlaut von § 26 Abs. 1 TwTKG unmittelbar an die Entgeltgenehmigungspflicht gebunden, hätte die Regulierungsbehörde keine Kompetenz für ein Auswahl- oder Anwendungsermessen einer verfügbaren Vorgehensweise, welche anhand konkreter

78 *Wang, Y.-C./Wang, M.-L.*, Cheng Kung Law Review 9, S. 233.
79 Vgl. dazu näher *Fetzer*, MMR 8/2010, S. 515 f.
80 *Liu, K.-C.*, Ft Law Review 114, S. 12.

Konstellationen zur bestmöglichen Wirkung beitragen sollte. Solch eine übergreifende Preiskontrolle für alle 1KTU könnte zur übermäßigen Intervention in die Preisbestimmungsfreiheit der Vertragsteilnehmer auf dem Telekommunikationsmarkt führen. Dies läuft offensichtlich der Förderung des nachhaltigen Wettbewerbs als unverzichtbares Regulierungsziel zuwider. Um die unmittelbare Anwendung von § 26 Abs. 1 TwTKG zu vermeiden, regelt das NCC in § 3 EntRVO eine verwaltete Selbstbindung dahingehend, dass nur das Entgelt solches 1KTU, das über beträchtliche Marktmacht verfügt, der Entgeltgenehmigung unterliegen soll. Das Price-Cap-Verfahren ist aber stets unveränderbar die einzige Vorgehensweise bei der Entgeltgenehmigung für die Endnutzerleistung. Falls die Regulierungsbehörde bei der Anwendung dieses vorstrukturierten Regulierungssystems nicht sorgfältig genug nachdenkt und daher den sektorspezifischen Regulierungszweck sowie die durch die Marktdefinition und Marktanalyse festgestellte Regulierungsbedürftigkeit verkennt, kann eine maßgebliche Gefahr der Verfälschung des Wettbewerbs durch die öffentliche Hand entstehen. Schließlich kann die Regulierungsbehörde durch eigene Fehler zu Schaden kommen[81].

2. Entgeltregulierung für Zugangsleistungen

Die Preiskontrolle für die Vorleistung ist divergent in der ZVO und EntRVO geregelt. Erst müssen die beiden Rechtsverordnungen herangezogen werden, damit ein gesamter Entgeltregulierungsmechanismus im taiwanesischen, telekommunikativen Regulierungsrecht für die Zugangsleistung betrachtet werden kann. Bei der ZVO geht es grundsätzlich um das Zusammenschaltungsentgelt zw. 1KTU, die durch den Leitungsverkehr auf Basis von Festnetz oder Mobilfunknetz mannigfaltige Sprachtelefondienste für die Kunden erbringen, und ggf. auch zw. 1KTU und 2KTU, die gleichartige Sprachtelefondienste für ihre Endnutzer anbieten, aber sich auf die durch ein oder mehrere 1KTU erbrachte Verkehrsführung stützen müssen. Das Zusammenschaltungsentgelt des 1KTU, das über beträchtliche Machtmacht verfügt, ist gem. § 14 Abs. 4 ZVO oder im Fall der Zusammenschaltung mit einem 2KTU gem. § 39 Abs. 1 ZVO genehmigungsbedürftig, unabhängig davon, auf welchem Bestandteil von Netzkomponenten ein Verkehrsaufbau ermöglicht wird. Zweitens liegt neben der Einzelgenehmigung für Zusammenschaltungsentgelte noch die Einzelgenehmigung für die Miete der entbündelt kupferbasierten TAL (§ 14 Abs. 3 ZVO) vor.

81 *Lin, S.-G.*, Telekommunikative Regulierung, S. 295 f.; *Liu, K.-C.*, Communication and Broadcast Law, S. 301.

Was die breitbandige Zugangsleistung und die Mietleitung anbelangt, ist hingegen in EntRVO im Namen der „Regulierung für den Großhandelspreis" gesondert geregelt. Dies könnte jedoch unvereinbar mit dem §§ 26 Abs. 1 i. V. m. Abs. 3 i. V. m. 2 Nr. 4 TwTKG sein, da sich der Ermächtigungsumfang des § 26 Abs. 3 TwTKG nur auf das Entgelt für Endnutzerleistungen beschränken sollte[82]. Gem. § 11 Abs. 1 EntRVO ist unter solch regulierten Entgelten ein „Großhandelspreis" zu verstehen, da der Grundgedanke von EntRVO auf eine solche Hypothese zurückgeführt wird: Die Zugangsleistung könne mit den Endnutzerdiensten gleichgestellt werden, weil der Unterschied nur darin besteht, ob der Nachfrager ein Telekommunikationsunternehmen sei und gleichartige Dienste in großer Menge erwerben wolle, d. h. er als „Großkunde" markiert werden kann[83]. Bei der Genehmigung eines „Großhandelspreises" findet wiederum das Price-Cap-Verfahren nach § 11 Abs. 5 Nr. 2 EntRVO gegenüber der in ZVO vorgeschriebenen Einzelgenehmigung des Zusammenschaltungsentgelts Anwendung.

Ein nicht koordiniertes Entgeltsregulierungsregime liegt daher auf den verschiedenen Zugangsdienstmärkten vor. Solch eine Ausdifferenzierung wird dennoch nicht auf die Regulierungsbedürftigkeit des regulierten Markts zurückgeführt, vielmehr lediglich auf eine „bequeme" Normstruktur, die vom gesetzgeberischen Grundgedanken sowie der Gesetzgebungstechnik verursacht wird. Das taiwanesische Regulierungssystem entbehrt bei der Auswahl einer Vorgehensweise einer Begründung, die durch die in Rede stehende Vorgehensweise die Angemessenheit für die Fixierung des „Als-ob-Wettbewerbspreises" beleuchten kann.

3. Prüfungsmaßstab

Bei der Einzelgenehmigung der Entgeltregulierung handelt es sich theoretisch um den Prüfungsmaßstab, nach dem die Preisobergrenze des genehmigungsbedürftigen Entgelts festgestellt werden kann. Falls das gefragte Entgelt die Obergrenze, die anhand des von Vorschriften geprägten Maßstabs abgerechnet wird, nicht überschreitet, ist sie genehmigungsfähig oder durchsetzbar[84]. Dieser in der Entgeltregulierung angewendete Maßstab ist grundsätzlich für

---

82 Siehe dazu unter Teil 2. D. I. a). aa).

83 Diese Hypothese ist jedoch logisch nicht ausführbar, weil in der Tat keine Zugangsleistung auf der Vorleistungsebene für „Endnutzer" zur Verfügung steht. Siehe dazu unter Teil 2. D. IV. 2. a).

84 *v. Colbe*, in: Säcker (Hrsg.), TKG-Komm., vor § 27, Rn. 14.

die strengere Kostenorientierungsbenchmark aufzustellen. Im TwTKG wird jedoch die Einzelgenehmigung nicht angewandt, sondern nur das Price-Cap-System ausschließlich für eine Preiskontrolle der Endnutzerleistungen und der Großhandelsprodukte, die von der Regulierungsbehörde selbst ausgestalteten werden, geregelt. Aufgrund des alleinig im TwTKG vorstrukturierten Price-Cap-Verfahrens liegt daher kein gesetzlicher Prüfungsmaßstab vor, der der Kostenprüfung bei Einzelgenehmigungen dienen kann. Obschon das Price-Cap-Verfahren im TwTKG als einzige Vorgehensweise in der Vorab-Entgeltregulierung für Endnutzerleistungen und die sog. Großhandelsprodukte gestaltet ist, fehlt es jedoch bei der Festlegung des Ausgangsentgeltniveaus an einem objektiven Abrechnungsmaßstab für das einzelne Leistungsentgelt. Als Gegenfall ist der „Maßstab von Kosten der effizienten Leistungsbereitstellung (KeL-Maßstab)" bei der Festlegung des Ausgangsentgeltniveaus im Price-Cap-Verfahren zu berücksichtigen, § 33 Abs. 4 DeTKG. Insgesamt fehlt es an einem objektiven Kostenermittlungsmaßstab, der mit dem KeL-Maßstab nach § 32 DeTKG vergleichbar sein kann.

Was die übrigen Zugangsleistungen anbelangt, sind diese abgesondert durch Verordnungen zu programmieren. Die Preisobergrenze der Zusammenschaltungsführung für die Telefonverbindung ist gem. § 14 Abs. 3 ZVO an den Produktionskosten orientiert. Insb. beim Zusammenschaltungsentgelt vom 1KTU mit beträchtlicher Macht findet „*Total Element Long-Run Incremental Cost* (TELRIC)" gem. § 14 Abs. 3 Nr. 2 ZVO Anwendung. Bei der Anmietung der blanken Netzsegmente wird hingegen nur die „Kostenorientierung" zum Ausdruck gebracht, § 18 Abs. 2 ZVO. Aber der historische Kostenansatz ist gem. § 18 Abs. 3 ZVO auf die Anmietung der kupferbasierten Teilnehmeranschlussleistung anzuwenden.

Es wird daher bezweifelt, ob eine allgemeine Prüfungsmethode, die zur Simulierung eines „Als-Ob-Wettbewerbspreises" auf dem regulierungsbedürftigen Markt beitragen kann, bereits im taiwanesischen Regulierungsrecht gebildet wird. Hingegen ergibt sich der einheitliche Kostenorientierungsmaßstab mit den begleitenden Methoden der Kostenermittlung im DeTKG als deutliches Entgeltprüfungsprinzip, wobei die Ober- und Untergrenze des angemessenen Entgelts i. R. d. Preismissbrauchsprüfung ebenfalls nahegelegt werden können[85]. Durch die Einführung des KeL-Konzepts sollte die Regulierungsschwierigkeit bei der Preiskontrolle und Missbrauchsaufsicht im taiwanesischen Telekommunikationssektor verringert werden. Überdies sollten die Regulierungssicherheit

85 *v. Colbe*, in: Säcker (Hrsg.), TKG-Komm., vor § 27, Rn. 37.

sowie die Investitionsanreize der Marktteilnehmer bei der Festlegung des genehmigungsbedürftigen Entgelts durch die Anwendung des vollständigen Kostenmodells zugleich gesteigert werden.

VI. Besondere Missbrauchsaufsicht

Der Gesetzgeber hat neben der Vorab-Regulierungsmaßnahme gegenüber den marktmächtigen Unternehmen, die dem 1KTU zugeordnet sind, mehrere auf die Missbrauchsaufsicht gerichtete Verpflichtungen vorgeschrieben. § 26-1 Abs. 1 TwTKG hebt eine Reihe unternehmerischer Verpflichtungen zum Verbot der missbräuchlichen Ausnutzung seiner beträchtlichen Marktmacht hervor. In Betracht kommen nicht nur das als nachträgliche Entgeltregulierung anzusehende Preismissbrauchsverbot (Nr. 3), sondern auch das zugangsbezügliche Handlungsverbot, wobei die missbräuchlichen Verweigerungen des Anspruchs auf die Zusammenschaltung (Nr. 1), die Verweigerung des Anspruchs auf Mietleitung (Nr. 5) und die Kollokation (Nr. 7) beispielsweise verboten sind. Überdies umfasst § 26-1 Abs. 1 TwTKG auch das Diskriminierungsverbot (Nr. 8) einschließlich eines generalklauselartigen Verbots (Nr. 9). Da sich diese Verbotsnorm auf die Abschöpfung aller unbilligen Beeinträchtigungen und die Behinderung der Wettbewerbsmöglichkeit vom Telekommunikationsunternehmen auswirkt, entspricht sie grundsätzlich – abgesehen von § 26-1 Abs. 1 Nr. 3 TwTKG – der besonderen Missbrauchsaufsicht i. S. v. § 42 Abs. 1 DeTKG[86]. Es ist daher angemessen, den Normgehalt von § 42 Abs. 1 DeTKG bei der Interpretation des § 26-1 TwTKG heranzuziehen.

Darüber hinaus geht es bei der besonderen Missbrauchsaufsicht darum, wie die Kompetenz zw. den beiden jeweils für die Sicherstellung der Wettbewerbsordnung verantwortlichen Behörden ausgeübt wird. In der Literatur ist § 42 DeTKG im Vergleich zu den Tatbestandsvoraussetzungen des § 19 Abs. 2 Nr. 4 GWB während der besonderen Begründung der Regulierungsbedürftigkeit gem. §§ 10, 11 DeTKG eng begrenzt[87] und somit eine (materiell) spezialgesetzliche Regelung zu prägen[88]. Es bleibt noch unklar, ob ein generelles Spezialverhältnis des TwTKG zum anderen Gesetz gem. §§ 26-1 i. V. m. 1 S. 2 TwTKG vermutet werden könnte[89]. Für das telekommunikative Regulierungssystem ist

86 *Shyr, S.-H.*, Teilnehmeranschlussleitung, S. 185.

87 *Gersdorf*, in: Säcker (Hrsg.), TKG-Komm., § 42, Rn. 13.

88 *Säcker*, in: Säcker (Hrsg.), TKG-Komm., Einl. I, Rn. 47.

89 § 1 S. 2 TwTKG schreibt vor: „Andere Gesetze finden dann die Anwendung, soweit dieses Gesetz nicht gesondert regelt", so dass die Frage, in welchem Verhältnis das TwTKG zu FTA steht, nicht eindeutig beantwortet werden kann.

es daher auslegungsbedürftig, ob der potenzielle Zuständigkeitskonflikt zw. dem NCC und dem *Fair Trade Committee* (FTC)[90], das für die allgemeine Kartellaufsicht zuständig ist, beseitigt werden kann, um die Gefahr des Normkonflikts über denselben Sachverhalt zu vermeiden. Nur mithilfe einer Interpretation des Normverhältnisses zw. TwTKG und Kartellrecht kann die Zusammenarbeit der beiden Regulierungsbehörden effizienter durchgesetzt und der potenzielle Kompetenzkonflikt verhindert werden.

90 Das FTC wird genauso wie das NCC als unabhängige Behörde gegründet, da sein Aufbau gem. §§ 4 Abs. 1 i.V.m. 8 i. V. m. 10 *National Communications Commission Organization Act* mit Blick auf dessen Gremiumsform und die Ernennungsweise der Kommissionsmitglieder vereinbar mit der Legaldefinition der unabhängigen Behörde i. S. v. *Basic Code Governing Central Administrative Agencies Organisation*" ist. Vgl. dazu näher Liao, Y.-N. (Hrsg.), Fair Trade Law Bd. III, S. 96 f.

C. Einführung und Vorgehen dieser Dissertation

I. Untersuchungsmethode

Die derzeitig im TwTKG vorliegenden Regulierungsinstrumente sind seit dem Anfang des Privatisierungsprozesses ununterbrochener Kritik ausgesetzt, bei der es sich nicht nur um die Rechtfertigung einiger gesetzlicher Vorschriften handelt, sondern auch um die Legitimität des von der Regulierungsbehörde selbst ausgestalteten Regulierungssystems. Obschon die asymmetrische Regulierung ins TwTKG i. d. F. 1999 eingeführt wird, sich auf die Verhinderung des missbräuchlichen Verhaltens vom Telekommunikationsunternehmen mit beträchtlicher Marktmacht richtet und zugleich das für den Telekommunikationssektor zuständige Aufsichtsamt im Jahr 2005 als sog. unabhängige Regulierungsbehörde umformuliert wird, bestehen weiterhin regulatorische Komplikationen, die tatsächlich auf das Fehlen einer funktionsfähigen Systembildung des Regulierungsrechts zurückgeführt werden könnten[91]. Angesichts dieses mangelhaften Marktregulierungsregimes kann man von einer altmodischen Normstruktur sprechen, die hauptsächlich für die Billigkeit und Sicherheit der öffentlichen Leistung sorgt und entsprechend mit nicht ausreichender Einflussnahme gegen die monopolistische Marktstruktur ausgestattet ist[92].

Diese Arbeit versucht, das Regulierungsdefizit in Taiwan zu bestimmen und einen zur effektiven Regulierung beizutragenden TKG hervorzubringen. Die erste Aufgabe dieser Dissertation beinhaltet daher die Erklärung und Systematisierung der geltenden Vorschriften, insb. der Marktregulierung im TwTKG[93]. Ohne eine Vorarbeit für die Analyse der in der Praxis angewendeten Regulierungsmaßnahmen könnte der schon lange in Taiwan aufgetretene

---

91 *Liu, K.-C.*, Ft Law Review 114, S. 11 f.

92 *Liu, K.-C./He, C.- J./Hsueh, C.-W.*, Fair Trade Quarterly 20/1, S. 65.

93 Nennenswert ist, dass das sich erst für das taiwanesische Telekommunikationsrecht engagierende Lehrbuch im Jahr 2017 veröffentlicht wurde. Dieses Lehrbuch versucht zwar, so kurz wie möglich den telekommunikativen Regulierungsrahmen in Taiwan zu erklären. Aber die schwierigen theoretischen und gesetzlichen Probleme im taiwanesischen Regulierungsregime bleiben nach wie vor unberührt. Eine Arbeit für die Systematisierung der TwTKG bei dieser Dissertation erweist sich als notwendig. Vgl. *Chiang, Y.-K.*et al., Telecommunications Law.

Regulierungsdefekt nicht klar rechtsdogmatisch definiert und mit dem DeTKG vergleichbar gemacht werden. Dies wird im Teil 2 der Dissertation behandelt.

Nach der Festlegung des Regulierungssystems im TwTKG soll eine vertiefende Analyse über die oben erwähnte Problematik erfolgen, indem einerseits die Mängel des TwTKG erwiesen werden, andererseits unter Heranziehung der fremd gesetzgebenden Paradigmen ein zuverlässiger Legislativvorschlag für die TwTKG-Änderung begründet werden kann. In Teil 3 dieser Dissertation werden das DeTKG und ggf. die EU-Richtlinien für die elektronische Kommunikation als Referenz verwendet. Der Grund für das DeTKG als angemessener Referenzgegenstand liegt in der Ähnlichkeit des Hintergrunds der historischen Entwicklung auf den Telekommunikationsmärkten, die lange durch ein hoheitliches Leistungsmonopol geprägt waren. Die beiden Länder haben zwar historisch zum gleichen Zeitpunkt die Verwirklichung der Marktliberalisierung im Telekommunikationssektor und zugleich die dauerhafte Reformierung des Telekommunikationsgesetzes erfahren, die taiwanesisch regulierenden Mechanismen erreichen dennoch schließlich keine ausreichende Kompatibilität mit der heutigen Marktentwicklung. Im Ergebnis können nur solche Vorschläge, denen der Rechtsvergleich mit einem anderen Staat zugrunde liegt, dessen Rechtsgrundsätze und -gedanken schon allgemein vom taiwanesischen rechtswissenschaftlichen Kreis angenommen wurden und der Rechtsordnung in Taiwan nicht entgegengesetzt sein können, hilfreich sein. Das DeTKG kann diese Voraussetzung erfüllen.[94]

II. Reichweite der Untersuchung

Das TwTKG ist ein Gesetz, das auf die Aufrechterhaltung der allgemeinen Ordnung des Telekommunikationswesens abzielt, so dass es vielfältige Rechtsmechanismen umfasst, die sich an divergierenden Zielen des Gesetzes orientieren. Um eine ausführliche Analyse darzustellen, die vor allem mit Rücksicht auf die wirtschaftsverfassungsrechtliche Grundlage durch eine Rechtsvergleichung mit deutschem Recht die oben erwähnte Problematik der Regulierungsnormen beantworten kann, ist eine Abgrenzung des Referenzbereichs in dieser Dissertation erforderlich. Ein angemessener Ausgangpunkt dafür ist die Festlegung der Begriffsverständnisse vom (sektorspezifischen) Regulierungsrecht.

Die extensive und uneinheitliche Nutzung des Stichworts „Regulierung“ ist auf die vielfältigen thematischen Diskussionen zurückzuführen. Neben der

---

94 Auch *Shyr, S.-H.*, Telekommunikationsgesetz Deutschlands, S. 79 f.

vormaligen Legaldefinition der Regulierung gem. § 3 Nr. 13 DeTKG 1996[95] kann dieser unscharfe Begriff i. S. v. Verwaltungspolitik oder im sozialwissenschaftlichen Aspekt verwendet werden[96]. In der erstgenannten Perspektive wird die eher negative Übernormierung von sozialen Lebensbereichen unter dem Terminus „Regulierung" verstanden, wobei der Rückzug staatlicher Einflussnahmen auf die Privatsphäre durch jegliche Gesetze oder exekutiven Maßnahmen i. S. v. „Deregulierung" gefordert wird. Nach einem anderen Begriffsverständnis ist die Regulierung als eine administrative Steuerung anzusehen. Solch eine Konzeption drückt sich daher nicht mehr im Zusammenhang mit der reinen Reduzierung staatlicher Intervention aus, sondern erfährt aufgrund der erkannten Notwendigkeit des hoheitlichen Handelns dadurch einen leitenden Charakter, dass die öffentliche Verwaltung mittels der zur Verfügung stehenden Regulierungsinstrumente unter der Grundentscheidung zum Wettbewerb die erhofften Erfolge in dem sozialen und wirtschaftlichen Prozess ermöglicht oder fördert.[97] Im juristischen Schrifttum ist das zweite Begriffsverständnis der Regulierung durch die Systembildung des regulierenden Verwaltungsrechts als neues Regelungsmuster insb. i. R. d. Netzwirtschaftsrechts bemerkenswert[98].

Die Begriffsdefinition der Regulierung wird weitergehend in engerer oder weiterer Bedeutung differenziert, d. h., es geht um eine wirtschaftswissenschaftliche oder thematisch unbegrenzte Verwendung. Bei der engeren Begriffsverwendung handelt es sich überwiegend um die hoheitliche Intervention im Marktprozess, nämlich die ökonomische Regulierung. Hingegen geht es bei der weiteren Definition nicht nur um die ökonomische Regulierung, sondern auch um die nichtökonomische Regulierung, die meistens auf die Verfolgung der wettbewerbsneutralen Gefahrenabwehr ausgerichtet ist.[99] Da angesichts der hauptsächlichen Probleme im TwTKG das allgemeine Missverständnis des netzwirtschaftlichen Regulierungsgrundsatzes erfasst werden kann, in dem die

95 Gem. § 3 Nr. 13 DeTKG 1996 ist die Regulierung als eine allgemeine Bezeichnung von Rechtsinstituten, die sich auf gesetzliche Ziele richten, zu verstehen: „Regulierung sind die Maßnahmen, die zur Erreichung der in § 2 Abs. 2 DeTKG genannten Ziele ergriffen werden […], sowie die Maßnahmen, die zur Sicherstellung einer effizienten und störungsfreien Nutzung von Frequenzen ergriffen werden."

96 *Ruffert*, AöR 124 (1999), S. 242. Auch *Schmidt-Preuß*, FS R. Schmidt, S. 547 f.

97 Vgl. *Ruffert*, AöR 124 (1999), S. 241 f.; *Masing*., Die Verwaltung 36 (2003), S. 1 f.

98 Vgl. dazu näher *Schmidt-Aßmann*, Allgemeines Verwaltungsrecht, Kap. 3, Rn. 49 f.

99 *Kühling*, Sektorspezifische Regulierung, S. 11 f. Dieses Begriffspaar kann wörtlich durch „economic regulation/social regulation" ersetzt werden. Vgl. dazu *ders.*, Infrastrukturregulierungsrecht, S. 46.

Wettbewerbsorientierung der Dienstleistungen durch privatrechtliche Verträge und die Gemeinwohlorientierung der Sicherstellung der Grundversorgung als öffentlich-rechtliches Gebot des Staates der Ordnungsaufgabe parallel zugrunde liegen[100], ist unter Regulierung bei dieser Arbeit vor allem der wirtschaftswissenschaftlich orientierte Normenbestand zu verstehen. Die wirtschaftsrechtlichen Steuerungsziele und -instrumente des Staates bilden daher das Kernthema. Dabei geht es insb. um Zielvorgraben, Netzzugangsnormen, Netznutzungsentgelt-Vorschriften und die Missbrauchsaufsicht[101].

Die Zugangsregulierung sowie die Entgeltregulierung werden unter dieser Voraussetzung als erstrangige Untersuchungsobjekte betrachtet, weil sie die Regulierungsbehörde ermächtigen, durch mehrere Verwaltungsakte unmittelbar Einfluss auf den Marktprozess insb. im Fall des Vorliegens der monopolistischen Position auf den zugleich als Netzwirtschaft gekennzeichneten Märkten zu nehmen[102]. Daneben muss auch der Gesamtheit der Marktregulierung Rechnung getragen werden, wobei die der Marktregulierung dienende Marktdefinition und -analyse sowie die besondere Missbrauchsaufsicht für untersuchungsbedürftig gehalten werden. Darüber hinaus ist hinsichtlich der altmodischen Normstruktur des TwTKG eine Diskussion für den Zweck des Gesetzes und das Marktzutrittsregime erforderlich. Das Marktzutrittsregime des TwTKG enthält ein kompliziertes Lizenzierungssystem, das gleichfalls den Grundgedanken der Marktregulierung im TwTKG und das Rechtsverhältnis zw. Regulierungsbehörde und Telekommunikationsunternehmen widerspiegelt. In der Tat fungiert dieses Lizenzierungssystem aus Sicht der taiwanesischen Regulierungsbehörde wie früher als notwendige Regulierungstechnik. Die Reichweite dieser Dissertation umfasst daher die Zielsetzung des Gesetzes, die Marktzutrittsregulierung, die Zugangsregulierung, die Entgeltregulierung einschließlich der besonderen Missbrauchsaufsicht.

Einer Ansicht nach ist der Universaldienst trotz seines wettbewerbsneutralen Charakters auch der ökonomischen Regulierung zuzuordnen, weil ein derartiger Mechanismus den Mindeststandard der Telekommunikationsdienste, z. B. Preis wie auch Qualität, prägt und deutlich die Konkretisierung staatlicher Gewährleistungsverantwortung für die Dienstleistung durch Private darstellt[103]. Der Universaldienstmechanismus spielt jedoch im Regulierungsrecht lediglich

100 *Säcker*, AöR 130 (2005), S. 188, 199 f.

101 *Schmidt-Preuß*, Recht der Regulierung, S. 75.

102 Vgl. *Masing*, Die Verwaltung 36 (2003), S. 8 f.

103 *Kühling*, Sektorspezifische Regulierung, S. 353 f.

eine subsidiäre Rolle. Nur wenn das abstrakt vorgestellte Marktergebnis, das im Grundsatz durch den Wettbewerbsprozess erreicht wird, nicht mehr dem Standard der Grundversorgung entspricht, nimmt die Regulierungsbehörde den Universaldienst vor[104]. Aufgrund der Eigenart der Wettbewerbsorientierung bezogen auf das Regulierungsrecht kann der unabhängig vom Wettbewerb formulierte Universaldienstmechanismus bei dieser Dissertation dahinstehen[105].

104 *Masing*, Die Verwaltung 36 (2003), S. 25 f.

105 Ein anderer Grund ist, dass der Universaldienstmechanismus im DeTKG bislang nicht aktiviert wird. In der Realität wird die Grundversorgung der Telekommunikationsdienste von der *Telekom Deutschland GmbH* auf freiwilliger Basis erbracht. Siehe dazu BNetzA, Jahresbericht 2014, S. 89. Angesichts der fehlenden Praxisrelevanz und subsidiären Eigenschaft wäre ein rein dogmatischer Vergleich nicht von Bedeutung.

Teil 2 Das taiwanesische Telekommunikationsrecht

A. Allgemeine Vorschriften im TwTKG

I. Gesetzeszweck und Regulierungsziele

Der Zweck des Gesetzes ist in § 1 S. 1 TwTKG angelegt: „Der Zweck des Gesetzes ist es, die Fortentwicklung im Bereich der Telekommunikation sowie das Gemeinwohl zu fördern, so dass die telekommunikative Sicherheit sowie die Rechte der Nutzer gewährleistet werden können." Dem Wortlaut des Normzwecks kann jedoch nicht unmittelbar entnommen werden, das abstrakte, unbestimmte Gemeinwohl zuvörderst durch den wettbewerbsorientierten Marktprozess zu ermöglichen. Damit soll der Programmsatz des Normzweckes zunächst durch eine Betrachtung der Entstehungsgeschichte weiter konkretisiert werden. Die neue Bestimmung des Gesetzeszwecks wurde angesichts der ununterbrochenen Liberalisierung des Telekommunikationssektors bei der großen Novellierung des TwTKG 1996 eingeführt. Die Gesetzesbegründung für den erneuten § 1 TwTKG wird im Entwurf der TwTKG-Novellierung zum Ausdruck gebracht: Das geltende TKG sei schon jahrzehntelang nicht abgeändert worden und führe im nachhaltigen Prozess der Liberalisierung zur maßgeblichen Anwendungsschwierigkeit, da dieses Gesetz lediglich auf die verwaltungsrechtlichen Regelungen für den öffentlichen Leistungsmonopolisten im telekommunikativen Sektor gerichtet sei und es selbstverständlich an taugenden Regulierungsansätzen für marktorientierte Wirtschaftstätigkeiten privater Telekommunikationsunternehmen fehle; aufgrund derer müssten die alten Vorgaben durch eine Reihe neuer Zielsetzungen ersetzt werden, welche sowohl den Schutz der telekommunikativen Ordnung als auch die Vertrauenswürdigkeit der öffentlich zugänglichen Telekommunikationsdienste aus Sicht der Verbraucher umfasse[106]. Das TwTKG sollte somit den primären Zweck haben, vielfältige Dienste und leistungsfähige Telekommunikationsinfrastrukturen im Wege des Privatisierungsprozesses weiterhin sicherzustellen. Obwohl die Förderung wirksamen Wettbewerbs als unverzichtbare Zielsetzung des TwTKG nach dem Wortlaut von § 1 TwTKG nicht unmittelbar ersichtlich ist, wird der Sicherstellung einer wettbewerbskonformen Leistungsordnung, die auf privater Vertrags- und Handlungsfreiheit anstelle eines staatlichen Leistungsmonopols basiert, aus Sicht des Gesetzgebers zumindest im Wesentlichen nicht widersprochen. Als zweiter Zweck sollen die Rechte der Nutzer trotz der andauernden Abschaffung

106 Entwurfsbegründung zum TwTKG (1996), LY-Drs. Nr. 85/6, S. 92.

des öffentlichen Monopols nicht vernachlässigt werden. Der Staat verfügt aufgrund des Verfassungsauftrages für die telekommunikative Grundversorgung nach wie vor über verwaltungsrechtliche Kompetenzen, um flächendeckende, faire, zuverlässige sowie erschwingliche Dienstleistungen i. R. d. Netzwirtschaften zu gewährleisten[107].

Daneben hat der *Fundamental Communications Act* (FCA) auch eine Reihe normativer Regulierungsziele beim Telekommunikations- sowie Mediensektor detailliert ausgeführt. Die Regulierungsbehörde muss sich daher an solche Regulierungsgrundsätze binden, die eine Grundentscheidung für das zukünftige Regulierungsmodell darstellen können[108]. Diese im FCA vorgeschriebenen Vorschriften haben zwar weder imperative Bedeutung noch beinhalten sie relevante Regulierungskompetenzen, aber sie sollen bei der Begründung für die Vornahme einer Regulierungsverfügung als unmittelbare Mitwirkungsfunktion in Betracht gezogen werden[109]. Gem. § 6 FCA soll die Regulierungsbehörde eine pluralistische Entwicklung der öffentlich zugänglichen Telekommunikationsdienste sichern und die technische Innovation nicht unsachgerecht beeinträchtigen (Prinzip der pluralistischen Entwicklung). Darüber hinaus soll sie gem. §§ 7, 10 FCA eine willkürliche Diskriminierung zw. verschiedenen Vermittlungstechnologien nicht behandeln (sog. Prinzip der Technologieneutralität)[110]. Um den Wettbewerb auf den Telekommunikationsmärkten zu fördern sowie die Öffentlichkeit der telekommunikativen Netze zu stärken, ist § 11 Abs. 1 dieses Gesetzes einverstanden, dass die Regulierungsbehörde notwendige Eingriffsmaßnahmen zur Ermöglichung der Zusammenschaltung verschiedener Netze vornehmen kann[111]. Diese Maßnahmen müssen aber gem. § 11 Abs. 2 FCA transparent,

---

107 *Chuang, Y.-F./Liu, C.-J.*, Socioeconomic Law and Institution Review 19, S. 23; einiger Ansichten nach nähert sich der Schutz der Nutzerrechte i. S. v. § 1 TwTKG der Gewährleistungsverantwortung des Staates an. Vgl. *Chan, C.-J.*, Verpflichtungen zum Einfluss und zur Regulierung, S. 125 f.

108 *Huang, C.-N./Dai, H.-J.*, Science & Technology Law Review 16/9, S. 32 f.; *Chen, R.-J.*, Science & Technology Law Review 16/3, S. 43 f.

109 FTA ist ein sog. reines Rahmengesetz über die Zusammenarbeit zw. dem NCC und der zentralen Regierung sowie die politischen Gesamtplanungen für den Telekommunikations- und Rundfunksektor. Die konkreten Regulierungskompetenzen der Behörde sind somit auf das TwTKG sowie *Gesetz über Organisation des NCC* zurückzuführen. Vgl. *Chien W.-K.*, Technology Law Review 4/2, S. 233 f.

110 *Lee, C.-A.*, Technology Law Review 3/1, S. 192 f. Zur Kritik an der Anwendung des Terminus Neutralität anstatt Diskriminierungsverbot siehe *Peng, H.-Y./Chen, J.-L.*, Taiwan Law Review 151, S. 92.

111 Entwurfsbegründung zum TwTKG (2003), LY-Drs. Nr. 93/2 S. 64 f.

nachvollziehbar sowie diskriminierungsfrei sein (Prinzip der Zusammenschaltung). Aus diesem Grund soll diese Vorschrift zur Sicherung der Zusammenschaltungsumstände von Netzen als erforderliche Ergänzung des Normzweckes im TwTKG gelten, nämlich zur Sicherung vielfältiger Dienste und leistungsfähiger Telekommunikationsinfrastruktur. Ohne eine solche Ergänzung könnten die Schaffung und Gewährleistung eines wirksamen Wettbewerbes auf den Telekommunikationsmärkten als eines der Regulierungsziele vom TwTKG aus dem zu abstrakt vorgesehenen § 1 TwTKG nicht abgeleitet werden. Zu guter Letzt, aber nicht minder wichtig, sind daseinsnotwendige und ausreichende Universaldienste gem. § 12 FCA unter der Gesamtplanung vom NCC so betont, dass die für die Realisierung staatlicher Gewährleistungsverantwortung unverzichtbaren Maßnahmen gestattet sind (Prinzip des Universaldienstes). Dies steht im Einklang mit dem subsidiären Zweck vom TwTKG.

II. Anwendungsbereich des Gesetzes

1. TwTKG und Mediengesetze

Neben dem Normzweck enthält § 1 des Gesetzes auch die Vorschrift über das Anwendungsverhältnis mit relevanten Gesetzen. § 1 S. 2 TwTKG schreibt vor: „Andere Gesetze finden Anwendung, wenn dieses Gesetz es nicht regelt." Dies wäre mit Blick auf den Wortlaut eigentlich überflüssig, da bei der fehlenden anzuwendenden Norm im TwTKG für den in Rede stehenden Sachverhalt selbstverständlich auf anwendbare Vorgaben in anderen Gesetzen zurückgegriffen werden muss. Allerdings hat der Gesetzgeber bei der Begründung des Entwurfs des TwTKG 1976 eindeutig dargelegt, dass das Gesetz im Vergleich zu anderen auch für die Telekommunikationstätigkeiten gesondert vorgesehenen Vorschriften einen subsidiären Charakter haben solle, um der potenziellen Anwendungskonkurrenz zw. beiden Normen vorzubeugen[112]. Diese Regelung ist seit der Einführung in das Gesetz nicht mehr abgeändert worden. Da „dieses Gesetz nicht regelt" vor diesem Hintergrund „die Ermangelung der strengeren Anwendungsvoraussetzung oder Tatbestände in Vorschriften dieses Gesetzes" bedeutet, sollte diese Regelung auf diese Weise interpretiert werden: „Andere Gesetze finden dann Anwendung, soweit dieses Gesetz es nicht gesondert regelt." Ein Indiz, dass sich das TwTKG als ein Allgemeingesetz gegenüber anderen Gesetzen darstellt, ist hiermit durch die Erklärung des Willens des Gesetzgebers bestätigt. Da sich der Telekommunikationsdienst i. S. v. § 2 Nr. 4 TwTKG nur auf

112 Entwurfsbegründung zum TwTKG (1966), LY-Drs. Nr. 65/100, S. 14 f.

die Tätigkeit auf der Infrastrukturebene bezieht und legal definiert wird als eine mittels Telekommunikationsanlagen erbrachte Leistung, unabhängig von ihren Vermittlungstechnologien, Signalarten oder Inhalten, ist die Anwendung dieses Gesetzes im Vergleich zu anderen elektronischen Mediengesetzen – beispielsweise *Gesetz für Kabelfernsehen*, das auf spezifische Fernsehdienste durch Kabelversendung ausgerichtet ist, als verdrängt anzusehen[113]. Die Gesetze, die nach dem traditionellen Medienbegriff oder der spezifischen Übertragungsweise im Hinblick auf ihre Tatbestandsmerkmale gesondert formuliert sind, sind auf dieser Grundlage vorrangiger als das TwTKG anzuwenden, wenn keine engeren Anwendungsvoraussetzungen in Vorschriften des TwTKG vorliegen. Der Dienstinhalt und die von anderen Gesetzen besonders geregelte Signalübertragung bleiben beim TwTKG ebenfalls unberührt.[114]

2. TwTKG und allgemeines Wettbewerbsgesetz

Die reine Auslegung für § 1 S. 2 TwTKG ist jedoch dafür nicht ausreichend einleuchtend, in welchem Verhältnis zum allgemeinen Wettbewerbsgesetz das TwTKG i. R. d. Verhaltenskontrolle für die missbräuchliche Ausnutzung der beträchtlichen Marktmacht eines oder mehrerer Unternehmen steht. Einerseits hatte der damalige Gesetzgeber (1976) nicht in Betracht gezogen, dass das TwTKG seit dem Beginn der Privatisierung des Telekommunikationsmarkts in das sektorspezifische (Markt-)Regulierungsrecht umgewandelt hätte werden können und somit auch solche Vorschriften in das TKG eingeführt würden, welche sich auf die (nachträgliche) Verhinderung der willkürlichen Handlungen des marktbeherrschenden Telekommunikationsunternehmens richten und mit dem Kartellrecht das gleiche Ziel verfolgen. Eine mit dem § 1 S. 2 TwTKG

---

113 Vgl. *Lee, C.*, Science & Technology Law Review 20/10, S. 3; *Chiang, Y.-K./Chou, Y.-T.*, Chengchi Law Review 70, S. 139 f.

114 Gem. § 2 Nr. 1 TwTKG ist die Telekommunikation die jeweilige Vermittlungsweise, die in Anwendung auf Empfang, Versendung oder Übertagung der Symbole, Wörter, Bilder sowie Stimmen mit Hilfe der leistungsgebundenen oder drahtlosen elektromagnetischen Technologie oder optischer Fasern erfolgt. Dies wird weiter durch eine historische Auslegung konkretisiert. Dem § 1 TwTKG i. d. F. 1958 kann entnommen werden, dass die elektromagnetische Technologie für die Aussendung des Rundfunks grundsätzlich unter die Telekommunikation fällt, sobald keine besonderen Regelungen anwendbar sind. Das TwTKG wies somit einen subsidiären Charakter auf und hinterließ dem Gesetzgeber den Entscheidungsspielraum, einzelne und spezielle Gesetzgebungen für den Rundfunk oder andere Medien zu erlassen. Siehe dazu *Peng, H.-Y./Chien W.-K.*, Ft Law Review 133, S. 57.

höchst ähnliche Vorgabe im Kartellgesetz Taiwans, *Fair Trade Act* (FTA)[115], liegt andererseits ebenfalls vor[116]. Angesichts des nicht eindeutigen Anwendungsverhältnisses der beiden an sich definierenden „Allgemeingesetze" ist ein potenzieller Kompetenzkonflikt zw. Regulierungsbehörde und Kartellamt nicht von vornherein ausgeschlossen.

Hinsichtlich dieser potenziellen Normkonkurrenz zw. dem allgemeinen Wettbewerbsrecht und dem am sektorspezifischen Regulierungsrecht orientierten Telekommunikationsgesetz hat die für die Kartellaufsicht zuständige Behörde, *Fair Trade Committee* (FTC)[117], die selbstbindende Verwaltungsvorschrift „*Bekanntmachung über das Überwachungsverhältnis zum Telekommunikationsunternehmen* (ÜT-Bek.)"[118] erlassen, in der die Grundlage für die Aufteilung der Überwachungsbefugnis gegenüber den Telekommunikationsunternehmen erklärt wird. Nach diesem Verwaltungsdokument ergibt sich eine Spezialität in der gesamten Wettbewerbsordnung bei den auf Grundlage der asymmetrischen Regulierungsidee basierenden Zusammenschaltungs-, Entgeltgenehmigungsvorschriften sowie Verpflichtungsklauseln für getrennte Rechnungsführung. In diesem Rahmen seien die im TwTKG vorgeschriebenen Vorgaben vorrangig anzuwenden. Das FTC erkennt daneben auch die materielle Besonderheit der in § 26-1 TwTKG angelegten Unterlassensverpflichtungen, die der Verhinderung des missbräuchlichen Verhaltens von 1KTU mit beträchtlicher

115 Das Fair Trade Act (FTA) enthält tatsächlich nicht nur das Kartellrecht, sondern auch die Regelungen gegen unlauteren Wettbewerb. Solche Gesetzgebungstechnik könnte jedoch zu Unrecht die Effektivität der Kartellaufsicht belasten. Vgl. dazu näher *Wu, H.-M.*, Wettbewerbsbeschränkende Vereinbarungen, S. 79 f.

116 § 46 FTA schreibt vor: „Dieses Gesetz findet dann Anwendung, wenn es sich um wettbewerbliche Handlungen des Unternehmens handelt. Aber andere Gesetze sind vorrangig anzuwenden, soweit die in Rede stehende Regelung dem Zweck dieses Gesetzes nicht zuwiderläuft." In der Regierungsbegründung des Referenzentwurfs FTA 2015 ist die Subsidiarität vom FTA im Vergleich zu anderen Gesetzen für den gleichen Sachverhalt auch anerkannt. Dazu vgl. Entwurfsbegründung-FTA (2015), LY-Drs. Nr. 103/65, S. 373.

117 FTC ist genauso wie NCC als unabhängige Behörde errichtet, da sein Aufbau gem. §§ 4 Abs. 1, i. V. m. 8 i. V. m. 10 Abs. 1 *Gesetz über Organisation vom FTC* mit Blick auf dessen Gremiumsform und die Ernennungsweise der Kommissionsmitglieder vereinbar mit der Legaldefinition der unabhängigen Behörde i. S. v. *Basic Code Governing Central Administrative Agencies Organisation* ist. Vgl. dazu näher Liao, Y.-N. (Hrsg.), Fair Trade Law Bd. III, S. 96 f.

118 FTC, ÜT-Bek., Abrufbar unter: https://www.ftc.gov.tw/upload/52b91ab0-c5df-4665-953e-a98ee9aa1fa3.pdf (letzter Abruf: 01.08.2016).

Marktmacht dienen; trotzdem findet die kartellrechtliche Generalklausel (§ 9 FTA) dabei parallele Anwendung[119]. Das FTC ist der Ansicht, dass es bei der missbräuchlichen Ausnutzung der marktbeherrschenden Stellung immerhin selbstständige Eingriffs- und Beurteilungsbefugnis im Einzelfall habe[120].

119 FTC, ÜT-Bek., Punkt 3.

120 Literatur vgl. *Wu, H.-M.*, Verfassung und Grundordnung, S. 211; *Su, Y.-C.*, Anwendungsfrage des geänderten § 46 FTA, S. 232 f.

B. Marktzutrittsvoraussetzung: Lizenzierung

Wer sowohl auf den Endkundenmärkten als auch für andere Dienstanbieter die öffentlich zugänglichen Telekommunikationsdienste in Taiwan vermarktet, bedarf – anders als die reine Meldepflicht nach § 6 Abs. 1 DeTKG – einer von der Regulierungsbehörde erteilten Lizenz, die anhand der unternehmerischen Betriebsstruktur weiter in zwei gesetzliche Klassen differenziert wird. Das TwTKG normiert somit eine asymmetrische Marktzutrittsregulierung, indem zum einen das Verbot mit verwaltungsrechtlichem Befreiungsvorbehalt (sog. „Sondererlaubnis" nach dem Gesetzestext von § 12 Abs. 1 TwTKG) als strengere Marktzutrittsvoraussetzung und zum anderen das Verbot mit Erlaubnisvorbehalt (sog. „generelle Erlaubnis" i. S. v. § 18 Abs. 1 TwTKG) als schwächere Anforderung ausgestaltet werden[121]. Aus diesem Grund müssen die beiden Lizenzklassen separat erklärt werden[122].

I. Kontingentgenehmigung für ein erstklassiges Telekommunikationsunternehmen

1. Rechtsfigur

Ein Unternehmer fällt unter die Kategorie Telekommunikationsunternehmen, wenn er gem. § 2 Nr. 5 TwTKG gewerblich öffentlich zugängliche Telekommunikationsdienste erbringt. Die Legaldefinition des Telekommunikationsdienstes ist gem. § 2 Nr. 4 TwTKG nicht exakt formuliert als durch Telekommunikationsnetze

---

121 Vgl. dazu näher *Lin, S.-G.*, Telekommunikative Regulierung, S. 152 ff.; *Liu, K.-C.*, Science & Technology Law Review 12/6, S. 36 f.; *Chuang, Y.-F./Liu, C.-J.*, Socioeconomic Law and Institution Review 23, S. 83 f.; *Huang, T.-J.*, Rootlaw Review 29/4, S. 147 f.; *Liao, Y.-H.*, Socioeconomic Law and Institution Review 26, S. 91 f.; *Li, C.-J.*, National University of Kaohsiung Law Journal 4, S. 153 ff.

122 Da diese Arbeit den Schwerpunkt auf die Lizenzierung für 1KTU und 2KTU legt, d. h. wer nur mittels öffentlicher Telekommunikationsnetze seine telekommunikationsbezüglichen Produkte für die Öffentlichkeit erbringt, sind die Telekommunikationsdienste für geschlossene Nutzergruppen hierbei nicht zu berücksichtigen. Der hier in Betracht kommende Telekommunikationsdienst stellt sich als Gegenbegriff des (öffentlich zugänglichen) Telekommunikationsdienstes i. S. v. § 2 Nr. 4 TwTKG dar und wird gem. § 2 Nr. 6 TwTKG legal definiert als „zweckgebundene Telekommunikation". Gem. § 47 Abs. 1 TwTKG unterliegen die Tätigkeiten der zweckgebundenen Telekommunikation auch einer Lizenzpflicht.

erbrachte Dienstleistung. Daneben fehlt es an einer präzisen Legaldefinition vom telekommunikationsgestützten Dienst, so dass sowohl dasjenige Unternehmen, das klassische Telekommunikationsdienste erbringt, als auch dasjenige Unternehmen, das lediglich telekommunikationsgestützte Dienste anbietet, ausnahmslos den Telekommunikationsunternehmen zugeordnet wird. Die Telekommunikationsunternehmen werden gem. § 11 Abs. 1 TwTKG weiterhin in zwei Klassen eingeteilt. § 11 Abs. 2 TwTKG sieht vor, dass dasjenige Telekommunikationsunternehmen ein 1KTU ist, soweit es auf Basis vom eigenständig betriebenen Telekommunikationsnetz gewerblich öffentlich zugängliche Telekommunikationsdienste erbringt. Dasjenige Telekommunikationsunternehmen, das nicht dem 1KTU zugeordnet ist, ist hingegen gem. § 11 Abs. 4 TwTKG ein 2KTU. Der Anhaltspunkt besteht daher lediglich darin, ob ein solches Telekommunikationsunternehmen in der Realität über das den öffentlich zugänglichen Telekommunikationsdiensten oder telekommunikationsgestützten Diensten dienende Telekommunikationsnetz sowie dessen zugehörige Telekommunikationseinrichtung verfügt. Ob und welche öffentlich zugänglichen Telekommunikationsdienste und/oder telekommunikationsgestützten Dienste von dem Lizenznehmer erbracht werden, ist hierbei unerheblich.[123] Das Telekommunikationsnetz ist nach § 11 Abs. 3 TwTKG eine technische Einrichtung, die eine Gesamtheit von Übertragungssystemen und zugehörigen Einrichtungen bildet und damit die als Nachrichten identifizierbaren elektronischen oder optischen Signale senden, übertragen, vermitteln oder empfangen kann, unabhängig von der Art der übertragenen Informationen. Da das vom 1KTU betriebene Telekommunikationsnetz der Öffentlichkeit immer zur Verfügung steht, ist es mit dem öffentlichen Telekommunikationsnetz synonym. 1KTU ist folgerichtig mit dem Betreiber des öffentlichen Telekommunikationsnetzes identisch.

Im Rahmen der Marktzutrittsregulierung unterliegt das 1KTU gem. § 12 Abs. 1 TwTKG einer Lizenzpflicht, die sich als eine Kontingentgenehmigung darstellt, da die Höchstzahl der Lizenzen, der lizenzpflichtige Geschäftsgegenstand, das Geschäftsgebiet sowie die Zulassungsfrist gem. § 12 Abs. 6 TwTKG *ex ante* von der Regulierungsbehörde eingeschränkt werden können und die Einzelheiten in Form der Rechtsverordnung der Regulierungsbehörde festzustellen sind. Aus diesem Grund enthält die Lizensierung vom 1KTU ein Merkmal der verteilungslenkenden Genehmigung. Dies impliziert damit ein besonderes Recht für die Ausübung auf dem Telekommunikationsmarkt. Die Ursache der

---

123 *Li, C.-J.*, National University of Kaohsiung Law Journal 4, S. 164 f.; *Wang, Y.-C.*, Klassifizierung der Telekommunikationsunternehmen, S. 247 f.

Genehmigungsbedürftigkeit liegt nicht nur an sachlichen, sondern auch an wirtschaftspolitischen Gründen[124]. Die Regelung der Höchstzahl von Lizenzen ist aus sachlichem Grund gerechtfertigt, wenn eine Ressourcenknappheit auftritt und somit nur eine begrenzte Anzahl von Unternehmen aus technischer oder betriebswirtschaftlicher Perspektive auf dem in Betracht kommenden Markt tätig sein kann. In diesem Fall soll der Staat durch die Vergabe von Kontingentgenehmigungen die Verteilung der öffentlichen Ressourcen, die für die Erbringung der öffentlich zugänglichen Telekommunikationsdienste unerlässlich sind, kontrollieren, damit eine effiziente Nutzung der knappen Ressourcen gesichert werden kann[125]. Aus wirtschaftspolitischen Gründen kann eine Angebotsverknappung auch in Betracht gezogen werden. Bevor ein Unternehmen die Lizenz erhält und weitergehend seine lizenzpflichtigen Geschäfte auf den Telekommunikationsmärkten ausübt, muss es normalerweise in den Aufbau der massenhaften Telekommunikationseinrichtungen investieren. Die Telekommunikationswirtschaft stellt sich daher durch starke Skalen-, Verbund- und Dichtevorteile als Netzwirtschaft dar und löst unmittelbare Netzeffekte aus. Vor diesem Hintergrund wird die Vergabe der Lizenzen limitiert mit dem wettbewerbspolitischen Ziel, eine ruinöse Konkurrenz zu verhindern.[126] Um die negativen Auswirkungen der Liberalisierung von telekommunikationsrelevanten Märkten zu vermeiden, hat die taiwanesische Regulierungsbehörde für die Befreiung des Markts mit der begrenzten Vergabe von Genehmigungen einen weiterreichenden Ermessensspielraum. Sie hält daher eine Entscheidungskompetenz in der Hand, welcher Geschäftsgegenstand zu welchem Zeitpunkt und für welches Gebiet zu gestatten ist. Die Arten der lizenzpflichtigen Geschäfte und geografischen Geschäftsgebiete werden von der Behörde nach ihrer bedarfspolitischen Vorstellung durch mehrere Rechtsverordnungen eingeteilt und dementsprechend mehrere spezifische Sekundärlizenzen ausgeprägt. Das Marktergebnis im Bereich der Telekommunikation ist somit nicht in erster Linie vom Wettbewerbsprozess, sondern zuerst von der Zutrittsschranke gesteuert, mit dem verfolgten Zweck, dass die öffentlichen Interessen unter Einbeziehung der Leistungsfähigkeit und

---

124 *Li, C.-J.*, National University of Kaohsiung Law Journal 4, S. 166.

125 Die Rechtsprechung in der taiwanesischen verfassungsrechtlichen Auslegung hat in der Rechtfertigungsfrage der regulatorischen Frequenzvergabe die Rechtfertigung der Kontingentgenehmigung auch bejaht. Siehe dazu VerfA Nr. 678, Begründung Rn. 1. Darüber hinaus normiert § 10 FCA eine faire, diskriminierungsfreie, effiziente und technisch neutrale Regulierung für die Vergabe knapper Ressourcen.

126 Vgl. *Lin, S.-G.*, Telekommunikative Regulierung, S. 152; *Chuang, Y.-F./Liu, C.-J.*, Socioeconomic Law and Institution Review 23, S. 87.

Zuverlässigkeit des Genehmigungsverpflichteten im Wege der Liberalisierung nicht entfallen sollen[127].

Beim Antrag der Genehmigung werden mehrere Prüfungsmaßstäbe durch mehrere Rechtsverordnungen, welche aufgrund der Verordnungsermächtigung von § 14 Abs. 6 TwTKG erlassen werden, als verteilungslenkende Elemente eingeführt, um sicherzustellen, dass der Lizenznehmer den öffentlichen Interessen dienen und sich der regulatorischen Lenkung der zuständigen Regulierungsbehörde unterwerfen wird. Damit werden diese verteilungslenkenden Elemente zugunsten der Kontrollzwecke für die funktionsfähigere Erbringung der Telekommunikationsdienstleistung als unentbehrlich betrachtet.[128]

Dieser Marktzutrittsmechanismus kann vier Kernstücken zugeteilt werden, d. h. der Organisationsstruktur, den formellen Voraussetzungen für einen Lizenzantrag, dem allgemeinen Genehmigungsverfahren wie auch der materiellen Genehmigungsprüfung. Während die erstgenannten drei Teile den allgemeinen Voraussetzungen für alle 1KTU zugeordnet werden können, stellt sich der letzte anhand der sekundären Lizenzklassen durch verschiedene Rechtsverordnungen als gesonderter Teil der Kernelemente der Marktzutrittsregulierung dar.

2. Allgemeine Voraussetzungen

Die Voraussetzungen für die Organisationsstruktur beziehen sich auf die Unternehmensform sowie die Kapitalstruktur. Ein 1KTU soll gem. § 12 Abs. 2 TwTKG eine AG sein, die nach taiwanesischem *Gesellschaftsgesetz* als gesetzlich gewerblicher Verein eingetragen ist. Überdies ist eine Obergrenze für das Fremdkapital gem. § 12 Abs. 2, Abs. 3 und Abs. 4 TwTKG mit einem komplizierten Rechnungsansatz formuliert, der der Festlegung von sämtlichen Prozentanteilen der unmittelbaren oder mittelbaren Aktien aus ausländischen Investitionen dient. Kurz gesagt hat dieses Gesetz das Ziel, dass das tatsächliche Kontrollrecht für ein 1KTU nicht von Auslandsunternehmen eingenommen werden soll[129].

---

127 *Li, C.-J.*, National University of Kaohsiung Law Journal 4, S. 167.

128 Vgl. *Lin, S.-G.*, Telekommunikative Regulierung, S. 173 f.; *Chuang, Y.-F./Liu, C.-J.*, Socioeconomic Law and Institution Review 23, S. 94.

129 Zum Begründungsgrund vgl. *Chuang, Y.-F./Liu, C.-J.*, Socioeconomic Law and Institution Review 23, S. 102. Geltender § 12 Abs. 3 TwTKG normiert, dass natürliche sowie rechtliche Fremdpersonen bei einem 1KTU nicht insgesamt unmittelbar über die Anteile in Höhe von 50 % oder mittelbar insgesamt über die Anteile in Höhe von 61 % verfügen sollen. Die mittelbaren Anteile sind gem. § 12 Abs. 4 TwTKG von einer Rechnung ausgeführt, wobei die Prozentanteile am Telekommunikationsunternehmen von der lokalen Gesellschaft mal deren fremde Prozentanteile gewählt werden.

Bei formellen Voraussetzungen für den Lizenzantrag handelt es sich um eine Reihe schriftlicher Unterlagen, die zumindest ein Antragsformular und eine Betriebsplanung umfassen. Gem. § 13 Abs. 2 TwTKG sollen der gewünschte Geschäftsgegenstand (Nr. 1), der Geschäftsraum (Nr. 2) und -zeitraum (Nr. 9), das Betriebsmodell (Nr. 3), die Beschreibung der verfügbaren Telekommunikationseinrichtungen (Nr. 4), die Finanzstruktur (Nr. 5), die Betriebsfähigkeit und der künftige Betriebsplan (Nr. 6), die Dienstleistungsgebühr und der Rechnungsansatz (Nr. 7) sowie die personale Struktur (Nr. 8) im Antragsformular bezeichnet werden. Diese Aufzeichnungen werden als wichtige Informationen angesehen, die von der Regulierungsbehörde beim Verteilungsverfahren herangezogen werden können.

Nachdem dem Lizenzantrag von der Regulierungsbehörde zugestimmt worden ist, findet ein Prozess für den Aufbau und die Prüfung der Telekommunikationseinrichtung statt, also ein allgemeines Genehmigungsverfahren. Zuerst gewährt die Regulierungsbehörde dem Antragsteller gem. § 14 Abs. 2 i. V. m. Abs. 3 TwTKG einen Vorbescheid für die Betriebsvorbereitung mit bestimmten Anforderungen, bei denen zulässige Einrichtungsgebiete und die Bauzeit festgestellt werden. Darüber hinaus ist die Kaution zu erheben, welche die planmäßige Vollendung der Aufbauplanung garantierten soll[130]. Der Antragsteller kann daher keinen Anspruch auf Schlichtung erheben und muss unbedingt dem von der Regulierungsbehörde festgelegten Plan über die Netzeinrichtung beipflichten. Erst werden die errichteten Telekommunikationseinrichtungen durch die Qualitäts- und Kapazitätsprüfung nach § 39 TwTKG qualifiziert und die Lizenzgebühr[131] entrichtet sind, dann erteilt die Regulierungsbehörde dem Antragsteller gem. § 14 Abs. 4 TwTKG eine offizielle Genehmigung, mit der es dem Genehmigungsempfänger gestattet ist, ein eigenes Telekommunikationsnetz zu betreiben und telekommunikative Produkte zu vermarkten[132].

Zur Kritik dazu vgl. *Peng, H.-Y./Chien W.-K.*, Beschränkung des fremden Kapitals, S. 415 f.

130 Vgl. *Lee. C./Su, J.-E.*, in: Global Competition Review (Hrsg.), Telecoms and Media, S. 304.

131 Die Einzelheiten für die Höhe oder Rechnungsmethoden der Lizenzgebühr sind gem. § 70 TwTKG durch Rechtsverordnungen erlassen. Vgl. dazu *Sun, L.-C.*, Lizenzgebühr, S. 399 ff.

132 Sowohl der Vorbescheid als auch die offizielle Genehmigung sollen als Verwaltungsakt i. S. v. dem taiwanesischen *Administrative Procedure Act* zu qualifizieren sein. Vgl. dazu *Liao, Y.-H.*, Socioeconomic Law and Institution Review 26, S. 118 f.

3. Materielle Genehmigungsprüfung

a) *Ausgestaltung der Sekundärlizenz unter marktbezüglichem Ermessen*

Da der lizenzpflichtige Geschäftsgegenstand, die Höchstzahl der Lizenz, Geschäftsraum oder -zeitraum gem. § 14 Abs. 6 TwTKG von der Regulierungsbehörde festgestellt werden, ist die Regulierungsbehörde befugt, unter Berücksichtigung der sachlichen, marktbezüglichen Bedingungen zu entscheiden, welcher Produkt- oder Dienstleistungsmarkt mit der gewünschten Anzahl von Anbietern befreit werden soll. Das Ermessen der marktbezüglichen Bedingungen knüpft insb. am wirtschaftspolitischen Zweck der Kontingentgenehmigung an[133]. Es stellt sich als Schüsselbegriff der Kontingentgenehmigung dar. Es ist daher nicht ausgeschlossen, dass die Regulierungsbehörde nur eine kleine Menge von Unternehmen unter Einbeziehung des vom Antragsteller entworfenen Betriebsplans sowie der Angaben in ihr Antragsformular aufnehmen will, damit eine konzentrierte Aufsicht über die geringe Anzahl von Unternehmen vorgenommen und der plötzliche oder willkürliche Marktaustritt des ausgewählten Unternehmens verhindert werden kann[134].

Die materiellen Voraussetzungen für den Marktzutritt sind stark zersplittert. Die Regulierungsbehörde hat von der Normierung in Form der Verordnung aufgrund des § 14 Abs. 6 TwTKG Gebrauch gemacht, um den Normbestand neben allgemeinen Voraussetzungen auszubauen. Die Regulierungsbehörde hält für

---

133 *Chuang, Y.-F./Liu, C.-J.*, Socioeconomic Law and Institution Review 23, S. 88 f.

134 Da die Anzahl der Telekommunikationsdienstanbieter von vornherein eingeschränkt werden kann, bedarf es entsprechend einer Marktaustrittsregulierung. Dies wird auch in § 15 Nr. 1 TwTKG geregelt. Ohne eine solche Austrittsregulierung könnte die Eintrittsregulierung bedeutungslos sein, weil die Regulierungsbehörde die Anzahl der auf dem Markt tätigen Telekommunikationsunternehmen nicht effektiv kontrollieren könnte. Ein Indiz dafür liefert somit, dass der Gesetzgeber des TwTKG einen von der Regulierungsbehörde intensiver gesteuerten Markt für öffentlich zugängliche Telekommunikationsdienste bevorzugt. Siehe dazu *Chuang, Y.-F./Liu, C.-J.*, Socioeconomic Law and Institution Review 23, S. 89 f. Aus dieser Begründung hatte die Regulierungsbehörde 1998 geplant, bei der Vergabe der Lizenz für das Gesamtgeschäft durch das eigene Festnetz (Lizenzklassen Nr. 4 beim Festnetz) nur zwei Anträge zu genehmigen. Diese Planung löste jedoch zahlreiche Kritiken aus. Die Beschränkung der Anzahl von Genehmigungen wurde daher zumindest beim Festnetz in der Verwaltungspraxis nicht durchgeführt. Vgl. dazu näher *Liu, K.-C.*, Ft Law Review 114, S. 14 f. Demgegenüber wird die Anzahl der Lizenzen beim Mobilfunknetz wegen der Ressourcenknappheit durch die Zuteilung der Frequenzbände in betreffenden Rechtsverordnungen beschränkt.

die Befreiung neuer Märkte im Bereich der Telekommunikation einen weiten Ermessenspielraum in der Hand. Die objektiven Marktzugangsvoraussetzungen, wie befreite Geschäftsbereiche und die entsprechende Höchstzahl der Lizenz, sowie die betreffenden subjektiven Marktzutrittsvoraussetzungen eines 1KTU werden anhand entweder des Übertragungsweges oder des technischen Standards weiterhin durch sieben Rechtsverordnungen aufgestellt, in denen mehrere auf verschiedene Geschäftsgegenstände gerichtete Sekundärlizenzen jeweils ausgeprägt werden. Diese Rechtsverordnungen und begleitenden Sekundärlizenzen bilden sämtliche Prüfungsmaßstäbe mit unterschiedlich eingriffsintensiven Anforderungen heraus. Um Charakteristika der taiwanesischen Kontingentgenehmigung schwerpunktmäßig zu betonen, soll hiermit nur die Lizensierung des Festnetzes und Mobilfunknetzes in Betracht kommen.

In der derzeitigen Verwaltungspraxis ist die Höchstzahl der Lizenzen für den Festnetzbetrieb ausdrücklich nicht mehr beschränkt[135]. Gem. § 4 TdFVO werden fünf Sekundärlizenzen anhand der geschäftlichen Gebiete sowie Gegenstände klassifiziert: öffentliche Ortstelefonverbindungen für Privatkunden an festen Standorten und Mietleitungen im örtlichen Geschäftsgebiet (Nr. 1), öffentliche Inlandstelefonverbindungen für Privatkunden an festen Standorten und Mietleitungen im inländischen Geschäftsgebiet (Nr. 2), öffentliche Auslandstelefonverbindungen für Privatkunden an festen Standorten und Mietleitungen im zugelassenen Geschäftsgebiet (Nr. 3), dasjenige Gesamtgeschäft, welches oben erörterte Geschäftsgegenstände umfasst (Nr. 4), Mietleitung, bei der solche Leistungen ursprünglich nicht dem Signalaustausch dienen (Nr. 5).

Bei den Mobilfunkdienstleistungen sind die sekundären Lizenzen gegenüber der in TdFVO verwandten Klassifizierungsweise grundsätzlich infolge der verschiedenen Technologiestandards in den jeweiligen Verordnungen festgestellt. Dabei ergeben sich die Sekundärlizenz für GSM(2G)-Mobiltelefondienste nach *Verordnung zum Telekommunikationsdienst mittels des Mobilfunknetze*[136], für IMT-2000(3G)-Mobiltelefondienste nach *Verordnung*

135 *Liu, K.-C.*, Science & Technology Law Review 12/6, S. 36.

136 In dieser Rechtsverordnung sind neben dem Mobiltelefondienst mit 2G-Standard auch andere schmalbandige drahtlose Telekommunikationsdienste, beispielsweise Mobilfunkdatendienst, Mobilfunktelefondienst, mittels niedriger Frequenzbänder sowie der Radio-Anrufdienst einschlägig. Die auf dem 2G-Mobilfunknetz basierenden Dienste sowie andere schmalbandige drahtlose Dienste sind zurzeit weniger von Bedeutung, da das NCC spätestens am 30.06.2017 durch die Hinzufügung einer Auslaufklausel in relevanter Rechtsverordnung alle Betriebslizenzen für den 2G-Mobiltelefondienst widerrufen wird. Siehe dazu seine Bekanntmachung über die

zum Telekommunikationsdienst mittels des 3G-Mobilfunknetzes, für (3.9G-) Wireless-Breitband-Internetzugangsdienste nach *Verordnung zum Wireless-Breitband-Telekommunikationsdienst* und zuletzt für (4G-)Mobilfunk-Breitband-Internetzugangsdienste mit dem LTE-Advanced-Standard nach *Verordnung zum Telekommunikationsdienst mittels des 4G-Mobilfunknetzes*[137]. Wegen der Knappheit der Frequenz ist die Anzahl der Lizenzen für das jeweilige Mobilfunknetz dementsprechend begrenzt.

b) Verteilungsverfahren

Bei der Vergabe der beschränkten Lizenzen sind zwei unterschiedliche Prozesse anzuwenden. Während das Ausschreibungsverfahren als traditionelle Verteilung der Lizenzen gilt, ist das neu eingeführte Versteigerungsverfahren bei der Auswahl der Telekommunikationsdienstanbieter mit 3G- oder 4G-Standard durchzuführen.

aa) Ausschreibungsverfahren

Wenn die Anzahl der Sekundärlizenzen von der Regulierungsbehörde beschränkt wird, findet ein Ausschreibungsverfahren Anwendung, das eine Reihe von subjektiven und qualitätsorientierten Kriterien zur Auswahl angemessener Dienstanbieter beinhaltet. Diese Kriterien sind einerseits als verteilungslenkende Elemente anzusehen, stellen sich andererseits aber als personale Konzession dar. Durch das Ausschreibungsverfahren sollte gewährleistet werden, dass

---

Einstellung des 2G-Mobiltelefondienstes, abrufbar unter: https://www.ncc.gov.tw/chinese/news_detail.aspx?site_content_sn=566&is_history=0&pages=0&sn_f=36369 (letzter Abruf: 31.05.2017).

137 Bei der Definition des IMT-Advanced-(4G-)Breitband-Internetzugangsdienstes soll auf die Mindestgeschwindigkeit beim Herunterlanden und bestimmte Frequenzbänder abgestellt werden, so dass sowohl WiMax-Advanced (IEEE 802.16m) als auch LTE-Advanced (3GPP Release 10) einschlägig sind. Seit Ende 2015 besteht jedoch schon kein taiwanesisches Unternehmen mehr, dessen Internetzugangsdienste mit WiMax-Standard (IEEE 802.16e oder höher) angeboten werden, da der Antrag zur Erneuerung der Lizenz vom letzten Unternehmen, das noch WiMax verwandte, wegen des Rückstandes des Infrastrukturausbaus und somit der Unvereinbarkeit mit seiner zugesprochenen Planung versagt wurde. Siehe dazu NCC, Entscheidung der Kommission Nr. 669 (10.11.2015). Die Entwicklung von WiMax oder WiMax-Advanced in Taiwan geht daher ganz in die Geschichte ein. Die Verordnung zum Wireless-Breitband-Telekommunikationsdienst, die sich technisch neutral auf die WiMax- oder LTE-(3.9G-)Wireless-Breitband-Internetzugangsdienste ausrichtet, ist zurzeit wegen des fehlenden Lizenznehmers nur von untergeordneter Bedeutung.

die Lizenznehmer im Ablauf der Liberalisierung das ununterbrochene Gelingen der Ziele im Telekommunikationsgesetz anstreben. Dabei sind subjektive Voraussetzungen in Einklang mit dem marktbezüglichen Ermessen seitens der Regulierungsbehörde einschlägig[138].

Unter den subjektiven Voraussetzungen sind die Zuverlässigkeit, Leistungsfähigkeit sowie die Fachkunde zu überprüfen, um den Mindeststandard zur Ausübung von beantragten Lizenzrechten festzustellen. Dieser Beurteilungsprozess wird größtenteils mit dem allgemeinen Genehmigungsverfahren zusammengeführt. Bei der Leistungsfähigkeit geht es um die technische Prüfungspflicht. Der Antragsteller unterwirft sich vor dem Erhalten der offiziellen Lizenz gem. §§ 14 Abs. 4 i. V. m. 39 TwTKG einer technischen Prüfungspflicht[139]. Für explizite Prüfungsmaßstäbe liefert der Gesetzgeber gem. § 39 Abs. 1 TwTKG der Regulierungsbehörde den weitreichenden Gestaltungsspielraum, wobei der bestimmte Technikstandard oder die Leistungsqualität für den jeweiligen Geschäftsgegenstand durch Rechtsverordnungen herauskristallisiert wird[140]. Darüber hinaus werden verfügbares Mindestkapital[141]

---

138 *Chuang, Y.-F./Liu, C.-J.*, Socioeconomic Law and Institution Review 23, S. 88 f.

139 § 39 Abs. 1 TwTKG schreibt vor, dass die für öffentlich zugängliche Telekommunikationsdienste zur Verfügung stehenden Einrichtungen den technischen Standard, der von der Regulierungsbehörde festgelegt wird, besitzen sollen. Dazu ist in § 39 Abs. 2 Nr. 2 TwTKG geregelt, dass Telekommunikationsunternehmen die angemessene Dienstqualität gewährleisten sollen. Die Zertifikation für die Dienstqualität ist daher auch als erforderliche Voraussetzung für die Zuteilung der Lizenzen aufzufassen.

140 Die Regulierungsbehörde hat nach diesen Verordnungsermächtigungen eine Reihe von Rechtsverordnungen für Zertifikationen von unterschiedlichen Telekommunikationsdiensten statuiert. Solche Zertifikationen verbinden sich immer mit der Zuteilung, Erneuerung sowie Aufhebung der Lizenzen, so dass die Regulierungsbehörde über beträchtliche Kompetenzen hinsichtlich der Überwachung der Dienstqualitäten im Telekommunikationssektor verfügt.

141 Dessen Betrag nach verschiedenen Lizenzklassen in den betreffenden Rechtsverordnungen auch ausdifferenziert bestimmt wird. Beispielsweise muss ein Unternehmen, das ein Lizenzrecht für das Gesamtgeschäft durch das eigene Festnetz i. S. v. TdFVO (Lizenzklassen Nr. 4 beim Festnetz) ausübt, gem. § 8 Abs. 1 Nr. 3 Alt. 1 TdFVO 6,4 Milliarden Taiwan-Dollar als Mindestkapital innehaben, während es nach dem 01.02.2008 eine Genehmigung beantragt. Im Fall des Mobiltelefondienstes mit 3G-Standard sind hingegen nach § 4 Abs. 5 *Verordnung zum Telekommunikationsdienst mittels des 3G-Mobilfunknetzes* 6,0 Milliarden Taiwan-Dollar angefordert. Man kann aber betrachten, dass die Summe des Mindestkapitals schon jährlich vermindert wird. Dies deutet einen Trend der schwächeren Zutrittsregulierung hin.

und sämtliche Kapazitäten des geplant zur Verfügung stehenden Telekommunikationsnetzes[142] angefordert[143].

Die Fachkunde muss gem. § 41 TwTKG während des Netzbetriebs zur Verfügung stehen. Die Bildung der fachlichen Gruppe muss in das Antragsformular nach § 13 TwTKG eingetragen werden. Was die Zuverlässigkeit anbelangt, sind eine Reihe besonderer Voraussetzungen notwendig, welche in Verordnungen teilweise als Investitionskontrolle geregelt werden. Hierbei sind einzelne Kriterien zur Qualifikation der Zuverlässigkeit des Antragstellers anhand dessen Betriebsplanung in den bezüglichen Verwaltungsvorschriften[144] weiter formuliert[145].

Insoweit steht der Regulierungsbehörde eine Zertifizierungskompetenz zu. Sie kann selbst entscheiden, einem Unternehmen beim Ausschreibungsverfahren die angetragene Lizenz zu erteilen oder zu versagen, § 13 TdFVO. Mit Rücksicht auf marktbezügliche Bedingungen muss ein Genehmigungsempfänger von der Behörde als solcher anerkannt werden, dass er unter dem immer intensiveren Konkurrenzdruck dauerhaft betreiben, sogar stark wettbewerbsfähig sein und damit zur Förderung eines erwünschten Wirtschaftsergebnisses beitragen kann.

bb) Versteigerungsverfahren

Im Fall der Vergabe der Nutzungsrechte der Frequenzbänder ist das preisliche Versteigerungsverfahren heutzutage dem qualitätsorientierten Ausschreibungsverfahren vorzuziehen, damit die knappen Ressourcen effizienter genutzt werden können[146]. Der Gesetzgeber hat bei der TwTKG-Novelle 1999 die

142 Wer beispielsweise das Lizenzrecht des Gesamtgeschäfts i. S. v. § 4 Nr. 4 TdFVO ausüben möchte, muss gem. § 22 Abs. 1 Nr. 3 TdFVO eine Netzkapazität mit mindestens 300.000 Anschlussleitungen inklusive TAL in der Hand halten.

143 Zur Kritik an übermäßigen und unveränderten Voraussetzungen für den Lizenzantrag vgl. *Liu, K.-C.* Ft Law Review 114, S. 14.

144 Die Verwaltungsvorschriften gelten als allgemeine und abstrakte Betriebs- oder Auslegungsvorschriften, die sich gem. § 159 Abs. 1 Taiwans *Administrative Procedure Act* von Amts wegen auf die innere Ordnung der Organisation richten und keine unmittelbare Außenwirkung haben. Sie stellen ein Innenrecht dar und sind identisch mit der Legaldefinition von Verwaltungsvorschriften in der deutschen Verwaltungsrechtslehre.

145 Beispielsweise liefert die Regulierungsbehörde laut der Verwaltungsvorschrift *Arbeitsweise für das Ausschreibungsverfahren für den Geschäftsgegenstand mittels Festnetze* eine Checkliste, in der die Geeignetheit der Finanz-, Betriebs-, Organisations-, Technik- sowie Netzausbauplanungen von Antragstellern geprüft werden wird.

146 Vgl. dazu näher *Lin, S.-G.*, Telekommunikative Regulierung, S. 170 ff.; *Peng, H.-Y.*, Taipei University Law Review 75, S. 9 ff.; *Yeh, C.-L.*, Taipei Bar Journal 312, S. 30 ff.;

Regulierungsbehörde ermächtigt, gem. § 14 Abs. 7 TwTKG ein angemessenes Verteilungsmodell der Lizenzen, insb. Versteigerungs- oder Ausschreibungsverfahren, zu beschließen. Die Einzelheiten der Versteigerungsverfahren können somit von der Regulierungsbehörde anhand der verschiedenen Kontrollzwecke für die Lizenzvergabe ebenfalls wie Ausschreibungsverfahren durch Rechtsverordnungen ausgestaltet werden. Der Einführung der Versteigungsverfahren liegen die Transparenz und Objektivität zugrunde, da das Zuteilungskriterium allein von dem vom Bewerber gebotenen Preis abhängig ist. Daneben ist zu unterstellen, dass die am wirtschaftlichen Knappheitspreis orientierten Allokationsverfahren im Fall der Zuteilung der Frequenzen im Vergleich zum traditionellen Ausschreibungsverfahren, in dem die Regulierungsbehörde selbst die Linzenzerteilung entscheiden kann, einen eigentumsähnlichen Wert vom Nutzungsrecht des bestimmten Frequenzbandes darstellt. Der Zuschlagsempfänger müsste somit die optimale Benutzung des ihm zugeteilten Frequenzbandes versuchen, um die Kosten für das „Erkaufen“ der Lizenz zu decken[147]. Das Versteigerungsverfahren kann aber nicht nur das marktorientierte Preiskriterium, sondern auch die qualitativen Kriterien (subjektiven Voraussetzungen für den Marktzutritt) enthalten, die sich regelmäßig als Voraussetzungen für die Teilnahme am Bietverfahren darstellen, um die mindeste Leistungsfähigkeit der Zuschlagnehmer zu steuern[148].

In den vergangenen Jahren hat die Regulierungsbehörde unter Beachtung der Objektivität verschiedene Formen von Bietverfahren angewendet. Bei der Lizenzzuteilung für den 3G-Mobiltelefondienst 2002 und für den 4G-Mobilfunk-Breitband-Internetzugangsdienst 2015 wird ein simultanes und mehrstufiges Bietverfahren durchgeführt, während ein einmaliges Angebot, dessen Rechnungsgrundlage der Genehmigungsgebühr dem bestimmten Prozentsatz des geschätzten jährlichen Gesamterlöses zugrunde liegt, bei der wettbewerbsorientierten Lizenzzuteilung für den 3.9G-Wireless-Breitband-Internetzugangsdienst 2005 zur Anwendung gebracht wurde[149]. Die Ausprägung

---

Chiang, Y.-K., Science & Technology Law Review 4/2, S. 28 ff.; *Lin, T.-H.*, Cheng Kung Law Review 22, S. 1 ff.

147 *Lin, S.-G.*, Telekommunikative Regulierung, S. 169 f.; *Lin, T.-H.*, Regulierungsmodell des Rundfunks, S. 142 f.

148 Der Antragsteller für die Lizenzgewährung von 4G-Internetzzugangdiensten muss vor dem Bietverfahren gem. § 12 *Verordnung zum Telekommunikationsdienst mittels des 4G-Mobilfunknetzes* ebenfalls wie beim Ausschreibungsverfahren die Betriebsplanung vorlegen, um seine Leistungsfähigkeit zu prüfen.

149 *Lin, T.-H.*, Regulierungsmodell des Rundfunks, S. 156 f.; *Chiang, Y.-K.*, Science & Technology Law Review 4/2, S. 30 f.

des Versteigerungsverfahrens knüpft ersichtlich an sämtliche Berücksichtigungen zw. der Prognose der künftigen Marktentwicklung und den Regulierungszielen an, da die Nutzungsrechte der bestimmten Frequenzbänder mit den zugeteilten Lizenzen mit Blick auf relevante Rechtsverordnungen zusammengefasst und von der Regulierungsbehörde als Koppelung gewährt werden[150]. Die Regulierungsbehörde geht davon aus, dass durch die Frequenzverteilung und die entsprechende Kontrolle der geforderten Lizenzgebühr höhere Motive zum Eintritt bestimmter Märkte sowie die Förderung eines wirksamen Wettbewerbs ausgelöst werden könnten. Beispielsweise hatten sechs 1KTU, die nach allgemeiner Ansicht nicht als traditionelle oder bekannte Telekommunikationsunternehmen angesehen werden, durch das für Newcomer oder kapitalschwache Unternehmen freundlicher erscheinende Versteigerungsverfahren[151] die Lizenzen für 3.9G-Wireless-Breitband-Internetzugangsdienste erhalten, so dass ein funktionsfähiger Substitutionsgüterwettbewerb mit alten Mobilfunkdienstanbietern zu erwarten war[152]. Darüber hinaus ist dem Lizenznehmer gem. § 48 Abs. 1 TwTKG ebenfalls nicht gestattet, das Nutzungsrecht von bestimmten Frequenzbändern zu wechseln oder zu verkaufen. Dies verstärkt die Kontrollintensität der Frequenzverwaltung[153].

II. Kontrollgenehmigung für zweitklassige Telekommunikationsunternehmen

1. Rechtsfigur

Wird ein 2KTU auf dem Massenmarkt tätig, bedarf es gem. § 17 Abs. 1 TwTKG ebenfalls einer von der Regulierungsbehörde gewährten Betriebslizenz. Ein Telekommunikationsunternehmen, das kein öffentliches Telekommunikationsnetz besitzt und für seine Endkunden die öffentlich zugänglichen Telekommunikationsdienste oder telekommunikationsgestützten Dienste erbringt, unterliegt – gegenüber den 1KTU, die um das Zertifikat der Regulierungsbehörde kämpfen müssen – einer minderen Lizenzpflicht, die sich als präventives Verbot mit

150 *Lin, S.-G.*, Telekommunikative Regulierung, S. 170.

151 Die Verfahrensteilnehmer müssen beispielsweise gem. § 10 Abs. 1 *Verordnung zum Wireless-Breitband-Telekommunikationsdienst* über keine beträchtliche Marktmacht auf anderen telekommunikationsrelevanten Märkten verfügen.

152 Vgl. *Peng, H.-Y.*, Taipei University Law Review 75, S. 29 f.; *Yeh, C.-L.*, Taipei Bar Journal 312, S. 35 f.

153 *Peng, H.-Y.*, Taipei University Law Review 75, S. 10 f.

Erlaubnisvorbehalt darstellt[154]. Der Grund liegt darin, dass die Anzahl der Lizenzen nicht von vornherein beschränkt werden muss, d. h. der Erlaubnisvorbehalt im Wesentlichen auf die Errichtung eines Überwachungsverhältnisses anstelle einer strengen Marktzutrittskontrolle für die Zuverlässigkeit sowie Leistungsfähigkeit der Antragsteller ausgerichtet ist[155]. Es geht meistens um formelle Voraussetzungen für einen Lizenzantrag nach § 18 TwTKG und ggf. schwächere Anforderungen der Dienstqualität. Die Geschäftstätigkeiten der 2KTU werden daher vom Gesetzgeber grundsätzlich für keine zusätzliche Regulierungsbedürftigkeit zur Förderung des Wettbewerbs sowie zur Entwicklung der Infrastruktur gehalten[156]. Die nicht zweckdienliche Kontrollgenehmigung ist auf einen Grundgedanken zurückzuführen: Das 2KTU ist unvermeidlich auf 1KTU angewiesen und vermag grundsätzlich nur die Erbringung der telekommunikationsgestützten Dienste, weil es über kein öffentliches Telekommunikationsnetz verfügt[157] und im Wege der Liberalisierung im Telekommunikationssektor irrelevant ist; umgekehrt solle das 1KTU die öffentlich zugänglichen Telekommunikationsdienste erbringen und spiele zweifellos eine entscheidende Rolle auf den telekommunikativen Märkten[158]. Dieser Grundgedanke ist jedoch angesichts der

---

154 *Liao, Y.-H.*, Socioeconomic Law and Institution Review 26, S. 104. Zum Unterschied zw. erstklassigen und zweitklassigen Telekommunikationsunternehmen siehe unter C. I. 1.

155 *Chuang, Y.-F./Liu, C.-J.*, Socioeconomic Law and Institution Review 23, S. 89.

156 *Lin, S.-G.*, Telekommunikative Regulierung, S. 166.

157 Das Telekommunikationsnetz wird gem. § 9 2KTUVO nicht für öffentlich zugänglich gehalten, soweit es und dessen zugehörige Systeme im räumlichen Aspekt nur in einem Gebäude verlegt werden. Damit kann ein 2KTU im physischen Sinne einen beschränkten Teil des zur Erbringung öffentlich zugänglicher Telekommunikationsdienste dienenden (öffentlichen) Telekommunikationsnetzes besitzen, sofern dessen Verlegungsgebiet die Räumlichkeit eines Gebäudes nicht überschreitet.

158 Dieser Grundgedanke stammt aus der Entstehungsgeschichte der gesetzlichen Klassifizierung der Telekommunikationsunternehmen. In der Begründung des Regierungsentwurfs zum TKG wurde davon ausgegangen, dass eine Klassifizierung der Telekommunikationsunternehmen erforderlich sei, weil die 2KTU grundsätzlich nur telekommunikationsgestützte Dienste, z. B. Mehrwertdienste, erbringe und damit einer schwächeren Lizenzpflicht unterliegen dürfe. Umgekehrt können die öffentlich zugänglichen Telekommunikationsdienste nur durch 1KTU, also Besitzer eines öffentlich zugänglichen Telekommunikationsnetzes, erbracht werden. Vgl. Begründung des Regierungsentwurfs zum TKG (i. d. F. 1996), 22.04.1992, abrufbar unter: http://lis.ly.gov.tw/lgcgi/lgmeetimage?cfcec7c6cec8cfcfc5cbcfd2ceccca (letzter Abruf: 31.01.2018). Dieser Aspekt wird nicht im folgenden Gesetzgebungsprozess verändert. Allerdings wurde das leistungsbezogene Merkmal eines 2KTU nicht mehr

wirtschaftlichen und technischen Entwicklung, insb. des ununterbrochenen Trends der generellen Anwendung von TCP/IP, mehreren Kritiken ausgesetzt. Ein 2KTU kann in der Tat ohne Weiteres durch digitale Datenvermittlung die öffentlich zugänglichen Sprachtelefondienste (VoIP) erbringen, ohne dass ein eigenes, umfassendes Telekommunikationsnetz zur Verfügung stehen muss. Außerdem kann ein 2KTU mithilfe einer Anmietung der Netzkomponenten oder Einrichtungen von einem oder mehreren 1KTU in eigenem Namen gewerblich die öffentlich zugänglichen Telekommunikationsdienste zum Endnutzermarkt bringen. Es ist mit Blick auf die Legaldefinition des Telekommunikationsunternehmens (§ 2 Nr. 5 TwTKG) sowie seiner von Leistungsarten unabhängigen Klassenbildung (§ 11 Abs. 2 i. V. m. Abs. 4 TwTKG) auch nicht im Voraus verboten, dass ein 2KTU genauso wie erstklassige Konkurrenten gleichartige Telekommunikationsdienste auf dem Endnutzermarkt bereitstellt[159]. Aufgrund dessen hat die Regulierungsbehörde mithilfe eines Entscheidungsermessens durch die 2KTUVO-Reform 2001 zwei Lizenzarten aufgeteilt und anschließend eine Reihe von Dienstleistungen hervorgehoben die als spezifischer Geschäftsgegenstand in § 2 Nr. 4 2KTUVO verankert werden[160].

2. Zwei Lizenzarten

a) Allgemeine Lizenzklasse

Alle Geschäftsgegenstände der 2KTU setzen gem. §§ 17 Abs. 1 i. V. m. Abs. 2 TwTKG i. V. m. 2 Nr. 9 2KTUVO eine allgemeine Lizenz voraus, soweit sie nicht unter den spezifischen Geschäftsgegenstand fallen. Die konkret sekundäre Lizenzklasse ist daher nicht gesondert geprägt worden; trotzdem hat die

---

zum Ausdruck gebracht. Der Gesetzgeber legte während der Formulierung des 1KTU lediglich den Anhaltspunkt auf die Verfügbarkeit der Telekommunikationseinrichtung unter unternehmerischem Aspekt, um übermäßige Beschränkungen der vielfältigen Entwicklung für telekommunikationsgestützte Dienste zu vermeiden. Dazu vgl. Gesetzgeber-Entwurf zum TKG (i. d. F. 1996), abrufbar unter: http://lis.ly.gov.tw/lgcgi/lgmeetimage?cfcdcfc9cfc8cfcec5cdcbccd2cccdcc (letzter Abruf: 31.01.2018). Ein anderer Beweis für diesen Grundgedanken besteht darin, dass während der Einführung der Klassifizierung in der TwTKG-Novelle 1996 die Regulierungsbehörde im Jahr 2007 die *Rechtsverordnung zur Regulierung für telekommunikationsgestützte Dienste* durch 2KTUVO ersetzt hat. Vgl. dazu *Wang, Y.-C.*, Netzzusammenschaltung, S. 226 f.; *Huang, T.-J.*, Rootlaw Review 29/4, S. 156 f.

159 *Wang, Y.-C.*, Netzzusammenschaltung, S. 234 f.

160 *Wang, Y.-C.*, Klassifizierung der Telekommunikationsunternehmen, S. 248; *Lin, S.-G.*, Telekommunikative Regulierung, S. 167.

Regulierungsbehörde durch eine Verwaltungsvorschrift alle möglichen Produkte aufgezählt. Im Anhang der „*Verwaltungsvorschrift für den Lizenzantrag des 2KTU* (2KTULaV)“[161] kommen die folgenden Dienstleistungen als allgemeines Geschäft in Betracht: 1. Resale-Telefondienst, 2. Kommunikationsdienst im Verfügungsbereich einer Gesellschaft, 3. Audio-Konferenz-Dienst, 4. Internetzugangsdienst, 5.Weiterverkauf von breitbandiger Mietleitung, 6. Dienst der Datenspeicherung, -bearbeitung- und -nachsendung für einen bestimmten Zweck, 7. Datendank, 8.Video-Konferenz-Dienst, 9. Datenaustauschdienst mittels physisch und logisch geschlossenen Netzes auf Basis von Paketvermittlungstechnik, 10. Mehrwertdienst, 11. Resale-Mobilfunk-Telefondienst, 12. telekommunikationsgestützter Dienst auf Basis des Mobilfunknetzes. Diese Dienste werden großteils durch physisch oder logisch geschlossene Netze erbracht, welche ein 2KTU an einem oder mehreren 1KTU anmieten muss. Die begriffliche Abgrenzungsfrage, ob die in Betracht kommenden Dienste zum Telekommunikationsdienst, telekommunikationsgestützten Dienst oder Inhaltsdienst zählen, bleibt jedoch unberührt[162].

Sowohl die Zuverlässigkeit von beispielsweise verfügbarem Mindestkapital und Netzkapazitäten als auch eine von der Regulierungsbehörde erteilte Zertifikation der Leistungsfähigkeit des Antragstellers sind anders als beim 1KTU nicht angefordert. Falls der Antragsteller in seiner Räumlichkeit eigene Telekommunikationseinrichtungen für die Erbringung der öffentlich zugänglichen Telekommunikationsdienste oder telekommunikationsgestützten Dienste zur Verfügung stellt, „kann“ die Regulierungsbehörde gem. § 8 Abs. 4 2KTUVO eine zusätzliche Prüfung für die Leistungsfähigkeit durchführen, deren Maßstab sich am in § 39 TwTKG verankerten Technikstandard orientiert. Was andere Antragsbedingungen der Lizenz anbelangt, sind in diesem Gesetz nur die formellen Voraussetzungen normiert, welche gem. § 11 Abs. 1 2KTUVO ein schriftliches Antragsformular und eine Betriebsplanung umfassen. Der Antragsteller muss zuerst gem. § 17 Abs. 1 TwTKG ein gesetzlich gewerblicher Verein sein, der nach dem taiwanesischen *Gesellschaftsgesetz* eingetragen ist, so dass er anders als 1KTU nicht unbedingt eine AG werden muss. Die übrigen Einzelheiten vom Antragverfahren sind nach der Ermächtigungsklausel des § 17 Abs. 2 TwTKG durch 2KTUVO geregelt. Der Lizenzzeitraum beträgt gem. § 11 Abs. 3 2KTUVO insgesamt drei Jahre. Dazu kann eine erneuerte Lizenz vor der

161 Der Anhang der 2KTULaV ist abrufbar unter https://www.ncc.gov.tw/chinese/files/14082/255_2166_141126_1_C.PDF (letzter Abruf: 31.01.2018).

162 Dazu wird Näheres unter Teil 3 B. II. 1. diskutiert.

Fälligkeit mehrmals beantragt werden, um den Betrieb des Lizenznehmers nicht zu unterbrechen. Der Verkauf oder die Vermietung der Lizenz ist gem. § 12 Abs. 1 2KTUVO hingegen verboten.

b) Spezifische Lizenzklasse

Neben der allgemeinen Lizenzklasse liegt eine spezifizierte Lizenzklasse vor, die von der Regulierungsbehörde selbst eingeführt wurde. Dies ist auf die 2KTUVO-Reform 2001 zurückzuführen. Der Grund zur Gründung einer spezifischen Lizenzklasse besteht darin, dass das 2KTU tatsächlich auch öffentlich zugängliche Telekommunikationsdienste anbieten kann, die anhand des ursprünglichen Grundgedankens zur Gliederung der Unternehmensklasse nur 1KTU anzubieten vermögen[163]. Eine maßgebliche Regulierungslücke zw. beiden Unternehmenslizenzklassen sollte durch eine neue Errichtung der Lizenzklasse mit strengerer Marktzugangskontrolle ausgeglichen werden.

Es ist aber fraglich, ob das NCC nicht alle öffentlich zugänglichen Telekommunikationsdienste, die ein 2KTU heutzutage im technischen Sinne erbringen kann, als spezifischen Geschäftsgegenstand anerkennt. Ebenfalls ist es fraglich, ob nicht alle von der Regulierungsbehörde vorgeschriebenen spezifischen Geschäftsgegenstände als öffentlich zugängliche Telekommunikationsdienste qualifiziert werden. Die VoIP-Dienste auf Basis der E.164-Rufnummer und international telekommunikationsgestützte Dienste werden beispielsweise den spezifischen Geschäftsgegenständen zugeordnet, während der Internetzugangsdienst und Resale-Breitbandzugangsdienst nicht für spezifisch zu halten sind. Dem hier in Betracht kommenden Zuteilungskriterium würde daher nicht völlig das Merkmal der öffentlich zugänglichen Telekommunikationsdienste zugrunde liegen, sondern vielmehr der regulatorische Selbstzweck. Will die Regulierungsbehörde sich zur Verstärkungsaufsicht bestimmte Dienstleistungen des 2KTU vornehmen, schafft sie dann eine neue Lizenzklasse i. R. d. 2KTU-Lizenzierung und stellt willkürlich fest, welche Geschäftsgegenstände einer strengeren Lizenzkontrolle unterliegen sollen[164]. Der spezifische Geschäftsgegenstand ist gem. § 2 Abs. 4

---

163 Die durch 2KTULaV notierten Dienstleistungen können ohne Weiteres betrachtet werden, dass 1. Resale-Telefondienste, 4. Internetzugangsdienste, 5.Resale-Breitbandzugangsdienste, 11. Resale-Mobilfunk-Telefondienste als öffentlich zugängliche Telekommunikationsdienste gekennzeichnet werden sollen, da diese Dienste in der reinen Signalübertragung bestehen und keinen Bezug auf denselben Inhalt nehmen.

164 *Wang, Y.-C.*, Klassifizierung der Telekommunikationsunternehmen, S. 250.

2KTUVO in drei Kategorien aufgeteilt: 1. VoIP-Dienst, unabhängig davon, ob er auf Basis der E.164-Rufnummer erbracht wird, 2. Sprachtelefon- oder Transitdienst für internationale oder inländische Telefonverbindungen, die durch die Mietleitungen erfolgen[165], 3. internationale Geschäft, die meistens mit den im Anhang des 2KTULaV hervorgehobenen 2KTU-Diensten identisch sind[166].

Gegenüber den allgemeinen Lizenzen finden strengere Antragsbedingungen bei spezifischen Lizenzklassen Anwendung, da das Auftreten eines gewissen Konkurrenzverhältnisses zum 1KTU beim Markteintritt des 2KTU sowie die Bedenklichkeit der staatlichen Sicherheit[167] vermutet werden. Damit bedarf es wie im Fall der Lizenzierung für ein 1KTU einer strengeren Leistungsfähigkeitsprüfung, der der Antragsteller gem. § 7 Abs. 3 2KTUVO vor seinem Betrieb unterworfen werden muss. Darüber hinaus müssen die Fachkunden gem. § 25 2KTUVO bei der Ausübung des Lizenzrechts zur Verfügung stehen. Anders als 1KTU unterliegt ein 2KTU mit spezifischem Lizenzrecht grundsätzlich keiner Zuverlässigkeitsprüfung. Nennenswert unterwirft es sich einem erweiterten Zertifizierungsverfahren, bei dem es sich gem. § 31-1 Abs. 3 2KTUVO insb. um die staatliche Sicherheitsfrage i. R. d. internationalen Geschäftsgegenstände handelt.

---

165 *Lin, S.-G.*, Telekommunikative Regulierung, S. 161.

166 Beim internationalen Geschäftsgegenstand handelt es sich um solche Leistungen, die ebenfalls in 2KTULaV eingezogen werden und zum großen Teil gleich mit dem allgemeinen Geschäft sind. Ausgeschlossen sind die Resale-Dienste, Mehrwert-Dienste sowie telekommunikationsgestützte Dienste durch das Mobilfunknetz. Der grundlegende Unterschied besteht nur darin, ob die in Rede stehenden Dienstleistungen grenzüberschreitend erbracht werden.

167 Die Regulierungsbehörde hat zwar die strengere Lizenzkontrolle für den international spezifischen Geschäftsgegenstand gar nicht begründet, aber es kann von der Bekanntmachung für den Einwurf des Freihandelsabkommens mit China 2013 entnommen werden, dass die staatliche Sicherheitsfrage für die internationale Marktöffnung des spezifischen Geschäftsgegenstandes immer gestellt werden muss. Durch das Lizenzverfahren der spezifischen Lizenzklasse kann die Regulierungsbehörde die Vertraulichkeit der Antragsteller sorgfältiger als eine allgemeine Lizenzklasse berücksichtigen. Dazu hat die Regulierungsbehörde 2014 eine Zuverlässigkeitsprüfung für die Informationssicherheit in der 2KTUVO ergänzt. Eine solche Sicherheitsprüfung richtet sich in der Tat auf die spezifische Lizenzklasse, insb. das international spezifische Geschäft, da nur bei grenzüberschreitenden Diensten eine staatliche Sicherheitsfrage zum Ausdruck gebracht werden soll. Diese Bekanntmachung ist abrufbar unter: http://www.ncc.gov.tw/Chinese/print.aspx?table_name=news&site_content_sn=8&sn_f=30224 (letzter Abruf: 31.01.2018).

C. Zugangsregulierung

Im TwTKG besteht kein eigenständiger Abschnitt, in dem ein Zugangsregulierungsregime gesetzlich formuliert wird. Dies bedeutet jedoch nicht, dass dieses Gesetzbuch keine faktischen Vorgaben für vielartige Zugangsvereinbarungen zw. Telekommunikationsdienstanbietern vorsieht. Die Regulierungsbehörde muss sich jedoch wegen des Fehlens der vollständigen Zugangsregulierungsbefugnis gezwungenermaßen entweder an die Ausdehnung der Zusammenschaltungsanwendbarkeit oder an die Entgeltkontrolle für Zugangsleistungen wenden. Vor diesem Hintergrund werden die meisten regulierten Zugangsdienste in Form der Rechtsverordnung vorbestimmt. Daneben ist ein großer Teil von Zugangsverpflichtungen *de facto* von der Entgeltregulierungsbedürftigkeit abhängig. Um diese zersplitterten Regulierungsinstrumente im TwTKG herauszukristallisieren und einfacher mit dem deutschen TKG zu vergleichen, lassen sich alle Vorgaben, die unmittelbar mit unternehmerischen Zugangsverpflichtungen verbunden sind, vor allem in sachangemessener Weise systematisieren. Dies sollte zur weitergehenden Verdeutlichung der taiwanesischen Regulierungsdefekte in Reichweite der Zugangsregulierung beitragen[168].

Die Normstruktur der taiwanesischen Zugangsregulierung wird zunächst in der folgenden Abbildung dargestellt:

168 Relevantes Kritikschrifttum für die taiwanesische Regulierungspraxis zur Zugangsgewährung ist zwar fruchtbar, es fällt aber in der Regel mit der Analyse der Entgeltregulierung zusammen. Die diesbezügliche Aufsätze werden aufgelistet wie folgt: *Cheng, F.-C.*, Kaohsiung Law Journal 12/1, S. 81 ff.; *Huang, T.-J.*, Entgeltregulierung zur Internet-Zusammenschaltung, S. 267 ff.; *Chen, R.-J./Shyr, S.-H.*, Technology Law Review 8/2, S. 1 ff.; *Wang, V./Chen, R.-J./Lo, S.-S.*, Fair Trade Quarterly 18/3, S. 1 ff.; *Chou, Y.-T.*, Taiwan Law Review 185, S. 141 ff.; *Shyr, S.-H.*, The Law Monthly 61/6, S. 23 ff.; *ders.*, Teilnehmeranschlussleitung, S. 169 ff.; *Wang, Y.-K.*, Netzzusammenschaltung, S. 3 ff.; *Chien W.-K.*, Regulierung der Teilnehmeranschlussleitungen, S. 59 f.; *Lin, Y.-H.*, Ft Law Review 150, S. 29 f.; *Wang, Y.-C./Wang, M.-L.*, Cheng Kung Law Review 9, S. 209 f.; *Wang, Y.-C.*, Science & Technology Law Review 17/6, S. 22 ff.; *Liu, C.-J.*, Socioeconomic Law and Institution Review 35, S. 199 ff.; *Lee, C.-A.*, Fair Trade Quarterly 12/3, S. 25 ff.; *Tsai, W.-Y.*, Fair Trade Quarterly 9/3, S. 75 ff.; *Chuang, Y.-F./Liu, C.-J.*, Socioeconomic Law and Institution Review 21, S. 77 ff.

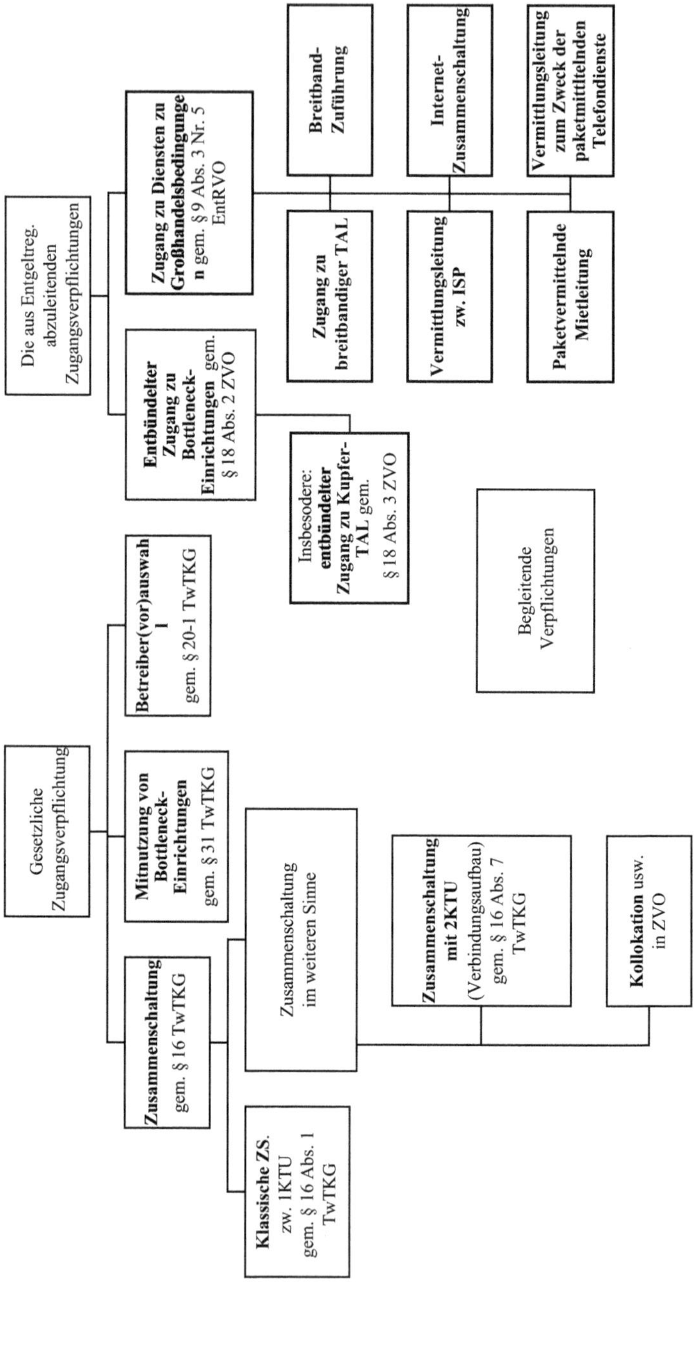

Abbildung 1: Normstruktur der Zugangsregulierung (Quelle: Eigene Darstellung)

I. Zugangsverpflichtungen im Einzelnen

1. Zusammenschaltungsregime

a) *Zusammenschaltungsregime als zentraler Zugangsregulierungsrahmen*

Zwar treten immer mehrere private 1KTU während der Liberalisierung in den Telekommunikationsmarkt auf der Endkundenebene ein und konkurrieren mit dem damaligen staatlichen Monopolisten, aber sie sind in der Anfangsphase wegen des Mangels an ausreichend verfügbaren Netzen, u. a. der physischen Anschlussleitung zu Endnutzern, regelmäßig unvermeidbar auf bestehende Netzbetreiber angewiesen. Dieses Machtungleichgewicht ist insb. auf den Vorleistungs- oder Zugangsleistungsmärkten auffallend, da der marktmächtige Netzbetreiber ohne sachlichen Grund den Anspruch auf Zugangsgewährung, die für die Erbringung der Telekommunikationsdienste als unentbehrlich angesehen wird, verweigern oder ungleich behandeln könnte, so dass Newcomer unter einer solchen nachteiligen Situation auf mehrere Endkunden nicht zugreifen können. Der bestehende Netzbetreiber verfügt wegen der andauernden Kontrolle der Zugangsmöglichkeit zur nicht duplizierbaren Infrastruktur nach wie vor über eine beträchtliche Marktmacht, die ohne Hilfe einer sektorspezifischen Marktregulierung nicht ausgeglichen werden kann. Aus diesem Grund ist die Auferlegung der Verpflichtung zur Zugangsgewährung als wesentliche Maßnahme in der Regulierungsordnung hervorzuheben[169]. Mit Blick auf die Entstehungsgeschichte des TwTKG fehlt dennoch eine Legaldefinition der regulierungsbedürftigen „Zugangsleistung" oder „Vorleistung". Stattdessen wäre die Begriffsverwendung der Zusammenschaltung zw. verschiedenen Netzen aus Sicht des Gesetzgebers schon hinreichend, die überwiegende Marktmacht zu neutralisieren und zugleich einen wettbewerbsorientierten Markt zu steuern. Deswegen wird vermutet, dass jegliches unsachgerechte Verhalten vom Netzbetreiber auf der Vorleistungsebene grundsätzlich durch eine marktmachtunabhängige und imperative Zusammenschaltungsverpflichtung nach § 16 Abs. 1 TwTKG verhindert werden kann[170]. Dies liefert ein Indiz dafür, dass sich der Gesetzgeber nur die Verweigerung der Zusammenschaltungsmöglichkeit im Falle des Sprachtelefondienstes auf Basis des PSTN-Netzes vor Augen gehalten und gar nicht berücksichtigt hätte, dass sich eine Zugangsregulierung nicht lediglich an die zw. verschiedenen leistungsvermittelnden Netzen erfolgte

169 Vgl. *Kühling*, Sektorspezifische Regulierung, S. 182 f.

170 Vgl. *Lin, S.-G.*, Telekommunikative Regulierung, S. 161; *Chuang, Y.-F./Liu, C.-J.*, Socioeconomic Law and Institution Review 21, S. 90 f.

Zusammenschaltung binden sollte[171]. Trotzdem ist das in § 16 TwTKG verankerte Zusammenschaltungsregime nach dem Grundgedanken des TwTKG als zentrale Zugangsregulierungsmaßnahme zu qualifizieren, da es im Vergleich zu anderen gesetzlichen Verpflichtungen zur Gewährung des Netznutzungsrechts das vollständigste Verfahren für die Regulierungsverfügung regelt, so dass es die Regulierungsbehörde im Falle der Berücksichtigung der Auferlegung neuer Zugangspflichten zuvörderst anwenden muss. Darüber hinaus unterstützt das FCA ebenso diese Perspektive, so dass die Zusammenschaltung i. R. d. Zugangsregulierung die primäre normative Bedeutung gewinnt, da das Ziel, wirksamen Wettbewerb zw. 1KTU auf dem Telekommunikationsmarkt zu fördern, nach dem Begründungsgrund des § 11 Abs. 1 FTA immer mit dem Prinzip der Zusammenschaltung im Einklang steht. Dies führt dazu, dass die Wortverwendung der „Zusammenschaltung" auf der Vorleistungsebene in der taiwanesischen Regulierungspraxis vorrangige Bedeutung hat[172].

Der Begriff der Zusammenschaltung im TwTKG muss weitergehend in einem engeren und in einem weiteren Sinne unterschieden werden. Um eine faire Zusammenschaltungsmöglichkeit für das 2KTU zu gewährleisten, hat der Gesetzgeber im Hinblick auf den ununterbrochenen Wandel der Telekommunikationsmärkte bei der TwTKG-Reform 2002 die Regelung für die Verpflichtung

---

171 Die Entstehungsgeschichte der Zusammenschaltungsregulierung bestätigt diese Ansicht. Der ursprüngliche § 16 TwTKG i. d. F. 1996 war lediglich auf die Gewährleistung des leistungsvermittelnden Verkehrsanschlusses und das faire Zusammenschaltungsentgelt nach der Marktöffnung gerichtet. Bei der TwTKG-Novelle 1999 wird der Terminus „Zusammenschaltung" angewendet und in den geltenden § 16 TwTKG eingeführt. Bei der gesetzgeberischen Begründung des § 16 TwTKG i. d. F. 1999 waren zwar die entbündelten Netzkomponenten erwähnt worden, aber solche Entbündelung dient nur der Abrechnung der Zusammenschaltungsgebühr, und alle in der Begründung hervorgebrachten Netzkomponenten, die den in der folgenden Fn. 223 dargestellten Gegenständen entsprechen, stammen tatsächlich aus dem PSTN-Netzmodell. Es ist daher überzeugend, dass die Zusammenschaltungsregulierung aus Sicht des Gesetzgebers lediglich auf die Herstellung der unbeschränkten Ende-zu-Ende-Telefonkommunikation i. R. d. Telefondienste abzielen sollte. Das NCC und die Gerichte vertreten ebenfalls die Ansicht, dass das Regime für Zusammenschaltungsentgelte nach § 16 TwTKG keinen Bezug auf die Vorleistung für Internetzugangsdienste hat, die dem auf Grundlage von § 26 TwTKG erlassenen Entgeltregulierungsverfahren unterstehen. Damit ist die *per se* Beschränkung des Zusammenschaltungsregimes einzuräumen. Siehe dazu die Auffassung des taiwanesischen Verwaltungsgerichts beim ADSL-Entgelt-Urteil in Teil 3. D. I. c). bb).

172 Zum Prinzip der Zusammenschaltung siehe oben Teil 2. A. I.

der Zusammenschaltung zw. 1KTU und 2KTU hinzugefügt, also § 16 Abs. 7 TwTKG. Der Anwendungsbereich des Zusammenschaltungsregimes wird somit in einem bestimmten Maß erweitert. Daneben hat die zuständige Regulierungsbehörde aus der Regulierungsbedürftigkeit zusätzliche oder einige von der Zusammenschaltung unabhängige Pflichten ebenfalls in die ZVO eingeführt. Aufgrund dessen liegen auch einige zugangsrelevante Vorschriften in der ZVO vor, welche tatsächlich nicht unter den Begriffsumfang der Zusammenschaltung fallen können.

Obschon keine Legaldefinition der Zusammenschaltung im TwTKG gefunden werden kann, ist eine Zusammenschaltung im engeren Sinne gem. § 2 Nr. 1 ZVO als Zugang zu verstehen, der über Netzgrenzen die physische und logische Verbindung öffentlicher Telekommunikationsnetze herstellen kann, um Nutzern jeglicher Unternehmen die Kommunikation mit Nutzern desselben oder eines anderen Unternehmens oder die Inanspruchnahme der Dienste eines anderen Unternehmens zu ermöglichen[173]. Infolgedessen soll eine Zusammenschaltung zumindest zwei Netze mit dem Ziel der netzübergreifenden Kommunikation voraussetzen[174]. Darüber hinaus müssen die relevanten Telekommunikationsunternehmen bei der Zusammenschaltung zugleich als Netzbetreiber tätig sein, nämlich 1KTU[175]. Damit entspricht nur § 16 Abs. 1 TwTKG, welcher sich auf die Zusammenschaltungsverpflichtungen zw. 1KTU bezieht, einer engeren Begriffsdefinition von Zusammenschaltung, indem er als klassische Zusammenschaltungsvorschrift anzusehen ist[176]. Demgegenüber umfasst die Zusammenschaltung im weiteren Sinne alle Regelungen, die vom Gesetz- oder Verordnungsgeber in dasselbe Zusammenschaltungsregime eingeordnet werden. Es ist daher erforderlich, neben der Analyse der klassischen Zusammenschaltung andere auch für die Zugangsregulierung relevanten Vorschriften herauszufiltern.

173 *Wang, Y.-K.*, Netzzusammenschaltung, S. 8. Dieser vom Verordnungsgeber definierte Zusammenschaltungsbegriff überschreitet die Grenze der Verordnungsermächtigung nach § 16 Abs. 3 TwTKG insofern nicht.

174 *Säcker*, in: Säcker (Hrsg.), TKG-Komm., § 3, Rn. 77.

175 *Chuang, Y.-F./Liu, C.-J.*, Socioeconomic Law and Institution Review 21, S. 79.

176 *Chuang, Y.-F./Liu, C.-J.*, Socioeconomic Law and Institution Review 21, S. 79.

b) Klassische Zusammenschaltung

aa) Angebot an Zusammenschaltungen

Das Zusammenschaltungsregime gilt im TwTKG als erstrangige und vollständigste Regulierungsmaßnahme für die Zugangsordnung, da es sich nicht nur um die Auferlegung der Zugangsverpflichtungen, sondern auch zugleich um die Durchsetzung solcher Verpflichtungen handelt. Als Ausgangspunkt ist es einem 1KTU (Netzbetreiber) gem. § 16 Abs. 1 TwTKG verboten, anderen 1KTU ein Angebot auf Zusammenschaltung zu verweigern, wenn sie den Anspruch auf eine Netzverbindung erheben. Fraglich ist aber, welches 1KTU dieser Zusammenschaltungsverpflichtung unterworfen werden soll. Dafür hat das NCC nach einer nahezu pauschalen Ermächtigungsgrundlage (§ 16 Abs. 2 S. 2 TwTKG) die Kompetenz, die zu verpflichtenden Adressaten in Form der Verordnung zu begrenzen. § 4 Abs. 1 ZVO schreibt daher vor, dass jegliches 1KTU dieser Zusammenschaltungsforderung nicht zuwiderlaufen soll, es sei denn, dass das 1KTU gem. § 4 Abs. 2 ZVO wegen einer behördlichen Genehmigung befreit werde. Dies ist der Fall, wenn die Zusammenschaltung mit dem in Frage gestellten 1KTU aus technischer Perspektive unmöglich ist (§ 4 Abs. 2 Nr. 1 ZVO) oder die öffentliche Sicherheit gefährdet (Nr. 2). Angesichts der Befreiungsgründe stellt diese Zusammenschaltungsverpflichtung eine marktmachtunabhängige Zugangsregulierung dar.

Dieses Verbot für die Zusammenschaltungsverweigerung verweist auf eine Pflicht zur Abgabe eines Angebots, um die schrankenlose Kommunikation der Endnutzer, die den verschiedenen Netzen angehörig sind, sicherzustellen[177]. Hierbei wird die Ansicht zum Ausdruck gebracht, dass dieses Zusammenschaltungsangebot nicht als dasjenige Gebot angesehen werden könne, nach dem die Forderung nach Unterbreitung eines Angebots schon mit einer gesetzlichen Verpflichtung zum Abschluss des Zusammenschaltungsvertrages gleichbedeutend gemacht werde. Da die gesetzliche Regelung für die Zusammenschaltungsvereinbarung zwar aufgrund der Schaffung eines chancengleichen Wettbewerbs zw. Telekommunikationsunternehmen (§ 11 Abs. 1 FCA) und der Gewährleistung der Nutzungsrechte (§ 1 S. 1 Var. 4 TwTKG) gerechtfertigt sei, sei sie jedoch zugleich mit der Einschränkung der Vertrags- und Handlungsfreiheit der Netzbetreiber verbunden[178]. Das Gebot, ein Angebot auf Zusammenschaltung abzugeben, solle folgerichtig in der Verhandlung die verpflichteten Netzbetreiber

---

177 Vgl. *Lin, S.-G.*, Telekommunikative Regulierung, S. 198 f.; *Chuang, Y.-F./Liu, C.-J.*, Socioeconomic Law and Institution Review 24, S. 49 f.

178 Die ZVO, die ein komplettes Zusammenschaltungsregime konkretisiert, ist mithin gerechtfertigt, weil sie bereits eine gesetzliche Ermächtigungsgrundlage nach § 16

nicht übermäßig einschränken und nicht zum zwingenden Vertragsschluss führen[179]. Das verpflichtende Angebot i. S. v. § 16 Abs. 1 TwTKG sei daher kein Angebot i. S. v. einem bürgerrechtlichen Angebot i. S. v. § 154 Abs. 1 S. 1 des taiwanesischen BGB[180], ganz abgesehen davon, dass es den Abschluss- bzw. Kontrahierungszwang enthielte[181]. Diese Ansicht wäre jedoch nicht überzeugend, da sie überhaupt verkennen würde, dass die Regulierungsbehörde gem. § 16 Abs. 4 i. V. m. Abs. 5 TwTKG während des Scheiterns der Vereinbarung immerhin zum anschießenden verwaltungsrechtlichen Eingriff in das privatrechtliche Vertragsverhältnis zw. mehreren Telekommunikationsunternehmen befugt ist, mit dem Ziel, dass alle Zusammenschaltungsnachfragen unter hoheitlicher Schlichtung möglichst befriedigt werden können. Insb. ist das unternehmerische Verhalten, das gegen § 16 Abs. 1 TwTKG verstößt, gem. § 62-1 Abs. 2 Nr. 1 TwTKG schon strafbar[182]. Einer Partei steht hierbei gar kein Entscheidungsspielraum zu, da sie die Nachfrage zur Zusammenschaltung oder den von der Regulierungsbehörde

---

Abs. 5 TwTKG findet. Vgl. JuHACT, 98/65/Remand-1, 03.03.2011, Rn. 1268 f. (judicial.gov.tw).

179 Vgl. *Lin, S.-G.*, Telekommunikative Regulierung, S. 210; *Chuang, Y.-F./Liu, C.-J.*, Socioeconomic Law and Institution Review 21, S. 91 f.

180 Die rechtliche Definition des Angebots in § 154 Abs. 1 S. 1 des taiwanesischen BGB ist eine empfangsbedürftige Willenserklärung, mit der der Erklärende sich rechtlich binden will. Sofern der Empfänger mit einer solchen Willenserklärung einverstanden ist, kommt ein Vertrag zustande. Dies entspricht dem Antrag i. S. v. § 145 des deutschen BGB.

181 Als klassisches Beispiel für den Abschluss- bzw. Kontrahierungszwang im Telekommunikationssektor kommt § 22 S. 1 TwTKG in Betracht. Diese Vorschrift schreibt vor, dass das Telekommunikationsunternehmen gegenüber Bürgern nicht zulässt, den Empfang und das Senden der Signale zu versagen, soweit dies kein anderes Gesetz regelt. Es ist aber nicht so klar, ob ein „anderes Telekommunikationsunternehmen" auch der Antragsteller in diesem Fall ist. Diese Vorschrift wird jedoch auf § 15 TwTKG i. d. F. 1958 zurückgeführt, wonach der Gesetzestext jahrzehntelang gar nicht modifiziert wurde. Hinsichtlich der Entstehungsgeschichte sollte es so ausgelegt werden, dass diese Vorgabe nur auf das Vertragsverhältnis zum Endnutzer anwendbar ist, da es damals nur einen einzigen Dienstanbieter für die Öffentlichkeit gab, also die Hauptbehörde für die Telekommunikation. Dazu ist vom taiwanesischen erstinstanzlichen Verwaltungsgericht erster Instanz festgestellt worden, dass das Ziel des § 22 S. 1 TwTKG darin liegt, die Kommunikationsfreiheit (Art. 12 TwVG) zu schützen. § 22 S. 1 TwTKG findet nur dann Anwendung, wenn der Antragsteller von Übertragungsdiensten Verbraucher oder Endnutzer ist. Vgl. JuHACT, 95/1377, 01.11.2007, Rn. 182f (judicial.gov.tw).

182 JuHACT, 95/1003, 03.05.2007, Rn. 535 f. (judicial.gov.tw).

festgelegten Bescheid nicht verweigern oder unsachgerecht verzögern darf. Demzufolge liegt der gesetzliche Abschluss- bzw. Kontrahierungszwang im Zusammenschaltungsregime vor. Aber diese Strafklausel sollte unter Berücksichtigung der nachfolgend regulatorischen Schlichtungsmöglichkeit nach § 16 Abs. 3 TwTKG nicht so direkt und vorbehaltlos angewendet werden. Wenn der Verpflichtete bei der Inanspruchnahme des Nachfragers bereits unverzüglich ein Angebot auf Abschluss eines Zusammenschaltungsvertrages abgibt und dazu eine ergebnisorientierte Verhandlung über die Zusammenschaltung stattfindet, wäre es angebracht, eine weitere Verhandlung vor dem Amt anstelle der Verwaltungsstrafe vorzunehmen.

bb) Inhalt der Zusammenschaltungsvereinbarung

Gem. § 16 Abs. 9 TwTKG hat der Gesetzgeber einerseits die Regulierungsbehörde nahezu vorbehaltlos ermächtigt, alle relevanten Einzelheiten wie notwendige Zusammenschaltungsbedingungen, Rechnungsweisen, Schlichtungsverfahren usw. in Form einer Rechtsverordnung zu regeln. Andererseits hat er auch eine Reihe von Grundsätzen beibehalten, welche i. R. d. Zusammenschaltungsvereinbarung des öffentlichen Telekommunikationsnetzes stets eingehalten werden müssen. § 16 Abs. 2 S. 1 TwTKG fordert eine diskriminierungsfreie, transparente und nachvollziehbare Vereinbarung an, bei der die bezügliche Preisrechnungsmethode im Wege der Entbündelung der Netzkomponente auf realen Herstellungskosten basieren soll[183]. Das NCC hat auf dieser Ermächtigungsgrundlage durch die ZVO weitergehend einen konkreten Regulierungsrahmen für die Zusammenschaltungsvereinbarung vorzustrukturieren.

Vor diesem Hintergrund müssen alle in der Verhandlung stehenden Telekommunikationsunternehmen jedenfalls i. R. d. Elemente der Zusammenschaltungsvereinbarung mehrere in der ZVO vorgeschriebene Vorschriften heranziehen. Bei dem in § 2 Nr. 1 ZVO definierten Zugangsgegenstand handelt es sich nicht nur um die physische, sondern auch um die logische Führung des Telekommunikationsverkehrs über den Netzzugang. Dies beschränkt sich jedoch nur auf

---

183 Vgl. *Tsai, W.-Y.*, Fair Trade Quarterly 9/3, S. 100 f.; *Wang, Y.-K.*, Netzzusammenschaltung, S. 10. In § 16 Abs. 2 S. 1 TwTKG liefert der Gesetzgeber eine Reihe von Zusammenschaltungsgrundsätzen, welche nicht einfach zugeordnet werden können. Diese Bestimmung beinhaltet das Diskriminierungsverbot (dazu siehe unter Teil 2. C. II. 1.), Transparenzgebot (Teil 2. C. II. 2.) und das Kostenorientierungsprinzip auf Basis von entbündelten Netzkomponenten (Teil 2. C. III. 2.).

die Erbringung des Telefonverbindungsaufbaus[184]. Zwar umfasst eine Vermittlungsleistung theoretisch zumindest eine Orientierung, einen Transit sowie eine Terminierung (Anrufzustellung), aber deren Gegenleistungen sind vom Verordnungsgeber nach § 13 Abs. 1 ZVO ausnahmslos in Form des „Zusammenschaltungsentgelts" umgesetzt und vereinfacht. Dementsprechend hat die Regulierungsbehörde selbst ein Geschäftsmodell der Zusammenschaltungsformen ausgestaltet, bei dem nur der sprachliche Telefondienst zum Ausdruck gebracht wird[185]. Dieses vom NCC selbst dargestellte Schema beinhaltet alle möglichen Zusammenschaltungsmodelle, unter denen vielartige Verkehrsführungen zw. örtlichen, ländlichen sowie internationalen telefondienstespezifischen Fest- oder Mobilfunknetzen mit allen vorliegenden Technologiestandards erfolgen. Da dies gem. § 14 Abs. 1 ZVO während des Nichtvorhandenseins einer besonderen Vereinbarung über die Zuteilung von Kosten eines Telefonverbindungsaufbaus direkt gilt, wird jegliche Art der Verkehrsführung, insofern sie für die Ermöglichung der Telefondienste bedürftig ist, bereits als das von der Regulierungsbehörde gewährleistete Zugangsobjekt vorstrukturiert[186]. Das Zusammenschaltungsregime wird nach § 13 Abs. 2 ZVO anhand des „*Calling Party Network Pays Principle*" (CPNP-Prinzip) geprägt, wobei der Netzbetreiber, dessen Kunde der Anrufer ist, in der Regel die von einem Gesprächsdienst verursachten Kosten übernehmen soll, d. h. einem anderen Verkehrsteilnehmer das Zusammenschaltungsentgelt zahlt[187].

---

184 Nach h. M. ist die ZVO hinsichtlich ihres Regulierungszwecks und Regelungsinhalts lediglich auf die Zusammenschaltung des sprachlichen Telefondienstes gerichtet. Vgl. *Wang, Y.-K.*, Netzzusammenschaltung, S. 20; *Wang, Y.-C./Wang, M.-L.*, Cheng Kung Law Review 9, S. 231 f.; *Lin, Y.-H.*, Wettbewerbsrechtlicher Regulierungstrend, S. 182.

185 Dafür hat das NCC einen Anhang der ZVO, *Weisung über die möglichen Formen der Zusammenschaltung*, verkündet, in dem alle möglichen Zusammenschaltungsformen von 1KTU und 2KTU enthalten sind, damit die Probleme der Zurechnung der Kosten eines Telefonverbindungsaufbaus in der Praxis gelöst werden können. In dieser Weisung kommen nur die für Telefonverbindungen unabwendbaren Verbindungsdienste sowie Anrufzustellungen auf Basis von Festnetzen und/oder Mobilfunknetzen in Betracht, sofern die 1KTU (Netzbetreiber) miteinander und ggf. mit einem 2KTU (als Anwendungserweiterung des Zusammenschaltungsregimes) zusammenschalten. Die IP-basierte Zusammenschaltung (peering) ist daher ausgeschlossen. Diese Weisung ist abrufbar unter: http://www.ncc.gov.tw/chinese/show_file.aspx?table_name=law&file_sn=2833 (letzter Abruf: 15.03.2016).

186 § 14 Abs. 1 ZVO schreibt vor, dass die Vorschriften für die Verbindungsentgelte Anwendung finden sollen, soweit die 1KTU miteinander nichts anderes vereinbaren.

187 *Lin, S.-G.*, Telekommunikative Regulierung, S. 211. Das CPNP-Prinzip ist normalweise vom Calling Party Pays (CPP) auf der Endkundenebene verursacht und im

cc) Verpflichtung zur Vorbereitung der Zusammenschaltung

Neben der Verpflichtung zur Abgabe des Angebots ist ein 1KTU, das über beträchtliche Marktmacht verfügt[188], gem. § 7 Abs. 2 ZVO verpflichtet, eine angemessene physische Zusammenschaltungsschnittstelle im Voraus bereitzuhalten. Im Weiteren hat der Verordnungsgeber durch § 7 Abs. 3 ZVO etwaige Vermittlungseinrichtungen mit der Netzübergangsfunktion (VE: N) als angemessene Zusammenschaltungspunkte vorbestimmt[189]. Durch diese Regelung sollen andere Netzbetreiber oder Dienstwettbewerber unterstützt werden, ihre Infrastruktur ohne Weiteres entsprechend dem unternehmerischen Finanz- und Betriebsplan zu verlegen[190].

c) Anwendungserweiterung des Zusammenschaltungsbegriffs

Neben der Zusammenschaltungsvereinbarung im engeren Sinne hat der Gesetz- oder Vorschriftsgeber hinsichtlich der dringenden Regulierungsbedürftigkeit zusätzlich in das Zusammenschaltungsregime andere zugangsrelevante Verpflichtungen ergänzt, welche in der Tat in keinem Bezug zu dem klassischen Zusammenschaltungsbegriff zw. mehreren Netzen stehen. Dies stellt sich als Zusammenschaltung im weiteren Sinne dar und kann in zwei Kategorien unterteilt werden. Die erste Kategorie ist die Verpflichtung als solche, die der Gesetzgeber durch die Ausdehnung der Legaldefinition vom Zusammenschaltungsbegriff vorbestimmt. Dementsprechend ist das Zusammenschaltungsregime auf die Telefonverbindung mit dem 2KTU, welches über kein öffentliches Telekommunikationsnetz verfügt und daher kein Netzbetreiber ist, auch anwendbar. Zuletzt kommen die Verpflichtungen, die von der Regulierungsbehörde direkt in die ZVO mit dem Zweck eingefügt werden, die Möglichkeiten zum fairen Dienstleistungswettbewerb zw. Netzbetreibern zu verstärken.

Falle der leistungsvermittelnden Telefonverbindung üblich. Vgl. dazu näher *Berg* et al., Rahmenbedingungen der Zusammenschaltung, S. 88 f.

188 Die Vorgaben für die Festlegung der Marktbeherrschung im taiwanesischen Regulierungssystem sind kein Bestandteil des TwTKG, sondern durch die EntRVO ausgestaltet. Siehe dazu unter Teil 2. D. III. 1. b).

189 Die in § 7 Abs. 3 ZVO angeführten enumerativen Schnittstellen beinhalten grundsätzlich alle möglichen Vermittlungseinrichtungen mit Netzübergangsfunktion auf dem PSTN-Netz (VE: O und VE: F), unabhängig von ihrer Netzkoppelungsebene oder ihrem spezifischen Verwendungszweck (Leitungsvermittlung für Telefondienste und Mehrwertdienste usw.).

190 *Lin, S.-G.*, Telekommunikative Regulierung, S. 210.

aa) Verbindungsaufbau im öffentlichen Telefonnetz für 2KTU

Anhand des in der TwTKG-Novelle 2002 ergänzten § 16 Abs. 7 TwTKG ist es dem jeglichem 1KTU (Netzbetreiber) verboten, anderen 2KTU den Anspruch auf die „Zusammenschaltung" zu verweigern. Dem 2KTU ist es angesichts des gesetzlich zugelassenen Handlungsbereichs tatsächlich im technischen Sinne unmöglich, ein eigenes Netz zu betreiben und anschließend mit anderen Netzen „zusammenzuschalten", weil 2KTU kein eigenes Netz besitzen darf. Trotzdem hat der Gesetzgeber das bestehende Zusammenschaltungsregime auch benutzt, um Wettbewerbsmöglichkeiten eines 2KTU gegenüber anderen 1KTU auf den Endkundenmärkten sicherzustellen. Da ein 2KTU in der Praxis nicht nur telekommunikationsgestützte Dienste erbringen kann, hat die Regulierungsbehörde im Jahr 2001 die Erbringungsfähigkeit des Telekommunikationsdienstes anerkannt und dementsprechend eine spezifische Lizenzklasse geschafft[191], so stimmte der Gesetzgeber auch im nächsten Jahr bei der Gesetzesbegründung für § 16 Abs. 7 TwTKG der Regulierungsbedürftigkeit zur Sicherstellung der Erbringungsmöglichkeit der öffentlich zugänglichen Telekommunikationsdienste des 2KTU zu[192]. Gem. § 16 Abs. 8 TwTKG ermächtigt der Gesetzgeber – wie im Falle der Zusammenschaltung im engeren Sinne – die Regulierungsbehörde, in Form der Rechtsverordnung die Rechtsträger auf Antrag zur Zusammenschaltung festzustellen. Die Regulierungsbehörde hat daher durch die Gestaltung von §§ 3 Abs. 1 i. V. m. 33 Abs. 1 i. V. m. 39 Abs. 1 ZVO festgestellt, dass die Zusammenschaltungsregelung im Falle des Zusammenschaltungsverhältnisses zw. 1KTU und 2KTU genauso wie zw. mehreren 1KTU auch Anwendung findet. Dabei ist jedoch zu beachten, dass sich diese Zusammenschaltungsregelungen nur auf das telefonbezügliche „Geschäftsmodell der Zusammenschaltungsformen" beschränken. Aus diesem Grund gilt das Zusammenschaltungsregime folglich lediglich für solche 2KTU, welche entweder den durch die Betreiber(vor)auswahl erbrachten Telefondienst oder den durch von einem Netzbetreiber zugeführten paketvermittelnden Telefondienst auf Basis von E.164-Rufnummern für ihre Endkunden zur Verfügung stellen[193].

191 Die meisten Dienstleistungen i. R. d. spezifischen Geschäftsgegenstands des 2KTU sind die öffentlich zugänglichen Telekommunikationsdienste als solche, welche ein 2KTU für seine Endkunden erbringt. Dies wird bereits oben in Teil 2. B. II. 2. b). erläutert.

192 Entwurfsbegründung zum TwTKG (2002), LY-Drs. Nr. 91/379, S. 78, 252 f.

193 Dies kann wiederum mit Blick auf die in der oben angeführten Fn. 185 dargelegte *Weisung über die möglichen Formen der Zusammenschaltung* bestätigt werden. Die regulierte Verkehrsführung beschränkt sich daher nicht mehr auf

bb) Kollokation/Vorbereitung für Zusammenschaltungsschnittstellen an TAL

Neben den in der ZVO ausführlich formulierten Regelungen für Zusammenschaltungsvereinbarungen liegen andere zugangsrelevante Verpflichtungen in derselben Rechtsverordnung vor, die die Regulierungsbehörde den 1KTU auferlegt. Diese Verpflichtungen sollten jedoch nicht als ein Bestandteil von Zusammenschaltungsverträgen angesehen werden, da sie im theoretischen Sinne von dem Zusammenschaltungsregime getrennt werden können. Hierbei kommen die Kollokation, der Zugang zu den Systemen für die Betriebsunterstützung sowie die Gewährung der Zusammenschaltungsschnittstellen an der Teilnehmeranschlussleitung (TAL) in Betracht.

Gem. § 11 Abs. 3 ZVO soll das 1KTU auf Antrag des anderen Unternehmens die Kollokationsmöglichkeit sicherstellen. Die in Rede stehende Kollokation ist zuerst im physischen Sinne zu verstehen, da laut dieser Vorgabe nach dem Sinne des Wortlauts die Verpflichteten die Räumlichkeit, in der ihre Telekommunikationseinrichtungen angelegt sind, gewähren müssen, damit der Anspruchsnehmer seine eigenen Einrichtungen auch auf denselben Standorten, insb. Kabelverzweiger oder Schaltverteiler, einsetzen kann[194]. Soweit das verpflichtete Unternehmen die Tatsachen nachweist, aufgrund derer eine physische Kollokation nach § 11 Abs. 3 ZVO nicht gerechtfertigt ist, sollen dem Anspruchsnehmer gem. § 11 Abs. 4 S. 1 ZVO aus funktionaler Sicht gleichwertig andere Standorte zur Realisierung einer Netzverbindung gewährleistet werden. Dies verweist auf ein Gebot zur Gewährung einer virtuellen Kollokation als subsidiäre Alternative für physische Kollokation[195]. Andere mögliche Formen der Mitnutzung von

---

rein leistungsvermittelnde Netze, sondern erstreckt sich ggf. zu einem Teil auf IP-basierte Netze.

194 Anhand einer Beschwerdeentscheidung über die Festlegung zur Schlichtung des Kollokationsproblems hat die Regulierungsbehörde festgestellt, dass die Nutzungsgebühr für die Kollokation unabhängig von der Zusammenschaltungsvereinbarung ist. Aufgrund dessen können die Zusammenschaltungsnachfrager selbst entscheiden, ob sie neben den Übertragungsdiensten auch einer physischen Kollokation bedürfen. Siehe dazu NCC, Beschwerdeentscheidung Nr. 09600065200 (24.04.2007). Vgl. auch *Chien W.-K.*, Regulierung der Teilnehmeranschlussleitungen, S. 66; *Liu, K.-C.*, Communication and Broadcast Law, S. 136 f.

195 Die physische Kollokation ist der Fall, wenn ein verpflichtetes Unternehmen dem Zugangsnachfrager die Unterbringung von Einrichtungen in seiner Räumlichkeit ermöglichen muss. Hingegen umfasst eine virtuelle Kollokation aus Sicht der Nachfrager gleichwertige wirtschaftliche oder technische Bedingungen für die Ermöglichung einer Zusammenschaltung. Vgl. *Neumann/Thomaschki*, in: Säcker (Hrsg.), TKG-Komm., § 21, Rn. 224 f.

Einrichtungen, beispielsweise die Mitnutzung von Masten oder Leitungen, sind allerdings aus dem ganzen Verordnungstext nicht ersichtlich[196].

Darüber hinaus können die auf dem Telefondienstmarkt tätigen Teilnehmer gem. § 25 Abs. 1 ZVO den Zugang zu solchen Systemen, die der Speicherung der Telekommunikationsdaten dienen, erhalten. Daneben sind sie gem. §§ 17 Abs. 1 Nr. 7, 8, 9 i. V. m. 18 Abs. 2 ZVO berechtigt, gegen Entgelt die Nutzung der Einrichtungen oder Dienste, beispielsweise Auskunftsdienste oder Softwaresysteme, die die Bearbeitung der Signalvermittlung unterstützen können und bei der Bereitstellung von Telefondiensten notwendig sind, zu verlangen[197].

Nicht zuletzt schreibt § 18 Abs. 1 ZVO vor, dass jedes 1KTU nach technischer Erwägung möglichst einverstanden sein soll, solche Zusammenschaltungsschnittstellen, die den Anschlüssen an mehreren TAL dienen und auch als Hauptverteiler genannt werden, zu gewähren. Obwohl diese Regelung anhand ihres Wortlauts nicht als ein Gebot, sondern lediglich als ein Handlungsprinzip mit schwacher Empfehlung – „möglichst nach technischen Erwägungen" – angesehen werden könnte, sollte diese Verpflichtung unter allen Umständen als eingriffsintensivere Verpflichtung zur Förderung der Zugangsmöglichkeit gewürdigt werden[198]. Der Grund besteht darin, dass der Nachfrager nur mithilfe der Gewährung der Zusammenschaltung von solchen Unternehmen, die den Netzzugang zu Endnutzern, insb. TAL-Komponenten, kontrollieren, einen Verbindungsaufbau und eine entsprechende Kommunikationsdienstleistung ermöglichen kann. Die Norm des § 18 Abs. 1 ZVO ist daher aus der Perspektive der Förderung des Dienstleistungswettbewerbs und der Sicherstellung der Kommunikationsmöglichkeit zw. Endnutzern als eine strengere Zugangsverpflichtung

---

196 Die taiwanesischen Normen der Zugangsregulierung für die Kollokation oder Mitnutzung von Einrichtungen sind zersplittert. Neben der hierbei erwähnten Kollokation in der ZVO liegt eine andere Vorgabe für die Mitnutzungsmöglichkeit der physischen Einrichtungen vor. Siehe dazu die in Teil 2. C. I. 2. erörterte Gesetzesvorschrift über das Mitbenutzungsrecht der Bottleneck-Einrichtung.

197 § 17 ZVO ist eine Norm zur Entbündelung der Netzkomponenten, die gem. § 18 Abs. 2 ZVO separat vermietet werden können. Die Einrichtungen oder Dienste, die den Netzbetrieb unterstützen und in § 17 Abs. 1 Nr. 7, 8, 9 formuliert sind, sind daher als entbündelte Netzkomponenten zu verstehen. Dies könnte jedoch kontrovers sein, da solche Unterstützungsdienste oder -systeme theoretisch nicht „ausschließlich vermietet", sondern nur „mitgenutzt oder erworben" werden könnten. Zu entbündelten Netzkomponenten siehe unter Teil 2. C. III. 2.

198 Vgl. *Wang, Y.-K.*, Netzzusammenschaltung, S. 12. In seinem Aufsatz ist dieser Autor der Meinung, dass § 18 Abs. 3 ZVO als spezifische Zugangsverpflichtung angesehen werden soll.

zu interpretieren. Die Auferlegung der Verpflichtung, den Zugang zu Hauptverteilern bereitzustellen, anstatt ein schwächeres „Angebot zu unterbreiten", ist bei einem Vereinbarungsprozess in § 16 Abs. 1 TwTKG gerechtfertigt, wenn die nachgefragten TAL aus wirtschaftlicher oder technischer Sicht nicht dupliziert werden und sich eine Beschleunigung des Liberalisierungsprozesses durch diese Zugangswährung zugunsten der jungen Wettbewerber auf den Telekommunikationsmärkten auswirken kann.

d) Durchsetzung der Zusammenschaltungsverpflichtungen

Falls die in § 16 Abs. 1 TwTKG vorgeschriebene Vereinbarung drei Monate nach dem Anspruch ganz oder teilweise noch nicht zustande kommt, ist die Regulierungsbehörde gem. § 16 Abs. 3 TwTKG auf Antrag oder von Amts wegen befugt, in Form des Bescheides den streitigen Inhalt in der Vereinbarung festzustellen[199]. Darüber hinaus soll die Regulierungsbehörde gem. § 16 Abs. 4 TwTKG den Unternehmen in einem Bescheid mitteilen, wenn sich die 1KTU mit der Erneuung oder Abänderung der Bedingungen in der wirksamen Vereinbarung drei Monate nach dem Anspruch auseinandersetzen soll und zugleich eines der betroffenen Unternehmen einen Antrag eines verwaltungsrechtlichen Bescheides gestellt hat. Als Sonderfall kann das Unternehmen gem. § 16 Abs. 5 TwTKG auch einen oben erwähnten Bescheid beantragen, wenn das im Schuldverhältnis stehende Unternehmen die versprochene Leistung nicht wie geschuldet erbringt.

In diesen Fällen kann die Regulierungsbehörde gem. § 28 Abs. 5 ZVO vor der Festlegung eines Bescheides den Betroffenen erst anordnen, ohne Verzögerung eine erneute Verhandlung vorzunehmen. Falls dies auch nicht die Folge ist, soll die Regulierungsbehörde gem. § 31 ZVO innerhalb der Frist von drei Monaten den Unternehmen ab der Annahme des Antrages oder dem Einzug

---

199 Der wesentliche Inhalt für eine Zusammenschaltungsvereinbarung ist in § 27 ZVO konkretisiert. Sie soll daneben als Hauptsache des von der Regulierungsbehörde zu treffenden Bescheids angesehen werden. Vgl. JuHACT, 95/1003, 05.03.2006, Rn. 611 f. (judicial.gov.tw). Der Inhalt umfasst: 1. Zugangsgegenstand, 2.Zugangsanbieter, 3. Betriebs- oder Qualitätsstandard der Netzschnittstelle, 4. den technischen Standard für die logische Zusammenschaltung, 5. Netzplan, der die Änderung der Netzkapazität oder physischen Netze sowie eine Verbesserungsplanung für Netzverbindungen umfasst, 6. Zusammenschaltungsgebühr, 7. Rechnungsansatz der Gebühr sowie Rechnungsteilung der Kosten, die ein Verbindungsaufbau verursacht, 8. Inkasso, 9. Schlichtungsverfahren, 10. Einstellungs- und Abänderungsklauseln für die Vereinbarung, 11. Vertraulichkeitsklauseln, 12. Kollokationsvereinbarung, soweit eine Kollokation verlangt wird.

der regulatorischen Ermittlung einen Bescheid geben. Diese vorgesehene Frist kann noch um einen Monat verschoben werden. Bei dem Ermittlungsverfahren kann das NCC die an der Vereinbarung beteiligten Unternehmen in einer bestimmten Frist auffordern, betreffende Dokumente sowie Stellungnahmen als Entscheidungsreferenz in Person oder in Schriftform vorzulegen. In diesem Bescheid sind alle Streitpunkte und vereinbarten Bedingungen zur Erbringung der Zusammenschaltung eingetragen und festgestellt. Obwohl sich der in Rede stehende Bescheid nach dem Wortlaut des Gesetzes lediglich als eine öffentliche Mitteilung darstellt, ist er als Verwaltungsakt zu erfassen[200]. Der Grund liegt darin, dass die Regulierungsbehörde mit dem Bescheid zugleich entsprechenden Zugang anordnet. Aus dieser Anordnung muss das verpflichtete Unternehmen gem. § 62-1 Abs. 2 Nr. 2 TwTKG innerhalb von zwei Monaten ab der Anrufung seine Zusammenschaltungsverantwortung erfüllen. Der Verwaltungsrechtsweg steht dem beteiligten Unternehmen gem. § 16 Abs. 6 TwTKG wegen der Unzufriedenheit mit der Entscheidung des Bescheids auch offen[201]. Um die Zusammenschaltung so weit es geht zu ermöglichen, ist das unternehmerische Verhalten, das jeglicher Pflicht aus dem Zusammenschaltungsregime entgegengesetzt ist, gem. § 62 Abs. 2 TwTKG strafbar[202]. Als Erweiterung der Anwendbarkeit des Zusammenschaltungsregimes gilt der Fall, wenn ein 2KTU gleichfalls einen Anspruch auf Netzverbindung mit einem 1KTU erhebt. Das verpflichtete 1KTU muss gem. § 16 Abs. 7 TwTKG auch unter Einhaltung des Inhalts des Bescheides die verlangte Zusammenschaltung erfüllen.

---

200 Dieser Bescheid soll nach der Legaldefinition des Veraltungsaktbegriffs in § 92 Abs. 1 des taiwanesischen *Administrative Procedure Act* als Verwaltungsakt subsumiert werden, d. h. eine Entscheidung oder andere hoheitliche Maßnahmen, die eine Behörde zur Regelung eines Einzelfalls im Bereich des öffentlichen Rechts trifft und unmittelbare Außenwirkung hat. Vgl. dazu *Liao, Y.-H.*, Socioeconomic Law and Institution Review 26, S. 118 f.

201 Die Verwaltungsgerichtbarkeit der Anfechtungsklage wird nach §§ 2 i. V. m. 4 taiwanesischer *Verwaltungsgerichtsordnung* gegeben, wenn die Aufhebung eines Verwaltungsakts nach dem Scheitern einer Verwaltungsbeschwerde begehrt wird. Da § 16 Abs. 6 TwTKG auf einen Verwaltungsrechtsweg im Falle einer Streitigkeit in einem Bescheid verweist, soll der hier genannte Bescheid als Verwaltungsakt angesehen werden.

202 Die Vorschriften gegen die Verletzung der Zusammenschaltungsverpflichtung oder gegen die Entscheidung im Bescheid sind in Form der Verwaltungsstrafe gestaltet. Die anwendbare Strafe umfasst nach § 62-1 TwTKG nicht nur Geldstrafen, sondern auch die Beschränkung des Betriebsrechts, z. B. den Widerruf der Betriebslizenz oder die zwingende Einstellung der betrieblichen Aktivitäten.

2. Mitnutzung der Bottleneck-Einrichtungen

Obschon das Recht auf die Kollokation in der Räumlichkeit eines 1KTU im Zusammenschaltungsregime gewährleistet wird, wäre dies aus Sicht der Newcomer oder kleineren Wettbewerber noch nicht ausreichend, wenn sie durch diskriminierungsfreien und entbündelten Zugang zu jeweiligen bedürftigen Netzkomponenten die Erbringung eigener Dienste für ihre Endnutzer auf einem wettbewerbsorientierten Markt wollen. Hinsichtlich des Fehlens von effektiven Regulierungsmitteln hat der Gesetzgeber bei der TwTKG-Novellierung 1999 berücksichtigt, parallel neben dem Zusammenschaltungsregime eine neue Regelung für die Mitnutzung der bestehenden Netzinfrastruktur in das Gesetz einzuführen, indem mehrere physische, wirtschaftlich nicht duplizierbare Netzkomponenten oder Einrichtungen als Bottleneck-Einrichtungen gewertet und ein entsprechendes Mitbenutzungsrecht den alternativen Dienstanbietern gewährt werden sollen, so dass der von Wettbewerbern durchgeführte Aus- oder Aufbau eigener Netzinfrastruktur vom Staat unterstützt werden kann[203]. Aus diesem Grund schreibt das neu angefügte § 31 Abs. 1 TwTKG vor, dass während der Bauarbeit das 1KTU, das ein oder mehrere Festnetze betreibt, berechtigt ist, gegen Entgelt einen Anspruch auf die Mitnutzung der leitungsbezüglichen Einrichtungen zu erheben, sofern solche als Bottleneck-Einrichtungen eingestuft werden; der Besitzer von Bottleneck-Einrichtungen verpflichtet sich gem. § 31 Abs. 2 TwTKG zur entsprechenden Gewährung des Mitbenutzungsrechts. Bei dieser Regelung ist auf den Beitrag zur Erleichterung der Schwierigkeit eines neuen Netzausbaus abzustellen. Damit ist die Hinzufügung dieser Bestimmung unter das Kapitel „Errichtung der Telekommunikationsanlagen und Management“ des TwTKG bearbeitet worden. Aus volkswirtschaftlicher Perspektive können unnötige und irrationale Investitionen in den Netzausbau durch die Mitnutzung der bereits vorliegenden „Bottleneck-Einrichtungen“ vermieden werden[204]. Der Anspruchszeitpunkt beschränkt sich daher auf den Aufbauzeitraum des Netzes und spiegelt die Tatbestandsvoraussetzung „während der Bauarbeit“ wider[205].

Fraglich ist jedoch, welche Einrichtungen der Bottleneck-Einrichtung zuzuordnen sind. Einige Meinungen lauten, dass die Reichweite der

---

203 Entwurfsbegründung zum TwTKG (1999), LY-Drs. Nr. 88/37, S. 227.

204 Vgl. *Liu, C.-J.*, Socioeconomic Law and Institution Review 35, S. 134 f.; *Lin, S.-G.*, Telekommunikative Regulierung, S. 223.

205 Hier besteht die Frage, ob § 31 TwTKG überhaupt einer Zugangsregulierung zugeordnet werden kann. Siehe dazu unter Teil 3. E. II. 3. c).

„Bottleneck-Einrichtung-Klausel“ bei der Anfangsphase des Liberalisierungsprozesses so weit wie möglich festgestellt werden sollte[206]. Eine ähnliche Vorschrift besteht allerdings schon vor dem Inkrafttreten (03.11.1999) des abgeänderten § 31 TwTKG in der am 18.05.1999 erlassenen TdFVO, d. h., dass die Regulierungsbehörde ohne Ermächtigungsgrundlage des Gesetzes selbst eine Befugnis zur Festlegung der Bottleneck-Einrichtung bestimmt. Aufgrund dessen hat die Regulierungsbehörde zuerst gem. § 37 Abs. 1 TdFVO die Bottleneck-Einrichtung selbst als solche Einrichtung definiert, die aus wirtschaftlich rationaler Sicht ohne das Vorliegen der entsprechenden oder günstigeren Alternativen zeitaufwändig erbaut werden muss. Des Weiteren sind auf Grundlage von § 37 Abs. 4 TdFVO, nach dem die Regulierungsbehörde für sich eine Bekanntmachungskompetenz freigibt, bis jetzt insgesamt sechs Einrichtungen als Bottleneck-Einrichtungen festgestellt worden, bei denen es sich um physische Kommunikationswege oder -kanäle an Engpässen handelt[207].

3. Betreiber(vor)auswahl

Die Möglichkeit zur Betreiber(vor)auswahl als regulierungsbedürftiger Zugangsdienst ist neben der Abänderung des § 16 TwTKG bei der TwTKG-Novelle 2002 eingegliedert. § 20-1 Abs. 4 S. 1 TwTKG schreibt vor, dass das 1KTU die Dienste zur Betreiber(vor)auswahl (*preselection & preselection override*) mit dem Ziel unterbreiten soll, Verbraucherrechte sowie die Förderung eines wirksamen, diskriminierungsfreien Wettbewerbs sicherzustellen. Die Betreiber(vor)auswahl wird weitergehend nach § 20-1 Abs. 5 S. 2 TwTKG legal definiert als derjenige Dienst, den der Netzbetreiber für seine Endkunden zum Zweck der freien Auswahl des ländlichen oder internationalen Telefondienstes vom anderen Unternehmen erbringt. Es wird davon ausgegangen, dass durch die Auferlegung

---

206 *Wang, W.-Y.*, National Taiwan University Law Journal 29/4, S. 140; *Tsai, W.-Y.*, Fair Trade Quarterly 9/3, S. 101.

207 Im Jahr 2000 sind zunächst 1. Leitungsrohre an Brücken, 2. Leitungsrohre an Tunneln, 3. Gebäudeeingänge sowie 4. Endverzweiger in Wohnungen als Bottleneck-Einrichtungen festgestellt worden. Im Jahr 2002 wurde 5. die „Inhause-Verkabelung“ hinzugefügt, nämlich horizontale und vertikale Leitungen in Gebäuden. Schließlich ist die 6. Kupfer-TAL im Jahr 2006 auch einbezogen worden, aber „Endverzweiger“ und „Inhause-Verkabelung“ schieden zugleich aus. Diese Ausscheidung ist jedoch unentbehrlich, da die ausgeschlossenen Einrichtungen dem Bestandteil der neu angefügten Kupfer-TAL zugeordnet werden können. Vgl. NCC Bekanntmachung für Festlegung von Bottleneck-Einrichtungen Nr. 09505150780 (21.12.2006). Siehe dazu *Chien W.-K.*, Regulierung der Teilnehmeranschlussleitungen, S. 69 f.

der Verpflichtung zur Unterbereitung der Betreiber(vor)auswahl gegenüber dem lokalen Netzbetreiber der dienstleistungsbasierte Wettbewerb gefördert werden kann[208]. Das NCC hat aufgrund der Verordnungsermächtigung nach § 20-1 Abs. 4 S. 2 TwTKG durch die Ausgestaltung der FTdVO die betroffenen Einzelheiten wie Regulierungsadressaten, Anwendungsbedingungen und das Schlichtungsverfahren geregelt. Das zur Gewährung der Betreiber(vor)auswahl verpflichtete 1KTU umfasst gem. §§ 3, 4 FTdVO alle Netzbetreiber, die ländliche oder internationale Telefondienste erbringen können. Nicht nur dem Betreiber von einem oder mehreren Festnetzen, sondern auch dem Mobilfunknetzbetreiber obliegt daher die Unterbreitung der Betreiber(vor)auswahl. Welcher Technologiestandard verwendet wird, ist dabei auch unerheblich[209].

Der materielle Übertragungsdienst, der durch die Betreiber(vor)auswahl ermöglicht wird, ist nicht besonders geregelt und gem. 14 Abs. 1 FTdVO in das im Anhang der ZVO formulierte Geschäftsmodell der Zusammenschaltungsformen eingebettet. Das Schlichtungsverfahren orientiert sich gem. § 24 Abs. 3 FTdVO am Schlichtungsverfahren der Zusammenschaltung nach § 16 Abs. 4 i. V. m. Abs. 5 i. V. m. Abs. 7 TwTKG und wurde kaum abgeändert.

II. Begleitende Verpflichtungen

Über die Verpflichtungen zur direkten Zugangsgewährung hinaus liegen auch andere regulatorische Anforderungen vor, denen sich Telekommunikationsunternehmen unterwerfen. Deren Rechtfertigungsgrundlage leitet sich wiederum aus § 16 Abs. 2 TwTKG ab, da eine diskriminierungsfreie, transparente und nachvollziehbare Vereinbarung auf Basis realistischer Herstellungskosten hierbei angefordert wird. Sie spielen normalerweise bei der Auferlegung der hauptsächlichen Zugangsverpflichtungen zur Zusammenschaltung oder Mitnutzung von relevanten Telekommunikationseinrichtungen eine begleitende Rolle.

1. Diskriminierungsverbot

§ 16 Abs. 2 S. 1 TwTKG schreibt zwar laut dem Gesetzestext den Grundsatz des Diskriminierungsverbots vor, aber das wirkliche Ziel dieser Vorschrift liegt

---

208 Entwurfsbegründung zum TwTKG (2002), LY-Drs. Nr. 91/379, S. 84. Gem. § 14 FTdVO, der sich lediglich auf die Betreiber(vor)auswahl i. R. d. ländlichen und internationalen Telefondienste richtet, findet das Zusammenschaltungsregime hierbei auch Anwendung.

209 *Lin, S.-G.*, Telekommunikative Regulierung, S. 277.

darin, die Regulierungsbehörde zur Bestimmung des Verpflichtungsgegenstandes und zur Konkretisierung solcher Verpflichtungsinhalte zu beauftragen[210]. Aus diesem Grund soll § 16 Abs. 2 TwTKG lediglich als eine Ermächtigungsgrundlage zur asymmetrischen Zugangsregulierung angesehen werden, wobei die Regulierungsbehörde bestimmten Telekommunikationsunternehmen, u. a. marktmächtiger Betreiber eines öffentlichen Telekommunikationsnetzes, zugangsrelevante Handlungspflichten auferlegen kann[211]. Diese Verpflichtungen müssen gem. § 16 Abs. 9 TwTKG durch die Ausgestaltung der Rechtsverordnung erlassen werden. Damit ist die ZVO als Kernstück des Zusammenschaltungsregimes ausgestaltet.

§ 6 Abs. 1 ZVO sieht dementsprechend eine Gleichheitsverpflichtung vor. Nach dieser Vorgabe soll ein 1KTU anderen betreffenden Telekommunikationsunternehmen unter gleichen Umständen gleichwertige Bedingungen, Leistungspreise sowie Qualität anbieten wie für seine eigenen Produkte oder die seiner Tochterunternehmen. Dies soll mit dem Gebot der Chancengleichheit und Billigkeit vereinbar sein. Eine missbräuchliche Ungleichbehandlung ist daher verboten. Der Anwendungsbereich solch einer Gleichbehandlungsverpflichtung soll sich mit Blick auf der Ermächtigungsgrundlage von § 16 Abs. 2 TwTKG nur auf die Vereinbarung zw. Netzbetreiber beschränken, da sie aus § 16 Abs. 1 TwTKG abgeleitet ist. Daneben schreibt § 16 Abs. 7 TwTKG, der die Erweiterung der Anwendungsmöglichkeit des Zusammenschaltungsregimes auf das 2KTU bezweckt, auch nicht vor, dass § 16 Abs. 2 TwTKG ebenso auf den Fall der Zusammenschaltung mit dem 2KTU anwendbar ist. Diese Gesetzeslücke ist trotzdem dadurch ausgeglichen worden, dass die Regulierungsbehörde mithilfe einer sehr umfassenden Ermächtigungsgrundlage des § 16 Abs. 9 TwTKG eine Vorschrift zur Angleichungsanwendung bei diesem Fall prägt, also § 39 ZVO. Bei der Diskriminierungsverbotsklausel sind daher alle 1KTU, deren Dienste sowohl anderen 1KTU als auch den 2KTU gleichwertig breitgestellt werden, verpflichtete Normadressaten, unabhängig davon, ob sie über beträchtliche Marktmacht verfügen.

2. Transparenzverpflichtung

Die Regulierungsbehörde kann gem. § 16 Abs. 10 S. 1 TwTKG das 1KTU mit beträchtlicher Marktmacht verpflichten, seine Vereinbarung mit anderen Telekommunikationsunternehmen über von ihm gewährte

---

210 Entwurfsbegründung zum TwTKG (1999), LY-Drs. Nr. 88/37, S. 204.

211 *Shyr, S.-H.*, Teilnehmeranschlussleitung, S. 186.

Zusammenschaltungsleistungen und begleitende Bedingungen ganz oder teilweise zu veröffentlichen. Diese Vereinbarungen können gem. § 16 Abs. 10 S. 2 TwTKG hinsichtlich der Schutzbedürftigkeit vom Patentrecht oder geistigen Eigentum nach der Aufforderung des Verpflichteten in einer vertraulichen Fassung veröffentlicht werden[212].

Die übrigen Transparenzverpflichtungen sind in der ZVO geregelt. Die Regulierungsbehörde ist nach den Ermächtigungsvorgaben (§ 16 Abs. 2 i. V. m. Abs. 9 TwTKG) berechtigt, gegenüber dem 1KTU, welches ein öffentliches Festnetz betreibt, eine Rechtsverordnung zur Regelung des Zusammenschaltungswesens zu erlassen. Damit ist die Transparenzverpflichtung auch einschlägig. Gem. § 16 Abs. 1 S. 1 ZVO ist dem 1KTU mit der beträchtlichen Marktmacht die Verpflichtung auferlegt, „der Regulierungsbehörde" die Informationen zur Buchführung und denselben Rechnungsansatz für jegliche Zusammenschaltungsleistung sowie andere benötigte Informationen „vorzulegen". Dementsprechend kann die Regulierungsbehörde gem. § 16 Abs. 2 ZVO fordern, diesbezügliche Informationen zugleich vorzulegen. Falls der Nachfrager nach Zusammenschaltungsleistungen die entsprechende Rechnungsstellung bezweifelt, kann er nach § 16 Abs. 1 S. 2 ZVO gegenüber der Regulierungsbehörde einen Antrag für die Ermittlung der Buchführung stellen. Diese unechte Transparenzverpflichtung ist jedoch Kritik ausgesetzt, da ein solches Antragsverfahren bedeutungslos wäre und der Antragsteller immerhin keine Kenntnisse über diese Buchführung nehmen könnte. Dies sollte dem gesetzlichen Ziel der Transparenz i. R. d. Zusammenschaltungswesen zuwiderlaufen[213].

Darüber hinaus sind viele für die Inanspruchnahme der entsprechenden Zugangsleistungen benötigten Informationen und Bedingungen tatsächlich von der Regulierungsbehörde vorbestimmt, da solche Bedingungen für die Erbringungen der Übertragungsdienste in einer Zusammenschaltungsvereinbarung, beispielsweise Informationen zu technischen Spezifikationen, Netzmerkmalen, Bereitstellungs- und Nutzungsbedingungen, gem. § 12 Abs. 1 ZVO vereinbar mit den nach § 39 Abs. 1 TwTKG erlassenen technischen Rechtsverordnungen oder dem (inter-)national technischen Standard, die als subsidiäre Normen anerkannt werden, sein sollen. Erst liegen keine entsprechenden Vorgaben oder

---

212 Vgl. *Lin, S.-G.*, Telekommunikative Regulierung, S. 215.

213 Daneben stimmt diese Vorschrift auch offensichtlich nicht mit der in § 26-1 Abs. 1 Nr. 2 TwTKG vorgesehenen Veröffentlichungsplicht vom 1KTU mit beträchtlicher Marktmacht überein. Vgl. *Lin, S.-G.*, Telekommunikative Regulierung, S. 215; *Tsai, W.-Y.*, Fair Trade Quarterly 9/3, S. 103.

angemessenen Standards vor, dann verhandeln die betroffenen Unternehmen gem. § 12 Abs. 2 ZVO freiwillig. Aufgrund dessen könnte die Transparenzverpflichtung vom 1KTU i. S. d. Zusammenschaltungsregulierung ihre faktische Bedeutsamkeit verlieren.

3. Vertraulichkeit von Informationen

Jedes Telekommunikationsunternehmen darf gem. § 6 Abs. 2 ZVO Informationen, die bei oder nach Vereinbarung über Zusammenschaltungen gewonnen werden, nur für die Zwecke verwenden, für die sie bereitgestellt werden. Die hierbei in Betracht kommenden Informationen sollen durch angemessene Maßnahmen geschützt werden und dürften nicht an Dritte oder Tochtergesellschaften, die aus solchen Informationen Wettbewerbsvorteile ziehen könnten, weitergegeben werden. Ausgeschlossen ist der Fall, wenn betreffende Telekommunikationsunternehmen sich darüber besonders verständigt haben.

4. Getrennte Rechnungsführung

Die Verpflichtung zur getrennten Rechnungsführung ist dagegen im TwTKG vorgesehen. Gem. § 19 Abs. 1 S. 1 TwTKG ist jedes 1KTU verpflichtet, eine getrennte Rechnungsführung durchzuführen, damit die Verstöße gegen den chancengleichen Wettbewerb und unzulässige Quersubventionen verhindert werden. Dabei ist die Regulierungsbehörde gem. § 19 Abs. 2 TwTKG berechtigt, konkrete Vorgaben über das zu verwendende Format, die zu verwendenden Rechnungsführungsmethoden sowie andere Rechnungsrichtlinien in Form der Rechtsverordnung zu erlassen. Die Regulierungsbehörde hat dafür die Rechtsverordnung „*Leitlinie der Rechnungsmethode und bezügliche Arbeitsweise erstklassiger Telekommunikationsunternehmen* (RmL)“ erteilt[214]. Der Gesetzgeber hat schon bei der TwTKG-Novelle 1999 erfahren, dass § 19 TwTKG i. d. F. 1996 die erwünschte Entflechtungsfunktion gegen den Ex-Monopolisten nicht ermöglichen konnte, da in dieser Vorschrift lediglich eine getrennte Rechnungsdurchführung von den Geschäftsbereichen angefordert wurde, welche nicht zu den typischen Geschäften des 1KTU gehörten. Der ursprüngliche Zweck dieser Norm war die Verhinderung einer gezielten Kampfpreisunterbietung in solchen Geschäftsabteilungen, bei denen der Netzbetreiber (noch) nicht marktmächtig

214 Diese Leitlinie ist abrufbar unter URL: http://www.ncc.gov.tw/chinese/law_detail.aspx?site_content_sn=3585&law_sn=111&sn_f=1451&is_history=0 (letzter Abruf: 25.06.2016)

ist, da der Netzbetreiber durch „Sondergewinne“ aus anderer Geschäftsabteilung, in der er auf dem Markt dominiert wird, einen vom missbräuchlichen Preisdumping verursachten Verlust quersubventionieren könnte, um andere Marktteilnehmer auf dem gezielten Markt zu verdrängen[215]. Dies setzte jedoch nach dieser Vorschrift voraus, dass die unerwünschte Quersubvention zw. beiden Abteilungen, die jeweilig den erst- oder zwetiklassigen Telekommunikationsunternehmen zugeordnet worden waren, entstehen musste. Dies wäre nur der Fall, wenn ein 1KTU für seine Kunden zugleich solche Dienste anbietet, die nach gesetzlicher Lizenzklassifizierung von einem 2KTU erbracht werden, und eine entsprechende Quersubvention zw. beiden Abteilungen durchführt[216]. Vor diesem Hintergrund stellte sich diese Vorschrift als ein sehr zurückhaltendes buchhalterisches Unbundling dar. Eine funktionsfähige Maßnahme zur getrennten Rechnungsführung sollte sich durch eine gesetzliche Revision umfassend auf jede konkrete Dienstleistung vom 1KTU richten, weshalb diese strengere, der vollständigen Trennung von Diensten und Netzen gewidmete Rechnungsführungsmethode zur Förderung eines wirksamen Wettbewerbs beitragen könnte[217]. Aufgrund dessen beschränken sich die Gegenstände der getrennten Rechnungsführung seit 1999 durch die Konkretisierung der Rechnungsführungsmethode in der RmL nicht mehr lediglich auf die Geschäftsabteilung zw. Lizenzklassen der Telekommunikationsunternehmen, sondern auf jede Dienstleistung, die von jeglichem 1KTU bereitgestellt und aus wirtschaftlicher Ansicht untereinander aufgeteilt werden kann[218]. Als Hilfsfunktion wird die Befugnis der Regulierungsbehörde zur Prüfung solcher von jedem 1KTU erstellten Praxishandbücher angesehen, in denen ihre zu verwendende Rechnungsführungsmethode protokolliert ist, damit alle Unternehmen dem vorgeschriebenen Format oder Rechnungsgrundsatz nicht zuwiderlaufen. Dies ist in § 51 Abs. 1 RmL geregelt. Darüber hinaus kann die Regulierungsbehörde gem. § 51 Abs. 3 RmL vom 1KTU mit beträchtlicher Markmacht verlangen, jährliche Kostenrechnungs- und Buchungsunterlagen oder relevante Dokumente vorzulegen.

---

215 Entwurfsbegründung zum TwTKG (1996), LY-Drs. Nr. 85/6, S. 143. Vgl. *Chuang, Y.-F./Liu, C.-J.*, Socioeconomic Law and Institution Review 23, S. 59 f.

216 *Wang, W.-Y.*, National Taiwan University Law Journal 29/4, S. 139.

217 Entwurfsbegründung zum TwTKG (1999), LY-Drs. Nr. 88/37, S. 208.

218 Als Beispiel schreibt § 28 RmL vor, dass neben den unmittelbaren Kosten (Zusatzkosten) anderen nicht spezifischen Kosten (Gemeinkosten) vom 1KTU grundsätzlich in gleichmäßiger Weise einzelne Dienstleistungen zugeordnet werden müssen. Siehe dazu *Lin, S.-G.*, Telekommunikative Regulierung, S. 281; *Yeh, C.-L.*, Fair Trade Quarterly 24/1, S. 53 ff.

Darüber hinaus bleibt zwar die alte Vorschrift für die Trennung der Rechnungsführung für Geschäftsabteilungen zw. erst- und zweitklassigen Lizenzklassen nach § 19 Abs. 1 S. 2 TwTKG noch bestehen. Aber eine neue Verpflichtung ist zugleich bei S. 1 dieses Absatzes parallel angefügt: Dasjenige Telekommunikationsunternehmen, das auch in anderen Dienstleistungssektoren tätig ist, soll über den Umsatz, der in keinem Zusammenhang mit der Bereitstellung von öffentlich zugänglichen Telekommunikationsdiensten oder telekommunikationsgestützten Diensten steht, ebenfalls getrennt Buch führen[219]. Schließlich umfasst die heute geltende Vorschrift der getrennten Rechnungsführung im TwTKG nur zwei Verpflichtungen, d. h. die Führung eines getrennten Buchs von jedem Geschäftsgegenstand, der keinen Bezug auf den eigenen Netzbetrieb hat, sowie die Trennung der Rechnungsführung von anderen wirtschaftlichen Sektoren. Auch liegt die in der RmL angeforderte Verpflichtung zur getrennten Rechnungsführung für jede konkrete Dienstleistung vor.

III. Die in Form der reinen Entgeltregulierung ausgeprägte Zugangsgewährung zu Netzkomponenten, Einrichtungen sowie Dienstleistungen

1. Entstehungsgrund

Die durch übergreifende Zusammenschaltungsregime durchgesetzte Zugangsregulierung findet unvermeidbar ihre *per se* Begrenzung, weil sie angesichts des Begriffsumfangs der Zusammenschaltung und entsprechender Regulierungsgrenzen in aller Regel nur für das traditionell schmalbandige Telekommunikationsnetz, u. a. PSTN-Netz, gelten soll[220]. Die breitbandige Anschlussleistung bleibt daher noch unberührt. Daneben fehlt es überdies an einheitlichen und allgemeinen Vorschriften für die regulatorische Zugangsgewährung zu Netzen oder anderen Diensten im TwTKG, so dass die Regulierungsbehörde auf andere verwaltungsrechtliche Verordnungen zurückgreifen muss, um die neu entwickelten Zugangsleistungen regulatorisch zu gewähren. Somit muss die Regulierungsbehörde hinsichtlich der bestehenden Regulierungsbedürftigkeit auf einem untersuchten Markt mehrere flexible Maßnahmen erschaffen, damit chancengleiche

219 *Lin, S.-G.*, Telekommunikative Regulierung, S. 227.

220 Vgl. *Wang, Y.-K.*, Netzzusammenschaltung, S. 20; *Lin, Y.-H.*, Wettbewerbsrechtlicher Regulierungstrend, S. 180; *Wang, Y.-C./Wang, M.-L.*, Cheng Kung Law Review 9, S. 233 f. Dass der taiwanesische Gesetzgeber dem Zusammenschaltungsregime das PSTN-Modell zugrunde legt, ist bereits in Teil 2. C. I. 1. a). angeführt.

Wettbewerbsmöglichkeiten für Neueinsteiger oder andere bestehende Dienstanbieter auf vielfältigen telekommunikativen Produktmärkten sichergestellt werden können[221]. Dabei sind insb. die Vorschriften maßgeblich, welche zwar Bezug auf konkrete Zugangsleistungen nehmen, aber in Form der Entgeltregulierung ausgeprägt werden. Ohne eine vorangehende Zugangsgewährung sind jedoch diese Entgeltregulierungsmaßnahmen, durch die die regulierungsbedürftigen Zugangsleistungen zugleich festgelegt werden können, theoretisch unausführbar, da die Höhe des genehmigungsfähigen Zugangsentgelts schlechthin eine der wesentlichen Zugangsbedingungen ist[222]. Aus diesem Grund ist davon auszugehen, dass die Behörde die zugangs- und entgeltregulatorischen Aspekte i. R. d. Preiskontrolle mit der Zugangsbedingung verknüpft. Dies impliziert auch, dass eine entsprechende Zugangsverpflichtung sogleich aufzuerlegen ist, wenn eine entgeltregulierungsrelevante Entscheidung über die Vorgehensweise der Abhilfemaßnahme von der Behörde getroffen wird. Dabei handelt es sich um die Vermietung der entbündelten Netzkomponenten in der ZVO sowie den Zugang zu solchen Diensten, welche zu Großhandelsbedingungen angeboten werden und seit 2006 unmittelbar dem Price-Cap-Verfahren unterliegen.

2. Vollständig entbündelter Zugang zu bestimmten Netzkomponenten in der ZVO

Über die Bereitstellung der Zusammenschaltungsleistung hinaus ist der Festnetzbetreiber mit beträchtlicher Marktmacht gem. § 17 Abs. 1 ZVO verpflichtet, sein Netz vollständig zu entbündeln, indem die entbündelten Netzkomponenten nach § 17 Abs. 2 ZVO die Teilnahmeanschlussleitung (TAL) sowie andere Vermittlungseinrichtungen auf jeglichen Netzebenen voneinander separiert werden müssen[223]. Ursprünglicher Sinn und Zweck dieser Verpflichtung zur Entbündelung des Netzzugangs ist die Gewährleistung einer kostenorientierten

221 Vgl. *Wang, Y.-K.*, Netzzusammenschaltung, S. 20 f.

222 Vgl. *Kühling*, Sektorspezifische Regulierung, S. 284.

223 Diese Netzkomponenten beinhalten gem. § 17 Abs. 2 ZVO Folgendes: 1. TAL, 2. örtliche Vermittlungseinrichtungen mit Netzübergangsfunktion auf PSTN-Netz (VE: O), 3. Vermittlungsleistungen auf örtlichen Gebieten, 4. ländliche Vermittlungseinrichtungen mit Netzübergangsfunktion auf PSTN-Netz (VE: F), 5. Vermittlungsleistungen auf überregionalen Gebieten, 6. internationale Vermittlungseinrichtungen, 7. Softwaresystem von logischer Netzverbindung, 8. Bereitstellung der Auskunftsdienste und –einrichtungen, 9. Signalvermittlungseinrichtung. Daneben sind die entbündelten Netzkomponenten auf Basis von Mobilfunknetzen auch in § 17 Abs. 3 ZVO ähnlich geregelt.

Rechnungsgrundlage für das Zusammenschaltungsentgelt, § 16 Abs. 2 S. 1 TwTKG[224]. Bei der Rechnungsmethode des Zusammenschaltungsentgelts ist daher gem. § 14 Abs. 3 Nr. 1 ZVO auf die faktischen Betriebskosten der Leistungsbereitstellung abzustellen. Es ist jedoch zu beachten, dass ein solches Prinzip der entbündelten Netzkomponenten gem. § 18 Abs. 2 ZVO heutzutage im Falle des Zugangs zu blanken Netzkomponenten auch anwendbar ist[225]. Eine freiwillige Verhandlung über den Mietpreis für etwaige Netzkomponenten ist zwar gem. § 18 Abs. 2 S. 1 ZVO vorrangig, aber die Höhe des Mietpreises unterliegt insb. einer „kostenorientierten Ex-post-Entgeltregulierung", soweit die entbündelte, in der Verhandlung stehende Netzkomponente von vornherein durch eine regulatorische Bekanntmachung als Bottleneck-Einrichtung qualifiziert wird, § 18 Abs. 2 S. 2 ZVO[226]. Dies liefert ein Indiz dafür, dass der als Bottleneck-Segment gehaltene Zugang zu bestimmten entbündelten physischen Netzkomponenten oder -einrichtungen bereits in Form der Entgeltregelung gewährleistet wird[227].

Schon lange in Streit geraten war, ob kupferdoppelte TAL ebenfalls einer der für regulierungsbedürftig in Betracht kommenden Netzkomponenten zugeordnet worden ist, da sie mit Blick auf ihre physischen und funktionellen Merkmale als Bottleneck-Einrichtungen angesehen werden sollten. Trotzdem hatte die Regulierungsbehörde bis 2005 keine entsprechende Entscheidung getroffen[228]. Um den dauernden Streit zu vermeiden, hat die Regulierungsbehörde durch den „*Beschluss der Anhörung über Kupferbasierte TAL als Bottleneck-Einrichtung* (05.01.2006)[229]" die TAL auf Basis der Kupferleitung qualifiziert als eine in reinen

224 Die Anforderung zur Entbündelung ergibt sich ursprünglich in § 16 Abs. 2 S. 1 TwTKG. Dabei soll die Entbündelung dem transparenten, kostenorientierten Zusammenschaltungstarif dienen. In der gesetzgeberischen Begründung sind die in der Fn. 223 dargestellten Netzkomponenten bereits erwähnt worden. Für die Vermietung der Netzkomponenten ist hingegen der Standpunkt des Gesetzgebers zurückhaltend, da bei dieser Zugangsmöglichkeit eine kaufmännliche Verhandlung den Vorrang haben sollte. Vgl. Entwurfsbegründung zum TwTKG (1999) LY-Drs. Nr. 88/37, S. 205.

225 Vgl. *Lin, S.-G.*, Telekommunikative Regulierung, S. 219 f.; *Liu, K.-C.*, Communication and Broadcast Law, S. 140 ff.

226 Zu Arten der Bottleneck-Einrichtungen siehe Fn. 207.

227 Vgl. *Lee, C.-A.*, Fair Trade Quarterly 12/3, S. 25 f.

228 *Lin, S.-G.*, Telekommunikative Regulierung, S. 223 ff.; *Shyr, S.-H.*, Teilnehmeranschlussleitung, S. 187.

229 Dieser Beschluss ist als offizielle Erklärung des Regulierungsprinzips über den TAL-Zugang verkündet worden, wobei dessen Rechtscharakter noch als Verwaltungsvorschrift zu qualifizieren ist. Dies ist abrufbar unter: http://www.ncc.gov.tw/chinese/print.aspx?table_name=news&site_content_sn=37&sn_f=1063(letzter Abruf: 01.07.2016)

Kupferkabeln zusammengeführte Leitung, die dem Anschluss zw. Hauptverteiler und Endgeräten dient und über Hauptkabel, Kabelverzweiger am Straßenrand, Verzweigerkabel, Endverzweiger in Gebäuden sowie Inhause-Verkabelung zu der Teilnehmeranschlusseinheit in der Räumlichkeit des Teilnehmers führt. Die Zugangsart beschränkt sich dennoch anhand dieses Beschlusses lediglich auf den von der Verbindungsleistung entbündelten Zugang zu „Drahtleitungen" (full unbundling leasing). Der gemeinsame Zugang zum Teilnehmeranschluss (Line-Sharing) oder der Bitstrom-Zugang scheidet hingegen aus[230]. Angefügt wurde schließlich im Jahr 2007 § 18 Abs. 3 ZVO, nach dem der Mietpreis von „TAL auf Basis von Kupferdoppeladern" unmittelbar einer Entgeltgenehmigung untersteht[231]. Der Zugang zum bestimmten „blanken Draht", der von der Regulierungsbehörde als Bottleneck-Einrichtungen gewürdigt ist, sowie der Zugang zur entbündelten kupferbasierten TAL, deren Entgelt spezifisch als genehmigungsbedürftig vorgesehen wird, sind somit in einer normierenden Form für andere Marktteilnehmer gewährleistet.

3. Die in der EntRVO vorgeschriebenen Zugangsleistungen

Gegenüber den in der ZVO vorgesehenen Zugangsleistungen, nämlich dem Zugang zur vollständig entbündelten TAL auf Basis von Kupferdoppeladern oder anderen Komponenten über ein schmalbandiges PSTN-Netz, ergeben sich die Vorschriften für die Zugangsgewährung, die im engen Bezug zu breitbandig datenvermittelnden Dienstleistungen stehen, in der EntRVO. Das Entgelt für solche Zugangsleistungen gem. § 9 Abs. 3 Nr. 5 EntRVO wird spezifisch als „Großhandelspreis" formuliert und mit anderen Entgelten für die Endnutzerleistung i. S. v. § 9 Abs. 3 Nr. 1–4 EntRVO gemeinsam dem „genehmigungspflichtigen Entgelt" untergeordnet. Des Weiteren schreibt § 11 Abs. 1 EntRVO vor, dass ein 1KTU mit beträchtlicher Marktmacht gegenüber anderen Telekommunikationsunternehmen seinen „Telekommunikationsdienst" zum „Großhandelspreis" anbieten soll. Dabei hat die Regulierungsbehörde solche Dienste oder Produkte, welche einer Entgeltregulierung unterworfen werden sollen, durch die

230 Vgl. *Wang, V./Chen, R.-J./Lo, S.-S.*, Fair Trade Quarterly 18/3, S. 23; *Chou, Y.-T.*, Taiwan Law Review 185, S. 145.

231 Die TAL auf Basis von Kupferdoppeladern ist daher einerseits als Bottleneck-Einrichtung qualifiziert, andererseits gem. § 18 Abs. 3 ZVO unmittelbar als Gegenstand der Entgeltregulierung festgestellt. Die TAL mittels reinen Faserkabels oder einer Kombination von Kupfer- und Glasfaserleitungen ist hingegen nicht einschlägig. Vgl. *Chien W.-K.*, Technology Law Review 4/2, S. 241 f.

„*Bekanntmachung für die zum Großhandelspreis anzubietenden Produkte* (GH-Bek.)“[232] festgestellt, deren Gehalt jährlich erneut zu erörtern ist, § 11 Abs. 3 EntRVO.

Bei einer solchen Definitionsweise der Zugangsleistung könnte jedoch ein unvermeidbares Problem auftreten: Ob die ausschließlich für andere Telekommunikationsunternehmen erbrachte und lediglich der Ermöglichung der Endnutzerleistungen dienende Zugangsleistung aus Sicht des Verordnungsgebers nicht verstanden werden kann als spezifischer Regulierungsgegenstand, der unter einer eigenständigen Kategorie geregelt werden sollte, oder vielmehr bloß als „fiktive Telekommunikationsdienste“, die mit anderen regulierten Endnutzerleistungen zusammengesetzt und den gleichartigen Regulierungsmaßnahmen unterworfen werden. Wenn der fiktive Telekommunikationsdienst bejaht wird, dann würde diese Definitionsweise dem begrifflichen Gehalt des Telekommunikationsdienstes i. S. v. § 2 Nr. 4 TwTKG zuwiderlaufen[233].

Daneben könnte der Zusammenhang zw. Endnutzer- und Zugangsleistungen im Hinblick auf solch eine Begriffsverwendung vom Großhandelsprodukt als Ersatz der Zugangsleistung zumindest unklar sein, da eine Nachfrage nach jeglichem Produkt in großer Menge in der Regel durch eine individuelle Vereinbarung zu Großhandelsbedingungen, u. a. zum „Großhandelspreis“, befriedigt werden kann, unabhängig von der Eigenschaft oder dem Verwendungszweck des Produkts aus Nachfragesicht. Es fehlt daher bei der Begriffsdefinition des Großhandelsprodukts i. S. v. § 11 Abs. 1 EntRVO zumindest an einem zentralen Element der Zugangsleistung, d. h., dass eine Zugangsleistung zum Zweck der Erbringung der öffentlichen Telekommunikationsdienste erfolgen muss. Dies führt auch zur Unbestimmtheit des Umfangs der Zugangsregulierung sowie

232 Diese Bekanntmachung ist als Bestandteil der EntRVO veröffentlicht und abrufbar unter: http://www.ncc.gov.tw/chinese/show_file.aspx?table_name=law&file_sn=2810 (letzter Abruf: 01.07.2016).

233 Es ist jedoch erstaunlich, dass der Verordnungsgeber die Legaldefinition des Telekommunikationsdienstes (§ 2 Nr. 4 TwTKG) verkennen könnte. Nach der historischen und teleologischen Auslegung sollte keine Zugangsleistung, welche die Ermöglichung einer Endnutzerleistung bezweckt und nur für andere Telekommunikationsunternehmen erbracht wird, dem Telekommunikationsdienst i. S. v. § 2 Nr. 4 TwTKG zukommen. Vor diesem Hintergrund kann man vom Fehlen der begrifflichen Zugangsleistung im TwTKG sprechen. Siehe dazu unter Teil 2. D. I. 1. a). aa). und Kritik dazu unter Teil 3. C. I. 1.

Anwendungsschwierigkeit der in der EntRVO geregelten Entgeltregulierungsmaßnahmen[234]. Diese spezielle Regulierungstechnik gilt trotzdem in einigen regulierungsbedürftigen Bereichen, die das Zusammenschaltungsregime in der Realität nicht erreichen kann, als unentbehrliche Kompromisslösung, damit die Regulierungsbehörde insb. angesichts der dringenden Regulierungsbedürftigkeit in solche mit Internetzugangsdiensten im Zusammenhang stehende Vorleistungsmärkte eingreifen kann[235]. Somit müssen die zurzeit regulierten, in der GH-Bek. hervorgebrachten Zugangsleistungen trotz der Problematik hinsichtlich der Definitionsweise des Großhandelspreises immer noch im Folgenden erklärt werden.

a) Zugang zum breitbandigen Teilnehmeranschluss mittels xDSL-Technologie oder anderer Leitungsmedien

Da sich das Zusammenschaltungsregime lediglich auf solche Vorleistungen beschränkt, welche sich im Regelfall nur auf das schmalbandige PSTN-Netz beziehen, müssen kleine Netzbetreiber oder Internetzugangsanbieter mithilfe anderer Zugangsvorschriften auf die Anschlussmöglichkeit mit ihren potenziellen Endkunden zugreifen. Dabei schreibt § 11 Abs. 1 EntRVO vor, dass das 1KTU, das über beträchtliche Marktmacht verfügt, anderen Telekommunikationsunternehmen zu einem genehmigungsfähigen Großhandelspreis die in der GH-Bek. festgestellten (Vor-)Leistungen bereitstellen soll. Das Entgelt für den Zugang zum xDSL-Teilnehmeranschluss, durch den Wettbewerber an Endkunden einen komplett breitbandigen Internetzugangsdienst in eigenem Namen vermarkten können, ist diesem Entgeltgenehmigungsregime unterstellt. Diese breitbandige Anschlussleistung hat keinen Bezug zum Zugang zur entbündelten kupfernetzbasierten TAL i. S. v. § 18 Abs. 3 ZVO (blanker Draht) oder zum gemeinsamen Zugang (Line-Sharing), sondern ist vielmehr ein Anschlussprodukt, das ein Netzbetreiber traditionell an seinen Endkunden

---

234 Es wird in Zweifel gezogen, dass die zum Großhandelspreis vermarkteten Dienstleistungen für eine „Zugangsleistung" gehalten werden. Siehe dazu unter Teil 2. D. IV. 2. a).

235 Die großhandelspreisliche Regulierung kann daher als Ausdehnung vom ursprünglichen Entgeltregulierungsumfang verstanden werden, indem die gefragten Zugangsleistungen von der Regulierungsbehörde neben den regulierungsbedürftigen Entgelten für Endnutzerleistungen zusätzlich hinzugefügt werden. Siehe dazu auch *Liu, K.-C.*, Communication and Broadcast Law, S. 141 f.

in Verbindung mit einer bestimmten Verbindungsleistung wie einem Internetzugang als Produktbündel anbietet[236]. Es bleibt jedoch unklar, welche

---

236 Dieses Anschlussprodukt kann nicht nur im Wege des Einzelhandels an Endkunden, sondern auch zu Großhandelsbedingungen an andere ISPs vermarktet werden. Derzeitiger marktmächtiger Anbieter des Zugangs zur breitbandgien TAL ist nach wie vor die CHT AG, die nicht nur das xDSL-Anschlussprodukt und den Internetzugang als Paket auf der Endkundenebene bietet, sondern auch anderen ISP (sog. Geschäftskunden), z. B. *TWM-Broadband,* den xDSL-Anschluss allein zu Großhandelsbedingungen im Namen der „Anmietung vom Teilnehmeranschluss mittels xDSL-Technologie" erbringt. Diese Geschäftspraxis kann durch die Betrachtung der relevanten Vorschriften in der EntRVO bestätigt werden, da der Zugang zum breitbandigen Teilnehmeranschluss sowohl i. R. d. Einzelhandels (§ 9 Abs. 3 Nr. 1 litt. 3 EntRVO) als auch i. R. d. Großhandels (§ 11 Abs. 3 EntRVO i. V. m. GH-Bek.) als regulierungsbedürftig qualifiziert wird. Trotzdem sind sie aus Sicht des Verwendungszwecks in der Tat ein gleichartiges „Produkt". Dies ist auf die ursprüngliche Handelspraxis zurückzuführen. Es ist üblich, dass die xDSL-Anschlussgebühr vom Internetzugang (Verbindungsdienst) getrennt erhoben wird. Wenn ein Endnutzer nach dem Internetzugangsdienst von einem ISP, der jedoch keine eigne xDSL-TAL dem nachfragenden Endnutzer zur Verfügung stellt, nachfragt, dann entsteht ein „Zwei-Verträge-Verhältnis", d. h. eine Vertragsbeziehung zw. Endnutzer und TAL-Inhaber einerseits und zw. Endnutzer und ISP andererseits. Die derzeitigen Vertragsmodelle über DSL-Breitbanddienste für Endkunden in Taiwan sind zw. beiden Gruppen von Internetzugangsanbietern unterschiedlich entwickelt. Das *Seednet* bleibt beispielsweise noch in der „Zwei-Verträge-Tradition", wobei Endkunden mit verschiedenen Anbietern, beispielsweise der CHT AG, zusätzlich einen Anschlussvertrag abschließen müssen. Dieses Vertragsmodell ist abrufbar unter: http://www.seed.net.tw/access/new/halfprice.php (letzter Abruf: 18.08.2016). Demgegenüber enthält der Tarif für den DSL-Internetzugangsdienst vom *TWM-Broadband* ein Bündel von Anschlussgebühren mit einer bestimmten Verbindungsqualität mit Ausnahme der Geschwindigkeit in Höhe von 4M/1M, so dass seine Endkunden, die den DSL-Anschluss nachfragen, nicht mehr bei der CHT AG nach der Anschlussleistung nachfragen müssen und einen einzigen Dienstvertrag abschließen, da das *TWM-Broadband* statt seiner Kunden bereits diese Anschlussleistungen (Zugang zur TAL über xDSL-Technologie) zu Großhandelsbedingungen erworben hat. Durch eine solche Vereinfachung des Vertragsverhältnisses sollte der Großkunde die Wettbewerbsmöglichkeit um Endkunden verstärken. Dementsprechend profitieren die Endkunden davon, dass mehrere Produkte mit einer einzigen Vertragsbeziehung von einem Anbieter erhältlich sind und die Vergleichbarkeit und Preistransparenz zw. verschiedenen Angeboten verbessert werden. Zu Einzelheiten dieses DSL-Breitbanddienst-Tarifsystems siehe unter der URL der CHT AG: http://www.twmbroadband.com/adsl/fee/fee-review.htm (letzter Abruf: 18.08.2016). Die Gliederung von Anschluss- und Interzugangsdienstleistungen war ebenfalls üblich in Deutschland. Vgl. BNetzA, Beschluss v. 27.06.2007, BK 1-05/004 (Marktdefinition und Marktanalyse der Märkte „Breitband-Zuführung"), S. 9, 12.

Zugangsart unter diesem Anschlussprodukt zu verstehen ist. Die Behörde legt bis heute ausdrücklich nicht fest, ob es eigentlich zu einem Zugang zu breitbandiger Zuführung, einer Mietleitung oder einem Zugang zu bestimmten Diensten zu Großhandelsbedingungen i. S. d. Weitervertriebs (Resale) zählt[237]. Es ist jedoch zu beachten, dass solch ein Anschluss aus technischer Sicht nichts anderes als ein von Endkunden nachgefragtes AGB-Anschlussprodukt ist, dessen Rechnung mit der verbraucherabhängig abgerechneten Verbindungsleistung unter normalen Umständen zusammen hergestellt wird. Heutzutage ist ein zusammenfassender Flatrate-Tarif für den kompletten Internetzugangsdienst auch nichts Seltenes. Falls ein Internetzugangsanbieter von dem Netzbetreiber anstelle seiner Endkunden im Voraus zu Großhandelsbedingungen die in Rede stehenden DSL-Anschlüsse erwirbt und seinen Endkunden gleiche Anschlussprodukte im eigenen Namen und auf eigene Rechnung wiederverkauft, profitiert sein Endkunde davon, den nachgefragten Internetzugangsdienst nur mit einer einzigen Vertragsbeziehung von einem Anbieter zu erhalten. Dies entspricht der Legaldefinition vom „Zugang zu Diensten" i. S. v. § 21 Abs. 2 Nr. 3 DeTKG[238]. Aufgrund dessen wird davon ausgegangen, dass unter dem Zugang zu breitbandigen Teilnehmeranschlüssen mittels xDSL-Technologie sowohl ein Endkundenprodukt als auch ein auf der Vorleistungsebene vermarktetes Resale-Produkt zu verstehen ist.

---

237 Während die Behörde zum ersten Mal in „Entscheidung der Kommission Nr. 160 (27.4.2007)" das Entgelt vom Zugang zur TAL auf Basis breitbandiger Anschlüsse über die xDSL-Technologie genehmigt hatte, brachte sie ebenfalls keine Merkmale dieses Anschlussprodukts zum Ausdruck. Die Frage, ob es eines der Zugangsprodukte auf der Vorleistungsebene oder ein Resale-Produkt auf der Endkundenebene ist, bleibt unberührt. Herr Prof. Dr. *Shyr*, damaliges Kommissionsmitglied von NCC, hat neben diesem Beschluss eine begleitende Stellungnahme vorgebracht. Diese Stellungnahme verweist auf die Undeutlichkeit und daher dringende Auslegungsbedürftigkeit des xDSL-Anschluss. Vgl. dazu näher *Shyr, S.-H.*, Minority Report, S. 106.

238 In Deutschland kann seit dem 01.07.2008 einem marktmächtigen Netzbetreiber die Verpflichtung auferlegt werden, die entbündelten Anschlussleistungen als Weitervertriebsprodukt zu ermöglichen. Die Anschlüsse müssen daher nicht unbedingt in Verbindung mit Verbindungsleistungen zur Verfügung gestellt werden. Vgl. *Neumann/Thomaschki.*, in: Säcker (Hrsg.), TKG-Komm., § 21, Rn. 154. Dabei ist das Gericht auch der Ansicht, dass die Behörde gem. § 21 Abs. 2 Nr. 3 DeTKG unter Abwägung der Marktentwicklung durch die Regulierungsverfügung eine Verpflichtung zur Gewährung des entbündelten Zugangs zur Anschlussleistung auferlegen kann. Siehe dazu VG Köln Urteil v. 25.04.2012 – Az. 21 K 1142/10, Rn. 35 f. (NRWE).

Daneben ist der Zugang zum Teilnehmeranschluss über reine Glasfaser (FTTH) sowie über teilweise kupfernetzbasierte FTTB-Technologie oder andere Vermittlungsmedien wie Kabelanschlüsse und breitbandige Funklösungen von der Behörde aufgrund der Förderung des Infrastrukturwettbewerbs ausgeschlossen, so dass nur der Zugang zum Teilnehmeranschluss über xDSL-Technologie regulatorisch für Internetzugangsanbieter gewährt wird[239]. Die nach dem Wortlaut von der GH-Bek. ausgeführten „anderen Leistungsmedien" würden daher ins Leere fallen[240].

b) *Breitband-Zuführung*

Verlegt ein Internetzugangsanbieter seine eigene Anschlussinfrastruktur noch nicht flächendeckend genug bis zu bedürftigen Anschlusspunkten an TAL, z. B. zu den mit DSLAM zusammengebundenen Hauptverteilern, ist es von seinem Standpunkt aus durchaus notwendig, neben dem Zugang zu einem xDSL-Teilnehmeranschluss eine weitere Zuführungsleistung vom anderen Netzbetreiber zu erhalten, um den breitbandigen Internetzugangsdienst für seine Endkunden zu ermöglichen. In der Praxis ist es üblich, dass Endkunden unter dem „Zwei-Verträge-Verhältnis" einerseits ihr ISP für den breitbandigen Internetzugangsdienst bezahlen und die Kosten für den Internetzugangsanschluss andererseits auf Basis der dem anderen Netzbetreiber gehörenden TAL über xDSL-Technologie tragen[241]. Diese Konstellation ergab sich genauso wie 2004 zuvor in Deutschland[242]. Vor diesem Hintergrund muss ein ISP zusätzliche

239 Diese Entscheidung ist auch ohne Weiteres dem *Beschluss der Anhörung über Kupfer-TAL als Bottleneck-Einrichtung* zu entnehmen. Siehe dazu näher *Wang, V./Chen, R.-J./Lo, S.-S.*, Fair Trade Quarterly 18/3, S. 24.

240 Ein taiwanesischer Internetzugangsanbieter kann vor diesem Hintergrund nur entweder das DSL-Reale-Produkt erwerben oder die blanke kupfernetzbasierte TAL anmieten. Es ist daher unmöglich, den Zugang zum Teilnehmeranschluss über Glasfaser oder einen gemeinsamen Zugang zum Teilnehmeranschluss zu erhalten. Das Entgelt für die Anmietung der blanken kupfernetzbasierten TAL ist nicht in der EntRVO geregelt und unterliegt gem. § 18 Abs. 3 ZVO einem anderen Genehmigungsverfahren. Zum Beispiel siehe dafür NCC, Entscheidung der Kommission Nr. 672 (25.11.2015) für einzelne Genehmigungen vom Entgelt für die Anmietung von Kupfernetzbasierter TAL.

241 *Lien, Y.-N.*, Communication Networks, S. 146. Heutzutage gibt es in Taiwan auch einige ISPs, die für ihren Kunden die Anschlussleistung bezahlen und den Anschlussvertrag löschen. Das wird bereits bei der Fn. 236 ausgeführt.

242 Vgl. BNetzA, Entwurf von Marktdefinition und Marktanalyse der Märkte „Breitband-Zuführung", 30.03.2011, S. 8.

Kosten der Zuführungsleistung übernehmen, die vom großen Netzbetreiber zw. Hauptverteiler bis zum Kernnetz des Nachfragers durchgeführt wird. Hinsichtlich der Unverzichtbarkeit der Breitband-Zuführung für die im Wettbewerb stehenden Breitbanddienst-Marktteilnehmer unterliegt das entsprechende Entgelt einer Vorab-Entgeltregulierung[243]. Das derzeitige Breitband-Zuführungsprodukt der CHT AG, die alleinig in Taiwan solche Vorleistungen bereitstellt, umfasst die Anschlussleistung über ATM- und GE-Übertragungsnetze[244].

c) *Vermittlungsleitung zw. breitbandigen Übergabepunkten*

Da ein ISP davon ausgegangen ist, dass es bei seinem Geschäft theoretisch kein eigenständig paketvermittelndes Netz benötigt, ist es in Taiwan üblich, dass die meisten Internetzugangsanbieter dem 2KTU zugeordnet werden[245]. Dies impliziert, dass viele kleine oder lokale Internetzugangsanbieter, die nur die Lizenz vom 2KTU besitzen, nicht befugt sind, über ein öffentliches Verbindungsnetz (Kernnetz), das dem Datenverkehr mit anderen Internetzugangsanbietern dient, zu verfügen[246]. Aufgrund dessen muss ein solcher Internetzugangsanbieter nach dem besonderen Zugang zur physischen und logischen Verbindung mit anderen Internetzugangsanbietern nachfragen, um die Internet-Konnektivität umzusetzen und seine Internetzugangsprodukte zum Endnutzermarkt zu bringen. Mithilfe der Sicherstellung eines solchen Zugangsdienstes kann sich ein ISP trotz der Knappheit am vollständigen Kern- oder Konzentratornetz ebenfalls ohne Weiteres an den Übergabepunkt auf der IP-Plattform von anderen inländischen Internetzugangsanbietern oder vom Internet Exchange Point (IXP)[247]

---

243 *Liu, K.-C.*, Communication and Broadcast Law, S. 141 f.; *Lin, Y.-H.*, Ft Law Review 150, S. 30.

244 CHT, Tarif des inländischen Datenübertragungsdienstes für Großkunden, S. 1 f., abrufbar unter: http://www.cht.com.tw/enterprise/upload/files/S50BW-1050401.pdf (letzter Abruf: 04.09.2016).

245 *Lien, Y.-N.*, Communication Networks, S. 145; *Wang, Y.-C.*, Netzzusammenschaltung, S. 231.

246 Nach der Legaldefinition des öffentlichen Telekommunikationsnetzes des § 9 2KTUVO ist das Vermittlungsnetz kein öffentliches Vermittlungsnetz, soweit dessen Gesamtheit im physischen Aspekt nur im einzelnen Gebäude verlegt wird. Der Internetzugangsdienstanbieter, der der zweitklassige Lizenznehmer ist, besitzt daher i. S. v. dieser Norm kein verfügbares öffentliches Kernnetz, das die unmittelbare Vermittlungsfunktion mit anderen Telekommunikationsunternehmen ermöglicht. Dies wird bereits oben Teil 2. B. II. 1. dargelegt.

247 Der IXP ist ein öffentlicher Verkehrsaustauschpunkt. In Taiwan gibt es zwar ein relativ großes IXP, also *Taiwan Internet eXchange* (TWIX), aber sein Zugang wird von

anschließen. Die wirtschaftlichen Marktzutrittsschranken auf dem Internetzugangsmarkt sollen ebenfalls durch diese Zugangsgewährung – im Gegensatz zu einem aufwändigen Netzaufbau – verringert werden.

d) Breitbandige Internet-Zusammenschaltung (peering)

Neben den breitbandigen Zuführungsprodukten verlangt der größte ISP in Taiwan, die CHT AG, von anderen Wettbewerbern bei der bilateralen Peering-Vereinbarung eine Gebühr für die Internet-Zusammenschaltung (peering)[248]. Herkömmlich wird dieser Datenverkehr zw. beiden IP-basierten Netzen unentgeltlich zugestellt, sofern die Größe der beiden datenvermittelnden Netze vergleichbar ist[249]. Es ist jedoch nicht von Anfang an ausgeschlossen, dass der große ISP hinsichtlich der spürbaren Ungleichheit von dem durchschnittlichen Datenaufkommen, der Anzahl der angeschlossenen Endnutzer sowie der gesamten Netzlänge lediglich das „Paid-Peering-Produkt" bereitstellen will[250]. Da die CHT AG schon jahrelang einerseits überwiegende Marktanteile auf dem Internetzugangsmarkt besitzt, andererseits eine Alternative wie der Einkauf des Transit-Dienstes vom internationalen Tier-1-ISP aus wirtschaftlicher Sicht auch nicht erwartet werden kann, verfügt die CHT AG i. R. d. bilateralen Peering über die

---

der CHT AG kontrolliert und es ist daher aus Sicht von taiwanesischen Internetzugangsanbietern keine vorrangige Zusammenschaltungsschnittstelle. Siehe dazu *Liu, K.-C.*, Communication and Broadcast Law, S. 187 f.; *Wang, Y.-C.*, Klassifizierung der Telekommunikationsunternehmen, S. 26 f.

248 Der traditionellen Definition nach handelt es sich bei der bilateralen Internet-Zusammenschaltung um eine Vereinbarung zw. Internetzugangsanbieter zum Datenverkehr sowohl gegenseitig als auch für die Endnutzer im jeweils anderen Netz. Solch eine Vereinbarung enthält keine Verpflichtung, den Datenverkehr an Dritte weiterzuleiten oder umgekehrt den Datenverkehr vom Dritten einzuführen. Vgl. dazu *Markus/Nooren/Cave/Karter*, Netzneutralität, S. 24; *Marcus/Elixmann*, The Future of IP Interconnection, S. 69 f. Die gleiche Definition ist ebenfalls im taiwanesischen Schrifttum zu finden. Vgl. *Wang, Y.-C./Wang, M.-L.*, Cheng Kung Law Review 9, S. 213 f.; *Huang, T.-J.*, Entgeltregulierung zur Internet-Zusammenschaltung, S. 272.

249 *Marcus/Elixmann*, The Future of IP Interconnection, S. 71.

250 Bei einer Peering-Vereinbarung könnte ein ISP einige Bedingungen berücksichtigen, bei denen es normalerweise um 1. Proportion von Upload- und Download-Stream, 2. Datenaufkommen oder Netzkapazität, 3. geografischen Umfang, 4. Wettbewerbsverhältnis, 5. Anzahl der Endnutzer oder angeschlossener IP usw. geht, um vergleichbare Zusammenschaltungsinteressen sicherzustellen. Dazu ausführlich bei *BEREC*, BoR (12)130, S. 19 f.

ausschließliche Preissetzungsmacht[251]. Um so viele Beschwerden von anderen Internetzugangsanbietern zu bewältigen, hat die Regulierungsbehörde im Januar 2007 festgestellt, dass das „Paid-Peering-Produkt" als Großhandelsprodukt qualifiziert wird und der Entgeltregulierung unterliegt[252]. Vor diesem Hintergrund ist es ersichtlich, dass beim Angebot am Internetzugangsdienst ein taiwanesischer Anbieter, unabhängig von erst- oder zweitklassigen Telekommunikationsunternehmen, unvermeidbare Kosten für den Zugang zu TAL, den Erwerb des Breitband-Zuführung-Dienstes einschließlich der Internet-Zusammenschaltung übernehmen muss[253].

e) *Übrige Zugangsdienste zur paketvermittelnden Anschlussleitung im örtlichen oder inländischen Bereich*

Neben den oben erörterten Produkten bezieht die Regulierungsbehörde übrige Dienstleistungen, bei denen es sich um die Datenvermittlung über das Festnetz handelt, in diese unbestimmte Kategorie mit ein. In der taiwanesischen Verwaltungs- und Fachgerichtspraxis werden solche Daten-Anschlussleitungen mit bestimmter Netzkapazität einheitlich als Mietleitungen für Großkunden bezeichnet, unabhängig von der für die Mietleitungskapazität verwendeten Technologie[254]. Dies weist darauf hin, dass alle inländischen Dienstleistungen des Datenverkehrs der Zugangsregulierung unterstehen, sofern sie auf Basis des Festnetzes bereitzustellen sind.

f) *Vermittlungsleitung zum Zweck der paketvermittelnden Sprachtelefondienste*

Angefordert worden sind schließlich zwei Zugangsleistungen. Zum einen erfolgt eine solche Anschlussleistung zum Zweck der Zusammenschaltung mit

---

251 *Wang, Y.-C./Wang, M.-L.*, Cheng Kung Law Review 9, S. 217 f.; *Huang, T.-J.*, Entgeltregulierung zur Internet-Zusammenschaltung, S. 274 f.; *Liu, K.-C.*, Communication and Broadcast Law, S. 176 f.

252 Zur Entstehungsgeschichte siehe näher *Huang, T.-J.*, Entgeltregulierung zur Internet-Zusammenschaltung, S. 269 f.

253 Dies kann einer Angabe eines taiwanesischen ISP (TWM-Broadband) für die vom NCC veranstaltete Meinungserhebung über die Price-Cap-Entgeltregulierung im Okt. 2009 entnommen werden. Diese Angabe ist abrufbar unter: http://www.ncc.gov.tw/chinese/show_file.aspx?table_name=news&file_sn=15643 (letzter Abruf: 04.09.2016).

254 Vgl. dazu wiederum CHT, Tarif des inländischen Datenübertragungsdienstes für Großkunden, S. 1 f., abrufbar unter: http://www.cht.com.tw/enterprise/upload/files/S50BW-1050401.pdf (letzter Abruf: 04.09.2016), S. 9.

1KTU und anschließend der Erbringung des VoIP-Dienstes auf Basis der E.164-Rufnummer. Zum anderen geht es um die Vermittlungsleistung oder Mietleitung, die von einem Telefondienst-Reseller begehrt wird. Sowohl der VoIP-Dienst als auch der Wiederverkauf (Resale) der Telefondienste ist zwar tatsächlich nichts anderes als ein öffentlich zugänglicher Telekommunikationsdienst; sie gehören aber im taiwanesischen Regulierungsrahmen zum spezifischen Geschäftsgegenstand des 2KTU und eine zusätzliche Anmietung des leitungsvermittelnden und ggf. paketvermittelnden Netzes vom 1KTU zur nachgefragten Zusammenschaltungsschnittstelle ist aus Sicht eines 2KTU auch unentbehrlich, da ein 2KTU in der Tat kein eigenes Betriebsnetz besitzt, durch das eine Zusammenschaltung mit anderen 1KTU ermöglicht werden kann[255]. Der Regulierer betont daher die Garantie dieser Zugangsgewährung zur Zusammenschaltungsschnittstelle, um alle 2KTU möglicherweise zu unterstützen und die Wettbewerbsintensität auf dem Festnetz-Telefonmarkt zu stärken[256]. Der Zugang zur Vermittlungsleistung oder Mietleitung für Resale-Sprachtelefondienste kann als Sonderfall in der GH-Bek. angesehen werden, da er in keinem Zusammenhang mit dem breitbandigen Datenübertragungsdienst steht[257].

---

255 Wie oben in Teil 2. C. I. 1. c). aa). ausgeführt, ist ein 2KTU wegen des Fehlens des eigenen Netzes theoretisch nicht fähig, sich mit anderen Netzen vom 1KTU zusammenzuschalten. Da solch eine Zusammenschaltungsmöglichkeit vom Gesetzgeber als unerlässliches Zugangsobjekt verstanden wird, ist auch eine Anschlussleitung oder Mietleitung zur Zusammenschaltungsschnittstelle für 2KTU erforderlich. Diese Konstellation ist in der Tat ähnlich wie die in Teil 2. C. III. 3. c). erörterte Vermittlungsleitung zw. ISP.

256 Nach der Begründung des Referenzentwurfs zur Abänderung der Großhandel-Bekanntmachung (GH-Bek.) am 09.03.2007 hat die Regulierungsbehörde klar dargelegt, dass es durchaus erforderlich ist, den Zugang zu den für die Erbringung des spezifischen 2KTU-Geschäfts unverzichtbaren Vorleistungen zu gewährleisten. Dieser Entwurf ist abrufbar unter: http://gazette.nat.gov.tw/EG_FileManager/eguploadpub/eg013141/ch06/type3/gov53/num18/Eg.htm (letzter Abruf: 04.09.2016).

257 Dies kann aber dahingestellt werden, da der in Rede stehende Zugangsdienst immerhin auch als Mietleitung für Großkunden verstanden wird und dessen Tarif in der Praxis nicht gesondert gestaltet wird. Der Unterschied liegt nur darin, dass für den Telefondienst-Wiederverkauf eine Mietleitung, die durch ein leistungsvermittelndes Netz erfolgt und deren Geschwindigkeit nicht höher als 56 Kbps erreicht, in der Regel genügt.

D. Entgeltregulierung

I. Eigenarten des taiwanesischen Entgeltregulierungssystems

1. Dezentralisierte Rechtsgestaltung

Im TwTKG ergibt sich kein einheitliches und selbstständiges Kapitel, das ausschließlich auf die Ordnung der behördlichen Preiskontrolle gerichtet ist[258]. Diese Konstellation ist mit der Regulierung zur Zugangsgewährung identisch. Da es bei den Vorgaben zur taiwanesischen Entgeltregulierung tatsächlich um unterschiedliche Einführungszeitpunkte mit verschiedenen Grundgedanken geht, wäre es unpraktisch, eine unmittelbare Rechtsvergleichung zw. deutschen und taiwanesischen TKG auszuführen. Um die Besonderheit des taiwanesischen Entgeltregulierungssystems, das sich zum großen Teil andauernd in der Praxis entwickelt, zu betonen, ist es durchaus unerlässlich, gesetzliche Grundlagen zur hoheitlichen Preiskontrolle vorzubringen. Eine systematisierte Entgeltregulierung kann dann dargelegt werden[259]. Diese Grundlagen leiten sich aus beiden

---

258 Die EntRVO in der ersten Fassung (1991) hat ebenfalls einen gleichen Hinweis geliefert, da § 8 EntRVO a. F. vorschreibt, dass das Zusammenschaltungswesen, beispielsweise Einzelgenehmigungen, für die Zusammenschaltungsgebühr bei dieser Verordnung unberührt bleibt.

259 Die Aufsätze für die Analyse der taiwanesischen Entgeltregulierung sind zwar nicht selten. Es fehlt jedoch bisher noch an einem umfassenden Kommentar oder vollständigen Lehrbuch für die Einführung in das Entgeltregulierungsregime, so dass eine zugrundeliegende Entgeltregulierungsmethode nicht ohne Weiteres zum Ausdruck gebracht werden kann. Hierbei sind partielle Analysen oder kritische Aufsätze für die Entgeltregulierung des TwTKG hervorzubringen: *Yeh, C.-L.*, Fair Trade Quarterly 24/1, S. 47 ff.; *Huang, T.-J.*, Entgeltregulierung zur Internet-Zusammenschaltung, S. 267 ff.; *Chan, C.-J.*, Asymmetrische Regulierung, S. 97 ff.; *Wei, H.-F.*, Fair Trade Quarterly 22/4, S. 1 ff.; *Liu, K.-C.*, Communication and Broadcast Law, S. 139 ff.; *Chen, R.-J./Shyr, S.-H.*, Technology Law Review 8/2, S. 1 ff.; *Huang, S.-H.*, The Taiwan Law Review 194, S. 166 ff.; *Shyr, S.-H.*, Taiwan Law Journal 151, S. 177 ff.; *Lee, C.*, The Taiwan Law Review 186, S. 174 ff.; *Wang, V./Chen, R.-J./Lo, S.-S.*, Fair Trade Quarterly 18/3, S. 1 ff.; *Huang, Y.-W.*, The Law Monthly 60/20, S. 92 ff.; *Wang, Y.-K.*, Netzzusammenschaltung, S. 3 ff.; *Chien W.-K.*, Technology Law Review 4/2, S. 229 ff.; *Hsiao, C.-T./Chiang, Y.-K.*, Technology Law Review 5/2, S. 34 ff.; *Lin, S.-G.*, Telekommunikative Regulierung, S. 283 f.; *Lin, Y.-H.*, Ft Law Review 150, S. 29 ff.; *Yang, C.-W.*, Socioeconomic Law and Institution Review 28, S. 59 ff.; *Tsai, H.-A.*, Review of Public-Owned Enterprises 2/1, S. 47 ff.; *Liu, C.-J./Lin, C.-C./Lin, H.-L./Lin, Y.-W.*, Socioeconomic

gesetzlichen Ermächtigungsklauseln zur Ausgestaltung der Rechtsverordnung für die entgeltregulierungsbedürftigen Dienstleistungen ab, d. h. EntRVO für das Price-Cap-Verfahren nach § 26 Abs. 3 TwTKG sowie ZVO für das Zusammenschaltungssystem nach § 16 Abs. 2 TwTKG.

a) Gesetzliche Ermächtigung zur Preiskontrolle nach § 26 Abs. 3 TwTKG

aa) Ursprünglicher Regulierungsgegenstand: Telekommunikationsdienst

Die preisliche Verpflichtungsklausel des 1KTU von § 26 TwTKG zählt zur primären Vorschrift i. R. d. Entgeltregulierung. Nach der TwTKG-Novelle 1999 wurde die originale Vorgabe für die Festlegung der Entgelte der vom ehemaligen öffentlichen Monopolisten (*Hauptbehörde der Telekommunikation*) erbrachten Telekommunikationsdienste (§ 26 Abs. 1 TwTKG a. F.) in eine wettbewerbsorientierte Preisgenehmigungspflicht des 1KTU umgewandelt. Der Festlegung der Entgelthöhe lag gem. § 26 Abs. 1 TwTKG a. F. die Vollkostenerstattung zusätzlich zu einer angemessenen Verzinsung (Kost-Plus-Konzept) zugrunde, wobei die verhältnismäßige Rendite (rate of return) des öffentlichen Monopolisten gesetzlich garantiert worden war[260]. Diese Kost-Plus-Regulierung ist heutzutage in das sog. „Price-Cap-Verfahren" umstrukturiert worden, bei dem die Maßgröße der Preisänderungsrate der Endnutzerleistung von der Regulierungsbehörde *ex ante* bestimmt wird, so dass die genehmigungsbedürftigen Entgelte die vorbestimmte Preisobergrenze nicht überschreiten sollen.

Der im Jahr 1999 novellierte § 26 Abs. 1 TwTKG schreibt vor, dass das Entgelt vom 1KTU einer Obergrenze der Preisänderungsrate unterliegt. Dieser knappen Beschreibung kann nicht entnommen werden, welche Gegenleistungen der telekommunikativen Dienste unter das in Frage stehende Entgelt fallen sollen. Die Reichweite des Entgelts ist daher auslegungsbedürftig.

Vor allem muss der reale Wille des Gesetzgebers ermittelt werden. Die Begründung zu § 26 TwTKG im TwTKG-Änderung-Referenzentwurf 1999 verweist darauf, dass „die Verbraucherwohlfahrt", „die sachgerechte Nettosubstanzerhaltung

---

Law and Institution Review 22, S. 37 ff.; *Chuang, Y.-F./Liu, C.-J.*, Socioeconomic Law and Institution Review 19, S. 1 ff.

260 Dies war vor 90 Jahren bei der staatmonopolistischen Regulierung üblich. Durch diese Regulierungsform können alle aufwändigen Kosten an Kunden weitergereicht werden. Aber sie ist hinsichtlich der unvermeidbaren Ineffizienz auch volkwirtschaftlich nachteilig, da das regulierte Unternehmen nicht gezwungen ist, effizienter vorzugehen. Vgl. dazu *Chuang, Y.-F./Liu, C.-J.*, Socioeconomic Law and Institution Review 19, S. 22 f.; *Lee, C.*, The Taiwan Law Review 186, S. 175 f.

des öffentlich-rechtlichen 1KTU“ sowie „der Staatshaushalt im Wege der fortdauernden Liberalisierung“ durch die Umstrukturierung der Preissetzungsmethode harmonisch gefördert werden sollen[261]. Ein 1KTU, das über beträchtliche Marktmacht verfügt, könne missbräuchliche Handlungen ausüben, damit seine überlegene Marktstellung andauernd gehalten oder verstärkt werde. Das marktbeherrschende 1KTU könne insb. willkürlich seine Preissetzungsmacht auf dem (Endnutzer-)Markt ausnutzen, um Wettbewerber aus dem Markt zu verdrängen. Darüber hinaus solle das Verbot einer unzulässigen Quersubvention zw. verschiedenen Dienstleistungen angesichts des unsachgerechten Preisdumpings insb. durch die Ergänzung des § 26 Abs. 4 TwTKG ausdrücklich ausgestaltet werden[262]. Das Vertragsverhältnis zw. Telekommunikationsunternehmen, insb. der Vertrag für Zugangsleistungen, kommt hingegen in der Gesetzesbegründung des § 26 TwTKG kaum zum Ausdruck. Vom Ausgangspunkt des Gesetzgebers zur Umstrukturierung des § 26 TwTKG ist es überzeugend, dass sich das neue Entgeltregulierungsinstrument nur auf die Endnutzerleistung des 1KTU bezieht[263].

Zweitens ist eine systematische Betrachtung des ganzen Textes des TwTKG vorzunehmen. Dabei ist zu beantworten, mit welchen Leistungen das in § 26 Abs. 1 TwTKG geregelte „Entgelt“ verbunden werden soll. Hierbei kommt der Telekommunikationsdienst i. S. v. § 2 Nr. 4 TwTKG in Betracht. Die Legaldefinition des Telekommunikationsdienstes ist aufgrund der prinzipiellen Regulierungsmethode zur Klassifizierung des Telekommunikationsunternehmens von keiner erheblichen Bedeutung und wird grob beschrieben als eine Dienstleistung, die aus Telekommunikationsnetzen besteht. Der telekommunikationsgestützte Dienst und der Inhaltsdienst auf Basis der Telekommunikationsübertragung werden nicht im Gesetz gesondert definiert. Die vom 2KTU bereitgestellten Dienste, die meistens als die telekommunikationsgestützten Dienste oder Inhaltsdienste verstanden werden können, fallen damit ebenfalls unter den Telekommunikationsdienst i. S. v. § 2 Nr. 4 TwTKG[264]. Darüber hinaus ging der Gesetzgeber davon aus, dass § 26 Abs. 3 TwTKG a. F. (heutige § 26 Abs. 5 TwTKG) im

261 Entwurfsbegründung zum TwTKG (1999), LY-Drs. Nr. 88/37, S. 217.

262 Entwurfsbegründung zum TwTKG (1999), LY-Drs. Nr. 88/37, S. 219.

263 Der frühere Gesetzgeber hat sogar ausdrücklich dargelegt, dass das genehmigungsbedürftige Entgelt die Telegrammgebühr, Sprachtelefongebühr, Mobiltelefondienstgebühr sowie datenvermittelnde Dienstgebühr usw. umfasst. Zugangsleistungen sind hingegen nicht einschlägig. Vgl. dazu Entwurfsbegründung zum TwTKG (1996), LY-Drs. Nr. 85/6, S. 166.

264 Dem 2KTU ist jedenfalls nicht verboten, einen klassischen Telekommunikationsdienst für Endnutzer – wie im Falle des 1KTU – anzubieten.

neuen TwTKG beibehalten werden musste, welcher vorschrieb, dass die Entgelte vom 2KTU gleichwohl nicht für regulierungsbedürftig gehalten wurden, da ein 2KTU kein eigenes Telekommunikationsnetz besitze und daher keine besondere Bedenklichkeit wie im Fall des 1KTU auftreten werde[265]. Aufgrund dessen ist es vertretbar zu bestätigen, dass sich die in § 26 TwTKG verankerte Preiskontrolle auf den Telekommunikationsdienst i. S. v. § 2 Nr. 4 TwTKG richtet.

Fraglich ist noch, ob die Zugangsleistung als ein Bestandteil dieser Telekommunikationsdienste des § 2 Nr. 4 TwTKG erfasst werden kann. Immerhin wäre die Zugangsleistung, die gleichwohl kraft Telekommunikationsnetzes erbracht würde, anhand des bloßen Wortlauts nicht von vornherein ausgeschlossen. Dies ist jedoch unter Berücksichtigung der systematischen Auslegung abzulehnen. Denn der Terminus des Telekommunikationsdienstes bezieht sich in der Ordnung des TwTKG immer nur auf Vorschriften für Endnutzerleistungen, beispielsweise die Bereitstellung des fairen Telekommunikationsdienstes für alle Bürger und damit ein Diskriminierungsverbot auf dem Endnutzermarkt nach § 21 TwTKG oder das Regime des Universaldienstes nach § 20 TwTKG. Dementsprechend wird die Begriffsanwendung des Telekommunikationsdienstes im Falle des Anspruchs auf die Mitnutzung der telekommunikativen Einrichtungen oder Mietleitungen an andere 1KTU ausnahmslos vermieden. Vorschriften, die die Sicherstellung der bestimmten Leistung zum Zweck der Bereitstellung einer Dienstleistung regeln, nämlich Zugangsleistungen, werden anders als Telekommunikationsdienste angesehen und in Form der Zusammenschaltung (§ 16 TwTKG), Betreiber(vor-)auswahl (§ 20-1 TwTKG) sowie Mitnutzung der Bottleneck-Einrichtung (§ 31 TwTKG) ausgestaltet. Somit ist der Telekommunikationsdienst im System des TwTKG gleichbedeutend mit der Endnutzerleistung und stellt sich als Gegenbegriff der Zugangsleistung dar.

Unter dem zweckmäßigen und funktionellen Aspekt ist die Anwendbarkeit der Entgeltregulierung auf die Zugangsleistung auch zu verneinen, da der Interessenkonflikt in der vertragsrechtlichen Beziehung zw. Telekommunikationsunternehmen nicht vorrangig durch die Preiskontrolle gem. § 26 TwTKG geschlichtet oder ausgeglichen werden sollte. Die für andere Telekommunikationsunternehmen auf der Vorleistungsebene erbrachte Dienstleistung ist gem. § 11 Abs. 1 FCA (Zusammenschaltungsprinzip) in erster Linie unter dem Zusammenschaltungswesen i. S. v. § 16 TwTKG zu subsumieren und unterwirft sich damit dem Zusammenschaltungsregime[266].

---

265 Entwurfsbegründung zum TwTKG (1999), LY-Drs. Nr. 88/37, S. 218.

266 Das wird bereits oben in Teil 2. C. I. 1. a). ausgeführt.

Unter der vorrangigen Berücksichtigung des ursprünglichen Normzwecks[267] hat der Gesetzgeber klar dargelegt, dass das in § 26 Abs. 1 TwTKG angelegte Entgelt nur den Telekommunikationsdienst i. S. v. § 2 Nr. 4 TwTKG betrifft, der mit der Endnutzerleistung gleichbedeutend ist. Die Zugangsleistung ist daher ausgeschlossen[268]. Das Zusammenschaltungsregime nach § 16 TwTKG stellt sich daneben als das primäre Schlichtungsverfahren für die Zugangsverhandlung zw. Zugangsverpflichtetem und Zugangsbegehrendem dar.

bb) Erweiterung des Entgeltregulierungsumfangs für Zugangsleistungen

Da das Price-Cap-Konzept vom Gesetzgeber als einziges Entgeltkontrollinstrument vorentschieden wird, ist die Regulierungsbehörde gem. § 26 Abs. 3 TwTKG nahezu pauschal ermächtigt, Einzelheiten für das Price-Cap-System in Form der Rechtsverordnung zu regeln. Hierzu kommt der Prüfungsmaßstab zu regulierungsbedürftigen Adressaten (Produktmärkten), deren Ausgangsentgeltniveau einschließlich eines angewendeten Verfahrens anhand dieser Ermächtigungsgrundlage klar in einer Rechtsverordnung vorgeschrieben werden. Die Regulierungsbehörde hat aus diesem Grund das Price-Cap-Verfahren als einzige Vorgehensweise für die Ex-ante-Entgeltregulierung geprägt[269]. Die ganze EntRVO wird dementsprechend als Prozess für die Festlegung der Maßgrößen der Preisänderungsrate der Dienstleistung ausgestaltet. Dabei darf jedoch nicht verkannt werden, dass einige Zugangsleistungen, die insb. für die Erbringung des breitbandigen Internetzugangsdienstes unerlässlich sind, im Namen von Großhandelsprodukten ebenfalls dem Price-Cap-System (§§ 9 Abs. 3 Nr. 5

---

267 Der richtige Rechtsanwendungsvorgang sollte in zwei Stufen unterteilt werden. Auf der ersten Stufe soll der ursprüngliche Normzweck ermittelt werden, da nach dem Gewaltenteilungsprinzip und Demokratieprinzip der vom Gesetzgeber vorentschiedene Norminhalt zunächst so weit wie möglich berücksichtigt werden muss. Fehlt die abschließende, vom realen Willen des Gesetzgebers bestimmte Regelung, dann ist es auf der nächste Stufe zu gewährleisten, dass der Rechtanwender anhand einer vernünftigen Interessenabwägung die objektive Wertentscheidung trifft und demzufolge die gesetzlichen Tatbestandsvoraussetzungen verdeutlicht. Vgl. *Rüthers/Fischer/Birk*, Rechtstheorie, S. 430 f. Überdies hat *Säcker* dem Kommentar vom § 2 Abs. 4 DeTKG über das Rechtsverhältnis zw. GWB und DeTKG die gleiche Auslegungsmethode zugrunde gelegt. Vgl. dazu *Säcker*, in: Säcker (Hrsg.), TKG-Komm., § 2, Rn. 29.

268 Vgl. *Chuang, Y.-F./Liu, C.-J.*, Socioeconomic Law and Institution Review 21, S. 45; *Hsiao, C.-T./Chiang, Y.-K.*, Technology Law Review 5/2, S. 40 f.

269 Das in EntRVO formulierte Price-Cap-Verfahren nähert sich der internationalen Regulierungspraxis im Telekommunikationssektor an. Vgl. dazu *Lin, S.-G.*, Telekommunikative Regulierung, S. 294 f.; *Lee, C.*, The Taiwan Law Review 186, S. 177 f.

i. V. m. 11 Abs. 1 EntRVO) unterliegen. Aber es geht bei der Entgeltgenehmigung nach § 26 TwTKG nur um die Endnutzerleistung, wie in der oben ausgeführten Auslegung des Telekommunikationsdienstes (Teil 2. D. I. 1. a). aa).) dargelegt wird. Es bestünde daher keine Verordnungsermächtigung zur Preiskontrolle für Zugangsleistungen. Stattdessen hat die Regulierungsbehörde selbst das Großhandelsprodukt-Konzept erschaffen und lässt die dem Großhandelspreis zugeordnete Zugangsleistungsentgelte ebenso durch das Price-Cap-System unter der Preiskontrolle stehen[270].

b) *Konkretisierung des Zusammenschaltungsregimes nach § 16 Abs. 9 TwTKG*

Über die Zusammenschaltungsverpflichtung nach § 16 Abs. 1 TwTKG hinaus schreibt § 16 Abs. 9 TwTKG vor, dass Einzelheiten über die Zusammenschaltungsbedingung, u. a. Abrechnungsansatz des Entgeltes sowie das Regulierungsverfahren, durch eine Rechtsverordnung geregelt werden. Die ZVO enthält daher neben der EntRVO ein spezifisch auf die Festlegung des Zusammenschaltungsentgeltes und einen auf die Kostenzurechnung gerichteten Regulierungsrahmen. Dazu fordert § 16 Abs. 2 TwTKG, dass die Preissetzung anhand eines kostenorientierten Preissetzungsansatzes berechnet werden soll. Aufgrund dessen dürfen die Vorschriften über die Preiskontrolle der telefonischen Verkehrsführung bei der Systembildung der taiwanesischen Entgeltregulierung für die Zugangsleistung nicht vernachlässigt werden. Das 1KTU, das über eine beträchtliche Marktmacht verfügt, ist nach § 16 Abs. 4 ZVO verpflichtet, dessen Zusammenschaltungsentgelt zu genehmigen. Die Vorschriften über das Zusammenschaltungsentgelt finden gem. § 39 Abs. 1 ZVO im Falle der Erbringung einer Verkehrsleistung für ein 2KTU (Zusammenschaltung im weiteren Sinne gem. § 16 Abs. 7 TwTKG) ebenfalls Anwendung. Überdies ist der Anwendungsbereich des Zusammenschaltungsregimes durch die Hinzufügung mehrerer regulierter Zugangsobjekte in die ZVO erweitert worden, da nach dem ursprünglichen Grundgedanken vom TwTKG und FCA die Aufsicht und deren Rechtsgestaltung für Vorleistungen zw. 1KTU vorrangig unter dem Verständnis der Zusammenschaltung vorzunehmen ist. In der ZVO entstehen somit andere Vorgaben über die Genehmigungsfähigkeit von Entgelten der regulierungsbedürftigen Zugangsleistungen. Hierbei kommen das Entgelt für die Kollokation nach § 11 Abs. 2 ZVO sowie der Mietpreis für solche entbündelten Netzkomponenten, welche als Bottleneck-Einrichtung festgelegt werden, gem. § 18 Abs. 2

270 Vgl. *Liu, K.-C.*, Communication and Broadcast Law, S. 143.

ZVO in Betracht. Die Kupfer-TAL i. R. d. entbündelten Netzkomponente ist insb. nicht mehr nur als ein Bestandteil von Bottleneck-Einrichtungen erfasst, sondern vielmehr nach § 18 Abs. 3 ZVO als eine selbstständige Zugangsleistung, deren Entgelt am besonderen Prüfungsmaßstab zu genehmigen ist.

2. Vorbestimmte Regulierungsmaßnahmen

Angesichts des Merkmals der dezentralen Ermächtigungsgrundlage der Entgeltregulierung im TwTKG und unter Berücksichtigung der weiten, vom Gesetzgeber gewährten Verwaltungskompetenz zum Aufbau des Regulierungsrahmens müssen nicht nur gesetzliche Vorschriften, sondern auch die betreffenden Rechtsverordnungen in Betracht gezogen werden. Anzumerken sind hierzu alle Entgeltregulierungsmaßnahmen, die entweder vom Gesetz oder in Form der verwaltungsvorschriftlichen Gebotsregelung vor der Festlegung eines regulierungsbedürftigen Markts vorbestimmt werden. Dies verweist auf die Spezialität der taiwanesischen Entgeltregulierung: „Eine Dienstleistung, eine vorbestimmte Vorgehensweise".

a) Price-Cap-Verfahren als einzig gesetzliche Vorgehensweise i. R. d. Ex-ante-Entgeltregulierung

Vor allem ist das Price-Cap-Verfahren nach § 26 Abs. 1 TwTKG als einzige gesetzliche Vorgehensweise der Vorab-Entgeltregulierung für Endnutzerleistungen geprägt, so dass eine übermäßige Regulierung i. R. d. Endnutzerleistung vermutet wird[271]. Dem § 26 Abs. 1 TwTKG kann zwar nicht entnommen werden, dass jedes Telekommunikationsunternehmen, das Telekommunikationsdienstleistungen für Verbraucher bereitstellt, ausnahmslos unter einer Preisgenehmigungspflicht stehen soll, aber der Gesetzgeber schließt auch nicht von vornherein eine umfangreiche Preiskontrolle aus, da die Regulierungsbehörde gem. § 26 Abs. 3 TwTKG einen übergreifenden Ermessenspielraum hat, regulierungsbedürftige Produkte sowie Regulierungsadressaten durch die Rechtsverordnung zu bestimmen. Welche Kriterien bei der Festlegung einer Regulierungsverfügung angewendet werden sollen, wird im TwTKG nicht gesondert hervorgehoben. Der Regulierungsbehörde steht daher ein weites Entschließungsermessen für den Eingriff einer Vorab-Entgeltregulierung zu, obwohl das Auswahlermessen für die verfügbare Vorgehensweise nicht zugleich freigegeben wird. Ebenfalls unterliegen die durch die EntRVO eingezogenen Entgelte für breitbandige

271 *Lin, S.-G.*, Telekommunikative Regulierung, S. 297.

Zugangsleistungen (Großhandelspreis i. S. v. §§ 9 Abs. 3 Nr. 5 i. V. m. 11 Abs. 1 EntRVO) unvermeidbar dem vorstrukturierten Price-Cap-Verfahren[272].

b) Einzelgenehmigung und nachträgliche Regulierung für die in der ZVO geregelten Zugangsleistungen

Gegenüber der aus § 26 Abs. 1 i. V. m. Abs. 3 TwTKG abgeleiteten Ermächtigungsgrundlage belässt § 16 Abs. 9 TwTKG nicht nur einen weiten Entscheidungsspielraum für die Vornahme der Ex-ante-Entgeltregulierung i. R. d. Zusammenschaltungsentgelts, sondern auch den Ermessenspielraum für die Ausgestaltung des Regulierungsrahmens, welcher aber in Form der Rechtsverordnung vorgesehen werden muss. Einer Meinung nach ist eine solche „normative Regulierung" vorteilhafter als die „administrative Regulierung", da bei der Letzteren nur bis zur Festlegung der Regulierungsverfügung dann eine Reihe von konkreten Regulierungsmaßnahmen bestimmt werden könne. Damit könne die „normative Regulierung" immerhin höhere Grade der Rechtssicherheit als die administrative Regulierung garantieren.[273]

Anders als das Price-Cap-Verfahren für die Endnutzerleistung unterliegen Zusammenschaltungsentgelte der Einzelgenehmigung, bei der eine spezifische Rechnungsmethode angewendet wird. Hierzu ist gem. § 14 Abs. 4 ZVO ein 1KTU, das über beträchtliche Marktmacht verfügt, verpflichtet, sein anhand der vorgezeigten Rechnungsmethode kalkuliertes Zusammenschaltungsentgelt zu genehmigen. Die Regulierungsbehörde ist unter Berücksichtigung der Beeinflussung der Wettbewerbsordnung sowie der Verbraucherinteressen befugt, das nicht genehmigungsfähige Entgelt zu modifizieren, § 14 Abs. 5 ZVO. Dies gilt ebenfalls für die Zusammenschaltung mit einem 2KTU. Über das Zusammenschaltungsentgelt hinaus enthält die ZVO tatsächlich noch mehrere Regelungen zur Bestimmung der Regulierungsvorgehensweise für manche Zugangsentgelte, welche von der Regulierungsbehörde aus der realistischen Regulierungsbedürftigkeit, aber ohne unmittelbaren Belang mit der Zusammenschaltung selbst ergänzt werden. Solche Zugangsentgelte, beispielsweise Kollokationsgebühr, Vermietungspreis der entbündelten Netzkomponente (blanke Drähte),

---

272 Das NCC ist nach wie vor der Ansicht, dass die Anwendung vom Price-Cap-Verfahren jedenfalls im Rahmen der breitbandigen Zugangsleistung auch angemessen ist, weil Entgelte für Endnutzerleistungen seit der Einführung des Großhandelspreises zugunsten der Verbraucher jährlich spürbar sinken. Vgl. *NCC*, Meinungserhebung über die Festlegung des X-Faktors 2012, S. 4 f.

273 *Chuang, Y.-F./Liu, C.-J.*, Socioeconomic Law and Institution Review 21, S. 49.

unterliegen grundsätzlich einer reinen Ex-post-Regulierung. Die einzige Ausnahme bildet das Entgelt für den Zugang zur vollständig entbündelten Kupfer-TAL, die gem. § 18 Abs. 3 ZVO genehmigungsbedürftig ist.

3. Zwischenfazit

Hinsichtlich der Eigenarten der taiwanesischen Entgeltregulierung sollte es noch unentbehrlich sein, zunächst Vorschriften über ein allgemeines Prinzip gegen missbräuchliche Preissetzung zu erklären. Der Grund liegt darin, dass trotz des Vorliegens der dezentralen Gesetzgebungstechnik eine abstrakte, zentrale Verbotsnorm gegen die missbräuchliche Ausnutzung der überwiegenden Marktmacht nicht deswegen aus dem TwTKG ausgeschlossen wird, wobei es dem marktmächtigen 1KTU gem. § 26-1 Nr. 3 TwTKG insb. nicht gestattet ist, durch unsachgerechte Preissetzung andere Wettbewerber auf dem vor- oder nachgelagerten Markt willkürlich zu beeinträchtigen. Dies erweist sich einerseits nicht anders als ein Bestandteil der Entgeltregulierung und stellt sich anderseits als ein Maßstab für die Ex-post-Entgeltregulierung dar. Daneben ist die Erklärung der Entgeltregulierung für Endnutzerleistungen vor der Erklärung der Ex-ante-Entgeltregulierung für die Zugangsleistung vorzunehmen, da die EntRVO, die zum großen Teil auf das Entgelt für die Endnutzerleistung gerichtet ist, einen maßgeblich vollständigeren Entgeltregulierungsrahmen als ZVO enthält. Damit sollte eine relativ klarere Kontur über die Entgeltregulierung zuerst dargestellt werden.

Die regulatorische Struktur der taiwanesischen Preiskontrolle im Telekommunikationssektor kann bildlich dargestellt werden:

II. Allgemeine Vorgaben

1. Generalklausel gegen missbräuchliche Entgeltfestsetzung

a) § 26-1 Abs. 1 Nr. 3 TwTKG als Ausgangspunkt zur Verhinderung missbräuchlicher Forderung von Entgelten

Anders als im DeTKG liegt im TwTKG kein spezifisch auf die Preiskontrolle gerichteter Regulierungsgrundsatz vor. Vor diesem Hintergrund handelt es sich bei der Erläuterung über allgemeine Vorgaben für die entgeltliche Regulierung zunächst um eine Vorschrift, nach der dem marktmächtigen Marktteilnehmer eine entgeltrelevante Verpflichtung zum Handlungsverbot missbräuchlicher Ausnutzung seiner marktbeherrschenden Stellung auferlegt worden ist. In diesem Rahmen kommt § 26-1 Abs. 1 Nr. 3 TwTKG in Betracht. § 26-1 Abs. 1 Nr. 3

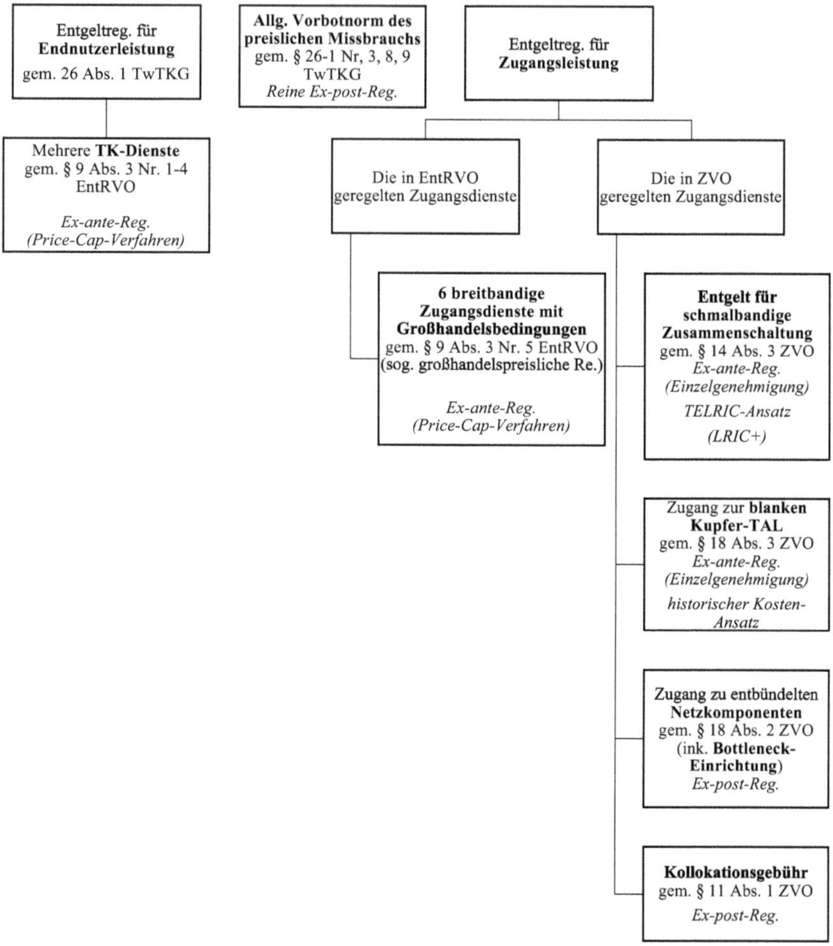

Abbildung 2: Normstruktur der Entgeltregulierung (Quelle: Eigene Darstellung)

TwTKG schreibt vor, dass einem 1KTU, das über beträchtliche Marktmacht verfügt, verboten ist, ohne sachlichen Grund sein Entgelt für den Telekommunikationsdienst oder vertragliche Bedingungen unangemessen festzusetzen, beizubehalten oder zu ändern. Der ursprüngliche Grundgedanke des § 26-1 TwTKG leitet sich aus dem Konzept der „asymmetrischen Regulierung“ ab, die bei der TwTKG-Novelle 1999 in dieses Gesetz eingeführt und zugleich als ein neuer Mittelpunkt des Regulierungsrechts im Telekommunikationssektor bezeichnet wurde[274]. Auch preislicher Missbrauch lässt sich hierunter subsumieren. Nicht zum Ausdruck gebracht ist jedoch, auf welche Fälle diese missbräuchliche Verbotsklausel anwendbar ist[275]. Da die Regulierungsbehörde bisher weder § 26-1 Abs. 1 TwTKG auf eine verstoßende Handlung angewendet hat noch eine offizielle Leitlinie zur Erläuterung des Anwendungsbereichs von § 26-1 Abs. 1 TwTKG einschließlich dessen Funktion im gesamten Regulierungssystem verkündet, fehlte es jahrzehntelang in der Regulierungspraxis und Ausübung der Judikative an einer systematischen Analyse zu Fallgruppen von § 26-1 Abs. 1 TwTKG. Eine Auslegung für § 26-1 Abs. 1 Nr. 3 TwTKG kann daher neben der Interpretation nach dem Wortlaut nur mithilfe der Ermittlung entweder der gesetzgeberischen Entstehungsgeschichte oder der objektiv gesetzlichen Zwecke vorgenommen werden.

Vor allem unterliegt nur 1KTU mit beträchtlicher Marktmacht als potenziell regulierungsbedürftiger Normadressat nach dem Wortlaut des § 26-1 Abs. 1 TwTKG einer asymmetrischen Regulierung. Das 2KTU scheidet hingegen aus. Dies entspricht der früheren Gesetzgebungstechnik des TwTKG zur Klassifizierung der Telekommunikationsunternehmen und derselben zugrundeliegenden Hypothese, d. h. grundsätzlich nur 1KTU wegen der Verfügung der öffentlichen Telekommunikationsnetze strenger regulieren zu dürfen.[276] Daneben beschränkt sich der Regulierungsgegenstand von § 26-1 Abs. 1 Nr. 3 TwTKG auf „das Entgelt für den Telekommunikationsdienst". Wie oben ausgeführt wird, sind Zugangsleistungen vom Begriffsumfang des Telekommunikationsdienstes auszuschließen, so dass das in § 26-1 Abs. 1 Nr. 3 TwTKG geregelte „Entgelt" in erster Linie nur das Entgelt für Endnutzerleistungen implizieren sollte. Ob der begriffliche Umfang des in Frage gestellten Entgelts durch eine Auslegung bis zur Gegenleistung der Zugangsleistung erweitert werden kann, ist bereits unter Einbeziehung des Gesetzesvorbehalts abzulehnen[277]. Bei § 26-1 Abs. 1 Nr. 3 TwTKG geht es demzufolge lediglich um jegliche Gegenleistung der vom 1KTU mit beträchtlicher Marktmacht angebotenen Endnutzerleistung.

Zu fragen ist noch, welche Verhaltensweisen möglicherweise unter den Missbrauch der beträchtlichen Marktmacht i. S. v. unangemessener Forderung von

---

274 § 26-1 TwTKG umfasst eine Reihe verbotener Handlungen, die vom Gesetzgeber enumerativ vorbestimmt sind, wobei die missbräuchliche Festlegung des Entgelts auch zum Ausdruck gebracht wird.

275 Vgl. *Liu, K.-C.*, Communication and Broadcast Law, S. 131; *Lin, Y.-H.*, Ft Law Review 150, S. 36 f.

276 Siehe dazu oben Teil 2. B. II. 1.

277 Siehe dazu oben Teil 2. D. I. 1. a). aa).

Entgelten nach § 26-1 Abs. 1 Nr. 3 TwTKG zu subsumieren sind. Da kein gesetzliches Regelbeispiel zu weiteren Anwendungsvoraussetzungen im Gesetzestext geliefert wird, ist es geeignet, anhand sowohl des Willens des Gesetzgebers als auch des objektiven Normzwecks hierbei mögliche Fallgruppen der missbräuchlichen Preissetzung zu verdeutlichen und den normativen Anwendungsbereich zu begrenzen. Dabei können die in § 28 Abs. 1 S. 2 i. V. m. Abs. 2 DeTKG dargestellten Missbrauchstypen als angemessener Ausgangspunkt herangezogen werden. Zunächst handelt es sich um einen Behinderungsmissbrauch, der nach § 28 Abs. 1 S. 2 Nr. 2 DeTKG als eines der Regelbeispiele der missbräuchlichen Verhaltensweisen bei der Forderung oder Vereinbarung von Entgelten hervorgehoben wird. Der Behinderungsmissbrauch ist eine willkürliche Ausnutzung der marktbeherrschenden Stellung, die bezweckt oder bewirkt, Wettbewerbsmöglichkeiten anderer auf dem gleichen Markt tätiger Unternehmen in erheblicher Weise nachteilig zu beeinträchtigen und Wettbewerber zu verdrängen[278]. Dabei werden insb. Dumping-Preise, Preis-Kosten-Scheren (PKS) sowie sachlich ungerechtfertigte Produktbündel nach § 28 Abs. 2 DeTKG in höchstem Maß vermutet. Der Gesetzesbegründung von § 26-1 TwTKG kann die Verhinderung der bezweckten Dumping-Preise ohne Weiteres entnommen werden, da der Gesetzgeber schon klar betont hat, dass das SMP-1KTU auch nach der Marktöffnung wegen der weitergehenden Verfügung über die überwiegende Finanzkraft, einen erheblichen Marktanteil sowie einen bestimmten Technikvorsprung durch das strategische Preissetzungsverhalten, insb. die Dumping-Praktik, andere Unternehmen ungerechtfertigt beeinträchtigen könnte. Ohne eine Unterbindung dieses Verhaltens werde dies dazu führen, dass das marktmächtige Unternehmen unzulässige Quersubventionen durchführt und schließlich die Marktsituation der Wettbewerber erschwert oder diese sogar aus dem Markt drängen kann[279]. Die unvernünftigen Dumping-Preis-Strategien werden daher aus Sicht des Gesetzgebers als wesentliches Missbrauchsverhalten i. R. d. Vereinbarung von Entgelten gewürdigt. Was übrige mögliche Fallgruppen vom Behinderungswettbewerb anbelangt, wird in der Erwägung nichts mehr ausdrücklich angeführt.

---

278 Vgl. *Groebel*, in: Säcker (Hrsg.), TKG-Komm., § 28, Rn. 33.

279 Vgl. Entwurfsbegründung zum TwTKG (1999), LY-Drs. Nr. 88/37, S. 223. Darüber hinaus bestätigte die ehemalige Regulierungsbehörde (*Hauptbehörde der Telekommunikation*), dass bei der Preisgenehmigung das zu niedrige Entgelt auch nicht genehmigungsfähig ist, da es sich als „predatory pricing“ darstellt und nicht mit dem erwünschten Wettbewerbsmarkt vereinbar wäre und in langfristiger Sicht zulasten der Verbraucher ginge. Vgl. dazu *Lin, S.-G.*, Telekommunikative Regulierung, S. 235 f.

Aber es kann auch nicht davon ausgegangen werden, dass andere Arten des Behinderungsmissbrauchs nach der Absicht des Gesetzgebers im Voraus ausgeschlossen werden, da das Dumping sich in der Erwägung immerhin nur als eines der Missbrauchsbeispiele anstelle eines Missbrauchstatbestandes darstellt. Die Verhaltungsweisen von § 26-1 Abs. 1 Nr. 3 TwTKG sind somit nicht erst durch eine Hervorhebung typischer Formen der Wettbewerbsbeschränkung abschließend. Darüber hinaus wirkt die Unterbindung jedes Behinderungsmissbrauchs den Zielsetzungen des TwTKG oder FCA durchaus nicht entgegen, welche wettbewerbsorientierte Marktordnung als fundamentales Leistungsprinzip im Telekommunikationssektor nicht nur befürworten, sondern fördern können. § 26-1 Abs. 1 Nr. 3 TwTKG sollte aus diesem Grund auf solche missbräuchlichen Maßnahmen anwendbar sein, durch die ein unangemessenes Entgelt gefordert oder vereinbart werden kann und zugleich eine spürbare Beeinträchtigung der normalen Wettbewerbsfunktion entsteht[280].

Dazu wären die PKS sowie die Produktbündel auch dem typischen Behinderungsmissbrauch in Form der strategischen Preissetzung zuzuordnen. Es ist jedoch zu beachten, dass ungerechtfertigte PKS in der taiwanesischen Literatur nicht in erster Linie als eine typische Fallgruppe von § 26-1 Abs. 1 Nr. 3 TwTKG verstanden werden, sondern vielmehr als ein Indikator, dem bei der Prüfung der Genehmigungsfähigkeit vom Entgelt für eine Zugangsleistung Rechnung getragen werden muss, um die preisliche Verdrängungswirkung beim Preisunterschied zw. der Zugangs- und Endnutzerleistung zu vermeiden. Diese Perspektive ist nicht überraschend, da bei der Feststellung eines genehmigungsfähigen Zugangsentgelts immer zugleich auf die Untersuchung der Kostenstruktur und des angebotenen Preises eines Produkts auf dem nachgelagerten Markt abzustellen ist. Dabei ist unbedingt zu prüfen, ob das Entgelt für die bezügliche Zugangsleistung in so einem unangemessenen Verhältnis zum Entgelt für die entsprechende Endnutzerleistung steht, dass ein effizienter Wettbewerber, der einerseits das verlangte Zugangsentgelt bezahlen und sich andererseits an den vorliegenden Endnutzermarktpreis anpassen muss, nicht ausreichend rentabel

---

280 Dies entspricht der Normstruktur des § 28 Abs. 1 DeTKG, nach dem auch nicht abschließende Regelbeispiele zum Ausdruck gebracht werden. Aber solche Regelbeispiele erweisen sich nicht als tatbestandliche Voraussetzung missbräuchlicher Handlungen. Trotzdem ist nicht ausgeschlossen, dass sie als klassische Typen des Missbrauches angesehen werden können und die entsprechenden Verhaltensweisen unwiderleglich zu vermuten sind. Vgl. dazu *Kühling/Schall/Biendl*, TKG, Rn. 314.

wäre.[281] Mit anderen Worten ist für die Ermittlung der auf einem Produktmarkt bestehenden PKS eine gesamte Würdigung des vom untersuchten Unternehmen erstellten Preissetzungssystems, das den Zusammenhang zw. dem Angebotspreis auf dem gefragten Markt und dem Zugangsentgelt als unvermeidbare Kosten aus Sicht der Wettbewerber darstellen kann, eine unabdingbare Voraussetzung. Damit ist eine begleitende Prüfung für die preisliche Verhältnismäßigkeit der Zugangsleistung unerlässlich. Der Anwendungsumfang von § 26-1 Abs. 1 Nr. 3 TwTKG erstreckt sich jedoch nicht bis zur Prüfung der Höhe des Entgelts der Zugangsleistungen sowie zur eingehenden Berücksichtigung der preislichen Verhältnismäßigkeit zw. Vorleistungs- und Endnutzerleistungsentgelten. Dieses Gesetzesverbot bindet sich somit lediglich an den Preissetzungsspielraum von Telekommunikationsdiensten (Endnutzerleistung). Die Prüfbarkeit der PKS i. R. d. § 26-1 Abs. 1 Nr. 3 TwTKG ist vor diesem Hintergrund ausgeschlossen[282].

Umgekehrt sollten sich Produktbündelungspraktiken dem § 26-1 Abs. 1 Nr. 3 TwTKG unterwerfen, obwohl noch keine relevante Literatur besteht, die bereits begründet, dass § 26-1 Abs. 1 Nr. 3 TwTKG bei der Produktbündelung anzuwenden ist. Der Grund besteht in der wettbewerbsverfälschenden Wirkung eines Koppelungsgeschäfts des 1KTU in marktbeherrschender Stellung[283]. Ein 1KTU mit beträchtlicher Marktmacht kann bei der Einführung einer Produktbündelung durch die mit seiner Marktmacht verbundene Hebelkraft versuchen, auf dem gekoppelten Produktmarkt seine Marktposition zu verbessern und zugleich Wettbewerber zu verdrängen oder sie vor dem Markteintritt abzuschrecken. Eine strategische Produktbündelung ist in der wettbewerbsrechtlichen Diskussion ähnlich der Kampfpreispraktik[284]. Ein Koppelungsgeschäft stellt sich als ein leistungsfremdes Mittel dar und ist nachteilig, wenn es aus Sicht der effizienten

---

281 Vgl. *Lin, Y.-H.*, Ft Law Review 150, S. 44 f.; *Wang, V./Chen, R.-J./Lo, S.-S.*, Fair Trade Quarterly 18/3, S. 27 f.; *Liu, K.-C.*, Communication and Broadcast Law, S. 177.

282 Diese Ansicht stützt sich daneben auf die Regulierungspraxis, da die Begründung Nr. 1 des Referenzentwurfs zur EntRVO-Novellierung 2006 bestätigt hat, dass sich die Rechtsgrundlage zur Einführung der „Großhandelspreisregulierung“ sowie zur Verhinderung jegliches unfairen Preissetzungsmissbrauchs i. R. d. Zugangsentgelts aus der Generalklausel, also § 26-1 Abs. 1 Nr. 9 TwTKG, anstelle Nr. 3 ableiten lässt. Siehe dazu NCC, „Die Erläuterung zur Novellierung von EntRVO“, 01.11.2006, abrufbar unter: http://www.ncc.gov.tw/chinese/Policy-statement/095/policy-Type1-Tariff-950111.htm (letzter Abruf: 01.11.2016).

283 Vgl. EuG, Urt. v. 17.9.2007 – Rs. T-201/04, Slg. 2007, II-3601, Rn. 861 f. – *Microsoft/ Kommission*.

284 Vgl. *Mestmäcker/Schweitzer*, Europäisches Wettbewerbsrecht, § 18, Rn. 28.

Wettbewerber nicht möglich wäre, das gebündelte Produkt zu vergleichbaren Konditionen zu vermarkten[285]. Aufgrund dessen sollte die unsachlich gerechtfertigte Produktbündelung als eine der unangemessenen Bedingungen i. S. v. § 26-1 Abs. 1 Nr. 3 TwTKG gewertet werden[286].

Nicht zuletzt aber lautet die Frage, ob ein Ausbeutungsmissbrauch, u. a. Preishöhenmissbrauch, auch zum Fall des Missbrauchsverhaltens von § 26-1 Abs. 1 Nr. 3 TwTKG zählt. Ein Ausbeutungsmissbrauch liegt vor, wenn ein Unternehmen gegenüber den Nachfragern im Vergleich einen überhöhten Verkaufspreis fordert, wobei eine unverhältnismäßige Gewinnspanne geschaffen wird und allein aufgrund der Ausnutzung der marktbeherrschenden Stellung durchsetzbar ist[287]. Einer Ansicht nach wird die Überflüssigkeit von § 26-1 Ab. 1 Nr. 3 TwTKG vertreten, da die Verhinderung eines Preishöhenmissbrauchs allein mithilfe der Vorab-Entgeltregulierung i. S. v. § 26 Abs. 1 TwTKG hinreichend ermöglicht werden kann. Dies impliziert, dass bei § 26-1 Abs. 1 Nr. 3 TwTKG der Ausbeutungsmissbrauch auch in Betracht kommt[288]. In gesetzgeberischer Begründung zur Hinzufügung von § 26-1 Abs. 1 TwTKG bei der TwTKG-Novelle 1999 ist die Regulierungsbedürftigkeit für den Ausbeutungsmissbrauch tatsächlich nicht ausdrücklich begründet. Allein durch die Ermittlung des Willens des Gesetzgebers ist somit unklar, ob der Ausbeutungsmissbrauch unter die unangemessene Preissetzung des Telekommunikationsdienstes i. S. v. § 26-1 Abs. 1 Nr. 3 TwTKG fällt. Zu diesem Fall ist anhand der objektiven Auslegung auf den Gesetzeszweck zurückzugreifen, damit die möglichen Fallgruppen von § 26-1 Abs. 1 Nr. 3 TwTKG erfasst werden können. Angesichts der dualen Zweckverfolgung des TwTKG soll sich die effektive asymmetrische Regulierung nicht nur auf den Schutz vor Wettbewerbsbeschränkungen beschränken, sondern unmittelbar auch an die Verbraucherinteressen anknüpfen, so dass eine behördliche, bereits im allgemeinen Wettbewerbsrecht durchgeführte Preisaufsicht gegen den Preishöhemissbrauch auch nicht bei der sektorspezifischen Entgeltregulierung

---

285 Vgl. *Kühling/Schall/Biendl*, TKG, Rn. 325.

286 Aber dieses Problem kann immerhin dahinstehen, da noch eine Generalklausel (§ 26-1 Abs. 1 Nr. 9 TwTKG) zum Verbot der missbräuchlichen Ausnutzung der beträchtlichen Marktmacht neben § 26-1 Abs. 1 Nr. 3 TwTKG vorliegt. Solch eine Generalklausel zielt auf die Beseitigung aller missbräuchlichen Ausnutzungen der beträchtlichen Marktmacht vom 1KTU ab.

287 Zur Begriffsdefinition des Ausbeutungsmissbrauchs vgl. EuGH, Urt. v. 14.2.1978 – Rs. T-27/76, Slg. 1978, 207, 305, Tz. 248. – *United Brands.*

288 Vgl. *Lin, S.-G.*, Telekommunikative Regulierung, S. 235.

ausfallen soll[289]. Aus diesem Grund ist davon auszugehen, dass der Ausbeutungsmissbrauch eines 1KTU mit beträchtlicher Marktmacht auch dem Regelfall der unangemessenen Preissetzung i. S. v. § 26-1 Abs. 1 Nr. 3 TwTKG zuzuordnen ist.

Zusammenfassend sind der Dumping-Preis, die Produktbündelung sowie überhöhte Preissetzung als missbräuchliche Verhaltensweisen zu qualifizieren, gegen die die Regulierungsbehörde gem. § 26-1 Abs. 1 Nr. 3 TwTKG nachträglich einzuschreiten hat.

b) § 26-1 Abs. 1 Nr. 8 und Nr. 9 TwTKG als ergänzende Klauseln

Da der Anwendungsbereich von § 26-1 Abs. 1 Nr. 3 TwTKG einerseits lediglich auf die Endnutzerleistungen, andererseits auf das beschränkte Missbrauchsverhalten begrenzt ist, ist diese Vorschrift zum Verbot unangemessener Preise theoretisch nicht ausreichend, alle möglichen missbräuchlichen Verhaltensweisen i. R. d. preislichen Behinderungsmissbrauchs auf der Vorleistungsebene zu verhindern. Aufgrund dessen müssen andere relevante Vorschriften bei der Entgeltregulierung zugleich vor Augen geführt werden. § 26-1 Abs. 1 Nr. 8 TwTKG schreibt vor, dass dem 1KTU, das über beträchtliche Marktmacht

---

289 Die Gewährleistung angemessener Preise ist zwar nicht vom Art. 102 lit. a AEUV entzogen; sie stellt sich jedoch als staatliche Preiskontrolle dar, die sich auf den Verbraucherschutz richtet. Aber die durch solche Entgeltaufsicht vorgenommene Verhinderung des Ausbeutungsmissbrauches könnte faktisch nicht vereinbar mit der Normfunktion des EU-Wettbewerbsrechts sein, da die primäre Aufgabe des Unionsrecht keine Verbraucherinteressen umfasst, sondern vielmehr die Entgegenwirkung solches missbräuchlichen Verhaltens, das den Restwettbewerb oder potenziellen Wettbewerb beschränken kann. Vgl. *Mestmäcker/Schweitzer*, Europäisches Wettbewerbsrecht, § 18 Rn. 2 f. Diese Unvereinbarkeit ist auch früh vom BKartA erkannt und dargelegt worden: „Die Preismißbrauchsaufsicht muss als Eingriff in die Preissetzungsfreiheit der Unternehmen auf Ausnahmefälle beschränkt bleiben." Vgl. dazu BKartA, Tätigkeitsbericht 1991/1992, S. 30. Das taiwanesische Kartellamt (Fair Trade Commission, FTC) und die Fachgerichte haben bestätigt, dass der Ausbeutungsmissbrauch unter die missbräuchliche Preissetzung i. S. v. § 9 Nr. 2 FTA fällt, welche ähnlich wie Art. 102 lit. a AEUV ist. Vgl. dazu JuSAC, 92/1904, 12.31.2003 – *Great Taipei Gas Corp.*; JuSAC, 96/533, 04.04.2007 – *Philips Electronics*. Nach h. M. ist der Ausbeutungsmissbrauch auch eine Form missbräuchlicher Preissetzung i. S. v. § 9 Nr. 2 FTA, da ein Unternehmen in der beherrschenden Marktstellung durch solches Verhalten ungerechtfertigten Gewinn erzielen kann, der sich in einem normalen Wettbewerbsprozess nicht ergeben kann. Vgl. Liao, Y.-N. (Hrsg.), Fair Trade Law Bd. I, S. 394 f.; *Ho, C.-M.*, Taiwan Jurist 61, S. 86 f.; *Wan, D.-T.*, Fair Trade Act, S. 43 f.; *Wu, H.-M.*, Regulation of Monopolistic Pricing, S. 179.

verfügt, verboten ist, eine sachlich ungerechtfertigte Ungleichbehandlung zw. Telekommunikationsunternehmen oder Endnutzern durchzuführen. Diese Diskriminierungsverbotsklausel sollte als eine notwendig zu ergänzende Verbotsvorschrift gegen die willkürliche Forderung von Entgelten angesehen werden. Ansonsten wäre eine maßgebliche und sofortige Gefahr der Gesetzeslücke nicht ausgeschlossen[290]. Im Übrigen regelt § 26-1 Abs. 1 Nr. 9 TwTKG ein generalklauselartiges Verbot, in dem jegliche missbräuchliche Ausnutzung der marktbeherrschenden Stellung oder eine von der Regulierungsbehörde als unbillig gewürdigte Verhaltensweise zu unterbinden ist. Die effektive Entgegensetzung aller missbräuchlichen Verhaltensweisen in marktbeherrschender Stellung, u. a. die PKS, was zum erstrangig unerwünschten Missbrauchsverhalten in der kommunikativen Regulierungspraxis zählen könnte, muss durch eine Konkretisierung der unbilligen Verhaltensweise nach der Generalklausel des § 26-1 Abs. 1 Nr. 9 TwTKG dann ermöglicht werden[291]. Aus diesem Grund soll § 26-1 Abs. 1 Nr. 9 TwTKG trotz dessen Allgemeinheit noch als ein unverkennbarer Bestandteil von Vorgaben der Entgeltregulierung interpretiert werden.

c) Verhältnis zur Ex-ante-Entgeltregulierung

Da keine besondere Vorgabe zur Deutung des Anwendungsverhältnisses zw. der allgemeinen missbräuchlichen Verbotsnorm i. S. v. § 26-1 TwTKG und der Ex-ante Entgeltregulierung nach § 26 Abs. 1 TwTKG vorliegt, tritt eine

---

290 Einer Meinung nach ist diese Vorschrift gegen Diskriminierung überflüssig, da das generelle Diskriminierungsverbot i. S. v. § 21 TwTKG bereits vor dem Inkrafttreten von § 26-1 TwTKG vorliegt. § 21 TwTKG schreibt vor, dass alle Telekommunikationsunternehmen zur fairen Erbringung der Telekommunikationsdienste verpflichtet sind und jegliche Ungleichbehandlung verboten ist. Vgl. dazu *Lin, S.-G.*, Telekommunikative Regulierung, S. 237. Diese Ansicht ist jedoch nicht begründet, da sie verkennen würde, dass § 21 TwTKG lediglich auf Vertragsverhältnisse zw. Telekommunikationsunternehmen und deren Endkunden anzuwenden ist. § 21 TwTKG stellt sich daher als Vorschrift für den Verbraucherschutz dar. Die Frage, ob das verpflichtete Telekommunikationsunternehmen über die beherrschende Marktstellung oder ob solche Ungleichbehandlung sachgerecht ist, ist dabei auch nicht erheblich. Dass die beiden Vorschriften verschiedene normative Funktionen verfolgen, ist in historischer Auslegung unter Einbeziehung des Willens des Gesetzgebers maßgeblich. § 21 TwTKG ist aus diesem Grund nicht mit § 26-1 Abs. 1 Nr. 8 TwTKG identisch. Zur Rechtsnatur des § 21 TwTKG vgl. *Chuang, Y.-F./Liu, C.-J.*, Socioeconomic Law and Institution Review 21, S. 47 f.; *Lin, Y.-H.*, Taiwan Journal of Law and Technology Policy 4/3, S. 156.

291 Siehe dazu oben Fn. 282.

Vermutung über die vorbehaltlos vorrangige Anwendbarkeit der Ex-ante-Entgeltregulierung im Vergleich zu der reinen Ex-post-Entgeltregulierung auf. Einer Meinung nach ist die allgemeine missbräuchliche Verbotsnorm nach § 26-1 TwTKG völlig überflüssig[292]. Dies könnte jedoch unzutreffend sein, wenn die Regulierungsbehörde aufgrund des Gesetzes einen weiten Entscheidungs- und Ermessenspielraum hat, festzulegen, welches Entgelt für welche Dienstleistung von welchen Unternehmen als regulierungsbedürftig gilt und dann der Vorab-Entgeltkontrolle nach § 26 Abs. 1 TwTKG unterliegen soll. Das TwTKG fordert durchaus keine umfassende Ex-ante-Entgeltregulierung für Telekommunikationsdienstleistungen. Eine alternative Regulierungsweise, durch die das regulierte Entgelt nachträglich kontrolliert werden darf, ist während des Verzichts auf die Entgeltgenehmigung nicht auszuschließen. Trotzdem wird das Anwendungsverhältnis zw. der Ex-ante-Regulierung und nachträglichen Preisaufsicht stets nicht in der Regulierungspraxis zum Ausdruck gebracht.

2. Anordnungskompetenzen der Regulierungsbehörde

a) Anordnung zur Vorlage der Kostenrechnung

Der Gesetzgeber hat eingeräumt, dass die Regulierungsbehörde nicht nur i. R. d. Entgelt- (§ 26 Abs. 3 TwTKG) oder Zusammenschaltungsregulierung (§ 16 Abs. 9 TwTKG) eine weite Kompetenz zur Ausgestaltung des entsprechenden Regulierungsrahmens in Form der Rechtsverordnung in der Hand hält. Damit sollte die Regulierungsbehörde gegenüber regulierten 1KTU entweder durch die EntRVO oder kraft der ZVO mehrere konkrete Verpflichtungen zur Vorlage solcher Unterlagen vorschreiben, die für die Überprüfung der Entgeltgenehmigungsfähigkeit oder Ausübung der Regulierungsaufgaben erforderlich sind. Vor diesem Hintergrund liegen daher im TwTKG keine besonderen Vorgaben vor, welche sich auf die behördlichen Anforderungsbefugnisse im Rahmen oder zur Vorbereitung der entgeltrelevanten Regulierung richten. Die Vorschriften zur Vorlagepflicht der Kostennachweise würden jedoch sowohl in der EntRVO als auch in der ZVO nicht für ausreichend gehalten.

Als einzige Vorgabe für detaillierte Anordnungsgegenstände kommt § 13 EntRVO in Betracht. Nach § 13 Nr. 1 EntRVO fordert die Behörde beim Beginn des Entgeltgenehmigungsverfahrens von einem 1KTU mit beträchtlicher Marktmacht, die für die Genehmigungserteilung erforderliche Angabe zum Leistungsangebot, zum aktuellen und erwarteten Umsatz für regulierte Dienstleistungen,

---

292 *Lin, S.-G.*, Telekommunikative Regulierung, S. 318.

zur Analyse der Kostendeckung sowie zur Vergleichung zw. alten und neuen Tarifen vorzulegen. Daneben sind die Informationen zum voraussichtlich geltenden Datum (Nr. 2), Zeitraum (Nr. 3) und Gebiet (Nr. 4) anzugeben. Demgegenüber wird die behördliche Ordnungskompetenz i. R. d. Zusammenschaltungsregime in ein verwaltungsrechtliches Schlichtungsverfahren für solche Streitigkeiten eingeführt, welche bei freiwilligen Verhandlungen zw. Telekommunikationsunternehmen auftreten, d. h., die Behörde verfügt grundsätzlich nur über eine passive Anforderungsbefugnis zur Ermittlung des in Streit geratenen Sachverhalts[293]. Damit schreibt § 30 Abs. 1 i. V. m. Abs. 2 ZVO vor, dass die Behörde den Beteiligten im Schlichtungsverfahren anordnen kann, die in Bezug auf die Zusammenschaltungsvereinbarung stehenden Unterlagen vorzulegen und ggf. die Angaben in Person darzulegen, soweit sie zur Aufklärung der Tatsache erforderlich sind. Darüber hinaus besteht jedoch keine Vorschrift, die i. R. d. Entgeltgenehmigung vorzulegende Kostendokumente regelt, welche zur Ermittlung der tatsächlichen Kostenrechnung des Zusammenschaltungsentgelts (§ 14 Abs. 3 ZVO) oder der Kupfer-TAL (§ 18 Abs. 3 ZVO) beitragen können. Angesichts der Ermangelung von unmittelbarer Anordnungskompetenz für die Ermittlung der Kostenstruktur i. R. d. Zusammenschaltungsleistungen, Betriebskosten der TAL sowie reinen Ex-post-Entgeltregulierung müsste die Behörde ohnehin auf die ordnungsverwaltungsrechtliche, nicht spezifisch für die Entgeltregulierung vorgesehene Anordnungskompetenz zur Darlegung der für die Ermöglichung der gesetzlichen Ziele erforderlichen Unterlagen (§ 52 TwTKG) zurückgreifen, da gem. § 52 TwTKG alle Informationen zu dem Produkt, den telekommunikativen Einrichtungen sowie der Finanzlage, die anhand des Ansatzes der getrennten Rechnungsführung zu konkretisieren ist, zur Verfügung gestellt werden müssen[294].

b) Anordnung der Kostenrechnungsmethoden: RmL

Obschon die vorliegenden Vorgaben zur Erreichung der in Bezug auf die Kostenkalkulation stehenden Unterlagen i. R. d. Entgeltregulierung nicht für ausreichend gehalten werden könnten, bedeutet dies jedoch nicht, dass die

293 Das taiwanesische Zusammenschaltungsregime ist ursprünglich in Form eines Schlichtungsverfahrens ausgestaltet. Eine freiwillige Zusammenschaltungsverhandlung ist vorrangig vorzunehmen. Nur wenn eine Vereinbarung nicht zustande kommt, wird eine behördliche Schlichtung auf Antrag einer Partei eingeleitet und ist eine regulatorische Entscheidung zu treffen. Siehe dazu oben Teil. 2 C. I. 1. d).

294 Vgl. *Liao, Y.-H.*, Socioeconomic Law and Institution Review 26, S. 115.

Regulierungsbehörde in der Tat auf erforderliche Informationen zur Ermittlung der Kostennachweise und -zurechnung der Zugangs- oder Endnutzerleistungen nicht zugreifen kann. Bei der behördlichen Kompetenz zur Erteilung der Kostenzuordnungsmethoden im taiwanesischen Entgeltregulierungssystem ist auf die Verordnungsermächtigung zur Kontrolle der getrennten Rechnungsführung gem. § 19 Abs. 2 TwTKG abzustellen, um das Kostenrechnungssystem des regulierten Telekommunikationsunternehmens in einer Form zu gestalten, die es der Behörde ermöglicht, alle für die Entgeltregulierung notwendigen Kostennachweise zu erlangen und die Ist-Kosten des Netzbetriebs zu überprüfen[295]. Vor diesem Hintergrund gelten die in der RmL bestimmten Vorgaben nicht als schwache Forderung nach einer transparenten und umfassenden Darlegung des Kostenrechnungsvorgangs, sondern vielmehr als strengere Anordnung, nach der die Regulierungsbehörde durch eine selbst bestimmte Berechnungsmethode zur Ermittlung der Kosten des einzelnen Dienstes befugt ist. RmL stellt sich daher als eine Rechtsverordnung dar, die die unternehmerischen Kostenunterlagen transparent, umfassend und nachvollziehbar darlegt und damit für die Kostenermittlung i. R. d. Entgeltregulierung unerlässlich ist[296].

Dabei handelt es sich vor allem um die Prinzipien der getrennten Rechnungsführung. Der trennungsbedürftige Umfang beschränkt sich gem. § 11 Abs. 1 i. V. m. 3 RmL tatsächlich nicht nur auf die – wie die Anordnung der getrennten Rechnungsführung i. S. v. § 19 Abs. 1 TwTKG aufführt – gesetzliche Klassifizierung der Telekommunikationsunternehmen sowie die jeweils von der Lizenz erlaubten Geschäftsgegenstände, sondern erstreckt sich bis hin zur einzelnen Dienstleistung, die aus Sicht der Behörde insb. regulierungsbedürftig ist. Die Behörde kann daher mithilfe dieser leistungsgetrennten Kostendarstellung die einer bestimmten Dienstleistung zugewiesenen Kosten im Auge behalten, die bei der Festlegung der Entgeltgenehmigungsfähigkeit für erforderlich gehalten werden. Des Weiteren ist eine umfassende Methode der Gemeinkostenzuordnung auf die einzelne Kostenobjekte vorher festzulegen. In dieser Methode werden nicht nur Hauptkostenarten definiert, sondern auch eine permanente Zuschlüsselungsmethode bestimmt.

Die Kosten, die sich unmittelbar einer einzelnen Leistung zuordnen lassen („direkte Kosten"), sind von den Kosten, die nicht direkt einer einzelnen Dienstleistung zugerechnet werden („nichtdirekte Kosten"), und den Kosten, die

295 Dementsprechend soll die Behörde nach § 52 TwTKG dem regulierten Unternehmen eine Verpflichtung zur Vorlage solcher finanziellen Daten auferlegen.

296 Vgl. *Yeh, C.-L.*, Fair Trade Quarterly 24/1, S. 63.

keinesfalls einzelnen Dienstleistungen zugerechnet werden können („gemeinsame Kosten"), gem. § 16 Abs. 1 RmL zunächst zu unterscheiden[297]. Dann kommen vier Kostenstellen (§ 20 Abs. 1 RmL) in Betracht, denen die oben erwähnten Kosten zugerechnet werden sollen. Hierzu werden diese Kostenstellen jeweils als einzelne Dienstleistung (§ 20 Abs. 1 Nr. 1 RmL), Netzkomponente (Nr. 2), Hilfsfunktion (Nr. 3) sowie allgemeine Betriebsfunktion (Nr. 4) bezeichnet. Die Kostenstelle der einzelnen Leistung ist anhand derer Begriffsbestimmung eine Kostenstelle als solche, in der die „direkten Kosten" anfallen. Demgegenüber geht es bei Kostenstellen von Netzkomponenten und Hilfsfunktion um „nichtdirekte Kosten". Die übrigen, von gar keiner bestimmten Leistung verursachten Kosten sind der allgemeinen Betriebsfunktion zuzurechnen[298]. Um eine

297 Die unmittelbaren Kosten sind mit Einzelkosten i. S. v. § 34 Abs. 2 DeTKG identisch. Hingegen nähern sich die mittelbaren und gemeinsamen Kosten den Gemeinkosten i. S. v. § 34 Abs. 2 DeTKG an, da Erstere bei verschiedenen Leistungen mit ein und denselben Netzkomponenten oder Hilfsfunktionen anfallen und daher für Kosten von Verbundproduktion gehalten werden können. Vgl. *Groebel*, in: Säcker (Hrsg.), TKG-Komm, § 34, Rn. 40.

298 Die Kostenarten und Kostenstellen stehen im engen Zusammenhang und dienen gemeinsam der folgenden Kostenzurechnungsmethode. Laut der Definition der Kostenstelle der Dienstleistung i. S. v. § 20 Abs. 1 Nr. 1 RmL kommen nur solche Kosten in Betracht, welche sich unmittelbar zuordnen lassen. Damit können lediglich „unmittelbare" Kosten i. S. v. § 16 Abs. 1 Nr. 1 RmL einschlägig sein. Der Kostenstelle von Netzkomponenten sollen hingegen gem. § 20 Abs. 1 Nr. 2 RmL die Kosten, welche sich zwar nicht unmittelbar einer einzelnen Dienstleistung zuordnen lassen, aber zur Aufwendung für den Betrieb der Anlagen wie Leitung, Switch-Einrichtung, Transportnetz usw. zählen können, zugerechnet werden. Die Kostenstelle der Hilfsfunktion i. S. v. § 20 Abs. 1 Nr. 3 RmL ähnelt der Kostenstelle von Netzkomponenten. Der Unterschied liegt darin, dass bei der Kostenstelle von Hilfsfunktionen nur solche Kosten, die für den Kundenservice oder andere Unterstützungen von netzrelevanten Systemen anfallen, in Betracht kommen. Die beiden Kosten sind mit mittelbaren Kosten vergleichbar, da mittelbare Kosten gem. § 16 Abs. 1 Nr. 2 RmL Kosten sind, die zwar von bestimmten Dienstleistungen verursacht werden, aber bei denen aus der gesamten Buchführung nicht unmittelbar entnommen werden kann, aus welchen Dienstleistungen sie anfallen sollen. Die übrigen Kosten, welche keinerlei Bezug zu bestimmten Dienstleistungen nehmen, lassen sich gem. § 16 Abs. 1 Nr. 3 RmL zuletzt der Kostenstelle von allgemeinen Betriebsfunktionen zurechnen. In der taiwanesischen Literatur werden die den Kostenstellen von Netzkomponenten, Hilfsfunktion und allgemeinen Betriebskosten zugerechneten Kosten auch als „Fixkosten" gekennzeichnet, da sie bei gegebenen Kapazitäten nicht mit Produkt- oder Leistungsmengen variieren. Vgl. dazu näher *Wang, H.-H.*, Taiwan Economic Research Monthly 19/3, S. 39 f.; *Kao, K.-S.*, Entgeltregulierung (I), Abschnitt 2.4.

leistungsorientierte und überproportionale Zuschlüsselung der Gemeinkosten zu verhindern, regelt § 28 RmL eine objektive Schlüsselungsmethode, durch die aus Perspektive des NCC der verursachungsgerechte Beitrag eines Kostenträgers ermittelt werden kann.

Auf der ersten Stufe sollen die Kosten, die der Kostenstelle als allgemeine Betriebskosten zugeordnet werden, gem. § 28 Nr. 1 RmL nach der Mengenschlüsselung an die übrigen Kostenstellen verteilt werden. Auf der zweiten Stufe werden solche Kosten, die der Kostenstelle als Hilfsfunktion zugeordnet werden, gem. § 28 Nr. 2 RmL, verursachungsgemäß weiterhin entweder an die Kostenstelle von bestimmten Netzkomponenten oder unmittelbar den Kostenträgern der einzelnen Leistung zugeteilt werden. Auf der dritten Stufe sind die bei der Kostenstelle von Netzkomponenten entstehenden Kosten nach § 28 Nr. 3 RmL nochmals verursachungsgemäß den Kostenträgern (einzelne Leistung) zuzurechnen. Die historischen Ist-Kosten einzelner Leistungen können damit explizit bemessen werden. Damit die unternehmerische Gemeinkostenverteilung die permanente Schlüsselungsmethode gem. § 28 RmL einhalten kann, ist das Praxishandbuch der Kostenkalkulation vom SMP-1KTU gem. § 51 Abs. 2 RmL von der Behörde mit einem fachgerechten Gutachten von einer unabhängigen Stelle zu genehmigen. Hingegen unterstehen die übrigen Telekommunikationsunternehmen nach § 51 Abs. 1 RmL einer einfachen Anzeigepflicht.

Angesichts der Genehmigungspflicht des SMP-1KTU ist es dem regulierten Unternehmen nicht gestattet, ein eigenes rationales Gemeinkostenmanagement auszugestalten und damit eine Schlüsselungsmethode zu wählen. Darüber hinaus wird die Genehmigung gem. § 19 Abs. 1 Nr. 1 EntRVO untersagt, wenn das genehmigungsbedürftige Entgelt nicht anhand der in der RmL angelegten Kostenrechnungsmethode festgesetzt wird. Aus diesen Gründen wird die besondere Schlussfolgerung gezogen, dass das SMP-1KTU einen äußerst eingeschränkten Entscheidungsspielraum bei der Kostendeckung hat, da es bereits durch permanente Vorgaben umfassend vorstrukturiert wird.

III. Entgeltregulierung für Endnutzerleistungen

1. Regulierte Märkte

a) Potenzielle regulierungsbedürftige Märkte

Die Auferlegung einer entgeltlichen Vorabverpflichtung setzt nach dem Grundgedanken der sektorspezifischen Regulierung einen regulierungsbedürftigen Markt voraus, der durch das gesetzliche Verfahren zur Marktabgrenzung sowie bei der Festlegung der beträchtlichen Marktmacht eines Unternehmens gewürdigt wird. Damit muss ein marktbeherrschendes Unternehmen auf einem untersuchten Markt vorliegen[299]. Im taiwanesischen Telekommunikationsgesetzesbuch besteht jedoch keine faktische Vorgabe zur Marktabgrenzung einschließlich der Festlegung der Marktbeherrschung, sondern nur eine nahezu pauschale Ermächtigungsregel (§ 26 Abs. 3 TwTKG), nach der die zuständige Behörde einen weiten Beurteilungsspielraum hat, selbst über die entgeltgenehmigungsbedürftigen Telekommunikationsdienste des 1KTU zu entscheiden. Auf dieser Rechtgrundlage waren alle Anschlussprodukte in der vergangenen Praxis entgeltgenehmigt[300]. Seit 2013 hat NCC durch die Novellierung der EntRVO regulierbare Leistungen auf solche Produktmärkte beschränkt, die gleichwohl ohne ausführliche Begründung festgelegt wurden[301]. Dabei handelt es sich meistens um die Leistung, die 1KTU gegen den sog. „Einzelhandelspreis" an seinen Privatkunden vermarkten, d. h. Telekommunikationsdienste auf dem Endkundenmarkt[302]. Heutzutage sind die folgenden Telekommunikationsdienste gem. § 9 Abs. 3 EntRVO diesen vier Kategorien zugeordnet und werden als potenziell regulierungsbedürftig angesehen: 1. telekommunikative Dienste an festen Standorten im örtlichen Geschäftsgebiet (§ 9 Abs. 3 Nr. 1 EntRVO). Es geht um den Zugang zum öffentlich zugänglichen Telefondienst (litt.1) mit

---

299 Vgl. *Heinen*, in: Säcker (Hrsg.), TKG-Komm., § 9, Rn. 1.

300 *Chiang, Y.-K.* et al., Telecommunications Law, S. 191 f.

301 Dafür kann nur die Entwurfsbegründung für die EntRVO-Novellierung 2013 herangezogen werden. Bei der Begründung wurden lediglich die inländische Marktentwicklung, Marktöffnung der Mobilfunktelefondienste sowie der Verbraucherschutz einbezezogen. Eine vollständige Begründung der Marktdefinition war nicht ersichtlich. Vgl. NCC, Entwurfsbegründung für die EntRVO-Novellierung 2013, abrufbar unter: www.ncc.gov.tw/chinese/files/12122/181_27309_121226_1.doc (letzter Abruf: 05.05.2017)

302 Ausnahme sind solche Leistungsprodukte, welche seit 2006 vom NCC durch die GH-Bek. als „Dienstleistungen gegen Großhandelspreise" bezeichnet und bedenklich in das Entgeltregulierungsverfahren angefügt werden. Wie oben (Teil 2. D. I. 1. a). aa).) diskutiert, können diese mit Großhandelsbedingungen vermarkteten Leistungsprodukte nur als Zugangsdienst angesehen werden und dürfen nicht dem „Telekommunikationsdienst" i. S. v. § 2 Nr. 4 TwTKG zukommen. Nicht wenige Verfasser verknüpfen vor diesem Hintergrund die Endnutzerleistung, nämlich den für die Endkunden angebotenen Telekommunikationsdienst, mit dem Einzelpreis. Die Ex-ante-Entgeltregulierung für Endnutzerleistungen kommt aus diesem Grund nicht selten unter dem Titel „einzelpreisliche Regulierung" zum Ausdruck. Vgl. dazu *Liu, K.-C.*, Communication and Broadcast Law, S. 301; *Chiang, Y.-K.* et al., Telecommunications Law, S. 174; *Lee, C.*, The Taiwan Law Review 186, S. 174 f.

verbrauchsabhängiger Verbindungsleistung (litt.2), den Zugang zum breitbandigen Abschluss (litt.3) mit qualitätsabhängiger Internetzugangsdienstleistung (litt.5) sowie die Nutzung des öffentlichen Münz- oder Kartentelefons (litt.4). 2. Zugang zum inländischen Sprachtelefondienst an festen Standorten (§ 9 Abs. 3 Nr. 2 EntRVO), 3. Zugang zum internationalen Sprachtelefondienst an festen Standorten (§ 9 Abs. 3 Nr. 3 EntRVO), 4. Zugang zum öffentlich zugänglichen Mobiltelefondienst (sog. monatliche Grundgebühr) sowie zu Prepaidkarten für den Mobilfunktelefondienst (§ 9 Abs. 3 Nr. 4 EntRVO). Da die Marktgröße bereits vom Gesetz oder aufgrund des Gesetzes durch die Lizenz-Klassifizierung in Regelungsform abgegrenzt wird, entfällt die gesetzliche Vorschrift zum Marktabgrenzungsverfahren im TwTKG. Aufgrund dessen spricht man von einem lizenzorientierten „Geschäftsmarkt" anstelle des vom wettbewerbsorientierten Bedarfsmarktkonzept ausgeführten „Bedarfsmarkts"[303]. Damit legt die Behörde der Marktdefinition direkt den durch die Lizenzkontrolle bestimmten Geschäftsgegenstand zugrunde, der nicht nur einzelne nachgefragte Dienstleistungen enthält.

b) Unternehmen mit beträchtlicher Marktmacht

Da § 26 Abs. 1 TwTKG seit der großen TKG-Novelle 1999 nur oberflächlich vorschreibt, dass die Entgelte der von 1KTU bereitgestellten Telekommunikationsdienste dem Price-Cap-Verfahren unterliegen sollen, trat neben der Frage um regulierbare Telekommunikationsdienste ebenfalls eine unvermeidbare Kontroverse auf, welchen 1KTU eine solche preisliche Regulierungsverpflichtung aufzuerlegen sei[304]. Angesichts des zugleich in der TwTKG-Novelle 1999 eingeführten Grundsatzes der asymmetrischen Regulierung (§ 26-1 TwTKG) sollte man jedoch davon ausgehen, dass die Einführung der Entgeltregulierungsmaßnahmen aus Sicht des Gesetzgebers grundsätzlich nur von einer Begründung der Regulierungsbedürftigkeit auf einem untersuchten Markt abhängig sein müsste[305]. Dies wäre insb. der Fall, wenn ein 1KTU die beträchtliche Marktmacht

303 *Chen, R.-J./Shyr, S.-H.*, Technology Law Review 8/2, S. 43.

304 *Chiang, Y.-K.* et al., Telecommunications Law, S. 188 f.

305 Der gesetzgeberische Irrtum, dass die Voraussetzungen für die Auferlegung einer Ex-ante-Entgeltregulierung nicht im Gesetz vorgeschrieben werden, ist erkennbar. Denn der Entwurfsverfasser war der Auffassung, dass sich das genehmigungsbedürftige Entgelt grundsätzlich nur auf die vom 1KTU mit beträchtlicher Marktmacht angebotenen Dienstleistungen beschränken solle. Er wollte jedoch den Regulierungsadressaten und Kriterien für die Festlegung des Unternehmens mit beträchtlicher Marktmacht nicht im Gesetzestext statuieren, sondern der zuständigen Regulierungsbehörde eine

auf dem in Rede stehenden Markt einnimmt, der längerfristig nicht zu einem wirksamen Wettbewerb tendieren kann[306]. Trotzdem waren alle 1KTU direkt der Entgeltgenehmigung unterworfen[307]. Darauf kann hier jedoch erst einmal nicht eingegangen werden. Tatsächlich hat die Regulierungsbehörde bei der Ausformulierung der EntRVO i. d. F. 2000 schon die konkrete Marktstruktur in Rechnung gestellt und bezügliche Vorschriften über die Regulierungsbedingungen unter Einbeziehung der Ermächtigungsgrundlage für die Festlegung des SMP-1KTU nach § 26-1 Abs. 2 TwTKG vorgeschrieben, indem nur solche Entgelte vom 1KTU, welches die beträchtliche Marktmacht innehat, genehmigungsbedürftig sind (§ 10 EntRVO a. F.; geltender § 2 EntRVO).

Fraglich ist noch, wie die beträchtliche Marktmacht auf einem bestimmten Markt festgestellt wird. Dabei sind im TwTKG auch keine relevanten Kriterien geliefert worden. Diese Vorgabe ergibt sich wiederum in der EntRVO[308]. Gem. § 2 Abs. 1 EntRVO wird das 1KTU für marktmächtig gehalten, wenn es die sog. wesentliche Einrichtung kontrolliert (Nr. 1), über einseitige Preissetzungsmacht verfügt (Nr. 2) oder anhand des jährlichen Marktumsatzes oder dessen Kundenkreis einen Marktanteil von mindestens 25 Prozent auf dem geprüften „Geschäftsmarkt" hat (Nr. 3). Die Bestandteile der Nr. 1 und Nr. 2 können hierbei unberücksichtigt bleiben, da die Behörde in der Praxis bisher nur das letzte Kriterium anwendet[309]. Zu beachten ist, dass trotz der Untergrenze des Marktanteils als fundamentaler Maßstab vom Bestehen einer beträchtlichen Marktmacht ein exaktes Verfahren für die wettbewerbsrechtliche Marktabgrenzung nicht vorhanden ist. Bei der Festlegung des Vorliegens der beträchtlichen Marktmacht ist daher auf die reine Berechnung der Kundenmenge des untersuchten Unternehmens im Vergleich zu sämtlicher Kundenmenge aller Unternehmen abgestellt, d. h., auch der Marktanteil des gar kein Betriebsnetz besitzenden Sekundärlizenznehmers ist nicht ausgeschlossen. Dies führt dazu, dass das NCC bei der Ermittlung der SMP-Unternehmen auf einem Zugangsmarkt die Kundenmenge im Wesentlichen auf dem entsprechenden Endkundenmarkt (Geschäftsmarkt)

---

weitreichende Ausgestaltungskompetenz auftragen. Vgl. Entwurfsbegründung zum TwTKG (1999), LY-Drs. Nr. 88/37, S. 218 f.

306 Vgl. *Lee, C.*, The Taiwan Law Review 186, S. 185 f.

307 Vgl. *NCC*, Meinungserhebung über die Festlegung des X-Faktors 2012, S. 4.

308 Bei den Kriterien für das Ermessen der beträchtlichen Marktmacht hat das Verwaltungsgericht einen umfassenden Gestaltungsspielraum zugunsten der Regulierungsbehörde eingeräumt. Siehe dazu unter Teil 3. D. I. 1. a). bb).

309 *Chiang, Y.-K.*et al., Telecommunications Law, S. 168 f. Zur weiteren Analyse dieser drei Kriterien siehe unter Teil 3. E. I. 3.

zugrunde legt. Eine materielle Marktabgrenzung des bestimmten Zugangsmarkts wird gar nicht durchgeführt. Die realistische Nachfragekraft nach einer bestimmten Dienstleistung ist dabei nicht berücksichtigt[310]. Infolgedessen könnte das Untersuchungsergebnis der Marktdefinition und -analyse die faktische Regulierungsbedürftigkeit auf einem sachrelevanten Markt nicht ausreichend widerspiegeln.

Die gegenwärtigen entgeltgenehmigungspflichtigen 1KTU sind durch eine Reihe von „Bekanntmachungen über die Festlegung der 1KTU, welche über beträchtliche Marktmacht verfügen", festgestellt worden. Zunächst ist der ehemalig staatliche Monopolist, die CHT AG, seit 31.10.2000 während der Einführung der asymmetrischen Entgeltregulierung als marktmächtiges Unternehmen für die telekommunikativen Dienste an festen Standorten qualifiziert, welche identisch mit allen von bestehenden Sekundärlizenzen i. R. d. TdFVO gestatteten Geschäftsgegenständen sind[311]. Was die Dienstleistungen auf Basis von Mobilfunknetzen anbelangt, wird die Analyse der Untersuchung der beträchtlichen Marktmacht anhand des technischen Standards weiter in verschiedenen Märkten vorgenommen. Heutzutage werden die CHT AG und deren Wettbewerber *TaiwanMobile* sowie *FarEasTone* gemeinsam als 1KTU mit einem beträchtlichen Markt für telekommunikative Dienste mittels 3G-Mobilfunknetz gehalten[312]. Auf dem GSM-(2G-)Mobilfunkdienstmarkt bestehen darüber hinaus noch die CHT AG und *TaiwanMobile*, welche als SMP-1KTU angesehen werden[313]. Das NCC hat bisher noch nicht die Absicht, das Verfahren zur Analyse des SMP-1KTU auf dem 4G-Mobilfunkdienstmarkt vorzunehmen[314].

Zusammenfassend sind unter der gesamtheitlichen Betrachtung über die Praxis der Marktdefinition und -analyse solche Entgelte von Endnutzerleistungen, welche bisherig als genehmigungsbedürftig festgestellt werden, im Folgenden darstellt: 1. Alle von der CHT AG mittels Festnetz erbrachten Telekommunikationsdienste, unabhängig von deren Verwendungszweck aus Sicht der Endnutzer,

---

310 *Chen, R.-J./Shyr, S.-H.*, Technology Law Review 8/2, S. 42 f.; *Chiang, Y.-K.*et al., Telecommunications Law, S. 161.

311 *Chiang, Y.-K.*et al., Telecommunications Law, S. 183.

312 NCC, Bekanntmachung über die Festlegung der 1KTU für den 3G-Mobiltelefondienst, welche über beträchtliche Marktmacht verfügen, abrufbar unter: http://www.ncc.gov.tw/chinese/files/12072/1921_25558_120725_1.tif (letzter Abruf: 31.05.2017).

313 Wie in Fn. 136 ausgeführt, dass der 2G-Mobiltelefondienst in die Geschichte eingegangen ist. Dementsprechend ist die Preiskontrolle am 30.06.2017 aufgegeben worden.

314 *Chiang, Y.-K.*et al., Telecommunications Law, S. 194.

inkl. Internetzugang, Mietleitung, örtlichen, inländischen oder internationalen Zugangs zum Sprachtelefondienst einschließlich der Verbindungsleistung (Dies entspricht § 9 Abs. 3 Nr. 1, 2, 3 EntRVO), 2. Zugang zum öffentlich zugänglichen Mobiltelefondienst (monatliche Grundgebühr) mittels 3G-Mobilfunknetz, CHT AG, *TaiwanMobile* sowie *FarEasTone* bereitstellen, 3. der von der CHT AG und *TaiwanMobile* angebotene Zugang zum 2G-Mobilfunktelefondienst.

2. Regulierungsart

a) Price-Cap-Verfahren als einzelne Vorgehensweise

Gem. § 26 Abs. 2 TwTKG hat die Regulierungsbehörde den weitreichenden Entscheidungsspielraum, welchen Entgelten von Produkten eine Genehmigung nach dem Price-Cap-Verfahren aufzuerlegen ist. In der Gegenwart ist nur das von der Regulierungsbehörde in der EntRVO geregelte Produktentgelt eines SMP-1KTU genehmigungsbedürftig. Es ist davon auszugehen, dass die Regulierungsbehörde in der Regel das Auswahlermessen insoweit in der Hand hält, als dass sie sich für eine nachträgliche oder vorangehende Entgeltregulierung einsetzt. Hierzu ist zu beachten, dass die Festlegung des SMP-1KTU in geltender Regelung (§§ 2 i. V. m. 3 EntRVO) immer direkt mit der Auferlegung der Preisgenehmigungspflicht verbunden ist. Von der Vorab-Entgeltregulierung weicht die Regulierungsbehörde auf keinen Fall ab. Deshalb hat sich die Regulierungsbehörde einerseits durch ihre gesetzliche Ermessenskompetenz an die Schwerpunksaufsicht des vom SMP-1KTU verlangten Leistungspreises gebunden, anderseits dennoch andere abweichende Regulierungsarten, beispielsweise reine Ex-post-Regulierungen (§ 26-1 Abs. 1 Nr. 3 TwTKG), nicht berücksichtigt. Vor diesem Hintergrund wendet die Regulierungsbehörde das Price-Cap-System auf mehreren regulierungsbedürftigen Märkten als einzelne Vorgehensweise an, da die entgeltliche Regulierungsmaßnahme i. R. d. Endnutzerleistung gem. § 26 Abs. 1 i. V. m. Abs. 2 TwTKG bereits ausschließlich in Form einer vorgegebenen Maßgröße für die durchschnittliche Preisänderungsrate der Entgelte für Telekommunikationsdienste vorstrukturiert wird, deren Steigerungs- oder Senkungsspanne sich grundsätzlich an die gesamtwirtschaftliche Preissteigerungsrate anpassen muss[315]. Bei der Entgeltregulierung für Endnutzerleistungen

315 Die Entgelte des öffentlichen Anbieters waren nach dem Revenue-Cap-Verfahren (in Taiwan auch „rate-of-return" genannt) bis 1999 reguliert, indem sowohl eine Obergrenze für die erlaubten Umsatzerlöse als auch eine Untergrenze für sichergestellte Umsatzerlöse zusammen festgelegt worden sind, um die gesetzlich minimalen Erlöse des öffentlichen Unternehmens und den fortdauernden Betrieb zu gewährleisten.

handelt es sich selbstverständlich um die Durchführung der selbstbeschränkenden Regulierungsart und damit die einzelne Vorgehensweise, welche in der EntRVO weiter konkretisiert wird.

Gem. § 3 EntRVO ist das Entgelt genehmigungsfähig, wenn es die durch die folgende Formel festgelegte Maßgröße für die Änderungsrate der Entgelte als Obergrenze einhält: $[(P_t - P_{t-1}) \div P_{t-1}] \times 100\% \leq (\Delta CPI - X)$. Auf der rechten Seite der Price-Cap-Formel markiert „ΔCPI" die gesamtwirtschaftliche Preisänderungsrate für jegliche Price-Cap-Periode im Gebiet Taiwan (§ 4 Abs. 1 Nr. 3 EntRVO) und die von der Regulierungsbehörde ermittelte Kennzahl „X" (auch als X-Faktor genannt), die in der EntRVO nicht gesondert definiert wird. Die beiden Maßgrößen bilden zusammen den Price-Cap-Index, der gem. § 4 Abs. 2 EntRVO für jährliche Perioden festgelegt wird. Auf der linken Seite wird die Wachstumsrate des untersuchten Entgelts innerhalb einer Price-Cap-Periode (*t*) dargestellt. Dabei vertritt der „P_t" das planmäßige Entgelt einer Leistung (§ 4 Abs. 1 Nr. 1 EntRVO). Daneben bezeichnet man den „P_{t-1}" als Preis der gleichartigen Leistung entweder bei der erstmaligen Preissetzung (§ 5 Nr. 1 EntRVO) oder am Ende der Vorperiode (§ 5 Nr. 2 EntRVO), § 4 Abs. 1 Nr. 2 EntRVO. Dieser Preis gilt auch als Ausgangsentgeltniveau. Damit steht der linke Teil dieser Formel für die zu überprüfenden Entgelte des regulierten Unternehmens, während der rechte Teil auf die von der Regulierungsbehörde vorgegebene Maßgröße verweist. Anhand dieser Price-Cap-Formel darf die Wachstumsrate des gefragten Entgelts das auf der rechten Seite kalkulierte Ergebnis als Obergrenze der Preisänderungsrate nicht überschreiten. Wie in § 7 EntRVO ausgeführt, kann die in Frage stehende Preisänderungsrate mehr als, weniger als oder mit null gleich sein. Im Falle der Plusänderungsrate kann das regulierte Unternehmen im größten Maß nach dem erlaubten Änderungsverhältnis das genehmigungsbedürftige Entgelt steigern. Falls die Preisänderungsrate null sogar negative Werte annimmt, muss das geprüfte Preisniveau dementsprechend stagnieren oder abgesenkt werden.[316]

Noch auszulegen ist der auf der rechten Seite der Formel vorliegende X-Faktor. Da es in der EntRVO keine ausdrückliche Definition über die Kennzahl

---

Dies war schwierigen Kritiken ausgesetzt, da die effiziente Ressourcenallokation und die Verbraucherinteressen nicht durch solch eine Sicherstellung der Gewinnspanne erstellt werden konnten. Die Umwandelung vom Revenue-Cap-Verfahren in das Price-Cap-Verfahren wird auch für einen ausschlaggebenden Meilenstein der materiellen Privatisierung gehalten. Vgl. dazu *Lin, S.-G.*, Telekommunikative Regulierung, S. 283 f.; *Liu, K.-C.*, Communication and Broadcast Law, S. 303 f.

316 *Hsiao, C.-T./Chiang, Y.-K.*, Technology Law Review 5/2, S. 40.

X gibt, muss dessen Rechtsfigur anhand der historischen Auslegung und der vorliegenden Literatur ermittelt werden. In erster Linie hat der Gesetzgeber bei der TwTKG-Novelle 1999 bereits dargelegt, dass die Einführung des Price-Cap-Verfahrens als Ersatz für die traditionellen Rate-of-Return-Regulierung die Marktöffnung und die Fortentwicklung zum Marktwettbewerb im Telekommunikationssektor unterstützen werde, da das Unternehmen, dessen mindeste Eigenkapitalverzinsung gesetzlich und imperativ sichergestellt wurde, keinen hinreichenden Anreiz zur Ermöglichung eines effizienten Geschäftsbetriebs hätte, um mehreren Verbrauchern günstigere Produkte anzubieten. Aufgrund dessen werde das Price-Cap-System als eine taugliche Form der Anreizregulierung angesehen. Bei der Festlegung der Obergrenze solle die Regulierungsbehörde neben der gesamtwirtschaftlichen Preisänderungsrate auch die erwartete „Produktivitätsfortschrittsrate" des regulierten Unternehmens einbeziehen[317]. Dabei ist die Regulierungsbehörde dafür verantwortlich, während der Entgeltregulierung die vermutete Produktivitätsfortschrittsrate eines 1KTU mit beträchtlicher Marktmacht zu berücksichtigen. Die primäre Auswirkung der Anreizregulierung sei es, dass das regulierte Unternehmen seine unnötigen Betriebskosten im Wege der Anpassung der erlaubten Maßgröße der Preisänderung möglicherweise einsparen wolle, um zusätzliche Gewinne als „Effizienzprämie" auf dem Markt einzubehalten. Da andere objektive, nicht unmittelbar den unternehmerischen Kostensenkungspotenzialen zu verdankende Faktoren, insb. die sich aus technischen Fortschritten ergebende Effizienzsteigerung, selbstverständlich auch zur Preissenkung führen könnten, sollen sie i. R. d. regulatorischen Preisobergrenze in Rechnung gestellt werden. Aus diesem Grund solle ein Indikator für den Price-Cap-Index die Produktivitätsfortschrittsrate des regulierten Unternehmens sein, damit der Entscheidungsspielraum des regulierten Unternehmens für die Preissetzung in angemessener Weise reduziert werden könne.[318] Der X-Faktor bezeichnet aus diesem Grund vor allem die Produktivitätsfortschrittsrate.

317 Entwurfsbegründung zum TwTKG (1999), LY-Drs. Nr. 88/37, S. 217 f.

318 Vgl. NCC, Entwurfsbegründung für die EntRVO-Novellierung von 2013, S. 5, abrufbar unter: www.ncc.gov.tw/chinese/files/12122/181_27309_121226_1.doc (letzter Abruf: 05.05.2017).

b) Problematik des Price-Cap-Systems

aa) Ähnliche Gestaltung mit der Einzelgenehmigung

Das in der EntRVO geprägte Price-Cap-System hat tatsächlich erhebliche Unterschiede zur im DeTKG 2004 eingeführten Price-Cap-Formel[319]. Insb. geht es um die zu überprüfenden Entgelte der Leistungen. Unter dem deutschen Price-Cap-Verfahren ist eine von der Einzelgenehmigung abweichende Vorgehensweise zur (einmaligen) Prüfung der Genehmigungsfähigkeit von Entgelten der im jeweiligen Korb erhaltenen Leistungen zu verstehen. Dies setzt zumindest zwei verschiedene Leistungen voraus[320]. Durch die gesamte Betrachtung der Bildung des von der taiwanesischen Regulierungsbehörde ausgestalteten Price-Cap-Verfahrens ist dieses Merkmal jedoch nicht ersichtlich, da ein Schritt zur Bestimmung des Inhalts der Körbe, in denen sich mehrere Leistungen zusammenfassen lassen, nicht wie in dem in § 33 Abs. 1 S. 1 DeTKG vorgeschriebenen Gehalt vorliegt. Mit Blick auf die in § 3 EntRVO vorgesehene Formel wird daher einfach davon ausgegangen, dass die durch die Price-Cap-Formel festgelegte Maßgröße immer nur das Entgelt einer einzigen Leistung betrifft, d. h. eine Leistung, ein Korb[321]. Wegen des Fehlens eines wesentlichen Faktors, der den Zusammenhang der in einen Korb einbezogenen Leistungen bezeichnen kann, wird solch eine Systembildung tatsächlich in eine Einzelgenehmigung umgewandelt. Dies könnte unnötig duplizierte Prüfungsabläufe zulasten des Regulierers herbeiführen und dem ursprünglichen Zweck des Price-Cap-Verfahrens als gleichwertige Alternative gegen Einzelgenehmigungen zur Setzung des Schwerpunkts auf die Maßgrößenbildung und damit zur Verringerung des bürokratischen Aufwandes zuwiderlaufen.[322] Obwohl sich die Regulierungsbehörde während der

319 Die Price-Cap-Formel im DeTKG ist wie folgt formuliert: i= 1nWi, t×Pi, t-Pi, t-1Pi, t-1≤It-Xt+∂. Sehr auffallend ist, dass diese Formel im Vergleich zur in EntRVO bestimmten Formel einen Gewichtungsfaktor Wi, t enthält, der eine individuelle Bedeutung des regulierten Entgelts im Verhältnis zu allen übrigen im gleichen Korb enthaltenen Leistungen darstellt. Damit sind für die Anwendbarkeit der Price-Cap-Formel zumindest zwei Leistungen vorausgesetzt. Dazu vgl. *Groebel/Voß*, in: Säcker (Hrsg.), TKG-Komm., Rn. 6, 8.

320 *Groebel/Voß*, in: Säcker (Hrsg.), TKG-Komm., § 33, Rn. 12.

321 In der taiwanesischen Literatur gibt es jedoch nur einen Kommentar, der die Besonderheit des taiwanesischen Price-Cap-Systems diskutiert, in dem die regulatorische Bestimmung der Korbbildung nicht vorliegt. Vgl. dazu *Kao, K.-S.*, Entgeltregulierung (IV), Abschnitt 8.8.2.

322 Zu dem Normzweck und Vorteil des Price-Cap-Systems vgl. *Neumann/Koch*, TKG, Kap. 3, Rn. 336; *Berringer*, Regulierung, S. 129.

Ausgestaltung der EntRVO dieses Missverständnis für das Price-Cap-Verfahren nicht vor Augen geführt hatte, hat sie in der Praxis durch mehrere Bekanntmachungen für die Festlegung des X-Werts verschiedene Körbe bestimmt, da jeder von der Regulierungsbehörde festgelegte X-Wert nur auf einen beschränkten Umfang anwendbar ist, indem eine Vielzahl von Leistungen umfasst wird[323]. Die in Frage stehenden Zweifel an der Gleichheit zw. der Einzelgenehmigung und dem Price-Cap-Verfahren könnten daher im gewissen Maß ausgeglichen werden. Eine andere Kontroverse tritt jedoch sofort danach auf: Warum sind solche Leistungen in einem Korb zusammengefasst und der gleichen Maßgröße für die Preisänderungsrate unterworfen, aber die übrigen nicht? Gleichfalls bleibt unklar, welche Anhaltspunkte für die Ausdifferenzierung der Körbe und der vorgegebenen Maßgrößen hervorzuheben sind. Eine Begründung für die Bestimmung des Korbs sollte eine unabdingbare Voraussetzung zur Verwendung der Price-Cap-Formel sein; ansonsten könnte niemand bei der Festlegung der vorgegebenen Maßgröße ein eindeutiges, von der Regulierungsbehörde angewendetes Kriterium zur Bestimmung des Inhalts eines Korbs entnehmen.

Darüber hinaus steht die Bestimmung des Inhalts des Korbs theoretisch in enger Beziehung zu der Anreizregulierung, da bei der Anreizregulierung die Regulierungsbehörde sämtliche Effizienzzuwächse des ganzen regulierten Unternehmens anstelle der detaillierten Information über die Kosten einer Leistung im Auge behalten soll. Zurückzuführen ist dies auf eine die Betriebswirtschaftslehre betreffende Hypothese, dass die Regulierung zuvörderst für die Verbesserung der Situation der Nachfrageseite anstatt der aufwändigen Ermittlung der Kostenstruktur einer Leistung sorgen darf. Mit anderen Worten ist bei der Einführung der Anreizregulierung zu erwarten, dass die Nachfragebedingungen mehrerer in den gleichen Korb gesetzter Leistungen des regulierten Unternehmens aus Sicht der Endkunden günstig blieben oder sich zumindest nicht verschlechtern würden, indem das Unternehmen ohne regulatorische Anforderung

323 Das NCC hat bisher (Preis-Cap-Periode 2013–2017) insgesamt zwei X-Werte festlegt. Es ist davon auszugehen, dass sie zwei Körbe bestimmt hat. Beim ersten Korb geht es um die DSL-Anschlussleistung für Endkunden und die Leistungen mit dem Großhandelspreis, also die im oberen Abschnitt (Teil 2. C. III. 3.) ausgeführten Zugangsleistungen, deren X-Wert in Höhe von 5.1749 % festgelegt ist. Zum anderen sind die übrigen Entgelte der Telekommunikationsdienste mittels sowohl Festnetzen als auch Mobilfunknetzen, deren angewendeter X-Wert mit der derzeitigen gesamtwirtschaftlichen Preisänderungsrate identisch ist, d. h., die Entgelte der in diesem Korb zusammengefassten Leistungen dürfen nicht erhöht werden. Siehe dazu *Chiang, Y.-K.*et al., Telecommunications Law, S. 190.

unter selbstständiger Berücksichtigung der rationalen Gewinnspanne autonom dessen betriebswirtschaftliche Kosten steuert.[324] Das regulierte Unternehmen verfügt daher über einen relativ weiten Entscheidungsspielraum für die strategische Preisänderung seiner zahlreichen Leistungsprodukte, insofern es bei der Preissetzung die vorgegebene Maßgröße für die Entgelte der Änderungsrate einhält und damit solche Entgelte nicht übermäßig erhöht[325]. Aufgrund dessen soll das Price-Cap-System nicht lediglich auf die Kostenstruktur der einzelnen Leistung wirken, sondern die totale Produktivitätsfähigkeit eines regulierten Unternehmens im Auge behalten[326].

bb) Mangelnder Prüfungsmaßstab und unklare Kostenermittlungsmethoden

Beim zentralen Problem des taiwanesischen Price-Cap-Systems handelt es sich um die Ermangelung des eindeutigen Prüfungsmaßstabs für die Regulierungsausübung der Ex-ante-Entgeltkontrolle. Obschon sowohl der Gesetzgeber als auch die Regulierungsbehörde nicht selten ausdrücklich erklärt haben, dass sich der im Price-Cap-Index verankerte X-Faktor grundsätzlich auf die ganze Produktivitätsfortschrittsrate des regulierten Unternehmens richtet, ist eine objektive Benchmark für die Ermittlung des X-Faktors nicht ersichtlich. Wegen des Fehlens eines prinzipiellen Prüfungsmaßstabs fokussieren die Auseinandersetzungen zw. dem NCC und den regulierten Unternehmen in jeglicher Price-Cap-Periode die Bestimmung des X-Werts.

Diese Kontroverse ist tatsächlich auf die Besonderheit des taiwanesischen Price-Cap-Verfahrens als einzige und deformierte Vorab-Regulierungsmaßnahme zurückzuführen. Wie oben erwähnt, soll das Price-Cap-Verfahren theoretisch eine Ermittlung der detaillierten Information für die auf einzelne Leistungen entfallenden Kosten umgehen und damit lediglich durch die Vorgabe der erlaubten Maßgröße für die Preisänderungsrate einen hinreichenden Anreiz zur Kosteneinsparung seitens der regulierten Unternehmen bewirken. Denn das Unternehmen kann noch mehr Gewinne erhalten, wenn sein Produktivitätsablauf so effizient ist, dass die echte Wachstumsspanne den von der Regulierungsbehörde unterstellten und erwarteten Produktivitätsfortschritt, nämlich die Höhe des X-Werts, übersteigt. Das Price-Cap-Verfahren verweist daher auf

---

324 Vgl. *Knieps*, Wettbewerbsökonomie, S. 107 f.; *Tsai, H.-A.*, Review of Public-Owned Enterprises 2/1, S. 50.

325 Vgl. *Kao, K.-S.*, Entgeltregulierung (III), Abschnitt 6.3.

326 Damit war das NCC bereits seit der erstmaligen Festlegung des X-Werts einverstanden. Vgl. *NCC*, Meinungserhebung über die Festlegung des X-Faktors 2006, S. 7.

den Verzicht einer Kostenermittlung der einzelnen regulierungsbedürftigen Leistung („Input"-basierte Regulierung) und die Abweichung von der Bestimmung der genehmigungsfähigen Preise anhand eines bestimmten Maßstabs.[327] Ein klarer Prüfungsmaßstab für die Genehmigungsfähigkeit des Entgelts der einzelnen Leistung ist daher beim normalen Price-Cap-Verfahren entbehrlich. Das NCC ging jahrelang davon aus, dass es nach § 26 TwTKG auf dieser Grundlage die Entgelte genehmigen soll[328]. Diese taiwanesische Prägung des Price-Cap-Verfahrens versucht jedoch, abgesehen von der Bestimmung des Inhalts des Korbs, ein materielles Einzelgenehmigungsverfahren, das tatsächlich eines eindeutigen Prüfungsmaßstabs bedarf, möglicherweise anzugleichen, um den Price-Cap-Index jeweils für das einzelne Leistungsentgelt festzustellen. Ein unvermeidbares Problem tritt sofort auf, wenn ein bestimmtes Leistungsentgelt durch solch eine Deformation des Price-Cap-Verfahrens genehmigt werden muss, aber gar kein Prüfungsmaßstab, der der Ermittlung der Genehmigungsfähigkeit für das regulierte Entgelt einer Leistung dient, geliefert werden kann. Angesichts dessen kann man davon sprechen, dass die Funktionsweise der in Form des Price-Cap-Verfahrens ausgestalteten Anreizregulierung mit der Einzelgenehmigung unglücklicherweise verwechselt wird.

Nach h. M. wird unterstützt, dass die Ex-ante-Entgeltregulierung den immanenten Zweck habe, vor allem durch die Entgeltgenehmigung den Als-ob-Wettbewerbspreis zu simulieren und damit einen Als-ob-Wettbewerbsmarkt zugunsten anderer Marktteilnehmer einschließlich der Verbraucher zu gewährleisten. Somit sei die primäre Aufgabe der Regulierungsbehörde – insb. auf der Vorleistungsebene – eine erschöpfende Überprüfung der Genehmigungsfähigkeit des einzelnen Entgelts, welcher ein klarer, sicherer Prüfungsmaßstab zugrunde liege[329]. Die Regulierungspraxis des taiwanesischen Price-Cap-Verfahrens lässt sich gerade wegen des Fehlens des wettbewerbsbezüglichen Maßstabs für die Prüfung des genehmigungsfähigen Entgelts nicht glaubwürdig oder wirksam durchführen. Die Idealkonkurrenz zw. dem vorliegenden Price-Cap-System und dem erwünschten Einzelgenehmigungsverfahren erstreckt sich unvermeidbar

327 *Knieps*, N&R 2/10, S. 68.

328 Vgl. *NCC*, Meinungserhebung über die Festlegung des X-Faktors 2012, S. 9; *NCC*, Meinungserhebung über die Festlegung des X-Faktors 2009, S. 4; *NCC*, Meinungserhebung über die Festlegung des X-Faktors 2006, S. 5 f.

329 Vgl. *Chiang, Y.-K.* et al., Telecommunications Law, S. 176 f.; *Hsiao, C.-T./Chiang, Y.-K.*, Technology Law Review 5/2, S. 34 f.; *Lee, C.*, The Taiwan Law Review 186, S. 175 f.; *Lin, Y.-H.*, Ft Law Review 150, S. 42 f.; *Liu, K.-C.*, Communication and Broadcast Law, S. 167 f.

auf den Streit um die Schätzung des X-Werts, da hierbei immerhin die Gelegenheit besteht, mehrere in der Price-Cap-Formel nicht festgeschriebene Anhaltspunkte für die Bestimmung der genehmigungsfähigen Entgelte einzubeziehen[330] und ferner eine Kompromisslösung auszuhandeln[331]. Der X-Faktor stellt sich allmählich als zentraler Steuerungsparameter in der Price-Cap-Formel dar.

Entsprechend der Eigenschaft des Price-Cap-Systems ist eine anzuwendende Kostenermittlungsmethode folgerichtig im TwTKG oder in der EntRVO nicht gesondert geregelt. Trotzdem hat die Regulierungsbehörde in der Praxis eine Reihe von Methoden für die Untersuchung des X-Werts entwickelt. Während der zweiten Festlegung des X-Werts (2006) hatte das NCC versucht, entweder nach der als theoretisch klassische Methode für das Price-Cap-Verfahren angesehenen „Growth Accounting Approach" oder der von der Regulierungsbehörde Hongkong entwickelten „Umkehrschluss-Methode" vorzugehen, damit die ideale Höhe des X-Faktors durch eine objektive und zuverlässige Rechnung ausgeführt werden konnte[332]. Die beiden Rechnungsergebnisse waren jedoch aus Sicht des NCC unausführbar, da eine zu große Diskrepanz zw. den anhand der jeweiligen Rechnungsmethode kalkulierten Ergebnissen vorlag. Danach hatte das NCC unmittelbar auf das relativ einfach anzuwendende Vergleichsmarktkonzept

330 Dies impliziert, dass es bei der Diskussion des X-Faktors in der Realität auf keinen Fall nur um die unternehmerische Produktivitätsrate geht, sondern auch um eine Vielzahl von kosten- und marktrelevanten Faktoren, welche das ganze Verhältnis des regulierten Unternehmens zu Verbrauchern und die Stärke des Wettbewerbs widerspiegeln. Siehe dazu *Liu, K.-C.*, Communication and Broadcast Law, S. 322.

331 Ein Verhandlungsspielraum sollte im Price-Cap-Verfahren z. B. in Form einer Anhörung vorliegen, wobei die regulierten Unternehmen gegenüber der Regulierungsbehörde hinsichtlich der realen und zukünftigen Produktivitätsänderung durch die Vorlage der Kosteninformation Anspruch auf die angemessene Schätzung des X-Werts erheben könnten. Vgl. dazu *Knieps*, Wettbewerbsökonomie, S. 109.

332 Das „Growth Accounting Approach" ist in der Ökonomielehre als richtige Würdigung der ganzen Produktionsfähigkeit eines Unternehmens, insb. für den Netzwirtschaftssektor, entwickelt worden, indem die funktionale Beziehung zw. einer spezifischen Leistung und deren Kosten nicht davon geleitet werden kann. Dafür kommt nur die Änderungsrate sämtlicher Input-Output-Beziehungen eines Unternehmens in Betracht. Die Produktivitätsfortschrittsrate erweist sich daher als Indikator für den realen Effizienzzuwachs eines Unternehmens. Demgegenüber zählt die „Umkehrschluss-Methode" zu der vereinfachten Rechnungsweise, da die reale jährliche Preissenkung auf dem gefragten Markt hieran unmittelbar als zwingende Folge der Kosteneinsparung des Unternehmens zu vermuten ist. Siehe dazu *Liu, K.-C.*, Communication and Broadcast Law, S. 306 f.

zurückgegriffen, indem sie ohne eine verkündete Begründung mehrere durchschnittliche Preise der OECD-Mitgliedstaaten heranzog[333]. In den Jahren 2008 und 2010 hatte das NCC ein selbst erfundenes Rechnungsmodell der sog. „Residualanalyse“ aufgestellt, welches als ausschließlicher Rechnungsansatz angewendet worden ist[334]. Weiterhin Kritik ausgesetzt sind die uneinheitliche Anwendung der Rechnungsmethoden und der intransparente Rechnungsverlauf, da die erwünschte Rechtssicherheit i. R. d. Bestimmung des X-Faktors im Wesentlichen nicht durch das geltende Price-Cap-System gewährleistet werden kann.

IV. Entgeltregulierung für Zugangsleistungen

1. Zugangsleistungen in der ZVO

a) Entgelt für die Zusammenschaltung auf Basis von leistungsvermittelnden Netzen

aa) Regulierungsvorgehensweise

Anders als die Großhandelspreisregulierung sind einige auch als Zugang zu erkennenden Einrichtungen oder Leistungen in der ZVO geregelt. Das Regulierungsverfahren für deren Entgelt knüpft an den Zusammenschaltungsmechanismus an und ist damit in den Vorgaben für die Zusammenschaltungsvereinbarung integriert. Die Entgeltregulierung für die schmalbandige Zusammenschaltung ist heutzutage mit Rücksicht auf die ununterbrochene Umwandelung von traditionellen Leistungsnetzen zu IP-basierten Paketvermittlungsnetzen nur von untergeordneter Bedeutung[335]. Hierbei kommen lediglich die Vorgehensweise

---

333 Da ein öffentlicher Bericht für die Anwendung des Vergleichsmarktkonzepts nicht besteht, fehlt es an der Begründung der theoretischen Voraussetzungen für die Anwendung des Preisvergleichs, beispielsweise der Ähnlichkeit der Marktstruktur oder des volkswirtschaftlichen Hintergrundes. Vgl. *Chiang, Y.-K.* et al., Telecommunications Law, S. 205.

334 Diese Rechnungsmethode versucht, durch die Unterstellung der stagnierten Produktivitätsfähigkeit sowie der unverändert technischen Entwicklung die zusätzlichen Erlöse im Vergleich zu der erwarteten Folge auszuführen. Dieser Rechnungsmechanismus erscheint auf Grund der vorausgesetzten unternehmerischen Produktivitätsfunktion und des dazu geringfügigen Kalkulationsablaufs relativ kompliziert. Vgl. *NCC*, Meinungserhebung über die Festlegung des X-Faktors 2012, S. 35.

335 Solch eine technische Umwandlung bringt ebenfalls eine unvermeidbare Herausforderung für das Zusammenschaltungsregime im deutschen Regulierungsrecht mit sich. Vgl. BNetzA, Eckpunkte der Zusammenschaltung IP-basierter Netz, abrufbar

und der begleitende Prüfungsmaßstab in Betracht. Das Entgelt für die Zusammenschaltung ist eine der wesentlichen Vertragsbedingungen, welche die Unternehmen gem. § 14 Abs. 1 ZVO freiwillig miteinander vereinbaren. Dabei muss jegliches Zusammenschaltungsentgelt gem. § 14 Abs. 2 ZVO „kostenorientiert" sein. Eine willkürliche Ungleichbehandlung ist ebenfalls zu verbieten. Ob das in Vereinbarung stehende 1KTU über beträchtliche Marktmacht verfügt, ist dabei unerheblich[336].

Hingegen ist das 1KTU, das ein Festnetz betreibt und über beträchtliche Marktmacht verfügt, gem. § 14 Abs. 4 ZVO verpflichtet, sein Zusammenschaltungsentgelt vorab zu genehmigen. Ebenfalls ist das 1KTU, das ein 2G- oder 3G-Mobilfunknetz betreibt und über beträchtliche Marktmacht verfügt, einer Entgeltgenehmigung unterworfen, § 14 Abs. 5 ZVO. Aufgrund dessen ist die Regelung für das schmalbandige Zusammenschaltungsentgelt vom marktmächtigen Unternehmen gegenüber der großhandelspreislichen Regulierung in Form einer Einzelgenehmigung als einzige Regulierungsart ausgeprägt.

bb) Prüfungsmaßstab

Das Zusammenschaltungsentgelt sollte mit Blick auf marktmachtunabhängige Regeln grundsätzlich einer reinen Ex-post-Regulierung unterliegen, deren Prüfungsmaßstab sich in erster Linie an den in § 26-1 Abs. 1 Nr. 3 TwTKG verankerten Missbrauchsmaßstäben nähren würde. Trotzdem wird noch kein ausdrücklicher Maßstab dafür in der regulatorischen oder gerichtlichen Praxis geliefert. Das vom SMP-1KTU erhobene Zusammenschaltungsentgelt unterwirft sich hingegen der Einzelgenehmigung. Das Zusammenschaltungsentgelt ist genehmigungsfähig, wenn dessen Kostenrechnung die vollständig entbündelten Netzkomponenten zugrunde liegen[337], § 14 Abs. 3 Nr. 1 ZVO. Dementsprechend muss sich diese Kostenrechnung nach § 14 Abs. 3 Nr. 2 ZVO am „*Total-Element-Long-Run-Incremental-Cost-*(TELRIC-)Maßstab" orientieren.

---

unter: https://www.bundesnetzagentur.de/SharedDocs/Downloads/DE/Sachgebiete/Telekommunikation/Unternehmen_Institutionen/Breitband/NGA_NGN/ip_zusammenschaltung/EckpunkteId12699pdf.pdf?__blob=publicationFile&v=3 (letzter Abruf: 21.06.2017)

336 Eine umfangreiche, marktmachtunabhängige Regulierungsmaßnahme für Zusammenschaltungsentgelte ist auf den gesetzlichen Grundgedanken zurückzuführen, nach dem die Sicherstellung der Zusammenschaltungsmöglichkeit als primäre Regulierungsaufgabe statuiert werden soll. Siehe dafür die Auslegung des taiwanesischen Zusammenschaltungsregimes oben in Teil 2. C. I. 1. a).

337 Die konkret zu separierenden Netzkomponenten werden bereits in Fn. 223 ausgeführt.

Dieses Kostenrechnungskonzept war vom Gesetzgeber bereits bei der Formulierung der Zusammenschaltungsgrundsätze (§ 16 Abs. 3 TwTKG) impliziert worden[338].

Der TELRIC-Maßstab ist von dem amerikanischen FCC entwickelt worden und zeigt theoretisch keinen wesentlichen Unterschied zu dem „*Total-Service-Long-Run-Incremental-Cost*-(TSLRIC-)Ansatz“[339]. Nach § 2 Nr. 11 ZVO sind die hier in Rede stehenden Inkrementalkosten die voraussehend langfristigen Zusatzkosten, welche „unmittelbar oder mittelbar“ vom Betrieb der Einrichtungen und der Verwendung der Hilfsfunktionen zur Ermöglichung einer bestimmten Zusammenschaltungsleistung verursacht werden. Diese Definitionsweise könnte jedoch noch nicht hinreichend eindeutig sein, da der Begriff „voraussehend langfristige Zusatzkosten“ nicht weitergehend in der Verordnung interpretiert wird. Damit die Kontur der TELRIC hierbei beleuchtet werden kann, ist auf vorliegende Literatur zurückzugreifen[340].

Bei TELRIC handelt es sich in erster Linie um die Einzelkosten der erbrachten Leistung, die im Verbindungsaufbau eine Terminierung, Orientierung oder ein Transfer sein kann. Hierzu gehören vor allem die Kapital- und die Betriebskosten, welche sich unmittelbar einer bestimmten Leistungsproduktion zuordnen lassen. Darüber hinaus bezeichnen die in Rede stehenden Kosten „inkrementelle“ Kosten, d. h. die zusätzlich bei der Veränderung um eine Produktionseinheit anfallenden Kosten. Überdies müssen die Kosten in langfristiger Betrachtungsweise gebildet werden. Dies bedeutet, dass es um die Kosten geht, die bei der Änderung der gesamten Kapazität eines Unternehmens anfallen, wobei die Unterscheidung zw. (kurzfristig) variablen und fixen Kosten bedeutungslos ist, da langfristig alle Kosten variabel sind. Beim voraussehenden (forward-looking) Kostenbegriff kommen nur die von einem effizienten Netzbetreiber berücksichtigten Kosten für die Netzerrichtung zum gegenwärtigen Zeitpunkt in Betracht. Die buchhalterisch historischen Kosten sind daher unerheblich.

Fraglich ist aber, ob und wie die nicht unmittelbar den inkrementellen Kosten einer bestimmten Leistung zugeordneten Gemeinkosten zu entschlüsseln sind, da keine Gemeinkosten in der Definition des TELRIC-Maßstabs i. S. v. § 2 Nr. 11

---

338 Entwurfsbegründung zum TwTKG (1999), LY-Drs. 88/37, S. 205.

339 *Yang, C.-W.*, Socioeconomic Law and Institution Review 28, S. 76 f.

340 Zu Merkmalen von Kosten i. S. v. TELRIC vgl. *Yang, C.-W.*, Socioeconomic Law and Institution Review 28, S. 78 f.; *Chiang, Y.-K.* et al., Telecommunications Law, S. 81 f.; *Lin, S.-G.*, Telekommunikative Regulierung, S. 205 f.; *Kao, K.-S.*, Entgeltregulierung (I), Abschnitt 2.12; *NCC*, Meinungserhebung über das Regulierungsregime der Zusammenschaltungsentgelte an Festnetzen, S. 4 f.

ZVO zum Ausdruck gebracht werden. Einer Meinung nach gilt der in der ZVO formulierte TELRIC-Maßstab nicht anders als der „pureLRIC“[341]-Ansatz[342]. Es ist jedoch anzumerken, dass bei der Formulierung des TELRIC-Konzepts die Kosten, die „mittelbar“ für die Ermöglichung einer bestimmten Zusammenschaltungsleistung entstehen, hierbei nicht von vornherein ausgeschlossen werden. Das „Ob“ und das „Wie“ der Gemeinkostenschlüsselung sind tatsächlich auf die in der RmL festgeschriebene Kostenrechnungsmethode zurückzuführen. Die nicht einer bestimmten Leistung zugewiesenen und damit „mittelbaren“ Kosten, die in der Tat mit den Gemeinkosten identisch sind, müssen entweder verhältnismäßig nach § 28 Nr. 1 RmL sein oder anhand des Entstehungsgrundes nach § 28 Nr. 2 RmL auf einzelne Leistungen zugerechnet werden. Aus diesem Grund sind Gemeinkosten bei der Kostenermittlung anhand des TELRIC-Maßstabs keinesfalls vernachlässigbar. Die Kombination und unscharfe Trennung zw. dem Kostenmaßstab und den Kostenrechnungsmethoden sind wesentliche Merkmale des taiwanesischen Entgeltregulierungssystems. In diesem Sinne kann der TELRIC-Maßstab mit dem LRIC+-Standard gleichgesetzt werden[343].

b) *Anmietung von entbündelten Netzkomponenten*

Neben dem Zusammenschaltungsentgelt liegt eine Regelung für die Anmietung der bestimmten Netzkomponenten vor. Hierbei ist die Miete für solche Netzkomponenten, die auf dem Grundsatz der vollständigen Entbündelung separiert werden, gem. § 18 Abs. 1 S. 1 ZVO in der Regel freiwillig auszuhandeln. Ausnahmsweise muss der Mietpreis der insb. als Bottleneck-Einrichtung qualifizierten Komponente[344] kostenorientiert sein, § 18 Abs. 1 S. 2 ZVO. In diesem Rahmen ist davon auszugehen, dass Letzteres wie im Falle des Zusammenschaltungsentgelts von jeglichen Unternehmen einer reinen nachträglichen Entgeltregulierung unterliegt. Denn einerseits sind sowohl die Vorschrift für

---

341 Nach Ziff. 6 S. 3 der Empfehlung 2009/396/EG sind die Kosten, welche in keinem unmittelbaren Bezug zu dem Anrufzustellungsdienst stehen, bei dem „pureLRIC“-Ansatz nicht berücksichtigt, d. h., ein angemessener Zuschlag (make-up) für verkehrsunabhängige Gemeinkosten oder neutrale Aufwendungen ist nicht zulässig.

342 Kritisch zu TELRIC vgl. *Yang, C.-W.*, Socioeconomic Law and Institution Review 28 S. 90 f.; *Lin, S.-G.*, Telekommunikative Regulierung, S. 220.

343 Das NCC hat in der Praxis bestätigt, dass Gemeinkosten auch bei der Kalkulierung des Zusammenschaltungsentgelts anhand des TELRIC-Maßstabs berücksichtigt werden. Vgl. *NCC*, Meinungserhebung über das Regulierungsregime der Zusammenschaltungsentgelte an Festnetzen, S. 6.

344 Zu den als Bottleneck-Einrichtung geltenden Anlagen siehe Fn. 207.

das Zusammenschaltungsentgelt als auch die Regelung für die hier in Betracht gekommenen Mietpreise der Bottleneck-Einrichtung gleichförmig ausgeprägt, wobei der gleiche Missbrauchsmaßstab (kostenorientiert) angewendet wird; andererseits sollte kein sachgerechter Grund bestehen, das Konzept der Bottleneck-Einrichtung sowie den Indikator für die Bestimmung der beträchtlichen Marktmacht „wesentliche Einrichtung" i. S. v. § 2 Abs. 1 Nr. 1 EntRVO wörtlich zu unterscheiden, da das 1KTU, das entweder über die Bottleneck-Einrichtung oder beträchtliche Marktmacht aufgrund des Besitzes der wesentlichen Einrichtung verfügt, insgesamt der asymmetrischen Regulierung unterworfen sein soll. Unter dieser Voraussetzung ist solch eine Ausdifferenzierung der beiden Begriffe überflüssig und bedeutungslos[345].

Insb. nennenswert wird das Überlassungsentgelt der entbündelten TAL auf Basis des schmalbandigen Festnetzes vorab reguliert, da das Entgelt für die Mietung von kupferbasierter TAL einer jährlichen Einzelgenehmigung unterliegt, indem die historischen Kosten dem genehmigungsfähigen Entgelt zugrunde liegen, § 18 Abs. 3 ZVO[346]. Die Schätzung des angemessenen Mietpreises beruht daher auf den im unternehmerischen Rechnungsbuch erstellten Aufwendungen. Abweichend vom TELRIC-Ansatz vertritt das NCC die Meinung, dass der von der Regulierungsbehörde Hongkong entwickelte historische Anschaffungskosten-Ansatz anstelle des zukunftsorientierten TELRIC-Ansatzes herangezogen werden sollte, weil dieser Ansatz für die Bemessung des angemessenen Mietpreises der kupferbasierten TAL äußerst tauglich ist. Das NCC hat dafür dargelegt, dass angesichts der schon langfristig planmäßigen Abschreibung sowie der immer

---

345 Das Anwendungsverhältnis der Bottleneck-Einrichtung, die sich ursprünglich in § 31 TwTKG ergibt, zum in der EntRVO eingeführten Konzept der wesentlichen Einrichtung wird in der Praxis noch nicht in Frage gestellt. Zu diesem fraglichen Begriffspaar siehe unter Teil 3. C. I. 2. und 3.; vgl. auch *Chiang, Y.-K.* et al., Telecommunications Law, S. 192 f.

346 Die Entscheidung, den historischen Kosten-Ansatz anstatt TELRIC bei der Festlegung des genehmigungsfähigen Mietpreises für kupferbasierte TAL anzuwenden, ist nach einer Anhörung für die Frage um angemessene Regulierungsmaßnamen für kupferbasierte TAL getroffen worden. Diese Zusammenfassung und Begründung wurde jedoch von der Regulierungsbehörde bereits vor der Anhörung in Form einer Bekanntmachung für Anhörungseinzelheiten zum Ausdruck gebracht. Damit änderte die Regulierungsbehörde während der Anhörung im Wesentlichen ihren Standpunkt nicht. Vgl. NCC, Bekanntmachung für die Stattfindung der Anhörung um die Frage, „ob die kupferbasierte TAL als Bottleneck-Einrichtung festgestellt werden muss", abrufbar unter: http://www.ncc.gov.tw/chinese/news_detail.aspx?site_content_sn=34&is_history=0&pages=16&sn_f=1076 (letzter Abruf 20.06.2017).

geringeren Bedeutung von PSTN-Netzen die aktuelle Miete für diese jahrelang gebrauchte Anlage auf Grundlage der historischen Anschaffungskosten ermittelt werden sollte. Damit könnten Wettbewerber, die (noch) kein eigenständiges Festnetz bis zu Endgeräten ihrer (potenziellen) Endkunden zur Verfügung stellen, durch diesen Mietrechnungsansatz im Vergleich zum TELRIC-Ansatz günstigere Bedingungen erhalten, um ihre Leistungsprodukte auf Basis eines schmalbandigen Festnetzes an mehreren Kunden zu vertreiben[347].

2. Großhandelsprodukte in der EntRVO

a) Mehrdeutigkeit des Großhandelsbegriffs

Die Entgeltregulierung für Zugangsleistungen ist in zwei Bereichen unterschiedlich. Zum einen geht es um die in der ZVO geregelten Zugangsleistungen, zum anderen meistens um Leistungsprodukte als solche, die mittels breitbandiger Übertragungsnetze den datenvermittelnden Endnutzerleistungen, z. B. dem Internetzugangsdienst, dienen. Diese Leistungen gliedern sich in das Price-Cap-Verfahren i. S. v. § 26 Abs. 1 TwTKG ein. Dies führt dazu, dass die Zugangsleistungen auch einer Entgeltgenehmigung unterliegen, die sich jedoch nach § 26 i. V. m. 2 Nr. 4 TwTKG nur auf die Endnutzerleistung richten soll[348]. Damit unterliegen nicht nur Endnutzerleistungen, sondern auch ein Teil der ausschließlich für andere Telekommunikationsunternehmen vertriebenen Zugangsleistungen, die gem. § 9 Abs. 3 Nr. 5 EntRVO zugleich als Großhandelsprodukte bezeichnet werden, einem gleichartigen Regulierungsverfahren. Trotzdem besteht hier eine maßgebliche Anwendungsschwierigkeit für die mittels des Price-Cap-Systems vorgenommene Entgeltregulierung, da die Anwendung des Terminus „Produkte zu Großhandelspreisen“ als eine wesentliche Zugangsform aus der Perspektive des zentralen Ziels der Entgeltregulierung, also alle notwendigen Zugangsmöglichkeiten mit sachgerechten Zugangsbedingungen wie u. a. Entgelt zu gewährleisten, nicht sachangemessen sein könnte. Die eingehende Debatte um die Frage, in welcher Beziehung das von der Regulierungsbehörde entwickelte Großhandelskonzept mit der Zugangs- und Endnutzerleistung steht, hat in der Literatur bisher nicht stattgefunden.

---

347 Vgl. NCC, Bekanntmachung für die Zusammenfassung der Anhörung um die Frage, „ob die kupferbasierte TAL als Bottleneck-Einrichtung festgestellt werden muss“, abrufbar unter: https://www.ncc.gov.tw/chinese/files/07052/37_1076_070521_1_C.PDF (letzter Abruf 20.06.2017).

348 Dazu bereits oben Teil 2. D. I. 1. a). aa).

Die Regulierungsbehörde vertritt vielmehr die Ansicht, dass sowohl die Endnutzerleistung als auch die „echte" Zugangsleistung zusammen dem Telekommunikationsdienst i. S. v. § 2 Nr. 4 TwTKG zugeordnet werden, da unbegründet die zu genehmigenden Zugangsleistungen in § 11 Abs. 1 EntRVO als „Telekommunikationsdienste zum Großhandelspreis" formuliert werden. Weder der begriffliche Unterschied zw. Zugangs- und Endnutzerleistungen noch die Besonderheit der Großhandelsprodukte müssen in der EntRVO zusätzlich berücksichtigt werden. Die Regulierungsbehörde hat auf dieser Grundlage direkt einige für andere Telekommunikationsunternehmen (sog. Großkunden) vermarkteten Produkte auszuwählen und günstige (Großhandels-)Bedingungen zu gewährleisten[349]. Diese behördliche Ansicht ist weiter durch die in der EntRVO angelegte Regelung für den Genehmigungsantrag zu bestätigen. Die regulierten Unternehmen sind nach § 15 Abs. 3 EntRVO aufgefordert, beim Genehmigungsantrag vom Entgelt eines Telekommunikationsdienstes zugleich einen zusätzlichen Antrag für den entsprechenden Großhandelspreis vorzulegen, sofern der „Telekommunikationsdienst" den gem. § 11 Abs. 3 EntRVO normierten Großhandelsprodukten zugeordnet und damit auch „anderen Telekommunikationsunternehmen gegenüber" abgesetzt wird. Der Unterschied zw. Endnutzerleistungen und Großhandelsprodukten besteht unter diesem Umstand nur darin, dass das Letztere ausschließlich für andere Unternehmen zu bestimmten Großhandelsbedingungen angeboten werden können und aus Sicht der Regulierungsbehörde als insb. regulierungsbedürftig angesehen werden. Vor diesem Hintergrund ist die Regulierung für die Großhandelsprodukte nach einer Ansicht sogar direkt mit der Zugangsregulierung verbunden, d. h., die großhandelspreisliche Regulierung mit der Entgeltregulierung für Zugangsleistungen wird nicht anders als für identisch gehalten[350]. Die Hervorhebung des Großhandelbegriffs als eine wesentliche Form der Zugangsregulierung kann auf die Ermangelung der eindeutig gesetzlichen Definition der Zugangsleistung zurückgeführt werden. Dies hat zur Folge, dass die Unterstellung, das Großhandelsprodukt mit dem Zugangsdienst gleichbedeutend zu machen, nicht anzuzweifeln ist. Abgewichen worden ist von der Frage um die Angemessenheit, die als Schwerpunkt für die Einführung des Regulierungsrechts anzusehende Zugangsordnung (neben dem

349 Nämlich die sechs in GH-Bek. hervorgebrachten Großhandelsprodukte. Siehe dazu oben Teil. 2 C. III. 3.

350 Vgl. *Liu, K.-C.*, Communication and Broadcast Law, S. 141 f.; *Lin, Y.-H.*, Ft Law Review 150, S. 30 f.

Zusammenschaltungsregime) durch das Regulierungskonzept für Großhandelsprodukte zu ersetzen.

Theoretisch ist das Konzept „Großhandelsprodukt" überhaupt nicht mit dem Konzept „Zugangsleistung" identisch. Um die Zugangs- sowie Endnutzerleistung zu unterscheiden, ist in erster Linie der Verwendungszweck oder die Eigenschaft aus Sicht der Nachfrager zu berücksichtigen. Der Zugang ist die telekommunikative Dienstleistung oder Einrichtung als solche, die ausschließlich für andere im Wettbewerb stehende Unternehmen zum Zweck der Erbringung der Telekommunikationsdienste (Endnutzerleistung) bereitgestellt wird[351]. Das klassische Großhandelskonzept enthält jedoch nicht unmittelbar das Merkmal der Zugangsleistung, da jegliche Dienstleistung unter normalen Umständen sowohl an Verbraucher unter den AGB-Bedingungen, zu denen der einheitliche Einzelhandelspreis gehört, als auch zugleich an andere Großkunden zu Großhandelsbedingungen abgesetzt werden kann. Die Entgeltregulierung zur Gewährleistung der Zugangsmöglichkeiten, welche auf dem Standpunkt der auf der Endnutzerleistungsebene tätigen Wettbewerber ganz unentbehrlich sind, kann sich nicht direkt durch die reine Einführung des Großhandelskonzepts in die preisliche Regulierungsordnung rechtfertigen lassen[352].

Aufgrund dessen ist es im höchsten Maß ungeeignet, unter der Zugangsleistung einfach ein für andere Unternehmen in großer Menge zur Verfügung stehendes Produkt zu verstehen. Dementsprechend wird das Großhandelskonzept wegen einer fehlenden klaren Legaldefinition bei der Auswahl der regulierungsbedürftigen Leistungsentgelte in der taiwanesischen Regulierungspraxis selbstverständlich nicht definitionsgemäß verwendet.

Ein typisches Großhandelsprodukt kann in der Regel nicht nur als AGB-Produkt an Endkunden, sondern auch an unternehmerische Großkunden durch individuelle Vereinbarung vermarktet werden. Wenn man die in der GH-Bek. festgestellten sechs Großhandelsprodukte betrachtet, zählen jedoch nur der (in Form des „Wiederverkaufs (Resale)" angebotene) „breitbandige Zugang zur TAL mittels DSL-Technologie" sowie „der Wiederverkauf des Telefondienstes zu realen Großhandelsprodukten, da die meisten vorgegebenen „Großhandelsprodukte", z. B. breitbandiges Peering, keinesfalls auf dem Endnutzermarkt

351 Vgl. *Säcker*, in: Säcker (Hrsg.), TKG-Komm., § 3, Rn. 72.

352 Eine Meinung spricht somit von der Notwendigkeit, die Regulierung für Großhandelsprodukte und für Zugangsleistungen zu unterscheiden, da sie im Wesentlichen jeweils verschiedene Regulierungsziele verfolgen. Vgl. *Chien W.-K.*, Technology Law Review 4/2, S. 248 f.

vertrieben werden können[353]. Dies liefert einen Hinweis dahingehend, dass das Großhandelskonzept nicht mit dem Zugang gleichdeutend ist, sondern vielmehr bloß einen Subtyp von Zugangsleistungen darstellt, durch die die Dritten den Weiterbetrieb im eigenen Namen auf dem nachgelagerten Markt, nämlich Resale-Geschäft, ermöglichen können.

Zusammenfassend ist es nicht überzeugend, die Entgeltregulierung für Zugangsleistungen direkt im Namen der preislichen Regulierung für Großhandelsprodukte vorzunehmen. Die Eigenschaft des Zugangs und dessen Verwendungszweck sind dabei vernachlässigbar[354]. Der Umfang des Großhandelskonzepts ist schließlich unvermeidbar unbegrenzt.

b) Vorgehensweise

Für die Preiskontrolle der typischen Großhandelsprodukte steht der sog. „Detail-Minus-Ansatz" im Regelfall zur Verfügung, da ein Endnutzerpreis für dasselbe Produkt bereits besteht, wobei die Regulierungsbehörde nur angesichts der betriebswirtschaftlichen Faktoren insb. Größenvorteile den verhältnismäßigen Preisabschlag als wesentliche Großhandelsbedingung zugunsten der anderen Unternehmen gewährt[355]. Dementsprechend regelt § 11 Abs. 4 EntRVO, dass der Endnutzerpreis bei der erstmaligen Großhandelspreissetzung (Ausgangspreisniveau) in Höhe von vermeidbaren Kosten abgezogen werden soll. Die meisten von der Regulierungsbehörde gem. § 11 Abs. 3 EntRVO ausgewählten Großhandelsprodukte gehören jedoch nicht zu solchen Produkten, welche auf dem Endnutzermarkt vermarktet und ggf. für dritte Unternehmen zum Zweck des Angebots vom kompletten Telekommunikationsdienst im eigenen Namen erbracht werden. Da kein Einzelhandels- oder Endnutzerpreis bei diesen ausschließlich für andere Telekommunikationsunternehmen bereitzustellenden Produkten vorliegt, ist der Detail-Minus-Ansatz überhaupt unanwendbar[356]. Die

353 Vgl. *Wang, V./Chen, R.-J./Lo, S.-S.*, Fair Trade Quarterly 18/3, S. 20.

354 Vgl. *Chiang, Y.-K.*et al., Telecommunications Law, S. 169 f.

355 Vgl. *v. Colbe*, in: Säcker (Hrsg.), TKG-Komm., vor § 27, Rn. 175 f. Zum Detail-Minus-Ansatz vgl. auch Teil 3. E. III. 3. b). cc).

356 Die Anwendungsschwierigkeit des Detail-Minus-Ansatzes i. R. d. Zugangsleistungen verweist auf die Unangemessenheit, durch die Einführung des Großhandelskonzepts das Zugangskonzept zu ersetzen, da unter normalen Umständen eine typische Zugangsleistung kein auch an Endkunden angebotenes AGB-Produkt sein kann. Es besteht daher keinerlei ein im Wege der Detail-Minus-Rechnung als Schätzungsgrundlage angesehener „Einzelhandelspreis" für dieselbe Zugangsleistung. In der Tat hat die Regulierungsbehörde in jüngerer Zeit auch nicht verneint, dass der

Regulierungsbehörde schreibt daher gezwungenermaßen vor, dass abweichend vom Detail-Minus-Ansatz die Bestimmung der Preisänderungsmaßgröße im Price-Cap-System anzuwenden ist, § 11 Abs. 5 Nr. 2 EntRVO[357]. In der Praxis übt die Regulierungsbehörde in der Gegenwart nur die Festlegung des X-Werts für sog. Großhandelsprodukte aus. Die Regelung des Detail-Minus-Ansatzes läuft daher völlig ins Leere. Wie das Ausgangspreisniveau des dem Price-Cap-Verfahren unterliegenden Großhandelsprodukts abzuschätzen ist, bleibt stets unklar.

Trotz der Anwendung des Price-Cap-Verfahrens für die Großhandelsprodukte bleibt das wesentliche Problem des Entgeltregulierungssystems für die Zugangsleistung im TwTKG wie im Falle der Endnutzerleistung unberührt. Wie oben (Teil 2. D. III. 2. a).) ausgeführt, geht es beim Price-Cap-System um die Anreizregulierung, wobei die Regulierungsbehörde grundsätzlich keine detaillierte Kosteninformation einer bestimmten Leistung zur Ermittlung hat und damit nur die erhoffte Produktionseffizienzsteigerung des regulierten Unternehmens anhand der bestehenden Rechnungsunterlage berücksichtigt. Diese Grundlage könnte nicht völlig vereinbar mit der wesentlichen Zielsetzung zur Einführung einer kostenbasierten Ex-ante-Entgeltregulierung auf der Vorleistungsebene sein. Die Aufgabe der Entgeltregulierung für Zugangsleistungen sollte vor allem darin liegen, die Informationsasymmetrie über die Kostenstruktur der regulierungsbedürftigen Leistung zw. der Regulierungsbehörde und den Regulierungsadressaten zu überwinden und die Fehlschätzung für das genehmigungsfähige Entgelt zu vermeiden[358]. Aus diesem Grund ist ein grundlegender Rechtsrahmen der in Form der Einzelgenehmigung ausgestalteten Kostenregulierung in der Tat unerlässlich.

Einzelhandelspreis bei einigen Großhandelsprodukten nicht vorhanden ist. Vgl. dazu NCC, Beschwerdeentscheidung Nr. 09500291600 (02.02.2007), S. 9.

357 Vgl. *Chiang, Y.-K.* et al., Telecommunications Law, S. 167 f.

358 Vgl. *Groebel/Voß*, in: Säcker (Hrsg.), TKG-Komm., § 33, Rn. 21.

E. Zusammenfassung zu Teil 2

1. Obwohl die Fortentwicklung im Telekommunikationsbereich sowie die Förderung des Gemeinwohls bei § 1 des TwTKG als primärer Normzweck verstanden werden, sind der unbestimmte Begriff „Gemeinwohl" und die Ermöglichungsweise der Fortentwicklung noch auslegungsbedürftig. Ein Indiz wird unter Berücksichtigung der Begründung zur TwTKG-Novelle 1996, die die Abschaffung des staatlichen Monopolisten und die weitergehende Anpassung an den ununterbrochenen Privatisierungsprozess anstrebte, geliefert, und zwar, dass eine wettbewerbskonforme Leistungsordnung, in der mehrere private Unternehmen auf Grundlage des privatrechtlichen Vertragsverhältnisses für ihre Kunden vielfältige Telekommunikationsdienstleistungen anbieten, nicht ausgeschlossen werden sollte. Trotzdem ist die Förderung des wirksamen Wettbewerbs als unverzichtbare Grundentscheidung für die Steuerung des Telekommunikationsmarkts im Gesetz stets nicht ersichtlich. Als zweiter Zweck sind die telekommunikative Sicherheit und Rechte der Nutzer trotz des andauernden Zurücktretens der staatlichen Erfüllungsaufgabe zu gewährleisten. Dabei handelt es sich um die Gewährleistung einer diskriminierungsfreien, zuverlässigen Netzinfrastruktur für alle Bürger.
2. Die normative Zielsetzung ist hingegen nicht im TwTKG, sondern im FCA als ideale Regulierungsleitlinie geregelt. Dafür kommt das Prinzip der pluralistischen Entwicklung, der Technologieneutralität, der kompletten Zusammenschaltung sowie des Universaldienstes in Betracht. Insb. nennenswert ist es, dass das Prinzip der kompletten Zusammenschaltung als zentrales Regulierungsziel für die telekommunikative Vorleistung gilt, d. h. unter dem Stichwort „Zusammenschaltung" die Sicherstellung der Interoperabilität zw. mehreren, von verschiedenen Netzbetreibern zur Verfügung stehenden Netzen als vorrangige, sogar einzelne Zielsetzung für die Inanspruchnahme einer Zugangsgewährung angesehen werden könnte.
3. Obwohl sich das TwTKG als Allgemeingesetz bezeichnet, sind die im TwTKG verankerten Vorschriften nach h. M. in Bezug auf die sektorspezifische Regulierungsmaßnahme gegenüber dem FTA als vorrangig anzuwenden. Eine parallele Eingriffskompetenz für die nachträgliche Missbrauchsaufsicht ist jedoch aus Perspektive des FTC dem Kartellamt vorbehalten.
4. Im geltenden TwTKG gibt es nach wie vor hoch komplizierte und asymmetrische Marktzugangsbeschränkungen, entsprechend dem früheren

öffentlich-rechtlichen Gesetz, das auf die Zusicherung des nachhaltigen Bestandes eines öffentlichen Monopols und auf die besondere Marktkontrolle durch die Zuteilung der Lizenzierung gerichtet war. Vor allem werden die Netzbetreiber, der mittels des eigenen Netzbetriebs Telekommunikationsdienstleistungen bereitstellt, als 1KTU gekennzeichnet und unterliegen damit der Kontingentgenehmigung, indem die Anzahl der Betriebslizenzen von der zuständigen Behörde nach ihrer Marktschätzung im Voraus eingeschränkt wird. Demgegenüber bedürfen die übrigen Telekommunikationsunternehmen der 2KTU-Linzenz, deren Anzahl grundsätzlich nicht beschränkt wird.

5. Ein Unternehmen, das als 1KTU tätig wird, muss bei der Beantragung der Lizenzerteilung eine Reihe von Bedingungen erfüllen, um die fundamentale Dienstfähigkeit und -qualität des Antragstellers zu qualifizieren. Darüber hinaus konkurriert es mit anderen Mitbewerbern entweder durch eine traditionelle, qualitätsorientierte Ausschreibung oder im Wege des preisorientierten Versteigerungsverfahrens für die limitierten Betriebslizenzen. Das 2KTU-Linzenz-Verteilungsverfahren enthält normalerweise mindere Lizenzpflichten, da es sich bei KTU-Leistungen meistens um den telekommunikationsgestützten Dienst handelt, welcher keine erhebliche Infrastruktursicherheitsfrage vorweist. Eine Ausnahme davon ist die sog. „spezifische Lizenzklasse", welche von der Regulierungsbehörde selbst geschöpft wird. Dabei handelt es sich um solche Dienstleistungen, die nach Ansicht der Behörde die Qualifikationsprüfungen zur Zuverlässigkeit und Dienstqualität verstärken sollen. Aber die Kriterien zu dieser Klassifizierung bleiben unklar.
6. Die behördliche Verteilung der differenzierten Betriebslizenz setzt voraus, dass die Lizenzgeber von vornherein jeden Geschäftsgegenstand definiert haben und damit eine entsprechende Lizenzklasse bilden. Der Geschäftsumfang des Lizenznehmers kann daher verwaltungsrechtlich durch die Erteilung oder den Widerruf der spezifischen Lizenz kontrolliert werden. Die Regulierungsbehörde hat die Kompetenz des Lizenzregimes, das anhand entweder der Struktur der Telekommunikationsunternehmen oder des Geschäftsgegenstandes verschiedene Lizenzarten unterscheidet und damit mehrere ungleiche Marktzutrittshürden aufbaut. Dieses strenge Lizenzregime könnte wegen der Lizenzklassifizierung mit asymmetrischen Marktzutrittsbedingungen unvermeidbar zu verwaltungsrechtlichen Ungleichbehandlungen gegenüber verschiedenen Telekommunikationsunternehmen führen, welche in der Tat auf dem gleichen Produktmarkt aktiv sind.

7. Kein einzelgesetzliches Marktabgrenzungsverfahren und kein Ermittlungsprozess für die Festlegung der marktbeherrschenden Stellung liegen im TwTKG vor. Die künstliche Marktabgrenzung, die anhand der Lizenzklassen vorgenommen wird, wirkt sich unmittelbar auf die Richtigkeit der Ermittlungsfolge für das SMP-1KTU aus, da hierbei eine vom wettbewerbsrechtlichen Bedarfsmarktkonzept als grundlegende Marktabgrenzungsmethode abweichende Untersuchungsweise leichtsinnig angewendet wird.
8. Im TwTKG gibt es keinen allgemeinen Zugangsbegriff, der als Obergriff des Regulierungsgegenstandes alle potenziellen Zugangsmöglichkeiten im Telekommunikationssektor umfasst. Aufgrund dessen steht eine allgemeine Anordnungskompetenz zur Gewährung des nachgefragten Zugangs der Regulierungsbehörde nicht zu, d. h., es liegt keine einheitliche gesetzliche Vorschrift zur Auferlegung der Zugangsverpflichtung gegenüber dem marktbeherrschenden Netzbetreiber vor. Nur die Zusammenschaltungsmöglichkeit ist vom Gesetzgeber als einziger Streitpunkt zw. Telekommunikationsunternehmen für Wettbewerbsbedingungen auf dem gleichen Markt anerkannt. Um mehrere Zugangsmöglichkeiten und -varianten zugunsten der schwächeren Telekommunikationsunternehmen gewähren zu dürfen, hat die Regulierungsbehörde entweder durch die Erweiterung des Anwendungsbereichs des bestehenden Zusammenschaltungsregimes oder durch die unmittelbare Zugangspreiskontrolle in Form der Rechtsverordnung viele mit der konkreten Zugangsart verbundenen Zugangspflichten zu formulieren.
9. Die taiwanesische Zugangsregulierung wird insgesamt aus fünf Teilen gebildet: (1) Zusammenschaltungsregime, (2) Mitnutzung der sog. Bottleneck-Einrichtung, (3) Betreiber(vor)auswahl, (4) begleitende Verpflichtungen sowie (5) die Gewährleistungen der aus der Entgeltkontrolle abzuleitenden Netzkomponenten oder Dienstleistungen.
10. Die taiwanesische Regulierungsbehörde hat außerhalb vom Zusammenschaltungsregime direkt durch verordnungsrechtliche Vorgaben der Entgeltkontrolle die Zugangs- und Entgeltregulierung kombiniert. Dies wäre jedoch nicht vereinbar mit dem Grundsatz des Gesetzesvorbehalts für Eingriffsakte. Einerseits handelt es sich um die Anmietung der Netzsegmente, welche aus Sicht der Regulierungsbehörde als Bottleneck-Einrichtung angesehen werden und damit regulierungsbedürftig sind. Anderseits wird ein Bestandteil von breitbandigen Netzkomponenten oder Vorleistungen im Namen der Großhandelsentgelt-Regulierung als regulierungsbedürftiger Zugang festgestellt. Dies erweist sich als ein novelliertes Regulierungsinstrument im Bereich der digitalen Telekommunikationsdienstleistungen, weil

das in der ZVO vorgegebene Zusammenschaltungsregime lediglich auf schmalbandigen PSTN-Netzen basiert und theoretisch nicht für die auf paketvermittelnder Technologie basierenden Netze gilt.

11. Ein systematischer Entgeltregulierungsrahmen ist ebenfalls im TwTKG nicht ersichtlich. Der Ausgangspunkt für die Einführung der Ex-ante-Entgeltkontrolle ist ausschließlich auf die Verhinderung der missbräuchlichen Ausnutzung der Preissetzungsmacht auf dem Verbrauchermarkt zurückzuführen, so dass sich die gesetzlich entgeltliche Regulierungsmaßnahme nur auf eine solche Leistung richtet, die für Verbraucher abgesetzt wird, nämlich die Endnutzerleistung. Dabei ist das Price-Cap-System als ausschließliche Vorgehensweise vorgeschrieben. Seine konkret in der EntRVO ausgestaltete Normstruktur entspricht jedoch dem allgemein anerkannten Price-Cap-Konzept nicht, sondern vielmehr einer varianten Form der Einzelgenehmigung, da bei der Vorgabe der genehmigungsfähigen Maßgröße die behördliche Bestimmung der in einem Korb zusammengefassten Leistungen nicht vorangehen muss. Darüber hinaus ist es durchaus unangemessen, das regulierungsbedürftige Entgelt der einzelnen Leistung im Wege der Anwendung des Price-Cap-Systems, in dem ein klarer Prüfungsmaßstab für die Festlegung des einzelnen genehmigungsfähigen Entgelts theoretisch nicht geliefert werden muss, zu steuern.
12. Das zum Teil durch das TwTKG vorstrukturierte Zusammenschaltungsregime ist die einzige gesetzliche Entgeltregulierungsmaßnahme i. R. d. Zugangsleistung. Das Zusammenschaltungsentgelt, das von einem SMP-1KTU geltend gemacht wird, unterliegt der Einzelgenehmigung mit dem TELRIC-Kostenmaßstab, der im Wesentlichen dem LRIC+-Standard entspricht.
13. Außerhalb des Zusammenschaltungsentgelts sind die auf die Entgeltregulierung für die Zugangsleistung gerichteten Vorgaben von der Regulierungsbehörde selbst entweder durch die ZVO oder die EntRVO ausgestaltet. Hierbei entstehen eine Reihe von konditional programmierten Regelungen, die jeweils nach verschiedenen Zugangsleistungen mit besonderen Prüfungsmaßstäben für genehmigungsfähige Entgelte vorgeschrieben werden, nämlich „eine Leistung, eine vorbestimmte Vorgehensweise mit eigenem Kontrollmaßstab“. Zum einen liegen noch andere Regelungen für die Preiskontrolle der Zugangsleistungen in der ZVO vor, bei welchen es um die Anmietung der regulierungsbedürftigen Netzsegmente geht. Diese Vorgaben beinhalten unterschiedliche Vorgehensweisen und begleitende Entgeltkontrollmaßstäbe. Das Zusammenschaltungsentgelt des SMP-1KTU unterliegt der Einzelgenehmigung am TELRIC-Maßstab. Zum anderen

findet das in EntRVO geregelte Price-Cap-Verfahren auf sechs in Bezug auf die breitbandige Vermittlungsdienstleistung stehende Vorleistungen, welche spezifisch als „Großhandelsprodukte“ gekennzeichnet werden, auch Anwendung, so dass diese damit einer Ex-ante-Entgeltkontrolle unterliegen. Die Begriffsanwendung vom „Großhandel“ ist jedoch unangemessen für die Begrenzung der potenziell regulierungsbedürftigen Zugangsleistungen. Das Problem, dass das taiwanesische Price-Cap-Verfahren wie ein Einzelgenehmigungsverfahren statuiert ist und folglich eine gesetzliche Grundlage des für die Einzelgenehmigung angewendeten Prüfungsmaßstabs fehlt, tritt in diesem Fall wieder auf.

Teil 3 Rechtsanalyse und -vergleichung mit DeTKG

A. Allgemeine Vorschriften für die Ordnungsidee im Telekommunikationssektor

I. Normzweck und Regulierungsziele

1. Verhältnis des Normzwecks nach § 1 DeTKG zur Regulierungsbedeutung

Angesichts der dynamischen Marktentwicklung sowie des andauernden technischen Fortschritts im telekommunikativen Bereich ist es für den auf das Telekommunikationswesen ausgerichteten Regulierungsrahmen geeignet, vor der Darstellung der Regulierungsinstrumente einen Blick auf die Zielsetzung des Regulierungsrechts zu werfen, die sich aus rechtspolitisch sachgerechten Ansprüchen, u. a. verfassungsrechtlichen Aufträgen, ableiten lässt. § 1 des DeTKG schreibt zwei wesentliche Zwecke fest, nämlich die technologieneutrale Förderung des Wettbewerbs und der leistungsfähigen Telekommunikationsinfrastruktur sowie die Gewährleistung flächendeckend angemessener und ausreichender Dienstleistungen[359]. Dabei handelt es sich um einen Programmsatz, der weder Handlungsbefugnisse der Regulierungsbehörde noch Rechte oder Pflichten der regulierten Adressaten beinhaltet[360]. Allerdings ist eine bestimmte Maßstabsbedeutung für die Steuerung der Ermessensausübung i. R. d. Entscheidung des konkreten Regulierungsinhalts, beispielsweise Entschließungs- und Auswahlermessen der hoheitlichen Eingriffsmaßnahmen und daran anknüpfende rechtliche Verbindlichkeit, eingeräumt, insb. wenn § 1 des Gesetzes gemeinsam mit den konkretisierten Regulierungszielen und -grundsätzen ein gesamtregulatorisches Leitprinzip generiert[361]. Diese doppelte Zielsetzung lässt sich auf das anspruchsvolle Gebot staatlicher Gewährleistungsverantwortung in Netzwirtschaften

---

359 Vgl. *Säcker*, in: Säcker (Hrsg.), TKG-Komm., § 1, Rn. 1. Es besteht aber die andere Ansicht, dass die Förderung der leistungsfähigen Infrastruktur aus dem ersten Förderungsanspruch ausgeklammert und als dritter vom Gesetzgeber zusätzlich eingeführter Verfolgungszweck ohne staatlich gewährleistungsverantwortlichen Belang angesehen wird. Vgl. dazu *Cornils*, in: Geppert/Schütz (Hrsg.), BeckTKG-Komm., § 1, Rn. 3; *Fetzer*, in: Arndt/Fetzer/Scherer/Graulich (Hrsg.), TKG-Komm., § 1, Rn. 22.

360 *Cornils*, in: Geppert/Schütz (Hrsg.), BeckTKG-Komm., § 1, Rn. 1.

361 *Cornils*, in: Geppert/Schütz (Hrsg.), BeckTKG-Komm., § 1, Rn. 4; *Fetzer*, in: Arndt/Fetzer/Scherer/Graulich (Hrsg.), TKG-Komm., § 1, Rn. 14.

nach Art. 87f Abs. 1 und Abs. 2 GG zurückführen[362]. Der Befund, dass sich die Idee der Staatlichkeit von einem selbst Aufgaben erfüllenden Leistungsstaat in den schwerpunktmäßig in die Sicherstellung der ausreichenden Grundversorgung zurückziehenden Gewährleistungsstaat umgewandelt hat, verweist auf das grundlegende Vertrauen in den privatwirtschaftlichen Marktmechanismus i. R. d. Erfüllungsaufgaben[363]. Es beinhaltet nach wie vor zwar eine subsidiäre, aber nicht unentbehrliche Gewährleitungs- und letztliche Auffangsverantwortung des Staates[364]. Aufgrund dessen sowie hinsichtlich des entsprechenden Privatisierungsprozesses soll das novellierungsbedürftige Rahmengesetz für den vom staatlichen Leistungsmonopol liberalisierten Wirtschaftssektor, insb. die mit der staatlich verantwortlichen Daseinsvorsorge in engem Bezug stehenden und damit früher unter hoheitlicher Kontrolle für gerechtfertigt gehaltenen infrastrukturbasierten Leistungen, so postuliert werden, dass einerseits die fremden, heutzutage materiell privatisierten Netze oder Infrastrukturen zu diskriminierungsfreien, wettbewerbsorientierten Bedingungen jedem mitnutzungsberechtigen Dritten zur Verfügung stehen müssen[365]; der Staat soll andererseits nach wie vor die stabile Versorgungssicherheit der lebensnotwendigen Infrastrukturdienstleistung als Wahrung der Gemeinwohlsinteressen besorgen[366]. Die wettbewerbs- und zugleich gemeinwohlorientierte Infrastrukturverantwortung kommt daher gemeinsam dem Staat zu[367]. Vor diesem Hintergrund kann die Regulierung als Zentralbegriff des Gewährleistungsstaats angesehen werden[368], da die Regulierung als solche interpretiert werden kann, dass die Verwaltung durch vielfältige Einflussnahmen auf einen wirtschaftsbezüglichen Sektor einwirkt, „um sowohl Bedingungen für den Wettbewerb zu schaffen und aufrechtzuhalten als auch anstelle einer staatlichen Eigenvornahme die

---

362 *Cornils*, in: Geppert/Schütz (Hrsg.), BeckTKG-Komm., Einl. A, Rn. 13 f.; Zum Verfassungsauftrag für die Sicherstellung des chancengleichen Wettbewerbs auf den liberalisierten Märkten vgl. *Gersdorf*, in: Mangoldt/Klein/Starck (Hrsg.), GG-Komm., Art. 87f, Rn. 61; *Badura*, FS Großfeld, S. 35 ff.

363 *Schoch*, Gewährleistungsverwaltung, S. 150 f.

364 *Schuppert*, Der moderne Staat als Gewährleitungsstaat, S. 399 f.; *Hoffmann-Riem*, Gewährleistungsrecht, S. 89 f.

365 Vgl. dazu näher *Fehling*, AöR 121 (1996), S. 59 f.

366 *Dörr*, VVDStRL 73 (2014), S. 323 f.; ausgehend von „Institutioneller Vorkehrung" siehe *Trute*, Gemeinwohlsicherung im Gewährleistungsstaat, S. 331.

367 *Säcker*, AöR 130 (2005), S. 186 f.

368 *Schoch*, Gewährleistungsverwaltung, S. 157 f.

Gemeinwohlsicherung im betreffenden Sektor zu garantieren“[369]. Das zuerst die Schaffung einer Wettbewerbsordnung und dann die Förderung des wirksamen Wettbewerbs sowie die Sicherstellung der minimalen Dienstleistungsquantität und -qualität anstrebende Telekommunikationsgesetz ist daher ein Bestandteil des modernen Regulierungsrechts. Es drückt sich als ein verwaltungsrechtlicher Maßnahmenkomplex zur Ermöglichung der politisch gewollten Leistungsziele aus, welche die von staatlicher Gewährleistungsverantwortung garantierten Gemeinwohlinteressen widerspiegeln[370]. Die Verantwortung für die kontinuierliche Sicherstellung leistungsfähiger und gemeinwohlorientierter Infrastruktur wird auch als staatliche Infrastrukturverantwortung im Bereich der Telekommunikation bezeichnet[371]. Aus dieser Perspektive ist eine nachhaltig wettbewerbsorientierte Marktstruktur unter behördlicher Steuerung zu fördern, sofern der Wettbewerbsmechanismus als das effizienteste Instrument zur Ermöglichung der bestmöglichen Allokationsfunktion und Realisierung des technischen Fortschritts anerkannt wird[372].

In der Einführungsphase der sektorspezifischen Regulierung legte die (ursprüngliche) Regulierungsidee den Schwerpunkt vor allem auf die Schaffung des Dienstleistungswettbewerbs zw. mehreren Telekommunikationsunternehmen[373]. Die Auferlegung der Zugangsverpflichtung mit der Kontrolle des Zugangs gegenüber dem eine überlegende Marktmacht innehabenden Netzbetreiber wurde daher als gerechtfertigt gewürdigt[374]. Deren Ziel war es, so schnell wie möglich den Betrieb und die Dienstleistung des vormaligen Monopolisten zu trennen und damit die dienstleistungsbasierte Wettbewerbsmöglichkeit der potenziellen Wettbewerber im Wege der Mitnutzung der fremden Infrastruktur gegen einen wettbewerbsanalogen Preis zu unterstützen[375]. Dieser Regulierungsgrundgedanke wäre heutzutage sehr bedenklich, da der Anreiz für die Investition in die NGN-Telekommunikationsnetze durch eine

369 *Ruffert*, in: Fehling/Ruffert (Hrsg.), Regulierungsrecht, § 7, Rn. 58. Zur Kritik des in Deutschland entwickelten Regulierungsbegriffs siehe *Ladeur*, K&R 11/1998, S. 479 f.; *v. Danwitz*, DÖV 23 (2004), S. 977 f.

370 *Ruffert*, in: Fehling/Ruffert (Hrsg.), Regulierungsrecht, § 7, Rn. 31 f.; *Cornils*, in: Geppert/Schütz (Hrsg.), BeckTKG-Komm., § 1, Rn. 22; *Bullinger*, DVBl. 2003, S. 1355 ff.

371 Vgl. dazu *Hermes*, Staatliche Infrastrukturverantwortung, S. 345 f.; *Littger*, WiVerw 2010/2, S. 118. Anders *Kühling*, Sektorspezifische Regulierung, S. 524 f.

372 *Säcker*, AöR 130 (2005), S. 190; *Mohr*, Sicherung der Vertragsfreiheit, S. 543 f.

373 *Fetzer*, in: Arndt/Fetzer/Scherer/Graulich (Hrsg.), TKG-Komm., § 1, Rn. 29.

374 *Fetzer*, Staat und Wettbewerb, S. 176 f.

375 *Fetzer*, Staat und Wettbewerb, S. 167 f.

imperative Zugangsregulierung verringert würde, bei der eine neu aufgebaute, hochleistungsfähige Vorleistung auch für nicht am Investitionsplan teilnehmende Unternehmen gewährt werden sollte und vernünftige Risikoprämien aus Sicht des Netzbetreibers unsorgfältig berücksichtigt werden könnten. Dies könnte dazu führen, dass das gesamte Innovationspotenzial und damit der Infrastrukturwettbewerb gedämpft würden[376]. Angesichts dessen ergibt sich eine Aufforderung zum bewussten Abbau der sektorspezifischen Regulierung und Zurückkehr in die kartellrechtliche Missbrauchsaufsicht, damit das schädliche Regulierungshandeln eingestellt werden kann[377]. Das Garantieziel aus der Gewährleistungsverantwortung des Staats, den Wettbewerb unter Wahrung des Gemeinwohlziels durch die Regulierung der hoheitlichen Behörde zu fördern, kennt jedoch keine Ergebnisgarantie, da der Wettbewerb wesentlich nicht ein Gegenstand der Garantie ist und dessen Zustand vor allem von der Initiative der Marktteilnehmer abhängt[378]. Die regulatorische Förderungsverantwortung für die Sicherstellung des wirksamen Wettbewerbs beschränkt sich nicht lediglich auf die Schaffung des Dienstleistungswettbewerbs mit statischer Betrachtung, sondern erstreckt sich zur Herstellung eines Infrastrukturwettbewerbs auf einen dynamischen, zukunftsorientierten Aspekt[379]. Vor diesem Hintergrund erweist sich die Regulierung als eine ununterbrochene Gestaltungsaufgabe, bei der die zuständige Regulierungsbehörde immer mit Rücksicht auf die kaum versehrbare, hochkomplexe Entwicklung Einschätzungen und entsprechende Entscheidungen treffen muss[380]. Zugleich werden die gemeinwohlbezogenen Ziele, bei

376 *Holznagel*, MMR 10/2016, S. 661 f.; *Fetzer*, WiVerw 2012/2, S. 147 ff.

377 *Möschel*, MMR 2008, S. 503 f.; *Fetzer*, Staat und Wettbewerb, S. 319 f.

378 *Cornils*, in: Geppert/Schütz (Hrsg.), BeckTKG-Komm., § 1, Rn. 12, 20. Siehe auch *Mestmäcker/Schweitzer*, Europäisches Wettbewerbsrecht, § 3, Rn. 1: „Die Definition des Wettbewerbs ist weder möglich noch zweckmäßig, weil sie nicht alle seine Bedingungen, Wirkungsweisen und Folgen (performance) erfassen kann."

379 Es verweist darauf, dass nicht nur statische, sondern auch dynamische Effizienz im langfristigen Gleichgewicht zu halten und fördern ist. Vgl. dazu näher *Schmitz*, N&R Beilage 3/2011, S. 1 f.; *Kühling*, Innovationsschützende Zugangsregulierung, S. 51 f. Der infrastrukturbasierte Wettbewerb ist beim Telekommunikationssektor möglich. Dessen Möglichkeit sollte eine erneute Ausgestaltung der Regulierung bewirken. Siehe dazu *Mohr*, Sicherung der Vertragsfreiheit, S, 575 f. Auch BNetzA, Eckpunkte über die regulatorischen Rahmenbedingungen für die Weiterentwicklung moderner Telekommunikationsnetze und die Schaffung einer leistungsfähigen Breitbandinfrastruktur, 2010, S. 3 f.

380 Der Regulierungsbehörde stehen daher Einschätzungsprärogativen zu. Vgl. BVerwG, Urteil v. 02.04.2008 – 6 C 15.07, Rn. 21 f. (bverwg.de) = BVerwGE 131, 41; *Burgi*, FS Battis, S. 337; *Masing*, FS R. Schmidt S. 531 f.; *Schmidt-Aßmann*, Allgemeines

denen auf eine soziale und politische Vorstellung abzustellen ist, durch dieselbe Gestaltungsaufgabe verfolgt, beispielsweise den Aufbau einer erwünschten Infrastruktur mit bestimmter Qualität[381]. Um den dienst- und infrastrukturbasierten Wettbewerb mit den Gemeinwohlzielen zu koordinieren, ist die Förderung der effizienten Investition insb. in dem NGN-Infrastrukturausbau mittlerweile auch als unentbehrliches Regulierungsziel gewürdigt[382], da die Investitionen in

---

Verwaltungsrecht, Kap. 3, Rn. 51 f.; *Wißmann*, FS R. Schmidt, S. 630 f.; *Bullinger*, DVBl. 2003, S. 1358; *Trute*, in: Trute/Spoerr/Bosch (Hrsg.), TKG, § 1, Rn. 11 f.; *Eifert*, in: Hoffmann-Riem/Schmidt-Aßmann/Voßkuhle (Hrsg.), GVwR, § 19, Rn. 43; *Ludwigs*, Die Verwaltung 44 (2011), S. 55 ff.; *Knauff*, VerwArch 98 (2007), S. 384; *Hoffmann-Riem/Eifert*, Regulierungskonzepte des Telekommunikationsrechts, S. 35 ff.

381 Dabei wird „gemeinwohlspflichtiger Wettbewerb" zum Ausdruck gebracht. Siehe dazu *Kersten*, VVDStRL 69 (2010), S. 316; *Potacs*, VVDStRL 69 (2010), S. 269 ff. Ähnlich auch *Mohr*, Zugangs- und Entgeltregulierung, S. 98 f.; *Franzius*, DVBl. 2010, S. 1087 f.; *Lepsius*, in: Fehling/Ruffert (Hrsg.), Regulierungsrecht, § 19, Rn. 48; *Schmidt*, Wettbewerbspolitik, S. 51.

382 Die NGN-Infrastrukturförderung als eines der Regulierungsziele nach § 2 Abs. 2 Nr. 5 DeTKG ist bei der DeTKG-Novelle 2012 unter Einhaltung des durch die MarktregulierungsÄndRL 2009/140/EG (sog. Better-Regulation) geänderten Art. 8 RL 2002/21/EG (RahmenRL) in das TKG umgesetzt worden. Dies bestätigt die erweiterte Kontur des Regulierungsbegriffs im rechtlichen Sinne. Als zutreffendes Beispiel angesehen wird zum einen bei der DeTKG-Novelle 2011 wegen der Gemeinschaftsrechtswidrigkeit (vgl. EuGH, Urteil v. 03.12.2009 – C-424/07 – *Kommission/Deutschland*) die Aufhebung des § 9a DeTKG, welcher versuchte, behördliche Kontrollintensität durch „Regulierungsferien für neue Märkte" zu erleichtern, die insb. in Bezug auf die Investition ins breitbandige NGN stehen. Dazu näher vgl. *Haucap/Heimeshoff*, WiVerw 2010/2, S. 92 f.; *Sickmann/Neumann/Neumann*, K&R 2/2018, S. 92 f. Dem Infrastrukturwettbewerb, der grundsätzlich durch effiziente Infrastrukturinvestitionen hergestellt werden muss, und zwar bei der Marktregulierung, die vor allem den Dienstwettbewerb fördert, ist nunmehr auch Rechnung zu tragen und damit als wesentliches Regulierungsziel nicht von der Regulierungsabwägung ausgeschlossen. Die BNetzA vertritt die Ansicht, dass die Wettbewerbs- und Investitionsförderung nicht konkurrierende, sondern komplementäre Ziele der Regulierung sind. Vgl. BNetzA, Eckpunkte über die regulatorischen Rahmenbedingungen für die Weiterentwicklung moderner Telekommunikationsnetze und die Schaffung einer leistungsfähigen Breitbandinfrastruktur, 3. 2010, S. 46. Zum anderen sind bei der Festlegung des genehmigungsfähigen Entgelts auch für Verbraucher nicht nur kurzfristige, sondern auch mittel- und langfristige Vorteile sowie die Investitionsintensität zu berücksichtigen, § 30 Abs. 3 DeTKG. Vgl. dazu auch *Schütz*, MMR, 8/2003, S. 518 f. Nennenswert vertritt *Kühling/Heimeshoff/Schall* auch die Meinung, dass eine Regulierung, die sich

eine alternative Netzinfrastruktur auf Basis des vorhandenen oder innovativen Technikstandards eine erforderliche Voraussetzung für die Herausbildung eines sowohl wettbewerbskonformen als auch aus politischer Perspektive erwünschten Marktprozesses darstellen, in dem der schwächere Marktakteur zum einen nicht mehr auf die regulatorisch bereitgestellten Zugangsrechte angewiesen sein muss, zum anderen seine Produkte mit gleicher sogar höherer Qualität anbieten kann[383].

Aufgrund der doppelten Zielsetzung des Regulierungsrechts, namentlich der anhaltenden Wettbewerbsförderung und Gemeinwohlorientierung der nachhaltigen innovativen Netzinfrastruktur, stellt die sektorspezifische Regulierung für die Herausbildung wettbewerblicher Struktur eine Daueraufgabe des Staates dar, der sich immer an das normative Leistungsziel aus staatlicher Gewährleistungsverantwortung bindet. Der Staat ist daher verpflichtet, durch permanente Präventivaufsicht und kraft der Aktivitäten mehrerer privatautonomer, unter funktionsfähiger Wettbewerbsordnung stehender Marktteilnehmer die gesamtwirtschaftliche Wohlfahrt zu optimieren[384].

---

in Bezug auf die Investition als neutral erweist, unmöglich ist. Siehe dazu *dies.*, K&R Beiheft 1/2010., S. 5.

383 Vgl. *Fetzer*, Staat und Wettbewerb, S. 177; *Kirchner*, CR 6/2011, S. 365 f.; *Scherer*, NVwZ 20/2010, S. 1321 f.; *Holznagel*, K&R 12/2010, S. 762; *Ufer*, N&R 1/17, S. 64; *Cornils*, in: Geppert/Schütz (Hrsg.), BeckTKG-Komm., § 2, Rn. 38.

384 *Säcker*, in: Säcker (Hrsg.), TKG-Komm., Einl. I, Rn. 18; *ders.*, RdE 12/2003, S. 300. Auch *Gärditz*, in: Scheurle/Mayen (Hrsg.), TKG-Komm., § 2, Rn. 28. *Fuchs*, Regulierung, Effizienz und Wettbewerb. S. 13 ff.; *Fehling*, AöR 121 (1996), S. 88 f.; *Höppner*, Regulierung der Netzstruktur, S. 41 f. Pflege der Infrastruktur als Daueraufgabe: *Wißmann*, VVDStRL 73, S. 405 f.; grundlegend *Mestmäcker*, ORDO 63, S. 429 ff. Hierfür hat *Voßkuhle* die Ergebnisverantwortung des Staats zum Ausdruck gebracht. Vgl. *ders.*, VVDStRL 62 (2003), S. 311 f. Anders *Doll/Rommel/Wehmeier*, MMR 8/2003, S. 522 f.; *Möschel*, MMR 7/2010, S. 450 f. Die Frage, ob das Regulierungsrecht einen dauerhaften Charakter hat oder lediglich ein Übergangsrecht ist, hängt – laut *Cornils* – tatsächlich von strukturellen Wettbewerbshindernissen sowie von der Deutung der Leistungsziele ab, die im engen Zusammenhang mit der Gewährleistungsverantwortung stehen. Er weist darauf hin, dass zum einen eine ständige Bottleneck-Situation wie z. B. TAL-Leitung wegen der sinnlosen Duplizierung stets nicht abgeschafft werden könnte, zum anderen eine neue Regulierungsanforderung insb. i. R. d. Förderung des NGN-Ausbaus neben dem bestehenden Regulierungsziel der Förderung des Dienstleistungswettbewerbs theoretisch nicht im Voraus ausgeschlossen werden sollte. Vgl. *ders*, in: Geppert/Schütz (Hrsg.), BeckTKG-Komm., Einl. A, Rn. 8 f. Folgt man diesem Aspekt, wird der Charakter der Daueraufgabe des Regulierungsrechts bestätigt; zu strukturellen Wettbewerbshindernissen siehe

2. Regulierungsziele und -grundsätze des §§ 2 i. V. m. 1 DeTKG

Über die Bestimmung der Regulierung der Telekommunikation als hoheitliche Aufgabe des Bundes gem. § 2 Abs. 1 DeTKG hinaus enthalten § 2 Abs. 2 und Abs. 3 DeTKG heterogene Zielvorgaben (Regulierungsziele) mit einer Reihenfolge von Adäquanzgeboten für regulatives Handeln (Regulierungsgrundsätze)[385]. Sie konkretisieren den doppelfunktionellen Normzweck des § 1 DeTKG und streben die Verwirklichung der aus Art. 8 RL 2002/21/EG (RahmenRL) vorgeschriebenen Ansprüche an[386]. Der normative Gehalt von Regulierungszielen und -grundsätzen bestätigt nicht nur die Rechtfertigung der behördlichen Eingriffsmaßnahmen in die Telekommunikationsmärkte und in die betriebliche Handlungsfreiheit der Telekommunikationsunternehmen. Dies stellt sich auch als instrumentale Handlungsmaßstäbe für die Ausgestaltung der konkreten Regulierungsinstrumente dar, um die regulatorische Beurteilung trotz des weitreichenden Entscheidungsspielraums der BNetzA möglichst durch behutsame Abwägung in Übereinstimmung mit der pluralistischen Zielsetzung zu lassen[387]. Im Folgenden kommen die wichtigsten Vorgaben in Betracht, die für das TwTKG besondere Vergleichsinteressen haben.

a) Optimierungsgebot

Zunächst sind die Nutzer-, insb. Verbraucherinteressen gem. § 2 Abs. 2 Nr. 1 S. 1 DeTKG zu wahren. Dabei handelt es sich um ein Optimierungsgebot, nach dem eine möglichst hochwertige und leistungsfähige Versorgung mit allen Telekommunikationsdienstleistungen besorgt werden soll. Dementsprechend werden

---

Donges/Schmidt, Wettbeförderung auf Netzmärkten, S. 65; zum Leistungsziel siehe *Kopf*, Transitorische oder unendliche Regulierung, S. 138 f.; *Gosse*, Wettbewerb der Regulierung, S. 206 f.

385 Die Grenzziehung zw. Regulierungszielen und -grundsätzen bleibt jedoch unscharf. Vgl. dazu *Körber*, MMR 4/2011, S. 216; *Holznagel*, K&R 12/2010, S. 761.

386 *Säcker*, in: Säcker (Hrsg.), TKG-Komm., § 2, Rn. 1.

387 *Ruthig*, in: Arndt/Fetzer/Scherer/Graulich (Hrsg.), TKG-Komm., § 2, Rn. 19. Auch *Säcker*: „Immerhin weisen die Regulierungsziele als Leitprinzipien der Ermessensausübung im Einzelnen die Richtung und haben insoweit eine ermessenlenkende und -einschränkende Bedeutung.“, *ders.*, in: Säcker (Hrsg.), TKG-Komm., § 2, Rn. 1; ausgehend von „Leitprinzipen der Ermessensausübung“ siehe *Ricke*, in: Spindler/Schuster (Hrsg.), Recht der elektronischen Medien, TKG § 2, Rn. 3. Darüber hinaus soll die normative Bindungswirkung des § 2 DeTKG in der gerichtlichen und regulatorischen Praxis nicht unterschätzt werden. Vgl. dazu näher *Cornils*, in: Geppert/Schütz (Hrsg.), BeckTKG-Komm., § 2, Rn. 19.

die Vorschriften über den Kundenschutz vorgegeben, um die adäquaten Rahmenbedingungen des Dienstangebots sicherzustellen.[388] Die Vorschriften über den Kundenschutz betreffen insb. den auf die Sicherstellung der Persönlichkeitssphäre gerichteten Schutz des Fernmeldegeheimnisses[389]. Darüber hinaus kommt der Grundsatz der Netzneutralität nach § 2 Abs. 2 Nr. 1 S. 2 DeTKG in Betracht. Die Möglichkeit der Endnutzer, Informationen freiwillig auszutauschen oder elektronische Anwendungen und Dienste ihrer Wahl unbeschränkt zu nutzen, soll daher gewährleistet werden[390].

b) *Förderung nachhaltig wettbewerbsorientierter Telekommunikationsmärkte*

Als zweite Zielsetzung erweisen sich die Sicherstellung eines chancengleichen Wettbewerbs einschließlich der Förderung nachhaltig wettbewerbsorientierter Telekommunikationsmärkte nach § 2 Abs. 2 Nr. 2 DeTKG als zentraler Zweck des Regulierungsrechts, das andere Funktionen als das allgemeine Wettbewerbsrecht oder sog. Kartellrecht enthält. Da es beim Kartellrecht lediglich um die Aufrechterhaltung einer schon bestehenden Wettbewerbsstruktur und die repressive Entgegenwirkung des missbräuchlich gewürdigten Verhaltens eines oder mehrerer marktbeherrschender Marktteilnehmer geht, würde ein funktionierender Wettbewerb ohne solch eine Regulierung mit legitimen Instrumenten nicht entstehen, welche zwar eingriffsintensiver, aber vor allem auf die Beseitigung der wettbewerbsdefekten Marktstruktur gerichtet sind[391]. Damit ist eine sektorspezifische Regulierung insoweit unverzichtbar, wenn das im Kartellrecht gelieferte Mittel der Unterbindung von wettbewerbswidriger Ausnutzung der marktbeherrschenden Stellung nicht ausreichend ist, um einen wirksamen Wettbewerb herzustellen[392]. Die Regulierungsbehörde hat aus diesem Grund eine Infrastrukturverantwortung und damit die Wettbewerbsförderungspflicht, die das allgemeine Wettbewerbsrecht nicht kennt, eine selbsttragende wettbewerbsfunktionsfähige Struktur zu entwickeln. Hierbei ist jedoch nicht zu vernachlässigen, dass das Förderungsziel i. S. v. § 2 Abs. 2 Nr. 2 DeTKG immer mit

388 *Cornils*, in: Geppert/Schütz (Hrsg.), BeckTKG-Komm., § 2, Rn. 26.

389 Vgl. *Säcker*, in: Säcker (Hrsg.), TKG-Komm., § 2, Rn. 3; *Ruthig*, in: Arndt/Fetzer/Scherer/Graulich (Hrsg.), TKG-Komm., § 2, Rn. 21.

390 *Cornils*, in: Geppert/Schütz (Hrsg.), BeckTKG-Komm., § 2, Rn. 31.

391 *Säcker*, in: Säcker (Hrsg.), TKG-Komm., § 2, Rn. 5; *Gärditz*, in: Scheurle/Mayen (Hrsg.), TKG-Komm., § 2, Rn. 25.

392 *Säcker*, in: Säcker (Hrsg.), TKG-Komm., § 2, Rn. 6.

dem Förderungsgebot des infrastrukturbasierten Wettbewerbs nach § 2 Abs. 2 Nr. 3 DeTKG zusammen in Rechnung gestellt werden muss[393]. Die Betonung des infrastrukturbasierten Wettbewerbs hat für die dynamische und nicht statische Effizienz in Netzwirtschaften insb. eine Bedeutung, weil die Marktteilnehmer durch die kontinuierliche Investition in die Netzinnovation oder den Aufbau der eigenen Netzinfrastruktur nicht mehr auf das regulatorisch gewährte Zugangsrecht der fremden Netze angewiesen sind und damit über immer vollständigere Handlungsunabhängigkeiten gegenüber anderen Marktteilnehmern verfügen sollten[394]. Aus dieser Perspektive ist der infrastrukturbasierte Wettbewerb ebenfalls eine Voraussetzung für die Förderung des nachhaltig wettbewerbsorientierten Markts[395].

c) *Förderung der effizienten Infrastrukturinvestition und Innovation*

Als drittes Förderungsziel steht das Streben nach effizienten Infrastrukturinvestitionen und Innovationen, insb. der Ausbau der NGN auf Basis verbesserter Technologien, in engem Zusammenhang mit der effektiven Unterstützung des infrastrukturbasierten Wettbewerbs[396]. Unter dem Regulierungskonzept ist nunmehr ein bedeutsamer Versuch zur Komplementarität beider Strategien jeweils für den Dienst- und Infrastrukturwettbewerb zu verstehen[397]. Aufgrund dessen wird die Regulierungsbehörde gem. § 2 Abs. 2 Nr. 5 i. V. m. Abs. 3 Nr. 4 DeTKG aufgefordert, durch angemessene Regulierungsmaßnahmen Rahmenbedingungen für eine dynamische Wettbewerbsstruktur zu schaffen, in der das wettbewerbsorientierte Motiv des Marktteilnehmers für die mittel- und langfristige Investition in den Infrastrukturausbau mit immer weiter verbesserter Leistungsqualität zugunsten der Nutzer verstärkt werden kann[398]. Nennenswert dafür ist die Vorgabe des seit 2012 eingeführten „allgemeinen Regulierungskonzepts zur Investitionsförderung für NGN" nach § 15a Abs. 2 DeTKG mit dem Zweck, dass

---

393 *Ruthig*, in: Arndt/Fetzer/Scherer/Graulich (Hrsg.), TKG-Komm., § 2, Rn. 34.

394 *Fetzer*, Staat und Wettbewerb, S. 146.

395 *Cornils*, in: Geppert/Schütz (Hrsg.), BeckTKG-Komm., § 2, Rn. 38.

396 Obwohl die Förderung der effizienten Investition nunmehr nicht als Regulierungsziel bestimmt und nach der TKG-Novelle 2012 lediglich als Regulierungsgrundsatz angesehen wird, verliert dies nach wie vor nicht an Bedeutung. Vgl. dazu *Säcker*, in: Säcker (Hrsg.), TKG-Komm., § 2, Rn. 21; *Ruthig*, in: Arndt/Fetzer/Scherer/Graulich (Hrsg.), TKG-Komm., § 2, Rn. 35.

397 *Fetzer*, Staat und Wettbewerb, S. 321 f.; *Cornils*, in: Geppert/Schütz (Hrsg.), BeckTKG-Komm., § 2, Rn. 39.

398 *Cornils*, in: Geppert/Schütz (Hrsg.), BeckTKG-Komm., § 2, Rn. 48 f.

die Investitionsrisiken und entsprechenden „Risikoprämien" bei der Zugangs- und Entgeltregulierung ausreichend berücksichtigt und damit die Vorhersehbarkeit der regulatorischen Beurteilung während des Investitionsplans gesichert werden kann[399].

d) *Gemeinwohlbelange*

Über die Wettbewerbsförderung hinaus enthält das DeTKG noch mannigfaltige Ziele, bei denen es sich unmittelbar um öffentliche Interessen handelt. Sie kommen nach wie vor einer staatlichen Aufgabe zu. Erstens ist eine flächendeckende gleichartige Grundversorgung zu erschwinglichen Preisen nach § 2 Abs. 2 Nr. 4 DeTKG sicherzustellen. Anders als die Marktregulierung mit dem Optimierungsgebot für einen besseren Wettbewerb der Zukunft stellt diese Anforderung zur Gewährleistung der mindesten Dienstquantität und -qualität der Telekommunikationsdienstleistungen für alle Bürger eine klare Ergebnisverantwortung des Staats dar[400]. Hinzu kommen die Sicherstellung einer störungsfreien Nutzung von Frequenzen nach § 2 Abs. 2 Nr. 7 DeTKG sowie Nummerierungsressourcen nach Nr. 8 und schließlich eine umfassende Generalklausel für die Wahrung der öffentlichen Sicherheit nach Nr. 9, was im Teil 7 des DeTKG weiter konkretisiert wird.

Nennenswert ist der Regulierungsgrundsatz, nach dem die Auferlegung der Vorabverpflichtung nur dann gerechtfertigt ist, wenn sie für die Erreichung der Regulierungsziele erforderlich ist, insb. die Förderung des wirksamen Wettbewerbs, § 2 Abs. 3 Nr. 6 DeTKG. Die sektorspezifischen und damit gegenüber der (passiven) kartellrechtlichen Missbrauchsaufsicht stehenden Vorab-Regulierungsmaßnahmen sind aufgrund des stärkeren Eingriffscharakters in die Handlungsfreiheit der regulierten Unternehmen nur unter Vorbehalt der Erforderlichkeit zu berücksichtigen[401]. Die Anforderung der Reduzierung der regulatorischen Vorabregulierungsmaßnahmen lässt sich jeweils bei der Festlegung der regulierungsbedürftigen Märkte sowie dem Auswahlermessen der Regulierungsmaßnahmen konkretisieren. Während eine Regulierungsbedürftigkeit für den geprüften Markt, wo eine Ex-ante-Regulierung nicht von vornherein ausgeschlossen sein darf, durch die Marktdefinition und -analyse nach § 10 und § 11 DeTKG begründet wird, bei der der über eine allgemeine

---

399 Vgl. dazu näher *Kühling*, JZ 7/2012, S. 342 f.
400 *Cornils*, in: Geppert/Schütz (Hrsg.), BeckTKG-Komm., § 1, Rn. 16.
401 *Säcker*, in: Säcker (Hrsg.), TKG-Komm., § 2, Rn. 23; *Ruthig*, in: Arndt/Fetzer/Scherer/Graulich (Hrsg.), TKG-Komm., § 2, Rn. 37.

Marktabgrenzung im Kartellrecht hinausgehende Drei-Kriterien-Test vorliegt, unterliegt die Auswahl der adäquaten Vorabregulierungsmaßnahmen dem Grundsatz der Verhältnismäßigkeit[402].

3. Auswertung und Legislativvorschlag für Zielvorgaben des TwTKG

Nach der Darlegung der Zielsetzung und Regulierungsgrundsätze im deutschen Telekommunikationsrecht können die rechtlichen Vorschriften für die taiwanesische Regulierung im Telekommunikationssektor kommentiert werden, indem ein Vergleich zw. beiden Regulierungsideen oder konkreten Forderungen bei den zuständigen Behörden vorgenommen wird. Wie oben (Teil 2. A. I) bereits erwähnt, umfasst das taiwanesische Telekommunikationsrecht den doppelten Normzweck, die Sicherstellung und Fortentwicklung des Gemeinwohles sowie die Gewährleistung der Grundversorgung der Telekommunikationsdienstleistungen, und vier Regulierungsgrundsätze, nämlich pluralistische Entwicklung, Technikneutralität, Zusammenschaltung einschließlich des Universaldienstes.

a) Bildung eines eindeutigen Ordnungsziels

Der Normzweck des TwTKG, nämlich die Fortentwicklung der Telekommunikation (und damit die Förderung des Gemeinwohls) sowie die Gewährleistung der öffentlichen Sicherheit und der Nutzerrechte, sollte unter Berücksichtigung des gesetzgeberischen Hintergrundes und mithilfe der Interpretation für den mit der Entwicklung des rechtlichen Regulierungsbegriffs verbundenen Gesetzeszwecks des DeTKG herauskristallisiert werden, um ein klares Leitprinzip auszuprägen, welches die Rollenwechsel des Staats im Telekommunikationsbereich und die Umwandlung der staatlichen Aufgaben widerspiegelt[403]. Das Gemeinwohl und die telekommunikative Fortentwicklung, welche nach § 1 TwTKG als primärer Gesetzeszweck gelten, wären zu skizzenhaft, um eine bestimmte Grundforderung für die anzustrebende und sicherzustellende Ordnung zu entnehmen.

Obwohl die Gemeinwohlorientierung als unverzichtbare Staatsaufgabe für die telekommunikative Infrastruktur nach wie vor bleibt, bestehen unbeschränkte Verwirklichungsmöglichkeiten, die dem abstrakten Gemeinwohlbegriff nicht

---

402 *Cornils*, in: Geppert/Schütz (Hrsg.), BeckTKG-Komm., § 2, Rn. 88 f.

403 *Proelss*, AöR 136 (2011), S. 408; trotzdem liegt ein unvermeidbares Spannungsfeld zw. verschiedenen Zielen im Regulierungsrecht vor. Vgl. dazu *Fehling*, Effizienz und Wettbewerb, S. 46 f.

zuwiderlaufen sollten[404]. In der Änderungsbegründung des § 1 TwTKG 1996 wurde ein Versuch zum Ausdruck gebracht, durch diese Gesetzesänderung wettbewerbsorientierte, kraft der privaten Hand ausgeübte Telekommunikationsmärkte anzustreben, aber zugleich öffentliche Interessen, insb. fundamentale Bedürfnisse aus Sicht der Verbraucher, nicht wegen der Übertragung der staatlichen Erfüllungsverantwortung der Telekommunikationsdienstleistungen an private Unternehmen zunichte zu machen[405]. Dies impliziert, dass der marktwirtschaftliche Wettbewerb aus dem Standpunkt des Gesetzgebers grundsätzlich als verfolgte Ordnungsidee und damit ein in das Gewährleistungsregime (Universaldienst nach § 20 TwTKG) einzulassendes Mittel hätte betrachtet werden sollen. Daneben hat der Gesetzgeber die sog. asymmetrische Regulierung (§ 26-1 TwTKG) zugleich in das TwTKG eingeführt, wobei dem dominanten Netzbetreiber die Unterlassungsverpflichtungen zum Missbrauch der beträchtlichen Marktmacht auferlegt sind. Damit ist es zutreffend, dass eine privatwirtschaftliche Marktordnung für wesentliche Institutionen als Ermöglichung der Gemeinwohlbelange gehalten wird.

Dieser Grundgedanke des taiwanesischen Gesetzgebers entspricht ersichtlich der juristischen Lehre des Regulierungsrechts, nach der sich das Regulierungsrecht als *Richtnorm* anstatt *Grenznorm*[406] darstellt. Aus diesem Grund soll der Wettbewerb einerseits durch angemessene Regulierungsmaßmaßnahmen

---

404 Die Frage, wie eine vom Verfassungsgesetz aufgetragene öffentliche Aufgabe erfüllt werden soll, deren Gehalt im unmittelbaren Zusammenhang mit dem Gemeinwohl steht, darf offen sein und nicht von vornherein beantwortet werden. Die angemessene Vorgehensweise für einen Geltungsanspruch auf einem Gemeinwohlbelang ist maßgeblich – es sei denn, sie werde bereits im Verfassungsgesetz ausdrücklich entschieden – von dem Ergebnis des politischen, insb. gesetzgeberischen Prozesses abhängig. Dies bedeutet, dass der Inhalt des Gemeinwohls kein bestimmtes Mittel oder Ausübungsmodell, z. B. die Verantwortungsteilung zw. dem Staat und Privaten, umfasst. Vgl. dazu *Trute*, Gemeinwohlsicherung im Gewährleistungsstaat, S. 330 f.; *Schuppert*, Gemeinwohl, S. 21, 49; *Insensee*, in: Insensee/Kirchhof (Hrsg.), HbStR III, § 71, Rn. 17.

405 Begründung des Regierungsentwurfs zum TKG (i. d. F. 1996), 22.04.1992, S. 2, abrufbar unter: http://lis.ly.gov.tw/lgcgi/lgmeetimage?cfcec7c6cec8cfcfc5cbcfd2ceccca (letzter Abruf: 31.01.2018)

406 „Das netzrechtliche Aufsichtsrecht dagegen statuiert *Richtnormen* für eine gemeinwohlorientierte Ausübung der unternehmerischen Autonomie im Netzinfrastrukturbereich.". Demgegenüber setzt die kartellrechtliche Missbrauchskontrolle lediglich *Grenznomen* für die eigennützige Ausübung privatautonomer unternehmerischer Gestaltungsfreiheit. Vgl. *Säcker*, AöR 130 (2005), S. 190.

unterstützt bzw. sogar gefördert werden, andererseits müssen die noch vom Staat gelieferte Garantie für die telekommunikative Sicherheit und die Grundversorgung nicht aufgegeben werden. Es ist der Staat dafür verantwortlich, den im wirtschaftlichen Zuge und von privater Autonomie ausgeübten Markt zu steuern, Marktprozesse zu beeinflussen und damit das erwünschte Leistungsziel zu bewirken. § 1 TwTKG weist zwar darauf hin, dass der Staat die Fortentwicklung der Telekommunikation nicht ins Leere laufen lassen soll, aber er auch nicht ausdrücklich eine nachhaltig wettbewerbsorientierte Marktordnung befürwortet. Vor diesem Hintergrund kann nicht ohne Weiteres bestätigt werden, dass das TwTKG schon den Charakter des Regulierungsrechts aufweist. Es ist auch fraglich, ob das TwTKG die Wettbewerbs- und Infrastrukturförderung – wie § 1 DeTKG deutlich vorschreibt – als wesentlicher Bestandteil des Rechts der Netzwirtschaft kennt. Somit wäre von Bedeutung, dass neben dem in § 1 TwTKG angelegten Normzweck, nämlich der Fortentwicklung der Telekommunikation und des Gemeinwohls, die Förderung des Wettbewerbs als unverzichtbares Ordnungsziel hinzugefügt wird.

Was die öffentliche Sicherheit und Rechte der Nutzer in § 1 TwTKG angeht, ist der Staat trotz der Privatisierung des Telekommunikationssektors unverändert dafür verantwortlich, einen zuverlässigen, sicheren Umstand für den Informationsaustauch auf Basis der telekommunikativen Infrastruktur sowie erschwingliche Dienstleistungen mit Mindestqualitäten für alle Bürger zur Verfügung zu stellen. Das Gesetz bestimmt daher eine ständige Ordnungsaufgabe zur Gefahrenabwehr, die zwar nicht zur ökonomischen Marktregulierung gehört, aber ebenfalls für die Optimierung des Telekommunikationsumfeldes unerlässlich ist. Daneben wird die Gewährleistungsverantwortung für die telekommunikative Grundversorgung auch anerkannt, welche in Einklang mit dem in § 1 DeTKG verankerten Zweck steht, nämlich die Gewährleistung der „flächendeckend angemessenen und ausreichenden Dienstleistungen", da diese Begriffsanwendung „Rechte der Nutzer" ein Indiz dafür liefert, dass die Bedürfnisse nach telekommunikativer Leistung nicht wegen der Abschaffung der öffentlichen monopolistischen Struktur vernachlässigt werden dürfen. Mit anderen Worten ist die Telekommunikationsdienstleistung zwar nicht mehr vom Staat selbst erbracht worden, aber die Versorgung mit einem Mindeststandard aufgrund der in § 144 TwV angelegten Staatszielbestimmungen, welche in der Rechtsprechung Taiwans lange anerkannt werden, müssen zumindest ununterbrochen sichergestellt werden[407].

---

407 VerfA Nr. 428, Begründung Rn. 1.

b) *Betonung des infrastrukturbasierten Wettbewerbs*

aa) *Prinzip der Förderung des nachhaltig wettbewerbsorientierten Markts statt des Zusammenschaltungsprinzips*

Nach § 11 Abs. 1 i. V. m. Abs. 2 FCA spricht ein wichtiges Ziel der Marktregulierung von der Schaffung eines transparenten, nachvollziehbaren sowie diskriminierungsfreien Zusammenschaltungsregimes, welches der Ermöglichung der Interoperabilität verschiedener Netze dienen soll und mit dem Prinzip der technologieneutralen Regulierung nach § 7 FCA sowie der pluralistischen Entwicklung nach § 6 FCA einen wettbewerbsfördernden Regulierungsrahmen bildet. Eine Regulierung, deren Mittelpunkt nach dem Wortlaut des Gesetzes nur den Zusammenschaltungsgegenstand fokussiert, würde jedoch unvermeidbar an ihre *per se* Grenze stoßen, so dass eine umfassende Regulierung für die Schaffung einer wünschenswerten Wettbewerbsintensität auf telekommunikationsrelevanten Märkten nicht erwartet werden könnte[408]. Da es beim Regulierungsrecht für den Telekommunikationssektor in erster Linie – zumindest in der Frühphase der Einführung der sektorspezifischen Regulierung – um die Schaffung des Dienstleistungswettbewerbs zw. Telekommunikationsunternehmen geht, die nicht nur Netzbetreiber, sondern auch reine Dienstanbieter sein müssen, ist das Mitnutzungsrecht der bestehenden oder potenziellen Wettbewerber auf den Zugang zu der aus ökonomischer Ansicht nicht ohne Schwierigkeit duplizierten Infrastruktur der den Endkundenmarkt dominierenden Netzbetreiber zu gewähren[409]. Diese Forderung beschränkt sich selbstverständlich nicht lediglich auf die Vertragsbeziehung für Transit- oder Terminierungsbedingungen zw. beiden Netzbetreibern, sondern auf alle möglichen Geschäftsmodelle, durch die mannigfaltige Telekommunikationsdienstleistungen an Kunden angeboten werden. Damit können die relativ schwächeren Unternehmen, die insb. noch nicht über ein eigenes, ausreichend flächendeckendes Netz verfügen, wie der marktmächtige Netzbetreiber, ihre Produkte vermarkten und zugleich können ein Preis- und Qualitätswettbewerb sowie eine effizientere Ressourcenallokation entstehen.[410] Somit soll sich das Regulierungsrecht theoretisch nicht nur die Problematik der Zusammenschaltung vor Augen halten, sondern sich umfassend auf alle betreffenden Vor- und Endkundenleistungsmärkte erstrecken, bei denen der Wettbewerb unter einem dynamischen Aspekt für erwünscht gehalten wird. Der Regulierungsgrundsatz, jegliche Zusammenschaltung diskriminierungsfrei

---

408 Siehe dazu oben Teil 2. C. I. 1. c).

409 *Fetzer*, Staat und Wettbewerb, S. 207.

410 *Kopf*, Transitorische oder unendliche Regulierung, S. 140.

sicherzustellen, ist daher als zu eng zu bewerten und sollte durch „die Förderung des nachhaltig wettbewerbsorientierten Markts“ ersetzt werden.

bb) Klarstellung des neuen Regulierungskonzepts, insb. Förderung des Infrastrukturwettbewerbs

Würdigt man die andauernde Wettbewerbsorientierung nunmehr als ein fundamentales Regulierungsziel, ist im nächsten Schritt weiter zu berücksichtigen, welche Regulierungsgrundsätze dafür geeignet sind und damit bei dem regulatorischen Handeln vor allem beachtet werden sollen. Hierbei kommen das Prinzip der pluralistischen Entwicklung (§ 6 FCA) und der technologieneutralen Regulierung (§ 7 FCA) in Betracht. Anhand beider Prinzipien soll die Regulierungsbehörde zum einen die Produktentwicklung nicht willkürlich beeinträchtigen, zum anderen alle auf den Markt gebrachten Dienstleistungen gleichermaßen behandeln und eine von ihnen nicht mit Absicht unterdrücken, unabhängig davon, welche Technologie oder Netzinfrastruktur mit verschiedenen Technikstandards angewendet wird. Das Marktergebnis der Produktpräferenz darf daher möglichst nicht durch den behördlichen Eingriff beeinflusst und zuvörderst von Marktakteuren ununterbrochen entdeckt werden[411]. Vor diesem Hintergrund ist ein Hinweis geliefert, dass einheitliche Rahmenbedingungen für die sowohl im *intra*modalen als auch im *inter*modalen Wettbewerb stehenden Telekommunikationsunternehmen möglichst sichergestellt werden sollen[412]. Die Frage, ob sich der im FCA normierte Regulierungsgrundsatz aus diesem Grund bereits auf die aktive Förderung des infrastrukturbasierten Wettbewerbs richtet, lässt sich jedoch anhand der oben dargelegten Regulierungsprinzipien nicht einfach beantworten. Diese Schwierigkeit besteht darin, dass das Regulierungskonzept, chancengleiche Wettbewerbsbedingungen für die die verschiedene Telekommunikationsdienstleistungen anbietenden Unternehmen zu gewährleisten, nicht unbedingt einen weiteren Geltungsanspruch auch bejaht, durch anreizbasierte Regulierung zur Förderung der Infrastrukturinvestition eine dynamische Wettbewerbsstruktur zu besorgen. Angesichts der raschen Marktentwicklung und Innovation in dem taiwanesischen Telekommunikationssektor sollte das

---

411 Vgl. *v. Hayek*, Entdeckungsverfahren, S. 132 ff.

412 Der intramodale Wettbewerb ist eine Form des infrastrukturbasierten Wettbewerbs als solcher, in dem der alternative Netzbetreiber über das gleiche technikbasierte Telekommunikationsnetz verfügt. Hingegen ergibt sich der intermodale Wettbewerb aus verschiedenen Netzarten, durch die austauschbare Dienstleistungen erbracht werden. Vgl. dazu *Fetzer*, Staat und Wettbewerb, S. 330 ff.

infrastrukturwettbewerbsbasierte Optimierungsgebot aber nicht vernachlässigt werden[413]. Ins taiwanesische Regulierungsrecht sollten mithin mehrere Grundsätze eingeführt werden, welche auf die Förderung des infrastrukturbasierten Wettbewerbs sowie die Unterstützung der Innovation Bezug nehmen. Des Weiteren kann der taiwanesische Gesetzgeber erwägen, den Erlass des zur Verfolgung einheitlichen Regulierungskonzepts, welches bei der DeTKG-Novelle 2012 eingebettet wird, als angemessenes Mittel für die Harmonisierung der Förderungsstrategien zw. statistischem Dienstleistungswettbewerb und dynamischem Infrastrukturwettbewerb einzuführen, damit die Rechts- und Planungssicherheit aus Sicht der Marktteilnehmer verstärkt und eine faire Risikoverteilung zw. Investoren untereinander und Zugangsbegehrenden freigegeben werden kann[414].

c) *Notwendig: Einführung des Verhältnismäßigkeitsgrundsatzes ins TwTKG*

Obschon die Rechtfertigung der öffentlich-rechtlichen Intervention in das Vertragsverhältnis zw. beiden Netzbetreibern nach § 11 Abs. 1 FCA wegen der Sicherstellung der Interoperabilität der Netze nach der Marktliberalisierung bejaht wird, bleibt das Anwendungsverhältnis der der Regulierungsbehörde gewährten Regulierungsinstrumente im TwTKG nach wie vor unklar, insb. das Verhältnis der in § 26 TwTKG angelegten Ex-ante-Entgeltregulierung für Endnutzerleistungen zur entgeltrelevanten Ex-post-Regulierung i. S. v. § 26-1 Abs. 1 Nr. 3, 8, 9 TwTKG. Den beiden Regulierungsinstrumenten liegt das seit der TwTKG-Novelle 1999 eingeführte asymmetrische Regulierungskonzept zugrunde[415]. Dabei ist die Normbedeutung der asymmetrischen Regulierung erneut zu berücksichtigen. Die Einführung der asymmetrischen Regulierung ins

---

413 Der Gesamtumsatz im taiwanesischen Telekommunikationssektor 2016 betrugt 360 Mrd. NTD (ca. 10.2 Mrd. €) und sank im Vergleich zum letzten Jahr um 20 Mrd., weil immer weniger Nutzer sowohl festnetz- als auch mobilfunkbasierte Sprachtelefondienste bevorzugen und umgekehrt mehrere Verbraucher bereits zu dem 4G-breitbandigen Internetzugangsdienst wechseln, durch den ein alternativer Sprachdienst (auf Basis der IP-Technologie) ebenfalls angeboten werden kann. Dementsprechend hat sich die Teilnehmerzahl der 4G-basierten Mobilfunknetze innerhalb von einem Jahr von 19 Mio. auf 21,7 Mio. erhöht. Dies impliziert immer mehr Bedürfnisse nach mobilen Hochgeschwindigkeitsinternetzugangsdiensten. Vgl. NCC, Tätigkeitsbericht 2016, S. 72 f., abrufbar unter: https://www.ncc.gov.tw/chinese/files/18010/950_180104_1.pdf (letzter Abruf 30.01.2018).

414 *Kühling*, in: Säcker (Hrsg.), TKG-Komm., § 15a, Rn. 17 f.

415 Entwurfsbegründung zum TwTKG (1999), LY-Drs. Nr. 88/37, S. 218, 223.

TwTKG hat – wie in den gesetzgeberischen Unterlagen dargelegt – einen legitimen Zweck, wenn ein Unternehmen, welches über beträchtliche Marktmacht verfügt, während der Liberalisierung des Telekommunikationssektors vorliegt und mit einer missbräuchlichen Ausnutzung seiner überwiegenden Marktposition versucht, die Lage anderer Marktteilnehmer zu erschweren. Hinsichtlich dessen ist solch eine Regulierung unerlässlich, die sich auf das missbräuchliche Verhalten der zwar seltenen, aber besonders marktmächtigen Unternehmen ausrichten soll[416]. Dies bezeichnet einen Verzicht auf die umfassende Regulierung gegenüber allen Telekommunikationsunternehmen. Dementsprechend soll sich diese Regulierung auf die Unternehmen konzentrieren, die wegen ihrer beträchtlichen Marktmacht ein missbräuchliches Vorgehen umsetzen können[417]. Die asymmetrische Regulierung hat im Vergleich zur traditionellen Regulierung ein zurückhaltendes Merkmal einerseits, erweist sich aber als erforderliches Mittel andererseits, nur wenn ein wirksamer Wettbewerb auf einem untersuchten Markt noch nicht entsteht und damit insb. regulierungsbedürftig ist[418]. Bei der asymmetrischen Regulierung handelt es sich unmittelbar um die Frage nach dem Regulierungszeitpunkt, da sich ein Vorab-Regulierungsinstrument als notwendige, aber eingriffsintensive Maßnahme darstellt. Eine Vorab-Zugangs- oder Entgeltverpflichtung ist dann auferlegt, soweit die nachträgliche Verhaltenskontrolle des allgemeinen Wettbewerbsrechts nicht ausreicht, um erwünschte Marktergebnisse des wirksamen Wettbewerbs zu erreichen[419]. Vor diesem Hintergrund sollte das Auswahlermessen der Regulierungsmaßnahme dem Grundsatz der Verhältnismäßigkeit unterstehen, um die Regulierung auf das Mindestmaß zu beschränken[420]. Sowohl beim TwTKG als auch beim FCA ist dieser Regulierungsgrundsatz noch nicht ersichtlich. Um die Gefahr des übermäßigen Regulierungseingriffs in die Betriebs- und Vertragsfreiheit der regulierten Telekommunikationsunternehmen zu vermeiden, wäre die Betonung der Verhältnismäßigkeit für die Regulierungsausübung unentbehrlich.

II. Verhältnis zum allgemeinen Wettbewerbsrecht

Obwohl sich das TwTKG anhand des Willens des Gesetzgebers grundsätzlich als Allgemeingesetz darstellt, könnte man das Anwendungsverhältnis dieses

---

416 Entwurfsbegründung zum TwTKG (1999), LY-Drs. Nr. 88/37, S. 223.
417 *Henseler-Unger*, Wirtschaftsdienst 2010, S. 14.
418 *Chan, C.-J.*, Asymmetrische Regulierung, S. 109.
419 *Säcker*, WiVerw 2010/2, S. 101 f.
420 *Chan, C.-J.*, Asymmetrische Regulierung, S. 111.

Gesetzes zum allgemeinen Wettbewerbsgesetz stets weder durch eine reine Betrachtung des Texts von § 1 S. 2 TwTKG noch anhand der Interpretation des in § 47 FTA bestimmten Anwendungsbereichs begreifen. Vor diesem Hintergrund hat die taiwanesische Kartellbehörde versucht, durch den Erlass der ÜT-Bek. ein grundsätzliches Spezialitätsverhältnis des TwTKG zum FTA zu erklären, sich aber zugleich eine parallele Eingriffsbefugnis für die missbräuchliche Handlung des marktbeherrschenden Telekommunikationsunternehmens vorbehalten, d. h. die allgemeine Missbrauchsaufsicht i. S. v. § 20 FTA nicht durch unternehmerische Handlungsverpflichtungen zum Missbrauchsverbot nach § 26-1 TwTKG zu verdrängen[421]. Diese Auffassung ist jedoch weder von einer gerichtlichen Entscheidung noch von der Verwaltungspraxis des NCC bestätigt. Außerdem ist die ÜT-Bek. eine reine Verwaltungsvorschrift, deren Geltung sich nur an FTA selbst bindet, so dass der Anwendungsbereich des TwTKG sowie Befugnisse vom NCC stets unberührt bleiben. Das Rechtsverhältnis zw. dem TwTKG und dem FTA sollte hierbei mithilfe der Auslegung der betreffenden Bestimmung im DeTKG, welche immer in Verbindung mit dem Regulierungsbegriff steht, sowie unter Berücksichtigung der Normbedeutung der asymmetrischen Regulierung verdeutlicht werden.

1. Verhältnis des DeTKG zum GWB

Ebenfalls in Deutschland besteht das Problem des Kompetenzkonflikts zw. der Regulierungs- und Kartellbehörde. Dieses Problem wird von § 2 Abs. 3 DeTKG i. d. F. 1996 verursacht: „Die Vorschriften des Gesetzes gegen Wettbewerbsbeschränkungen bleiben unberührt." Die Formulierung dieser Vorschrift schaltete die unmittelbare Anwendbarkeit des GWB nicht aus und konnte damit eine Parallelitätsthese beinhalten, d. h., diese Regelung umfasste den Vorbehalt der parallelen Eingriffsbefugnis der Kartellbehörde in demselben Sachverhalt, den die Marktregulierungsverwaltung anhand des DeTKG auch erkannte. Allerdings ist die Begründung für die Spezialität der Anwendung des TKG nach dem Willen des Gesetzgebers zu § 2 Abs. 3 DeTKG deutlich zu erkennen, so dass der Gesetzgeber eine falsche sprachliche Wendung zum Ausdruck gebracht hätte[422]. Eine Bedingung für die Einstellung der Ausschlusswirkung des DeTKG wird bei in § 2 Abs. 3 S. 1 DeTKG geltender Fassung hinzugefügt: „Soweit nicht durch dieses Gesetz ausdrücklich abschließende Regelungen getroffen werden". Ungelöst bleibt der Meinungsstreit, was unter „ausdrücklich" sowie „die abschließenden

421 Siehe dazu oben Teil 2. A. II. 2.

422 Vgl. dazu *Möschel*, Zw. Konflikt und Kooperation, S. 54.

Regelungen" zu verstehen ist. Einige Verfasser vertreten die Ansicht, dass die parallele Anwendbarkeit vom GWB und TKG trotz der Änderung dieser Vorschrift nach wie vor unberührt bleiben sollte, da im ganzen DeTKG keine einzelne Vorschrift vorliegt, die nach ihrem Wortlaut „ausdrücklich" oder „eindeutig" ein abschließendes Merkmal zum Ausdruck bringt[423]. Ob eine Vorschrift eine ausdrückliche Ausschlusswirkung enthält, ist jedoch nicht lediglich anhand des wörtlichen Sinnes zu ermitteln, sondern durch die Ermittlung des realen Willens des Gesetzgebers nach allgemeinen Auslegungsgrundsätzen zu entscheiden, wobei nicht nur dem „ausdrücklichen", sondern auch dem aus dem „beredten Schweigen" des Gesetzes zu entdeckenden Willen Rechnung getragen werden sollte[424]. Wegen der strengeren Tatbestandsvoraussetzungen und der über das Kartellrecht hinausgehenden Anforderung hat der Gesetzgeber beredt ausdrückt, dass die Anwendung der Vorschriften für die Marktregulierung, insb. die Zugangsregulierung nach § 21 DeTKG, die Ex-ante-Entgeltregulierung nach dem KeL-Maßstab (§§ 30 f.) sowie besondere Missbrauchsaufsicht nach § 42, als verdrängt erfasst wird[425]. Die Vorschriften i. R. d. Marktregulierung des DeTKG erweisen sich gegenüber dem Kartellgesetz als Spezialregelung. Das GWB stellt sich als Subsidiaritätsgesetz dar und ist dann anwendbar, wenn der geprüfte Gegenstand nicht von jenen Tatbestandsvoraussetzungen oder Befugnissen des TKG erfasst wird, beispielsweise keine Erfüllung der Voraussetzungen der Regulierungsbedürftigkeit nach §§ 10, 11 DeTKG vorliegt[426]. Aufgrund dessen ist das Telekommunikationsgesetz, das als ein Bestandteil des Regulierungsrechts der Netzwirtschaften angesehen wird, kein Sonderkartellrecht, sondern eine Staataufgabe, bei der ein Bündel von wettbewerbsorientierten Maßnahmen anzuwenden ist[427].

---

423 *Säcker*, in: Säcker (Hrsg.), TKG-Komm., § 2, Rn. 26.

424 *Säcker*, in: Säcker (Hrsg.), TKG-Komm., § 2, Rn. 28.

425 *Säcker*, in: Säcker (Hrsg.), TKG-Komm., § 2, Rn. 29; *Ludwigs*, WuW 5/2008, S. 538 f.; *Möschel*, Zw. Konflikt und Kooperation, S. 55. Anders aber *Kühling*, Sektorspezifische Regulierung, S. 238.

426 *Cornils*, in: Geppert/Schütz (Hrsg.), BeckTKG-Komm, § 2, Rn. 99 f.; *Wissmann*, in: Wissmann (Hrsg.), Telekommunikationsrecht, Kap. 2, Rn. 56 f.; *Gärditz*, Scheurle/Mayen (Hrsg.), TKG-Komm., § 2, Rn. 76.

427 *Säcker*, ZNER 2003/3, S. 215.

2. Stellungnahme

a) Bestimmungen zur Zugangs- und Entgeltregulierung des TwTKG als Spezialregel gegenüber FTA

Die Auffassung, der das asymmetrische Regulierungskonzept zugrundeliegt, in der ÜT-Bek., wonach die Regelungen über die Zusammenschaltung nach § 16 TwTKG, Ex-ante-Entgeltregulierung nach § 26 TwTKG und begleitende Verpflichtung zur getrennten Rechnungsführung nach § 19 TwTKG für Spezialregeln gehalten werden, ist im Hinblick auf die deutsche Regulierungsrechtsdogmatik folgerichtig, da sich auch der taiwanesische Gesetzgeber bereits bei der großen TwTKG-Novelle 1999 dessen bewusst war, dass hinsichtlich der Schaffung einer wettbewerblichen Marktstruktur besondere Regulierungsinstrumente ins Gesetz hinzugefügt und der Ansatz für die Entgeltkontrolle gegenüber den Telekommunikationsunternehmen umgeformt werden mussten, welche durch eine eigenständige Aufsichtsbehörde vorgenommen werden[428]. Dies impliziert auch, dass das auf die Wettbewerbsförderung gerichtete Regulierungsrecht aus Sicht des Gesetzgebers nicht in das allgemeine Wettbewerbsgesetz einzuarbeiten sein darf.

b) Paralleles Anwendungsverhältnis des § 26-1 TwTKG zu § 20 FTA?

Übrig bleibt das Problem, ob die als Ex-post-Regulierung gekennzeichnete Handlungsverbotsvorschrift (§ 26-1 TwTKG) – wie das FTC durch die ÜT-Bek. dargelegt hat – anders als die oben erwähnten Regulierungsregime nicht als Spezialregel gilt. Dabei geht es um die Diskussion über die Rechtsdogmatik des Regulierungsbegriffs in Taiwan. Nach h. M. in der taiwanesischen Literatur sollte sich das auf die Systembildung einer asymmetrischen Regulierung gerichtete Recht theoretisch vom allgemeinen Kartellrecht komplett unterscheiden, da das Recht der asymmetrischen Regulierung spezielle Rahmenbedingungen der Ex-ante-Regulierung für die Schaffung und Förderung des Wettbewerbs auf einem bestimmten Markt zulässt und das Kartellrecht hingegen lediglich die nachträgliche Aufsichtskompetenz gegenüber den Unternehmen auf einem solchen Markt zur Verfügung stellt, wo der Wettbewerb bereits vorliegt. Mithin stehen die jeweiligen selbstständigen und quantitativ unterscheidbaren Befugnisse den beiden Behörden anhand der Eingriffszeitpunkte der anwendbaren

428 Entwurfsbegründung zum TwTKG (1999), LY-Drs. Nr. 88/37, S. 187.

Maßnahmen zu[429]. Mit anderen Worten bedarf eine asymmetrische Regulierung keiner nachträglichen Missbrauchskontrolle. Ein Autor vertritt sogar die Meinung, dass reine Ex-post-Regulierungsmaßnahmen wie § 26-1 TwTKG für redundant gehalten werden können[430]. Von dieser Unterstellung ausgegangen wäre eine Normkonkurrenz zw. dem Telekommunikationsgesetz und dem allgemeinen Kartellrecht kaum vorstellbar.

Diese Begründung wäre jedoch unhaltbar. Eine Begründung, wo es um die Notwendigkeit und Spezialität der der nachträglichen Missbrauchsaufsicht dienenden Generalklausel im Telekommunikationsrecht geht, sollte sich vor allem auf den Regulierungsgrundgedanken im Ganzen stützen. Der Ausgangspunkt der Schaffung eines eigenständigen Regulierungsregimes, das anders als die allgemeine Kartellaufsicht eine gemeinwohlorientierte Zielsetzung verfolgt und für die Gewährleistung des fairen Netzzugangs sowie der erschwinglichen Dienstleistung verantwortlich ist, umfasst zum einen die Beseitigung der strukturellen Wettbewerbshindernisse in bestimmten Sektoren, bei denen ein oder mehrere Unternehmen insb. wegen der vormalig staatlichen Privilegierung eine Sonderstellung auf dem Markt erlangen und besonderen Regeln unterworfen werden dürfen[431]; zum anderen sollten die überflüssige Doppelregulierung und der Kompetenzkonflikt beider Behörden vermieden werden[432]. Falls ein Subsidiaritätsverhältnis des allgemeinen Wettbewerbsgesetzes zum Telekommunikationsgesetz nicht geprägt wird, sind Sinn und Zweck des TKG geschmälert[433]. Bei einer sektorspezifischen Regulierung ist zwar die Ex-ante-Regulierungsart das zentrale Instrument der Entgegenwirkung der strukturellen Wettbewerbsdefizite. Aber es ist auch nicht deswegen verhindert, dass der Verfasser des DeTKG der Regulierungsbehörde neben der Ex-ante-Regulierung durch die Ausformulierung

429 Vgl. *Liu, K.-C.*, Communication and Broadcast Law, S. 17 f.; *Lin, S.-G.*, Telekommunikative Regulierung, S. 315 f.; *Chen, Y.-C.*, Wettbewerbsnorm, S. 96 f.; *Lin, H.*, Vorschläge für Rahmenordnung, S. 220.

430 Vgl. *Lin, S.-G.*, Telekommunikative Regulierung, S. 318.

431 Dies ist unter sog. echter asymmetrischer Regulierung zu verstehen. Im Falle der allgemeinen Kartellaufsicht geht es hingegen um die unechte asymmetrische Regulierung Vgl. dazu *Kühling*, Sektorspezifische Regulierung, S. 25.

432 Vgl. *Säcker*, Wettbewerbs- und Regulierungsaufsicht, S. 65 ff.

433 *Wissmann*, in: Wissmann (Hrsg.), Telekommunikationsrecht, Kap. 2, Rn. 56; *Säcker*, Ein einheitliches Regulierungsrecht, S. 283. Die Perspektive, eine einheitliche Kodifikation des Regulierungsrechts auszugestalten und zugleich einer neuartigen Verwaltungseinheit anstelle des Kartellamts die komplexen Ziele wie z. B. Wettbewerbsorganisieren, Versorgungssicherheit zuzuweisen, ist mithin sinnvoll. Vgl. *Burgi*, NJW 34/2006, S. 2439 f.; *Röhl*, JZ 17/2006, S. 831 f.

einer zusätzlich an allgemeinen Missbrauchs- und Diskriminierungsvorschrift i. S. v. §§ 19, 20 GWB orientierten Generalklausel eine umfassende Zuständigkeit sowohl für die Marktregulierung auf der Netzebene als auch für die (grundsätzlich nachträgliche) Missbrauchsaufsicht für Endnutzerleistungsentgelte zuspricht[434]. Dies ist tatsächlich ebenso der Fall in Taiwan, da der Gesetzgeber bei der Begründung für die Einführung der nachträglichen Missbrauchsaufsicht bereits eine besondere Beachtungspflicht zur Sicherstellung der fairen Wettbewerbsstruktur und zur Unterbindung der missbräuchlichen Ausnutzung der beherrschenden Marktmacht bestätigt hat[435]. Es ist daher nicht geeignet, dass ein sektorspezifisches Regulierungsrecht als *per se* Ex-ante-Regulierungsrecht interpretiert wird.

Daneben geht es um eine wesentliche Voraussetzung für die Auferlegung der Regulierungsverfügung gegenüber den Telekommunikationsunternehmen. Gem. § 26-1 Abs. 2 TwTKG ist die Regulierungsbehörde befugt, Ermessenskriterien für die Feststellung der regulierungsbedürftigen Adressaten auszugestalten. Aufgrund dessen hat das NCC in der EntRVO einige regulierungsbedürftige Märkte normiert und die Tatbestandsmerkmale des Vorliegens eines Unternehmens, das über beträchtliche Marktmacht verfügt, auf dem untersuchten Markt selbst formuliert[436]. Im Hinblick sowohl auf die Gestaltungsform als auch auf den Regelungsinhalt i. R. d. Verfahren für die Marktabgrenzung und Festlegung des Vorliegens einer überwiegenden Marktmacht besteht zw. dem TwTKG und dem FTA ein großer Unterschied[437]. Vernünftiger ist daher die Perspektive, dass der Gesetzgeber durch eine Ermächtigungsklausel eine abschließende Zuständigkeit für die Marktintervention im Bereich der Telekommunikation eingeräumt hat.

---

434 *Gersdorf*, in: Säcker (Hrsg.), TKG-Komm., § 42, Rn. 1 f. Auch *Säcker*, in: Säcker (Hrsg.), TKG-Komm., Einl. I, Rn. 47 f.; *Höppner*, Regulierung der Netzstruktur, S. 353; *Masing*, Regulierungsverwaltung, D 108 f.

435 Entwurfsbegründung zum TwTKG (1999), LY-Drs. Nr. 88/37, S. 190.

436 Siehe dazu oben Teil 2. D. III. 1. a). und folgend b).

437 Auch das FTC erkennt in der ÜT-Bek. die Verschiedenheit zw. beiden Ermittlungsverfahren. Gem. § 5 FTA ist der relevante Markt der Markt als solcher, auf dem mehrere Unternehmen, die ein bestimmtes Produkt oder eine Dienstleistung anbieten, im Wettbewerbsverhältnis zueinander stehen. Daneben regelt § 7 FTA, dass ein Unternehmen über eine marktbeherrschende Stellung verfügt, soweit es auf einem relevanten Markt keinem Wettbewerbsdruck ausgesetzt ist, oder die überwiegende Marktstellung einnimmt, so dass es imstande ist, andere Wettbewerber zu verdrängen. Das TwTKG kennt demgegenüber solche Märkte, die vor allem anhand der Geschäftslizenzarten zugeteilt werden und auf denen die regulierungsbedürftigen Telekommunikationsunternehmen anhand spezifischer, mit Merkmalen der Netzwirtschaft verbundener Kriterien vorliegen.

Letztlich muss der Besonderheit der in § 26-1 TwTKG verankerten Tatbestandsvoraussetzungen und der von ihnen ergriffenen Sachverhalte Rechnung getragen werden. § 26-1 Abs. 1 TwTKG umfasst sowohl die zugangs- als auch entgeltrelevanten Missbrauchsarten, welche Bezug auf den Zugang zur Netzinfrastruktur und die Gegenleistung der auf demselben Netzzugang basierenden Vor- und Endnutzerleistung nehmen. Beim zugangsrelevanten Missbrauchsverbot handelt es sich um die missbräuchliche Verweigerung des Anspruchs auf die Zusammenschaltung (Nr. 1), auf das Erhalten der zusammenschaltungsrelevanten Rechnungsansätze und Daten (Nr. 2), auf die Anmietung bestimmter Netzkomponenten (Nr. 4), auf die Mietleitung (Nr. 5), auf die Verhandlung (Nr. 6) sowie die Kollokation (Nr. 7). Bei einer entgeltrelevanten Verbotsverpflichtung kommt die unangemessene Preissetzung der Telekommunikationsleistung (Nr. 3) in Betracht. Darüber hinaus liegen das Diskriminierungsverbot (Nr. 8) und ein generalklauselartiges Verbot (Nr. 9) vor. Diese Vorschriften beschränken sich offensichtlich auf die besondere Missbrauchskontrolle im Bereich der Telekommunikation. Sie dienen dem gemeinsamen Zweck: das Mitnutzungsrecht der Infrastruktur sicherzustellen und damit eine faire Rahmenbedingung für die Erbringung der alternativen Telekommunikationsdienstleistungen von Wettbewerbern zu gewährleisten. Demgegenüber steht die Missbrauchsvorschrift des § 9 FTA, wonach keine netzinfrastrukturbezügliche Besonderheit erkannt wird[438]. Damit hat § 26-1 TwTKG mehrere Tatbestandsvoraussetzungen des § 9 FTC enger begrenzt. Von diesem Standpunkt aus stellt sich § 26-1 Abs. 1 TwTKG gegenüber § 9 FTA als *lex specialis* dar.

Angesichts des dem Willen des Gesetzgebers entnommenen Regulierungskonzepts als ausschließende Verwaltungskompetenz, der Vermeidung des Regulierungskonflikts sowie der enger begrenzten Tatbestandsvoraussetzungen bei § 26-1 TwTKG ist die parallele Anwendbarkeit des § 9 FTA für den Sachverhalt, der sich aus dem missbräuchlichen Verhalten eines marktmächtigen Netzbetreibers ergibt und zugleich unter den Anwendungsbereich des § 26-1 Abs. 1 TwTKG fällt, zu verneinen.

---

438 Die allgemeine Verbotsnorm gegen missbräuchliche Ausnutzung der marktbeherrschenden Stellung ist § 9 FTA. Nach dieser Vorschrift ist das missbräuchliche Verhalten von einem marktbeherrschenden Unternehmen wie folgt verboten: Es behindert unmittelbar oder mittelbar unbillig ein anderes Unternehmen, um seine Wettbewerbsmöglichkeit auszuschließen (Nr. 1); es fordert, beibehält oder ändert unangemessenes Entgelt oder Gegenleistung (Nr. 2); es gewährt anderen Unternehmen ohne sachlich gerechtfertigten Grund Vorteile; (Nr. 3); es unternimmt eine andere missbräuchliche Ausnutzung der marktbeherrschenden Stellung (Nr. 4).

B. Marktzugangsregulierung

I. Überblick über Vorgaben für den Marktzugang im DeTKG

1. DeTKG 1996: Grundsatz der Meldepflicht mit beschränkter Genehmigungspflicht

Gem. § 4 S. 1 DeTKG 1996 musste ein Unternehmen, das Telekommunikationsdienstleistungen erbringen will, bei der Regulierungsbehörde seine Aufnahme, Änderung sowie Beendung des Betriebs unverzüglich anzeigen. Das Ziel war es, zum einen trotz der allgemeinen Anerkennung der Gewerbefreiheit im Telekommunikationssektor während des Liberalisierungsprozesses eine Grundlage für die erforderliche Marktbeobachtung zu schaffen[439]; zum anderen einen Missbrauch oder die Umgehung der Lizenzpflicht ausdrücklich zu untersagen[440]. Durch die Anmeldedaten konnte die Regierungsbehörde eine Gesamtschau über die tätigen Anbieter erhalten, damit ihre Tätigkeiten überwacht und die im DeTKG vorgesehenen Verpflichtungen auferlegt wurden. Diese Meldepflicht war anhand der Formulierungsform anders als das in Richtlinie 97/13/EG (LizenzRL) formulierte Allgemeingenehmigungsregime[441], bei dem ein Unternehmen komplett davon entbunden wurde, vor Ausübung der von einer Genehmigung erteilten Rechte eine ausdrückliche Zustimmung der Regulierungsbehörde zu erlangen, d. h., dass ein Verwaltungsakt für die Zustimmung der Bereitstellung der Telekommunikationsleistungen nicht notwendig war[442]. Aber begleitete Auflagen (Nebenbedingungen) konnten für die Erteilung der Allgemeingenehmigung dem Genehmigungsnehmer zugleich auferlegt werden[443]. Die im DeTKG angelegte Meldepflicht enthielt demgegenüber zwar keine zusätzlichen Forderungen für den Rechtsträger, behielt aber eine schwächere Anzeigepflicht.

---

439 Entwurfsbegründung zum TKG (1996), BT-Drs. 13/3609, S. 37; *Spoerr*, in: Trute/Spoerr/Bosch (Hrsg.), TKG, § 4, Rn. 2.

440 *Schuster*, in: Büchner et al. (Hrsg.), BeckTKG-Komm., § 4, Rn. 1.

441 *Schütz*, in: Büchner/Ehmer/Bearbeiter (Hrsg.), BeckTKG-Komm., § 6, Rn. 9.

442 Art. 1 litt. a *Richtlinie 97/13/EG des Europäischen Parlament und des Rates vom 10. April 1997 über einen gemeinsamen Rahmen für Allgemein- und Einzelgenehmigungen für Telekommunikationsdienste* (LizenzRL).

443 Erwägungsgrund Nr. 4 Richtlinie 97/13/EG (LizenzRL).

Neben der Meldepflicht behielt das DeTKG i. d. F. 1996 noch die Lizenzpflicht in beschränkten Tätigkeitsbereichen. Nach § 6 Abs. 1 DeTKG 1996 unterlagen ein Netzbetreiber, dessen Übertragungsnetz die Grenze eines Grundstücks überschritt und für die Öffentlichkeit genutzt wurde (Nr. 1), sowie der Anbieter des Sprachtelefondienstes auf Basis selbst betriebener Telekommunikationsnetze (Nr. 2) der Lizenzpflicht. Die zur Diskussion stehenden Lizenzen wurden nach Abs. 2 weiter in vier Klassen eingeteilt. Lizenzklasse 1 (Mobilfunknetzlizenz), Lizenzklasse 2 (Satellitenfunklizenz) und Lizenzklasse 3 (allgemeine Lizenz für den Netzbetrieb für den öffentlich zugänglichen Telekommunikationsdienst) gehörten zu den Infrastrukturlizenzen. Hingegen ging es bei der Lizenzklasse 4 um die Erbringung des Sprachtelefondienstes auf Basis selbst betriebener Telekommunikationsnetze, nämlich die Dienstlizenz. Es wurde daher betont, dass die Lizenzklasse 4 nicht das Recht zum Betreiben der Übertragungsnetze ausschloss, § 6 Abs. 2 Nr. 2 S. 2 DeTKG 1996. Diese Lizenzkontrolle stellte sich als präventives Verbot mit Erlaubnisvorbehalt dar, da diese lizenzpflichtigen Tätigkeiten in den grundrechtlichen Schutzbereich der Betriebsfreiheit nach Art. 2 Abs. 1 i. V. m. Art. 12 Abs. 1 GG auch einbezogen werden sollten. Somit diente diese Lizenzpflicht (lediglich) dem Zweck, sicherzustellen, dass die Telekommunikationsdienste erbringenden Unternehmen fundamentale Voraussetzungen erfüllen mussten, welche allgemeine gewerberechtliche Fähigkeiten und die Fähigkeit für die Grundversorgung der Telekommunikationsdienstleistung gewährleisten konnten[444]. Die beantragte Lizenz wäre nur dann zu versagen, wenn keine nutzbare Frequenz verfügbar war oder eine Rechtfertigung vorlag, § 8 Abs. 3 DeTKG 1996. Unter dieser Perspektive ist eine Lizenzzuteilung, bei der die Lizenzanzahl im Voraus von der Regulierungsbehörde beschränkt wird, grundsätzlich unzulässig. Die einzige Ausnahme ergab sich gem. § 10 S. 1 DeTKG 1996 lediglich aus dem Umstand, dass für die Lizenzzuteilung nicht in ausreichender Menge verfügbare Frequenzen vorhanden waren[445]. Bei diesem Fall konnte die Regulierungsbehörde gem. § 11 Abs. 1 S. 1 DeTKG 1996 nach Anhörung entweder das preisorientierte Versteigerungsverfahren oder das qualitätsorientierte Ausschreibungsverfahren durchführen. Das behördliche Auswahlermessen wurde dennoch durch weitere Gesetzesabsätze begrenzt, da das Versteigerungsverfahren nach § 11 Abs. 2 S. 1 DeTKG 1996 grundsätzlich

444 *Schütz*, in: Büchner/Ehmer/Bearbeiter (Hrsg.), BeckTKG-Komm., § 6, Rn. 3; *Spoerr/Deutsch*, DVBl. 1997, S. 303.

445 *Geppert*, in: Büchner et al. (Hrsg.), BeckTKG-Komm., § 10, Rn. 1; *Spoerr*, in: Trute/Spoerr/Bosch (Hrsg.), TKG, § 10, Rn. 4.

vorrangig anzuwenden war[446]. Das als Ausnahme für die Vergabe der beschränkten Lizenz normierte Ausschreibungsverfahren war dann anwendbar, wenn das Versteigerungsverfahren für die Ermöglichung der Regulierungsziele nach § 11 Abs. 2 S. 1, Abs. 5 DeTKG i. d. F. 1996 ungeeignet war oder eine Vergabe von Frequenzen für die Funkanbindung von TAL i. S. v. § 11 Abs. 2 S. 3 DeTKG i. d. F. 1996 erfolgte[447].

2. Geltendes DeTKG: Umfassende Meldepflicht

a) Abschaffung des Lizenzsystems

Gem. Art. 3 Abs. 2 S. 1 Richtlinie 2002/20/EG[448] müssen alle Mitgliedstaaten auf das Genehmigungsregime für die Bereitstellung elektronischer Kommunikationsdienste verzichten. Zulässig ist nur eine Allgemeingenehmigung, bei der der Eintritt in den Telekommunikationsmarkt nicht von einer ausdrücklichen Entscheidung oder jeglichem Verwaltungsakt seitens der Regulierungsbehörde abhängig gemacht wird[449]. Aber eine Meldung nach S. 2 dieses Absatzes kann gefordert werden, soweit solch eine Anmeldepflicht nicht an eine faktische Genehmigung anknüpft. Vor diesem Hintergrund wird das Lizenzsystem bei der großen DeTKG-Novelle 2004 komplett abgeschafft[450]. Unberührt bleibt die Meldepflicht, die nach wie vor der Dokumentationsfunktion dient, so dass die Regulierungsbehörde einen Überblick über die am Markt tätigen Unternehmen ergreifen und auf dieser Informationsgrundlage deren Überwachungsaufgaben erfüllen kann[451]. Diese Meldepflicht orientiert sich an der Anzeigepflicht i. S. v. § 14 GewO[452].

Wer das gewerblich öffentliche Telekommunikationsnetz betreibt oder gewerblich öffentlich zugängliche Telekommunikationsdienste erbringt, muss gem. § 6 Abs. 1 DeTKG die Annahme, Änderung und Beendigung seiner

---

446 *Nolte*, CR 8/1996, S. 461 f.; *Spoerr*, in: Trute/Spoerr/Bosch (Hrsg.), TKG, § 11, Rn. 16.

447 Zu denkbaren Fallgruppen der angemessenen Vermeidung des Versteigerungsverfahrens siehe *Geppert*, in: Büchner et al. (Hrsg.), BeckTKG-Komm., § 11, Rn. 6 f.

448 *Richtlinie 2002/20/EG des Europäischen Parlaments und Rates vom 7. März 2002 über die Genehmigung elektronischer Kommunikationsnetze und -dienste* (GenehmigungsRL).

449 Erwägungsgrund Nr. 8 RL 2002/20/EG (GenehmigungsRL); *Klotz*, in: Säcker (Hrsg.), TKG-Komm., Ein. II, Rn. 32 f.

450 *Fetzer*, in: Arndt/Fetzer/Scherer/Graulich (Hrsg.), TKG-Komm., § 6, Rn. 3.

451 Begründung des Regulierungsentwurfs TKG, BT-Drs. 15/2316, S. 59 f.; *Schütz*, in: Büchner et al. (Hrsg.), BeckTKG-Komm., § 6, Rn. 3.

452 *Gersdorf*, in: Säcker (Hrsg.), TKG-Komm., § 6, Rn. 3.

Tätigkeit unverzüglich und in Schriftform melden. Die Angaben der Meldung müssen nach § 6 Abs. 2 dieses Gesetzes insb. die Handelsregisternummer, die Anschrift, die Kurzbeschreibung des Netzes oder Dienstes sowie den voraussichtlichen Termin für die Aufnahme der Tätigkeit enthalten, welche für die Identifizierung des Betreibers oder Anbieters unerlässlich sind. Der meldepflichtige Adressat kann sowohl eine Aktiengesellschaft als auch eine Personengesellschaft sein, da bei der Meldepflicht personenbezogene Merkmale theoretisch nicht mehr als Voraussetzung für die Erteilung des Gewerberechts angesehen werden. Der Grund liegt darin, dass eine Meldung mit Rücksicht auf den Sinn und Zweck der in RL 2002/20/EG (GenehmigungsRL) formulierten Allgemeingenehmigung nicht der Filterfunktion dienen sollte[453]. Darüber hinaus sind nur solche Gesellschaften meldepflichtig, die gewerblich öffentliche Telekommunikationsnetze betreiben oder gewerblich öffentlich zugängliche Telekommunikationsdienste erbringen[454]. Der meldepflichtige Bereich ist maßgeblich von der Begriffsdefinition des öffentlich zugänglichen Telekommunikationsnetzes und öffentlichen Telekommunikationsdienstes abhängig.

b) Meldepflichtige Dienstleistungen

Gem. § 3 Nr. 27 DeTKG ist das Telekommunikationsnetz vor allem die Gesamtheit von Übertragungssystemen und ggf. Vermittlungs- und Leitwegeinrichtungen sowie anderweitigen Ressourcen. Überdies erstreckt sich die Legaldefinition des Telekommunikationsnetzes bis zu nicht aktiven Netzbestandteilen und beschreibt weiterhin vielfältige Netze auf Basis verschiedener Technologien, wie Fest-, Mobile-, Satellitennetze, leistungs- und paketvermittelte Netze, Internet, Netz für Hör-, Fernsehfunk sowie Kabelfernsehnetze. Kurz gesagt fällt eine technische Einrichtung unter den gesetzlichen Begriff des Telekommunikationsnetzes, soweit sie die Übertragung der Informationen ermöglicht und eine Funktion für die autonome Erbringung der öffentlich zugänglichen Telekommunikationsdienstleistung erfüllt, unabhängig von verwendeter Technologie oder vermitteltem Inhalt[455]. Entsprechend beschränkt sich das öffentlich zugängliche Telekommunikationsnetz auf das Netz als solches, das ganz oder überwiegend der Bereitstellung des öffentlich zugänglichen Telekommunikationsdienstes

---

453 *Gersdorf*, in: Säcker (Hrsg.), TKG-Komm., § 6, Rn. 12 f.

454 Der meldepflichtige Bereich ist wegen der Ergänzung eines Tatbestandes „Öffentlichkeit" enger als DeTKG i. d. F. 1996 begrenzt. Vgl. dazu *Schütz*, in: Büchner et al. (Hrsg.), BeckTKG-Komm., § 6, Rn. 8.

455 *Säcker*, in: Säcker (Hrsg.), TKG-Komm., § 3, Rn. 71.

dient, § 3 Nr. 16a DeTKG. Das öffentliche Telekommunikationsnetz stellt sich somit als ein wesentliches Mittel für die Erbringung des öffentlich zugänglichen Telekommunikationsdienstes dar, welcher nach § 3 Nr. 24 i. V. m. Nr. 17a DeTKG ein der Öffentlichkeit zur Verfügung stehender und in der Regel gegen Entgelt erbrachter Dienst ist, der ganz oder überwiegend in der Übertragung von Signalen besteht. Die hier zur Diskussion stehende Öffentlichkeit verweist auf einen unbestimmten Personenkreis. Hingegen sind Dienste oder Netze, die nur dem bestimmten eingeschränkten Nutzerkreis zur Verfügung stehen, von der Meldepflicht ausgeschlossen[456].

Problematisch ist jedoch, wie der (öffentlich zugängliche) Telekommunikationsdienst vom Inhaltsdienst (Telemedien- und Rundfunkdienst) abzugrenzen ist[457]. Da ein Telekommunikationsdienst anhand seines gesetzestextlichen Merkmals „ganz oder überwiegend" in der Signalübertragung besteht, ist die Abgrenzung zw. beiden Dienstbegriffen auf eine funktionale Betrachtung abzustellen[458]. Dabei sollte ein in Betracht kommendes Bündelangebot aufgrund der wirtschaftlichen Teilbarkeit getrennt klassifiziert werden[459]. Während der Inhaltsdienst den Schwerpunkt auf die Inhaltsbereitbestellung legt, handelt es sich bei dem Telekommunikationsdienst um den bloßen Signaltransport über Telekommunikationsnetze und ggf. die Ermöglichung des Inhaltsdienstes auf

---

456 *Gersdorf*, in: Säcker (Hrsg.), TKG-Komm., § 6, Rn. 26. Die nichtöffentlichen Telekommunikationsdienste, nämlich nur für geschlossene Nutzergruppen zugänglich, waren hingegen nach § 4 DeTKG 1996 noch meldepflichtig. Vgl. dazu *Schuster*, in: Büchner et al. (Hrsg.), BeckTKG-Komm., § 4, Rn. 6.

457 Der Anwendungsbereich des Telemediengesetzes schließt zwar den nach § 3 Nr. 24 DeTKG formulierten Telekommunikationsdienst aus. Aber die in § 1 Abs. 1 S. 1 Telemediengesetz definierten Telekommunikationsdienste mit der Tatbestandsvoraussetzung vom DeTKG stimmen nicht überein, weil ein Tatbestand „überwiegend (in der Übertragung von Signalen)" nicht vom Telemediengesetz erfasst wird. Der Grund besteht darin, dass der Gesetzgeber einen regulatorischen Überlagerungsbereich für bestimmte Dienste prägen wollte, die sich sowohl dem DeTKG als auch Telemediengesetz unterwerfen sollten. Vgl. Begründung Regierungsentwurf TMG, BT-Drs. 16/3078, S. 13. Auch *Spindler*, in: Spindler/Schmitz (Hrsg.), TMG-Komm., § 1, Rn. 16.

458 *Säcker*, in: Säcker (Hrsg.), TKG-Komm., § 3, Rn. 62; *Ricke*, in: Spindler/Schuster (Hrsg.), Recht der elektronischen Medien, TMG §1, Rn. 6.

459 *Kühling/Schall/Biendl*, TKG, Rn. 126. Vgl. auch *Säcker*, in: Säcker (Hrsg.), TKG-Komm., § 3, Rn. 63; *Martini/Zimmerman*, CR 7/2007, S. 427 f.

Basis desselben Vorgangs[460]. Die reinen Inhaltsdienstanbieter sind demnach nicht meldepflichtig.

Auch vom öffentlich zugänglichen Telekommunikationsdienst zu unterscheiden ist der sog. telekommunikationsgestützte Dienst, welcher gem. § 3 Nr. 25 DeTKG während der Telekommunikationsverbindung eine an den räumlich und zeitlich untrennbaren Leistungsfluss geknüpfte Inhaltsleistung ist. Von dieser Legaldefinition her ist der telekommunikationsgestützte Dienst ein untrennbar hybrider Dienst mit einer Signalübertragung und Inhaltsleistung. Dieser Dienst i. S. v. § 3 Nr. 25 DeTKG stellt einen eigenständigen Dienstbereich dar und wird aufgrund der systematischen Auslegung sowie der Ermittlung des Willens des Gesetzgebers nicht als eine unterbegriffliche Kategorie der Telekommunikationsdienste beibehalten[461]. Da ein solcher Dienst den Schwerpunkt nicht auf die überwiegende Signalübertragung, sondern auf die inhaltliche Leistung legt, geht es hiermit vor allem um vielfältige Mehrwertdienste, welche teilweise bereits in DeTKG legal definiert werden[462]. Wer eine Inhaltsleistung anbietet, die während einer Telekommunikationsverbindung erbracht wird, ist daher nicht meldepflichtig.

II. Auswertung für Marktzutrittsregelungen im TwTKG

1. Undeutlichkeit des gesetzlichen Begriffs „Telekommunikationsdienst"

Der Anwendungsbereich der Lizenzpflicht sowohl in erster als auch zweiter Klasse beschränkt sich darauf, dass ein Unternehmen einen oder mehrere öffentlich

---

460 Folgt man dieser Ansicht, lässt sich bei einigen Grenzfällen, beispielsweise im Internetzugangsdienst, E-Mail-Dienst sowie bei dem varianten VoIP, beantworten, ob ein teilbarer Dienst einem Telekommunikations- oder Inhaltsdienst zugeordnet wird. Vgl. dazu näher *Säcker*, in: Säcker (Hrsg.), TKG-Komm., § 3, Rn. 64 f. Hinsichtlich der digitalen Konvergenz sollte der faktische Aufwand der jeweiligen am ISO/OSI-Referenzmodell orientierten Dienstkompetenz als angemessenes Kriterium zur Abgrenzung der Inhalts- oder Telekommunikationsdienste gelten. Vgl. dazu näher *Schütz*, in: Geppert/Schütz (Hrsg.), BeckTKG-Komm., § 6, Rn. 35 f.; *Martini/Zimmerman*, CR 6/2007, S. 368 f.

461 *Kühling/Schall/Biendl*, TKG, Rn. 129.

462 Dazu gehören Auskunftsdienste (§ 3 Nr. 2a DeTKG), Service-Dienste (§ 3 Nr. 8b DeTKG), Kurzwahl-Datendienste (§ 3 Nr. 11a i. V. m. 11b DeTKG), Massenverkehr-Dienste (§ 3 Nr. 11d DeTKG), Neuartige Dienste (§ 3 Nr. 12b DeTKG) und Premium-Dienste (§ 3 Nr. 17b DeTKG).

zugänglichen Telekommunikationsdienste und ggf. auch telekommunikationsrelevante Zusatzdienstleistungen anbieten will. Der Telekommunikationsdienst ist gem. § 2 Nr. 4 TwTKG skizzenhaft formuliert als eine durch Telekommunikationsnetze erbrachte Dienstleistung. Ein lizenzbedürftiges Telekommunikationsunternehmen ist nach § 2 Nr. 5 TwTKG ein gewerblich für die Öffentlichkeit einen Telekommunikationsdienst erbringendes Unternehmen[463]. Die Merkmale des Telekommunikationsdienstes i. S. v. § 2 Nr. 4 TwTKG sind jedoch so undeutlich, dass anhand dieser unscharfen Begriffsbegrenzung jegliche Dienstleistung als Telekommunikationsdienst erfasst werden könnte, sofern sie in gewisser Weise mit der elektronischen Signalübertragung verbunden ist. Daneben ist die Begriffsdefinition des Telekommunikationsdienstes wegen des Kriteriums zur Klassifizierung der Telekommunikationsunternehmen, nach dem es nur auf die Verfügung des eigenen Betreibungsnetzes ankommt, auch nicht von erheblicher Bedeutung[464]. Die genehmigungspflichtigen Tätigkeiten könnten mithin nicht durch Betrachtung der vorliegenden Vorgaben vorhersehbar sein.

Eine Gefahr ist daher nicht ausgeschlossen, wenn sich der Umfang der lizenzpflichtigen Aktivitäten durch die Selbstentscheidung der Regulierungsbehörde unbeschränkt ausdehnen könnte. Dies ist insb. der Fall, wenn das NCC unter dem Umstand des Fehlens der klaren gesetzlichen Tatbestandsvoraussetzungen selbst mehrere der zweitklassigen Lizenzpflicht unterliegende Tätigkeiten festlegt und weiterhin deren jeweiligen Eigenschaften beschreibt. In der Amtspraxis liegt ein großer Teil von nach 2KTUO und relevanter Verwaltungsvorschrift lizenzpflichtigen Geschäftstätigkeiten vor, die tatsächlich zum telekommunikationsunterstützenden Dienst sogar Inhalts- oder Telemediendienste zählen sollten[465]. Beispielsweise unterliegt der Mehrwertdienst, der in der Tat nach der von NCC ergangenen Begriffsdefinition mit dem Mehrwertdienst i. S. v. telekommunikationsunterstützten Diensten nach § 3 Nr. 25 DeTKG identisch ist, der allgemeinen 2KTU-Lizenzpflicht. Dasjenige Unternehmen, das lediglich den Datenbankdienst anbietet, der in keinem Zusammenhang mit der Signalübertragung steht und dem Inhaltsdienst zuzuordnen ist, ist ebenfalls lizenzpflichtig.

---

463 Hingegen ist die nicht öffentlich zugängliche Telekommunikationsdienstleistung nach § 2 Nr. 6 TwTKG als zweckgebundene Telekommunikation legal definiert und unterliegt gem. § 47 Ab. 1 TwTKG einer anderen Lizenzpflicht. Vgl. dazu *Liu, K.-C.*, Ft Law Review 114, S. 17 f.

464 Zum Verhältnis des unscharfen Begriffs des Telekommunikationsdienstes zum Klassifizierungskriterium des Telekommunikationsunternehmens, welches nicht auf die angebotene Dienstleistung abstellt, siehe oben Teil 2. B. I. 1.

465 Siehe dazu oben Teil 2. B. II. 2.

Eine gesetzliche Marktzutrittsschranke auch für oben erwähnte Dienstleistungen zu prägen oder aufrechtzuerhalten, ist jedoch äußerst bedenklich. Eine telekommunikative Regulierung soll sich im Licht der verfassungsrechtlichen Infrastrukturverantwortung vor allem an die Gewährleistung der funktionsfähigen Marktordnung für Dienstleistungen der elektronischen Kommunikation binden, welche für Menschenleben unentbehrlich sind und damit als netzbezügliche Daseinsvorsorge gekennzeichnet werden[466]. Dieser der telekommunikativen Regulierungsverwaltung zugrunde liegende Verfassungsauftrag soll sich nicht auf die inhaltliche Aufsicht erstrecken, die vielmehr anderen Gemeinwohlbelangen, z. B. der Sicherung der Meinungsvielfalt, Jugendschutz usw., dient[467].

Aus diesem Grund ist eine klare, nachvollziehbare Definition des Telekommunikationsdienstes erforderlich. Der Begriffsumfang des Telekommunikationsdienstes muss so weit wie möglich die vom Verfassungsrecht ausgestaltete Telekommunikationsverwaltung widerspiegeln. Dabei kommt die Formulierung des Telekommunikationsdienstes i. S. v. § 3 Nr. 24 DeTKG in Betracht. Ein Tatbestandsmerkmal, „ganz oder überwiegend in der Übertragung von Signalen", ist anders als § 2 Nr. 4 TwTKG bei der Legaldefinition des Telekommunikationsdienstes des § 3 Nr. 24 DeTKG betont, so dass ein anwendbares Kriterium zur Differenzierung zw. bloßer Signalvermittlung und dem Inhaltsangebot bereits geliefert worden ist. Was die Grenzfälle anbelangt, sind diese vor allem durch eine Auslegung für „überwiegende Signalübertragung" zu bestimmen. Dem Überwiegen der Signalübertragung kann die Kostenstruktur des in Frage gestellten Dienstes zugrunde liegen. Mit anderen Worten kommt es darauf an, auf welchen Dienstteil größere Kosten entfallen. Oder es ist zu ermitteln, welcher Dienstteil den größten Nutzen erbringt[468]. Hierbei kann insb. das ISO/OSI-Referenzmodell herangezogen werden, bei dem ein technischer Vorgang in sieben Schichten mit den jeweiligen Funktionskompetenzen aufgeteilt wird. Durch das in netzbezogenen bis anwendungs- und inhaltsbezogenen Ebenen angeordnete Kompetenzschema sollte die Klassifizierungsaufgabe für die digital-konvergenten Informationsdienste erleichtert werden[469].

---

466 Der Telekommunikationsdienst als Daseinsvorsorge ist vom Gesetzgeber bestätigt. Vgl. dazu Entwurfsbegründung zum TwTKG (1996), LY-Drs. Nr. 85/6, S. 149.

467 Siehe dazu oben. Teil 1. A. II. 1.

468 *Martini/Zimmerman*, CR 7/2007, S. 42; insofern sprechen *Kühling/Schall* von „Marktgängigkeit". Vgl. dazu *dies.*, CR 10/2015, S. 645 f.

469 *Koenig/Neumann*, K&R Beil. 3/2004, S. 5 f.

2. Ungerechtfertigte asymmetrische Marktzutrittshindernisse

Die taiwanesischen Telekommunikationsunternehmen sind entweder als ein 1KTU oder 2KTU zu qualifizieren. Die Differenzierung der Lizenzklasse ist nicht von – anders als die Lizenzklassifizierung im DeTKG 1996 – betriebenen Netzarten und der Spezifizierung des Telekommunikationsdienstes abhängig, sondern es kommt lediglich darauf an, ob das in Rede stehende Telekommunikationsunternehmen über ein eigenes Telekommunikationsnetz verfügt. Durch welche Dienstleistungen und welches Betriebsmodell es erbracht werden soll, ist bei diesem Kriterium unerheblich. Dies bedeutet jedoch nicht, dass nach eigenem Betriebsplan die Wechsel des gewünschten Angebots des Telekommunikationsdienstes oder der Eintritt eines anderen Produktmarkts ohne Zustimmung der Regulierungsbehörde erlaubt ist. Denn mehrere sekundäre Lizenzklassen werden von der Regulierungsbehörde anhand der konkreten Tätigkeiten oder Geschäftsbereiche durch die Regelung in Form der Rechtsverordnung weiterhin innerhalb der jeweiligen Klasse der Telekommunikationsunternehmenslizenz ausgestaltet. Die Ausübung des Lizenzrechts beschränkt sich daher auf den nach der (Sekundär-)Lizenzklasse im Voraus festgelegten Geschäftsgegenstand; falls ein Telekommunikationsunternehmen andere nicht von einem Lizenzrecht erlaubte Produkte an Kunden vermarkten will, muss es noch einen Antrag für die Erteilung einer entsprechenden (Sekundär-)Lizenz stellen und sich erneut der Genehmigungsprüfung unterwerfen[470].

Damit sind der Wechsel und der Neueintritt eines bestimmten Geschäftsbereichs nicht ohne Weiteres vorzunehmen. Das durch den Genehmigungsmechanismus geprägte Marktzutrittsregime erschwert den Marktzutritt und den Handlungsspielraum i. R. d. strategischen Entscheidung des Unternehmens begrenzt. Dabei handelt es sich um die asymmetrische Kontrolldichte für die Zuweisung der jeweiligen Lizenzarten. Es ergibt sich aus dem grundlegenden Unterschied der Marktzugangsbedingungen zw. den jeweiligen Lizenzklassen. Aus Sicht der potenziellen Wettbewerber liegt eine maßgebliche Marktzutrittshürde vor, wenn sie zahlreiche und unterschiedlich eingriffsintensive Marktzugangsbedingungen berücksichtigen müssen[471]. Einem Internetzugangsanbieter, der als 2KTU mithilfe der Mietleitung von 1KTU seine Dienstleistung erbringt, ist es beispielsweise nach § 9 2KTUVO nicht erlaubt, ein eigenes Netz über sein Geschäftsgebäude zu verlegen[472], es sei denn, dass ihm eine zu 1KTU gehörende

470 *Liu, K.-C.*, Science & Technology Law Review 12/6, S. 37; *Li, C.-J.*, National University of Kaohsiung Law Journal 4, S. 180.

471 *Liu, K.-C.*, Science & Technology Law Review 12/6, S. 38 f.

472 JuHACT, 100/1825, 22.02.2012, Rn. 89 f. (judicial.gov.tw).

Sekundärlizenz zugeteilt wird, wobei eine Reihe von strengeren subjektiven Anforderungen i. R. d. Verteilungsverfahrens erfüllt werden müssen, d. h. die Voraussetzungen für die Zuverlässigkeit, Leistungsfähigkeit sowie Fachkunde in Betracht kommen. Der Antragsteller muss außerdem selbst das unvorhersehbare Risiko des Scheiterns des Lizenzantrages tragen und spezifischen Verpflichtungen für 1KTU wie z. B. die Teilnahmepflicht am Universaldienstmechanismus in Kauf nehmen[473]. Dies könnte zur Verringerung des Marktzutrittsanreizes führen.

Unter den Marktzugangsschranken im TwTKG kann eine Drei-Stufen-Lizenzierung verstanden werden, nämlich 1KTU mit Kontingentgenehmigung, spezifisches 2KTU mit strengerer Kontrollgenehmigung sowie 2KTU mit allgemeiner Kontrollgenehmigung. Bei der jeweiligen Stufe bestehen unterschiedliche Kontrolldichten für den Lizenzantrag. Am strengsten gehandhabt wird die Kontingentgenehmigung des 1KTU, wobei der Antragsteller – abgesehen von der Begrenzung der Lizenzanzahl anhand der objektiven Bedingungen – sowohl der Zuverlässigkeits- als auch der Leistungsfähigkeitsprüfung untersteht. Demgegenüber werden die Zuverlässigkeit und die Leistungsfähigkeit grundsätzlich nicht vom 2KTU-Linzenznehmer angefordert. Ein 2KTU unterliegt nur ggf. einer Leistungsfähigkeitsprüfung[474]. Als Mittelstufe gehalten worden ist die verstärkte Kontrollgenehmigung für die Ausübung des spezifischen 2KTU-Lizenzrechts. Dabei ist eine unabdingbare Leistungsfähigkeitsprüfung wiederum ein Bestandteil des Genehmigungsverfahrens. Darüber hinaus unterliegt der Antragsteller einer besonderen Zuverlässigkeitsaufsicht[475]. Diese Drei-Stufen-Lizenzierung spiegelt die theoretische Differenzierung zw. dem „Verbot mit Befreiungsvorbehalt" und dem „Verbot mit Erlaubnisvorbehalt" wider[476], da die Regulierungsbehörde das Ausübungsrecht für den betreffenden 1KTU-Geschäftsgegenstand nach Ermessen befreien oder verbieten kann; hingegen ist eine 2KTU-Lizenz zu erteilen, sofern der Antragsteller die Zulassungsvoraussetzung erfüllt. Dem dreistufigen Lizenzsystem liegt jedoch nicht die Einteilung des Telekommunikationsdienstes oder telekommunikationsgestützten Dienstes zugrunde, sondern vielmehr die Kapitalstruktur, das unternehmerische Betriebsmodell oder die verfügbare Technologie. Dies könnte eine Ungleichbehandlung i. R. d. Marktzugangsbedingungen für mehrere Dienstanbieter herbeiführen, die miteinander im Konkurrenzverhältnis auf dem gleichen, sachlich relevanten

---

473 *Wang, Y.-C.*, Klassifizierung der Telekommunikationsunternehmen, S. 254.

474 *Li, C.-J.*, National University of Kaohsiung Law Journal 4, S. 167 f.

475 Siehe dazu oben Teil. 2 B. II. 2. b).

476 Vgl. *Ziekow*, Öffentliches Wirtschaftsrecht, S. 68.

Dienstleistungsmarkt stehen[477]. Diese normative Ungleichbehandlung wäre unsachgerecht, wenn bei telekommunikativer Regulierung eine Ungleichbehandlung zw. verschiedenen Technikanwendungen gem. § 7 FCA (Grundsatz der Technologieneutralität) vermieden werden sollte und die pluralistische Entwicklung des Telekommunikationsdienstes gem. § 6 FTA nicht willkürlich zu dämpfen ist.

Darüber hinaus muss der grundlegenden Zielsetzung bei der Ausgestaltung der Marktzugangsordnung Rechnung getragen werden. Im Zuge der Liberalisierung des Telekommunikationsmarkts ist die Förderung des Dienstleistungs- und Infrastrukturwettbewerbs als vorrangige Aufgabe des neuen Rechtsrahmens zwar nicht ausdrücklich in § 1 TwTKG vorgesehen, aber der Gesetzgeber hat durch die Aufnahme der symmetrischen Regulierungsidee bereitwillig zugestimmt, dass die nachhaltig wettbewerbsorientierte Marktentwicklung grundsätzlich nicht wegen der missbräuchlichen Ausübung der überlegenen Marktmacht eines Unternehmens beeinträchtigt wird[478]. Dementsprechend ist der Staat verpflichtet, die als Marktversagen gewertete Wettbewerbsbehinderung zu beseitigen und damit den Wettbewerb zu schaffen, zu schützen und zu fördern. Aus diesem Grund ist das vom Gesetz oder Regulierungsermessen verursachte Marktzugangshindernis ebenfalls möglichst zu mindern, damit die Marktentwicklung nicht übermäßig verzerrt wird. Durch die uneinheitlichen Marktzugangsbedingungen für gleichartige Produkte vermarktenden Anbieter würde die Wettbewerbsintensität insb. i. S. d. Infrastrukturwettbewerbs jedoch in höchstem Maße verringert. Einerseits hätte ein potenzieller 1KTU-Wettbewerber wegen der anders als Kontrollgenehmigung strengeren Marktzutrittsvoraussetzungen keine Interessen als Netzbetreiber und würde damit tätig als 2KTU, dessen Lizenz relativ einfach erhältlich ist. Andererseits hielte der Marktteilnehmer als 2KTU wegen des beschränkten Lizenzrechts keinen ausreichenden Verhaltensspielraum, beispielsweise die Investition in den Netzaufbau, in der Hand. Wie in oben erwähntem Fall des 2KTU-Linzenznehmers, der Internetzugangsdienste anbietet und welchem es verboten ist, ein eigenes Betriebsnetz aufzubauen, wird die Möglichkeit für die Entfaltung des Infrastrukturwettbewerbs gelöscht[479].

477 *Wang, Y.-C.*, Klassifizierung der Telekommunikationsunternehmen, S. 273.
478 Siehe dazu oben Teil 3. A. I. 3. a).
479 *Huang, T.-J.*, Rootlaw Review 29/5, S. 173 f.

3. Erforderlichkeit des Lizenzsystems?

a) Verhältnismäßigkeitsprüfung der Intervention in die Berufsfreiheit des TwVG

Hinsichtlich der empfindlichen Beeinträchtigung der unternehmerischen Berufswahl- und Berufsausübungsfreiheit nach Art. 15 Alt. 2 TwVG sollte dem taiwanesischen Marktzugangsregime die Verfassungsmäßigkeitsfrage gestellt werden. Dabei ist zu beantworten, ob sich das Lizenzsystem im TwTKG als erforderliche und daher gerechtfertigte Maßnahme zum Zweck der in § 1 TwTKG verankerten Gemeinwohlbelange darstellt. Genauso wie das Verständnis in der deutschen Verfassungsrechtsprechung ist unter der vom TwVG geschützten Berufsfreiheit ein einheitliches Schutzsystem des Grundrechts zu verstehen[480]. Nach der Drei-Stufen-Lehre ist vor allem die Berufswahl- von der Berufsausübungsfreiheit zu unterscheiden. Des Weiteren ist die Regelung über die Beschränkung der Berufswahlfreiheit im objektiven und subjektiven Sinne auszudifferenzieren. Damit handelt es sich bei der Beeinträchtigungsmaßnahme für die Berufsfreiheit um die dreistufigen Regelungen, d. h. objektive Berufswahlregelung, subjektive Berufswahlregelung sowie die Berufsausübungsregelung. Die Verhältnismäßigkeitsprüfung nach Art. 23 TwVG[481] orientiert sich an dieser Stufung von Regelungsarten und stellt verschiedene Anforderungen für die Erforderlichkeit der Beeinträchtigung der Berufsfreiheit auf der jeweiligen Stufe[482].

---

480 *Scholz*, in: Maunz/Dürig (Hrsg.), GG-Komm., Art. 12, Rn. 335.

481 Die Verhältnismäßigkeitsprüfung in der taiwanesischen Verfassung ähnelt der in der deutschen Verfassungsrechtsprechung angewendeten Verhältnismäßigkeitsprüfung. Gem. Art. 23 TwVG kann das einzelne Grundrecht nur dann eingeschränkt werden, wenn die Eingriffsmaßnahme aufgrund eines Gesetzes für die Erreichung der folgenden Ziele erforderlich ist: Beseitigung der Freiheitsbehinderung, Vermeidung der dringenden Gefährdung, Sicherstellung der sozialen Ordnung sowie Beitrag zu öffentlichen Interessen. Das taiwanesische Verfassungsgericht hat dementsprechend vier Kriterien für die Rechtsfertigungsfrage einer staatlichen Eingriffsmaßnahme entwickelt. Ein staatlicher Eingriff in das Grundrecht des Einzelnen ist nur dann gerechtfertigt, wenn er (1) dem legitimen Zweck dient und (2) geeignet für die Erreichung des Zwecks, (3) erforderlich und (4) verhältnismäßig ist. Vgl. *Chen, S.-M.*, Verfassungsrecht, S. 181 f.

482 VerfA Nr. 649, Begründung Rn. 4.

b) *Rechtfertigung der Kontingentgenehmigung*

Bei der Kontingentgenehmigung des 1KTU geht es um die objektive Berufswahlregelung, da die Regulierungsbehörde aufgrund der weitreichenden Verordnungsermächtigung nach § 12 Abs. 6 TwTKG eine Höchstzahlregel und ein begleitendes Zertifizierungsverfahren regeln kann, bei denen der Einzelne von vornherein keinen Einfluss auf deren Erfüllung hat. Diese eingreifende Maßnahme ist nur gerechtfertigt, wenn sie der Abwahl der schweren Gefahr für überragend wichtiges Gemeinschaftsgut dient und zugleich kein auf einer niederen Stufe anzusiedelnder Eingriff vorliegt, durch den der gleichwertige Zweck ebenso gut erlangt werden könnte[483]. Es wird angenommen, dass die Frequenzknappheit und besondere Wirtschaftspolitik für die Netzwirtschaftsindustrie der Legitimität eines strengen Genehmigungsmechanismus zugrunde liegen.

aa) *Frequenzknappheit*

Die Konstellation, dass nur limitierte Lizenznehmer wegen geringer nutzbarer Frequenzbänder auf dem Markt ihre Tätigkeiten ausüben können, hat keinen Bezug auf den Festnetzbereich und soll daher nicht als ein sachlicher Grund für eine umfassende Marktzugangskontrolle gegenüber jeglichem Netzbetreiber gelten[484]. Als zutreffendes Beispiel schrieb § 8 Abs. 3 Nr. 1 DeTKG 1996 vor, dass die beantragte Lizenz nur im Falle des Fehlens verfügbarer Frequenz zu versagen war. Nach dem Wortlaut dieses Gesetzes stellte sich die zahlenmäßige Beschränkung der zu vergebenden Lizenzen als *Ultima Ratio* im Bereich der Frequenzverwaltung dar[485]. Über die Frequenzknappheit hinaus lag keine andere objektive Voraussetzung für den limitierten Lizenzantrag vor.

Es ist auch fraglich, ob sich die institutionelle Frequenzzuteilung für den Betrieb eines Übertragungsweges theoretisch an die Lizenzzuteilung für die gewerberechtliche Geschäftsaufnahme knüpfen muss[486]. Dass § 8 Abs. 5 DeTKG 1996 bereits ein eigenständiges Zuteilungssystem der für den Betrieb von

483 VerfA Nr. 649, Begründung Rn. 5.

484 In der taiwanesischen Rechtsprechung wird die Rechtfertigung des Lizenzregimes für die Frequenzzuteilung und -nutzung bejaht. Vgl. VerfA Nr. 678, Begründung Rn. 1.

485 *Schütz*, in: Büchner et al. (Hrsg.), BeckTKG-Komm., § 8, Rn. 39.

486 In der taiwanesischen Literatur wird das Thema unter dem Namen „Trennbarkeit der Frequenznutzungs- und Geschäftslizenz" zum Ausdruck gebracht. Vgl. dazu *Chan, C.-J.*, Systembildung der Trennung zw. Lizenzzuteilung und Geschäftslizenz, S. 181 ff.

Übertragungswegen benötigten Frequenz normiert hatte, ist der Fall[487]. Der verfolgte Zweck der Lizenz- und Frequenzzuteilung muss hierbei weiter berücksichtigt werden. Der Rechtsrahmen der Frequenzzuteilung strebt die Überwachung und Sicherstellung einer effizienten und störungsfreien Frequenznutzung mit dem Ziel an, zum einen mittels eines fairen Vergabeverfahrens von Nutzungsrechten den chancengleichen Wettbewerb zu gewährleisten, zum anderen durch eine vernünftige Frequenzplanung die Interessen der öffentlichen Sicherheit zu wahren (vgl. §§ 52 Abs. 1 i. V. m. 2 Abs. 2 Nr. 2 i. V. m. Nr. 7 i. V. m. Nr. 9 DeTKG)[488]. Demgegenüber fokussiert die Aufgabe der Lizenzzuteilung die Zertifizierung der erforderlichen Zuverlässigkeit und Leistungsfähigkeit eines Marktteilnehmers, um Fernmeldegeheimnisse zu wahren und zugleich die Grundversorgung im telekommunikativen Bereich kraft privatwirtschaftlicher Tätigkeiten im Umstand der Marktöffnung zu ermöglichen (vgl. §§ 8 Abs. 2 S. 1 i. V. m. Abs. 3 Nr. 2 i. V. m. 2 Abs. 2 Nr. 1 i. V. m. Nr. 3 DeTKG 1996)[489]. Angesichts des parallelen Normzwecks muss die Frequenzvergabe nicht unbedingt mit der Lizenzvergabe als Netzbetreiber zusammengeführt werden[490].

Ein Mechanismus für den Wettbewerb um das (mit der Nutzung der bestimmten Frequenz verbundene) Netz ist nicht mit dem Regulierungsregime für die Teilnahme am Wettbewerb im Netz, namentlich Wettbewerb auf dem nachgelagerten Dienstleistungsmarkt, zu integrieren, da die primäre Aufgabe des Regulierungsrechts die Herstellung des Wettbewerbs ist, indem der Infrastrukturbetreiber des Netzes vom Dienstanbieter, der durch die hoheitliche Zugangsregulierung das Mitnutzungsrecht der Infrastruktur vom Netzbetreiber zwecks der Vermarktung der auf derselben Infrastruktur verbreiteten Produkte auf dem nachgelagerten, mit dem Netzbetreiber im Konkurrenzverhältnis stehenden Markt erlangen kann, differenziert werden muss[491]. Dementsprechend setzt die Bereitstellung der Telekommunikationsleistung auf dem Endnutzermarkt

---

487 *Spoerr/Deutsch*, DVBl. 1997, S. 304 f.; *Schütz*, in: Büchner et al. (Hrsg.), BeckTKG-Komm., § 8, Rn. 51; ausgehend vom untrennbaren Verfahren siehe N. *Nolte*, CR 8/1996, S. 463.

488 Vgl. dazu näher *Sörries*, in: Säcker (Hrsg.), TKG-Komm., § 52, Rn. 48 f.

489 *Schütz*, in: Büchner et al. (Hrsg.), BeckTKG-Komm., § 8, Rn. 40.

490 *Chan, C.-J.*, Systembildung der Trennung zw. Lizenzzuteilung und Geschäftslizenz, S. 214 f.

491 Zum Verhältnis der Aufgabe des Regulierungsrechts zur Unterscheidung zw. Wettbewerb „im Netz" und „um Netz" siehe *Pielow*, Regulierungsrecht als Infrastrukturregulierungsrecht, S. 21 f.; *Kühling*, Sektorspezifische Regulierung, S. 48 f.

mittlerweile nicht mehr den eigenständigen Netzbetrieb voraus[492]. Damit erweist sich die Entkopplung der Lizenzzuteilung vom Verfahren für die Frequenzvergabe im Vergleich zur Ausgestaltung einer umfassenden Kontingentgenehmigung als geeignete und angemessene Maßnahme, durch die der grundlegende Zweck des Regulierungsrechts, nämlich die Schaffung einer marktorientierten Leistungsordnung und dementsprechend möglichst die Beseitigung der Marktzugangsschranke, gefördert werden kann[493]. Obwohl eine Kontingentgenehmigung, in der die Lizenz- und Frequenzzuweisung gekoppelt werden, nicht erforderlich ist, sollte ein leistungsrechtlicher Anspruch des Lizenzinhabers auf die Zuteilung erforderlicher Frequenz als notwendige Ergänzung gewährleistet werden[494].

bb) Wirtschaftspolitische Begründung

Ein anderer Ausgangspunkt für die Rechtfertigung der Kontingentgenehmigung ist auf die Begründung aus wirtschaftspolitischer Perspektive zurückzuführen. Es ist davon auszugehen, dass die Regulierungsbehörde wegen der netzwirtschaftlichen Besonderheit andauernd die Anzahl der Marktteilnehmer auf einem liberalisierten Markt kontrollieren sollte. Kurz gesagt: Einerseits sollte die wirtschaftlich sinnlose Duplizierung bestimmter Netzelemente, insb. Kupfer-TAL, vermieden werden, andererseits werden der Ausbruch einer unerwünschten Konkurrenz, also der ruinöse Wettbewerb, und begleitende negative Auswirkungen, z. B. übermäßiger Kapitalverlust des Netzbetreibers wegen unbeschränkten Marktzugangs, vermutet. Dies würde schließlich die Verzögerung des planmäßigen Netzausbaus zulasten der Verbraucher herbeiführen und muss verhindert werden. Die Verknappung der Dienstanbieter mit strengerer Qualifikationsprüfung stützt sich daher auf die Effizienz im volkwirtschaftlichen Sinne.[495] Aufgrund dessen steht der Regulierungsbehörde gem. § 12 Abs. 6 TwTKG ein

492 Beispielsweise benötigt ein Anbieter des Mobiltelefondienstes während der Erbringung seiner Dienstleistung in der Tat nur eine von zumindest einem Netzbetreiber erbrachte Vorleistung, damit er an seinen Kunden im eigenen Namen den gleichartigen Telekommunikationsdienst eines Mobilfunknetzbetreibers wiederverkaufen kann. Eine strenge – wie TwTKG regelt – Klassifizierung des Unternehmens anhand des Netzbesitzes für die Zugangskontrolle eines gleichen Dienstleistungsmarkts könnte an Bedeutung verlieren.

493 Siehe dazu *Chan, C.-J.*, Systembildung der Trennung zw. Lizenzzuteilung und Geschäftslizenz, S. 215 f.; *Lin, S.-G.*, Telekommunikative Regulierung, S. 170 f.

494 *Spoerr/Deutsch*, DVBl. 1997, S. 304 f.

495 *Lien, Y.-N.*, Taiwan Economic Research Monthly 22/6, S. 26 f.

Gestaltungsermessen zu, durch das eine ihrer bedarfspolitischen Vorstellung entsprechende Marktzugangskontrolle ausgestaltet werden kann.

Ein verfolgter Zweck der objektiven Berufswahlregelung kann als Abwehr des überragend wichtigen Gemeinschaftsguts gewertet werden, wenn das Verfassungsrecht dessen Verwirklichung als Staatziel postuliert[496]. Dies impliziert, dass eine objektive Berufswahlregel grundsätzlich nicht zugelassen ist[497]. Die Telekommunikationsleistung hat eine Besonderheit der Öffentlichkeit und wird damit für eine Daseinsvorsorge gehalten. Obwohl diese als öffentliche Aufgabe angesehene Leistung gem. Art. 144 TwVG grundsätzlich von öffentlicher Hand erbracht wird, schließt die Verfassung jedoch nicht aus, den Privaten aufgrund eines Gesetzes die Erfüllung der öffentlichen Aufgaben zu übergeben. Dementsprechend normiert Art. 145 Abs. 1 TwVG, dass das Eigentum und der private Gewerbebetrieb den öffentlichen Interessen unterliegen und damit aufgrund des Gesetzes zum Zweck der volkwirtschaftlichen Fortentwicklung beschränkt werden können. Vor diesem Hintergrund ist die bedarfspolitische, auf die wirtschaftliche Lehre abgestellte Vorstellung von erheblicher Bedeutung. Darin ist das überragend wichtige Gemeinschaftsgut zu schützen und zu bewahren. Ein Kontingentgenehmigungssystem ist daher geeignet, die in Rede stehende Zielsetzung, nämlich die Verhinderung der negativen Auswirkung auf den in Form der privatwirtschaftlichen Tätigkeit geschöpften Telekommunikationsmarkt, zu erreichen, da die Regulierungsbehörde durch die Höchstzahlregel mit dem Marktzugangsmechanismus für die Auswahl und Qualifikation der zuverlässigen Marktteilnehmer in höchstem Maße nach eigener Entscheidungsrationalität den Marktprozess und den Fortschritt der Netzinvestition lenken kann. Fraglich ist aber, ob dieser Marktzugangsmechanismus erforderlich ist. Eine objektive Berufswahlregelung ist nur dann notwendig, wenn keine Maßnahme vorliegt, die zwar auf einer niederen Stufe angesiedelt ist, aber durch die der Zweck gleich effektiv erreicht werden kann. Daneben ist insb. den Wettbewerbsmöglichkeiten von Privaten, der Sicherstellung der funktionsfähigen Marktordnung und deren Entwicklung sowie den verfolgten Gemeinwohlbelangen Rechnung zu tragen und damit eine Interessenabwägung zw. angestrebtem Zweck und dem Eingriff zu treffen[498]. Das in Form der objektiven Berufswahlregelung ausgestaltete Kontingentgenehmigungssystem stellt sich jedoch nicht als mildeste Maßnahme dar, da die Berufsausübungsregel anstelle der Höchstzahlregel der Lizenzinhaber

496 VerfA Nr. 649, Begründung Rn. 5.
497 Vgl. *Scholz*, in: Maunz/Dürig (Hrsg.), GG-Komm., Art. 12, Rn. 364.
498 VerfA Nr. 649, Begründung Rn. 6.

genügt, um eine sinnlose Duplizierung und einen ruinösen (Dienstleistungs-) Wettbewerb zu vermeiden und dies bei gleicher Eignung zu erreichen. Als mindere Maßnahme stellen sich die Marktregulierungsmaßnahmen als Berufsausübungsregeln dar, da sich in erster Linie auf die berufliche Betätigung des Telekommunikationsunternehmens gerichtet wird, das über beträchtliche Marktmacht verfügt. Dieses Regulierungsmodell nimmt keinen Einfluss auf den Marktzugang, sondern strebt die Konkretisierung des wettbewerbsorientierten Missbrauchsverbots an, durch die die wettbewerbliche Marktstruktur geschaffen und dauerhaft sichergestellt wird.[499] Dies wirkt als Instrument zur Neutralisierung der Zugangshürden und zugleich zur Missbrauchsaufsicht, so dass Neueinsteiger nicht nur die Zugangskompetenz erlangen, sondern auch ihre Dienstleistungen auf einem Markt erbringen können, in dem der Behinderungsmissbrauch, z. B. ein unsachgerechtes Preisdumping, unterbunden wird. In Taiwan versteht man unter diesem Regulierungsregime die „asymmetrische Regulierung". Durch diese Kontrolle der Berufsausübung können bereits die von dem gesamtwirtschaftlichen Aspekt ausgegangenen Zweifel für den unbeschränkten Marktzugang überwunden werden: Die Berufswahlfreiheit wird möglichst einerseits nicht beeinträchtigt; die unerwünschte Wettbewerbsverzerrung kann andererseits unter Einbeziehung der unternehmerischen Entscheidungsspielräume gleich effektiv beseitigt werden. Ein Genehmigungssystem zur Bildung eines *quasi* oligopolistischen Markts ist durchaus nicht erforderlich. Darüber hinaus wäre eine in die Berufswahlfreiheit eingreifende Marktzugangsregulierung, die sich auf eine nahezu unbeschränkte Gestaltungsermächtigung nach § 12 Abs. 6 TwTKG stützt, im Licht des effektiven Rechtsschutzes (Art. 19 Abs. 4 GG, vergleichbare Vorgabe in Taiwan Art. 16 TwVG) unzumutbar[500].

c) Rechtfertigung der Kontrollgenehmigung

Über die objektive Berufswahlregelung hinaus besteht noch die subjektive Berufswahlregelung i. R. d. sowohl Kontingentgenehmigung des 1KTU als auch Kontrollgenehmigung des 2KTU. Sie bezieht sich auf die Personalkonzession

---

499 *Mohr*, Zugangs- und Entgeltregulierung, S. 108.

500 Auf das Lizenzinstitut, das sich auf die sicherheits- und ordnungsrechtliche Regulierung richtet, kommt kein Regulierungsermessen der Regulierungsbehörde zu. Das Bestimmtheitsgebot des Gesetzes obliegt dem Gesetzgeber. Vgl. *Würtenberger*, GewArch 2016/1, S. 8 f. Ein mittelbar oder unmittelbar vom Staat kontrolliertes Unternehmen zur Erbringung des Telekommunikationsdienstes ist gem. Art. 87f Abs. 2 S. 1 GG verboten. Vgl. dazu *Gersdorf*, AfP 5–98, S. 470 f.

für die Aufnahme der Tätigkeit. Solche Zulassungsvoraussetzungen sind dann verhältnismäßig, wenn sie aufgrund eines Gesetzes geregelt werden und dem Schutz eines überwiegend wichtigen Gemeinschaftsguts dienen[501]. Dabei handelt es sich insb. um zumindest die Leistungsfähigkeit, verfügbare Fachkunde und Zuverlässigkeit der Lizenzpflichten. Die Konkretisierung dieser Regelung muss für die Ausübung des beantragten Rechts so erforderlich sein, dass die dauerhafte Ausübung des Lizenzrechts sowie die Verfügbarkeit der Kenntnisse gegen die potenzielle Gefahr aus Tätigkeiten der Lizenznehmer vermutet werden können[502]. Da der Antragsteller des Lizenzrechts im Zuge der Liberalisierung einen Bestandteil der Grundversorgungsverantwortung anstelle des Staats im Bereich der Telekommunikation übernehmen wird, muss er über das entsprechende Vermögen für die Erfüllungsaufgabe der Telekommunikationsleistung verfügen. Umgekehrt ist der Staat im Hinblick auf die Gewährleistungsverantwortung verpflichtet, private Akteure mit angemessener Leistungsfähigkeit für eine öffentliche Aufgabenerledigung zu qualifizieren[503]. Aufgrund dessen ist eine Kontrollgenehmigung gerechtfertigt, die sich auf das präventive Verbot mit Erlaubnisvorbehalt ausrichtet und eine Reihe von erforderlichen, subjektiven Zulassungsvoraussetzungen enthält[504].

III. Ausblick

Eine Marktzugangskontrolle soll der Deregulierung dienen. Mit dem Liberalisierungsprozess im Telekommunikationssektor muss die staatliche Aufsicht über die Betriebsaufnahme in gewissem Maße zurückgenommen werden, da die Herstellung eines Wettbewerbs, der heutzutage als adäquates Mittel für die Ermöglichung der Gemeinwohloptimierung angesehen wird, tatsächlich vom

---

501 VerfA Nr. 634, Begründung Rn. 1; VerfA Nr. 612, Tenor Rn. 1; VerfA Nr. 584, Begründung Rn. 1; VerfA Nr. 510, Begründung Rn. 1; VerfA Nr. 404, Begründung Rn. 1.

502 VerfA Nr. 612, Begründung Rn. 2; VerfA Nr. 510, Tenor Rn. 1.

503 *Schuppert*, Gewährleistungsstaat, S. 43; *Schoch*, Gewährleistungsverwaltung, S. 159.

504 Als Bezugnahme gilt die in der GenehmigungsRL ausgeprägte Allgemeingenehmigung. Der Mitgliedstaat kann gem. Art. 6 Abs. 1 S. 1 GenehmigungsRL die Bedingungen bei Allgemeingenehmigungen regeln, welche nach S. 2 objektiv gerechtfertigt, nichtdiskriminiert, verhältnismäßig und transparent sein müssen. Im Teil A des Anhangs der GenehmigungsRL werden mehrere zulässige Bedingungen hervorgebracht, bei denen es um die Zuverlässigkeit wie z. B. des finanziellen Beitrags zur Finanzierung des Universaldienstes nach Nr. 1, Sicherstellung des Datenschutzes nach Nr. 7 und Leistungsfähigkeit wie Wahrung der Integrität öffentlicher Kommunikationsnetze zur Vermeidung elektromagnetischer Störungen nach Nr. 15 geht.

möglichst gesetzlich oder materiell unbeschränkten Marktzugang und -ausgang abhängig ist[505]. Eine der Marktzugangskontrolle dienende Lizenzierung soll sich einerseits nur auf die notwendigen Umstände beschränken; ihrer Rechtfertigung liegt andererseits die Verfassungsmäßigkeit des Eingriffs in die Berufswahlfreiheit des Einzelnen zugrunde. Das Marktzugangsregime im TwTKG wäre jedoch übermäßig eher verfassungswidrig, weil die (gesetzlichen) Marktzutrittsschranken aus Sicht der potenziellen Wettbewerber so hoch und intransparent sind, dass die Beteiligungsmöglichkeiten am Telekommunikationsmarkt nicht durch das Gesetz garantiert würden, sondern nach wie vor gedämpft blieben. Der von der nahezu unbeschränkten Verordnungsermächtigung nach § 12 Abs. 6 TwTKG abgeleitete Gestaltungsspielraum der Marktzugangskontrolle sollte weiter wie in folgender Darstellung abgebaut werden.

Vor allem ist der lizenzpflichtige Geschäftsbereich legal definiert abzugrenzen und zu konzentrieren. Dabei geht es um den klaren Begriffsumfang des Telekommunikationsdienstes und dessen Unterscheidung der telekommunikationsgestützten Dienste sowie telekommunikationsbasierten Inhaltsdienste. Der Lizenzmechanismus sollte sich grundsätzlich nur auf solche Dienstanbieter richten, welche einen öffentlich zugänglichen Telekommunikationsdienst erbringen und ggf. auch ein öffentliches Telekommunikationsnetz betreiben wollen. Die Anbieter für reine telekommunikationsgestützte Dienste oder für die nicht für die Öffentlichkeit zur Verfügung stehenden Telekommunikationsdienste sowie reine Inhaltsdienstanbieter sind auf Grund der Unerheblichkeit für die regulatorische Verantwortung der Wettbewerbsförderung von der speziellen Marktzugangskontrolle auszuklammern und damit nicht lizenzpflichtig. Für eine geeignete Referenznorm gehalten wird die Legaldefinition des öffentlich zugänglichen Telekommunikationsdienstes nach § 3 Nr. 24 i. V. m. Nr. 17a DeTKG.

Zweitens soll die weitergehende Auflösung der Klassifizierung des Telekommunikationsunternehmens mit der Reduzierung des lizenzpflichtigen Bereichs vorgenommen werden. Die Beibehaltung der zweiten Klasse ist nicht erforderlich, da die meisten Tätigkeiten, die dem Geschäftsbereich des 2KTU

505 Die Forderung nach der Beseitigung oder Erleichterung der Marktzutrittsschranke in gesetzlichem oder ökonomischem Sinne stützt sich auf die Theorie der bestreitbaren Märkte. Danach ist eine Regulierung dann gerechtfertigt, wenn die Marktposition der aktuellen Marktteilnehmer nicht ohne Weiteres bestreitbar ist. Die vorrangige Aufgabe der staatlichen Regulierung soll Marktzutrittsmöglichkeiten in gesetzlichem und wirtschaftlichem Sinne erhöhen. Die staatliche Marktzutrittsschranke – insb. das Monopolrecht – soll vor allem abgebaut werden. Vgl. *Fetzer*, Staat und Wettbewerb, S. 119 ff.

zugeordnet werden, nicht mehr in Betracht kommen und regulierungsbedürftig sein sollten. Darüber hinaus muss die Rechtfertigung der unterschiedlichen Eingriffsintensitäten in die Marktzutrittsfreiheit zw. beiden Lizenzklassen weiterhin berücksichtigt werden. Auf Grund der ungerechtfertigten asymmetrischen Marktzutrittshürden und der verfassungsrechtlichen Bedenklichkeit eines andauernden Kontingentgenehmigungssystems mit objektiver Berufswahlregel sollte die Klassifizierung des Telekommunikationsunternehmens abgelöst werden, wobei die Höchstzahlregel für 1KTU oder eine Angebotsverknappung auf dem Telekommunikationsmarkt nicht mehr für sachangemessene Regulierungspolitik gehalten werden dürften. In Anlehnung an die Theorie der bestreitbaren Märkte soll darüber hinaus nicht nur jede Stufe des Dienste- und Infrastrukturwettbewerbers für den Markteintritt offengehalten werden, sondern auch die Marktzutrittsbarrieren zw. den Stufen sind zu neutralisieren[506]. Vor diesem Hintergrund sollte ein Verstoß gegen Regulierungsziele nicht direkt als unabdingbarer Versagungsgrund des Anspruchs auf den Marktzugang gelten, sondern nur die Ausgestaltungskompetenz einer Lizenzzuteilungskontrolle mit den notwendigen subjektiven Zulassungsvoraussetzungen rechtfertigen[507]. Wenn die Regulierungsbehörde die Marktöffnung und damit die immer intensivere Konkurrenz mehrerer Unternehmen befürchtet und deswegen verweigert, steht sie schon einem anderen grundlegenden Regulierungsziel, nämlich der Schaffung und Sicherstellung des auf Basis von Privatautonomie ausgestalteten Wettbewerbs, entgegen. Nur das Vorliegen einer Knappheitssituation, z. B. fehlende verfügbare Frequenz, könnte eine abgegrenzte Lizenzerteilung begründen. Aber die Lizenzzuteilung zum Zweck der Frequenznutzung ist nicht mit der Genehmigung der Teilnahme am Dienstleistungsmarkt zu verbinden. Ein einheitliches Kontrollgenehmigungsregime, das sich am präventiven Verbot mit Erlaubnisvorbehalt orientiert, ist ausreichend.

Unter dem einheitlichen Kontrollgenehmigungsregime können besondere personenbezogene Zulassungsvoraussetzungen anhand des jeweiligen Tätigkeitsbereichs festgestellt werden, um die öffentlichen Interessen an der ordnungsmäßigen Erfüllung der öffentlichen Aufgabe sicherzustellen. Als formelle Forderung müssen die Verfahrens- und materiellen Bedingungen für die Lizenzerteilung klar gesetzlich oder durch eindeutige Verordnungsermächtigung normiert werden. Die Formulierung der subjektiven Voraussetzungen muss sich

506 Vgl. *Höppner*, Regulierung der Netzstruktur, S. 353.

507 Bei der Personalkonzession steht der Regulierungsbehörde kein Versagungsermessen zu. Vgl. dazu *Spoerr/Deutsch*, DVBl. 1997, S. 306 f.

an die Erforderlichkeit der effektiven Ausübung des beantragten Lizenzrechts binden. Denn die öffentliche Sicherheit oder besondere Gemeinwohlbelange, welche schon als Gesetzesziel vorgesehen werden, dürfen bei der Aufnahme der Tätigkeit nicht willkürlich gefährdet oder beeinträchtigt werden. Die subjektiven Zulassungsvoraussetzungen beinhalten daher die grundlegenden Anforderungen, wie die Zuverlässigkeit, Leistungsfähigkeit sowie Fachkunde des Antragstellers. Diese Anforderungen unterstehen auch dem Grundsatz der Verhältnismäßigkeit[508]. Der Antragsteller besitzt die Zuverlässigkeit, wenn er seine Tätigkeit ordnungsgemäß ausüben will, wofür die Nichtverschuldung ein wichtiges Indiz ist[509]. Die Anforderungen an die Leistungsfähigkeit dienen der Gewähr der dauerhaften Ausübung des Lizenzrechts. Dabei geht es um die vorhandenen oder geplant investierten, dem Antragsteller zur Verfügung stehenden Produktionseinrichtungen, die für die Ausübung des Lizenzrechts unentbehrlich sind. Schließlich ist eine exzessive Voraussetzung für den Lizenzantrag zu vermeiden, d. h., die unternehmerische Gewerbefreiheit in dem Investitionsplan sollte nicht durch eine Form der Marktzugangskontrolle bezogen auf die erforderliche Leistungsfähigkeit übermäßig beeinträchtigt werden. Nahegelegt worden ist ein Nachweis für die Finanzierung der mittelfristig für fünf Jahre geplanten Investition.[510] Die Fachkundigen sollen bei der Ausübung des Lizenzrechts über die erforderlichen Kenntnisse, Erfahrungen oder Fertigkeiten verfügen, welche nicht alle für die allgemeine Unternehmensführung notwendigen Kenntnisse sind, sondern das Sachwissen aus technischen, datenverarbeitungsspezifischen Disziplinen beinhaltet[511].

508 *Nolte*, CR 8/1996, S. 461 f.

509 *Spoerr*, in: Trute/Spoerr/Bosch (Hrsg.), TKG, § 8, Rn. 31.

510 *Zwetkow*, in: Heun (Hrsg.), Hb. TKG, Teil 1, Rn. 100.

511 *Schütz*, in: Büchner et al. (Hrsg.), BeckTKG-Komm., § 8, Rn. 47.

C. Gesamtbewertung des taiwanesischen Marktregulierungssystems

In diesem Kapitel dürfen die Kernprobleme in der Marktregulierungsausübung zum Ausdruck gebracht und diesbezügliche Vorgaben des TwTKG in Anlehnung an DeTKG gewürdigt werden. Die Zugangsregulierung als zentrales Regulierungsinstrument stützt sich auf die besondere Regulierungsbedürftigkeit, bei der das andauernde Marktversagen vorliegt, die marktdominierende Stellung des Altmonopolisten wegen der Besonderheiten der Netzökonomie[512] nicht lediglich durch die reine Marktöffnung neutralisiert werden kann und das allgemeine Wettbewerbsrecht auch nicht hinreichend ist, um einen wirksamen Wettbewerb herzustellen[513]. Vor der Auferlegung einer Regulierungsverfügung und den nachfolgenden (konkreten) Zugangsverpflichtungen ist daher ein gesetzliches Regulierungsverfahren vorzunehmen, damit die regulierungsbedürftigen Märkte sowie Telekommunikationsunternehmen unter einer aufmerksamen Abwägung festgelegt werden können[514]. Hinsichtlich der Marktdynamik im Telekommunikationssektor kann das Regelsystem des DeTKG für ein Paradigma des administrativen Regulierungssystems gehalten werden, da solch ein Regulierungsmodell größere Flexibilität schaffen und damit auf die rapide Umwandelung der Telekommunikationsmärkte reagieren kann. Umgekehrt wäre das geltende Marktregulierungssystem im TwTKG nicht ausreichend, um die Gefahr des Marktversagens zu verhindern und damit den Dienstleistungs- und Infrastrukturwettbewerb ständig und effektiv zu unterstützen. Aus diesem Grund ist eine gesamte Bewertung im Licht des DeTKG vorzubringen, um die Nachteile der TwTKG i. R. d. Zugangs- und Entgeltsvorgaben darzustellen. Zunächst geht es um das wesentliche Regulierungsobjekt, das im TwTKG jedoch nicht klar definiert wird (I). Zweitens handelt es sich um die Eigenschaft des sog. normierenden Regulierungsansatzes, da alle zugangsbezüglichen Verpflichtungsvorschriften in konditionaler Regelungsform konkretisiert werden (II). Letztens ist sich mit dem Problem des Fehlens eines gesetzlich definierten Kontrollmaßstabs auseinanderzusetzen (III).

---

512 *Knieps*, Netzökonomie, S. 4 f.

513 Erwägungsgrund 27, RL 2002/21/EG (RahmenRL).

514 *Neumann/Thomaschki*, in: Säcker (Hrsg.), TKG-Komm., § 21, Rn. 1, 23 f.

I. Mangelnder Zugangsbegriff als zentrales Problem

1. Kein gesetzlicher Zugangsbegriff im TwTKG

Im TwTKG liegt kein legal definierter Zugangsbegriff vor, der sich als alle potenziellen Zugangsmöglichkeiten aus Sicht von Marktteilnehmern im Telekommunikationssektor darstellt. Stattdessen ist eine Vielzahl von konkreten, in Form entweder des Gesetzes oder der Verordnung gestalteten Handlungsverpflichtungen direkt gegenüber regulierten Unternehmen aufzuerlegen. Dabei kommen insb. die Zusammenschaltung, das Mitnutzungsrecht auf die „Bottleneck-Einrichtung", die „Betreiber(vor-)auswahl" sowie die in Form der Entgeltregulierung ausgestalteten Zugangsrechte in Betracht[515]. Dementsprechend fehlt dem TwTKG eine einheitliche Vorgabe zur Auferlegung der Zugangsverpflichtung zur Gewährung jeglichen Netzzugangs, welchen die verpflichtenden Unternehmen für andere Marktteilnehmer aus Perspektive der Wettbewerbsförderung bereitstellen sollen. Demgegenüber steht jedoch § 21 DeTKG, nach dem die Regulierungsbehörde auf Antrag oder von Amts wegen das SMP-Unternehmen verpflichten kann, anderen Unternehmen „Zugang" unter Berücksichtigung der in § 2 vorgeschriebenen Regulierungsziele und in § 21 Abs. 1 S. 2 DeTKG verankerten Erwägungskriterien zu gewähren. Dieses Zugangskonzept ist auf die Zugangsdefinition von § 3 Nr. 32 DeTKG zurückzuführen. Diese Vorschrift schreibt vor, dass „(der) Zugang die Bereitstellung von Einrichtungen oder Diensten für ein anderes Unternehmen unter bestimmten Bedingungen zum Zweck der Erbringung von Telekommunikationsdiensten, auch bei deren Verwendung zur Erbringung von Diensten der Informationsgesellschaft oder Rundfunkinhaltediensten" ist.

Aus dem in § 3 Nr. 32 DeTKG formulierten Zugangskonzept als zentraler Regulierungsgegenstand lässt sich entnehmen, dass eine Vorab-Regulierung für die Gewährleistung der Zugangsmöglichkeit von der erstmaligen Schaffung des Wettbewerbs in nachgelagerten und potenziell wettbewerbsfähigen Marktsegmenten abhängig ist[516]. Damit dient das Zugangskonzept der Beseitigung der realistischen Marktzutrittsbarrieren sowie der Haupthindernisse für den Wettbewerb, indem der Incumbent den Wettbewerbern den Zugriff auf die bisher nur betriebsintern genutzte Infrastruktur oder Dienstleistungen vermitteln sollte[517]. Aufgrund dessen beschränkt sich die staatliche Intervention grundsätzlich auf

515 Siehe dazu Abbildung I: Normstruktur der Zugangsregulierung.

516 *Höppner*, Regulierung der Netzstruktur, S. 48.

517 *Mohr*, Sicherung der Vertragsfreiheit, S. 585 f.; *Fetzer*, Staat und Wettbewerb, S. 207.

die problematischen Netzsektoren, welche auf der Vorleistungsebene vorliegen, und zwar aus Sicht der Wettbewerber unerlässlich sind, aber aus ökonomischen oder tatsächlichen Gründen nicht ohne Weiteres duplizierbar oder substituierbar sein sollten[518]. Die Einführung der Zugangsregulierung erweist sich als eine sog. disaggregierte Regulierung: Bewusster Verzicht auf die Regulierung für Marktsegmente als solche, welche potenziell wettbewerbsfähig sind und sich damit durch Kräfte des Marktes entfalten und selbst steuern können[519]. Das Zugangskonzept impliziert einerseits die theoretische Abgrenzung der Regulierungsobjekte i. R. d. Marktregulierung, andererseits fungiert es als staatlicher Eingriff in das asymmetrische Vertragsverhältnis des ehemaligen Monopolisten zu mehreren Telekommunikationsunternehmen zum Zweck der effektiven Unterstützung der wirtschaftlichen Selbstbestimmung der Netznutzungspetenten[520]. Von dieser Perspektive aus hat die Regulierung der Netzebene Vorrang vor der Regulierung der Endkundenmärkte[521]. Solange eine Regulierung der Vorleistungsmärkte, u. a. die Zugangsregulierung und Entgeltregulierung für Zugangsleistungen, bereits effektiv einen wirksamen Wettbewerb auf Endkundenmärkten herbeiführen kann, ist auf eine Doppelregulierung der Endkundenmärkte zu verzichten[522].

Die positive Funktion des Zugangskonzepts ist jedoch wegen des Fehlens einer klaren Legaldefinition und entsprechenden Anwendungsweise im TwTKG nicht ersichtlich. Dies führt unvermeidlich zum zersplitterten Regelsystem des Netznutzungsrechts, welches dem oben erwähnten Konzept der disaggregierten Regulierung im höchsten Maß zuwiderlaufen würde. In der Tat wäre der Ausgangspunkt des marktrelevanten Regulierungssystems in Taiwan keine Kompensierung der ungleichen Verhandlungsmacht des Altmonopolisten, vielmehr – trotz des Indizes der Wettbewerbssicherung als wesentliches Regulierungsziel nach § 1 TwTKG – die Gewährleistung der fair zugreifbaren Dienstleistung mit günstigem, diskriminierungsfreiem sowie nichtmissbräuchlichem Verbraucherpreis, da dieses Gesetz zum einen gegenüber

518 *Höppner*, Regulierung der Netzstruktur, S. 50 f.

519 *Höppner*, Netzveränderungen, S. 67.

520 *Mohr*, Zugangs- und Entgeltregulierung, S. 102 f.; *Masing*, Regulierungsverwaltung, D 111.

521 *Höppner*, Regulierung der Netzstruktur, S. 58.

522 Als taugendes Beispiel ist § 39 Abs. 1 DeTKG zu nennen. Die Entgeltregulierung für die Endnutzerleistung ist als *Ultima Ratio* nur dann anzuwenden, wenn die Regulierung im Zugangsbereich insuffizient ist. Vgl. dazu *Kühling/Neumann*, in: Säcker (Hrsg.), TKG-Komm., § 39, Rn. 1 f.

Telekommunikationsunternehmen ursprünglich nur eine marktmachtunabhängige Zusammenschaltungsverpflichtung auf der Netzebene[523], zum anderen lediglich eine vom Standpunkt der Regulierungsbehörde aus nahezu unbeschränkte Befugnis für die Ex-ante-Entgeltkontrolle für Endnutzerleistungen[524] bestimmt. Der fehlende Zugangsbegriff im TwTKG bedeutet nicht nur eine Ergänzungsnotwendigkeit der Zugangsdefinition ins Gesetz, sondern auch die systematische Insuffizienz zur effektiven Gewährung des Zugangsrechts und damit zur Sicherstellung der Handlungsfreiheit der Wettbewerber auf dem Endnutzermarkt.

2. Folge: Insuffiziente Rechtfertigungsbegründung der Zugangsregulierung

Im TwTKG besteht kein einheitliches Verfahren zur Festlegung des SMP-Unternehmens und ferner zur Begründung der Regulierungsbedürftigkeit für einen zu untersuchenden Markt. Was die Untersuchung der potenziell regulierungsbedürftigen Märkte anbelangt, belässt das TwTKG anstatt des durch Marktabgrenzung zu konkretisierenden Zugangsbegriffs nur eine marktmachtunabhängige Zusammenschaltungsverpflichtung im engeren Sinne (§ 16 Abs. 1 i. V. m. Abs. 2 S. 2 TwTKG i. V. m. § 4 Abs. 1 ZVO) und teilweise im weiteren Sinne (Verbindungsaufbau für 2KTU nach § 16 Abs. 7 TwTKG und Kollokation nach § 11 ZVO) sowie eine beschränkte Mitnutzungsverpflichtung im Bereich der „Bottleneck-Einrichtung“ (§ 31 TwTKG). Die übrigen faktischen Zugangsformen werden von der Regulierungsbehörde angesichts des realistischen Eingriffsbedarfs in den Markt direkt durch Verordnungsermächtigung zur Ausgestaltung der Entgeltregulierungsordnung verschafft. Dabei geht es vor allem um die sechs datenvermittelnden Zugangsleistungen im Namen von „Zugangsdiensten zu Großhandelsbedingungen“, die für die Erbringungen der nachgelagerten Internetzugangsdienste unerlässlich sind (§ 9 Abs. 3 Nr. 5 EntRVO)[525]. Nicht zu vernachlässigen ist dabei noch die Regelung für die Preiskontrolle der verpflichteten Vermietung der als Bottleneck-Einrichtung eingestuften Netzsegmente (§ 18 Abs. 2 ZVO), u. a. Kupfer-TAL (Abs. 3), welche tatsächlich keinen unmittelbaren Bezug zur Zusammenschaltungsordnung aufweisen[526]. Aus diesen Gründen werden die aus Sicht der Behörde zu

523 Dazu bereits oben Teil 2. C. I. 1. a).

524 Dazu bereits oben Teil 2. D. I. 1. a). aa).

525 Dazu bereits oben Teil 2. C. III. 3.

526 Dazu bereits oben Teil 2. C. III. 2.

regulierenden Zugangsleistungen von vornherein ohne spezifische Marktabgrenzungsarbeit unmittelbar in Form der konditional programmierten Norm zum Ausdruck gebracht, so dass kein vorangehendes Verfahren vorliegt, das der wettbewerbsrechtlichen Marktabgrenzung dient.

Trotzdem bedeutet dies nicht, dass der Gesetz- oder Verordnungsgeber gar keine Absicht hat, die Regulierungsadressaten, die über die erwähnten Netzsegmente verfügen, in angemessener Weise zu beschränken. Einerseits werden die dem Price-Cap-Verfahren unterliegenden Unternehmen von der Regulierungsbehörde auf der Ermächtigungsgrundlage nach § 26 Abs. 3 TwTKG durch eine Regelung überprüft, die in Form der Verordnung zu prägen ist[527]. Die Regulierungsbehörde hat dabei auf die Ermessensermächtigung für die Festlegung des Telekommunikationsunternehmens mit beträchtlicher Macht i. S. v. § 26-1 Abs. 2 TwTKG zurückgegriffen, wo auf die Grundlage der asymmetrischen Regulierung abzustellen ist, Tatbestandsmerkmale von SMP-1KTU in § 2 EntRVO normiert und ebenso auf das Unternehmen angewendet werden, das „Zugangsdienste zu Großhandelsbedingungen" für andere Wettbewerber bereitstellt[528]. Daneben findet das SMP-Unternehmens-Konzept mittlerweile auch punktweise auf die begleitende Verpflichtung, nämlich Transparenzverpflichtung (§ 16 Abs. 10 TwTKG), sowie die im Zusammenschaltungsregime angelegte Verpflichtung zur Bereitstellung der Zusammenschaltungsschnittstelle (§ 7 Abs. 2 ZVO) und Entbündelung der Netzsegmente (§ 17 Abs. 1 ZVO) Anwendung. Anderseits handelt es sich um die Begriffsanwendung der sog. „Bottleneck-Einrichtung" sowohl im TwTKG als auch in mehreren Verordnungen. Erst verfügt ein 1KTU über eine bestimmte Netzkomponente, die gem. § 37 Abs. 4 TdFVO durch eine Bekanntgabe von der Regulierungsbehörde qualifiziert wird, dann unterliegt es

527 Das Verwaltungsgericht hat den Gestaltungsspielraum für die Kriterien der beträchtlichen Marktmacht eingeräumt. Vgl. JuSAC, 99/558, 27.05.2010, Rn. 113 ff. (judicial.gov.tw).

528 § 26 Abs. 3 TwTKG schreibt vor, dass die Regulierungsbehörde die Ermessensmaßstäbe zu preislich verpflichtenden 1KTU in Form der Rechtsverordnung entscheidet. Hierbei besteht keine besondere inhaltliche Anforderung für die Ausgestaltung dieser Maßstäbe. Seit 1999 wurde das neue Konzept der asymmetrischen Regulierung, die ursprünglich nur im Falle des Missbrauchsverbots anzuwenden ist, in § 26-1 TwTKG neu angefügt. Aber die Regulierungsbehörde kann auch ohne sonstige Anforderung selbst durch die Bekanntgabe über die SMP-Unternehmen entscheiden (§ 26-1 Abs. 2 TwTKG). Die Regulierungsbehörde hat das SMP-Unternehmenskonzept ebenso in die EntRVO eingeführt und die beiden Regulierungsadressaten kombiniert, um die verpflichteten 1KTU auf das SMP-1KTU zu beschränken. Siehe dazu oben Teil 2. D. III. 1. b).

direkt der Mitnutzungsverpflichtung i. S. v. § 31 TwTKG sowie der Verpflichtung zur Vermietung dieses entbündelten Netzsegments i. S. v. § 18 Abs. 2 ZVO. Beim letzten Fall ist die Nachfrage nach Anmietung der entbündelten kupferbasierten TAL am historischen Kostenmaßstab in § 18 Abs. 3 ZVO besonders geregelt. Im Ergebnis liegen divergierende Prozesse zur Festlegung der Zugangsverpflichteten in der taiwanesischen Zugangsordnung vor, so dass ein einheitliches Verfahren zur Begründung der Regulierungsbedürftigkeit mit allgemeingültigen Ermessenskriterien fehlt. Dies führt zum Zweifel an der wirklichen Funktion der Zugangsregulierung und ferner der Rechtfertigung des geltend zugangsrelevanten Ordnungsrahmens, da eine sichere und unabhängige Begründung zur Auferlegung der Zugangsverpflichtung ggf. mit der Regulierung des Zugangsentgelts, welche sich auf die Ermöglichung der Wettbewerbsförderung mittels einer regulatorischen Intervention in bestimmte Netzsegmente richten soll, nicht ersichtlich ist.

Es ist jedoch noch zu bemerken, dass die Festlegung des SMP-Unternehmens i. S. v. § 2 EntRVO tatsächlich nicht an das Ermittlungsergebnis für die Regulierungsbedürftigkeit auf dem jeweiligen Markt anknüpft. Vielmehr dient sie lediglich der Begrenzung der Regulierungsadressaten. Stets nicht erklärt ist der Zusammenhang zw. den Kriterien für die Festlegung des SMP-1KTU i. S. v. §§ 26-1 Abs. 2 i. V. m. 26 Abs. 3 TwTKG i. V. m. 2 EntRVO und dem theoretischen Bottleneck-Einrichtungs-Konzept. Dies ist der Fall, wenn dasjenige 1KTU, welches die „wesentliche Einrichtung" innehat, gem. § 2 Abs. 1 Nr. 1 EntRVO als BMP-1KTU vermutet wird. In welchem Verhältnis die hier in Rede stehende „wesentliche Einrichtung" und die „Bottleneck-Einrichtung" stehen, ist eine noch nicht geklärte Frage[529].

3. DeTKG: Marktdefinition und -analyse als unerlässliche Verfahrensschritt

Um die Probleme der mangelnden Zugangsordnung zu lösen, wäre es geeignet, den in DeTKG vorgeschriebenen Ordnungsrahmen für die Zugangsgewährung und dessen Grundgedanken heranzuziehen. Das Zugangskonzept für die Wettbewerbsförderung stellt sich als zentrale Frage des Regulierungsrechts dar. Die Frage um Zugangsmöglichkeiten, wer wem welche Netzinfrastrukturen oder zusätzlichen Dienstleistungen zu diskriminierungsfreien Bedingungen

529 Dieses Begriffspaar ist überflüssig und soll durch die Einführung eines konsistenten Marktregulierungsverfahrens mit einer einheitlichen Zugangsverpflichtungsvorgabe aufgehoben werden. Siehe dazu den folgenden Teil 3. E. II. 3. c).

bereitzustellen hat, ist daher durch die Zugangsregulierung zu beantworten[530]. Die Bedingungen des Netzzugangs sind normalerweise privatautonom in einem freien Markt auszuhandeln[531]. Unter diesem Umstand kommt regelmäßig nur eine Ex-post-Regulierung wie das Handlungsverbot für die Verweigerung des Zugangs zu wesentlichen Einrichtungen i. S. v. § 19 Abs. 2 Nr. 4 GWB im Falle des Vorliegens vom marktbeherrschenden Unternehmen, in Betracht[532]. Dieses Missbrauchsrecht ist in Anlehnung an die amerikanische *Essential-Facilities-Doctrine* entwickelt worden[533]. Solch ein „verhandelter Netzzugang" kann jedoch dazu führen, dass die andauernd asymmetrischen Wettbewerbsverhältnisse zw. Netzbetreiber und anderen Marktteilnehmern nicht effektiv abgebaut, sondern perpetuiert werden[534]. Um die materiell-chancengleiche Selbstbestimmung der Wettbewerber zu unterstützen und ferner die Wettbewerbsintensität zuvörderst auf der Dienstebene zu verstärken, hat das wettbewerbsfördernde Regulierungsrecht vor allem die Aufgabe, die ungleiche Verhandlungsmacht auf der Netzebene auszugleichen, d. h. eine vergleichbare Dispositionsfreiheit beider Vertragsparteien zu schaffen[535]. Dabei kann entweder ein Bestandteil der privatrechtlichen Vereinbarung zw. Zugangsverpflichteten und -begehrten von vornherein konkretisiert oder der Zugang von der Regulierungsbehörde angeordnet werden[536]. Das deutsche Telekommunikationsrecht normiert daher eine auf die Zugangsrechte des potenziellen Wettbewerbers gerichtete Regelung, nach der die Regulierungsbehörde unter Berücksichtigung der Regulierungsziele und der Verhältnismäßigkeit einen Netzbetreiber verpflichten kann, anderen Wettbewerbern adäquaten Zugang zu gewähren, welcher ebenso nach dem behördlichen Ermessen festgestellt werden muss, § 21 DeTKG. Auf Grund der Förderung des wirksamen Wettbewerbs als Regulierungszweck sollte das zu regulierende Objekt, nämlich Zugang, in angemessener Weise analysiert und beschränkt werden. Dabei ist auf die Funktionsweise des Zugangskonzepts abzustellen. Mithilfe des Zugangskonzepts ist vor allem zu ermitteln, welche Einrichtung aus Perspektive der Wettbewerber unerlässlich ist, um ihre eigenen Produkte auf

530 *Masing*, Regulierungsverwaltung, D 111; *Höppner*, Regulierung der Netzstruktur, S. 389 f.

531 *Kühling*, Sektorspezifische Regulierung, S. 182 f.

532 *Mohr*, Sicherung der Vertragsfreiheit, S. 612.

533 *Emmerich*, Kartellrecht, § 10 Rn. 38 f., § 27, Rn. 102 f.; zum unionsrechtlichen Kontext siehe *Mestmäcker/Schweitzer*, Netzwettbewerb, S. 63 ff.

534 *Trute/Broemel*, ZHR 170 (2006), S. 709 f.

535 *Mohr*, Sicherung der Vertragsfreiheit, S. 612; *Höppner*, Netzveränderungen, S. 79 f.

536 *Trute/Broemel*, ZHR 170 (2006), S. 710.

dem potenziell marktfähigen Marktsegment anzubieten. Dies ist insb. der Fall, wenn die Einrichtung oder Infrastrukturleistung zwar für die Erbringung alternativer Endprodukte wesentlich, aber aus tatsächlichen oder wirtschaftlichen Gründen nicht ohne Weiteres duplizierbar oder substituierbar ist, so dass der Endproduktmarkt aus Sicht der potenziellen Wettbewerber nicht direkt angreifbar gemacht wird[537]. Erst wird die unerlässliche Einrichtung lokalisiert, dann ist diese Einrichtung durch die hoheitliche Gewährung des Rechts zur Mitnutzung einer fremden Infrastruktur (Zugangsrecht) zu neutralisieren[538].

Dass der Wettbewerber, der auf dem vor- oder nachgelagerten Markt tätig ist, das Recht hat, die vom marktbeherrschenden Unternehmen intern genutzte Einrichtung zum Zweck zur Erbringung seiner eigenen Dienstleistung gemeinsam zu nutzen, ist bereits ein Grundsatz des allgemeinen Wettbewerbsrechts (§ 19 Abs. 2 Nr. 4 GWB)[539]. Der Netzzugang in bestimmten Sektoren, beispielsweise Energie oder Eisenbahn, ist wegen der hohen Investition in den Leistungsbau regelmäßig auch als Zugang zur „wesentlichen Einrichtung" („essential facilities") i. S. v. § 19 Abs. 2 Nr. 4 GWB zu interpretieren[540]. Dafür wird im Bereich der Netzwirtschaften insb. von einer sog. Bottleneck-Einrichtung gesprochen, da die Duplizierung der Netzinfrastruktur aufgrund der hohen versunkenen Kosten (sunk costs) und Netzwerkeffekte ebenfalls in physischer oder volkwirtschaftlicher Perspektive ganz oder zum Teil sinnlos ist[541]. Ein Infrastruktur-Bottleneck liegt vor, wenn keine alternative Lösung für die Umgehung des ganzen oder eines Teils des Netzes gefunden werden kann und damit ein Engpass der Netzinfrastruktur auftritt[542]. Dessen Eigentümer verfügt daher gegenüber den Wettbewerbern über eine stabile netzspezifische Marktmacht, welche zur natürlichen Monopolstruktur und unüberwindbaren Marktzutrittsschranke führt[543]. Angesichts der Beibehaltung der Bottleneck-Situation ist es gerechtfertigt, gegenüber

---

537 *Höppner*, Regulierung der Netzstruktur, S. 49 f.

538 *Höppner*, Regulierung der Netzstruktur, S. 52.

539 Vgl. *Höppner*, Netzveränderungen, S. 316 f.

540 Der Zugang zur Netzinfrastruktur kann daher auch als Anspruch auf die Netznutzung oder den Zugang zu wesentlicher Einrichtung angesehen werden, sofern das nachgefragte Netzsegment nicht oder nicht ohne erheblichen Aufwand duplizierbar ist. Vgl. dazu *Engel/Knieps*, Zugang zu wesentlichen Leistungen, S. 13 ff.; *Mohr*, Sicherung der Vertragsfreiheit, S. 585 f.; zur Begriffsdefinition der wesentlichen Einrichtung i. S. v. Wirtschaftslehre vgl. *Knieps*, Wettbewerbsökonomie, S. 102 f.

541 *Knieps*, Netzökonomie, S. 162.

542 *Mohr*, Sicherung der Vertragsfreiheit, S. 591.

543 *Mohr*, Sicherung der Vertragsfreiheit, S. 592; *Fetzer*, Staat und Wettbewerb, S. 125.

dem Netzeigentümer durch die Auferlegung der Zugangsverpflichtung zur Mitbenutzung der Bottleneck-Einrichtung diese monopolistische Netzinfrastruktur zu neutralisieren[544]. Aus dieser Begründung für die Gewährleistung des Zugangsrechts liefert das kartellrechtliche *Essential-Facilities-Konzept* immer noch das rechtsdogmatische Prinzip der Zugangsregulierung, bei der der Zugang zur Bottleneck-Einrichtung nur im beschriebenen Sinne zitiert ist[545].

Da die Bottleneck-Segmente im Bereich der Telekommunikation anders als Energie oder Eisenbahn nicht völlig offensichtlich sind, bedarf es vor allem eines allgemeinen Verfahrens, welches sich auf die Untersuchung der zu regulierenden Einrichtungen oder Dienstleistungen richtet[546]. Die öffentlich-rechtliche Zugangsgewährung ist von einer regulierungstheoretischen Bewertung abhängig, die tatsächlich die wettbewerbsrechtliche Marktabgrenzung und Ermittlung des Unternehmens mit marktbeherrschender Stellung angleichen kann[547]. Die Regulierungsbehörde muss daher im Einzelfall überprüfen, ob ein untersuchter Markt regulierungsbedürftig ist. Im Einklang mit dem asymmetrischen Regulierungskonzept sieht das DeTKG eine eigenständige Verfahrensschrift vor, die einen zweistufigen Ablauf umfasst, nämlich Marktdefinition und -analyse (§§ 10, 11 DeTKG)[548]. Die Regulierungsbehörde hat in diesem Rahmen unter

544 *Badura*, DVBl. 2004, S. 1192; *Coenen/Haucap/Heimeshoff*, Einfluss der Regulierung, S. 57; *Fetzer*, Staat und Wettbewerb, S. 168.

545 *Höppner*, Regulierung der Netzstruktur, S. 60 f. Ebenso *Mohr*, Sicherung der Vertragsfreiheit, S. 608.

546 *Höppner*, Regulierung der Netzstruktur, S. 59, 371 f. Auch *Fetzer*, Staat und Wettbewerb, S. 210.

547 Gem. Art. 15 Abs. 3 S. 1 RL 2002/21/EG (RahmenRL) soll die nationale Regulierungsbehörde die Märkte im Einklang mit den Grundsätzen des Wettbewerbsrechts definieren. Diese Grundsätze werden in den gesetzlichen Tatbeständen der Marktdefinition und -analyse umstrukturiert und disziplinieren damit die Untersuchungsergebnisse für die Regulierungsbedürftigkeit. Auf unionrechtlicher Ebene handelt es auf dieser Grundlage um *Leitlinien der Kommission zur Marktanalyse und Ermittlung beträchtlicher Marktmacht nach gemeinsamem Rechtsrahmen für elektronische Kommunikationsnetze und -dienste vom 11.7.2012, ABl. EG Nr. C 165*, da die nationalen Regulierungsbehörden ihre Marktermittlung einhalten müssen. Vgl. auch *Bunte/Welfens*, Wettbewerbsdynamik und Marktabgrenzung, S. 37 f.; *Woesler/Heinen-Hosseini*, in: Säcker (Hrsg.), TKG-Komm., § 9, Rn. 4. *Höppner* vertritt daher die Ansicht, dass eine unmittelbare Verpflichtung zu konkreten Netzveränderungen nur im Ausnahmefall, wie Energie- oder Eisenbahnsektor, auferlegt werden kann. Vgl. *ders.*, Regulierung der Netzstruktur, S. 372.

548 *Neumann/Koch*, TKG, Kap. 3, Rn. 20.

Einbeziehung der Regulierungsziele zur Förderung i. S. d. sowohl dienst- als auch infrastrukturbasierten Wettbewerbs über den zu regulierenden Zugangsmarkt zu entscheiden, indem die konsistent für mehrere Telekommunikationsmärkte angewendeten Ermessenmaßstäbe für die Wettbewerbsfähigkeit in bestimmten Marktsegmenten untereinander abgewogen werden. Denn die Anwendung der allgemeingültigen Kriterien für die Ermittlung des zu regulierenden Marktsegments kann zur Bildung des Leitermodells beitragen, welches lohnende Investitionen in den Netzaufbau sicherstellt und damit weitergehend einen effektiven Infrastrukturwettbewerb unterstützt.[549]

4. Zwischenfazit

Angesichts des Mangels des eindeutigen Zugangsbegriffs und der gesetzlich bedingungslosen Preiskontrolle für Endnutzerleistungen als primäres Regulierungsobjekt wäre es zutreffend, beim TwTKG großteils unveränderlich auf das Ende-zu-Ende-Regulierungskonzept abzustellen, das eine umfassende Regulierung ohne strikte Trennung zw. vorgelagerten Zugangsleistungen und nachgelagerten Endnutzerleistungen mit vergleichsweiser geringerer Rücksicht auf die wettbewerbsorientierte Dimension betont[550]. Darüber hinaus verweist das Fehlen eines einheitlichen Verfahrensschrittes für die Ermittlung des regulierungsbedürftigen Marktsegments trotz der Einführung des asymmetrischen Regulierungskonzepts im Jahr 1999 auf die Abweichung vom Bottleneck-Regulierung-Konzept, da keine einheitlichen Kriterien für die Bewertung der aus andauernd unüberwindbaren Marktzutrittsschranken verursachten Bottleneck-Segmente vorliegen. Stattdessen wird eine Vielzahl von konkreten Zugangsprodukten von der Regulierungsbehörde direkt in verschiedenen Verordnungen getrennt normiert.

Solch ein Regulierungsmodell ist nicht als vorteilhaft anzusehen. Zum einen wäre es schwierig, durch die Normierung des verpflichteten Netzzugangs auf die rasche Marktentwicklung im Bereich der Telekommunikation rechtzeitig zu reagieren. Hinsichtlich der neuen sachlichen Märkte, wo Netzinfrastrukturen auf Basis des novellierten Technikstandards kontinuierlich aufgebaut und vorbereitet eingeschaltet werden, bedarf es gleichfalls eines Überprüfungsrahmens mit ständigen Begründungkriterien für die Regulierungsbedürftigkeit eines

549 *Höppner*, Regulierung der Netzstruktur, S. 352 f.

550 Zur Ende-zu-Ende-Regulierung siehe näher *Gersdorf*, Konzept des Eisenbahnregulierungsrechts, S. 686; *Knieps*, N&R 1/2004, S. 7 f.

untersuchten Markts[551]. Die normative Vorstrukturierung der regulierungsbedürftigen Zugangsleistungen und derer Bedingungen ist selbstverständlich nicht direkt auf alle möglichen oder potenziell regulierungsbedürftigen Zugangsformen anwendbar. Wenn sich die Regulierungsbehörde gegenüber einem Netzbetreiber verpflichten will, für andere Wettbewerber die noch nicht regulierte Zugangsleistung bereitzustellen, hat sie erst in Verordnungen diese Zugangspflicht hinzuzufügen, die die praktische Regulierungsmaßnahme vornehmen. Bei diesem Fall mangelt es nicht nur an regulatorischer Aktivität und umgehender Reaktionsfähigkeit seitens der Behörde, sondern auch an einer sachangemessenen Regulierungsbegründung. Dies reduziert die Regulierungseffektivität und ferner bricht es die Rechtfertigung des Rechtsrahmens.

Zum anderen handelt es sich um die wesentliche Bedeutung des Regulierungsrechts. Nach dem Normzweck der Wettbewerbsförderung liegt die regulatorische Simulierung eines wirksamen wettbewerbsanalogen Umstands beim Bottleneck-Marktsegment der Rechtfertigung des hoheitlichen Eingriffs in den Markt zugrunde, wo mehrere Teilnehmer ursprünglich frei nachgefragte Produkte mit deren Vertragsbedingungen verhandeln[552]. Aus diesem Grund soll sich der Einsatz der Regulierung vor allem auf die Leistungen beschränken, die der Erbringung der Endnutzerdienste auf einem wettbewerbsfähigen Markt dienen, nämlich die Zugangsleistungen[553]. Im TwTKG besteht jedoch keine eindeutige Forderung nach der Ermessensbegründung der zu regulierenden Zugangsleistung, die im Gesetz auch nicht gesondert definiert und ferner für einen primären Regulierungsgegenstand gehalten wird. Wegen des fehlenden Zugangsbegriffs, des insuffizienten Verfahrensschritts zur Ermessensausübung der Regulierungsbedürftigkeit gegenüber einem abgegrenzten Markt sowie der mangelnden Abwägungspunkte zur Durchführung der Zugangsgewährung verliert die Zugangsregulierung des TwTKG ihre wesentliche Beudeutung, da sie den originalen Normzweck, also die Förderung des wirksamen Wettbewerbs, nicht erreichen kann.

---

551 Die sachliche und räumliche Marktabgrenzung sowie marktbeherrschende Stellung werden regelmäßig (wiederum) in Frage gestellt. Vgl. *Kühling*, WiVerw 2010/2, S. 135 f.

552 Dazu bereits oben Teil 3. A. I. 2. b).

553 *Kirchhof* et al., Grundlagen des Öffentlichen Wettbewerbsrechts, S. 200 f.

II. Problematische normierende Telekommunikationsregulierung

Im Folgenden wird das Zugangsproblem dargestellt, das auf die dichte Normierung des TwTKG zurückgeführt werden sollte. Durch die Vergleichsarbeit mit dem DeTKG können diese Probleme lokalisiert werden. Dies verweist vor allem auf eine unflexible Regulierungstechnik, die sich nicht an den andauernden Marktwandel im Telekommunikationssektor anpassen kann (1.). Zweitens handelt es sich um die unvollständigen Ermächtigungsgrundlagen für die Regelung der konkreten Regulierungsmaßnamen, so dass die Bedenklichkeit des Verstoßes gegen Gesetzesvorbehalt auftritt (2.).

1. Normierende statt administrativer Regulierung

a) TwTKG: Übergreifende Normierungsregulierung

Hinsichtlich der Normierungsdichte des TwTKG können die Rahmenbedingungen der telekommunikativen Marktregulierung in Taiwan als ein normierendes Regulierungsmodell angesehen werden, welches tatsächlich der deutschen normierenden Methodenregulierung im Energiesektor ähnelt[554]. Während das DeTKG eine ergebnisoffene Normstruktur für das Abwägungsermessen zur Entschließung und Ausgestaltung der detaillierten Zugangs- und Entgeltregulierungsmaßnahmen vorstrukturiert und damit als administrative Regulierung bezeichnet wird, bestehen nicht nur die einfachgesetzlich, sondern auch verordnungsrechtlich dezidierten Vorgaben zur dichten Kontrolle des Verwaltungshandelns im taiwanesischen Rechtsrahmen des Telekommunikationssektors[555].

Wie oben bereits ausgeführt, liegt kein gesetzlicher Verfahrensschritt für die Marktdefinition und -analyse im TwTKG vor. Demzufolge findet im TwTKG freilich anders als im DeTKG kein auf die Regulierungsverfügung abstellender Regulierungsansatz statt, welcher ein höheres Gestaltungspotenzial der Regulierungsbehörde mit sich bringen kann, weil einer Regulierungsverfügung i. S. v.

554 Zum normierenden Charakter des deutschen Energieregulierungsrechts in Form der Methodenregulierung vgl. *Theobald/Hummel*, ZNER 2003/3, S. 178 f.; *Britz/Herzmann*, in: Britz/Hellermann/Hermes (Hrsg.), Komm. EnWG, § 29, Rn. 5 f.; *Schmidt-Preuß*, in: Säcker (Hrsg.), Berliner Komm. zu Energierecht, 2010, § 29, Rn. 7.

555 Während das deutsche Energierecht für normierend gehalten wird, ist das Telekommunikationsrecht als administrative Regulierung anzusehen. Siehe dazu *Mengering*, Entgeltregulierung, S. 227 f.; *Eifert*, ZHR 174 (2010), S. 462, 465; *Ludwigs*, in: Schmidt/Wollenschläger (Hrsg.), Kompendium, § 12, Rn. 15 f.

§ 13 Abs. 1 S. 1 DeTKG ein Untersuchungsergebnis der Marktgegebenheiten zugrunde liegen soll, die durch behördliche Überprüfung von Marktdefinition und -analyse nach §§ 10, 11 DeTKG herauskristallisiert werden[556]. Nicht zugewiesen worden ist daher der taiwanesischen Regierungsbehörde diese Befugnis, konkretisierende, spezifisch auf einen regulierungsbedürftigen Markt gerichtete Regulierungsmaßnahmen oder Einzelentscheidungen für die Zugangs- oder Entgeltregulierung in Form des Verwaltungsakts zu gestalten oder zu ändern. Stattdessen ist ein Regulierungsmodell mit stärkerer Normierungsdichte zu prägen und die verordnungsrechtliche Normsetzung als Kernaufgabe der Regulierungsbehörde anzusehen, indem die Rechtverhältnisse zw. sowohl der Regulierungsbehörde und den regulierten Unternehmen als auch mehreren Unternehmen zueinander vor allem durch die Gesetzgebung ausgestaltet und ferner durch mehrere Rechtsverordnungen vorstrukturiert werden. Diese determinierte Normstruktur im taiwanesischen Regulierungssystem kombiniert im Regelfall die Zugangsverpflichtung und begleitende Preiskontrolle.

Dazu gehören vor allem die bedingungslose Zusammenschaltungsverpflichtung zw. 1KTU (§ 16 Abs. 1 TwTKG) und ggf. 2KTU (§ 16 Abs. 7 TwTKG). Auf Grund der Verordnungsermächtigung hat die Regulierungsbehörde ein umfassendes Zusammenschaltungsregime eingerichtet, wobei nicht nur der Inhalt der marktmachtunabhängigen Zusammenschaltungsverpflichtung weiterhin durch ein von der Regulierungsbehörde programmiertes Modell, sondern auch eine dezidierte Vorgehensweise der Preiskontrolle in Form der Einzelgenehmigung gegenüber dem 1KTU mit beträchtlicher Marktmacht und begleitendem TELRIC-Prüfungsmaßstab vorgegeben werden. Daneben liegen noch zwei gesetzlich determinierte Zugangsverpflichtungen vor, nämlich das Mitnutzungsrecht der Bottleneck-Einrichtung nach § 31 TwTKG und die Gewährung der Betreiber(aus)auswahl nach § 20-1 Abs. 4 S. 1 TwTKG. Gleichfalls wird das Price-Cap-System für Endnutzerleistungen gem. § 26 Abs. 1 TwTKG als einzige Vorgehensweise der Entgeltregulierung vorstrukturiert.

Daneben entscheidet der Gesetzgeber jeweils bei vorstrukturierten Verpflichtungsregelungen über sehr weitreichende Verordnungsermächtigungen, nach denen die Regulierungsbehörde konkrete Befugnisnormen in Form der Verordnung auszugestalten hat. Aufgrund dessen hat die Regulierungsbehörde die Normen über Rechte und Pflichten des Telekommunikationsunternehmens intensiv und detailliert programmiert. Zahlreiche zugangs- und entgeltbezügliche Verpflichtungen werden ausnahmslos jeweils in Form der

556 Dies ist auch der primäre Grundsatz der Marktregulierung. Vgl. § 9 Abs. 1 DeTKG.

„Wenn-dann-Normstruktur" normiert. In der ZVO, die auf Grundlage von § 16 Abs. 9 TwTKG erlassen wird, geht es um die Kollokation nach § 11 Abs. 3 ZVO, Anmietung der blanken Netzkomponente mit kostenbasierter Preissetzung einschließlich der Vermietung der Kupfer-TAL, deren Mietpreis nach § 18 Abs. 3 ZVO einer Einzelgenehmigung am historischem Kostenmaßstab unterliegt. Im Rahmen der auf Grundlage der § 26 Abs. 3 TwTKG erlassenen EntRVO unterwerfen sich die normierten Endnutzerleistungen und sechs paketvermittelnde Zugangsprodukte unter dem Namen von Großhandelsprodukten direkt dem Price-Cap-System. Zuletzt besteht die auf die marktmachtunabhängige Verpflichtung zur getrennten Rechnungsführung nach § 19 Abs. 1 S. 1 TwTKG gerichtete RmL auf Grundlage des § 19 Abs. 2 TwTKG. Die RmL beinhaltet eine verbindliche Kostenrechnungsmethode für alle 1KTU.

Im Ergebnis kann der taiwanesische Telekommunikationsrechtsrahmen in jedem Fall als normierender Regulierungsansatz im gesetzlichen Auftrag angesehen werden. Solch eine weitreichende Normierungsaufgabe wird in der Literatur für vorzugswürdig gehalten, da sie im Vergleich zum administrativen Regulierungsansatz dessen Maßnahmeninhalt noch durch eine auf die bestehende Marktsituation zu reagierende Regulierungsverfügung konkretisiert wird, stärkere Rechtssicherheit und regulatorische Vorhersehbarkeit garantieren kann[557].

b) Kehrseite normierender Regulierung

aa) Schwächere Anpassungsfähigkeit

Die Befürwortung einer normierenden Regulierung für den Telekommunikationssektor könnte jedoch für zweckfremd gehalten werden. Dabei geht es um die Anpassungsfähigkeit und Flexibilität der Regulierungsnormen für die andauernde Marktentwicklung im Bereich der Telekommunikation, da dies auf der Besonderheit des Telekommunikationssektors beruht, bei dem die technische Mannigfaltigkeit der Netzstruktur besteht. Anders als Energieregulierungsnormen, welche die Zugangsgewährung und Entgeltregulierung verknüpfen und einzelne Netzzugänge ausgestalten[558], lassen sich die Vielfältigkeit und Zeitabhängigkeit der Zugangskonstellation nicht direkt durch Normen steuern, sondern sind von einer administrativen Interessenabwägung im Einzelfall abhängig

557 Siehe dazu oben Teil 2. D. I. 2. b).

558 *Kühling*, Energierecht, 3. Kap., Rn. 2.

zu machen[559]. Aus diesem Grund wäre ein in Form des Gesetzes oder der Verordnung geprägter Regulierungsansatz kaum als sinnvoll anzusehen. Diese normierende Regulierung ist immerhin unfähig, rechtzeitig auf die technisch-dynamische Telekommunikationswirtschaft einzugehen. In der taiwanesischen Regulierungspraxis geschieht dieser Regulierungsausfall schon häufig. Als adäquates Beispiel angesehen worden ist die taiwanesische Zusammenschaltungsregulierung. Sie war ursprünglich allein auf das PSTN-Netz-Modell ausgelegt, das seinerseits für die paketvermittelnden Technologien nur beschränkt geeignet ist. Deshalb musste die Regulierungsbehörde gezwungenermaßen im Wege der unmittelbaren Entgeltregulierung die Entgeltkontrolle für bestimmte digitale Zugangsformen als „Großhandelsprodukte" (§§ 9 Abs. 3 Nr. 5 i. V. m. 11 Abs. 3 EntRVO) neu konzipieren – was im Hinblick auf einen möglichen Gesetzesvorbehalt bedenklich ist[560]. Als anderes Beispiel wird angesehen, dass der Gesetzgeber angesichts der dynamischen Marktentwicklung, bei der einige Telekommunikationsunternehmen mangels eigenen Betriebsnetzes, also 2KTU, zum Zweck der Bereitstellung der Telekommunikationsdienste ebenfalls einen entsprechenden Netzzugang begehren, den Zusammenschaltungsbegriff erweiterte und damit die Zusammenschaltungsverpflichtung zugunsten des 2KTU ins Gesetz (§ 16 Abs. 7 TwTKG) hinzufügte, um das originale, in der ZVO normierte Zusammenschaltungsregime weiterhin anzuwenden. Es wäre äußerst unflexibel und ineffizient, wenn der vorzeitliche Regulierungsbedarf immer erst entweder durch den Gesetzgebungsprozess oder im Wege der Normergänzung in eine Verordnung[561] erklärt wird, so dass dann eine folgende Maßnahme wahrgenommen werden kann.

bb) Geringschätzung der Unternehmenseffizienz

Daneben geht es um die Frage, ob eine dichte Vorstrukturierung unter allen Umständen vorzuziehen ist. Mit anderen Worten könnten etwaige Regulierungsziele, beispielsweise der Interessenausgleich zw. beteiligten Parteien, durch

---

559 Vgl. *Höppner*, Regulierung der Netzstruktur, S. 373; *Neumann/Thomaschki*, in: Säcker (Hrsg.), TKG-Komm., § 21, Rn. 30 f.; *Picot*, Theorien der Regulierung, S. 20; *Eifert*, in: Hoffmann-Riem/Schmidt-Aßmann/Voßkuhle (Hrsg.), GVwR, § 19, Rn. 9 f.

560 Siehe unter Teil 3. C. II. 2. b).

561 Gem. § 7 *Central Regulation Standard Act* ist eine Rechtsverordnung vor Erlass dem *Legislative Yuan* vorzulegen. Die Legislative hat daher die Möglichkeit, die in Rede stehende Verordnung zuzulassen. Es mangelt mithin bei der durch Rechtsverordnung formulierten Regulierungsmaßnahme der Regelung im Vergleich zum Verwaltungsakt an ausreichender Flexibilität.

dezidierte Vorgaben nicht erlangt werden. Dies ist insb. der Fall, wenn die dem Unternehmen zuweisenden Entscheidungsspielräume bei der Kostenkalkulation durch hoheitliche Vorgaben umfassend festzuschreiben sind[562]. Dies ergibt sich bei der vorstrukturierten Gemeinkostenschlüsselung nach §§ 16–28 RmL. Diese vorab determinierte Normierung könnte jedoch der Eigenverantwortungs- und Effektivitätsdimension seitens des Unternehmens nicht hinreichend Rechnung tragen, da die interne, auf Basis des spezifischen Rechnungszwecks geprägte Unternehmensrechnung nicht unbedingt anhand eines objektiven Rechnungsmaßstabs ermittelt werden dürfte[563]. Die Festsetzung einer permanenten Kostenrechnungsmethode könnte dazu führen, dass der ökonomische Anreiz zur Steigerung der produktiven Effizienz bei der Festlegung der genehmigungsfähigen Preishöhe i. R. d. Entgeltgenehmigung nicht ausreichend berücksichtigt würde[564]. Demgegenüber sind nur die Kostennachweise, bei denen die Kosten bereits den Einzel- und Gemeinkosten jeweils zugeordnet werden, gem. § 34 Abs. 2 i. V. m. Abs. 1 Nr. 1 DeTKG darzulegen, und zwar mit deren Ermittlungsmethode der Kosten und den Angaben des „plausiblen Mengenschlüssels“, wo keine so übergreifend materielle Vorstrukturierung erfolgt[565]. Eine wettbewerbsfördernde Regulierung sollte weder durch gesetzliche noch verordnungsrechtliche Vorentscheidung übermäßig die unternehmerischen Prognose- und Abwägungsspielräume ersetzen und ferner einen unternehmerischen Ermessensspielraum zur Verwirklichung der Eigenverantwortung gewährleisten[566].

cc) Mangelndes Auswahlermessen der Regulierungsinstrumente

Nicht zu unterschätzen ist schließlich die Funktion der behördlichen Ermessensausübung in der telekommunikativen Zugangs- und Entgeltregulierung. Da anders als im Energie- oder Eisenbahnsektor die wesentliche Besonderheit der telekommunikativen Netzinfrastruktur, nämlich die Duplizierbarkeit der Infrastruktur und Wettbewerbsmöglichkeit paralleler Infrastrukturen, bei bestimmten Marktsegmenten in technischen und wirtschaftlichen Perspektiven vorliegt, schätzt die Regulierungsbehörde verpflichtend ein, wem welche Zugangsform zu welchen Bedingungen mit welchen zusätzlichen Leistungen

---

562 *Mengering*, Entgeltregulierung, S. 229 f.

563 Vgl. *Mengering*, Entgeltregulierung, S. 230.

564 Vgl. *Ludwigs*, Die Verwaltung 46 (2013), S. 164.

565 Vgl. *Mengering*, Entgeltregulierung, S. 186. Im Energiesektor werden hingegen die Kostenrechnungsmethoden durch Rechtsverordnung detailliert programmiert. Vgl. dazu *Trute/Broemel*, ZHR 170 (2006), S. 720.

566 Vgl. *Ludwigs*, EU-rechtliche Vorgaben, S. 263 f.

hoheitlich gewährt werden muss[567]. Hierbei handelt es sich insbesondere um „die Regulierung als Gestaltungsaufgabe", die unmittelbar an den Zielkomplex des Regulierungsrechts anknüpft[568]. Bei dieser Einschätzung ist auf eine sichere Wettbewerbspolitik abzustellen, welche sich aus den Regulierungszielen und -grundsätzen ableitet, nämlich die Förderung des Wettbewerbs und die effektive Investition in die Netzinfrastrukturen unter Einhaltung der Verhältnismäßigkeit der staatlichen Intervention[569]. Hierfür wird insb. das Konzept der Investitionsleiter (Ladder-of-Investment-Konzept) in der deutschen Regulierungspraxis hervorgebracht[570]. Demzufolge sollte der Wettbewerber in die Lage versetzt werden, erst dank der regulatorischen Erleichterung des Marktzutritts ohne eigene Infrastruktur an jeglichen Endkundenmärkten, wo Dienstleistungswettbewerb möglich ist, Fuß zu fassen, die Kundenbasis zu erweitern und dauernd Gewinne zu erwirtschaften, dann weitergehend entlang der Leiter alternativer Netzinfrastruktur in den effizienten Netzaufbau zu investieren[571]. Um den Wettbewerber zur Errichtung einer eigenen Infrastruktur zu veranlassen (ständiges „Aufwärtsteigen" durch Investition) und ferner den Infrastrukturwettbewerb zu verwirklichen, setzt diese wettbewerbsorientierte Zugangsregulierung voraus, dass verschiedene Zugangsprodukte von der Regulierungsbehörde entlang einer Wertschöpfungskette, die die jeweiligen Kostenunterschiede zw. mehreren Zugangsvarianten fehlerfrei widerspiegelt, ausformuliert werden können[572]. Nennenswert ist die in vergangenen Jahren von der BNetzA vorgenommene Vectoring-Zugangsregulierung. Um die Breitbandstrategie der

---

567 *Höppner*, Regulierung der Netzstruktur, S. 371 ff.

568 Vgl. dazu Fn. 380.

569 *Lepsius*, in: Fehling/Ruffert (Hrsg.), Regulierungsrecht, § 4, Rn. 74 ff., § 19, Rn. 49.

570 BNetzA, Entgeltgenehmigung IP-Bitstrom-Zugang, 13.05.2008, abrufbar unter https://www.bundesnetzagentur.de/SharedDocs/Pressemitteilungen/DE/2008/080513Ip_Bitstrom.html (letzter Abruf: 04.06.2018). *Kurth* spricht dafür von der konsistenten Entscheidung deutscher Regulierungsbehörden. Vgl. dazu *ders.*, MMR Beil. 10/2003, S. 6 f. Kritisch dazu vgl. *Radtke*, Materielle Maßstäbe, S. 48 f.

571 *Cave*, MMR Beil. 10/2003, S. 15 ff.; *Groebel*, in: Säcker (Hrsg.), TKG-Komm., § 27, Rn. 34 ff.; *Kurth*, Teilnehmeranschlussleitung, S. 105 f.; *Kühling/Schall/Biendl*, TKG, Rn. 212 ff.; *Höppner*, Regulierung der Netzstruktur, S. 345 f., 353 f.

572 Da der alternative Netzbetreiber mittlerweile zunehmend nicht mehr auf die Vorleistungen vom Incumbent angewiesen sein muss und dementsprechend durch eigenen Netzbetrieb seine eigene Wertschöpfung erhöhen kann, besteht ein Anreiz, mehrere Investitionen in eigene Netze vorzunehmen. Vgl. dazu *Kühling/Schall/Biendl*, TKG, Rn. 213; *Kurth*, Teilnehmeranschlussleitung, S. 106.

Bundesregierung[573], die in Einklang mit dem Regulierungsgrundsatz „effiziente Investitionen und Innovationen im Bereich neuer und verbesserter Infrastrukturen" i. S. v. § 2 Abs. 3 Nr. 4 DeTKG steht, schneller und kostengünstiger zu realisieren, hat die BNetzA die Einführung der VDSL Vectoring-Technologie im Bereich der traditionellen Kupfer-TAL zugelassen. Dementsprechend muss die BNetzA unter Berücksichtigung der stärkeren Gewichtung der Förderung des Infrastrukturwettbewerbs i. S. v. § 21 Abs. 1 S. 2 Nr. 4 DeTKG die verpflichtende Gewährung des TAL-Zugangs bewusst einschränken und ferner eine temporäre Monopolisierung der das Vectoring einsetzenden Netzbetreiber zulassen[574]. Die BNetzA hat daher in seiner Regulierungsverfügung eine planerische Vectoring-Liste, in der die Ausbauvorhaben vom jeweiligen Netzbetreiber eingetragen werden, mit den Zulassungsbedingungen für den Einsatz der Vectoring-Technologie festzusetzen[575].

Es scheint nicht geeignet, abweichend von einer zukunftsorientierten Markteinschätzung wie auch ungeachtet der Marktgegebenheiten durch einen völlig normierenden Regulierungsansatz vielfältige Zugangsprodukte von vornherein direkt als regulierungsbedürftig festzustellen und in konditional-strukturierter Vorschriftsform vorzubestimmen[576]. Bei der Feststellung eines regulatorisch zu gewährenden Netzzugangsanspruchs kommt es regelmäßig auf eine abwägende, planerische und wertungsgebundene Entscheidung an, in der die Regulierungsbehörde ermächtigt und damit verantwortlich ist, durch eine umfassende Abwägung zw. divergierenden und häufig gegenläufigen Regulierungszielen die Rechtfertigung der Zugangsverpflichtung zur Optimierung multiplerer Zielsetzungen zu begründen[577]. Die Regulierungsbehörde sollte hinsichtlich der Marktdynamik die zeitpunktabhängig planerische Gestaltungsaufgabe wahrnehmen und damit sollte ihr eine unerlässliche Einschätzungs- und

573 BMWi, Breitbandstrategie der Bundesregierung, S. 18, abrufbar unter: http://www.kreise.de/__cms1/images/stories/pdf/breitband/breitbandstrategie-der-bundesregierung.pdf (letzter Abruf: 15.08.2018).

574 Vgl. dazu näher *Sörries*, CR 3/2015, S. 162 f.

575 *Monopolkommission*, Sondergutachten 78, Rn. 59 f.; *Monopolkommission*, Sondergutachten 73, Rn. 28 f.

576 Vgl. *Säcker/Mengering*, N&R 2/14, S. 81.

577 Vgl. *Oster*, Normative Ermächtigungen, S. 135 f.; *Schnitker*, Regulierung der Netzsektoren, S. 106; *Kühling/Schall/Biendl*, TKG, Rn. 243; *Neumann/Koch*, TKG, Kap. 3, Rn. 27; *Schneider*, in: Fehling/Ruffert (Hrsg.), Regulierungsrecht, § 8, Rn. 41 ff.

Abwägungsprärogative bei der Ausgestaltung des Verpflichtungsinhalts zustehen[578]. Wegen dieser Abwägungsbezogenheit der Regulierung wäre es – zumindest im Telekommunikationssektor – nicht sachangemessen, den Inhalt der vorzunehmenden Zugangsverpflichtung im Voraus durch eine konditionale Normstruktur abschließend zu bestimmen[579]. Vielmehr kommt es auf die final programmierte Normstruktur an. Das DeTKG ist daher mit ergebnisoffener Vorstrukturierung ausgestattet, nach der die Regulierungsbehörde ausreichenden Ermessenspielraum in der Hand hat und damit eine sachangemessene Regulierungsverfügung unter Einbeziehung der Regulierungsziele ausgestalten kann[580]. Dementsprechend sollte der Regulierungsbehörde durch gesetzliche Beurteilungsermächtigung ein Entschließungs- und Auswahlermessen der vielfältigen Regulierungsinstrumente überlassen werden, mit denen die an das Optimierungsgebot der Regulierungsziele gebundene Regulierungsstrategie bestmöglich verwirklicht werden kann. Das Regulierungsrecht erweist sich mithin vielmehr als kontextsteuernde und prozedurale Normstruktur für die Lenkung des Verwaltungshandelns[581]. Gem. § 13 Abs. 1 S. 1 DeTKG hat die BNetzA anhand des Ermittlungsergebnisses der Marktdefinition und -analyse – wenn ein oder mehrere SMP-Telekommunikationsunternehmen auf den untersuchten Markt besteht(-en) – eine Regulierungsverfügung festzustellen, bei der ein Gestaltungs- und Auswahlermessen für mannigfaltige Regulierungsinstrumente, z. B. Anordnung der Zugangsgewährung nach § 21 Abs. 1 DeTKG mit der Ex-ante-Entgeltregulierung im Wege der Einzelgenehmigung nach §§ 31 Abs. 1 i. V. m. 30 Abs. 1 Nr. 1 DeTKG, zur Verfügung steht[582]. Bei der Auswahl der Regulierungsinstrumente muss zugleich deren Zielsetzungen Rechnung getragen werden. Dass bei der Rechtfertigungsprüfung einer Zugangsverpflichtung

578 Das heißt „Regulierungsermessen" und vgl. dazu BVerwG, Urteil v. 28.11.2007 – 6 C 42.06, Rn. 29 (bverwg.de) = BVerwGE 130, 39; BVerwG, Urteil v. 02.04.2008 – 6 C 15.07, Rn. 16 (bverwg.de) = BVerwGE 131, 41.

579 *Masing* vertritt damit die Meinung, dass das Verordnungsrecht möglichst reduziert werden sollte. Vgl. dazu *ders.*, Regulierungsverwaltung, D 104 f.

580 BT-Drs. 15/2316, S. 110; BT-Drs. 15/5707, S. 60.

581 Vgl. *Voßkuhle*, VVDStRL 62 (2003), S. 308 f.; ähnlich *Masing*, Regulierungsverwaltung, D 105, D 154; *Schnitker*, Regulierung der Netzsektoren, S. 109 f.; *Fehling*, in: Fehling/Ruffert (Hrsg.), Regulierungsrecht, § 20, Rn. 4.

582 Hierbei verfügt die BNetzA zwar über kein Ausschließungs-, aber ein umfassendes Auswahlermessen. Siehe dazu BVervwG, Urteil v. 28.11.2007, 6 c 42.06, Rn. 28; *Gurlit*, in: Säcker (Hrsg.), TKG-Komm., § 13, Rn. 44; *Mayen*, in: Scheurle/Mayen (Hrsg.), TKG-Komm., § 13, Rn. 31.

ein Zielbündel gem. §§ 21 Abs. 1 S. 2 i. V. m. 2 Abs. 2, 3 DeTKG insb. zu berücksichtigen sein wird, ist der Fall[583].

2. Unvollständigkeit der Verordnungsermächtigung

Wie oben ausgeführt, ist der taiwanesische Rechtsrahmen im Telekommunikationssektor umfassend in Form der normierenden Regulierung geprägt. Es fehlt daher an einem von der Regulierungsbehörde vorzunehmenden Marktermittlungsvorgang, in dem der Regulierungsbedarf auf einem bestimmten Markt begründet und das zu regulierende Unternehmen festgestellt wird. Zudem muss keine Regulierungsverfügung, die ein Bündel von verschiedenen Regulierungsinstrumenten mit den der Erreichung der Regulierungsziele dienenden Rechts- und Verpflichtungsinhalten enthält, infolge der Ermittlungsergebnisse im Einzelfall ausgestaltet und weitergehend dem Unternehmen mit beträchtlicher Marktmacht auferlegt werden. Vor diesem Hintergrund hat die Regulierungsbehörde aufgrund der vom Gesetz vorgegebenen Ermächtigungsregelungen in Form der Rechtsverordnung betreffende Ordnungsrahmen auszuformulieren. Die Regulierungsart basiert nicht unmittelbar auf dem zukunftsorientierten Einschätzungs- und Prognosegebrauch seitens der Regulierungsbehörde, sondern vielmehr vorstrukturiert konditionaler Normen. In Frage zu stellen ist dabei einerseits die Reichweite der einzelgesetzlichen Verordnungsermächtigungen, nach denen die Regulierungsbehörde die Kompetenz zur Normsetzung der vom Gesetzgeber aufgetragenen Ordnungsgestaltung hat (unten a.), andererseits die Gesetzmäßigkeit der Verordnungen (unten b.).

a) Grenzen der Verordnungsermächtigungen

Eine Ermächtigung durch Gesetz unterliegt dem Grundsatz der Ermächtigungsbestimmtheit. Da beim Erlass der Rechtsverordnung die Verwaltung materielle Funktionen der Gesetzgebungsgewalt wahrnimmt, muss sich die Verordnungsermächtigung aus dem Grund der Gewaltenteilung auf eine ausdrücklich gesetzliche Grundlage stützen[584]. Völlig unzulässig ist aber die Erteilung der „Blankovollmacht“, bei der der Gesetzgeber die Exekutive zum Aufbau einer

583 Vgl. *Oster*, Normative Ermächtigungen, S. 173 f.; *Bosch*, Kontrolldichte der gerichtlichen Überprüfung, S. 213 f.

584 Ständige Rechtsprechung: VerfA Nr. 765, Begründung Rn. 3; VerfA Nr. 753, Begründung Rn. 5; VerfA Nr. 739, Begründung Rn. 2; VerfA Nr. 614, Tenor Rn. 1. Dazu auch vgl. *Chen, S.-M.*, Verwaltungsrecht, S. 255.

gesetzesvertretenden Verordnung ermächtigt[585]. Für die Verordnungsermächtigung gilt auch der Grundsatz des Gesetzvorrangs und -vorbehalts, weil eine außenwirkende Rechtsverordnung[586] einen grundrechtlichen Eingriff beinhalten kann, über den die Legislative selbst Entscheidungen treffen muss[587]. Der Zweck, Umfang und Inhalt der Verordnungsermächtigung müssen daher hinreichend bestimmt formuliert werden[588]. Es ist jedoch ausreichend, wenn Zweck, Inhalt und Ausmaß der Verordnungsermächtigung, in der keine vorliegende Gesetzesvorgabe ausdrücklich geregelt wird, durch eine Auslegung des Gesamtzusammenhangs der Regelungen entnommen werden können, d. h. größtmögliche Bestimmtheit hierbei nicht geltend gemacht wird[589]. Darüber hinaus kann die Reichweite der Ermächtigung auch aus Sinn und Zweck des Gesetzes oder mithilfe der Untersuchung der Entstehungsgeschichte interpretiert werden[590]. Damit muss die Verordnungsermächtigung im TwTKG erst im Wege der Betrachtung

585 Das taiwanesische Verfassungsgericht hat bei der Verfassungsmäßigkeitsfrage für Strafvorschriften eine „Dreistufige Gesetzesvorbehalt-Theorie" entwickelt, um die Verfassungsmäßigkeit der einzelgesetzlichen Ermächtigungsgrundlage jeweils mit unterschiedlicher Kontrolldichte zu überprüfen. Auf der 1. Stufe geht es um das Strafrecht, dessen Tatbestände und Rechtsfolgen nicht durch eine Verordnungsermächtigung vorgeschrieben werden dürfen. Eine allgemeine Verordnungsermächtigung muss die Bestimmtheit der Ermächtigungsgrundlage erfüllen (2. Stufe). Betrifft es rein vollziehende, technische Einzelheiten, bedarf es keiner ausdrücklich gesetzlichen Ermächtigung (3. Stufe). Deshalb ist die Blankovollmacht-Erteilung im Regelfall verfassungswidrig. Vgl. VerfA Nr. 313, Begründung Rn. 1; VerfA Nr. 346, Begründung Rn. 1; VerfA Nr. 390, Tenor Rn. 1.

586 § 150 Abs. 1 des taiwanesischen *Administrative Procedure Act*: „Die Rechtsverordnung ist die außenwirkende Norm, die von einer Verwaltungsbehörde aufgrund der gesetzlichen Ermächtigung zur Regelung staatlicher Angelegenheiten erlassen wird."

587 Dies bezieht sich auf die Grenze des Grundrechtseingriffs, den der Gesetzgeber entscheiden muss. VerfA Nr. 765, Begründung Rn. 3; VerfA Nr. 743, Begründung Rn. 4; VerfA Nr. 538, Tenor Rn. 1; VerfA Nr. 443, Begründung Rn. 1; VerfA Nr. 313, Begründung Rn. 1; auch vgl. *Chen, S.-M.*, Verwaltungsrecht, S. 95 f.

588 Ständige Rechtsprechung: VerfA Nr. 313, Begründung Rn. 1; VerfA Nr. 426, Begründung Rn. 1; VerfA Nr. 346, Begründung Rn. 1; VerfA Nr. 390, Begründung Rn. 2; VerfA Nr. 394, Begründung Rn. 1; VerfA Nr. 402, Begründung Rn. 1; VerfA Nr. 604, Begründung Rn. 3; VerfA Nr. 676, Begründung Rn. 2; VerfA Nr. 680, Begründung Rn. 2; VerfA Nr. 710, Begründung Rn. 4; VerfA Nr. 765, Begründung Rn. 6.

589 VerfA Nr. 394, Begründung Rn. 1; VerfA Nr. 402, Begründung Rn. 1; VerfA Nr. 734, Begründung Rn. 1; VerfA Nr. 753, Begründung Rn. 4.

590 VerfA Nr. 506, Begründung Rn. 1; VerfA Nr. 538, Begründung Rn. 1; VerfA Nr. 612, Begründung Rn. 1; VerfA Nr. 765, Begründung Rn. 6.

des Gesamtzusammenhangs der betroffenen Regelungen und Anwendung der juristischen Auslegungsmethode analysiert werden, dann ist die Grenze der Ermächtigung zu bestimmen.

Bei den Ermächtigungsgrundlagen i. R. d. Marktregulierung kommen § 16 Abs. 9 TwTKG für das Zusammenschaltungsregime, § 26 Abs. 3 TwTKG für das Price-Cap-Verfahren sowie § 19 Abs. 2 TwTKG für die für 1KTU anzuwendende Kostenrechnungsmethode in Betracht.

aa) ZVO nach § 16 Abs. 9 TwTKG

Gem. § 16 Abs. 9 TwTKG ermächtigt der Gesetzgeber die Regulierungsbehörde zur Ausgestaltung des vollständigen Zusammenschaltungsregimes, welches insb. die Zusammenschaltungsbedingungen für andere Telekommunikationsunternehmen, die Rechnungsweise über Zusammenschaltungsentgelte, die Einzelheiten über Zusammenschaltungsvereinbarungen sowie das Schlichtungsverfahren entwickeln soll. Nach dieser Ermächtigungsregelung ist die Regulierungsbehörde freilich befugt, Details über die Zusammenschaltungsvereinbarung so umfassend wie möglich zu normieren. Für die Gestaltung des Verordnungsinhalts verlangt der Gesetzgeber gem. § 16 Abs. 2 TwTKG eine transparente, nachvollziehbare, diskriminierungsfreie Zusammenschaltungsordnung ab, in der das Zusammenschaltungsentgelt dem auf kostenorientierten und entbündelten Netzsegmenten basierenden Preissetzungsansatz zugrunde liegen soll.

Fraglich ist noch, was den zu normierenden Zusammenschaltungsbelang i. S. v. § 16 Abs. 1 TwTKG anbelangt. Eine ausdrückliche Legaldefinition der Zusammenschaltung im TwTKG ist jedoch nicht ersichtlich. Damit ist die Grenzziehung des Zusammenschaltungsbegriffs auf die Ermittlung des Willens des Gesetzgebers und Sinn und Zweck des Gesetzes zurückzuführen. Im Entwurf des TwTKG i. d. F. 1999 wurde der Zusammenschaltungsbegriff zum Ausdruck gebracht als Ersatzbegriff der „Terminierung“: Zusammenschaltung ist eine Vorleistung, die über Netzgrenzen die physische und logische Verbindung zw. 1KTU herstellen kann, um Nutzern jeglichen Unternehmens die Kommunikation mit Nutzern eines anderen Unternehmens zu ermöglichen[591]. Seit der TwTKG-Novelle 2002 ist das an die klassische Zusammenschaltung gerichtete Regime nunmehr auch auf die Netzverbindung mit 2KTU anwendbar, § 16 Abs. 7 TwTKG[592]. Was den Sinn und Zweck des Gesetzes angeht, wird das Zusammenschaltungsprinzip gem. § 11 FCA als primärer Regulierungsgrundsatz in

591 Entwurfsbegründung zum TwTKG (1999), LY-Drs. 88/37, S. 204.

592 Dazu bereits oben Teil 2. C. I. 1. c). aa).

Vorleistungssegmenten unterstrichen. Infolge dieser Zielprogrammierung der Regulierung soll die Regulierungsbehörde dadurch einen transparenten, nachvollziehbaren und diskriminierungsfreien Zusammenschaltungsumstand von Netzen gewährleisten, indem sie die notwendigen Eingriffsmaßnahmen in die Handlungsfreiheit und das Eigentum des marktmächtigen Unternehmens vornimmt[593]. Dementsprechend soll sich die Grenze der Verordnungsermächtigung für die Zusammenschaltungsregulierung stets auf die physische und logische Netzverbindung zw. mehreren Telekommunikationsunternehmen zum Zweck der Ermöglichung der unbegrenzten Kommunikationsdienste beschränken. Nicht einschlägig sind umgekehrt die übrigen Zugangsarten.

bb) EntRVO nach § 26 Abs. 3 TwTKG

Genauso wie bei der Zusammenschaltungsregulierung hat der Gesetzgeber die Regulierungsbehörde ermächtigt, eine Verordnung für die Preiskontrolle des 1KTU zu regeln. Da das Price-Cap-Verfahren gem. § 26 Abs. 1 TwTKG als einzige Vorgehensweise und die Aufstellung der Formel gem. Abs. 2 vorstrukturiert wurden, muss der Ermächtigte gem. § 26 Abs. 3 TwTKG neben dem Preisgenehmigungsverfahren, den Regulierungsadressaten sowie regulierungsbedürftigen Produkten auch die Regelung über das Ausgangsentgeltniveau und das Verfahren für den Erlass der Produktivitätsfortschrittsrate (X-Faktor) bestimmen[594]. Die Regulierungsbehörde hat damit gar keinen Entscheidungsspielraum, abweichend vom Price-Cap-Verfahren andere Regulierungsansätze in einer Verordnung zu erschaffen und weitergehend anzuwenden.

Ein anderer Anhaltspunkt für die Ermächtigungsreichweite ist der Begriffsumfang des „Entgelts des 1KTU“, weil nach dem Wortlaut des § 26 Abs. 1 TwTKG nur die Gegenleistungen der von einem 1KTU erbrachten Dienstleistung der Preisgenehmigung unterworfen werden darf. Das hier in Frage stehende Entgelt wird unter Berücksichtigung der Entstehungsgeschichte und anhand der vernünftigen Interessenabwägung auf das Entgelt für Endnutzerleistungen begrenzt, die mit dem Telekommunikationsdienst i. S. v. § 2 Nr. 4 TwTKG gleichbedeutend sind.[595] Es liegt nahe, dass Entgelte für Zugangsleistungen hierbei ausgeklammert werden.

593 Die Zusammenschaltungsregulierung hat zentrale Bedeutung für die Marktregulierung auf der Vorleistungsebene in Taiwan. Siehe dazu oben Teil. 2 C. I. 1. a).

594 Entwurfsbegründung zum TwTKG (2002), LY-Drs. 91/39, S. 89.

595 Siehe dazu oben Teil 2. D. I. 1. a). aa).

cc) RmL nach § 19 Abs. 2 TwTKG

Da die Wahrnehmung der getrennten Rechnungsführung ebenso zur Verhinderung der unfairen Wettbewerbssituation beitragen kann, wird dieser Grundsatz im Bestandteil der Entgeltregulierung als unentbehrliche Preissetzungsgrundlage betont, § 26 Abs. 4 TwTKG. Die Regulierungsbehörde ist zugleich aus der Ermächtigungsgrundlage gem. § 19 Abs. 2 TwTKG befugt, die für 1KTU angewendeten Grundsätze der getrennten Rechnungsführung durch Verordnungen zu konkretisieren. Nicht zu vernachlässigen ist es, dass die Verordnungsermächtigung des § 19 Abs. 2 TwTKG nicht nur die reine Anforderung an die Trennung der Rechnungsführung zw. dem Telekommunikationsdienst i. S. v. § 2 Nr. 4 TwTKG und anderen Produkten enthält, die keinen Bezug zu den Telekommunikationstätigkeiten aufweisen, sondern sich auf die Normierung sämtlicher Kostenrechnungsmethoden und diesbezüglichen Prüfungsverfahren erstreckt. Aus diesem Grund verfügt der Verordnungsgeber über die umfassende Kompetenz, durch dichte Vorstrukturierung kalkulatorischer Entscheidungsspielräume des 1KTU die für die Netzkosten- und Preiskalkulation anzuwendenden Rechnungsmethoden zu determinieren[596]. Diese vorstrukturierte Kostenkontrolle für regulierte Unternehmen findet folglich nach der RmL statt.

b) Gesetzmäßigkeit der Verordnungen

Obschon die Legislative durch das TwTKG für die Zusammenschaltung, Preisregulierung und Kostenkontrolle gegenüber 1KTU die Exekutive zur Schöpfung verordnungsrechtlicher Institutionen mit weitreichenden Gestaltungsspielräumen ermächtigt hat, bedeutet das noch nicht, dass der Verordnungsgeber den Gegenstand regeln darf, welcher nicht unter die anhand des Gesetzestextes oder durch rechtliche Auslegung zu entnehmende Ermächtigungsreichweite fällt[597]. Daneben gilt der Grundsatz des Gesetzesvorbehalts, wo der Gesetzgeber selbst die wesentliche Entscheidung treffen muss, auch für Verordnungsermächtigungen[598]. Die wesentliche Entscheidung ist insb. der Fall, wenn es sich um das staatliche Handeln handelt, das den Grundrechtsbelang aufweist[599].

Die RmL ist im Hinblick des Gesetzesvorbehalts nicht bedenklich, da der Verordnungsgeber nicht den in § 19 Abs. 2 TwTKG verankerten Ermächtigungsumfang für die Ausgestaltung der sachgerechten Kostenrechnungsmethode gegenüber

---

596 Entwurfsbegründung zum TwTKG (1999), LY-Drs. 88/37, S. 208.

597 *Ossenbühl*, in: Insensee/Kirchhof (Hrsg.), HbStR V, § 103, Rn. 78.

598 Siehe dazu die in Fn. 584 dargelegte Rechtsprechung.

599 Siehe dazu die in Fn. 588 dargelegte Rechtsprechung.

SMP-1KTU überschreitet. Ganz anders ist die Verordnungsprogrammierung jeweils für das Zusammenschaltungsregime und das Price-Cap-Verfahren.

Die Verordnungsermächtigung für die Zusammenschaltungsregulierung ist auf die physische und logische Netzverbindung zw. mehreren Telekommunikationsunternehmen zum Zweck der Ermöglichung der kompatiblen Kommunikationsdienste zu begrenzen. Um einen diskriminierungsfreien und funktionsfähigen Zusammenschaltungsumstand sicherzustellen, enthält die ZVO u. a. diesbezügliche Anforderungen an Vereinbarungsbedingungen des Zusammenschaltungsanspruchs, die grundlegende Strukturierung des Zusammenschaltungsgeschäftsmodells, nämlich das CPNP-Prinzip (§ 13 Abs. 2 ZVO) sowie eine behördliche Preiskontrolle für Zusammenschaltungsentgelte (§ 14 ZVO). Darüber hinaus sind die gesetzlichen Forderungen nach der Entbündelung der Netzkomponenten als Rechnungsbasis der Zusammenschaltungsentgelte durch § 17 ZVO zu konkretisieren.

Der Verordnungsgeber hat jedoch auf Grundlage der entbündelten Netzkomponenten gegenüber 1KTU weiterhin Verpflichtungen zur Vermietung der vom NCC als Bottleneck-Einrichtung gekennzeichneten Netzkomponenten ergänzt, § 18 Abs. 2 ZVO. Wenn und so weit es um die Anmietung der entbündelten Doppelkupfer-TAL geht, unterliegt deren Anmietungspreis sogar einer Einzelgenehmigung nach historischem Kostenrechnungsansatz, § 18 Abs. 3 ZVO. Diese verpflichtende Zugangsgewährung, ggf. mit preislicher Einzelgenehmigung, stellt sich als staatlicher Eingriff in die geschäftliche Handlungsfreiheit und das Eigentum des regulierten Unternehmens dar, weil dies maßgeblich mit Wirkung des regulierungspolitischen Einsatzes den Entscheidungsspielraum über den Vertragsschluss für den Zusammenschaltungsanspruch sowie den Preissetzungsspielraum seitens des regulierten Unternehmens reduziert[600]. Es bedarf daher einer gesetzlichen Grundlage. Die Anmietung der entbündelten Leitung für eine exklusive Nutzung zum Zweck der Erbringung des eigenen kompletten Telekommunikationsdienstes steht dennoch in keinem Zusammenhang mit der Zusammenschaltung, bei der die beiden Parteien nur eine Netzverbindung herstellen, jeweils durch verfügbare Einrichtungen die Signalübertragung zwecks der Ermöglichung des Informationsaustauschs vornehmen. Mit anderen Worten ist ein ausschließliches Nutzungsrecht auf die bestimmte Anleitung von einer Partei zu einer anderen bei der Zusammenschaltung nicht vorausgesetzt. Mit

600 *Chan, C.-J.*, Verpflichtungen zum Einfluss und zur Regulierung, S. 136; auch *Lepsius*, in: Fehling/Ruffert (Hrsg.), Regulierungsrecht, § 20, Rn. 4; *Berringer*, Regulierung als Erscheinungsform, S. 189 f.

Rücksicht auf die Regulierungsziele und systematische Auslegung ist ebenso nicht zu schlussfolgern, dass die Zugangsverpflichtung zu entbündelten Netzkomponenten dem regulatorischen Zusammenschaltungssystem „beitreten" kann, da gem. §§ 11 Abs. 1 FCA i. V. m. 1 i. V. m. 16 Abs. 2 TwTKG die der Wettbewerbsförderung dienende Eingriffsmaßnahme vom Gesetzgeber (lediglich) als Steuerungsmaßnahme für die Sicherstellung des diskriminierungsfreien, nachvollziehbaren und transparenten Zusammenschaltungsumstandes zw. mehreren Telekommunikationsunternehmen angenommen wird. Die Einflussmaßnahme auf andere Zugangsformen, deren Gewährung die Regulierungsbehörde gegenüber dem regulierten Telekommunikationsunternehmen angesichts der realen Marktgegebenheiten anordnen sollte, ist hingegen nicht von vornherein in das TwTKG einbezogen. Aufgrund dessen könnten die vom Verordnungsgeber selbst geschöpften Bestimmungen über die Zugangsverpflichtung zu entbündelten Netzkomponenten nach § 18 Abs. 2 i. V. m. Abs. 3 ZVO das Ausmaß der gesetzlichen Ermächtigung nach § 16 Abs. 9 TwTKG überschreiten und damit den Grundsatz des Gesetzesvorbehalts verletzen.

Was die Vorschriften in der EntRVO anbelangt, ist das von der Regulierungsbehörde selbst geschaffene Großhandelsprodukt, sich mit regulierungsbedürftigen Telekommunikationsdiensten gemeinsam dem Price-Cap-System zu unterwerfen (§ 9 Abs. 3 EntRVO). Dies ist äußerst zweifelthaft, wenn diese zum Großhandelspreis anzubietenden Produkte als ein Teil der Zugangsleistungen verstanden werden können und es sich jedoch beim preislich zu regulierenden Produkt nach § 26 TwTKG anhand der Ermittlung des Willens des Gesetzgebers und systematischer Auslegung lediglich um den Telekommunikationsdienst i. S. v. § 2 Nr. 4 TwTKG, nämlich die Endnutzerleistung, handelt[601]. Aus diesem Grund wäre die auf Großhandelsprodukte ausgerichtete Price-Cap-Regulierung gleichermaßen unvereinbar mit dem Grundsatz des Gesetzesvorbehalts[602].

3. Zwischenfazit

Im taiwanesischen Telekommunikationsrechtsrahmen wird eine übergreifend normierte Regulierungsstruktur eingesetzt, in der die zugangs- und entgeltbezogenen Rechte und Pflichten zuvörderst durch konditional programmierte Bestimmungen ausgestaltet werden. Hierbei werden vor allem die Zusammenschaltungsverpflichtung und die Entgeltkontrolle für Endnutzerprodukte vom Gesetzgeber im Zuge des Price-Cap-Verfahrens vorstrukturiert. Des Weiteren

---

601 Siehe dazu oben Teil 2. D. IV. 2. a).

602 *Chiang, Y.-K.* et al., Telecommunications Law, S. 141.

hat die Regulierungsbehörde auf Grundlage der Verordnungsermächtigung eine Reihe von Zugangsverpflichtungen i. V. m. der Entgeltkontrolle am jeweiligen determinierten Prüfungsmaßstab vorbestimmt. Der Regulierungsbehörde steht zwar eine weiterrechende Ausgestaltungsermächtigung zur Regelung der bezüglichen Einzelheiten im Rahmen der Zusammenschaltung, des Price-Cap-Systems, der Kostenrechnungsmethode usw. zu, aber diese Ausgestaltung kann nur durch konditionale Programmierung in der Verordnung vorgenommen werden. Die zeitpunktabhängig, individuell und konkret formulierte Regulierungsverfügung ist daher im taiwanesischen Regulierungsrecht bisher nicht ersichtlich.

Die naheliegenden Nachteile der normierenden Regulierung sind jedoch nicht durch die nahezu unbeschränkten Verordnungsermächtigungen zu kompensieren. Zum einen kann die konditional programmierte Normstruktur nicht einfach mit der Marktdynamik und Produktvielfältigkeit übereinstimmen. Es fehlt an der Aktivität der Regulierungstätigkeit, die eine mannigfaltige Marktentwicklung umgehen sollte. Zum anderen ist der Umfang der vorliegenden Ermächtigungsgrundlage jeweils für die Verordnungssetzung nicht hinreichend, alle möglichen Wettbewerbshindernisse aufzugreifen. Diese Regulierungstechnik bringt tatsächlich keine Rechtssicherheit und -bestimmtheit mit sich, sondern führt ein „Regelungsvakuum" herbei. Dies ist der Grund, weshalb ein Teil der verordnungsrechtlichen Zugangs- und Entgeltregelungen das gesetzliche Ausmaß der Ermächtigung überschreitet.

Die normierende Struktur belastet auch die Richtigkeit und Angemessenheit der Regulierungsmaßnahmen. Angesichts des zukunftsorientierten Einschätzungs- und Abwägungscharakters der Regulierungsaufgabe bedarf es einer ergebnisoffenen und verfahrensrechtlichen Normstruktur, welche unbestimmte Rechtsbegriffe, Ermessensermächtigungen und finale Normprogramme beinhaltet. Damit kann die Regulierungsbehörde unter sorgfältiger Abwägung der Regulierungsziele die adäquate Regulierungsvorgehensweise auswählen und zugleich eine individuelle, auf die wirkliche Marktgegebenheit gerichtete Regulierungsmaßnahme festlegen. Die durch dezidierte Regelungsweise durchgeführte Regulierung wäre nicht befähigt, eine effektive, das bestimmte Marktversagen neutralisierende Ermessensbetätigung vorzunehmen.

III. Fehlen eindeutiger Kontrollmaßstäbe i. R. d. Entgeltregulierung

1. Divergierende Prüfungsmaßstäbe in taiwanesischen Vorgaben

Anders als das DeTKG liegt kein einheitlicher und eindeutiger Kontrollmaßstab für die angemessene Preisbildung der Zugangsprodukte im TwTKG vor. Dies ist einerseits auf die einzige Regelung für die Preiskontrolle der Endnutzerleistungen nach § 26 Abs. 1 TwTKG zurückzuführen, weil das Price-Cap-Verfahren als alleinige Vorgehensweise der Entgeltregulierung gesetzlich vorstrukturiert wird. Solch ein Regulierungsansatz setzt der Natur der Sache nach keine aufwendige, anhand eines produktionsbasierten Kostenmaßstabs ausführlich ermittelte Kostenprüfung voraus[603]. Trotz der Verordnungsermächtigung muss der Verordnungsgeber deswegen auch keinen nachvollzierbaren Maßstab für die Preiskontrolle ausgestalten. Gleichfalls nicht zur Verfügung steht ein Kontrollmaßstab für die in der EntRVO als Großhandelsprodukt gekennzeichneten Zugangsprodukte, welche im engen Zusammenhang mit der Erbringung der Internetzugangsdienste stehen und besonders von der Regulierungsbehörde als regulierungsbedürftig gewürdigt werden. Diese Zugangsprodukte werden von der Regulierungsbehörde jedoch nicht ohne Bedenklichkeit für die Überschreitung des gesetzlichen Ermächtigungsumfangs als gesetzlich regulierungsfähiger Telekommunikationsdienst angesehen und ferner unmittelbar demselben Price-Cap-Verfahren unterworfen[604]. Da ein Missverständnis über die unterschiedliche Funktionsweise zw. der Anreizregulierung und der kostenbasierten Einzelgenehmigung in der taiwanesischen Regulierungspraxis nicht ausgeschlossen ist, geht es bei dem jahrelangen Streit zw. regulierten 1KTU und der Regulierungsbehörde regelmäßig um die Schätzung der Produktivitätsfortschrittrate (X-Wert), die nicht einfach mithilfe einer mathematischen Formel ermittelt werden kann[605].

Andererseits ergeben sich verschiedene Prüfungsmaßstäbe in der ZVO. Die ausdifferenzierten Benchmarks leiten sich aus der konditional-programmierten Normstruktur der Zugangsverpflichtungen ab, da ein abschließender Kontrollmaßstab bei der Genehmigungsfähigkeit des Entgelts jeweils für verschiedene Zugangsprodukte vorgeschrieben wird, d. h. ein Zugangsprodukt, eine Vorgehensweise mit einem Kontrollmaßstab der Kostenkalkulierung. Wie oben bereits

603 Vgl. *Berndt*, Anreizregulierung, S. 76 f.
604 Siehe dazu oben Teil 3. C. II. 2. b).
605 Siehe dazu oben Teil 2. D. III. 2. b). bb).

ausgeführt, gilt für das Terminierungsentgelt der TELRIC-Ansatz (LRIC+-Standard)[606]. Hingegen ist der historische Kostenansatz auf die Genehmigung des Anmietungspreises für kupferbasierte TAL anzuwenden, § 18 Abs. 3 ZVO.

Vor diesem Hintergrund bestehen divergierende Prüfungsmaßstäbe für Endnutzer- und Zugangsleistungen und damit fehlt es am gesetzlichen Kontrollmaßstab, der exakt den grundlegenden Zweck der Entgeltregulierung widerspiegeln kann. Angesichts der entweder teilweise vorstrukturierten oder auf Ermächtigungsgrundlagen geregelten konditionalen Programmierung der Zugangs- und Entgeltregulierungsvorgaben fordert das TwTKG gegenüber der Regulierungsbehörde gar keine Abwägungspflicht für die Auswahl der Kostenmethode ein. Die Preiskontrolle für regulierungsbedürftige Produkte könnte wegen der willkürlichen Anwendung des Kontrollmaßstabs zur fehlerhaften Einschätzung des den Wettbewerb zu fördernden Preisniveaus und damit niemals zur effektiven Korrektur des Marktversagens führen. Um die Gefahr des Abwägungsausfalls und -defekts zu bannen, bedürfen die prognosecharakteristischen Regulierungsnormen grundsätzlich einer ausreichenden Bestimmtheit, die sich an das rechtsstaatliche Gebot bindet. Aus diesem Grund müssen die grundlegenden Prüfungsmaßstäbe für die angemessene Preishöhe einer Zugangs- oder Endnutzerleistung im Gesetz selbst festgeschrieben werden[607].

2. DeTKG: KeL-Konzept als gesetzliche Richtschnur

a) Bedeutungsgehalt

aa) Funktion

In Einklang mit dem rechtstaatlichen Gebot schreibt § 32 Abs. 1 DeTKG ein eindeutiges Kriterium bei der Entgeltermittlung des regulierten Telekommunikationsunternehmens vor. Die Hervorhebung des preislichen Regulierungsmaßstabs sollte sich auf den verfolgten Zweck der Marktregulierung stützen. Die wettbewerbsfördernde Marktregulierung dient dem Zweck, die strukturierten Wettbewerbshindernisse zu überwinden und damit ein wettbewerbskonformes Marktergebnis zu schaffen[608]. Die Missbrauchskontrolle im Sinne der sowohl präventiven Ausgestaltung als auch des punktuell nachträglichen Eingriffs fordert ein wettbewerbsanaloges Marktverhalten, wie sich Marktteilnehmer auf einem wirksamen Wettbewerbsmarkt befinden[609]. Aufgrund dessen sollen die

---

606 Siehe dazu oben Teil 2. D. IV. 1. a). bb).
607 Vgl. *Säcker*, AöR 230 (2005), S. 200.
608 *Mohr*, Sicherung der Vertragsfreiheit, S. 616.
609 *Säcker/Mengering*, N&R 2/14, S. 74; *Mohr*, Zugangs- und Entgeltregulierung, S. 106.

nachfragenden Wettbewerber insb. gegenüber dem marktmächtigen Unternehmen nicht den Preis bezahlen, da sich dieser bei einem wirksamen Wettbewerb nicht einstellen würde[610]. Um diesen „Als-ob-Wettbewerbspreis" auf einem regulierten Markt auszugestalten und sicherzustellen, hat die Entgeltregulierung eine doppelte Aufgabe: Einerseits muss der überhöht erhobene Preis verhindert werden, der nur durch die Ausnutzung der beherrschenden Marktstellung entstehen kann, die die andauernden Marktzutrittsschranken verursacht und damit dem Unternehmen erlaubt, sich unabhängig von Wettbewerbern und Endnutzern zu verhalten; andererseits ist die überniedrige Preissetzung zu unterbinden, die die Profitmöglichkeit der anderen Marktteilnehmer dämpfen würde, so dass diese schließlich aus dem Markt austreten würden[611].

Während des Fehlens des realen Wettbewerbspreises wird ein Kriterium folgerichtig für die Ausgestaltung des wettbewerbsanalogen Entgelts angewandt[612]. Hierbei erweist sich der KeL-Maßstab als zulässige Methode der Preiskontrolle[613]. Dieser produktionsbasierte Maßstab ergibt sich gem. § 32 Abs. 1 DeTKG aus den langfristigen zusätzlichen Kosten der Leistungsbereitstellung und einem angemessenen Zuschlag für leistungsmengenneutrale Gemeinkosten, einschließlich einer angemessenen Verzinsung des eingesetzten Kapitals, soweit diese Kosten jeweils für die Leistungsbereitstellung effizient sind. Als effizient zu werten sind nur die Kosten, die für die Bereitstellung einer Leistung notwendig sind, d. h. die vorhandenen Ressourcen in kostenminimaler Kombination bei gegebener Technologie eingesetzt werden[614]. Da nur die notwendigen Kosten bei der Kostenprüfung zu berücksichtigen sind, unterwerfen sich die auf der kalkulatorischen Berechnung basierenden Kosten (Ist-Kosten) einer Effizienzprüfung, bei der die Soll-Kosten nach dem KeL-Maßstab zu ermitteln sind[615]. In diesem Umfeld entspricht das KeL-Konzept völlig dem LRIC+-Kostenstandard[616].

---

610 *Kühling/Schall/Biendl*, TKG, Rn. 347.

611 *Neumann/Koch*, TKG, Kap. 3, Rn. 237 ff.

612 *Säcker/Böcker*, Entgeltkontrolle, S. 79.

613 *Groebel*, in: Säcker (Hrsg.), TKG-Komm., § 31, Rn. 11 f.; *Fetzer*, in: Arndt/Fetzer/Scherer/Graulich (Hrsg.), TKG-Komm., § 32, Rn. 8.

614 *Säcker*, WiVerw 2010/2, S. 105; *Kühling/Winzer*, in: Geppert/Schütz (Hrsg.), BeckTKG-Komm., § 32, Rn. 15. Es bestünde immer ein unüberwindbares Hindernis, die Effizienz als rechtlichen Begriff zu verwenden. Vgl. dazu näher *Ludwigs*, NVwZ 2008/9, S. 957 f.

615 *Säcker*, WiVerw 2010/2, S. 103; *Mohr*, Sicherung der Vertragsfreiheit, S. 618 f.

616 *Mengering*, Die Entgeltregulierung, S. 94.

bb) Langfristig zusätzliche Kosten

Das Kernelement der KeL sind die langfristig zusätzlichen Kosten. Wie bei dem in Taiwan auf die Preiskontrolle ausschließlich für Zusammenschaltungsentgelte angewendete TELRIC-Ansatz handelt es sich bei diesen Kosten um die für die Produktherstellung entstehenden Einzelkosten, welche Kapitalkosten, die sich aus den Abschreibungs- und Zinskosten zusammensetzen, Miet-, Betriebs- und Prozesskosten enthalten[617]. Die Langfristigkeit der Kosten verweist einerseits auf die Zusatzkostenbetrachtung, da in langfristiger Betrachtungsweise alle Kosten variabel sind und damit das Inkrement die gesamten hinzukommenden Produktionsfaktoren anstelle kurzfristig marginaler Kosten pro letzte Produktionseinheit mit sich bringt[618]. Andererseits deutet dies auf einen vorausschauenden (*forward-looking*) Kostenbegriff hin. Dementsprechend werden keine historischen Kosten berücksichtigt. Der Grund liegt darin, dass solche Kosten nicht ausgeschlossen würden, die sich in der Tat aus einer ineffizienten Leistungserbringung ergeben[619]. Da sich die Entscheidung eines (potenziellen) Netzbetreibers über den Marktzutritt stets auf die zukunftsorientierten Investitionen in den Netzaufbau bezieht, implizieren die *forward-looking* Kosten die aktuell für die Investitionseinrichtung zu zahlenden Preise, denen theoretisch Wiederbeschaffungswerte zugrunde liegen und die über die ökonomische Lebensdauer abgeschrieben werden sollten[620]. Aufgrund dessen beruht die Ermittlung des genehmigungsfähigen Entgelts auf den Kosten eines Produktionsmittels, das ein effizienter Netzbetreiber zum gegenwärtigen Zeitpunkt anschaffen würde[621]. Die Verwendung der langfristig zusätzlichen Kosten hat aus ökonomischer Ansicht zwei Vorteile. Zum einen wird sichergestellt, dass der Wettbewerber an

---

617 *Groebel*, in: Säcker (Hrsg.), TKG-Komm., § 32, Rn. 26.

618 *Neumann/Koch*, TKG, Kap. 3, Rn. 246 f.

619 *Säcker/Böcker*, Die Entgeltkontrolle, S. 83.

620 *v. Colbe*, in: Säcker (Hrsg.), TKG-Komm., vor § 27, Rn. 49 f.; *Groebel*, in: Säcker (Hrsg.), TKG-Komm., § 35, Rn. 27. Anderer Meinung nach sind die realistischen Kosten auch zu berücksichtigen und damit ist die ausschließliche Anwendung der hypothetischen Kostenstruktur, die auf dem Wiederbeschaffungswert basiert, nicht vorzugswürdig. Vgl. *Kühling*, K&R 4/2009, S. 246; *Fetzer*, Staat und Wettbewerb, S. 247 f. In der Rechtsprechung wird aber die Verbindlichkeit des Wiederbeschaffungskosten-Konzepts bei KeL seit *Arcor*-Urteil vom EuGH relativiert. Vgl. dazu *Winzer*, in: Geppert/Schütz (Hrsg.), BeckTKG-Komm., § 32, Rn. 22; *Radtke*, Materille Maßstäbe der telekommunikationsrechtlichen ex ante Vorleistungsentgeltkontrolle, S. 100 f.; *Kühling/Schall*, CR 11/2010, S. 708 ff.

621 *Groebel*, in: Säcker (Hrsg.), TKG-Komm., § 32, Rn. 28.

den Größenvorteilen des bestehenden Netzbetreibers, insb. ehemaliger Monopolisten, teilnehmen kann. Mit anderen Worten kann der alternative Netzbetreiber maßgeblich niedrige Kosten der Leistungsbereitstellung tragen, da die Zusatzkosten seitens des großen Netzbetreibers auf Grund der Größen- und Verbundvorteile normalerweise geringer als Marktneulinge sind[622]. Eine chancengleiche Wettbewerbsmöglichkeit kann dadurch gewährleistet werden, dass der Vorteil des großen Netzes vom marktmächtigen Netzbetreiber im gewissen Maß ausgeglichen und zugleich an die Zugangspetenten weitergegeben wird. Zum anderen wird eine Verzerrung des Investitionsanreizes des potenziellen Wettbewerbers verhindert. Wenn die Preishöhe des regulierten Netzzugangs mit den effizienten Zusatzkosten übereinstimmt, die sich zugleich als effiziente Netznutzung darstellt, hat er hierbei einen im Wege der Opportunitätskostenbetrachtung vorgenommenen Entscheidungsspielraum, ob er weiter die gewährte Zugangsleistung kauft oder eine eigene Netzinfrastruktur aufbaut (sog. „Make-or-Buy"-Entscheidung)[623].

cc) Angemessene Gemeinkosten und Kapitalverzinsung

Neben den langfristig zusätzlichen Kosten beinhaltet der KeL-Maßstab noch einen angemessenen Zuschlag, mit dem die nicht unmittelbar einer Leistung zugeordneten Kosten abgedeckt werden. Dieser Zuschlag spiegelt die Gemeinkosten wider, die anhand einer Schlüsselungsmethode weitergehend anteilig einer sie zu tragenden Kostenstelle bis zur Einzelleistung zugeordnet werden müssen[624]. Die materielle Schlüsselungsmethode wird weder gesetzlich noch verordnungsrechtlich determiniert und damit grundsätzlich von regulierten Unternehmen jeweils ausgestaltet[625]. Der BNetzA steht aber gem. § 29 Abs. 2 S. 1 DeTKG gegenüber dem Unternehmen mit beträchtlicher Marktmacht eine Anordnungsbefugnis zu, die Verpflichtung in Bezug auf die Kostenrechnungsmethode zu erteilen. Die Regulierungsbehörde kann daher durch die Anordnung die materiellen Vorgaben der materiellen Ausgestaltung der Kostenrechnungsmethode treffen[626].

---

622 *v. Colbe*, in: Säcker (Hrsg.), TKG-Komm., vor § 27, Rn. 19 f.; *Winzer*, in: Geppert/Schütz (Hrsg.), BeckTKG-Komm., § 32, Rn. 20.
623 *Groebel*, in: Säcker (Hrsg.), TKG-Komm., § 32, Rn. 30 f.
624 *Radtke*, Materielle Maßstäbe, S. 65 f.
625 *Mengering*, Entgeltregulierung, S. 175 f.
626 *Groebel*, in: Säcker (Hrsg.), TKG-Komm., § 27, Rn. 26.

In Betracht kommt bei KeL schließlich die angemessene Verzinsung des eingesetzten Kapitals. Dies deutet auf die Berücksichtigung des im Preis enthaltenen Gewinnanteils hin[627]. Bei der Einschätzung der angemessenen Verzinsung hat die BNetzA den Beurteilungsspielraum, die Ermittlungsmethode und das von ihr abgeleitete Ergebnis festzulegen[628]. Hierfür muss die BNetzA gem. § 32 Abs. 4 DeTKG eine Abwägung der vier Kriterien vornehmen. Hierbei gewinnen die Rücksicht auf eine langfristige Stabilität der wirtschaftlichen Rahmenbedingungen und die Wettbewerbssituation auf Telekommunikationsmärkten (§ 32 Abs. 4 Nr. 4) mittlerweile eine starke Gewichtung[629]. Theoretisch stehen die kalkulatorische Bilanzwertmethode und kapitalmarktorientierte CAPM zur Verfügung[630]. In der Amtspraxis wird eine Umstellungsfassung der Bilanzmethode auf die Heranziehung von Marktwerten mittels einer WACC-Formel bei der Bestimmung des Eigen- und Fremdkapitals angewendet[631].

b) Abweichen von KeL?

aa) Abweichungsmöglichkeit

Kein eigenständiges Kontrollkonzept besteht bei der Entgeltkontrolle im sektorspezifischen Regulierungsrecht. Es ist nichts anderes als beim Verbot der missbräuchlichen Preissetzung im allgemeinen Wettbewerbsrecht eine wettbewerbsorientierte Ordnungssicherung am Maßstab des Als-ob-Wettbewerbskonzepts[632]. Denn Art. 102 AEUV wie auch § 19 GWB fordern allgemeingültig die Angemessenheit des Preises, den ein marktbeherrschendes Unternehmen geltend macht, indem die hoheitliche Steuerung infolge der Idee der sozialen Marktwirtschaft i. S. v. Art. 3 Abs. 3 EUV eingreifen soll[633]. Das

---

627 *Neumann/Koch*, TKG, Kap. 3, Rn. 256.

628 Ein Beurteilungsspielraum besteht auch für die KeL-Ermittlung, wobei nach § 35 Abs. 1 DeTKG drei Ermittlungsmethoden zur Verfügung stehen. Vgl. dazu *Groebel*, in: Säcker (Hrsg.), TKG-Komm., § 32, Rn. 39 f.; anders *v. Danwitz*, DVBl. 2003, S. 1405 f.

629 Im Hinblick auf das wichtigere vierte Kriterium wird die Bilanzmethode für vorzugswürdig gehalten. Vgl. dazu *Groebel*, in: Säcker (Hrsg.), TKG-Komm., § 32, Rn. 70, 71, 81.

630 Vgl. dazu näher *Mengering*, Entgeltregulierung, S. 207 f.; *Berndt*, Anreizregulierung, S. 92 f.

631 *Neumann/Koch*, TKG, Kap. 3, Rn. 259 f.; *Fetzer*, in: Arndt/Fetzer/Scherer/Graulich (Hrsg.), TKG-Komm., § 32, Rn. 23. *Radtke*, Materille Maßstäbe der telekommunikationsrechtlichen ex ante Vorleistungsentgeltkontrolle, S. 83 f.

632 *Mohr*, Zugangs- und Entgeltregulierung, S. 108.

633 Vgl. *Säcker*, Der wettbewerbsanaloge Preis als Kontrollmaßstab, S. 449 f.

Ziel der Kontrolle der Preisangemessenheit liegt darin, den Interessenausgleich des Austauschvertrags und damit die Voraussetzungen der funktionalen Privatautonomie zu gewährleisten. Dadurch sollte sich ein marktmachtbeherrschendes Unternehmen so verhalten, wie im wirksamen Wettbewerbszustand.[634] Um ein wettbewerbsanaloges Marktergebnis sicherzustellen, können beim Marktversagen nicht nur die einzelfallgezogene, im Kartellrecht verankerte Ex-post-Kontrolle, sondern auch die präventive, also *ex ante*, und damit eingriffsintensive Gestaltungsmaßnahme stattfinden[635], welche ein Kernelement des Regulierungsrechts ist und zuvörderst die andauernde und strukturelle Marktzutrittshürde neutralisieren soll[636]. Vor diesem Hintergrund stellt sich der Kontrollmaßstab des Als-ob-Wettbewerbs nicht als empirisch-ökonomischer Maßstab dar, sondern vielmehr als eine Ausgabe des rechtlichen Leitbilds, das ein ideales Umfeld beschreibt, bei dem sich die Selbstbestimmung jeglicher Marktteilnehmer verwirklichen lässt[637]. Das KeL-Konzept setzt daher als dasselbe Kontrollkonzept keinen abweichenden Maßstab der kartellrechtlichen Missbrauchskontrolle voraus. Es beschränkt sich freilich nicht auf das Entgegenwirken der überwiegenden Monopolstellung in bestimmten Netzwirtschaften[638]. Dass der gesetzlich definierte KeL-Maßstab nach § 32 Abs. 1 DeTKG bei der Ermittlung des genehmigungsfähigen Entgelts im Wege der Einzelgenehmigung gem. §§ 31 Abs. 1 Nr. 1 i. V. m. 35 Abs. 2 DeTKG im Regelfall angewendet werden soll, ist zutreffend. Würde die BNetzA vom dem Als-ob-Wettbewerbspreis exakt widerspiegelnden KeL-Maßstab abweichen, müsste sie auf eine „andere Vorgehensweise" i. S. v. § 32 Abs. 2 S. 1 Nr. 2 DeTKG zurückgreifen[639]. Hierfür wird ein „Superioritätstest" eingefordert, wo eine strengere Begründung besteht als in § 31 Abs. 2 Nr. 2 S. 3 DeTKG vorgeschrieben[640]. Diese Ausweichungsmöglichkeit vom gesetzlich determinierten KeL-Maßstab impliziert einen für die Regulierungsbehörde

---

634 Die Preiskontrolle stellt sich als ein elementarer Bestandteil der sozialgebundenen Privatautonomie dar. Vgl. dazu *Säcker*, Der wettbewerbsanaloge Preis als Kontrollmaßstab, S. 451.

635 *Mohr*, Zugangs- und Entgeltregulierung, S. 108 f.; *Säcker*, in: Säcker (Hrsg.), TKG-Komm., Einl. I, Rn. 22 f.

636 *Gersdorf*, FS Säcker, S. 684.

637 *Mohr*, Zugangs- und Entgeltregulierung, S. 109 f.

638 *Säcker*, Der wettbewerbsanaloge Preis als Kontrollmaßstab, S. 453 f.

639 *Kühling*, in: Geppert/Schütz (Hrsg.), BeckTKG-Komm., § 31, Rn. 27.

640 *Kühling/Schall*, CR 2/2012, S. 84.

eröffneten Entscheidungsspielraum, wobei sich der anzuwendende Maßstab unter erschöpfender Abwägung als „besser geeignet“ erweisen soll[641].

bb) Vorliegender Fall in der Amtspraxis

Die von der EU-Kommission erlassene Empfehlung 2009/396/EG[642] enthält eine Vorgabe für die Ermittlung der Zusammenschaltungsentgelte. Danach soll die Regulierungsbehörde bei der Berechnung der Zusammenschaltungsentgelte mithilfe eines „Bottom-up“-Kostenmodells den „pureLRIC“-Ansatz anwenden. Dieser Ansatz besteht darin, dass nur die verkehrsabhängigen Kosten den Kosten der Anrufzustellung für Dritte zugeordnet werden können. Die leistungsmengenneutralen Gemeinkosten sind dabei nicht mehr berücksichtigt[643]. Falls die BNetzA diese Geltendmachung einhalten möchte, kann sie nicht direkt auf die Einzelgenehmigung gem. § 31 Abs. 1 Nr. 1 DeTKG zurückgreifen, denn diese Vorgehensweise der Ex-ante-Entgeltregulierung soll sich auf die KeL nach § 32 Abs. 1 DeTKG stützen. Bei der Kostenberechnung durch den „pureLRIC“-Ansatz werden jedoch die Gemeinkosten ausgeschlossen, die ein wesentlicher Bestandteil der KeL sind[644]. In den vergangenen Jahren hatte die BNetzA bei der Kostenermittlung der Zusammenschaltungsentgelte die Anwendung des „pureLRIC“-Ansatzes abgewiesen. Erstmals hat die BNetzA seit 2015 bei der Entgeltermittlung der Zusammenschaltung im Festnetz-[645] und Mobilfunknetz[646] den „pureLRIC“-Ansatz zur Anwendung gebracht und damit eine Umstellung des Kostenmaßstabs vorgenommen. Abgesehen vom Streit zw. der EU-Kommission und der BNetzA um die Angemessenheit der angewandten Kostenermittlungsmethoden[647] ist es jedenfalls bestätigt, dass einerseits die in § 31 Abs. 2 S. 1 Nr. 2 DeTKG angelegte „andere Vorgehensweise“ im Falle der

641 *Groebel*, in: Säcker (Hrsg.), TKG-Komm., § 31, Rn. 25. Zum eigenständigen Beurteilungsspielraum über die Wahl der Kostenmethode gegenüber der EU-Kommission vgl. *Koenig/Meyer*, K&R 4/2013, S. 236 ff.; *dies.*, N&R 6/12, S. 250 f.;; *Koenig*, N&R 5/16, S. 255 f.; *Säcker/Mengering*, N&R 2/14, S. 77 f.

642 EU-Kommission, Empfehlung 2009/396/EG, Empfehlung der Kommission über die Regulierung der Fest- und Mobilfunknetz-Zustellungsentgelte in der EU vom 7. Mai 2009.

643 EU-Kommission, Empfehlung 2009/396/EG, Erwägungsgrund 14.

644 *Kleinlein/Schubert*, N&R 5/13, S. 187.

645 BNetzA, Beschluss v. 30.08.2016, BK 3b-15/060.

646 BNetzA, Beschluss v. 19.08.2016, BK 2b-16/005; BNetzA, Beschluss v. 21.07.2017, BK 3c-16/110.

647 Vgl. dazu näher *Monopolkommission*, Sondergutachten 78, Rn. 77 f.

Abweichung vom KeL-Maßstab anzuwenden ist[648], andererseits ein Ermessen vorgenommen werden muss, indem die BNetzA abwägt, ob die „andere Vorgehensweise" besser als die Einzelgenehmigung nach dem LRIC+-Maßstab i. S. v. § 31 Abs. 1 Nr. 1 DeTKG die in § 2 DeTKG verankerten Zielbündel erreichen kann[649]. Hierbei vertritt die BNetzA die Ansicht, dass der „pureLRIC"-Ansatz wegen der Entwicklung des Binnenmarkts, wo ein symmetrisches Preisniveau im EU-Bereich als erwünscht gewertet wird, als die Wahrung der Nutzer- und Verbraucherinteressen und die Förderung des Wettbewerbs gerechtfertigt begründet werde[650]. Durch die Anwendung des „pureLRIC"-Ansatzes bei der Einzelgenehmigung für die Zusammenschaltungsentgelte unter Abweichung vom LRIC+-Maßstab würde die realistische Marktgegebenheit jedoch nicht ausreichend berücksichtigt, da dieser Regulierungsvorgang die Gefahr der Kostenunterdeckung herbeiführen könnte, die nicht vollständig durch die Einspeisung in die Endkundenentgelte ausgeglichen würde[651]. Dies weist die ungerechtfertigte Preissenkung unter Abweichung vom wettbewerbsanalogen Preis auf, der nur unter wirksamem Wettbewerb entstünde und zuvörderst durch die Entgeltregulierung simuliert werden soll[652].

3. Zwischenfazit

Im Licht des DeTKG wird nahegelegt, dass ein eindeutiger Prüfungsmaßstab in der regulatorischen Rechtsordnung geltend gemacht werden muss, der zur Stimulierung des wettbewerbsanalogen Preises beitragen kann. Dabei wird der KeL-Standard i. S. v. § 32 Abs. 1 DeTKG für geeignet gehalten. Um den Grundsatz des Gesetzesvorbehalts einzuhalten und einen objektiven Kostenprüfungsansatz anzuwenden, obliegt es dem Gesetzgeber, diesen theoretisch allgemeingültigen Kostenmaßstab im Gesetz klar zu bestimmen. Wenn die Regulierungsbehörde von diesem gesetzlichen KeL-Maßstab abweichen und einen alternativen Prüfungsmaßstab anwenden möchte, soll sie sich auch auf

648 BNetzA, Beschluss v. 30.08.2016, BK 3b-15/060, S. 30 f.; BNetzA, Beschluss v. 19.08.2016, BK 2b-16/005, S. 79.

649 BNetzA, Beschluss v. 19.08.2016, BK 2b-16/005, S. 90; bestätigend in der jüngeren Rechtsprechung vgl. BVerwG, Urteil v. 30.05.2018 – 6 C 4.17, Rn. 47 (bverwg.de).

650 *Monopolkommission*, Sondergutachten 78, Rn. 74.

651 *Kühling/Schall*, CR 2/2012, S. 86. Auch *Barth/Heimeshoff*, DICE Nr. 29, S. 11 f.

652 *Säcker*, Der wettbewerbsanaloge Preis als Kontrollmaßstab, S. 451.

eine gesetzliche Ermächtigungsgrundlage stützen. Es wäre zutreffend, dass die verfügbaren Ansätze gleichfalls bei der gesetzlichen Ermessensermächtigung aufgezählt werden[653].

IV. Stellungnahme

Bei der oben ausgeführten Analyse in Anlehnung an das deutsche TKG kommen das Fehlen eines eindeutigen Zugangsbegriffs und Kostenmaßstabs im TwTKG und die übergreifend normierende Regulierungsstruktur als Kernprobleme in Betracht. Diese grundlegenden Probleme führen zu einem fehlerhaften Regulierungssystem, das nicht zur Sicherstellung und Förderung des wettbewerbsorientierten Markts befähigt sein könnte. Hinsichtlich der Wechselwirkung der drei rechtlich systematischen Mängel kann von einer zusammenfassenden Auswertung jeweils aus formeller und materieller Ansicht ausgegangen werden.

Unter dem formellen Aspekt belässt das normierende Regelungssystem eine maßgebliche Normlücke, die völlig dem unvermeidbaren Regulierungsausfall entspricht. Zum einen enthält das TwTKG außerhalb vom Zusammenschaltungsregime keine faktischen Vorgaben zur Zugangsregulierung, die sich auf die ganze Vorleistungsebene auswirkt[654]. Die fehlende Legaldefinition des Zugangs impliziert zugleich keine zugangsbezogene Regelung im TwTKG, so dass die Regulierungsbehörde auf die gesetzliche Kompetenz zur Verordnungsausgestaltung für das Zusammenschaltungsregime oder Preiskontrollsystem für Endnutzerleistungen zurückgreift. Dabei wird insb. von der Einzelgenehmigung für Entgelte der kupferbasierten TAL und dem Price-Cap-Verfahren für sog. Entgelte der Großhandelsprodukte gesprochen. Aufgrund der fehlenden Ermächtigungsgrundlage verstößt dies gegen den Grundsatz des Gesetzesvorbehalts. Die gleichen Bedenken treten beim fehlenden gesetzlichen Kostenmaßstab der Entgeltregulierung auf. Zum anderen geht es um die Reaktivitätsfähigkeit für den potenziell regulierungsbedürftigen Produktmarkt. Obwohl die Regulierungsbehörde schon versucht hat, durch verordnungsrechtliche Bestimmungen dem potenziellen oder vorliegenden Marktversagen entgegenzuwirken, können sich die konditional programmierten Regelungen nicht ohne Weiteres an den

---

653 Zur Kritik zur von der Empfehlung der EU-Kommission verursachten Loslösung der gesetzlichen Verbindlichkeit am KeL-Maßstab siehe *Kleinlein/Schubert*, N&R 5/13, S. 193.

654 Es bleibt aber fraglich, ob die in § 31 Abs. 1 TwTKG verankerte Mitbenutzungsverpflichtung der Bottleneck-Einrichtung als eine wesentliche Zugangsform angesehen werden kann. Hierbei ist es zu verneinen. Siehe dazu unter Teil 3. E. II. 3. c).

dynamischen Telekommunikationsmarkt anpassen. Wenn das potenziell regulierungsbedürftige Produkt mit einem neueren Technikstandard noch nicht als Tatbestand derjenigen Regelung formuliert wird, kann die Regulierungsbehörde weder kraft TwTKG noch nach Verordnungen rechtzeitig eingreifen. Eine nichtzukunftsorientierte und konditional programmierte Normstruktur, die der Regulierungsflexibilität fehlt und sich nicht auf den neuen Markt richten kann, wäre unzumutbar, da die offensichtliche Regulierungslücke, die zugleich auch eine maßgebliche Normlücke widerspiegelt, nicht umgehend ausgeglichen werden kann.

Wenn man vom materiellen Aspekt ausgeht, ist eine erschöpfende Begründung für die Auferlegung der bestimmten Zugangs- oder Entgeltregulierungsverpflichtung oder eine sachangemessene Ermessensausübung mit der Regelungsgestaltung stets nicht ersichtlich. Wegen des fehlenden gesetzlichen Zugangsbegriffs setzt die Durchführung der Regulierungsmaßnahme keinen zutreffenden Lokalisierungsprozess für die regulierungsbedürftige Leistung und Adressaten voraus. Falls ein Verfahren für die Festlegung des regulierungsbedürftigen Markts und Unternehmens nicht vorliegt, wäre es kaum glaubwürdig, dass der eingesetzte Regulierungsvorgang dem grundlegenden Regulierungsziel, nämlich der Schaffung des wirksamen Wettbewerbs, dient, bei dem die beträchtliche Marktmacht des Altmonopolisten neutralisiert wird[655]. Darüber hinaus setzt die Regulierungsbehörde bei der Bestimmung aller zugangs- und entgeltbezogenen Verpflichtungsvorschriften eine notwendige Abwägung sowie ein Entschließungs- und Auswahlermessen der vorzunehmenden Maßnahmen um, da die Regulierungsmaßnahmen unmittelbar in Form der determinierten Norm in mehreren Verordnungen vorstrukturiert werden. Es ist daher nicht naheliegend, weshalb die Regulierungsbehörde gegenüber den bestimmten Unternehmen bestimmte Zugangsverpflichtungen und/oder Entgeltkontrollen an einem bestimmten Kostenstandard entscheidet. Als einzige Ausnahme angesehen wird das Price-Cap-Verfahren für Endnutzerleistungen, da dies bereits vom Gesetzgeber vorbestimmt wird. Dafür verfügt das NCC von vornherein über keinen Entscheidungsspielraum. Um dem Ganzen die Krone aufzusetzen, ist ein objektiver Prüfungsmaßstab für die Preiskontrolle ebenfalls im Gesetz abwesend. Das potenziell regulierungsbedürftige Unternehmen kann daher nicht im Voraus die Genehmigungsfähigkeit seines Entgelts einschätzen. Ein entgeltlicher Regulierungsrahmen, bei dem das wettbewerbsanaloge Preisniveau nicht gestaltet wird,

655 *Koenig/Vogelslang/Kühling/Loetz/Neumann*, Funktionsfähiger Wettbewerb, S. 171 f.

verlöre dessen normative Bedeutung[656]. Dass die Rechtfertigungsfrage um die Regulierungsmaßnahmen ständig entsteht, ist kein Wunder. Dafür muss man sich vor Augen halten, ob das zuständige Gericht die Regulierungsausübung gesetzmäßig überprüfen kann.

---

656 Ein adäquates Beispiel für die normative Bedeutung des KeL-Maßstabs ist die teleologische Verbindung des KeL-Konzepts nach § 31 Abs. 1 DeTKG mit entgeltbezüglichen Missbrauchsmaßstäben nach § 28 DeTKG. Vgl. dazu *Oster*, Normative Ermächtigungen, S. 152 f.

D. Gerichtliche Kontrolldichte

In diesem Kapitel ist die Frage um die gerichtliche Kontrolldichte i. R. d. Marktregulierung zu diskutieren. Obschon eine Gesamtbewertung des taiwanesischen Marktregulierungssystems dargelegt und drei Kernprobleme betont werden, die auf die unvermeidbare Regelungslücke und den Mangel an der begründeten Beurteilungs- und Ermessensausübung verweisen, muss man zugleich den Blick auf die vorliegenden Urteile werfen, in denen nicht nur der der Regulierungsbehörde zustehende Entscheidungsspielraum, der sich aus der Ermächtigung des Gesetzgebers ergibt, sondern auch die zulässige Eingriffsintensität seitens des Verwaltungsgerichts interpretiert werden. Durch die Aufklärung der Interaktion zw. drei geteilten Staatsgewalten in der Regulierungssituation kann das Schlüsselproblem im taiwanesischen Regulierungsrecht noch deutlicher herausgestellt werden. Dabei geht es insb. um die Frage, ob die verwaltungsgerichtliche Ausübung den bestehenden Regulierungsdefekt überwinden kann. In der taiwanesischen Gerichtspraxis ergeben sich zwar nicht viele Fälle. Dies bedeutet jedoch nicht, dass gar keine diskussionswerten Probleme vorliegen. Im Folgenden werden drei marktregulierungsbezügliche Urteile zum Ausdruck gebracht, um die grundlegende Problematik in der taiwanesischen Rechtsprechung zu lokalisieren und damit weiterhin zu überlegen, ob die gerichtliche Kontrolle das bestehende Regulierungsversagen beseitigen kann (I). Anschließend können das vom BVerwG entwickelte Regulierungsermessen und dessen Kritik als angemessene Bezugnahme herangezogen werden (II). Zuletzt wird eine kritische Würdigung für die gerichtliche Kontrolldichte in Taiwan im Vergleich zur deutschen Gerichtspraxis eingebracht (III).

I. Gerichtliche Kontrolldichte in Taiwan

1. Rechtssache der Marktregulierung

a) Feststellung des SMP-Unternehmens (SMP-Urteil)

aa) Sachverhalt

Bezogen auf den Mobilfunknetzbetreiber H wurde vom NCC vermutet, dass er sowohl anhand des jährlichen Marktumsatzes als auch dessen Kundenkreises über 31 % Marktanteile verfügt. Damit wurde H gem. § 10 Abs. 1 Nr. 3 EntRVO a. F. (heutiger § 2 Abs. 1 Nr. 3 EntRVO) als SMP-Unternehmen festgestellt. Denn dasjenige Unternehmen ist ein Unternehmen mit beträchtlicher Marktmacht, welches anhand des jährlichen Marktumsatzes oder dessen Kundenkreises mehr als 25 % Marktanteil besitzt. H warf dem NCC diese Entscheidung vor und hatte im Beschwerdeverfahren keinen Erfolg. H wandte sich daher an das Gericht und plädierte für die Anfechtung der gesetzwidrigen Entscheidung. H vertrat vor Gericht die Auffassung, dass das NCC bei der Einschätzung des Marktanteils unzulässig den Marktanteil von dessen Tochtergesellschaft auch in Rechnung gebracht habe, da die Einbeziehung des Marktanteils der Tochtergesellschaft nicht bei den in § 2 EntRVO angelegten Kriterien als Tatbestandsvoraussetzung geregelt werde. Darüber hinaus habe das NCC bei der Formulierung der Kriterien für das SMP-1KTU den Umfang der Verordnungsermächtigung überschritten, da es sich bei der Begriffsbegrenzung des SMP-1KTU nach § 26-1 Abs. 2 TwTKG, der das NCC zur Feststellung der SMP-1KTU ermächtige, nur um eine einzelne Körperschaft handele.[657]

bb) Entscheidung des Gerichts

Der Streitpunkt liegt darin, ob die Regulierungsbehörde rechtmäßig die Feststellung des SMP-Unternehmens vornimmt. Nach Auffassung des Gerichts obliegt es dem NCC nach dem Gesetzeszweck des TwTKG und dem asymmetrischen Regulierungskonzept, dass ein fairer Wettbewerbsumstand und Verbraucherinteressen durch sachgerechte Preiskontrollen für ein solches Telekommunikationsunternehmen, das über beträchtliche Marktmacht verfügt, gewährleistet werden müssen. Aus diesem Grund steht dem NCC ein ausreichender Beurteilungsspielraum für die Begriffsbegrenzung des SMP-1KTU zu. Bei der Subsumtion des SMP-Unternehmens kann das NCC auch auf einen solchen Maßstab zurückgreifen, den die für das allgemeine Wettbewerbsrecht zuständige Behörde für die Feststellung der marktbeherrschenden Stellung anwendet. Der gesetzlich formulierte Begriff „SMP-1KTU" und die dementsprechende Ermächtigung zur Konkretisierung des SMP-1KTU-Maßstabs schließt im Wesentlichen die Unternehmensdefinition i. S. d. allgemeinen Wettbewerbsrechts nicht aus. Aus diesem Grund ist die Einbeziehung des fremden Marktanteils, der zur Tochtergesellschaft gehört, ungerechtfertigt. Die in Frage gebrachte Feststellung verstößt nicht gegen den Grundsatz des Gesetzesvorbehalts und ist damit zu billigen[658].

657 JuHACT, 96/3189, 06.08.2008, Rn. 395 f. (judicial.gov.tw).
658 JuHACT, 96/3189, 06.08.2008, Rn. 897 ff. (judicial.gov.tw).

b) Zuschlag des Zusammenschaltungsentgelts (Zuschlagsurteil)

aa) Sachverhalt

Vor dem Jahr 2011 orientierte sich das Zusammenschaltungsregime zw. Festnetz- und Mobilfunknetzbetreibern nicht am weltweit üblichen CPNP-Prinzip, sondern an einem besonderen Geschäftsmodell, bei dem das Entgelt der vom Endkunden der jeweiligen Partei verursachten Telefonverbindung völlig vom Mobilfunkbetreiber berechnet und erhalten wurde. Falls ein Telefonverbindungsaufbau von der Festnetzpartei hergestellt wurde, musste der Mobilfunknetzbetreiber die Gebühr der Vermittlungsleistung (Zusammenschaltungsentgelt) seitens des Festnetzbetreibers entrichten.[659] Das NCC plante, dass eine Umstellung der in Rede stehenden Zusammenschaltungsregime auf das typische CPNP-Modell seit 2011 vorgenommen werden sollte, d. h., derjenige Netzbetreiber, dessen Kunde Anrufer war, sollte dem anderen Verbindungsteilnehmer das Zusammenschaltungsentgelt entrichten. Das NCC hatte dazu noch eine Entscheidung getroffen, dass der die Marktanteile in Höhe von 97.39 % innehabende Festnetzbetreiber, die CHT AG, von 2011 bis 2016 einen jährlich degressiv bis zu null berechneten „Zuschlag" des Zusammenschaltungsentgelts als Übergangskompensation zahlen musste[660]. Das Ausgangsniveau des Zuschlags war auf den Saldo zw. kostenorientiertem Zusammenschaltungsentgelt und dem niedrigsten Ertrag auf dem Telefondienstmarkt ausgerichtet. Nach Auffassung des NCC konnte der Infrastrukturwettbewerb beim Festnetzbereich einschließlich der Verbraucherinteressen durch diese Maßnahme gefördert werden, da die Festnetzneueinsteiger gegenüber den Mobilfunknetzbetreibern nur relativ niedrige Zusammenschaltungsentgelte bezahlen müssten und damit höhere Investitionen in den eigenen Netzaufbau vornehmen könnten[661]. Die CHT AG klagte vor dem Verwaltungsgericht gegen diese Entscheidung. Die CHT AG vertrat in ihrem Antrag die Auffassung: 1. Die der Umstellung des Geschäftsmodells dienende Zuschlagsregelung solle tatsächlich in keinem Zusammenhang mit der Förderung des Festnetzaufbaus stehen und damit unvereinbar mit der Angemessenheit des Verhältnismäßigkeitsgrundsatzes sein. 2. Dieser Zuschlag scheine nicht anders als eine imperative Quersubvention, die den Gleichheitsgrundsatz missachte und damit ungerechtfertigt sei.[662]

---

659 NCC, Plan für die Änderung der Geschäftsmodelle, S. 2.

660 NCC, Plan für die Änderung der Geschäftsmodelle, S. 16 f.

661 NCC, Plan für die Änderung der Geschäftsmodelle, S. 17.

662 JuHACT, 98/65/Remand-1, 03.03.2011, Rn. 126 ff. (judicial.gov.tw).

bb) Entscheidung des Gerichts

Das Verwaltungsrechtsgericht hat die Entscheidung des Zuschlags des Zusammenschaltungsentgelts gebilligt[663]. Vor allem geht es um die Frage der Rechtsfigur dieser Entscheidung. Zuerst hat das erstinstanzliche Gericht sie für einen Verwaltungsakt gehalten, der ein Bestandteil des Verwaltungsplans war. Das Urteil wurde im Revisionsverfahren zurückgewiesen. Das erneut erstinstanzliche Gericht ging von einem Verwaltungsakt nach § 20 Abs. 3 ZVO aus, der zwischenzeitlich in Kraft trat[664]. Was die materielle Gesetzmäßigkeit betrifft, hat sich das Gericht auf die gesetzliche Ermächtigungsgrundlage der § 16 Abs. 2 i. V. m. Abs. 9 TwTKG berufen, deren Zweck, Inhalt und Ausmaß durch die Ermittlung des Willens des Gesetzgebers bestimmt werden sollen. Der gesetzgeberischen Begründung für § 16 Abs. 2 TwTKG kann entnommen werden, dass der Gesetzgeber der Regulierungsbehörde einen umfassenden Gestaltungsspielraum für die transparente, diskriminierungsfreie und nachvollziehbare Zusammenschaltungsinstitution gewährleisten will. Hinsichtlich des Gerichts geht es vielmehr bei der Gesetzmäßigkeit der Zuschlagsentscheidung um die Frage, ob jegliche im Zusammenschaltungsregime sich niederschlagende Entscheidung fehlerlos nach der Zielsetzung des Gesetzgebers bestimmt wird.[665] Nach Auffassung des Gerichts müssen der Gesetzeszweck des TwTKG sowie das Konzept der asymmetrischen Regulierung einbezogen werden. Um den funktionsfähigen Wettbewerb und die positive Entwicklung auf dem Telekommunikationsmarkt zu fördern, ist eine asymmetrische Regulierung durchzuführen, die den aus der marktbeherrschenden Stellung des Altmonopolisten verursachten Wettbewerbsverfälschungsmöglichkeiten entgegenzuwirken vermag. Angesicht der technischen, kommerziellen und rechtlichen Komplexität kommt es jedoch bei der Ausgestaltung der vertretbaren Rahmenbedingungen der asymmetrischen Regulierung auf die Fachkenntnisse der zuständigen Behörde an. Hierfür steht der Regulierungsbehörde ein weiterreichender Entscheidungsspielraum zu, ein sachangemessenes Vertragsverhältnis zw. dem marktmächtigen Netzbetreiber und anderen Wettbewerbern im Zusammenschaltungsregime zu steuern.[666] Vor diesem Hintergrund spiegelt die Zuschlagsentscheidung weder den

---

663 Das letztinstanzliche Urteil: JuSAC, 100/1860, 27.10.2011.

664 Der Streit um den Rechtscharakter der in Rede stehenden Entscheidung ist hierbei nicht zu vertiefen. Dazu näher vgl. *Chan, C.-J.*, Asymmetrische Regulierung, S. 113 ff.; *Shyr, S.-H.*, The Law Monthly 61/6, S. 24 ff.

665 JuHACT, 98/65/Remand-1, 03.03.2011, Rn. 1319 ff. (judicial.gov.tw); JuSAC, 100/1860, 27.10.2011, Rn. 258 f. (judicial.gov.tw).

666 JuHACT, 98/65/Remand-1, 03.03.2011, Rn. 1360 ff. (judicial.gov.tw).

Verhältnismäßigkeits- noch Gleichheitsgrundsatz wider, weil sie sich als geeignete, notwendige und angemessene Maßnahme i. S. d. asymmetrischen Regulierung darstellt und die ungleiche Stellung zw. der CHT AG und alternativen Dienstanbietern fehlerlos ausgleicht[667].

c) Entgeltgenehmigung des ADSL-Internetzugangsdienstes (ADSL-Entgelt-Urteil)

aa) Sachverhalt

Der größte Festnetzbetreiber in Taiwan, die CHT AG, ist ein SMP-1KTU und bringt mittels eigener umfassender Festnetze Internetzugangsdienste an seine Endkunden. Der Tarif des Internetzugangsdienstes auf Basis des ADSL-Technologiestandards unterliegt der Genehmigung im Wege des Price-Cap-Verfahrens. Am 06.01.2009 untersagte das NCC die Genehmigung dieser Entgelte, da die CHT AG die Anforderung vom NCC nicht eingehalten hatte, den Telefondienst am festen Standort des ADSL-Produkts zu entbündeln. Die CHT AG erhob vor dem Verwaltungsgericht Anklage gegen den Abschluss vom NCC. Die CHT AG wandte in ihrem Antrag ein, dass dieses Bündel gerechtfertigt sei, weil die Kapital- und Betriebskosten der Kupfer-TAL nicht den Produktionskosten des ADSL-Produkts zugeordnet werden, sondern völlig den Kosten des Telefondienstes. Die Erbringung des ADSL-Internetzugangsdienstes müsse jedoch teilweise auf dem Datentransport durch Kupfer-TAL basieren. Wenn das angemessene Entgelt des ADSL-Produkts berechnet werden solle, habe die CHT AG die den Telefondienstkosten zugeordneten Kupfer-TAL-bezüglichen Kosten in Rechnung zu ziehen. Nur durch diesen Bündelverkauf könnten daher die gesamten tatsächlichen Kosten des ADSL-Produkts gedeckt werden.[668] Die CHT AG behauptete noch, dass die Regulierungsbehörde bereits diese Kostenschlüsselungsmethode zugelassen habe, da im Jahr 2001 das Praxishandbuch der Rechnungsführung, in dem die als Gemeinkosten geltenden Kosten der Kupfer-TAL nicht den Einzelkosten der ADSL-Dienstleistung zugewiesen worden seien, nach § 51 RmL i. d. F. 2000 genehmigt werde[669].

---

667 JuSAC, 100/1860, 27.10.2011, Rn. 240 f. (judicial.gov.tw); JuHACT, 98/65/Remand-1, 03.03.2011, Rn. 1382f (judicial.gov.tw).

668 JuHACT, 98/2778, 02.06.2010, Rn. 40 f. (judicial.gov.tw).

669 JuHACT, 98/2778, 02.06.2010, Rn. 202 f. (judicial.gov.tw).

bb) Entscheidung des Gerichts

Das erstinstanzliche Gericht hat den Abschluss des NCC gebilligt. *The Supreme Administrative Court* bestätigte die Auffassung des erstinstanzlichen Gerichts und wies damit den Revisionsantrag der CHT AG zurück[670]. Nach Auffassung des Gerichts steht der Regulierungsbehörde eine ausreichende Gestaltungsfreiheit bei der Ausformulierung des entgeltbezüglichen Regulierungssystems zu. Denn der Gesetzgeber hat einerseits dem NCC bewusst durch die weitreichende Verordnungsermächtigung gem. § 26 Abs. 3 TwTKG die umfassende Kompetenz für die Entgeltkontrolle gewährt; andererseits hat das NCC nach § 26-1 TwTKG die asymmetrische Regulierung vorzunehmen, wobei alle möglichen missbräuchlichen Verhalten des Unternehmens mit beträchtlicher Marktmacht neutralisiert werden sollen. Aus diesen Gründen hat das NCC rechtmäßig eine Verordnungsprogrammierung für die Entgeltregulierung ausgeübt.[671] Die Vorgaben über die Genehmigungsverpflichtung des Entgelts eines SMP-1KTU gem. §§ 8, 9, 10, 11, 12 EntRVO überschreiten die vom Gesetzgeber gewährte Ermächtigungsgrenze nicht und verletzen damit den Gesetzesvorbehalt ebenfalls nicht[672]. Dementsprechend hat das NCC die Befugnis, die vom regulierten Unternehmen angetragene Entgeltgenehmigung unter eigenständiger Kontrolle abzusagen oder dem regulierten Unternehmen die Erfüllung der Nebenbedingungen für die Genehmigungsfähigkeit des in Frage gestellten Entgelts gem. § 26 Abs. 1 TwTKG zu gebieten[673]. Bei der Entscheidung der Genehmigungsfähigkeit handelt es sich aber um eine planerische Entscheidung, die durch das unabhängige Gremium festgelegt wird, und eine Entscheidung über die technischen Sachverhalte, wobei auf die komplexen Fachkenntnisse abgestellt wird, so dass das Gericht den Beurteilungsspielraum seitens der Verwaltungsbehörde einräumen muss. Für diese Wertentscheidung zieht das Gericht die volle Kontrolldichte zurück und nimmt lediglich eine begrenzte Abwägungskontrolle vor[674].

Anders als in den zwei oben dargelegten Fällen bringt das erstinstanzliche Gericht weiterhin acht Prüfungsmaßstäbe für Beurteilungsfehler hervor[675]: 1. ob der richtige Sachverhalt der behördlichen Entscheidung zugrunde liegt, 2. ob

670 JuSAC, 100/1572, 08.09.2011, Rn. 33 f. (judicial.gov.tw).

671 JuSAC, 100/1572, 08.09.2011, Rn. 197 ff. (judicial.gov.tw).

672 JuHACT, 98/2778, 02.06.2010, Rn. 1095 ff. (judicial.gov.tw).

673 JuHACT, 98/2778, 02.06.2010, Rn. 1130 f. (judicial.gov.tw).

674 JuHACT, 98/2778, 02.06.2010, Rn 1131 f. (judicial.gov.tw); JuSAC, 100/1572, 08.09.2011, Rn. 596 f. (judicial.gov.tw)

675 JuHACT, 98/2778, 02.06.2010, Rn 1140 f. (judicial.gov.tw).

ein Subsumtionsfehler vorliegt, 3. ob die Auslegung gegen eine gesetzliche Vorgabe verstößt, 4. ob die Behörde die allgemeinen Wertungsmaßstäbe beachtet, 5. ob die Behörde eine sachfremde Erwägung vornimmt, 6. ob die Entscheidung die formellen Rechtmäßigkeitsvoraussetzungen erfüllt, 7. ob die Behörde für die betreffende Entscheidung zuständig ist, 8. ob die Entscheidung auch die rechtsstaatlichen Grundsätze einhält, wie Gleichheitsgrundsatz, Gemeinwohlorientierung usw. Das Gericht hat jedoch in der folgenden Begründung diese Rechtsmaßstäbe gar nicht angewendet, sondern schlechthin die Argumentationspunkte des NCC befürwortet. Bei der Auseinandersetzung über die Gemeinkostenschlüsselung der Kupfer-TAL-Einrichtungskosten unterstützt das Gericht die Auffassung des NCC, dass die CHT AG beim vorherigen Genehmigungsantrag für das Entgelt des ADSL-Internetzugangsdienstes schon die zugeteilten Gemeinkosten der Kupfer-TAL-Einrichtung berechnet hat[676]. Darüber hinaus ist eine solche Geltendmachung der CHT AG aus Sicht des Gerichts für die Produktkoppelung nicht überzeugend, da die CHT AG anhand der genehmigten Rechnungsführungsmethode die Gemeinkosten der Kupfer-TAL-Einrichtung dem Kostenträger des ADSL-Internetzugangsdienstes nicht zugewiesen hat. Aber das Gericht geht weder von der Rechtfertigung der Genehmigung noch von der Richtigkeit oder Nachvollziehbarkeit der in Frage gestellten Rechnungsführungspraxis aus, sondern stützt sich auf eine vom NCC vorgelegte Annahme, dass die genehmigungspflichtige Rechnungsführungsmethode gem. § 51 RmL a. F. nur der Kostenrechnung i. R. d. Zusammenschaltung nach § 16 TwTKG dient und daher keinen Bezug zu der Preiskontrolle für Endnutzerleistungen nach § 26 TwTKG hat, da die beiden Preiskontrollregime jeweils auf verschiedenen kostenbezüglichen Mechanismen mit ausdifferenzierten Rechnungsmethoden basieren[677].

2. Gesamtbetrachtung der gerichtlichen Kontrolldichte

Von den drei oben in Betracht kommenden Urteilen ausgehend, ist es naheliegend, dass die taiwanesischen Fachgerichte gegenüber dem NCC niemals eine vollständige Überprüfung für das gesamte Verwaltungshandeln durchgeführt haben. Obwohl das TwTKG ein umfassendes Modell der normativen Regulierung vorzieht und mehrere korrespondierende Verordnungen durch gesetzliche Ermächtigungsgrundlagen programmiert werden, ist es in der Rechtsprechung

676 JuHACT, 98/2778, 02.06.2010, Rn 1287 f. (judicial.gov.tw).

677 JuHACT, 98/2778, 02.06.2010, Rn 1264 f. (judicial.gov.tw); JuSAC, 100/1572, 08.09.2011, Rn. 607 f. (judicial.gov.tw).

kaum ersichtlich, dass die Gerichte die als materielles Gesetz geltenden Verordnungsvorgaben in die Rechtmäßigkeitsfrage einbeziehen, bei der vor allem zu prüfen ist, ob die durch Verordnungsermessen ausgestaltete und damit in der Rechtsverordnung angelegte Regelung den objektiven Sinngehalt der Ermächtigungsgrundlage beachtet wie auch mit anderen gesetzlichen und verfassungsrechtlichen Regelungen oder Grundsätzen in Einklang steht[678]. Weder bei den in § 2 EntRVO niedergeschlagenen Maßstäben für die Festlegung des SMP-Unternehmens (SMP-Urteil) noch bei der Ausgestaltung des diskriminierungsfreien und nachvollziehbaren Zusammenschaltungsregimes nach § 16 Abs. 2 i. V. m. Abs. 9 TwTKG (Zuschlagsurteil) oder bei der von der Programmierung der EntRVO vorausgesetzten Genehmigungsabsage (ADSL-Entgelt-Urteil) wird eine materielle Kontrolle des auseinandergesetzten Verordnungsinhalts am konkreten Kontrollraster vorgenommen. Hingegen stützt sich das Gericht im Regelfall lediglich bei der der Regulierungsbehörde zugeteilten Rechtsetzungsfreiheit auf die Verordnungsausgestaltung und rechtfertigt ohne erschöpfende Erwägung die in Frage gestellten Vorgaben.

Hinzu kommt, dass der Bereich, in dem nur eine begrenzt gerichtliche Kontrolldichte stattfindet, nach der Auffassung der Verwaltungsgerichte nicht lediglich im behördlichen Normsetzungsermessen liegt. Ein Beurteilungsspielraum auf Seiten der Tatbestandsteile der betreffenden Gesetzesvorschrift wird neben dem gesetzlichen Verordnungsermessen ebenfalls von den Gerichten eingeräumt. Dies ergibt sich aus dem Subsumtionsvorgang jeweils für die Bestimmung des SMP-Unternehmens nach § 26-1 Abs. 2 TwTKG (SMP-Urteil), die asymmetrische Regulierung nach § 26-1 Abs. 2 TwTKG und die Genehmigungsfähigkeit des Entgelts vom SMP-1KTU nach § 26 Abs. 1 TwTKG (ADSL-Entgelt-Urteil). Es ist jedoch anzuzweifeln, ob dieser in Form der normierenden Regulierung ausgestaltete Ordnungsrahmen bei der telekommunikativen Marktregulierung noch sinnvoll ist. In der gesetzgeberischen Begründung für § 26 Abs. 3 TwTKG wird betont, dass der zuständigen Behörde eine Kompetenz zur Konkretisierung und Ergänzung des formellen Gesetzes übertragen werden soll und damit ein Verordnungsermessen für die Ausgestaltung der konkreten Regulierungsordnung zuzulassen ist[679]. Die Verordnung hat theoretisch eine wesentliche Bedeutung: Zum einen kann die von der Verwaltungsbehörde zu schaffende und ändernde Verordnung im Vergleich zum formellen Gesetz auf

678 Vgl. *Maurer/Waldhoff*, Allgemeines Verwaltungsrecht, § 13, Rn. 14 f.; *Hill*, DÖV 20 (1987), S. 888.

679 Entwurfsbegründung zum TwTKG (1999), LY-Drs. Nr. 88/37, S. 221.

die Änderung des Sachverhältnisses rasch und flexibel reagieren[680]; zum anderen erstreckt sich die durch das Parlamentsgesetz garantierte Rechtssicherheit auf die generell-abstrakte Verordnung anstatt den Verwaltungsakt, der nur einen Einzelfall regelt[681]. Die bereits durch ein weitreichendes Normsetzungsermessen ausgeprägten Verordnungsregelungen sollten möglichst einen norminterpretierenden und -klärenden Charakter aufweisen. In der Folge dürfte die autonom-administrative Regulierung mit normgestaltenden Entscheidungen theoretisch nicht noch durch Rückgriff auf den unbestimmten Rechtsbegriff vom betroffenen gesetzlichen Tatbestand mit weitem Beurteilungsspielraum agieren[682]. Die unvermeidbare Einräumung des Beurteilungsspielraums in der gerichtlichen Praxis verdeutlicht, dass die normierende Regulierung im Hinblick auf eine wettbewerbsorientierende Steuerung des Telekommunikationsmarkts an ihre Grenzen stößt. Einerseits kann die an die Behörde weitergegebene Normierungsbefugnis des Regulierungshandelns – insb. i. R. d. Marktdefinition und -analyse – nicht ausreichend sein, sich an die Marktdynamik im Telekommunikationssektor anzupassen[683]. Andererseits ist es sehr schwierig, die auf das prognostische und planende Element verweisende Einzelfallentscheidung wie Auferlegung der Zugangsverpflichtung zur Gewährung des bestimmten Netzzugangs oder Festlegung der Genehmigungsfähigkeit am Maßstab der erforderlichen Kosten von vornherein und einheitlich durch die generell-abstrakten Vorgaben determiniert und allgemeingültig verbindlich zu treffen[684]. Die positive Funktion der Verordnungsnorm kann gerade im Bereich der Telekommunikationsmarktregulierung entfallen. Dies führt unvermeidbar dazu, dass das Gericht noch die auf den konkreten Fall gerichtete Einschätzung im Namen des

---

680 *Detterbeck*, Allgemeines Verwaltungsrecht, Rn. 825; *Maurer*, Staatsrecht I, § 17, Rn. 141.

681 Es wird angenommen, dass der höhere Grad der Rechtssicherheit durch den Erlass der Verordnung erreicht werden kann. Vgl. dazu Monitoring-Bericht, BT-Drs. 15/1510, S. 29.

682 Neben dem realen Willen des Gesetzgebers für die Verordnungsermächtigung handelt es sich um den Sinn und Zweck der normierenden Regulierung: Die normierende Regulierung dient der sichtbaren Normierungsdichte, die den rechtlich nicht gebundenen Spielraum nicht akzeptiert und den normgestaltenden Charakter möglichst reduziert. Vgl. *Schmidt-Preuß*, in: Säcker (Hrsg.), Berliner Komm. zu Energierecht, Einl. C., Rn. 182 sowie § 29, Rn. 7; ähnlich *Franke*, Die Verwaltung 49 (2016), S. 33 f.

683 Siehe dazu oben Teil 3. C. II. 1. b). aa).

684 Zum Nachteil der hoheitlich-imperativen Regulierung mit Einheitlichkeit und Bestimmtheit der Anforderung siehe *Eifert*, in: Hoffmann-Riem/Schmidt-Aßmann/Voßkuhle (Hrsg.), GVwR, § 19, Rn. 25 f.

Beurteilungsspielraums rechtfertigen muss. Die taiwanesische Rechtsprechung räumt selbst ein, dass praktisch der Regulierungsbehörde noch viele Beurteilungsspielräume zukommen, der nicht durch das Normsetzungsermsssen des Verordnungsgebers determiniert wurde[685].

Obgleich die taiwanesischen Gerichte neben dem Verordnungsermessen das Letztentscheidungsrecht der Regulierungsbehörde einräumen und die volle Kontrolldichte zurücknehmen, haben sie auch kaum eine umfassende Überprüfung für die im Beurteilungsspielraum bestehende Anwendung des unbestimmten Rechtbegriffs ausgeführt. Beim dritten oben dargelegten Urteil hat das erstinstanzliche Verwaltungsgericht zwar bewusst acht Kriterien geliefert, welche bei der Kontrolle der Abwägung auf der Tatbestandsseite ständig in der taiwanesischen Gerichtspraxis akzeptiert werden[686]. Aber das Gericht hat dieses Kontrollraster hierbei lediglich zum Ausdruck gebracht und in der Tat nicht in seiner Begründung angewendet. Es setzt vielmehr bei seiner Kontrollausübung voraus, dass der Regulierungsbehörde ein möglichst weitreichender Gestaltungsfreiraum zukommen sollte. Vor diesem Hintergrund kann eine sehr zurückhaltende gerichtliche Kontrolldichte für die Marktregulierung vom NCC erkannt werden.

II. BVerwG: Regulierungsermessen als Ausgangspunkt der gerichtlichen Kontrolldichte

1. Konzept

Anders als in der taiwanesischen Rechtsprechung hat das deutsche BVerwG gegenüber der Amtspraxis der BNetzA eine kontinuierliche Kontrolle mit der Anweisung zum neuen Konzept „Regulierungsermessen“ im (beschränkten) Rahmen der telekommunikativen Marktregulierung ausgeübt. Diese gerichtliche Auffassung hat nicht nur in gewissem Maße die Lehre des Regulierungsrechts ausgefüllt, sondern auch kurz darauf eine weite Debatte über das Spannungsverhältnis der sog. Letztentscheidungsbefugnis zw. der Regulierungsbehörde und dem Gericht herbeigeführt. Die Kontur des Regulierungsermessens ergab sich

685 Ebenfalls in der deutschen Rechtsprechung bei der entgeltlichen Kontrolle im Energiesektor. Vgl. dazu *Mengering*, Entgeltregulierung, S. 229.

686 VerfA Nr. 553, Begründung Rn. 2; JuSAC, 103/66, 13.02.2014, Rn. 362f (judicial.gov.tw).

bereits im Urteil v. 28.09.2007 des BVerwG[687]. Das BVerwG vertritt die Auffassung, § 21 DeTKG enthalte eine Normstruktur, die es ausschließe, „die durch zahlreiche unbestimmte Rechtsbegriffe gesteuerte Abwägung von einer von sich etwa daran anschließenden Ermessensbetätigung zu trennen und erstere der vollen gerichtlichen Kontrolle zu unterwerfen“[688], da „ die Abwägung ein untrennbarer Bestandteil des Regulierungsermessens selbst“ ist[689]. Das BVerwG hat weiterhin in seinem Beschluss v. 05.05.2014 dargelegt, der als Regulierungsermessen bezeichnete Ermessenspielraum unterscheide sich vom allgemeinen Ermessen dadurch, „dass der Behörde ein umfassender Auswahl- und Ausgestaltungsspielraum auf der Rechtsfolgenseite zusteht, der untrennbar mit der Abwägung verbunden ist“, die wegen des Konkretisierungsbedarfs des unbestimmten Begriffs wertende und prognostische Elemente aufweist[690]. Der Anwendungsbereich des Regulierungsermessens beschränkt sich nicht nur auf § 21 DeTKG. Neben der Regelung über die Zugangsverpflichtung wird ein Regulierungsermessen i. R. d. § 30 DeTKG im Urteil v. 02.04.2008 des BVerwG gewährt, da die Ermessensentscheidung über die Auferlegung der Ex-ante-Entgeltregulierung i. S. v. § 30 Abs. 1 DeTKG von einem unbestimmten Rechtsbegriff des „Ausreichens“ vom S. 2 abhängt und eine mit § 21 DeTKG vergleichbare – trotz des Fehlens eines gleichen Kriterienkatalog i. S. v. § 21 Abs. 1 S. 2 DeTKG – Konstellation betrifft, in der es bei der Frage um die Auferlegung der Entgeltgenehmigung auf eine wertende Abwägung mit Rücksicht auf die Verhältnismäßigkeit mit den Regulierungszielen ankommt[691]. Das Regulierungsermessen kann gekennzeichnet werden als ein umfassender Auswahl- und Ausgestaltungsspielraum auf der Rechtsfolgenseite, der unmittelbar mit einer durch zahlreiche unbestimmte Rechtsbegriffe auf der Tatbestandsseite gesteuerten Abwägung verbunden ist, wertende und prognostische Elemente aufweist und eine Gewichtung und einen Ausgleich einer Vielzahl zum Teil gegenläufiger Regulierungsziele sowie sonstiger öffentlicher und privater Belange zum Gegenstand hat[692].

---

687 Der Terminus „Regulierungsermessen“ entsteht bereits im Urteil v. 31.03.2004 des BVerwG. Das Gericht hat es jedoch weder definiert noch weiterhin begründet. Vgl. BVerwG, Urteil v. 31.03.2004 – 6 C 11.03, Rn. 14 (jurion.de) = BVerwGE 120, 263.

688 BVerwG, Urteil v. 28.11.2007 – 6 C 42.06, Rn. 29 (bverwg.de) = BVerwGE 130, 39.

689 BVerwG, Urteil v. 28.11.2007 – 6 C 42.06, Rn. 29 (bverwg.de) = BVerwGE 130, 39.

690 BVerwG, Beschluss v. 05.05.2014 – 6 B 46.13, Rn. 9 (bverwg.de).

691 BVerwG, Urteil v. 02.04.2008 – 6 C 15.07, Rn. 66 (bverwg.de) = BVerwGE 131, 41.

692 So *Mengering*, Entgeltregulierung, S. 360. Auch *Oster* hat drei „Einfallstore“ des Regulierungsermessens ausgeführt: 1. Tatsachen müssen die Annahme der Behörde rechtfertigen. 2. Regulierungsziele müssen in Rechnung gezogen werden. 3. Das Regulierungsermessen bezieht sich auf die Sicherstellung der nachhaltig

Die Rechtfertigungsgrundlage der Einräumung des Regulierungsermessens liegt im gesetzlich vorgegebenen Entscheidungsprogramm, das „wegen hoher Komplexität oder besonderer Dynamik der geregelten Materie so vage und seine Konkretisierung im Nachvollzug der Verwaltungsentscheidung so schwierig“ ist, dass „die gerichtliche Kontrolle an die Funktionsgrenzen der Rechtsprechung stößt“[693]. Aus Sicht des BVerwG kann dem Gesetz eine Entscheidungsprärogative für die Exekutive entnommen werden, „wenn der von ihr zutreffenden Entscheidung in hohem Maß wertende Elemente anhaften und das Gesetz für sie deshalb ein besonderes Verwaltungsorgan für zuständig erklärt, das mit besonderer fachlicher Legimitation in einem besonderen Verfahren entscheidet [...]“[694]. Da eine gerichtlich vollständige Überprüfung der behördlichen Entscheidung auf Grund des Vorliegens eines Regulierungsermessens nicht stattfinden darf, wird die gerichtliche Kontrolldichte gewissermaßen reduziert. Im ersten Urteil zum Regulierungsermessen ging das BVerwG davon aus, dass sich die gerichtliche Überprüfung darauf beschränkt, „ob die BNetzA die Interessen der Beteiligten ermittelt, alle erforderlich tatsächlichen Erkenntnisse gewonnen, die für die Erwägung wesentlichen Gesichtspunkte berücksichtigt und keine sachfremden Erwägung angestellt hat“[695]. Dieses Kriterium kann noch als Ausrichtung auf den Kontrollmaßstab bei Beurteilungsspielräumen angesehen werden[696]. Im anschließenden Urteil wird unter dem Regulierungsermessen die Annäherung an das Planungsermessen verstanden[697]. Mittlerweile hat das BVerwG vier Prüfungskriterien als eigenständige Abwägungsfehlerlehre zum Ausdruck gebracht: 1. ob eine Abwägung überhaupt nicht stattfindet (Abwägungsausfall), 2. ob in die Abwägung nicht an Belangen eingestellt wird, was nach Lage der Dinge in sie eingestellt werden musste (Abwägungsdefizit), 3. ob

wettbewerbsorientierten Märkte. Siehe dazu *ders.*, Normative Ermächtigungen, S. 171 ff. Dieses vom BVerwG entwickelte Regulierungsermessen siedelt auf der Rechtsfolgenseite an und steht dem Beurteilungsspielräum auf Tatbestandsebene gegenüber. Vgl. dazu *Mayen*, FS Koch, S. 133 f. Es stellt sich daher anders als der von *Masing* formulierte Begriff des Regulierungsermessens dar, bei dem ein grundlegender Unterschied zw. der Beurteilung und dem Ermessen überwunden wird und ein übergreifendes einheitliches Gestaltungsermessen verstanden werden kann. Vgl. *ders.*, Regulierungsverwaltung, D 156 f.

693 BVerwG, Urteil v. 28.11.2007 – 6 C 42.06, Rn. 29 (bverwg.de) = BVerwGE 130, 39.

694 BVerwG, Urteil v. 28.11.2007 – 6 C 42.06, Rn. 29 (bverwg.de) = BVerwGE 130, 39.

695 BVerwG, Urteil v. 28.11.2007 – 6 C 42.06, Rn. 31 (bverwg.de) = BVerwGE 130, 39.

696 *Gonsior*, Verfassungsmäßigkeit administrativer Letztentscheidungsbefugnisse, S. 115.

697 *Ludwigs*, JZ 6/2009, S. 292.

die Bedeutung der betroffenen Belange verkannt worden ist (Abwägungsfehleinschätzung), 4. ob der Ausgleich zw. ihnen in einer Weise vorgenommen worden ist, die zur objektiven Gewichtigkeit einzelner Belange nicht im Verhältnis steht (Abwägungsdisproportionalität)[698].

Noch zu beachten ist, dass das Entschließungs- und Auswahlermessen im Rahmen sowohl der Zugangsverpflichtung nach § 21 DeTKG als auch der Entgeltregulierung nach § 30 DeTKG von der Festlegung einer Regulierungsverfügung i. S. v. § 13 Abs. 1 DeTKG vorausgesetzt sind. Die Regulierungsverfügung ist eine Entscheidung des „Ergebnis[ses] einer umfassenden und komplexen Abwägung, bei der gegenläufige und private Belange einzustellen, zu gewichten und auszugleichen“[699] sind. Der BNetzA steht daher „bei der Frage, welche der in § 13 Abs. 1 und 3 TKG vorgesehenen Maßnahmen sie ergreift und ggf. kombiniert, ein umfassender Auswahl- und Ausgestaltungsspielraum zu, bei dessen Ausübung sie sich an den in § 2 Abs. 2 TKG vorgegebenen Regulierungszielen auszurichten hat“[700]. Vor diesem Hintergrund ist die Auferlegung der in § 13 Abs. 1 DeTKG vorgesehenen Verpflichtung zur Zugangsgewährung nach § 21 DeTKG, Entgeltgenehmigung nach § 30 DeTKG oder anderen zugangs- und entgeltbezüglichen Verpflichtungen ein in Form der Regulierungsverfügung ausgestaltetes Ergebnis des Auswahlermessens i. R. d. Marktdefinition und -analyse. Das BVerwG hat dabei wegen der Untrennbarkeit des Marktermittlungsverfahrens weiterhin eingeräumt, dass „[sich] der Beurteilungsspielraum, den § 10 Abs. 2 S. 2 TKG ausdrücklich einräumt, unter Berücksichtigung der Gesetzessystematik und des Normzwecks auf die Marktdefinition und -analyse insgesamt [erstreckt]“[701]. Die erste Kammer des Ersten Senats vom Bundesverfassungsgericht hat in ihrem Nichtannahmebeschluss diesen umfassenden Beurteilungsspielraum nach §§ 10–11 DeTKG mit entsprechender Rücknahme der gerichtlichen Kontrolldichte bejaht und ist damit davon ausgegangen, dass die Auffassung des BVerwG und die von ihm angewendeten Maßstäbe nicht den Grundsatz des wirksamen Rechtsschutzes i. S. v. Art. 19 Abs. 4 GG verletzt haben[702]. Angesichts des gerichtlich nur eingeschränkt überprüfbaren Beurteilungsspielraums für die Marktabgrenzung und die Festlegung der Marktregulierungsbedürftigkeit auf

---

698 BVerwG, Urteil v. 02.04.2008 – 6 C 15.07, Rn. 47 (bverwg.de) = BVerwGE 131, 41.

699 BVerwG, Urteil v. 28.11.2007 – 6 C 42.06, Rn. 28 (bverwg.de) = BVerwGE 130, 39.

700 BVerwG, Urteil v. 28.11.2007 – 6 C 42.06, Rn. 28 (bverwg.de) = BVerwGE 130, 39.

701 BVerwG, Urteil v. 02.04.2008 – 6 C 15.07, Rn. 16 (bverwg.de) = BVerwGE 131, 41.

702 BVerfG, Beschluss 08.12.2011 – 1 BvR 1932/08, Rn. 18 ff. (bundesverfassungsgericht.de). Dieser Abschluss greift jedoch nicht das Regulierungsermessen auf. Vgl. *Durner*, DVBl. 2012, S. 301; *Sachs/Jasper*, NVwZ 11/2012, S. 649. Zur Kritik zur Erstreckung

der Tatbestandsseite und des weitreichenden Auswahl- und Ausgestaltungsermessens als Inhalt der Regulierungsverfügung auf der Rechtsfolgenseite könnte jeglicher in § 13 Abs. 1 DeTKG vorgegebenen Maßnahme ein Regulierungsermessen zustehen, ohne dass die Tatbestandsstruktur der einzelnen Befugnisnormen weiter nachgeprüft werden müsste[703].

2. Modifikationen durch die jüngere Rechtsprechung

Auch wenn die Existenz des Regulierungsermessen mittlerweile allgemein anerkannt ist, hat das BVerwG damit noch keinen einheitlichen Prüfungsmaßstab für jegliche Ausübung der administrativen Letztentscheidungsbefugnis bei der Marktregulierung in der gerichtlichen Praxis aufgestellt. Hingegen nahm das BVerwG teilweise Rückgriff auf die hergebrachte Dogmatik über die administrativen Entscheidungsspielräume und intensivierte zudem seine gerichtliche Kontrolle.

Obwohl das BVerwG – wie oben ausgeführt – einen pauschalen Beurteilungsspielraum über die Marktdefinition und -analyse i. S. d. §§ 10–11 DeTKG in seinem Urteil v. 02.04.2008 eingeräumt hat, hielt es sämtliche im Regulierungsverfahren entstehenden Entscheidungen über die Tatbestandssubsumtion nicht für einen untrennbaren Bestandteil der Ermessensbetätigung (Regulierungsverfügung i. S. v. § 13 Abs. 1 DeTKG). Das BVerwG wendet dabei keinen auf das Planungsermessen ausgerichteten Prüfungsmaßstab des Regulierungsermessens auf alle in §§ 10, 11 DeTKG verankerten Entscheidungsspielräume an, sondern geht nur von einem einheitlichen Beurteilungsspielraum aus und nimmt damit

---

des Beurteilungsspielraums auf die Marktanalyse nach § 11 DeTKG vgl. *Winkler*, DVBl. 2013, S. 157; *Bosch*, Kontrolldichte der gerichtlichen Überprüfung, S. 129.

703 In Verbindung mit der Abwägungsfehlerlehre des Regulierungsermessens in ständiger Rechtsprechung: BVerwG, Beschluss v. 05.05.2014 - 6 B 43.16, Rn. 9 (bverwg.de); BVerwG, Beschluss v. 08.04.2014 - 6 B 48.10, Rn. 7 (bverwg.de); BVerwG, Urteil v. 12.06.2013 - 6 C 10.12, Rn. 34 (bverwg.de); BVerwG, Beschluss v. 23.10.2013 - 6 B 16.13, Rn. 5 (bverwg.de); BVerwG, Urteil v. 01.09.2010 - 6 C 13.09, Rn. 31 (bverwg.de). Als pauschale Ausdehnung des Anwendungsbereichs des Regulierungsermessens gewertet vgl. *Gonsior*, Verfassungsmäßigkeit administrativer Letztentscheidungsbefugnisse, S. 116. Einige Autoren beziehen in ihre Anmerkungen über die Rechtsprechung die Regulierungsverfügung nach § 13 DeTKG in das integrierte Regulierungsermessen ein. Vgl. dazu *Proelss*, AöR 136 (2011), S. 418 f.; *Waldhoff*, JuS 3/2015, S. 287; *Wieland*, DÖV 18 (2011), S. 706; *Schütze/Salevic*, CR 2010, S. 82. Kritisch dazu auch vgl. *Schoch*, in: Hoffmann-Riem/Schmidt-Aßmann/Voßkuhle (Hrsg.), GVwR, § 50, Rn. 293 f.

eine Überprüfung an den üblichen Kontrollmaßstäben des Beurteilungsspielraums vor[704]. Aus diesem Grund sollte man auch nicht gezwungenermaßen vermuten, dass das Regulierungsermessen bei jeder in § 13 Abs. 1 DeTKG vorgesehenen Maßnahme besteht. Mit Blick auf die „Kann-Vorschriften" des § 13 Abs. 1 DeTKG wird impliziert, dass (nur) eine allgemeine Ermessensermächtigung der BNetzA bei der Auferlegung der Regulierungsverfügung gewährt wird. Dementsprechend bleibt daher ein „gewöhnliches" Verwaltungsermessen, das durch die dogmatische Ermessensfehlerlehre nachgeprüft wird[705]. Als Beispiel anzusehen ist § 25 Abs. 5 S. 1 und 2 DeTKG, für den das BVerwG ein Regulierungsermessen abgelehnt hat, weil kein Anhaltspunkt vorliegt, der auf derartige Besonderheiten des Regulierungsermessens, nämlich die Untrennbarkeit des Auswahl- und Ausgestaltungsspielraums mit einer durch zahlreiche unbestimmte Rechtsbegriffe gesteuerten Abwägung der in § 2 Abs. 2 DeTKG vorgegebenen Regulierungsziele, bei der Ermächtigungsgrundlage für die Zugangsordnung verweist[706].

Darüber hinaus erkennt das BVerwG die in keinem Zusammenhang mit dem Regulierungsermessen stehenden Entscheidungsspielräume der BNetzA bei der Anwendung der in § 35 Abs. 1 DeTKG vorgegebenen Kostenermittlungsmethoden. Die BNetzA verfügt bei der Frage, welche Vergleichsmärkte sie für die Preisbildung heranziehen soll und ob oder in welcher Höhe die Besonderheiten der betroffenen Vergleichsmärkte den erforderlichen Ab- oder Zuschlag vornehmen müssen, über einen Beurteilungsspielraum.[707] Die BNetzA kann neben der vorrangig anzuwendenden Kostenprüfung auch alternativ oder kumulativ die Vergleichsmarktbetrachtung (§ 35 Abs. 1 S. 1 Nr. 1 DeTKG) sowie ein Kostenmodell (§ 35 Abs. 1 S. 1 Nr. 2 DeTKG) auswählen oder heranziehen, wobei es sich um ein allgemeines Verwaltungsermessen handelt[708].

---

704 BVerwG, Urteil v. 02.04.2008 – 6 C 15.07, Rn. 21 (bverwg.de) = BVerwGE 131, 41. Literatur vgl. *Franke*, Die Verwaltung 49 (2016), S. 30.

705 *Gonsior*, Verfassungsmäßigkeit administrativer Letztentscheidungsbefugnisse, S. 117 f.

706 BVerwG, Beschluss v. 05.05.2014 – 6 B 43.16, Rn. 10 (bverwg.de); auch *Waldhoff*, JuS 3/2015, S. 288.

707 BVerwG, Urteil v. 10.12.2013 – 6 C 16.13, Rn. 35 (bverwg.de); BVerwG, Urteil v. 25.02.2015 – 6 C 33.13, Rn. 35, 37 (bverwg.de); BVerwG, Urteil v. 29.11.2017 – 6 C 56.16, Rn. 21 (bverwg.de).

708 BVerwG, Urteil v. 10.12.2013 – 6 C 16.13, Rn. 33 (bverwg.de); BVerwG, Urteil v. 10.12.2014 – 6 C 18.13, Rn. 30 (bverwg.de); BVerwG, Urteil v. 25.03.2015 – 6 C 36.13, Rn. 21 (bverwg.de).

Insoweit hat das BVerwG auch den Beurteilungsspielraum bei der Wahl der Methode zur Bestimmung des Anlagewerts anerkannt, der kostenorientiert sein und den KeL nach §§ 31 Abs. 1 i. V. m. 32 Abs. 1 i. V. m. 35 Abs. 5 DeTKG entsprechen muss. Das BVerwG ging bereits davon aus, dass die BNetzA nach § 24 DeTKG i. d. F. 1996 über einen Beurteilungsspielraum verfügt, der „allerdings im Hinblick auf die unionsrechtlich vorgegebene Abwägung widerstreitender Regulierungsziele eine besondere Nähe zum Regulierungsermessen auf[weist]“[709]. Hierbei traf es – anstelle der Anwendung des Kontrollmaßstabs beim Regulierungsermessen – die Entscheidung für die gerichtliche Kontrollintensität: „Die eigentliche Bewertung der Behörde jedenfalls auch darauf nachzuprüfen [ist], ob sie im Hinblick auf die Kriterien, die in der Rechtsnorm ausdrücklich hervorgehoben oder doch in ihr angelegt sind, plausibel und erschöpfend argumentiert hat“[710]. Im Urteil v. 25.09.2013 hat das BVerwG im Zusammenhang mit § 31 Abs. 1 DeTKG wiederum auf die Figur des auf der Nahtstelle zum Regulierungsermessen stehenden Beurteilungsspielraums zurückgegriffen und zugleich gegenüber der BNetzA eine plausible und erschöpfende Argumentation gefordert[711].

Im Zuge der Betrachtung der Entscheidungen des BVerwG über administrative Letztentscheidungsbefugnisse ist es naheliegend, dass das BVerwG nach dem Urteil v. 02.04.2008 über die Einräumung des Regulierungsermessens für die Auferlegung der Entgeltgenehmigung nach § 30 Abs. 1 DeTKG trotz der ausdrücklichen Zubilligung des einheitlichen Regulierungsermessens für die in § 13 Abs. 1 DeTKG vorgesehenen Maßnahmen in der Tat kaum weiter die Auffassung vertritt, ein gesetzlich ermächtigtes Entschließung- oder Auswahlermessen der zugangs- oder entgeltbezüglichen Befugnisse pauschal als Erstreckung des Regulierungsermessens zu erfassen und damit eine gerichtliche Vollkontrolle für die behördliche Abwägung auf Tatbestandsebene zu umgehen[712]. Neben dem Regulierungsermessen i. R. d. Zugangsverpflichtung nach § 21 DeTKG und Auswahlermessen der Regulierungsart nach § 30 DeTKG ist vielmehr eine Reihe von Entscheidungsspielräumen i. S. d. hergebrachten Terminologie anzuerkennen, indem das BVerwG mit Rücksicht auf die traditionelle Dogmatik die

709 BVerwG, Urteil v. 23.11.2011 – 6 C 11.10, Rn. 38 (bverwg.de).

710 BVerwG, Urteil v. 23.11.2011 – 6 C 11.10, Rn. 38 (bverwg.de).

711 BVerwG, Urteil v. 25.09.2013 – 6 C 13.12, Rn. 34 (bverwg.de) = BVerwGE 148, 48.

712 BVerwG, Urteil v. 29.05.2013 – 6 C 10.11, Rn. 31 (bverwg.de): „die Anerkennung eines gerichtlich nur eingeschränkt überprüfbaren behördlichen Entscheidungsspielraums jedenfalls nicht durchgängig geboten, sondern allenfalls in Bezug auf abgrenzbare Teilaspekte angezeigt ist.“

einzelnen Befugnisnormen auslegt[713]. Vor diesem Hintergrund ist es unzutreffend, das Regulierungsermessen als Oberbegriff der sämtlich administrativen Letztentscheidungsbefugnisse im DeTKG anzusehen[714]. Nennenswert ist noch, dass die gerichtliche Kontrolldichte in der jüngeren Rechtsprechung während der Anerkennung der formellen Letztentscheidungsermächtigungen allmählich intensiviert wird[715]. Gegenüber der nach allgemeiner Dogmatik zugrundeliegenden Kontrollregime in Form der Abwägungs- oder Ermessensfehlerlehre handelt es sich dabei nunmehr um eine plausible und erschöpfende Argumentation zur Begründung der Ermessens- oder Abwägungsausübungen[716]. Im Wege dieses Rückgriffs auf den Beurteilungsspielraum hat sich die gerichtliche Kontrolldichte zwar nur auf denjenigen Erwägungsprozess zurückgezogen, in dem die Behörde die Begründung ihrer Entscheidung ausführen muss[717]. Dieser Kontrollmaßstab wird aber mit Blick auf das Erfordernis der Vollständigkeit und Plausibilität der Begründung verschärft[718]. Der Anwendungsbereich dieses Kontrollmaßstabs beschränkt sich sogar nicht mehr nur auf den auf der Nahtstelle zum Regulierungsermessen stehenden Beurteilungsspielraum, sondern erstreckt sich auch auf den Fall des ganz „gewöhnlichen" Regulierungsermessens[719]. Aufgrund

---

713 *Gonsior*, Verfassungsmäßigkeit administrativer Letztentscheidungsbefugnisse, S. 122; *Säcker/Mengering* ziehen daher die Schlussfolgerung, dass die in der nachkommenden Rechtsprechung des BVerwG entwickelte Kontrolle der Beurteilungsspielräume für den Post- und Telekommunikationssektor vorzugswürdig als weiterer Ausbau des Regulierungsermessens ist. Vgl. *dies.*, N&R 2/14, S. 83.

714 *Oster*, Normative Ermächtigungen, S. 158.

715 *Gonsior*, Verfassungsmäßigkeit administrativer Letztentscheidungsbefugnisse, S. 126 f.

716 BVerwG, Urteil v. 23.11.2011 - 6 C 11.10, Rn. 38 (bverwg.de); BVerwG, Urteil v. 10.12.2014 - 6 C 18.13, Rn. 38 (bverwg.de). Beim letzten Urteil geht das Gericht davon aus, dass beim „üblichen" Beurteilungsspielraum ein relativ strengerer Kontrollmaßstab, nämlich plausible und erschöpfende Argumentation, ebenfalls zum Einsatz kommt.

717 *Hermes* spricht dafür vom Verzicht auf die materielle Rechtsprüfung und die Rücknahme der gerichtlichen Kontrolldichte auf die verfahrensrechtliche Nachprüfung. Vgl. *ders.*, CR 9/2006, S. 583.

718 *Mayen*, FS Koch, S. 135, 140. Der Autor fügt jedoch an, dass diese Erhöhung der Prüfungsmaßstäbe den effektiven Rechtsschutz kaum dementsprechend verstärkt und lediglich die Zahl von Neubescheidungen und die „Textmasse" der Begründung von Entscheidungen der BNetzA erhöht.

719 BVerwG, Urteil v. 12.06.2013 - 6 C 10.12, Rn. 34 (bverwg.de): „Die gerichtliche Kontrolle der Ausübung des Regulierungsermessens hat sich dabei grundsätzlich auf diejenigen Erwägungen zu beschränken, die die Behörde zur Begründung ihrer

dessen obliegt der BNetzA aus dem Erfordernis des Gerichts eine Darlegungsverpflichtung zur erschöpfenden Begründung ihrer Entscheidung.

III. Resümee und Ausblick im Licht der deutschen Rechtsprechung

1. Gerichtliche Kontrolle durch behördliche Begründungslast

In Anbetracht der langen Entwicklung der gerichtlichen Kontrolldichte über die Regulierungsgestaltung der BNetzA ist es verständlich, dass die Frage nach der Kontrollintensität für regulierungsbehördliche Entscheidungen in der Regel im engen Zusammenhang mit der Kompetenzzuweisung steht, wo festzustellen ist, wem eine Letztentscheidungsbefugnis bei der betroffenen Tatsache zukommen soll[720]. Das Thema über die normative Ermächtigung der administrativen Letztentscheidungsbefugnis und die korrespondierende Rücknahme der gerichtlichen Vollkontrolle als Kompetenzfrage ist zwar in der verwaltungsrechtlichen Lehre sowie Verwaltungsgerichtspraxis nichts Neues[721]. Dies ist allerdings insb. jahrelang im Bereich der Telekommunikationsverwaltung umstritten und hat vor allem durch das Schlagwort des „Regulierungsermessens" eine rechtswissenschaftliche Auseinandersetzung erfahren[722]. Das von dem BVerwG

Entscheidung dargelegt hat"; auch VG Köln, Urteil v. 21.12.2016 - 21 K 5914/13, Rn. 106 (NRWE). Früher hat *Mayen* bereits eine selbstständige regulierungsrechtliche Abwägungsdogmatik in Anspruch genommen. Vgl. *ders.*, NVwZ 8/2008, S. 835 ff.

720 *Ossenbühl*, FS Redeker, S. 56 f.; *Franzius* DVBl. 2009, S. 410; *Proelss*, AöR 136 (2011); S. 425; *Wimmer* spricht für die „Kompetenz-Kompetenz" der Gerichte. Vgl. *ders*, JZ 9/2010, S. 433.

721 *Ossenbühl*, FS Redeker, S. 55: „In allen verwaltungsgerichtlichen Prozessen taucht immer wieder die Frage auf, was und wieviel der Richter von dem ihm vorgelegten Konfliktfall entscheiden soll. Diese Frage gehört zum täglichen Brot des Fachanwalts für Verwaltungsrecht."

722 Hierzu vgl. skizzierend *Gärditz*, in: Scheurle/Mayen (Hrsg.), TKG-Komm., § 2, Rn. 21 f.; kritisch dazu beispielsweise *Attendorn*, MMR 4/2009, S. 238 ff.; *Gärditz*, NVwZ 16/2009, S. 1005 ff.; *ders.*, DVBl. 2016, S. 399 ff.; *Hwang*, AöR 136 (2011), S. 553 ff.; *dies.*, VerwArch 2012, S. 356 ff.; *Kersten*, VVDStRL 69 (2010); S. 320 ff.; *Sachs/Jasper*, NVwZ 11/2012, S. 649 ff.; *Schoch*, in: Hoffmann-Riem/Schmidt-Aßmann/Voßkuhle (Hrsg.), GVwR, § 50 Rn. 291 ff.; *Winkler*, DVBl. 2013, S. 156 ff.; differenzierend *Ludwigs*, JZ 6/2009, S. 290 ff.; *ders.*, RdE 8/2013, S. 297 ff.; ausgehend von der dogmatisch-systematischen Analyse *Attendorn*, Regulierungsbehörde als freier Marktgestalter: *Bosch*, Kontrolldichte der gerichtlichen Überprüfung; *Gonsior*, Verfassungsmäßigkeit administrativer Letztentscheidungsbefugnisse; *Mengering*, Entgeltregulierung; *Oster*, Normative Ermächtigungen; sich beziehend auf die

angeführte Regulierungsermessen, das „die klare Unterscheidung zw. Beurteilungsspielraum und Ermessensausübung überspielt und von dem BVerwG mit der Anwendung der planungsrechtlichen Abwägungsdogmatik methodologisch eingefangen wird"[723], wird heftig kritisiert. Auf einer Seite könnte die traditionelle Dogmatik über die administrative Entscheidungsprärogative und die Auseinandersetzung der konkreten Befugnisnormen umgangen werden und dazu führen, dass das Gericht der BNetzA die Beurteilungsspielräume zu pauschal anerkennt, die grundsätzlich jedenfalls rechtfertigungsbedürftig und diskussionswürdig sein müssen[724]. Auf der anderen Seite ist die Auffassung, die vollständig justiziable Kontrolldichte insb. in materiell-rechtlicher Hinsicht aufzugeben und dementsprechend zurückhaltend auf die verfahrensrechtliche Kontrolle für die planerische Gestaltungsfreiheit (Planungsermessen) mit Anwendung der Abwägungsfehlerlehre beim Gestaltungsauftrag der Exekutive zu reagieren, der abverlangt, durch eine exekutive Steuerung die vielfältigen Regulierungsziele möglichst zu erreichen, ebenso bedenklich[725].

Ob im Falle der Auswahl und Ausgestaltung der jeweils gesetzlich ermächtigten Regulierungsmaßnahme die Ermessens- oder die Abwägungsfehlerlehre und in welcher ihrer jeweiligen Ausprägungen anzuwenden ist, ist jedoch angesichts der nachfolgenden Entwicklung in der diesbezüglichen Rechtsprechung des BVerwG nicht von entscheidender Bedeutung, da die Anwendung der dogmatischen Kontrollmaßstäbe des Beurteilungsspielraums und Regulierungs- oder allgemeinen Verwaltungsermessens im Ergebnis keine praktischen

---

Einschränkung der gerichtlichen Überprüfbarkeit *Eifert*, ZHR 174 (2010), S. 449 ff.; *Mayen*, FS Koch, S. 131 ff.; *Proelss*, AöR 136 (2011); S. 402 ff.; *Kleinlein/Schubert*, NJW 44/2014, S. 3191 ff.; *Würtenberger*, GewArch 2016/1, S. 6 ff.

723 *Kersten*, Die Verwaltung 46 (2013), S. 93.

724 *Attendorn*, DVBl. 2008, S. 1049; *Gärditz*, NVwZ 16/2009, S. 1008 f.; *ders.*, DVBl. 2016, S. 403; *Hwang*, AöR 136 (2011), S. 576; *Sachs/Jasper*, NVwZ 11/2012, S. 652; *Mayen*, FS Koch, S. 136; *Kersten*, VVDStRL 69 (2010); S. 326 f.

725 *Attendorn*, MMR 4/2009, S. 238 ff.; *Franzius*, DVBl. 2009, S. 413; *Gärditz*, DVBl. 2016, S. 406; *Hwang*, VerwArch 2012, S. 373 f.; *Kersten*, Die Verwaltung 46 (2013), S. 94 f.; *Schoch*, in: Hoffmann-Riem/Schmidt-Aßmann/Voßkuhle (Hrsg.), GVwR, § 50, Rn. 294; *Schütze/Salevic*, CR 2/2010, S. 86 f.; *Winkler*, DVBl. 2013, S. 159 f. Vor dem BVerwG-Urteil v. 02.04.2008 vertraten einige Autoren bereits die Meinung, die Regulierungsverfügung im DeTKG sei auch vollständig justiziabel. Dazu vgl. *Gärditz*, NVwZ 16/2009, S. 1006; *Hermes*, CR 9/2006, S. 584 f.; *v. Danwitz*, DVBl. 2003, S. 1409 f.

Unterschiede aufweisen[726]. Es handelt sich bei den in jeweiliger Kategorie entwickelten Maßstäben – wie das BVerwG bereits eingeräumt hat – jedenfalls äußerlich und weniger in der Sache um den Unterschied zw. der Kontrolle eines Beurteilungsspielraumes auf der Tatbestandsseite der Norm oder der Kontrolle von (Regulierungs-)Ermessen auf der Rechtsfolgenseite[727].

Der Frage, ob ein behördlicher Entscheidungsspielraum bei der Entscheidung für die Ausgestaltung der Regulierungsmaßnahmen eröffnet werden soll, oder mit anderen Worten: „Ob" die Zurücknahme der gerichtlichen Vollkontrolle erfolgt, kommt hingegen eine größere Bedeutung zu als der Frage, ob bei der Überprüfung des (Regulierungs-)Ermessens die Ermessensfehlerlehre oder die Abwägungsfehlerlehre Anwendung findet[728]. Vor diesem Hintergrund ist der institutionelle Rechtsschutz in der Regel durch eine qualifizierte Begründungslast der BNetzA, nämlich eine erschöpfende und plausible Argumentation, zu gewährleisten[729]. Hinsichtlich des durch komplexe Normprogramme zugewiesenen Gestaltungsauftrags der BNetzA ist die Spannungslage zw. der regulatorischen Gestaltungsaufgabe für die Ermöglichung der vorgegebenen Ziele und dem verfassungsrechtlichen Erfordernis des wirksamen Rechtsschutzes durch eine gesetzliche Strukturierung auf Argumentationslasten aufzulösen, die, so *Eifert*, „über das Begründungserfordernis Anhaltspunkte für eine mit dem europarechtlichen Verständnis hochkompatible gerichtliche Kontrolle liefern"[730].

---

726 *Gonsior*, Verfassungsmäßigkeit administrativer Letztentscheidungsbefugnisse, S. 118 f.; *Mengering*, Entgeltregulierung, S. 362; *Franke*, Die Verwaltung 49 (2016), S. 40 f.

727 BVerwG, Urteil v. 23.11.2011 – 6 C 11.10, Rn. 38 (bverwg.de). Hierzu spricht *Mayen* von einer Relativierung der unterschiedlichen Kontrollmaßstäbe. Vgl. *ders.*, FS Koch, S. 135.

728 *Gonsior*, Verfassungsmäßigkeit administrativer Letztentscheidungsbefugnisse, S. 119.

729 *Ladeur/Möllers*, DVBl. 2005, S. 531 f.; *Werkmeister*, K&R 3/2012, S. 227 f.; *Gonsior*, Verfassungsmäßigkeit administrativer Letztentscheidungsbefugnisse, S. 127; *Franke*, Die Verwaltung 49 (2016), S. 42. Auch vgl. VG Köln, Urteil v. 21.12.2016 – 21 K 5914/13, Rn. 93 (NRWE). Zuvor hat *Schmidt-Aßmann* bereits hinsichtlich der gerichtlichen Abwägungskontrolle für eine sog. „Punkt für Punkt"-Begründung der Verwaltungsentscheidung gesprochen. Vgl. dazu *ders.*, DVBl. 1997, S. 288.

730 *Eifert*, ZHR 174 (2010), S. 466.

2. Berechtigte Gestaltungsspielräume durch final programmierte Normstruktur

Vor der Veröffentlichung der Entscheidungen des BVerwG für das Regulierungsermessen hatte sich bereits eine lebhafte Debatte in der Literatur über „das Maß an Gestaltungsfreiraum, der der Regulierungsverwaltung zuzubilligen ist“[731], ergeben. Während das BVerwG erstmals dafür den Begriff „Regulierungsermessen“ anwendete, erstreckte sich die Auseinandersetzung der Frage nach der administrativen Letztentscheidungsbefugnis auch auf das dogmatische Einordnungsproblem dieser neuen Rechtsfigur[732]. Denn diese Chiffre, die auf einen „einheitliche[n], Tatbestand und Rechtsfolge überwindende[n] umfassende[n] Gestaltungsspielraum der BNetzA“[733] verweist, relativiert die auf der herkömmlichen Dichotomie[734] basierende Grenzlinie zw. dem vergleichsweise großzügig zu gewährenden Ermessensspielraum auf der Rechtsfolgenseite und der Anwendung des unbestimmten Rechtsbegriffs auf der Tatbestandsseite, die in der Regel einer vollen gerichtlichen Kontrolle unterliegen[735]. Die kategorische Unterscheidung der eingeräumten Typen von administrativer Letztentscheidung[736] kann jedoch nicht mehr für erforderlich gehalten werden, wenn man einen gemeinsamen Grundsatz für den exekutiven Entscheidungsspielraum

731 *Masing*, Regulierungsverwaltung, D 152.

732 *Schoch*, in: Hoffmann-Riem/Schmidt-Aßmann/Voßkuhle (Hrsg.), GVwR, § 50, Rn. 291 ff.; *Franzius*, DVBl. 2009, S. 411.

733 *Mayen*, FS Koch, S. 136.

734 Die Lehre der Trennung von dem Ermessen auf der einen Seite und dem unbestimmten Rechtsbegriff mit einem Beurteilungsspielraum auf der anderen beruht auf dem von *Bachof* geschriebenen Aufsatz „Beurteilungsspielraum, Ermessen und unbestimmter Rechtsbegriff im Verwaltungsrecht“. Vgl dazu *ders.*, JZ 1955, S. 97 ff. Vor diesem Hintergrund hat *Ule* die Lehre des unbestimmten Rechtsbegriffs weiterhin verfeinert (*ders.*, GS Jellinek, S. 309 ff.). In der verwaltungsrechtlichen Lehre wird sie gleichwohl zugrunde gelegt. Vgl. dazu *Maurer/Waldhoff*, Allgemeines Verwaltungsrecht, § 7, Rn. 7, 55 ff. Genauso ist es in der taiwanesischen Rechtsprechung. Vgl. dazu *Wu, G./Sheng, T.-L.*, Theorie und Praxis des Verwaltungsrechts, S. 119.

735 *Ludwigs*, JZ 6/2009, S. 291.

736 In der Lehre des administrativen Entscheidungsspielraums sind die dogmatischen Grundkategorien „allgemeines (Verwaltungs-)Ermessen“, „unbestimmter Rechtsbegriff mit oder ohne Beurteilungsspielraum“ sowie „Planungsermessen“ zu finden. Vgl. dazu *Voßkuhle*, JuS 2/2008, S. 117 ff.

herausfindet und festhält[737]. Der Ausgangspunkt ist die bundesverfassungsgerichtliche Rechtsprechung für die Entscheidungskompetenzzuweisung, die beredt darauf verweist, dass der Behörde ein Entscheidungsspielraum zusteht, wo das materielle Recht in verfassungsrechtlich unbedenklicher Weise Entscheidungen abverlangt, ohne dafür hinreichend bestimmte Entscheidungsprogramme vorzugeben. Insoweit hat die Verwaltung aufgrund normativer Ermächtigung die Befugnis zur Letztentscheidung.[738] Aufgrund dessen ist es naheliegend, dass sich eine Befugnis zur Erzeugung von Rechtssätzen stets auf eine Ermächtigungsnorm zurückführen lassen muss, durch die der Gesetzgeber unter Einhaltung des Vorbehalts des Gesetzes selbst den Umfang der administrativen Befugnisse zur Letztkonkretisierung bestimmt[739]. Dies steht in Einklang mit der normativen Ermächtigungslehre, die in der deutschen verfassungsrechtlichen Praxis als vorherrschende Doktrin verstanden wird[740]. Ob eine normative Ermächtigung vorliegt und in welcher Weise die Entscheidungskompetenz an Behörden verfassungsunbedenklich zugewiesen wird, ist anhand des Wortlauts des Gesetzes und durch Auslegung zu ermitteln. Dabei muss es eines am Grundsatz der Rechtschutzgarantie des Art. 19 Abs. 4 GG ausgerichteten Sachgrundes für die Einräumung des behördlichen Letztentscheidungsrechts bedürfen.[741] Eine behördliche Letztentscheidungskompetenz mit der Lockerung der Gesetzesbindung kann aus einem guten Sachgrund getragen und sogar gefordert werden[742]. Vor diesem Hintergrund wird die Bindung der Verwaltung an Recht und Gesetz nicht so interpretiert, dass die aufgrund der gesetzlichen Einräumung der

---

737 Vgl. *Jestaedt*, in: Erichsen/Ehlers (Hrsg.), Allgemeines Verwaltungsrecht, § 11, Rn. 27 ff.; *Ludwigs*, JZ 6/2009, S. 292 f.; *Oster*, Normative Ermächtigungen, S. 60 ff.; *Mengering*, Entgeltregulierung, S. 362 f.

738 Siehe dazu Verein der Richter des BVerfG (Hrsg.), BVerfGK 16, S. 433. Vgl. auch BVerfG, Beschl. v. 31.05.2011 – 1 BvR 857/07, Rn. 73 (bundesverfassungsgericht.de) = BVerfGE 129, 1; BVerfG, Beschl. v. 16.12.1992 – 1 BvR 167/87, Rn. 55 (bundesverfassungsgericht.de) = BVerfGE 88, 40.

739 *Jestaedt*, in: Erichsen/Ehlers (Hrsg.), Allgemeines Verwaltungsrecht, § 11, Rn. 34.

740 Vgl. *Schmidt-Aßmann*, in: Maunz/Dürig (Hrsg.), GG-Komm., Art. 19 Abs. 4, Rn. 185; bestätigend auch BVerwG, Urteil v. 26.03.1981 – 3 C 134.79, Rn. 47 (bverwg.de) = BVerwGE 62, 86: „Ob der Gesetzgeber in einer Rechtsnorm für die Behörde eine Handlungsbildung bestimmt oder ihr einen Handlungsspielraum eingeräumt hat, kann immer nur aus dem Inhalt der betreffenden Rechtsnorm entnommen werden".

741 *Schmidt-Aßmann*, in: Maunz/Dürig (Hrsg.), GG-Komm., Art. 19 Abs. 4, Rn. 184; *Mengering*, Entgeltregulierung, S. 363; *Durner*, DVBl. 2012, S. 302; *Jacob/Lau*, NVwZ 4/2015, S. 242 f.

742 *Eifert*, ZHR 174 (2010), S. 453.

Letztentscheidungsbefugnis erfolgende Reduzierung der gerichtlichen Kontrolldichte jedenfalls zum Grundsatz des wirksamen Rechtsschutzes im Widerspruch steht. Vielmehr handelt es sich bei der (Voll-)Umfänglichkeit der Rechtmäßigkeitskontrolle des Gerichts nur um den Kontrollmaßstab, nämlich die Rechtsnorm, nicht um die Verwaltungsentscheidungen.[743] Dementsprechend verweist eine administrative Letztentscheidungsbefugnis nicht etwa auf weniger Kontrolle, sondern eine andere Kontrolle, d. h., das Letztentscheidungsrecht bezieht sich nur auf das Entscheidungsergebnis und der Entscheidungsvorgang jedenfalls ist stets justiziabel[744].

Von vorrangiger Bedeutung ist daher nicht das Einordnungsproblem des Regulierungsermessens oder eine reine Kontrollintensitätsfrage für denselben Entscheidungsspielraum, sondern der in den betreffenden Rechtsnormen bestehende Sachgrund, dem man entnehmen kann, dass die Einräumung eines administrativen Entscheidungsfreiraums abzuverlangen ist. Eine am funktionell-rechtlichen Ansatz orientierte Begründung – wie das BVerwG in seinem Urteil v. 28.11.2007 dargelegt hat[745] – kann i. R. d. normativen Ermächtigungslehre ein Sachgrund sein.[746] Bei der Anerkennung der gerichtlichen Funktionsgrenze geht es insb. um die Regulierung als Gestaltungsaufgabe. Sie verweist auf die gegenläufigen Zielvorstellungen, die vom Regulierer in einer komplexen Abwägung ausgeglichen werden müssen[747]. Daneben dient sie einer zukunftsorientierten Steuerungs- und Gestaltungsfunktion, wobei eine Vielzahl der Rechtsregeln und -institute als Handlungsoption zur Verfügung steht[748]. Der Regulierer muss darüber hinaus die wirtschaftliche und technische Dynamik sowie Komplexität in Betracht ziehen[749]. Eine Regulierungsentscheidung charakterisiert sich daher in der Regel als pro-aktives, final steuerndes, weitreichendes und verzeitlichtes Verwaltungshandeln[750]. Diese Gestaltungsaufgabe stellt sich weniger als bloßer Gesetzesvollzug dar, sondern als ein prägendes

743 Vgl. *Jestaedt*, in: Erichsen/Ehlers (Hrsg.), Allgemeines Verwaltungsrecht, § 11, Rn. 38.

744 *Franzius*, DVBl. 2009, S. 413 f.; *Mengering*, Entgeltregulierung, S. 366.

745 BVerwG, Urteil v. 28.11.2007 – 6 C 42.06, Rn. 29 (bverwg.de) = BVerwGE 130, 39.

746 Vgl. *Ludwigs*, RdE 8/2003, S. 299; *Mengering*, Entgeltregulierung, S. 366; *Oster*, Normative Ermächtigungen, S. 68.

747 *Ludwigs*, RdE 8/2003, S. 299. Dabei weist sich die Herstellung des Wettbewerbs als Ermächtigungsgrundlage für die Gestaltungsaufgabe aus. Vgl. *Koenig*, DVBl. 2009, S. 1082 ff.

748 *Masing*, Regulierungsverwaltung, D 154; *Oster*, Normative Ermächtigungen, S. 132 f.

749 *Oster*, Normative Ermächtigungen, S. 134.

750 *Eifert*, ZHR 174 (2010), S. 463.

Element des Regulierungsverwaltungsrechts, das sich in bestimmtem Maß einer gesetzgeberischen (Vor-)Steuerung entzieht und der Behörde die Möglichkeit zur Gestaltung gibt[751]. Die Normstruktur der wichtigen Regulierungsvorschriften, wie §§ 13, 21, 30 DeTKG, ist vom Gesetzgeber wegen der Zuweisung des Gestaltungsauftrags bewusst in Form der Finalprogrammierung ausgestaltet[752]. Angesichts dieses offen gehaltenen Normprogramms hat das Gericht anzunehmen, dass „der Gesetzgeber der Exekutive Entscheidungen anvertraut und anvertrauen darf, die bewusst gesetzlich nicht anschließend vorab fest[ge]legt“[753] wurden. Ein Sachgrund für die Einräumung der administrativen Entscheidungsbefugnis kann daher im Hinblick auf den durch finalprogrammierte Rechtssätze implizierten Gestaltungsauftrag bestätigt werden. Allerdings kann der durch den funktionell-rechtlichen Ansatz anerkannte Gestaltungsauftrag als Charakter der Regulierung nicht allein einen Sachgrund begründen und übergreifende Entscheidungsspielräume pauschal rechtfertigen. Zu der Frage, ob und in welchem Umfang die Behörde über einen Entscheidungsfreiraum verfügt, muss durch Auslegung auf die betreffenden Rechtsnormen zurückgegriffen werden[754].

Die final programmierte Norm, die die Zielformulierung, die Beurteilungsermächtigung und die Handlungsalternative beinhaltet, welche wegen der Bildung eines gemeinsamen Entscheidungsspielraums voneinander häufig nicht abgegrenzt werden können, unterscheidet sich von der konditional programmierten Norm, welche aufgrund des Wenn-dann-Schemas der vollen Verhaltenssteuerung der Verwaltung dient und sich als Trennungsthese bezeichnet, nach der sich nicht nur der Tatbestand von der Rechtsfolge, sondern auch der Beurteilungsspielraum von dem Ermessen unterscheidet[755]. Die Verwendung der final programmierten Normstruktur zur begrenzten Vorstrukturierung des

---

751 *Knauff*, VerwArch 98 (2007), S. 403; *Wißmann*, FS R. Schmidt, S. 630. *Franzius* hat darüber im Hinblick auf die Grenze der legislativen Vorstrukturierung diskutiert. Vgl. dazu *ders.*, DÖV 2013, S. 716 f.

752 *Knauff*, VerwArch 98 (2007), S. 404; *Masing*, Regulierungsverwaltung, D 155; *Oster*, Normative Ermächtigungen, S. 159.

753 *Masing*, Regulierungsverwaltung, D 158 f. Dafür hat *Mengering* zutreffend kommentiert: „Gerichte müssen die Entscheidungs- und Gestaltungsspielräume der Verwaltung im gleichen Maße anerkennen, wie die Legislative sie der Verwaltung eingeräumt hat“. Vgl. dazu *dies.*, Entgeltregulierung, S. 365.

754 Vgl. *Ludwigs*, RdE 8/2003, S. 300; *ders.*, JZ 6/2009, S. 294 f.; *Werkmeister*, K&R 3/2012, S. 227.

755 *Kment*/*Vorwalter*, JuS 3/2015, S. 195; *Jestaedt*, in: Erichsen/Ehlers (Hrsg.), Allgemeines Verwaltungsrecht, § 11, Rn. 16; *Berringer*, Regulierung als Erscheinungsform, S. 218.

Behördenhandelns spiegelt exakt einen Wechsel von einer normierenden Regulierung hin zu einem Konzept der administrativen Regulierung wider[756]. Hingegen stützt sich die normierende Regulierung vielmehr auf die konditionelle Normprogrammierung, bei der die Rechtsverhältnisse vor allem durch Gesetze oder Rechtsverordnungen ausgestaltet werden und das Gestaltungspotenzial der Regulierungsbehörde vergleichsweise niedrig ist[757]. Der Gesetzgeber verfügt bei der Ausformulierung eines Regulierungsrechts grundsätzlich über den Gestaltungsspielraum, sich für eines der beiden Programmierungsmodelle zu entscheiden[758]. Die final programmierten Rechtssätze, durch die eine normierende Regulierung besser geeignet erfolgen kann, soll angesichts der Besonderheit des Gestaltungsauftrags, bei dem die Regulierungsverwaltung einerseits zu einem offenen, nicht konditional, sondern final strukturierten Entscheidungsprozess gelangen muss, andererseits auf den komplexen und dynamischen Marktwandel flexibel reagieren und den Interessenskonflikt der Wettbewerber durch Teilentscheidungen koordinieren kann, als empfehlenswert gewürdigt werden[759]. Jedenfalls einzuhalten sind aber die Verfassungsrechtssätze, insb. das Bestimmtheitsgebot nach Art. 80 Abs. 1 S. 2 GG und der Grundsatz des Gesetzesvorbehalts nach Art. 20 Abs. 3 GG[760]. Mit anderen Worten ist es dem Gesetzgeber nicht gestattet, der Verwaltung durch vage Ermächtigungsklauseln das Bestimmungsrecht auf die Grenzen der Freiheit zu überlassen[761]; er muss auf der anderen Seite selbst alle wesentlichen Entscheidungen treffen, die sich insb. auf die Grundrechtsausübung beziehen[762]. Gleichfalls muss ein final programmiertes Regulierungsgesetz in der Lage sein, zumindest die Grundsätze vorzuschreiben, die Grund und Richtung für die Vornahme der grundrechtseingreifenden Regulierungsmaßnahme geben[763]. Die inhaltlichen Gestaltungsspielräume müssen

---

756 Vgl. *Ludwigs*, EU-rechtliche Vorgaben, S. 262 f.; anders *Franzius*, DVBl. 2009, S. 414.

757 *Eifert*, ZHR 174 (2010), S. 465; *Ludwigs*, RdE 8/2003, S. 304; *Masing*, Regulierungsverwaltung, D 107.

758 *Masing*, Regulierungsverwaltung, D 154; *Berringer*, Regulierung als Erscheinungsform, S. 174 f.

759 *Masing*, Regulierungsverwaltung, D 156. Siehe dazu auch oben Teil 3. C. II. b). cc).

760 *Gärditz*, Die Rolle des parlamentarischen Gesetzgebers, S. 75 f.; *Berringer*, Regulierung als Erscheinungsform, S. 221 f.

761 BVerfG, Beschl. v. 10.10.1961 – 2 BvR 1/59, Rn. 19 (jurion.de) = BVerfGE 13, 153; *Brenner*, in: Mangoldt/Klein/Starck (Hrsg.), GG-Komm., Art. 80 Abs. 1, Rn. 40.

762 BVerfG, Beschl. v. 05.12.2015 – 1 BvR 1501/13, Rn. 51 (bundesverfassungsgericht.de) = BVerfGE 139, 148; *Sommermann*, in: Mangoldt/Klein/Starck (Hrsg.), GG-Komm., Art. 20 Abs. 3, Rn. 273, 274, 278.

763 Vgl. *Röhl*, JZ 17/2006, S. 838; *Storr*, DVBl. 2006, S. 1021 f.

auch verfahrensrechtlich ausgeführt werden, um den Entscheidungsvorgang transparent, beteiligungsgerecht beizubehalten und eine begründete Entscheidung sicherzustellen[764].

3. Bewertung der Rechtsprechung in Taiwan

a) Keine Begründungslast bei der Entscheidung

Folgt man dem Aspekt des BVerwG und den oben dargelegten Perspektiven, kann vor allem die Fehlentscheidung der taiwanesischen Verwaltungsgerichte über die Kontrolle der Gestaltungsspielräume des NCC bestimmt werden. Die Anerkennung der behördlichen Entscheidungsspielräume ist zu rechtfertigen, weil die Feststellung der konkreten Regulierungsmaßnahme davon abhängig sein muss, dass die Regulierungsbehörde eine Abwägung mit Regulierungszielen auf der Tatbestandsseite vornimmt. Aus diesem Grund soll die Ausgestaltung der Maßnahme auf die Ermöglichung der grundlegenden Ziele eingehen, die wertende und prognostische Elemente einbezieht. Obwohl das taiwanesische Verwaltungsgericht im Zuschlagsurteil neben der Einräumung des behördlichen Gestaltungsspielraums auch anführte, dass der Gesetzeszweck des TwTKG sowie das Konzept der asymmetrischen Regulierung einbezogen werden müssen, stützte es sich lediglich auf fehlende Fachkenntnisse seitens des Gerichts. Im Ergebnis umging das Gericht eine qualitative Überprüfung für Abwägungsdefizite und -fehleinschätzungen des NCC und hat nur eine übliche Kontrolle für die Abwägungsdisproportionalität vorgenommen. Ebenfalls hat das Verwaltungsgericht trotz der Einführung der in der ständigen Rechtsprechung entwickelten Abwägungsfehlerlehre beim Beurteilungsspielraum im ADSL-Entgelt-Urteil kaum eine Nachprüfung für den Abwägungsvorgang der Behörde anhand der von ihm angeführten Kontrollmaßstäbe durchgeführt. Durch solch eine zurückhaltende Überprüfung des Gerichts mit großzügigen Kontrollmaßstäben in beiden Fällen wird einerseits in Zweifel gezogen, ob das taiwanesische Gericht auch die wesentliche Bedeutung der asymmetrischen Entgeltregulierung nicht so exakt erfasst, dass es den Zuschlag der Zusammenschaltungsentgelte, der mit dem Interessenausgleich der beiden Parteien in der Monopolkonstellation im Wesentlichen gar nichts zu tun hat[765], auch pauschal als legitime Maßnahme für

---

764 *Masing*, Regulierungsverwaltung, D 159. Als Ausgleich für die materiell-rechtlichen Defizite der Verfassungsmäßigkeit des DeTKG vgl. *Gonsior*, Verfassungsmäßigkeit administrativer Letztentscheidungsbefugnisse, S. 178.

765 Siehe dazu unter Teil 3. E. III. 2). a).

die Wettbewerbsförderung ansah und nicht für einschätzungsfehlerhaft hielt[766]. Andererseits wird diese sehr zurückhaltende Kontrolle vom Fehlen einer strengen behördlichen Darlegungs- und Begründungspflicht bei der Feststellung der Regulierungsmaßnahme verursacht. Dies hat zur Folge, dass aus Sicht des Gerichts keine hinreichenden Anhaltspunkte für die Abwägungskontrolle zur Verfügung stehen. Es ist daher nahezulegen, dem NCC bei der Abwägungsausübung eine Darlegungspflicht aufzuerlegen und eine erschöpfende Argumentation zu erfordern, in der alle Belange berücksichtigt werden müssen[767].

b) Immanenter Konflikt zw. konditionaler Normstruktur und dem administrativen Entscheidungsfreiraum

Neben dem Fehlen der Begründungslast haben sich die Verwaltungsgerichte einer Problematik über den immanenten Konflikt zw. der bestehenden Normstruktur und dem administrativen Entscheidungsfreiraum ausgesetzt, der der Regulierungsbehörde aus Sicht der Verwaltungsgerichte gewährt werden soll. Einerseits besteht ein einzelfallgesetzliches Regelungssystem, das ein normierendes Regulierungsmodell vorzieht und eine Vielzahl von Ermächtigungsgrundlagen der Verordnung beinhaltet, um eine vollständige Regelungsdichte mit umfassenden Vorentscheidungen zu gewährleisten; andererseits müssen

766 Diese Problematik überschreitet in der Tat die Diskussionskategorie für die theoretische gerichtliche Kontrolldichte und betrifft vielmehr einerseits die Richtigkeit der richterlichen Kenntnisse über den Regulierungsbegriff sowie die Aufgabe des Regulierungsrechts und andererseits den in der empirischen Schlussfolgerung erkannten Zurückhaltungscharakter des Richters. Der Richter tendiert – wie *Ossenbühl* in seiner Kritik zur normativen Ermächtigungslehre zutreffend dargelegt – gerne zur Beibehaltung eines zurückhaltenden Zustandes, insb. wenn es sich durch eine Entscheidung überfordert fühlt oder wenn es sich um ein zu „heißes Eisen“ handelt. Vgl. *ders.*, FS Redeker, S. 64. Vor diesem Hintergrund wäre es nicht ausgeschlossen, dass der Richter während des Fehlens der konkreten Kontrollnormen bevorzugt auf die Vollkontrolle für diejenige behördliche Entscheidung, der eine Abwägung mit wertenden Elementen zugrunde liegen könnte, verzichtet und ferner pauschal bejaht.

767 Bei der Frage nach der gerichtlichen Kontrolldichte für den „gewöhnlichen“ Beurteilungsspielraum bei Risikobewertungen im Umweltrecht hat das taiwanesische Verwaltungsgericht bereits in seltenen Entscheidungen eine Begründungslast erfordert. Vgl. JuSAC, 103/66, 13.02.2014, Rn. 370 f. (judicial.gov.tw). Es gibt auch keinen Grund, die Anwendungsmöglichkeit derselben Begründungslast in anderen Bereichen abzulehnen. Wo ein Beurteilungsspielraum bei einem Tatbestand einer Norm besteht, ist eine erschöpfende Abwägung vorzunehmen. Vgl. dazu *Chen, S.-M.*, Verwaltungsrecht, S. 311.

zahlreiche Entscheidungsspielräume, insb. die in die bestimmten Tatbestände eingebetteten Beurteilungsspielräume, nach Auffassung der Verwaltungsgerichte wegen ihrer Funktionsgrenze anerkannt werden. Dies hat zur Folge, dass viele nicht durch den Gesetz- und Verordnungsgeber determinierten Einschätzungsprärogative trotz der durch umfassende und detaillierte Regelungen programmierten Vorstrukturierung gleichwohl einzuräumen sind. Hinsichtlich der gerichtlichen Praxis ist bestätigt, dass die gerichtliche Kontrollintensität im Wesentlichen nicht lediglich durch normative Determinierung verstärkt werden kann. Wenn die Gerichte zum Verzicht auf die materiell-rechtliche Kontrolle für die Sachverständigung tendieren und dementsprechend möglichst viele Beurteilungsspielräume einräumen wollen oder müssen, verliert das normierende Regulierungsmodell mit hoher Regelungsdichte freilich seine Bedeutung.

In der materiellen Perspektive verweist dieser immanente Konflikt auf die Zuweisungsfrage der Letztentscheidungsbefugnisse, da die gesetzliche oder verordnungsrechtliche Determinierung hinsichtlich des wertabwägenden und verzeitlichten Regulierungsbedarfs nicht immer eine „bessere Lösung" als die durch einen Verwaltungsakt getroffene und auf den Einzelfall gerichtete Entscheidung anbieten kann. Im Hinblick auf die drei oben dargelegten Urteile der taiwanesischen Verwaltungsgerichte kann diese auf der angeborenen Normstruktur des TwTKG beruhende Problematik nicht durch eine reine Forderung nach der Verstärkung der gerichtlichen Kontrolldichte überwunden werden.

Ob ein Unternehmen als SMP-Unternehmen qualifiziert werden soll, hängt von der Regulierungsbedürftigkeit ab, die die Regulierungsbehörde nach einem aktuellen Marktermittlungsergebnis mit einer wertenden Abwägung im Einzelfall festlegen muss. Es ist daher nicht geeignet, die einer Regulierungsverfügung unterliegenden Unternehmen von vornherein durch die Formulierung der abstrakt-generellen Tatbestandsmerkmale des SMP-Unternehmens in einer konditional programmierten Regelung zu bestimmen. Im SMP-Urteil hat das Gericht daher auf den gesetzlichen Tatbestand „SMP-1KTU" der Ermächtigungsgrundlage nach § 26-1 Abs. 2 TwTKG zurückgegriffen und ferner einen entsprechenden Beurteilungsspielraum eingeräumt, obwohl es sich nur auf ein Verordnungsermessen bezieht und das NCC bereits auf Grund dieser Verordnungsermächtigung die Beurteilungskriterien der SMP-1KTU vorgeschrieben hat. Dies führt unvermeidlich dazu, dass das NCC in der Tat nach demjenigen Kriterium, das gar nicht in einer Verordnung vorgeschrieben worden ist, ein SMP-1KTU festlegen kann.

Bei dem Zuschlagsurteil besteht ein Problem, das die Verwaltungsgerichte nicht zum Ausdruck gebracht haben und mit dem sie nicht umgegangen sind: Auf welchen Bereich sich der von ihnen dargelegte Gestaltungsspielraum für die transparente, diskriminierungsfreie und nachvollziehbare Zusammenschaltungsinstitution bezieht. Es bleibt also unklar, ob es bei solch einem Gestaltungsspielraum um die Festlegung eines einzelnen Verwaltungsakts oder um die Ausgestaltung der ganzen Zusammenschaltungsverordnung geht. Dafür vertreten einige Verfasser die Meinung, dass die Zuschlagsentscheidung des NCC als Bestandteil eines zusammenschaltungsregulatorischen Verwaltungsplans angesehen werden kann, den die Regulierungsbehörde unter einer planerischen Abwägung mit Rücksicht auf die Regulierungsziele ausgestaltet. Aus diesem Grund könne es nicht direkt als einzelner Verwaltungsakt verstanden werden, der lediglich nach einer dezidierten Rechtsnorm für den einzelnen Sachverhalt vollzogen wird[768]. Sie versuchen, einen möglichst weitreichenden Gestaltungsspielraum i. R. d. Marktregulierung zu rechtfertigen und eine neue Regulierungsinstitution anzunehmen, die sich dem vom BVerwG entwickelten Regulierungsermessen annähert. Denn sowohl das ländliche als auch das oberste Verwaltungsgericht haben aufgrund der Zubilligung der weiten Entscheidungsspielräume in ihren Urteilen über die Ausgestaltung der entgeltbezüglichen Regulierungsmaßnahme die Vollkontrolle zurückgenommen und hierbei die angebrachten Kontrollprogramme für Abwägungsfehler angewendet. Es ist aber fraglich, ob dem NCC dabei eine *quasi* planerische Gestaltungsfreiheit zusteht, weil dem § 16 TwTKG eine besondere Normstruktur nicht entnommen werden kann, in der eine durch zahlreiche unbestimmte Rechtsbegriffe gesteuerte Abwägung von einer von sich etwa daran anschließenden Ermessensbetätigung nicht getrennt werden kann. § 16 Abs. 2 und Abs. 9 TwTKG enthalten tatsächlich nur eine Verordnungsermächtigung zur Ausgestaltung des Zusammenschaltungsregimes, welches gerade die normierende Regulierung anstatt der administrativen Regulierung darstellt. Es ist somit unzutreffend, die Zuschlagsentscheidung direkt an eine Gestaltung der Regulierungsmaßnahme i. S. v. § 21 oder § 30 DeTKG anzugleichen.

Folgt man diesem Problem, so werden unüberwindbare Schwierigkeiten für die taiwanesischen Verwaltungsgerichte offenbar. Vor allem soll sich das Gericht an den schon vom Gesetzgeber angedeuteten Grundsatz der normierenden Regulierung halten, d. h., die behördliche Gestaltungsfreiheit muss sich auf die Normsetzung beschränken und damit eine verordnungsrechtliche Normierung erfolgen. Dies ist aber unvereinbar mit der gerichtlichen Auffassung bezogen auf die Zubilligung der administrativen Gestaltungsfreiräume bei der

768 *Chan, C.-J.*, Asymmetrische Regulierung, S. 133 ff.; *Shyr, S.-H.*, The Law Monthly 61/6, S. 37 f.

Regulierungsaufgabe, durch die das NCC pro-aktiv im Einzelfall ein sachangemessenes Vertragsverhältnis zw. marktmächtigem Netzbetreiber und anderen Wettbewerbern steuert. Darüber hinaus geht es um die Gerichtbarkeit der Verordnung, da das NCC vor der Veröffentlichung des zweiten, erneut ergehenden Urteils der Ausgangsinstanz den Inhalt der Zuschlagsentscheidung auch in die ZVO aufgenommen hat. Theoretisch muss das Verwaltungsgericht auch die Rechtmäßigkeit dieser Regelung überprüfen. Das taiwanesische Verwaltungsgericht hat jedoch keine Befugnis zur materiellen Rechtmäßigkeitskontrolle für Verordnung, so dass es von der Rechtmäßigkeitsfrage einer bestimmten Verordnungsnorm abweichen muss, die nunmehr die normative Grundlage des Zuschlages des Zusammenschaltungsentgelts ist[769]. Endgültig richtet sich das Gericht nur auf den Verwaltungsakt, durch den das NCC die Zuschlagsentscheidung gefällt hat, und billigt ihm mit Rücksicht auf den sehr weiten Gestaltungsspielraum für die Errichtung des Zusammenschaltungsregimes nach §§ 16 Abs. 2 i. V. m. Abs. 9 i. V. m. 1 TwTKG einen entsprechend sehr großzügigen Kontrollmaßstab zu. Dieses Urteil liefert ein Indiz für das bestehende Dilemma in der taiwanesischen verwaltungsrechtlichen Praxis: Wenn der Gesetzgeber der Verwaltung ein weitreichendes Normsetzungsermessen bei demjenigen Bereich belässt, wird die verwaltungsrechtliche Gerichtbarkeit zur rechtlichen und tatsächlichen Nachprüfung nahezu ausgeklammert. Auch wenn das Verfassungsgericht aufgrund des Antrags vom *Supreme Administrative Court* die materielle Rechtmäßigkeit der betroffenen Verordnungsnormen in Frage stellen kann, scheint es in der Tat gleichwohl schwierig, vor dem Verfassungsgericht neben der Prüfung nach dem Grundsatz des Gesetzesvorbehalts eine äußerst vollständige Rechtmäßigkeitskontrolle für das Rechtssetzungsermessen vorzunehmen,

769 In der taiwanesischen Verwaltungsprozessordnung besteht keine Klageart für die Normenkontrolle, so dass die Bürger keinen Antrag auf die Gültigkeitsfrage nach einer bestimmten Verordnungsregelung einleiten dürfen. Hierbei liegt daher ein offensichtlicher Defekt des verwaltungsgerichtlichen Rechtschutzes vor. Das Verwaltungsgericht kann vor diesem Hintergrund bei der Rechtmäßigkeitsfrage eines Verwaltungsakts nur nach dem Vorrang des Gesetzes die rechtswidrigen Verordnungsregelungen im Einzelfall nicht anwenden. Dementsprechend legt das taiwanesische Gericht über die Rechtwidrigkeit der Verordnungsnorm den Schwerpunkt vielmehr auf die Vereinbarkeit der gesetzlichen Ermächtigungsgrundlage und umgeht die materielle Rechtmäßigkeitskontrolle. Eine in Frage gestellte Verordnungsregelung ist erst dann justiziabel, wenn das *Supreme Administrative Court* nach § 5 Abs. 2 *Constitutional Interpretation Procedure Act* einen Verfassungsauslegungsantrag einleitet. Vgl. dazu näher *Chen, S.-M.*, Verwaltungsrecht, S. 266; *Wang, P.-F.*, Academia Sinica Law Journal 11, S. 190 f.

da eine Darlegung der Erwägungsgründe beim Erlass der Verordnung nicht eine gesetzliche Rechtmäßigkeitsvoraussetzung des Verordnungsrechts ist[770]. Das taiwanesische Verfassungsgericht ist sich bisher auch noch nicht bewusst, gegenüber dem Verordnungsgeber eine Abwägung abzuverlangen. Dies könnte dazu führen, dass das Verfassungsgericht keine faktische Abwägungs- und Begründungskontrolle einleiten kann. Hingegen obliegt dem Normsetzer nach Auffassung des BVerfG eine Ausübung, die „den Bedingungen rationaler Abwägung" genügen muss, damit die Rechtmäßigkeit des Rechtsetzungsverfahrens nachgeprüft werden kann[771]. Eine fundamentale Kontrolle für das Verordnungsermessen liegt mithin in der deutschen Judikative vor.

Im ADSL-Entgelt-Urteil lässt sich die Streitigkeit über die Kostenkalkulation wiederum auf den immanenten Konflikt zw. der administrativen Regulierung und dem der Regulierungsbehörde zugewiesenen Entscheidungsspielraum zurückführen. Erstens geht es um die gesetzliche Vorstrukturierung der Vorgehensweise hinsichtlich der Entgeltkontrolle für die Endnutzerleistungen. Dass die Entgelte für Endnutzerleistungen ausnahmslos dem Price-Cap-Verfahren unterliegen, wird gem. § 26 Abs. 1 TwTKG vorbestimmt. Bei der Genehmigungsfähigkeit des diesem Verfahren unterliegenden Entgelts kommt es gem. § 26 Abs. 2 TwTKG darauf an, ob die Preisänderungsrate des genehmigungsangetragenen Entgelts die Maßgröße einhält, die von der gesamtwirtschaftlichen Preisänderungsrate und der Produktivitätsfortschrittsrate zusammengestellt wird. Die Regulierungsbehörde hat die Entgelte aus diesem Grund ausschließlich nach der Price-Cap-Formel zu überprüfen. Eine detaillierte Einzelkostenprüfung, z. B. die Nachvollziehbarkeit der Gemeinkostenschlüsselung, ist dabei nicht (mehr) zu berücksichtigen[772]. In diesem Fall ist das NCC aber von der Frage um die Verursachungsgerechtigkeit der Kostenzuweisung ausgegangen und damit der gesetzlichen Vorentscheidung der anzuwendenden Vorgehensweise zuwidergelaufen. Die Verwaltungsgerichte haben sich nur auf die

770 Vgl. § 157 vom taiwanesischen *Administrative Procedure Act*.

771 Vgl. BVerfG, Beschl. v. 22.10.1991 – 1 BvR 393/85 = BVerfGE 85, 36; auch *Schmidt-Aßmann*, in: Maunz/Dürig (Hrsg.), GG-Komm., Art. 19 Abs. 4, Rn. 217a; darauf bezugsnehmend *v. Danwitz*, Gestaltungsfreiheit, S. 172 ff. Demgegenüber sprechen einige Aufsätze für die Übertragbarkeit der (allgemeinen) Ermessensfehlerlehre, beispielsweise *Zuleeg*, DVBl. 1970, 160 f.; *Gerhardt/Bier*, in: Schoch/Schneider/Bier (Hrsg.), VwGO-Komm., § 47, Rn. 49 ff.

772 Die Perspektive der strengen Kostenorientierung der Entgelte ist auf das vorgeschaltete Price-Cap-Vorgabeverfahren beschränkt. Vgl. dazu *Wissmann*, in: Wissmann (Hrsg.), Telekommunikationsrecht, Kap. 5, Rn. 159.

pauschale Einräumung des Beurteilungsspielraums bei der entgeltbezüglichen Genehmigungsfähigkeitsfrage gestützt und weitergehend der durch eine nicht im TwTKG erkannten Vorgehensweise getroffenen Ablehnungsentscheidung des NCC zugebilligt. Zweitens hat das NCC bereits eine determinierende Gemeinkostenschlüsselungsmethode in RmL erlassen und der über eine marktmächtige Stellung verfügenden CHT AG eine Genehmigungspflicht der von ihr angewendeten Kostenrechnungsmethode auferlegt. Aufgrund dessen und des Grundsatzes des Vertrauensschutzes ist es unzulässig, neben einem Verordnungsermessen für die Festsetzung eines dezidierten Kostenrechnungsmechanismus noch einen umfassenden Entscheidungsspielraum für die Genehmigungsfähigkeit desjenigen Entgelts anzuerkennen, das auf Basis von der vorher genehmigten Kostenrechnungsmethode berechnet wird[773]. Das Gericht soll in tatsächlicher und rechtlicher Hinsicht nachprüfen, ob das NCC beim Genehmigungsprozess eine gesetzmäßige Kostenprüfung an der bereits von ihm genehmigten unternehmerischen Kostenrechnungsmethode vornimmt. Zu guter Letzt ist bei der vom Gericht unterstützten Annahme des NCC bedenklich, dass die Preiskontrolle für Endnutzerleistungen nach § 26 TwTKG wegen des Vorliegens der zwei parallelen Verordnungen völlig vom Zusammenschaltungsregime nach § 16 TwTKG trennbar sein kann, welches eine normative Zuschlüsselungsmethode am LRIC+-Maßstab enthält und damit eine strengere getrennte Rechnungsführung anfordert, da bei der Kalkulation der Preishöhe einer Endnutzerleistung im Regelfall die der einzelnen Leistung zuzuteilenden Kosten zugrunde gelegt werden, welche sich teilweise auf die Gemeinkostenschlüsselung, u. a. Aufteilung der Errichtungs- und Betriebskosten der Kupfer-TAL, beziehen, unabhängig davon, in welcher Form die betroffenen Rechtsnormen programmiert werden. Wenn man – wie das NCC und die Verwaltungsgerichte angenommen haben – davon ausgehen kann, dass sich der in das Zusammenschaltungsregime eingebettete Gemeinkostenschlüsselungsmechanismus, der der getrennten Rechnungsführung und der Kostenorientierung dient, durchaus von der Entgeltregulierung für Endnutzerleistungen i. R. d. § 26 TwTKG unterscheidet, widerspricht sich sein Ausgangspunkt für die Untersuchung einer berechtigt kostenorientierten Preisbildung der einzelnen Leistung als genehmigungsfähiger Preis. Denn einerseits wird eine wirklich kostenbasierte Preisbildung der betreffenden Leistung in Anspruch genommen und anderseits die normative Kostenrechnungsmethode zum Zweck der Sicherstellung des kostenorientierten Leistungspreises beiseitegelegt. Im Ergebnis versucht das Verwaltungsgericht in der Praxis immerhin,

773 Vgl. dazu näher *Yeh, C.-L.*, Fair Trade Quarterly 24/1, S. 60 ff.

einen möglichst umfassenden exekutiven Entscheidungsspielraum bei der Prüfung der Genehmigungsfähigkeit des bestimmten Entgelts einzuräumen und dementsprechend nicht in die behördliche Entscheidung einzugreifen. Dies führt dazu, dass das normierende Regulierungsmodell völlig ins Leere läuft.

Darüber hinaus werden durch die Betrachtung dieses Urteils auch zumindest zwei Mängel im taiwanesischen Rechtsrahmen der Entgeltregulierung gefunden. Zum einen handelt es sich um das Fehlen eines grundsätzlichen, im Gesetz festgesetzten Maßstabs für die Preiskontrolle, so dass das Verwaltungsgericht über keinen effektiven Kontrollmaßstab für die Nachprüfung der Richtigkeit der Genehmigungsentscheidung verfügt. Zum anderen ist das als einzige gesetzliche Vorgehensweise für die Entgeltregulierung geltende Price-Cap-Verfahren nicht ausreichend, um eine kostenorientierte Preisbildung herauszufinden, da hierbei keine explizite Methode für die Ermittlung der detaillierten Kostenstruktur einer Leistung vorliegt oder vorliegen muss. Aufgrund dieser Mängel kann von einem inkonsistenten Regulierungssystem gesprochen werden.

Es lässt sich daher festhalten, dass nicht nur der zu großzügige gerichtliche Kontrollmaßstab gegenüber den administrativen Entscheidungen in der Regulierungspraxis, sondern auch die normstrukturelle Problematik im taiwanesischen Telekommunikationsrecht besteht. Dies kann nur durch eine große Änderungsarbeit des TwTKG neutralisiert werden, in der eine rein konditionale Regelungsprogrammierung aufgehoben und zugleich unter der Anerkennung der administrativen Entscheidungsprärogative eine verfahrensrechtliche Abwägungs- und Ermessensdirektive mit einer verstärkten Pflicht der Verwaltung zur plausiblen und erschöpfenden Argumentation eingeführt werden muss.

E. Änderungsvorschläge für das TwTKG i. R. d. Marktregulierung

Durch die oben dargelegte Analyse für die taiwanesische gerichtliche Kontrolldichte ist davon auszugehen, dass wegen der zurückhaltenden Rechtsprechung mit sehr eingeschränkter Kontrollintensität, die durch eine übergreifende, aber unangemessene konditional programmierte Normstruktur und eine unausgewogene Normierungsdichte des Gesetzes gleichwohl nicht verstärkt wird und die Rechte der Privaten, u. a. SMP-1KTU, nicht ausreichend geschützt werden können. Hierfür wäre die einzige Lösung eine Novellierung des TwTKG, in der auf der einen Seite die wesentliche Entscheidung unter Beachtung des rechtsstaatlichen Grundsatzes ausdrücklich im Gesetz getroffen werden soll, auf der anderen Seite eine Umstellung vom imperativen Regulierungsmodell zur final programmierten Normstruktur stattfinden muss, wobei nicht nur ein ausreichender Entscheidungsspielraum für die Ausgestaltung der Regulierungsinstrumente im Einzelfall, sondern auch eine begleitende Begründungslast geschaffen wird. Dies wird als Abschied von der determinierten Verordnungssetzung bezeichnet. Die Gesetzmäßigkeit der Begründung kann daher vom Gericht nach den im Gesetz vorstrukturierten Grundsätzen und Aufforderungen effektiv überprüft werden. In diesem Kapitel werden die Änderungsvorschläge für das TwTKG i. R. d. Marktregulierung im Zuge des Vergleichs mit dem DeTKG hervorgebracht, um eine stärkere transparente, funktionsfähige wie auch wettbewerbsfördernde Regulierungsausübung *de lege ferenda* sicherzustellen.

I. Regulierungsverfahren

1. Einfügung der Grundvoraussetzung der Marktregulierung in das TwTKG

Wie § 9 Abs. 1 DeTKG besagt, ist die Grundvoraussetzung der Marktregulierung das Vorliegen eines regulierungsbedürftigen Markts, auf dem ein oder mehrere Telekommunikationsunternehmen mit beträchtlicher Marktmacht und damit kein wirksamer Wettbewerb bestehen[774]. Um diesen regulierungsbedürftigen Markt zu lokalisieren, bedarf es eines Verfahrens, in dem eine klassische Marktabgrenzung (§ 10 Abs. 1 DeTKG) mit der Prüfung der

---

774 *Woesler/Heinen-Hosseini*, in: Säcker (Hrsg.), TKG-Komm., § 9, Rn. 2.

Regulierungsbedürftigkeit des begrenzten Markts (§ 10 Abs. 2 DeTKG) und die Identifizierung des Unternehmens mit beträchtlicher Marktmacht (§ 11 Abs. 1 DeTKG) erfolgen können. Dieses Regulierungsverfahren bildet daher das Herzstück des Regulierungsrahmens[775].

Im TwTKG besteht zwar während der Einführung des asymmetrischen Regulierungskonzepts ein ähnliches Konzept für die Beschränkung des regulierungsbedürftigen Adressaten, der über beträchtliche Marktmacht auf einem Markt verfügt. Dieses Konzept wird aber nur als Normadressat des nachträglichen Missbrauchsverbots im Namen des SMP-1KTU nach § 26-1 Abs. 1 TwTKG formuliert. Wie ein SMP-1KTU festgelegt werden soll, ist gem. § 26-1 Abs. 2 TwTKG die Sache der Regulierungsbehörde. Das NCC hat daher in EntRVO in Form der konditionalen Programmierung die Tatbestandsvoraussetzungen des SMP-1KTU und zugleich als Straffung der Entgeltregulierungsadressaten entschieden, §§ 2 Abs. 1 i. V. m. 3 EntRVO. Die formelle Voraussetzung ist hierbei nur der Erlass der Festlegung. Daneben wird die Verwendung des SMP-1KTU-Konzepts auf die Entgeltregulierung i. R. d. EntRVO begrenzt. Trotzdem wird eine Voraussetzung für die Auferlegung der Zusammenschaltungsverpflichtung nach dem Wortlaut des § 16 TwTKG nicht gefordert. Das NCC hat auch dieses Konzept in die ZVO eingeführt, so dass sich ein Teil der Normadressaten der in ZVO geregelten Zugangsvorgaben auf den 1KTU mit beträchtlicher Marktmacht beschränkt. Vor dem Hintergrund kommt eine unsichere Anwendung des SMP-Konzepts i. R. d. Marktregulierung in Betracht.

Dem Erlass jeglicher zugangs- und entgeltbezüglichen Maßnahme liegt jedoch im Regelfall ein Regulierungsbedarf zugrunde, der als Bestehen des marktbeherrschenden Unternehmens auf dem sachlich und räumlich relevanten Markt gekennzeichnet wird[776]. Die Rechtfertigung der Marktregulierung liegt exakt darin, dass die materiell-chancengleiche Selbstbestimmung der Marktteilnehmer wegen der andauernd ungleichen Marktmacht des dominierenden Netzbetreibers verzögert wird. Ohne hoheitlichen Eingriff in den Markt kann ein sachgerechter Interessenausgleich in der netzbedingten Monopolsituation nicht gewährleistet werden[777]. Die Regulierungsinstrumente richten sich mithin in der Regel auf die marktbeherrschende Stellung eines Telekommunikationsunternehmens. Da das Vorliegen des marktbeherrschenden Unternehmens eine allgemeine Regulierungsvoraussetzung darstellt, soll das gesetzlich nur in § 26-1

---

775 *Kühling/Elbracht*, Die Verwaltung 40 (2007), S. 553 f.

776 *Ludwigs*, in: Schmidt/Wollenschläger (Hrsg.), Kompendium, § 12, Rn. 45.

777 *Gersdorf*, Regulierung von Entgelten, S. 220 f.

TwTKG verankerte asymmetrische Regulierungskonzept nicht ausschließlich bei der Missbrauchsverbotsvorschrift bleiben, sondern sich auf das ganze Regime der Marktregulierung ausdehnen[778]. Ein oder mehrere Grundrechte, insb. Vertrags- und Betriebsfreiheit des Telekommunikationsunternehmens, das als Unternehmen mit beträchtlicher Marktmacht gewürdigt wird, werden unmittelbar durch die Auferlegung der Regulierungsverfügung eingeschränkt. Damit soll das Verfahren der Marktabgrenzung und -analyse und dessen durchgeführtes Untersuchungsergebnis mit dem Erlass der Regulierungsverfügung ausdrücklich in dem Gesetz geregelt werden[779]. Aufgrund dessen soll die pauschale Entscheidungsermächtigung für die Festlegung des SMP-1KTU gem. § 26-1 Abs. 2 TwTKG auf ein gesetzliches und zugleich auf die faktische Regulierungsbedürftigkeit angewendetes Ermittlungsverfahren umgestellt werden, das sich dem Prüfungsvorgang im allgemeinen Wettbewerbsrecht annähert. Dies kann nur durch die Aufhebung des § 26-1 Abs. 2 TwTKG und zugleich eine Ergänzung des neuen Rechtsrahmens ins TwTKG ermöglicht werden[780].

2. Marktdefinition

Im bisherigen Rechtsrahmen der taiwanesischen Marktregulierung besteht keine materielle Vorgabe für die Marktabgrenzung. Stattdessen liegen mehrere Regelungen vor, die direkt entweder die Verpflichtung zur Gewährung eines bestimmten Zugangsprodukts oder das genehmigungsbedürftige Entgelt einer bestimmten Leistung vorsehen. Eine allgemeine Methode für die Festlegung eines potenziellen regulierungsbedürftigen Markts ist im TwTKG nicht ersichtlich. Ob ein vom NCC in verschiedenen Verordnungen definierter und unmittelbar eingreifender Markt ernstlich regulierungsbedürftig ist, wird stets nicht durch eine Begründung in der Regulierungspraxis zum Ausdruck gebracht. Darüber hinaus erscheint eine durch konditionale Norm programmierte Marktabgrenzung im höchsten Maße unflexibel, da sich einerseits die Marktsituation und Wettbewerbsbedingungen im Telekommunikationssektor angesichts der

778 Vgl. *Woesler/Heinen-Hosseini*, in: Säcker (Hrsg.), TKG-Komm., § 9, Rn. 4; *Franke*, Die Verwaltung 49 (2016), S. 27.

779 *Säcker*, ZNER 2004/2, S. 98: „Der behördliche Entscheidungsprozess muss aber rechtsstaatlich berechenbar normiert werden". Zur Vereinbarkeit des DeTKG mit dem Gesetzesvorbehalt vgl. *Rieckhoff*, Der Vorbehalt des Gesetzes, S. 266 f.

780 Das NCC hat in der Tat versucht, durch eine übergreifende TwTKG-Novelle mit Umbenennung als „Telekommunikationsunternehmensgesetz" das der Marktdefinition und -analyse i. S. v. §§ 10, 11 DeTKG entsprechende Regulierungsverfahren einzuführen. Dieser Gesetzgebungsvorgang wurde aber eingestellt.

technischen Umwandelung schnell ändern können, sich andererseits ein neuer Vorleistungs- oder Endnutzermarkt ergeben würde.[781] Im Hinblick auf die rasche Marktentwicklung bedarf es jedenfalls eines vorangehenden Marktregulierungsverfahrens, wobei die Regulierungsbedürftigkeit eines Zugangs zu neuen Netzen und des neuen Endkundenprodukts periodisch ggf. überprüft wird[782].

Demgegenüber schreibt § 10 Abs. 1 DeTKG vor, dass die BNetzA unter Berücksichtigung der Ziele des § 2 die sachlich und räumlich relevanten Märkte festlegt. Die Beschreibung der sachlich und räumlich relevanten Marktabgrenzung und die Vorschrift für das Berücksichtigungsgebot der Marktanalyseleitlinien[783] nach § 10 Abs. 3 S. 3 DeTKG verweisen darauf, dass die Überprüfungsmethode den in wettbewerbsrechtlicher Rechtsprechung und Praxis vorgenommenen Kriterien entsprechen soll[784]. Die Marktabgrenzung kann sich an dem realen Regulierungsbedarf orientieren, indem die Regulierungsbehörde die Ziele der Regulierung, u. a. die Sicherstellung des chancengleichen Wettbewerbs und die Förderung des nachhaltigen wettbewerbsorientierten Markts, in Betracht ziehen und mittels des wettbewerbsrechtlichen Ansatzes sachgerecht den Marktumfang begrenzen muss, auf den ein Unternehmen durch die Ausnutzung seiner beherrschenden Marktmacht einwirken kann.

Bei der Durchführung der sachlichen Marktabgrenzung ist im Regelfall auf das Bedarfsmarktkonzept abzustellen, wobei untersucht wird, ob eine hinreichende Austauschbarkeit eines bestimmten Produkts mit anderen Produkten bezogen auf den Standpunkt der Nachfrageseite[785] und/oder Angebotsseite

781 Zur Problematik über die fehlende Marktabgrenzung siehe oben Teil 3. C. I. 2.

782 Vgl. *Kühling*, WiVerw 2010/2, S. 136. Zur Forderung von EU-Richtlinien nach periodischer Marktanalyse vgl. *Klotz/Brandenberg*, MMR 3/2010, S. 148.

783 *Leitlinien zur Marktanalyse und Ermittlung der beträchtlichen Marktmacht nach dem gemeinsamen Rechtsrahmen für elektronische Kommunikationsnetze und -dienste* (2002/C 165/03), 11.07.2002.

784 Marktanalyseleitlinie, Ziff. 24.

785 Konkrete Bezugspunkte enthalten zumindest die Preishöhe, objektive Merkmale und den Verwendungszweck des Produkts, Wettbewerbsbedingung sowie die Struktur von Angebot und Nachfrage. Vgl. Marktanalyseleitlinie, Ziff. 44; in der Amtspraxis beispielsweise BNetzA, Festlegung v. 08.08.2013 zu Markt Nr. 1 der Märkteempfehlung 2007 – BK 1-11/006, S. 48; BNetzA, Festlegung v. 28.07.2015 zu Markt Nr. 3a der Märkteempfehlung 2014 – BK 1-12/003, S. 67 f. Insb. nennenswert ist, dass in der ständigen Regulierungspraxis die Austauschbarkeit der Terminierungsleistung auf Basis der jeweils von unterschiedlichen Netzbetreibern betriebenen Netze sowohl auf Nachfrage- als auch auf Angebotsseite mittlerweile zu verneinen ist. Begründet wird das „Ein-Netz-Ein-Markt-Konzept". Vgl. dazu BNetzA, Festlegung v. 16.12.2016 zu

(Angebotsumstellungsflexibilität)[786] besteht. Angesicht der technologischen Konvergenz ist zu berücksichtigen, dass auch Dienste als solche, die jeweils über verschiedene Netzinfrastrukturen erbracht werden, in zunehmendem Maß für austauschbar gehalten werden können[787]. Die Wechselwirkung zw. dem Dienstleistungs- und Infrastrukturwettbewerb soll bei der Festlegung der regulierungsbedürftigen Bottleneck-Situation stets in Betracht gezogen werden[788]. Bei der räumlichen Marktabgrenzung ist neben dem Bedarfsmarktkonzept[789] insb. die Homogenität der Wettbewerbsbedingungen zu berücksichtigen[790].

Im Gegensatz zur Marktabgrenzung im allgemeinen Wettbewerbsrecht besteht noch ein Drei-Kriterien-Test nach § 10 Abs. 2 S. 1 DeTKG. Es geht darum, ob das Vorab-Regulierungsinstrument beim in Frage gestellten Markt in Betracht kommen soll[791]. Diese Kriterien müssen vor dem Marktdefinitionsverfahren kumulativ erfüllt werden: 1. strukturbedingte Zugangshindernisse, 2. langfristig fehlende Tendenz zum wirksamen Wettbewerb, 3. Insuffizienz des allgemeinen Wettbewerbsrechts. Ob es geeignet ist, diesen Test invariant ins TwTKG einzusetzen, ist jedoch zu bezweifeln, da zum einen das im ersten Kriterium gekennzeichnete Tatbestandsmerkmal, ökonomie- und rechtsbedingte Marktzutrittsschranken, bereits ein Regelfall im netzwirtschaftlichen Bereich ist

---

Markt Nr. 1 der Märkteempfehlung 2014 sowie Nr. 2 der Märkteempfehlung 2007 – BK 1-14/004, S. 140.

786 Die Angebotsumstellungsflexibilität besteht, wenn andere Anbieter hinsichtlich des in Rede stehenden Produkts direkt oder kurzfristig bereit wären, ihre Produktion umzustellen und anzubieten, ohne dass erhebliche Zusatzkosten für sie entstehen. Vgl. Marktanalyseleitlinie, Ziff. 39.

787 Marktanalyseleitlinie, Ziff. 47.

788 *Säcker*, AöR 130 (2005), S. 185 f.; *Schings*, N&R 3&4/16, S. 159; *Fetzer*, Staat und Wettbewerb, S. 340 f. *Neumann*, Wettbewerbsorientierte Regulierung, S. 124 ff.; ausgehend vom Zusammenhang des NGN-Investitionsanreizes mit der Preisänderung der Kupfer-TAL vgl. *Gerpott/Winzer*, N&R 5/13, S. 178 ff.

789 Wegen der Netzgebundenheit könnte aber die isolierte Anwendung der Austauschbarkeit auf Nachfrageseite und der Angebotsumstellungsflexibilität zur unverhältnismäßig engen Marktabgrenzung führen. Vgl. dazu *Heinen-Hosseini/Woesler*, in: Säcker (Hrsg.), TKG-Komm., § 10, Rn. 47.

790 Marktanalyseleitlinie, Ziff. 56. Auch vgl. BNetzA, Festlegung v. 28.07.2015 zu Markt Nr. 3a der Märkteempfehlung 2014 – BK 1-12/003, S. 123 f.

791 BNetzA, Festlegung v. 08.08.2013 zu Markt Nr. 1 der Märkteempfehlung 2007 – BK 1-11/006, S. 48. 112 f. Zum Problem der Einführung des vom Erwägungsgrund Nr. 5 der Marktempfehlung 2007 übernommenen Drei-Kriterien-Tests siehe *Elkettani*, K&R Beil. 1/2004, S. 12; *Neumann/Koch*, TKG, Kap. 3, Rn. 53.

und damit als ein Gegenstand der Marktanalyse angesehen werden kann[792], zum anderen das zweite Kriterium wegen der Anwendung des Terminus „zum wirksamen Wettbewerb" nur eine Schlussfolgerung der Marktanalyse wäre[793]. Es lässt sich festhalten, dass das dritte Kriterium, bei dem die Notwendigkeit der Vorab-Regulierungsmaßnahme in Abstimmung mit der Kartellbehörde (§ 123 Abs. 1 S. 1 DeTKG) zu begründen ist, für die Novellierung des TwTKG naheliegt.

3. Marktanalyse

Der Regulierungsbehörde steht gem. § 26-1 Abs. 2 TwTKG ein umfassender Entscheidungsspielraum zu, ob und wie ein SMP-1KTU zu identifizieren ist. Trotz fehlenden Marktabgrenzungsvorgangs bestimmt das NCC drei Ausschlusskriterien zur Festlegung eines SMP-1KTU, d. h.: 1. Kontrolle der wesentlichen Einrichtung, 2. Verfügung über einseitige Preissetzungsmacht, 3. Innehaben des Marktanteils in Höhe von 25 % anhand des jährlichen Marktumsatzes oder Kundenkreises auf dem „Geschäftsmarkt". Es ist aber fraglich, weshalb ein 1KTU bei Erfüllung einer der drei Maßstäbe dann als marktmächtig gelten soll. Nicht beantwortet wird ebenfalls, ob das SMP-1KTU mit dem marktbeherrschenden Unternehmen i. S. v. GWB gleichdeutend ist. Weder im TwTKG noch in der EntRVO wird ein ausdrücklicher Indikator geliefert, dass sich das SMP-Konzept an der Marktbeherrschung i. S. d. allgemeinen Wettbewerbsrechts annähert. Dies ist der Fall, wenn ein 1KTU die Auffassung vertritt, dass das NCC bei der Festlegung des SMP-1KTU nicht direkt den im allgemeinen Wettbewerbsrecht eingeräumten Unternehmensbegriff anwenden darf[794]. Der Zusammenhang zw. dem SMP-Unternehmenskonzept mit dessen drei Kriterien und dem marktbeherrschenden Unternehmen i. S. d. Kartellrechts ist nicht durch eine Betrachtung des Gesetzes- oder Verordnungstexts erkennbar. Durch Auslegung der asymmetrischen Regulierung und Ermittlung des Willens des Gesetzgebers wird jedoch darauf hingedeutet, dass das Missbrauchsverbot der beträchtlichen Marktmacht i. S. v. § 26-1 TwTKG als Überbrückung zum Missbrauchsverbot der marktbeherrschenden Stellung im Kartellrecht angesehen werden sollte[795].

---

792 Die BNetzA hat bei der Ermittlung anhand des ersten Kriteriums die in der Marktanalyse vorzunehmende Untersuchung der Marktzutrittsschranken auch lediglich „vorangestellt". Siehe dazu BNetzA, Festlegung v. 08.08.2013 zu Markt Nr. 1 der Märkteempfehlung 2007 – BK 1-11/006, S. 164.

793 *Neumann/Koch*, TKG, Kap. 3, Rn. 63.

794 Siehe dazu Teil 3. D. I. 1. a).

795 JuHACT, 96/3189, 06.08.2008, Rn. 961 ff. (judicial.gov.tw).

Die BNetzA prüft gem. § 11 Abs. 1 S. 1 DeTKG, ob auf dem untersuchten Markt ein wirksamer Wettbewerb vorhanden ist. Gem. § 11 Abs. 1 S. 2 DeTKG besteht kein wirksamer Wettbewerb, wenn ein oder mehrere Unternehmen über beträchtliche Marktmacht verfügen. Die Definition der beträchtlichen Marktmacht nach §§ 3 Nr. 31 i. V. m. 11 Abs. 1 DeTKG und das Vorliegen der Marktbeherrschung i. S. d. allgemeinen Wettbewerbsrechts sind synonym[796]. Ein Unternehmen verfügt daher über beträchtliche Marktmacht, wenn es eine beherrschende Stellung einnimmt, die es dem Unternehmen gestattet, sich in beträchtlichem Umfang unabhängig von anderen Wettbewerbern und Endnutzern zu verhalten[797]. Neben der Einzelmarktbeherrschung kann eine gemeinsame sowie kollektive Marktbeherrschung nach § 11 Abs. 1 S. 3 DeTKG als wirtschaftlich starke Stellung gewertet werden und damit dem Nichtbestehen des wirksamen Wettbewerbs zugrunde liegen[798]. Das Konzept der Unabhängigkeit der Märkte wird auch gem. § 11 Abs. 4 DeTKG eingeführt, wobei das Unternehmen, das über beträchtliche Marktmacht auf dem ersten Markt verfügt, auch als SMP-Unternehmen auf dem zweiten, nach § 10 DeTKG als potenziell regulierungsbedürftig eingestuften Markt festgestellt werden kann, ohne dass die Marktanalyse auf dem zweiten Markt ein solches Ergebnis für das Vorliegen einer Marktbeherrschung bestätigt. Die Voraussetzung ist aber, dass zw. den in Rede stehenden Märkten eine Verbindung besteht, die es dem Unternehmen gestattet, die Marktmacht vom ersten Markt auf den zweiten Markt zu übertragen und damit seine gesamte Marktmacht zu verstärken.[799] Diese SMP-Konzeptvariante sollte ausdrücklich im Einfachgesetz geregelt werden.

Was das Kriterium der Marktbeherrschung betrifft, ist der Marktanteil zwar ein wichtiges Indiz, aber er ist nicht ausschließliches Kriterium für die Vermutung der beträchtlichen Marktmacht[800]. Nach der FKVO hat ein Unternehmen bei einem Marktanteil von nicht mehr als 25 % auf dem relevanten Markt im Regelfall keine beträchtliche Marktmacht inne[801]. In der Fallpraxis geht die

---

796 Erwägungsgrund 27 und Art. 14 Abs. 2 S. 2 RL 2002/21/EG (RahmenRL); Marktanalyseleitlinie, Ziff. 5, 19, 70. Vgl. dazu auch *Krüger*, K&R Beil. 1/2003, S. 13 f.; *Knauth/Krüger*, K&R Beil. 1/2004, S. 3; *Elkettani*, K&R Beil. 1/2004, S. 15; *Vogelslang*, MMR 8/2003, S. 510.

797 EuGH, Urt. v. 13.2.1979 – Rs. 85/76, Slg. 1979, 461, Tz. 38. – *Vitamine*.

798 Umgesetzt vom Art. 14 Abs. 2 S. 1 RL 2002/21/EG (RahmenRL)

799 Die Interdependenz der Märkte kann sich auf die Auffassung der Kommission stützen. Vgl. Marktanalyseleitlinie Ziff. 84.

800 Marktanalyseleitlinie Ziff. 75.

801 Erwägungsgrund 32 VO(EG) Nr. 139/2004 (FKVO).

Kommission erst ab einem Marktanteil von über 40 % von der Marktbeherrschung aus[802]. Nach ständiger Rechtsprechung des EuGH wird eine Schwelle der hochgradigen Vermutung für die marktbeherrschende Stellung ab einem hohen Marktanteil von über 50 % angesetzt[803]. Die Marktanalyseleitlinien haben zugleich eine Reihe von Kriterien wie folgend geliefert: Die Gesamtgröße des Unternehmens, die Kontrolle über nicht leicht zu duplizierende Infrastruktur, die technologischen Vorteile oder Überlegenheit, das Fehlen oder die geringe ausgleichende Nachfragemacht, ein leichter oder privilegierter Zugang zu Kapitalmärkten/finanziellen Ressourcen, die Diversifizierung von Produktion/Dienstleistungen, die Größenvorteile, die Verbundvorteile, vertikale Integration, hochentwickeltes Vertriebs- und Verkaufsnetz, das Fehlen potenziellen Wettbewerbs sowie die Expansionshemmnisse[804]. Die Marktbeherrschung kann sich aus der gesamten Bewertung anhand differenzierter Kriterien ableiten[805].

Im Vergleich zu den in der EU und Deutschland angewendeten Kriterien scheinen die geltenden drei Maßstäbe nach § 2 EntRVO unvertretbar, da sie so unflexibel und teilweise so vage sind, dass ihnen eine wesentliche Verbindung mit dem wettbewerbsrechtlichen Konzept der Marktbeherrschung fehlt. Bei der Festlegung des SMP-1KTU wird vor allem wegen der Ausschlusskriterien nicht auf eine Gesamtschau abgestellt, bei der mehrere Anhaltspunkte in Betracht kommen und die gesamten Marktgegebenheiten analysiert werden sollen. Diese drei Kriterien stellen sich vielmehr als reine Erfüllungskondition dar, welche sich auf die Merkmale des Unternehmens anstelle der Marktuntersuchung richten. Dies wäre unvereinbar mit dem wettbewerbsrechtlichen Grundsatz der marktbeherrschenden Stellung[806]. Die Kontrolle der wesentlichen Einrichtung als erstes Kriterium scheint zwar sachangemessen. Dem NCC obliegt es aber selbst, zu entscheiden, welche die betroffene wesentliche Einrichtung ist. Es fehlt daher stets an objektiven Voraussetzungen zur Festlegung der wesentlichen Einrichtung. Das zweite Kriterium ist ebenfalls nicht hilfreich, da die Preissetzungsmacht nicht eine Voraussetzung der Marktbeherrschung ist, sondern vielmehr ein Ergebnis der Ausnutzung markbeherrschender Stellung. Das dritte Kriterium spielt die wichtigste Rolle in der Regulierungspraxis. Die Schwelle von 25 % Marktanteil differenziert sich jedoch in hohem Grad gegenüber den

802 Marktanalyseleitlinie Ziff. 75; BNetzA, Festlegung v. 09.07.2015 zu Markt Nr. 3b der Märkteempfehlung 2009 – BK 1-14/001, S. 155.

803 EuGH, Urt. v. 6.12.2012 – Rs. C-457/10 P, Rn. 176. – *AstraZeneca.*

804 Marktanalyseleitlinie Ziff. 78.

805 Marktanalyseleitlinie Ziff. 79.

806 *Lin, S.-G.*, Telekommunikative Regulierung, S. 233 f.

im taiwanesischen Kartellrecht geregelten Kriterien[807]. Darüber hinaus ist die Grundlage der Marktanteil-Bemessung des sog. „Geschäftsmarkts", der im Wesentlichen auf den entsprechend nachgelagerten Markt statt den betroffenen Zugangsleistungsmarkt verweist[808]. Dieses Kriterium ist somit ebenfalls unsachgemäß.

Die Angleichung der angewendeten Kriterien soll hierfür stattfinden. Es ist vorzuschlagen, auf die drei Kriterien nach § 2 Abs. 1 EntRVO zu verzichten und die Festlegung eines Telekommunikationsunternehmens mit beträchtlicher Marktmacht in das gesetzliche Marktanalyseverfahren umzuwandeln, bei dem das im allgemeinen Wettbewerbsrecht angewendete Kriterium zur Verfügung stehen kann.

4. Regulierungsverfügung

Das NCC soll die Festlegung eines oder mehrerer SMP-Unternehmen erlassen, § 2 Abs. 2 EntRVO. Daneben ermächtigt das TwTKG das NCC mit geringeren Aufforderungen, konkrete Verfahrens- und Rechtsregelungen sowohl für das Zusammenschaltungsregime als auch für das Price-Cap-Verfahren selbst in Form der Verordnung zu bestimmen. Erst wird das betroffene Unternehmen als SMP-Unternehmen eingestuft, dann obliegen ihm direkt mehrere zugangs- und entgeltrelevanten Verpflichtungen, deren Regelungsadressat auf das SMP-Unternehmen gerichtet ist. Aus diesem Grund kann man von der normierenden Regulierung sprechen[809]. Hingegen muss die BNetzA gem. § 13 Abs. 1 S. 1 DeTKG aufgrund einer Marktanalyse die Verpflichtungen nach den §§ 19 (Diskriminierungsverbot), 20 (Transparenzverpflichtung), 21 (Zugangsverpflichtung), 23 (Standardangebot), 24 (Getrennte Rechnungsführung) oder 42 Abs. 4 S. 3 (Unterlassungsverpflichtung der Ausnutzung missbräuchlicher Marktmacht) DeTKG auferlegen, ändern, beibehalten oder widerrufen. Die Regulierungsbehörde wählt im Rahmen einer sog. Regulierungsverfügung die Vorabverpflichtungen oder Abhilfemaßnahmen als Rechtsfolgen der Marktdefinition und -analyse aus[810]. Angesichts des Auswahlermessens der Regulierungsinstrumente

807 Nach § 8 Abs. 1 Nr. 1 FTA ist in der Regel nicht zu vermuten, dass ein betroffenes Unternehmen über eine marktbeherrschende Stellung verfügt, wenn es auf einem relevanten Markt den Marktanteil von nicht mehr als 50 % innehat.

808 *Chiang, Y.-K.* et al., Telecommunications Law, S. 161.

809 Dazu bereits oben Teil 3. C. II. 1. a).

810 Wenn ein SMP-Unternehmen auf einem relevanten Markt vorliegt, hat die BNetzA kein Entschließungsermessen der Regulierungsverfügung. Vgl. BVerwG, Urteil

bezeichnet sich die Regulierungsverfügung als administrative Regulierung[811]. In diesem Rahmen tritt ein maßgeblicher Unterschied zw. den taiwanesischen und deutschen Regulierungsgrundgedanken auf. Wenn man die Funktionsgrenze der normierenden Regulierung und deren unvermeidbare Problematik mit Blick auf die Amtspraxis und Rechtsprechung erkennt und damit in einem Gesetzesänderungsprozess versucht, das Regelungsmodell des TwTKG von einer normierenden Regulierung zur administrativen Regulierung umzustellen, ist das Heranziehen der Regulierungsverfügung im DeTKG von besonderer Bedeutung.

Die Regulierungsverfügung, die die Ermittlungsergebnisse der Marktdefinition und -analyse sowie die von der Regulierungsbehörde ausgewählten Regulierungsinstrumente (Abhilfemaßnahmen) zusammenfasst, ist nach §§ 13 Abs. 5 i. V. m. 132 Abs. 1 S. 2 DeTKG als einheitlicher Verwaltungsakt aufzufassen[812]. Obwohl die in der Regulierungsverfügung auferlegte Abhilfemaßnahme auf die Marktdefinition und -analyse als gemeinsame Grundlage bezogen ist und diese untereinander in sachlichem Zusammenhang stehen, ist sie auch aufhebbar, wenn sie als Einzelentscheidung fassbar ist[813]. Alle in der Regulierungsverfügung angelegten Verpflichtungen werden in dieser Phase gegenüber dem Regulierungsadressaten in abstrakter Form auferlegt. Diese Verpflichtungen werden weiterhin i. R. d. Zugangs- oder Entgeltregulierung entweder durch die Verhandlung aus dem Grundsatz der Privatautonomie oder von Amts wegen durch die Anordnung konkretisiert[814].

Die BNetzA soll gem. § 14 Abs. 2 S. 1 DeTKG alle drei Jahre erneut die Ergebnisse der bisherigen Regulierungsverfahren überprüfen. Diese Frist kann gem. § 14 Abs. 2 DeTKG um bis zu zwei oder drei Jahre verlängert werden. Daneben findet das entsprechende Verfahren nach §§ 11 bis 13 DeTKG statt, wenn die BNetzA die Tatsachen erkennt, die die Annahme rechtfertigen, so dass die Ergebnisse des Regulierungsverfahrens nicht mehr den tatsächlichen Marktgegebenheiten entsprechen, § 14 Abs. 1 S. 1 DeTKG. Das entsprechende Verfahren findet innerhalb von zwei Jahren während der Änderung der Märkteempfehlung der Kommission statt, § 14 Abs. 1 S. 2 DeTKG. Die auf die Ergebnisse der Marktdefinition und -analyse abgestellte Regulierungsverfügung erweist sich

---

v. 28.11.2007 – 6 C 42.06, Rn. 28 (bverwg.de). Auch *Gurlit*, in: Säcker (Hrsg.), TKG-Komm., § 13, Rn. 43.

811 Zum unionsrechtlichen Kontext vgl. *Müller*, Zwei Jahre Marktdefinitions- und Marktanalyseverfahren, S. 215 ff.

812 BVerwG, Urteil v. 14.12.2011 – 6 C 36.10, Rn. 38 (bverwg.de).

813 BVerwG, Urteil v. 14.12.2011 – 6 C 36.10, Rn. 38 (bverwg.de).

814 Vgl. *Kühling/Schall/Biendl*, TKG, Rn. 296.

daher als nicht abschließende Entscheidung, die sich kontinuierlich an aktuelle Marktgegebenheiten anpassen muss[815]. Eingeräumt worden ist hierbei eine administrative Letztentscheidungsbefugnis für die Ausgestaltung der Regulierungsverfügung, die sich aus einer vorangehenden Marktdefinition und -analyse als komplexer Abwägungsvorgang ableitet[816]. Die Ermessensbetätigung für die Auswahl der Regulierungsmaßnahme (Regulierungsverfügung) kann sich nicht von der im Marktdefinitions- und -analyseverfahren getroffenen Entscheidung mit wertenden und prognostischen Elementen getrennt betrachten lassen[817]. Der BNetzA steht aufgrund der integrierten Systematik des Marktregulierungsverfahrens und des Normzwecks ein weitreichender Beurteilungsspielraum sowohl bei der Marktdefinition nach § 10 DeTKG als auch bei der Marktanalyse nach § 11 DeTKG zu, auch wenn eine ausdrückliche Anerkennung des der BNetzA zugewiesenen Beurteilungsspielraums nur i. R. d. Beurteilung am Drei-Kriterien-Test nach § 10 Abs. 2 S. 2 DeTKG vorliegt[818]. Als Ausgangspunkt der TwTKG-Novellierung sollen die wertenden und prognostischen Begriffe, die auf einen der Regulierungsbehörde anvertrauten Beurteilungsspielraum hindeuten, im Lichte des Regulierungsermessens unmittelbar als Tatbestandsmerkmal des Gesetzes festgeschrieben werden, wobei dem NCC eine entsprechende Abwägungs- und Darlegungsplicht zum Zweck der Erhöhung der administrativen Vorhersehbarkeit und Überprüfbarkeit seitens des Fachgerichts obliegt.

II. Zugangsregulierung

1. Systematische Zugangsverpflichtung

Wie oben (Teil 3 C. II. 1. a).) dargelegt, werden alle zugangsrelevanten Verpflichtungen im Rechtsrahmen des TwTKG in Form der konditionalen Programmierung entweder im Gesetz oder in Verordnungen geregelt. Eine einheitliche Zugangsverpflichtung wie Zugangsgewährung nach § 21 DeTKG liegt im taiwanesischen Telekommunikationsrecht nicht vor. Stattdessen hat der Verordnungsgeber neben der gesetzlichen Zusammenschaltungsverpflichtung nach § 16 Abs. 1 TwTKG und dem Mitnutzungsrecht der Bottleneck-Einrichtung

815 *Eifert*, ZHR 174(2010), S. 464.

816 BVerwG, Urteil v. 05.05.2014 – 6 B 46.13, Rn. 9 (bverwg.de).

817 BVerwG, Urteil v. 28.11.2007 – 6 C 42.06, Rn. 29 (bverwg.de) = BVerwGE 130, 39.

818 BVerwG, Urteil v. 02.04.2008 – 6 C 15.07, Rn. 16 (bverwg.de) = BVerwGE 131, 41. Bestätigend vom BVerfG, Beschluss v. 08.12.2011 – 1 BvR 1932/08, Rn. 30 f. (bundesverfassungsgericht.de); auch *Oster*, Normative Ermächtigungen, S. 181 ff.

nach § 31 TwTKG durch Verordnungsermächtigungen noch viele abschließende Verpflichtungen ausgeprägt, die sich jeweils auf den konkreten, aus Sicht des Verordnungsgebers regulierungsbedürftigen Zugangsgegenstand richten.

Vom Bedarf einer Umstellung des TwTKG ausgegangen, ist vor allem eine gesetzliche und einheitliche Zugangsverpflichtung zu bilden, welche sich auf das Ergebnis der Marktdefinition und -analyse bezieht und damit als verfügbare Abhilfemaßnahme funktioniert[819]. Solch eine Regelung der integrierten Zugangsverpflichtung kann zwei Vorteile mit sich bringen. Zum einen können die bestehenden und potenziellen Rechtsprobleme der normierenden Regulierung einmalig neutralisiert werden, da die Auferlegung, Änderung und der Widerruf der Zugangsverpflichtung durch die im Regulierungsverfahren durchgeführten Begründungen anstelle des unflexiblen Dekretierens einer abschließenden Zugangsregelung gerechtfertigt werden, welche nicht unbedingt rechtzeitig auf die Marktdynamik oder Entstehung neuer Märkte reagieren kann[820]. Zum anderen kann eine materielle Verknüpfung zw. der Rechtfertigung der Zugangspflicht und den vielfältigen Regulierungszielen und -grundsätzen erreicht werden, die die Regulierungsbehörde bei der Ermessensbetätigung in Erwägung ziehen muss[821].

Zu vermeiden sind die in mehreren Verordnungen determinierten Zugangsordnungen, welche durch nahezu pauschale Verordnungsermächtigung zur Regelung des zugangsrelevanten Regimes ausgestaltet werden, wie es mittlerweile im taiwanesischen Regulierungsregime geschieht[822]. Die verpflichtete Gewährung des Mitnutzungsrechts bei dem betroffenen Netzzugang ist eine der eingriffsintensivsten Regulierungsmaßnahmen, die die Vertragsfreiheit und das Eigentumsrecht des Verpflichteten einschränkt[823]. Die Grundvoraussetzung für die Auferlegung der Zugangsverpflichtung und die entsprechenden

---

819 *Höppner*, Regulierung der Netzstruktur, S. 384. Ausgehend vom Verhältnis des § 9 Abs. 2 DeTKG zum § 13 Abs. 1 S. 1 DeTKG vgl. *Kühling/Heimeshoff/Schall*, K&R Beiheft 1/2010, S. 8.

820 Vgl. *Woesler*, in: Säcker (Hrsg.), TKG-Komm., § 14, Rn. 3, 7.

821 Es geht insb. um die Reichweite des Drittschutzes. Vgl. dazu *Kühling/Elbracht*, Die Verwaltung 40 (2007), S. 557 f. Auch *Trute/Broemel*, ZHR 170 (2006), S. 711 f. Schwerpunktmäßig auf den Investitionsanreiz vgl. *Fetzer*, WiVerw 2010/2, S. 148; auf die Erwägung der Regulierungsziele vgl. *Kühling*, WiVerw 2010/2, S. 137; ausgehend von der Auswahl des Regulierungsinstruments unter Interessenabwägung vgl. *Haucap/Kruse*, WuW 3/2004, S. 268.

822 Dazu bereits oben Teil 3. C. II. 2.

823 Vgl. *Fehling*, AöR 121 (1996), S. 90.

Mitbenutzungsrechte Dritter soll wegen ihrer Wesentlichkeit vom Gesetzgeber selbst entschieden werden. Der DeTKG-Gesetzgeber hat bereits durch § 3 Nr. 32 DeTKG den Zugang legal definiert und selbst die wichtigen Zugangsarten aufgezählt. Der Anwendungsbereich der Zugangsverpflichtung ist daher vorhersehbar. Eine in § 21 DeTKG angelegte Zugangsverpflichtung wird dazu als Kernstück der Zugangsregulierung geregelt. Die Anwendungsvoraussetzung der Zugangsverpflichtung muss dabei erst durch einen Begründungsvorgang gerechtfertigt werden. Die einzige Zugangsvorgabe wie § 21 DeTKG mit klarer Legaldefinition der Zugangsleistung ist für den Änderungsbedarf des TwTKG zuvörderst heranziehenswert.

2. Ausblick in Anlehnung an die Zugangsregulierung des DeTKG

a) Marktmachtabhängige Zugangsverpflichtung (§ 21 DeTKG)

aa) Grundsatz und Ermessensdirektive

Beim Änderungsbedarf der Zugangsregulierung im TwTKG kommt vor allem die Einführung einer flexiblen Zugangsregelung mit dem Ermessenselement in Betracht. Während ein Auswahlermessen der Regulierungsmaßnahme i. R. d. § 13 Abs. 1 DeTKG durchgeführt wird, fokussiert sich § 21 Abs. 1 S. 1 DeTKG auf die Zugangsanordnung, nach der der Netzbetreiber, der über beträchtliche Marktmacht verfügt, den Dritten einen bestimmten Zugang gewähren muss[824]. In diesem Sinne kommen der Regulierungsbehörde sowohl das Entschließungs- als auch das Auswahlermessen bei der Konkretisierung der Zugangsregulierung zu[825]. Die Zugangsregulierung ist insb. aufzuerlegen, wenn anderenfalls die Entwicklung eines nachhaltigen wettbewerbsorientierten nachgelagerten Endnutzermarktes behindert (§ 21 Abs. 1 S. 1 Alt. 1 DeTKG) oder diese Entwicklung den Interessen der Endnutzer zuwiderlaufen würde (§ 21 Abs. 1 S. 1 Alt. 2 DeTKG). Hierbei findet eine Prüfung statt, ob sich der in Frage gestellte Endnutzermarkt mit oder ohne eine Auferlegung der Zugangsregulierung nachhaltig wettbewerbsorientiert entwickeln würde, wobei ein hypothetischer Vergleich mit dem Marktzustand vorgenommen werden muss.[826] Als Bestandteil des Gesamtsystems der Marktregulierung muss die Konkretisierung der Zugangsverpflichtung

---

824 § 21 Abs. 1 S. 1 DeTKG ist daher technologieneutral ausgestaltet. Vgl. *Geppert/Attendorn*, in: Geppert/Schütz (Hrsg.), BeckTKG-Komm., § 21, Rn. 2.

825 BT-Drs. 17/5707, S. 59. Zur Ausgestaltungskompetenz der BNetzA bei § 21 DeTKG vgl. *Attendorn*, Regulierungsbehörde als freier Marktgestalter, S. 283 ff.

826 *Mayen*, in: Scheurle/Mayen (Hrsg.), TKG-Komm., § 21, Rn. 28 f.

explizit an das vorangehende Ermittlungsergebnis des Marktregulierungsverfahrens anknüpfen, um die Regulierungsverfügung zu rechtfertigen und so auszugestalten, dass sie als erforderliche Reaktion auf die jeweilige Situation des Markts ausgeführt wird[827].

Bei der Ermessensausübung muss die Regulierungsbehörde den Normzweck wie auch die Regulierungsziele und -grundsätze nach § 2 DeTKG in ihrer Abwägung einbeziehen, § 21 Abs. 2 S. 2 DeTKG[828]. Dafür wird insb. ein Kriterienkatalog i. S. d. § 21 Abs. 1 S. 2 Nr. 1–7 DeTKG hervorgehoben, um eine legislative Vorstrukturierung des komplexen Abwägungsvorgangs in einem bestimmten Grad zu bewirken[829]. Dem Katalog kann entnommen werden, dass sich das betroffene Kriterium jeweils entweder auf die Eingriffsintensität der Zugangsverpflichtung (Nr. 1, 2, 3, 5, 7) oder auf die allgemeinen Regulierungsziele (Nr. 4, 6) richtet[830]. Die Regulierungsbehörde hat einerseits die technische und wirtschaftliche Tragfähigkeit der konkurrierenden Einrichtungen (Nr. 1)[831], die verfügbare Kapazität des vorgeschlagenen Zugangs (Nr. 2)[832], die Anfangsinvestition des Eigentümers (Nr. 3), gewerbliche Schutzrechte oder Rechte am geistigen Eigentum (Nr. 5) und die bereits auferlegten Verpflichtungen oder freiwilligen Angebote (Nr. 7) zu berücksichtigen, um eine möglichst eingriffsmilde Maßnahme auszuformulieren. Anderseits trägt die Regulierungsbehörde der langfristigen Sicherung des Wettbewerbs insb. auf Basis von Infrastrukturen (Nr. 4)[833] und der Bereitstellung europaweiter Dienste (Nr. 6) Rechnung, damit eine verhältnismäßige Zugangsgewährung zu den Regulierungszielen nach § 2 Abs. 2 DeTKG ermöglicht werden kann.

---

827 *Scherer*, in: Arndt/Fetzer/Scherer/Graulich (Hrsg.), TKG-Komm., § 21, Rn. 14.

828 Es besteht daher ein Abwägungsgebot. Vgl. dazu *Oster*, Normative Ermächtigungen, S. 208.

829 *Attendorn*, Regulierungsbehörde als freier Marktgestalter, S. 152 f.

830 *Kühling/Schall/Biendl*, TKG, Rn. 276. Zum Verhältnis der legitimen Eingriffsintensität zu Zugangsverweigerungsgründen vgl. *Trute/Broemel*, ZHR 170 (2006), S. 714 f.

831 Dies steht in Einklang mit dem Konzept der wesentlichen Einrichtung. Vgl. dazu *Fetzer*, Staat und Wettbewerb, S. 210.

832 Nach der Gesetzesbegründung sollte eine Verpflichtung zum Kapazitätsausbau nach § 21 Abs. 2 Nr. 2 DeTKG zulässig sein. Vgl. dazu *Kühling/Elbracht*, Die Verwaltung 40 (2007), S. 556. Aber dies wird noch nicht von Gerichten eingeräumt. Vgl. VG Köln, Urteil v. 19.10.2006 – 1 K 2976/05, Rn. 105 (openjur.de). Anders *Fetzer*, Staat und Wettbewerb, S. 211 f.; *Trute/Broemel*, ZHR 170 (2006), S. 716.

833 Der Schwerpunkt der Marktregulierung liegt ganz deutlich auf dem Infrastrukturwettbewerb. Vgl. dazu *Geppert/Attendorn*, in: Geppert/Schütz (Hrsg.), BeckTKG-Komm., § 21, Rn. 71.

bb) Konkretisierung

Die BNetzA kann gem. § 21 Abs. 2 DeTKG dem marktmächtigen Netzbetreiber die folgenden, aber nicht abschließenden Verpflichtungen[834] auferlegen: Zugang zu bestimmten Netzkomponenten oder -einrichtungen und den entbündelten Breitbandzugang (Nr. 1), Verweigerungsverbot des bereits gewährten Zugangs (Nr. 2), Zugang zu Resale-Diensten (Nr. 3)[835], Schaffung der Voraussetzungen für die Interoperabilität der Ende-zu-Ende-Kommunikation inklusiv Roaming (Nr. 4), Zugang zu dem System für die Betriebsunterstützung (Nr. 5), Nutzungsmöglichkeiten von Zugangsleistungen und Kooperationsmöglichkeiten i. R. d. Zugangsverpflichtung (Nr. 6) sowie Zugang zu Inkasso- und Fakturierungsleistungen (Nr. 7). Die Nr. 1 der Zugangsarten stellt einen Auffangtatbestand dar und ist in der Regulierungspraxis von wichtiger Bedeutung[836]. Demgegenüber verweist die Verpflichtung nach § 21 Abs. 3 DeTKG auf die Einschränkung des Ermessensspielraums der Behörde, da sie sich als Soll-Vorschrift darstellt und nur bei atypischen Sonderfällen von ihr abgesehen werden kann[837]. Eine Prüfung der Kriterien aus § 21 Abs. 1 S. 2 Nr. 1–7 DeTKG ist aufgrund der vorausgesetzten Bedingungserfüllung nicht erforderlich[838]. Zu dieser Kategorie gehören der Zugang zu nicht aktiven Netzkomponenten (Nr. 1), der vollständig entbündelte Zugang oder gemeinsame Zugang zu TAL (Nr. 2), die Zusammenschaltung (Nr. 3), der Zugang zu technischen Schnittstellen, die Protokolle oder

---

834 Es soll aber nur um den Zugang i. S. v. § 3 Nr. 32 DeTKG gehen. Vgl. dazu *Mayen*, in: Scheurle/Mayen (Hrsg.), TKG-Komm., § 21, Rn. 64 f.

835 Bisher findet eine Diskussion über die Auferlegung der Resale-Verpflichtung i. S. d. Dienstanbieterverpflichtung nach § 21 Abs. 2 Nr. 3 und/oder § 60 Abs. 1 S. 1 DeTKG gegenüber dem 5G-Linzenznehmer statt. Vgl. dazu *Trute/Kuhlmann*, K&R Beih. 1/2018 zu Heft 7/8, S. 5 ff.

836 Die BNetzA greif beim Zugang zu Mietleitung auf § 21 Abs. 2 Nr. 1 DeTKG zurück: BNetzA, Beschluss v. 09.08.2012, BK 2a-12/001, S. 15; auch Bitstromzugang: BNetzA, Beschluss v. 11.05.2015, BK 3h-14/114, S. 28 f. Zur Einstufung des Bitstromzugangs als regulierungsbedürftige Zugangsform siehe *Holznagel/Hmbergs*, Beil. 10/2003, S. 9 f.

837 BVerwG, Urteil v. 02.04.2008 – 6 C 15.07, Rn. 48 (bverwg.de) = BVerwGE 131, 41; VG Köln, Urteil v. 08.03.2007 – 1 K 3918/06, Rn. 76 (openjur.de); auch BT-Drs. 15/2316, S. 65.

838 VG Köln, Urteil v. 08.03.2007 – 1 K 3918/06, Rn. 69 (openjur.de); Literatur vgl. *Bosch*, Kontrolldichte der gerichtlichen Überprüfung, S. 228 f.

Schlüsseltechnologien (Nr. 4), die materielle oder virtuelle Kollokation (Nr. 5) sowie der Zugang zur Betreiber(vor)auswahl (Nr. 6)[839].

Angesichts der Zugangsvarianten ist es nicht angemessen, konkrete Zugangsverpflichtungen durch eine konditional programmierte Norm zu determinieren. § 21 Abs. 2 und Abs. 3 DeTKG schreibt nicht nur hauptsächliche Zugangsarten mit einem Berücksichtigungsgebot vor, sondern belässt auch noch einen ausreichenden Gestaltungsfreiraum im Hinblick auf die aktuelle Marktgegebenheit, die gesetzlich nicht geregelte Zugangsform festzulegen. Hingegen werden zwar zahlreiche dezidierte Zugangsverpflichtungen im TwTKG oder in mehreren Verordnungen vorgesehen. Dieses Zugangssystem kann jedoch auch keine umfassende Regulierungsdichte garantieren und ruft im Gegenteil eine äußerst unharmonisierte und komplizierte Zugangsregulierung hervor. Es lässt sich daher festhalten, dass eine der Regulierungsbehörde zustehende Ermessensbefugnis für die regulierungsbedürftige Zugangsform mit der Begründungslast unentbehrlich ist. Das Telekommunikationsgesetz kann daneben wichtige Zugangsarten aufweisen und in gewissem Grad die administrative Maßnahme der Zugangsgewährung vorsteuern.

cc) Durchsetzung

Wie die Regulierungsmaßnahme i. S. v. § 21 DeTKG durchgesetzt wird, ist in §§ 22, 25 DeTKG geregelt. Bei der realistischen Gewährung des Zugangs gilt vor allem die Verhandlungspflicht[840]. Das nach § 21 DeTKG die Zugangsverpflichtung auferlegte Unternehmen wird verpflichtet, gegenüber anderen Nachfragern innerhalb von drei Monaten nach der Auferlegung der Zugangsverpflichtung ein entsprechendes Angebot abzugeben, § 22 Abs. 1 DeTKG. Diese Angebotspflicht muss nicht nochmals von der BNetzA auferlegt werden und entsteht direkt aus der Auferlegung der Zugangsverpflichtung des § 21 Abs. 1 DeTKG[841]. Kommt diese Vereinbarung ganz oder teilweise nicht zustande, ordnet die BNetzA gem. § 25 Abs. 1 S. 1 DeTKG nach Anhörung der Beteiligten innerhalb von zehn

839 Es enthält auch die sprachorientierte Systemlösung, dass die bestimmten Kundengruppen individuell angeboten werden und die Kommunikation innerhalb des betreffenden Systems wie auch aus dem System heraus ermöglicht werden. Siehe dazu BVerwG, Urteil v. 29.10.2008 – 6 C 38.07, Rn. 30 (bverwg.de).

840 *Neumann/Thomaschki*, in: Säcker (Hrsg.), TKG-Komm., § 22, Rn. 5; Zum Grundgedanken vgl. *Riehmer*, MMR 2/1998, S. 59 f.; *Hölscher*, in: Scheurle/Mayen (Hrsg.), TKG-Komm., § 22, Rn. 1.

841 *Neumann/Thomaschki*, in: Säcker (Hrsg.), TKG-Komm., § 22, Rn. 10.

Wochen den Zugang an. Die Zehn-Wochen-Frist kann nach S. 2 auf längstens vier Monate verlängert werden.

Ein vergleichbares Verfahren liegt bereits im TwTKG vor, namentlich das Schlichtungsverfahren im Zusammenschaltungsregime nach § 16 Abs. 3, Abs. 4 sowie Abs. 5 TwTKG[842]. Die Anordnungskompetenz der Regulierungsbehörde soll sich jedoch nicht lediglich auf das Zusammenschaltungswesen beschränken. Es wäre ausführbar, dass sich der Anwendungsbereich des Schlichtungsverfahrens nach § 16 Abs. 3, Abs. 4 und Abs. 5 TwTKG auf die ganze Zugangskategorie ausdehnen und ferner das Durchsetzungsverfahren der zugangsbezüglichen Verpflichtungen vereinheitlichen lässt.

b) Marktmachtunabhängige Zugangsverpflichtung

Neben der marktmachtabhängigen Zugangsverpflichtung werden noch zwei marktmachtunabhängige Bestimmungen im DeTKG vorgegeben[843]. § 16 DeTKG regelt in erster Linie eine Verhandlungspflicht der Zusammenschaltung. Da die Zusammenschaltung eine fundamentale Voraussetzung für die Ermöglichung einer netzübergreifenden, interoperablen Kommunikation in einem liberalisierten Markt („alle mit allen"; any-to-any-principle) ist, ist jeder Betreiber des öffentlichen Telekommunikationsnetzes verpflichtet, auf Verlangen unverzüglich ein entsprechendes Zusammenschaltungsangebot abzugeben[844]. Anders als § 16 TwTKG hat diese Verhandlungspflicht keinen Kontrahierungszwang[845]. Bei der Verhandlungspflicht handelt es sich um einen ernsthaften und ergebnisorientierten Versuch, eine Verhandlung über die zu begehrende Zusammenschaltungsleistung und deren Bedingungen zu führen[846]. Darüber hinaus schreibt § 18 Abs. 1 S. 1 DeTKG vor, dass die BNetzA die Betreiber öffentlicher Telekommunikationsnetze, die den Zugang zu Endnutzern kontrollieren, in begründeten

---

842 Vgl. dazu oben Teil 2. C. I. d).

843 *Schneider*, in: Fehling/Ruffert, Regulierungsrecht, § 8, Rn. 15. Im DeTKG 1996 wurden allgemeine Zusammenschaltungspflichten i. S. v. § 36 DeTKG 1996 und Zugangsverpflichtungen des Unternehmens mit beträchtlicher Marktmacht i. S. v. § 35 DeTKG 1996 differenziert. Vgl. dazu *Spoerr*, MMR 11/2000, S. 674 f.

844 *Nolte*, in: Säcker (Hrsg.), TKG-Komm., § 16, Rn. 1.

845 *Nolte*, in: Säcker (Hrsg.), TKG-Komm., § 16, Rn. 45. Es besteht keine Sanktion für den Widerspruch der Zusammenschaltungsverpflichtung. Vgl. dazu *Scherer*, in: Arndt/Fetzer/Scherer/Graulich (Hrsg.), TKG-Komm., § 16, Rn. 10.

846 Es geht daher nur um ein Angebot zum Abschluss eines Zusammenschaltungsvertrages. Vgl. dazu *Nolte*, in: Säcker (Hrsg.), TKG-Komm., § 16, Rn. 21, 27; *Hölscher*, in: Scheurle/Mayen (Hrsg.), TKG-Komm., § 26, Rn. 20.

Fällen verpflichten kann, ihre Netze mit den Netzen von Betreibern anderer öffentlicher Telekommunikationsnetze zusammenzuschalten. Dessen Ziel ist es, Nutzerinteressen i. S. v. § 2 Abs. 2 Nr. 1 DeTKG sicherzustellen[847]. § 18 Abs. 1 S. 1 DeTKG sieht daher im Vergleich zu § 16 DeTKG eine eingriffsintensivere Verpflichtung vor, da es nicht mehr nur um die Abgabe eines Zusammenschaltungsangebots geht, sondern um eine praktische Ermöglichung der Zusammenschaltung[848]. Noch dazu können weitere Zugangsverpflichtungen gem. § 18 Abs. 1 S. 2 DeTKG auferlegt werden, soweit dies zur Gewährleistung des Ende-zu-Ende-Verbunds von Diensten erforderlich ist[849]. Die Auferlegung dieser Verpflichtung setzt keine Durchführung der Marktdefinition und -analyse nach §§ 10, 11 DeTKG und das Vorliegen eines SMP-Unternehmens voraus, weil es auf die Kontrolle über den Zugang zu Endnutzern ankommt[850]. Die beiden Verpflichtungsregelungen bilden die Ausnahme des Grundsatzes der asymmetrischen Regulierung und stützen sich auf die Interoperabilität, die auf die Fähigkeit verschiedener unabhängiger Systeme hindeutet[851].

Es ist naheliegend, dass der Grundsatz der asymmetrischen Regulierung dem ganzen Rechtsrahmen der Zugangsregulierung im DeTKG mit geringer Ausnahme zugrunde liegt. Die Ausnahmevorschriften dienen ebenfalls dem wichtigen Zweck, eine unbeschränkte Kommunikationsumwelt zu verwirklichen, die nicht unbedingt im Zusammenhang mit der regulierungsbedürftigen Bottleneck-Situation steht. Wenn man hingegen Rücksicht auf die zugangsbezüglichen Vorgaben im taiwanesischen Regulierungsrahmen nimmt, kann dennoch kein eindeutiger Grundgedanke entnommen werden, der darauf verweist, weshalb die in Rede stehende Verpflichtung unabhängig von der Marktmacht auferlegt werden muss. Die zugangsrechtlichen Verpflichtungen, die nicht von der Marktmacht abhängen, sind maßgeblich mehr als marktmachtabhängige Verpflichtungen. Sie umfassen die Zusammenschaltungsverpflichtung

847 *Nolte*, in: Säcker (Hrsg.), TKG-Komm., § 18, Rn. 2.

848 *Kühling/Schall/Biendl*, TKG, Rn. 276. Anders als das Zusammenschaltungsangebot i. S. v. § 16 DeTKG besteht noch eine Erfüllungsverpflichtung, da die BNetzA den Zugang gem. § 25 Abs. 1 DeTKG anordnen kann, wenn die Vereinbarung nicht zustande kommt. Vgl. dazu *Scherer*, in: Arndt/Fetzer/Scherer/Graulich (Hrsg.), TKG-Komm., §18, Rn. 21.

849 *Neitzel/Müller*, CR 10/2004, S. 741.

850 *Mayen*, in: Scheurle/Mayen (Hrsg.), TKG-Komm., § 18, Rn. 1.

851 Vgl. *Nolte*, in: Säcker (Hrsg.), TKG-Komm., § 16, Rn. 1; § 18, Rn. 1, 30; *Schütz*, in: Geppert/Schütz (Hrsg.), BeckTKG-Komm., § 18, Rn. 6; *Scherer*, in: Arndt/Fetzer/Scherer/Graulich (Hrsg.), TKG-Komm., § 18, Rn. 2, 4.

zw. 1KTU (klassische Zusammenschaltung, § 16 Abs. 1 TwTKG), die Zusammenschaltungsverpflichtung der 1KTU mit 2KTU (Zusammenschaltung im weiteren Sinne, § 16 Abs. 7 TwTKG), die Verpflichtung zur Kollokation (§ 11 Abs. 3 ZVO), den Zugang zu Telekommunikationsdaten (§ 25 Abs. 1 ZVO), den Zugang zu Informationssystemen (§ 17 Abs. 1 Nr. 7–9 ZVO), den Zugang zu Zusammenschaltungsschnittstellen (§ 18 Abs. 1 ZVO), die Mitnutzung der Bottleneck-Einrichtung (§ 31 TwTKG), den Zugang zu entbündelten kupferbasierten Netzkomponenten, die als Bottleneck-Einrichtung eingestuft werden (§ 18 Abs. 2 und Abs. 3 ZVO), das Diskriminierungsverbot (§§ 16 Abs. 2 TwTKG i. V. m. 6 Abs. 1 ZVO), die Vertraulichkeit von Informationen (§ 6 Abs. 2 ZVO), die getrennte Rechnungsführung (§ 19 Abs. 1 S. 1 TwTKG). Dies ergibt sich einerseits daraus, dass kein klarer und konsistenter Zugangsbegriff, der eindeutig auf den disaggregierten Regulierungsgrundsatz verweist, im taiwanesischen Regelungssystem der Telekommunikation vorliegt[852]. Welches Unternehmen einer bestimmten zugangsbezüglichen Verpflichtung unterliegen soll, hängt auf der anderen Seite vielmehr von dem beliebten Normsetzungsermessen des Verordnungsgebers ab. Ob die oben dargelegten Handlungs- oder Unterlassungsverpflichtungen allen Netzbetreibern oder Telekommunikationsunternehmen auferlegt werden müssen, ist im höchsten Maß bedenklich. Dies könnte zur übermäßig strengeren und intensiven Zugangsregulierung führen, die durchaus unvereinbar mit dem vom taiwanesischen Gesetzgeber im Jahr 1999 angenommenen Grundsatz der asymmetrischen Regulierung (§ 26-1 TwTKG) ist.[853] Es ist daher vorzuschlagen, dass eine Zugangsregulierung grundsätzlich nur aufgrund des Vorliegens eines Unternehmens mit beträchtlicher Marktmacht auferlegt werden muss. Nur in Ausnahmefällen, wie im DeTKG die Verpflichtung zur Zusammenschaltungsverhandlung nach § 16 Abs. 1 DeTKG und zum Zugang zu Endnutzern vorgegeben werden, ist wegen des besonderen legitimen Zwecks die marktmachtunabhängige Verpflichtung gerechtfertigt.

c) Begleitende Verpflichtung

Im Abschnitt 2. der Marktregulierung des DeTKG wird noch eine Reihe von begleitenden Verpflichtungen vorgeschrieben, die die Regulierungsbehörde auswählen kann und durch die sich die Vornahme der Zugangsregulierung erleichtern lässt[854]. Hierbei kommen die Vertraulichkeit von Informationen nach § 17

852 Siehe dazu oben Teil 3. C. I. 1.
853 Siehe dazu oben Teil 2. D. II. 1. a).
854 *Attendorn*, Regulierungsbehörde als freier Marktgestalter, S. 142 f.

DeTKG, das Diskriminierungsverbot nach § 19 DeTKG, die Transparenzverpflichtungen nach § 20 DeTKG, das Standardangebot nach § 23 DeTKG sowie die getrennte Rechnungsführung nach § 24 DeTKG in Betracht.

Das in § 17 S. 1 DeTKG verankerte Verbot der Nutzung der von einer Partei erhaltenen Informationen gilt für jegliche Verhandlung über Zugänge oder Zusammenschaltungen mit Betreibern der öffentlich zugänglichen Netze[855]. Diese Vorschrift betrifft noch keine bestimmte Zugangsgewährung und beabsichtigt, dass die im Falle der Verhandlung über den Zugang oder die Zusammenschaltung von einer Partei gewonnenen Informationen nur für die Zwecke verwendet werden, für die sie bereitgestellt wurden[856]. Damit bezeichnet sie sich als eine konditional programmierte Norm, die unmittelbar gültig für jegliche in Verhandlung stehende Partei ist. Nach § 17 S. 2 DeTKG dürfen die betroffenen Informationen auch nicht an Dritte weitergegeben werden, die aus solchen Informationen Wettbewerbsvorteile ziehen können. Eine unsachgerechte Ungleichbehandlung, die ein marktmächtiger Netzbetreiber durchführt, soll gem. § 19 DeTKG unterbunden werden, um insb. die Wettbewerbsverzerrung durch die Bevorzugung der (Tochter-)Gesellschaften eines vertikal integrierten Unternehmens auszuschließen.[857] Die Transparenzverpflichtung i. S. v. § 20 DeTKG dient der Hilfsfunktion der Zugangsverpflichtung nach § 21 DeTKG, da Abs. 1 dieser Norm fordert, dass für die zum Zugang berechtigten Unternehmen alle für die Inanspruchnahme der entsprechenden Zugangsleistungen benötigten Detailinformationen veröffentlicht werden müssen[858]. Die zu veröffentlichenden Informationen können vor der Verhandlung über die Zugangsvereinbarung erfolgen[859]. Der BNetzA steht auch eine Befugnis aus § 20 Abs. 3 DeTKG zu, die marktmächtigen Unternehmen zu verpflichten, ihre Vereinbarungen über gewährte Zugangsleistungen in einer öffentlichen und einer vertraulichen Fassung vorzulegen. Darüber hinaus kann die BNetzA Betreiber, welche über beträchtliche Marktmacht verfügen, verpflichten, ein Standardangebot für Zugangsleistungen, die für allgemeine Nachfrager bestehen, gem. § 23 Abs. 1 DeTKG abzugeben. Das Standardangebot muss gewisse technische und ökonomische Grundvoraussetzungen erfüllen, die der Verpflichtete als Grundlage

---

855 *Mozek*, in: Säcker (Hrsg.), TKG-Komm., § 17, Rn. 15; *Scherer*, in: Arndt/Fetzer/Scherer/Graulich (Hrsg.), TKG-Komm., § 17, Rn. 4.

856 *Mozek*, in: Säcker (Hrsg.), TKG-Komm., § 17, Rn. 9.

857 *Kühling/Schall/Biendl*, TKG, Rn. 291.

858 *Nolte*, in: Säcker (Hrsg.), TKG-Komm., § 20, Rn. 20.

859 *Nolte*, in: Säcker (Hrsg.), TKG-Komm., § 20, Rn. 21.

der betroffenen Zugangsvereinbarung anbieten muss[860]. Das Ziel der getrennten Rechnungsführung i. S. v. § 24 DeTKG ist es, eine unzulässige Quersubvention zu unterbinden und einen bestimmen Grad der Transparenz zu erhöhen, die zur Erleichterung der Entgeltregulierung beitragen kann[861].

Im taiwanesischen telekommunikativen Rechtsrahmen bestehen außer dem Standardangebot i. S. v. § 23 DeTKG bereits vergleichbare Regelungen. Die Verpflichtung zur getrennten Rechnungsführung erstreckt sich sogar auf die Einhaltung der normativen Rechnungsmethode, die durch die RmL ausgestaltet wird. Ein einheitliches Regelungssystem ist aber nicht ersichtlich. Hierbei ist nur die Bestimmung für die getrennte Rechnungsführung (§ 19 TwTKG) eine gesetzliche Vorgabe der begleitenden Verpflichtung. Die übrigen Verpflichtungsregelungen, wie Vertraulichkeit von Informationen, Diskriminierungsverbot und Transparenzverpflichtung, stellen sich erst als erklärende Ermächtigungsgrundsätze des Zusammenschaltungsregimes dar und werden in der ZVO dann als imperative Verpflichtungsnormen vorgegeben. Ein uneinheitliches Rangverhältnis i. R. d. begleitenden Verpflichtungen liegt mithin vor. Daneben beschränkt sich die Gültigkeit der in der ZVO angelegten Verpflichtungsnormen freilich auf die Vereinbarungen der in derselben Verordnung geregelten Zugangsleistungen. Dies würde zu einer diskriminierenden Zugangsregulierung zw. verschiedenen Zugangsformen führen. Es ist daher zutreffend, die oben dargelegten Bestimmungen als generelle gesetzliche Verpflichtung in dem TwTKG umzusetzen[862]. Durch diese Umstellung können sie freilich auf alle möglichen Zugangsarten anwendbar sein, sofern das NCC die Erforderlichkeit für die Auferlegung der betroffenen Verpflichtungen begründet.

3. Aufhebung der dezidierten Zugangspflichten

Die bestehenden Zugangsvorgaben, die entweder im TwTKG oder in mehreren Verordnungen bestimmt werden, garantieren in der Tat keine Rechtssicherheit, sondern führen vielmehr ein sehr divergierendes Regulierungssystem auf Basis verschiedener Zugangsverpflichtungen herbei. Die Gefahr, dass eine technologieneutrale Regulierung ausfallen könnte, ist unvermeidbar. Liegt eine gesetzlich einheitliche Vorschrift für die Zugangsverpflichtung vor, lassen sich die derzeitig verworrenen Regelungen über die im TwTKG und in mehreren Verordnungen vorgegebene Zugangsverpflichtung integrieren. Damit kann ein vereinfachtes

860 *Neumann/Koch*, TKG, Kap. 3, Rn. 211.

861 *v. Colbe*, in: Säcker (Hrsg.), TKG-Komm., § 24, Rn. 15 f.

862 Vgl. *Liu, K.-C.*, Communication and Broadcast Law, S. 132.

Zugangsregulierungssystem gebildet werden. Die Regelungen, die jeweils die bestimmten Zugangsobjekte regeln, können folgerichtig aufgehoben werden. Dabei kommen insb. die Zusammenschaltung im weiteren Sinne, die in Form der Entgeltregulierung ausgeprägte Zugangsgewährung, die die Anmietung der Bottleneck-Segmente nach § 18 Abs. 2 ZVO und das Konzept der Großhandelsprodukte nach §§ 9 Abs. 3 Nr. 5 i. V. m. 11 Abs. 1 EntRVO enthält, sowie das Mitnutzungsrecht der Bottleneck-Einrichtung nach § 31 TwTKG in Betracht, da diese Regelungen teilweise für überflüssig gehalten werden können und teilweise aufgrund der fehlerhaften Begriffsanwendung geregelt werden.

a) Zusammenschaltung im weiteren Sinne

Die geltende Regelung der Zusammenschaltung nach § 16 TwTKG und die auf der Ermächtigungsgrundlage nach § 16 Abs. 9 TwTKG erlassene ZVO ist die einzige gesetzliche Zugangsverpflichtung, die mit einem vollständigen Schlichtungsverfahren und einer eindeutigen Anordnungsbefugnis zusammengefasst wird. Aus diesem Grund tendiert das NCC in verschiedenen zugangsbezüglichen Fällen dazu, zuvörderst auf das Zusammenschaltungsregime zurückzugreifen, ohne dass die Begriffsgrenze der Zusammenschaltung im Gedächtnis behalten wird. Die Zusammenschaltung ist aber derjenige Zugang, der die physische und logische Verbindung öffentlicher Telekommunikationsnetze herstellt, um Nutzern eines Unternehmens die Kommunikation mit demselben oder einem anderen Unternehmen oder die Inanspruchnahme von Diensten eines anderen Unternehmens zu ermöglichen[863]. Dies setzt zumindest zwei Netze voraus und richtet sich auf eine Ermöglichung der Netzverbindung[864]. Die Erbringung eines Verbindungsaufbaus mit 2KTU und die Kollokation sind trotz der Belanglosigkeit auch in die ZVO eingebettet und werden damit als Zusammenschaltung im weiteren Sinne angesehen. Die vor allem der Interoperabilität der Kommunikationsnetze dienende Zusammenschaltungsverpflichtung ist daher im TwTKG missverständlich und wird ferner missbräuchlich erweitert. Ob eine bestimmte Leistung als Zugangsleistung qualifiziert werden kann und regulierungsbedürftig ist, kann die Regierungsbehörde nur klären, indem sie die in Frage gestellte Leistung definiert und eine anschließende Begründung vornimmt. Durch die Festsetzung einer einheitlichen Zugangsregulierungsregelung können die Vorgaben über Zusammenschaltungsverpflichtungen im weiteren Sinne und angewendete Verfahren ganz aufgehoben werden.

---

863 Vgl. die Legaldefinition der Zusammenschaltung nach § 3 Nr. 34 DeTKG.

864 *Lünenbürger/Stamm*, in: Scheurle/Mayen (Hrsg.), TKG-Komm., § 3, Rn. 104.

b) *Die in Form der Entgeltregulierung ausgeprägten Zugangsverpflichtungen*

Die im Zusammenschaltungsregime angelegte Zugangsverpflichtung zum Zugang zur entbündelten Netzkomponente, u. a. Kupfer-TAL, die vom NCC als Bottleneck-Einrichtung qualifiziert wird (§ 18 Abs. 2 und Abs. 3 ZVO) kann durch die Einführung eines Marktregulierungsverfahrens mit einer einheitlichen, den § 21 DeTKG angleichenden Zugangsregulierungsvorgabe völlig aufgelöst werden. Das Konzept der Bottleneck-Einrichtung erweist sich vor allem als Rechtfertigungsgrund der Zugangsregulierung, bei der der Netzzugang durch wettbewerbsrechtliche Ermittlungsmethoden lokalisiert und dessen Inhaber als marktmächtig gewertet werden müssen, dient aber nicht lediglich einer Formulierung der regulierungsbedürftigen Zugangsleistungen[865]. Es ist daher äußerst unzutreffend, durch eine willkürliche Qualifizierung der Bottleneck-Einrichtung bei bestimmten Netzsegmenten ein die Regulierungsbedürftigkeit überprüfendes Marktermittlungsverfahren zu ersetzen. Es ist sogar sehr fraglich, wenn ein paralleles Verfahren zur Feststellung des SMP-Unternehmens mit den in § 2 Abs. 1 Nr. 1 EntRVO geregelten Beurteilungskriterien, u. a. „Kontrolle der wesentlichen Einrichtung", besteht. Ein Unternehmen, das über eine als Bottleneck-Einrichtung angesehene Netzkomponente verfügt, ist im Wesentlichen nichts anderes als Kontrollierer des Zugangs zur wesentlichen Einrichtung i. S. d. Wettbewerbsrechts. Diese doppelten Normen für die Lokalisierung des zu gewährenden Netzzugangs sind durchaus überflüssig. Es besteht somit kein Grund zur Beibehaltung der Begriffsanwendung der Bottleneck-Einrichtung oder der wesentlichen Einrichtung. Es genügte, dass ein einheitliches Verfahren der Marktdefinition und -analyse sowie eine anschließende Vorgabe, die der Regulierungsbehörde die Befugnis zur Auferlegung der Zugangsverpflichtung oder Anordnung des Netzzugangs gegenüber SMP-Unternehmen ermächtigt, im TwTKG vorliegen.

Neben dem Zusammenschaltungsregime nach § 16 TwTKG hat das NCC bisher gegenüber mehreren Zugangsleistungen durch die EntRVO und die GH-Bek. in Form der Entgeltkontrolle verpflichtende Großhandelsprodukte reguliert. Vor diesem Hintergrund bestehen parallele Verfahren für die Zugangsregulierung, nämlich das Zusammenschaltungsregime der ZVO und die Großhandelspreiskontrolle der EntRVO. Dieses bipolare Regelungssystem

865 Das Bottleneck-Konzept als gerechtfertigte Grundlage der Zugangsregulierung ist der Grundgedanke des deutschen und europäischen Regulierungsrechts. Siehe dazu oben Teil 3. C. I. 3.

könnte in höchstem Maß dem Grundsatz der Technologieneutralität nach § 7 FCA entgegenstehen, da sich verschiedene Zugangsleistungen anhand ihrer technischen Eigenschaften verschiedenen Regulierungsverfahren mit differenzierten Verpflichtungen unterwerfen. Dies ist insb. der Fall, wenn sich der in der ZVO geregelte Zugang zur entbündelten Netzkomponente nur auf kupferbasierte TAL beschränkt und demgegenüber der Zugang zu Glasfaser-TAL auf Basis des xDSL-Technikstandards in EntRVO als Großhandelsprodukt reguliert wird.[866] Solch eine regulierungssystematische Trennung ist auch unnötig, wenn eine einheitliche Institution der Zugangsverpflichtung wie §§ 21, 22, 25 DeTKG in das TwTKG eingesetzt wird. Darüber hinaus ist eine willkürliche Begriffsanwendung des Großhandelsprodukts als primäre Zugangsart bedenklich[867]. Das Großhandelsprodukt ist ein vom Netzbetreiber seinen Konkurrenten zu Großhandelsbedingungen angebotener Dienst, um die Konkurrenten im eigenen Namen wieder zu verkaufen[868]. Eine Großhandels- oder Resale-Regulierung wirkt sich nur auf den Dienstleistungswettbewerb aus, damit ein Wettbewerb um die Leistungsqualität so früh wie möglich eröffnet werden kann. Diese Regulierungsmaßnahme kann aber sämtliche Grundgedanken der Zugangsregulierung nicht tragen, die vor allem eine Balance zw. dem dienstleistungs- und infrastrukturbasierten Wettbewerb bezweckt[869]. Aus diesem Grund kann nur die Großhandelsleistung für einen Unterbegriff des Zugangs gehalten werden, wie es § 21 Abs. 2 Nr. 3 DeTKG regelt. Die sechs in EntRVO als Großhandelsprodukt geregelten Dienstleistungen überschreiten in der Tat den Umfang des klassischen Großhandelskonzepts. Es ist daher nahezulegen, den Großhandelsbegriff nicht weiter zu verwenden und durch das Zugangskonzept zu ersetzen.

c) *Mitnutzungsrecht der Bottleneck-Einrichtung (§ 31 TwTKG)*

Das Mitnutzungsrecht der Bottleneck-Einrichtung nach § 31 TwTKG ist neben der Zusammenschaltungsverpflichtung die einzige zugangsbezügliche Regelung im TwTKG. Obwohl dieses Mitnutzungsrecht in der taiwanesischen Literatur als Zugangsverpflichtung angesehen wird[870], bleibt die Funktionsweise des § 31

866 Kritisch dazu vgl. *Chen R.-J./Shyr, S.-H.*, Technology Law Review 8/2, S. 62 f.

867 Siehe dazu oben Teil 2. D. IV. 2. a).

868 *Scherer*, in: Arndt/Fetzer/Scherer/Graulich (Hrsg.), TKG-Komm., § 21 Rn. 30; *Geppert/Attendorn*, in: Geppert/Schütz (Hrsg.), BeckTKG-Komm., § 21, Rn. 103.

869 Vgl. *Chiang, Y.-K.*, Science & Technology Law Review 4/2, S. 251 ff.

870 Vgl. *Lin, S.-G.*, Telekommunikative Regulierung, S. 221 f.; *Liu, K.-C.*, Communication and Broadcast Law, S. 134 f.

TwTKG stets unklar. Der Gesetzgeber ist sich zwar bewusst, dass die neuen Netzbetreiber im Privatisierungsprozess eine eigene Netzinfrastruktur aufzubauen haben und durch die Sicherstellung der Möglichkeiten zur gemeinsamen Nutzung der Bottleneck-Segmente die Marktzutrittshürden auf Seiten der Marktteilnehmer reduziert werden können[871]. Dies bedeutet jedoch nicht, dass die in Rede stehende Regelung des Mitnutzungsrechts wegen der Einführung des Bottleneck-Konzepts direkt als Zugangsverpflichtung angesehen werden kann. Es geht in erster Linie um die pünktliche Voraussetzung. Der Anspruchszeitpunkt für die Mitnutzung der nachgefragten Bottleneck-Einrichtung beschränkt sich auf den Aufbauzeitraum der eigenen Netzinfrastruktur. Aus systematischer Sicht wird dieses Anspruchsrecht der Marktteilnehmer unter dem Kapitel „Errichtung der Telekommunikationsanlagen und Management" vorgeschrieben. Dies liefert schon ein Indiz dafür, dass sich dieses Mitnutzungsrecht der Bottleneck-Einrichtung nicht auf die Gewährung eines Netzzugangs richten sollte, durch den die Erbringung der Telekommunikationsdienste ermöglicht werden kann, sondern vielmehr auf ein marktmachtunabhängiges Mitnutzungsrecht, das es dem Nutzungsberechtigten gestattet, die fremden Grundstücke, Gebäude oder Engpässe gemeinsam zu nutzen, um ein eigenes Telekommunikationsnetz zu verlegen[872]. Darüber hinaus hat der Gesetzgeber ausgesprochen, dass durch die gemeinsame Nutzung der Infrastruktur die Kosten des Aufbaus neuer Telekommunikationsinfrastrukturen möglichst gesenkt und ferner die sozialen Ressourcen effizienter genutzt werden können[873]. Vor diesem Hintergrund dient diese

---

871 Entwurfsbegründung zum TwTKG (1999), LY-Drs. Nr. 88/37, S. 227.

872 Der Rechtsinhalt des § 31 TwTKG auf Seite nder berechtigten Antragsteller ähnelt im Wesentlichen der Kombination der Anordnungsbefugnis zur Gewährung der Inhause-Verkabelung i. S. v. § 77a DeTKG und der öffentlich-gesetzlichen Angebotspflicht zur gemeinsamen Nutzung der physikalischen Infrastruktur i. S. v. § 77b DeTKG. Aber § 31 TwTKG regelt ganz eine andere Rechtsfolge. Sie enthält vergleichsweise eine stärkere Verbindlichkeit mit gesetzlichem Kontrahierungszwang ohne eine behördliche Anordnungsbefugnis sowie ein begleitendes Schlichtungsverfahren. Vgl. *Kühling/Schall/Biendl*, TKG, Rn. 599 f.; *Bernt*, in: Säcker (Hrsg.), TKG-Komm., § 77a, Rn. 15, 38; *Koch*, in: Säcker (Hrsg.), TKG-Komm., § 77b, Rn. 2, 19.

873 Entwurfsbegründung zum TwTKG (1999), LY-Drs. Nr. 88/37, S. 227. *Liu K.-C.* hält jedoch diese Ansicht für unbegründet, da die Sicherstellung des Mitnutzungsrechts bei der Bottleneck-Einrichtung keinen Bezug zu der effizienten Ressourcennutzung haben sollte. Er geht tatsächlich vom klassischen Bottleneck-Konzept aus und hält sich nur die dienstleistungsbasierte Wettbewerbsförderung vor Augen. Seine Auffassung ist hierbei nicht zu unterstützen. Vgl. dazu *ders.*, Communication and Broadcast Law, S. 135.

Mitnutzungspflicht des Inhabers der Infrastruktur exakt nicht dem dienstleistungsbasierten Wettbewerb, bei dem das Zugangsrecht aus Sicht des alternativen Dienstanbieters für seine Erbringung der Dienstleistungen erforderlich ist, sondern vielmehr dem infrastrukturbasierten Wettbewerb[874]. Das Mitnutzungsrecht nach § 31 Abs. 1 TwTKG ist daher so zu interpretieren, dass es keinen Bezug auf den physischen Zugang sowie die Marktregulierung nimmt. Äußerst unglücklich ist hierbei die Begriffsanwendung der Bottleneck-Einrichtung, da einerseits die Betonung der Bottleneck-Einrichtung ein Missverständnis herbeiführen könnte, andererseits die Gewährung des vor allem dem Netzaufbau dienenden Wegerechts nicht in der Bottleneck-Situation eingeschränkt werden soll, d. h. es nicht das Vorliegen eines SMP-Unternehmens voraussetzen muss. Es ist daher naheliegend, dass diese Regelung kaum in der Spruchpraxis angewendet worden ist. Aufgrund der Überflüssigkeit und des Missbrauches des Bottleneck-Konzepts ist vorzuschlagen, den ganzen § 31 TwTKG wegfallen zu lassen.

III. Entgeltregulierung

1. Begründete Regulierung als Leitprinzip

Wie im vorherigen Abschnitt für die Einführung des Entgeltregulierungssystems im TwTKG dargelegt, ist das gesamte Entgeltregulierungssystem für ein dezentralisiertes Regulierungsmodell und eine dezidierte, in Form der konditionalen programmierten Vorgaben ausgestaltete Vorgehensweise der Entgeltkontrolle für ein bestimmtes Produkt charakteristisch, nämlich „eine Dienstleistung, eine vorbestimmte Vorgehensweise“. Daraus folgen vier Bezugspunkte, die sich aus dem Entgeltregulierungsrahmen im DeTKG ausdifferenzieren. Zunächst behält das TwTKG wegen des mangelnden allgemeinen Zugangsbegriffs und der normativen Grenze des § 26 Abs. 1 TwTKG die Preiskontrolle für die Endnutzerleistung als primärer Regulierungsgegenstand bei[875]. Es geht zweitens um das Vorliegen der parallelen Regulierungsprozesse, die durch zwei Verordnungen (ZVO und EntRVO) statuiert werden, nämlich auf einer Seite das Zusammenschaltungsregime für das Zusammenschaltungsentgelt sowie die entbündelte

---

874 Vgl. *Kirchner*, CR 6/2011, S. 370. Auch *Dahlke/Neumann*, in: Hoeren (Hrsg.), Hb. Wegerechte, S. 467 ff. Durch die Gesetzesänderung i. R. d. Wegerechts und der gemeinsamen Mitnutzung (DigiNetz-Gesetz) lässt sich der Infrastrukturwettbewerb wegen der Erleichterung der Schwierigkeiten für den Netzausbau merklich verstärken. Siehe dazu *Sörries*, N&R 6/16, S. 272 f.; *Biendl*, N&R 1/2018, S. 19 f.

875 Siehe dazu oben Teil 2. D. I. 1. a). aa).

Netzkomponente und auf der anderen Seite das Price-Cap-Verfahren für Endnutzerleistungen und Großhandelsprodukte als Zugangsleistung[876]. Drittens fehlt es aufgrund der parallelen Verfahren und der Eigenschaft der Price-Cap-Formel an einem einheitlichen und zuverlässigen Prüfungsmaßstab, der sich am „Als-ob-Wettbewerbspreis" orientiert[877]. Letztlich sind alle Regelungen, die sich auf Vorgehensweisen der Entgeltregulierung und anzuwendende Prüfungsmaßstäbe beziehen, mit einem „Wenn-dann-Schema" anstatt einer Finalprogrammierung ausgeprägt, wobei sich die Regulierungsbehörde an die gesetzliche Vorstrukturierung oder selbstverbindliche Verordnungsvorgaben bindet[878]. Ob dieses Regulierungssystem das Konzept der asymmetrischen Regulierung einhalten und zur Förderung des Wettbewerbs beitragen kann, ist jedoch sowohl aus formeller als auch materieller Sicht zu bezweifeln[879]. Darüber hinaus ist eine umfassende Gestaltungsfreiheit bei der entgeltregulierungsrelevanten Entscheidung trotz der Grundlage der normierenden Regulierung nach Ansicht der Verwaltungsgerichte gleichwohl einzuräumen. In Konsequenz birgt das Entgeltregulierungssystem eine unvermeidbare Kontroverse zw. der dezidierten, zuvörderst der Vorentscheidung dienenden Normstruktur und der anzuerkennenden Einschätzungsprärogative in sich, bei der eine Abwägungslast angefordert werden soll[880]. Die Aufgabe der TwTKG-Änderung ist daher ein Umbau des Entgeltregulierungssystems, indem einerseits die verfügbaren Regulierungsarten, deren Vorgehensweisen und angewendeten Prüfungsmaßstäbe aus rechtsstaatlichem Gebot im Gesetz vorgeschrieben werden und andererseits der Regulierungsbehörde durch ausdrückliche Anweisung oder die final programmierte Normstruktur eine Begründungspflicht für die Ermessensbetätigung der Regulierungsmaßmaßnahme aufzuerlegen ist. Angesichts dessen, dass die Ermessensausübung, die auf eine komplizierte Interessenabwägung mit planerischem und prognostischem Element abgestellt wird[881], eine Kernaufgabe der Regulierung darstellt, kann die Entgeltregulierungsvorgaben des DeTKG als Leitbild angesehen werden.

---

876 Siehe dazu oben Teil 2. D. I. 1. a). bb) und anschließend Teil 2. D. I. 1. b).

877 Siehe dazu oben Teil 2. D. III. 2. b). bb). und Teil 3. C. III. 1.

878 Siehe dazu oben Teil 2. D. I. 2.

879 Siehe dazu oben Teil 3. C. IV.

880 Siehe dazu oben Teil 3. D. III. 3. a). und b).

881 Zur Auswahl der Regulierungsart i. S. v. § 30 Abs. 1 S. 1 DeTKG vgl. *Fetzer*, Staat und Wettbewerb, S. 234 f. Zur Auswahl der Einzelgenehmigung oder des Price-Cap-Verfahrens i. S. v. § 31 DeTKG vgl. *Oster*, Normative Ermächtigungen, S. 248 f.

2. Allgemeine Vorgaben

a) Regulierungsziel und Grundsätze

Das missbräuchlich Preissetzungsverhalten zu verhindern, ist das fundamentale Ziel der Entgeltregulierung, § 27 Abs. 1 DeTKG. Dies verweist auf die Ausrichtung der Entgeltregulierung auf die Beschränkung der Preissetzungsspielräume vom Unternehmen mit beträchtlicher Marktmacht[882]. Durch die Verschiebung des regulatorischen Schwerpunkts von wettbewerbsschaffender Funktion in die wettbewerbsrechtliche Missbrauchskontrolle lässt sich verdeutlichen, dass sich das regulierte Unternehmen nunmehr neben der Genehmigungspflicht mit dem strengeren kostenorientierenden Entgelt auch der Verbotsregelung für die missbräuchliche Ausnutzung seiner marktbeherrschenden Stellung in einer Form der Ex-post-Regulierung unterwirft, die sich im materiellen Sinne dem § 19 Abs. 4 GWB angleicht[883]. § 27 Abs. 2 S. 1 DeTKG schreibt ein Konsistenzgebot vor, d. h., dass die Entgeltregulierungsmaßnahmen in ihrer Gesamtheit aufeinander abgestimmt sind. Bei der Einführung des Konzepts des Investitionsleiters greift die BNetzA auf diesen Grundsatz zurück, da die Preishöhen für die verschiedenen Vorleistungen in einem angemessenen Verhältnis entlang der Wertschöpfungskette stehen sollen[884]. Das Konsistenzgebot gilt ebenfalls für die regulatorische Abstimmung zw. Vorleistungs- und Endkundenentgelten, insb. i. R. d. Abschlagsmethode (*Retail-Minus-Ansatz*) für die Wiederverkaufspreise[885]. Das Verbot der missbräuchlichen PKS i. S. v. § 28 Abs. 2 Nr. 2 DeTKG stellt sich jedenfalls als Konkretisierung des Konsistenzgebots dar[886]. Darüber hinaus muss die BNetzA gem. § 27 Abs. 2 S. 2 DeTKG bei der Durchführung der jeweiligen Entgeltregulierungsmaßnahme immer die Regulierungsziele und -grundsätze aus § 2 DeTKG in die Abwägung miteinbeziehen[887].

---

882 *Groebel*, in: Säcker (Hrsg.), TKG-Komm., § 27, Rn. 19; *Hellwig*, in: Arndt/Fetzer/Scherer/Graulich (Hrsg.), TKG-Komm., § 27. Rn. 3.

883 BVerwG, Urteil v. 02.04.2008 – 6 C 15.07, Rn. 68 (bverwg.de) = BVerwGE 131, 41; auch *Groebel*, in: Säcker (Hrsg.), TKG-Komm., § 27, Rn. 1; *Paschke*, in: Geppert/Schütz (Hrsg.), BeckTKG-Komm., § 27, Rn. 21.

884 BNetzA, Hinweise zur konsistenten Entgeltregulierung, i. S. d. § 27 Abs. 2 TKG, 04.11.2009, S. 42 f.

885 *Groebel*, in: Säcker (Hrsg.), TKG-Komm., § 27, Rn. 27. Zum Konsistenzgebot als Schutz der angemessenen Wertschöpfungsstufe vgl. *Paschke*, in: Geppert/Schütz (Hrsg.), BeckTKG-Komm., § 27, Rn. 73.

886 Ausführlich *Groebel*, in: Säcker (Hrsg.), TKG-Komm., § 27, Rn. 22f; *Klotz/Brandenberg*, N&R Beil. 2/2009, S. 10 f.

887 *Hellwig*, in: Arndt/Fetzer/Scherer/Graulich (Hrsg.), TKG-Komm., § 27, Rn. 23.

b) Missbrauchskriterien nach § 28 DeTKG

Die Unterform des missbräuchlichen Verhaltens eines Unternehmens mit beträchtlicher Marktmacht wird in § 28 DeTKG aufgezählt. Nach § 28 Abs. 1 S. 1 DeTKG darf ein Anbieter der Telekommunikationsdienste mit beträchtlicher Marktmacht bei der Verhandlung von Entgelten seine marktbeherrschende Stellung nicht missbräuchlich ausnutzen. Dies ist gem. § 28 Abs. 1 S. 2 DeTKG insb. der Fall, wenn es den Preishöhenmissbrauch (Nr. 1), Behinderungsmissbrauch (Nr. 2) oder Diskriminierungsmissbrauch (Nr. 3) durchführt.

Eine überhöhte Preissetzung i. S. v. § 28 Abs. 1 S. 2 Nr. 1 DeTKG ist dann missbräuchlich, wenn sie sich allein auf die Ausnutzung der marktbeherrschenden Stellung stützt, d. h. die marktbeherrschende Stellung unmittelbar kausal für das betroffene Entgelt sein muss[888]. Das angemessene Entgelt richtet sich auf den Preis aus, der sich nur beim wirksamen Wettbewerb auf dem getroffenen Produktmarkt ergäbe[889]. Bei der hypothetischen Feststellung vom „Als-ob-Wettbewerbspreis" ist nach § 38 Abs. 2 S. 3 DeTKG im Regelfall auf das Vergleichsmarktprinzip i. S. v. § 35 Abs. 1 Nr. 1 DeTKG abzustellen[890]. Ein Preishöhenmissbrauch kann erst dann bejaht werden, wenn der in Frage gestellte Preis den wettbewerbsanalogen Preis „erheblich" übersteigt[891]. Der Diskriminierungsmissbrauch i. S. v. § 28 Abs. 1 S. 3 DeTKG setzt die Einräumung der Vorteile für einzelne Nachfrager gegenüber anderen Nachfragern gleichartiger oder ähnlicher Telekommunikationsdienste voraus, so dass eine Ungleichbehandlung vorliegt, die außenstehende Nachfrager verhindert[892]. Eine Ungleichbehandlung wird dann nicht für missbräuchlich gehalten, wenn eine sachliche Rechtfertigung für die Verhaltensweise nachgewiesen wird. Nennenswert ist die Differenzierung von Entgelten i. R. d. Risikobeteiligungsmodelle bei Projekten zur Erreichung

---

888 *Mayen*, in: Scheurle/Mayen (Hrsg.), TKG-Komm., § 28, Rn. 24; *Schütz/Neumann*, in: Geppert/Schütz (Hrsg.), BeckTKG-Komm., § 28, Rn. 53.

889 BVerwG, Urteil v. 02.04.2008 - 6 C 15.07, Rn. 68 (bverwg.de) = BVerwGE 131, 41; auch *Schütz/Neumann*, in: Geppert/Schütz (Hrsg.), BeckTKG-Komm., § 28, Rn. 48.

890 *Groebel*, in: Säcker (Hrsg.), TKG-Komm., § 28, Rn. 20; *Mayen*, in: Scheurle/Mayen (Hrsg.), TKG-Komm., § 28, Rn. 18.

891 Dafür spricht man vom Erheblichkeitszuschlag. Vgl. dazu *Fuchs/Möschel*, in: Immenga/Mestmäcker (Hrsg.), Wettbewerbsrecht Komm. § 19, Rn. 275 f; *Groebel*, in: Säcker (Hrsg.), TKG-Komm., § 28, Rn. 23.

892 *Schütz/Neumann*, in: Geppert/Schütz (Hrsg.), BeckTKG-Komm., § 28, Rn. 73; *Fetzer*, in: Arndt/Fetzer/Scherer/Graulich (Hrsg.), TKG-Komm., § 28, Rn. 70.

von NGN nunmehr nach dem im Zuge der DeTKG-Novelle 2012 hinzugefügten § 28 Abs. 1 S. 3 DeTKG ein Regelbeispiel für eine sachliche Rechtfertigung[893].

Was den Behinderungsmissbrauch i. S. v. § 28 Abs. 1 S. 1 Nr. 2 DeTKG betrifft, sieht § 28 Abs. 2 Nr. 1–3 DeTKG drei Vermutungstatbestände vor. Die Dumpingpreis-Strategie, die PKS sowie die sachlich ungerechtfertigte Produktbündelung fallen unter den Behinderungsmissbrauch, durch den das SMP-Unternehmen die Wettbewerbsmöglichkeiten anderer Unternehmen auf demselben oder einem anderen Markt mit objektiver Eignung nachteilig beeinträchtigt[894]. Genauso wie beim Diskriminierungsmissbrauch muss das SMP-Unternehmen im Falle des Behinderungsmissbrauchs einen Nachweis darlegen, wenn eine sachliche Rechtfertigung besteht.

Deckt das Entgelt der betroffenen Leistungen deren langfristigen zusätzlichen Kosten mit angemessener Verzinsung des eingesetzten Kapitals nicht, wird hierbei ein Behinderungsmissbrauch in erheblicher Weise vermutet. Dies steht der Preisobergrenze aus § 28 Abs. 1 S. 1 Nr. 1 DeTKG gegenüber und verweist auf eine Preisuntergrenze für das Entgelt des SMP-Unternehmens.[895] Der Grund für die Verhinderung von Dumping-Preisen liegt darin, dass das marktbeherrschende Unternehmen durch eine kurzfristige Kampfpreisstrategie vorliegende Wettbewerber zu verdrängen oder potenzielle Wettbewerber abzuschrecken versuchen könnte, um die Nachfrager weiter an sich zu ziehen und die langfristigen Gewinne zu erwirtschaften[896]. Bei der PKS handelt es sich um eine unangemessene Rendite eines effizienten Anbieters[897]. Dies ist der Fall, wenn ein auf einem Zugangsleistungsmarkt die marktbeherrschende Stellung innehabendes Unternehmen durch die Schaffung eines zweifachen Preisdrucks die entsprechenden auf dem Endnutzermarkt konkurrierenden Wettbewerber beeinträchtigt, welche auf dieselbe Zugangsleistung des marktbeherrschenden Unternehmens angewiesen sind[898]. Damit kann es freilich seine Marktmacht auf den Endnutzermarkt

---

893 Zur materiellen Begründung vgl. *Kühling/Heimeshoff/Schall*, K&R Beiheft 1/2010, S. 13 f.

894 BVerwG, Urteil v. 18.09.2010 - 6 C 19.09, Rn. 25 (bverwg.de).

895 *Fetzer*, in: Arndt/Fetzer/Scherer/Graulich (Hrsg.), TKG-Komm., § 28, Rn. 42.

896 *Neumann/Koch*, TKG, Kap. 3, Rn. 281.

897 *Groebel*, in: Säcker (Hrsg.), TKG-Komm., § 28, Rn. 59, 61; *Schütz/Neumann*, in: Geppert/Schütz (Hrsg.), BeckTKG-Komm., § 28, Rn. 112.

898 Die PKS enthält drei Unterformen: 1. einen zu hohen Vorleistungspreis, 2. einen zu niedrigen Endnutzerpreis, 3. eine Kombination aus beiden. Siehe dazu *Schütz/Neumann*, in: Geppert/Schütz (Hrsg.), BeckTKG-Komm., § 28, Rn. 104.

übertragen (*leveraging*)[899]. Das letzte Regelbeispiel ist die sachlich ungerechtfertigte Produktbündelung. Dies wird insb. als Verhalten des Behinderungsmissbrauchs vermutet, wenn es aus Sicht der effizienten Wettbewerber unausführbar ist, das Bündelprodukt des BMP-Unternehmens zu vergleichbaren Konditionen anzubieten, § 28 Abs. 2 Nr. 3 S. 2 DeTKG.

c) Anordnungskompetenz

Um Entgeltregulierungsmaßnahmen effektiver durchzusetzen, stehen der BNetzA nach § 29 DeTKG ausreichende Anordnungskompetenzen zur Verfügung. Wegen der ständigen Informationsasymmetrie zw. der BNetzA und dem regulierten Unternehmen hat die BNetzA nach § 29 Abs. 1 S. 1 Nr. 1 DeTKG im Rahmen oder zur Vorbereitung von Verfahren der Entgeltregulierung die Befugnis, von dem regulierten Unternehmen mit beträchtlicher Marktmacht Abgaben zu Preissetzungsstrategien und Vermarktungsvorhaben oder die Unterlagen, die ihrer Ansicht nach zur sachgerechten Ausübung der Entgeltregulierung für erforderlich gehalten werden, zu verlangen. Daneben kann die BNetzA gegenüber SMP-Unternehmen nach § 29 Abs. 1 S. 1 Nr. 2 DeTKG die Form der Kostenrechnung einfordern und ferner nach § 29 Abs. 2 DeTKG die Verpflichtung in Bezug auf die Kostenrechnungsmethode und nach § 29 Abs. 3 DeTKG die Verpflichtung zum Zugang zu einem Tarifsystem mit einem bestimmten Kostendeckungsmechanismus erteilen, soweit die betroffene Maßnahme für die Ermöglichung der Regulierungsziele nach § 2 DeTKG erforderlich ist. Während die Verpflichtung i. S. v. § 29 Abs. 1 S. 1 Nr. 2 DeTKG lediglich die Form der Kostenrechnung zum Zweck der miteinander vergleichbaren und konsistenten Kostenunterlagen betrifft, hat die BNetzA gem. § 29 Abs. 2 DeTKG eine Befugnis zur Ausgestaltung der materiellen Vorgaben für permanente Kostenrechnungsmethoden[900]. Die BNetzA hat aber bisher von dieser Aufforderung nicht Gebrauch gemacht. Die Ausübung der unternehmerischen Kostenkalkulation wird daher vielmehr inhaltlich darauf überprüft, ob die Entscheidung plausibel und für einen sachverständigen Dritten nachvollziehbar ist[901].

---

899 *Groebel*, in: Säcker (Hrsg.), TKG-Komm., § 28, Rn. 58. Eine marktbeherrschende Stellung auf dem Endnutzermarkt ist nicht erforderlich. Vgl. dazu näher *Rädler*, CR 12/2010, S. 782.

900 *Groebel*, in: Säcker (Hrsg.), TKG-Komm., § 29, Rn. 24, 26.

901 *Oster*, Normative Ermächtigungen, S. 253 f. Zur Vorzugswürdigkeit der Nichterteilung der normativen Kostenrechnungsmethode vgl. *Mengering*, Entgeltregulierung, S. 286.

d) Änderungsvorschlag

Von großer Bedeutung für den Änderungsbedarf des TwTKG ist die Festsetzung der wettbewerbsorientierten Grundsätze. Dabei kommt vor allem das Konsistenzgebot in Betracht. Der Grund liegt darin, dass eine eindeutige Regulierungsleitlinie nicht durch eine Gesamtbetrachtung der zwei geltenden Regelungen des TwTKG über die Entgeltregulierung, nämlich die Ex-ante-Preiskontrolle für Endnutzerleistungen nach § 26 TwTKG und das Verbot der missbräuchlichen Preissetzung nach § 26-1 Abs. 1 Nr. 3 TwTKG, erfasst werden kann. Während es dem Unternehmen, das über beträchtliche Marktmacht verfügt, nach § 26-1 Abs. 1 Nr. 3 TwTKG nicht gestattet ist, jegliche missbräuchliche Preissetzungsstrategie durchzuführen, weist § 26 TwTKG nicht ausdrücklich eindeutig darauf hin, dass eine Ex-ante-Entgeltregulierung nur demselben Unternehmen auferlegt werden soll. Es fehlt daher an einem inneren Zusammenhang zw. entgeltbezüglichen Vorschriften. Die These, dass dem gesamten Entgeltregulierungsregime des TwTKG das Wettbewerbsrechtsprinzip zugrunde liegt, kann nicht ohne Weiteres betätigt werden. Es liegt nahe, einen allgemeinen Grundsatz der Entgeltregulierung ausdrücklich im Gesetz zu bestimmen, welcher sich in der Regel auf marktmächtige Unternehmen richtet und kohärente Entscheidungen abverlangt, die angemessenen Preisverhältnisse insb. zw. verschiedenen Zugangsformen oder der Zugangsleistung und dem entsprechenden Endkundenprodukt sicherstellen zu können.

Der Anwendungsbereich des § 26-1 Abs. 1 Nr. 3 TwTKG soll sich nicht lediglich auf die Telekommunikationsdienste i. S. v. § 2 Nr. 4 TwTKG, also Endnutzerleistungen, beschränken. Diese zu vage formulierte Bestimmung kann unter Beachtung des Konsistenzgebots durch die Ergänzung der drei konkreten Regelbeispiele im Licht des § 28 Abs. 1 S. 2 DeTKG ausgefüllt werden, um den gezwungenermaßen ausgelösten Rückgriff auf die Generalklausel des Missbrauchsverbots (§ 26-1 Abs. 1 Nr. 9 TwTKG) zu vermeiden und damit in Anlehnung an das allgemeine Wettbewerbsrecht die einheitlichen, funktionsfähigen Missbrauchskriterien i. R. d. Preissetzung zu bilden.

Noch zu berücksichtigen ist die in RmL determinierte Rechnungsmethode, die gegenüber allen 1KTU Anwendung findet. Der deutsche Gesetzgeber behält nur eine Anordnungskompetenz zur Bestimmung der materiellen Kostendeckungsmethode bei, die das SMP-Unternehmen anwenden muss (§ 29 Abs. 2 DeTKG). Die BNetzA ist nicht verpflichtet, diese Befugnis auszuüben. Darüber hinaus kann diese Anordnung lediglich gegenüber dem SMP-Unternehmen durchgeführt werden. Die betreffenden Regelungen in Taiwan sind vergleichsweise übermäßig eingriffsintensiv. In der Tat hat das NCC auch schon eine überfordernde Aufsichtsarbeit für die Rechnungspraxis aller 1KTU erfahren und damit beabsichtigt, ebenso eine asymmetrische Regulierung umzusetzen[902]. Angesichts der unternehmerischen Selbstbestimmung und selbstständigen Effizienzevaluation ist eine Rücknahme der Determinierung der Rechnungsmethode oder zumindest eine Eingrenzung der Normadressaten auf das SMP-Unternehmen empfehlenswert.

3. Entgeltregulierung für Zugangsleistungen

a) Regulierungsart

aa) Auswahl der konkreten Regulierungsart

Im Rahmen der Entgeltregulierung für Zugangsleistungen entscheidet vor allem die BNetzA, in welcher Art das regulierte Entgelt für die Zugangsleistung kontrolliert werden soll. Dafür sieht § 30 Abs. 1 und Abs. 2 DeTKG drei Regulierungsarten vor, nämlich die Ex-ante-Entgeltregulierung (Entgeltgenehmigung) nach §§ 31–37 DeTKG, Ex-post-Entgeltregulierung mit Vorlagepflicht nach § 38 sowie die reine Ex-post-Entgeltregulierung nach § 38 Abs. 2–4 DeTKG. Diese drei Regulierungsarten stellen sich anhand des Eingriffszeitpunkts als unterschiedlich eingriffsintensive Maßnahmen dar, wobei die Ex-ante-Regulierung wegen der Genehmigungsbedürftigkeit des Entgelts vor dessen Inkrafttreten als eingriffsintensivste Art der Entgeltregulierung und demgegenüber die reine Ex-post-Regulierung als mildeste Form gilt[903]. Dies lässt sich auf den Grundsatz der Verhältnismäßigkeit i. S. v. § 2 Abs. 3 Nr. 6 DeTKG zurückführen, nach dem eine Vorabregulierung nur aufgrund der Erforderlichkeit für die Schaffung des wirksamen Wettbewerbs oder der Sicherstellung des nachhaltigen Wettbewerbs auferlegt werden kann[904].

Es ist aufzufordern, dass das Entgelt der nach § 21 DeTKG auferlegten Zugangsleistung nach § 30 Abs. 1 S. 1 DeTKG einer Entgeltgenehmigung unterliegt und das Entgelt, das eine Gegenleistung der Zugangsleistung nach § 18 DeTKG oder der nicht der Zugangsverpflichtung i. S. v. § 21 DeTKG zugeordneten Zugangsleistung ist, nach § 30 Abs. 2 S. 1 DeTKG als reine Ex-post-Entgeltregulierung i. R. d. § 38 Abs. 2–4 DeTKG auferlegt wird. Obschon die

---

902 *NCC*, Meinungserhebung über die wettbewerbsfördernde asymmetrische Regulierung, S. 5.

903 *Kühling*, in: Geppert/Schütz (Hrsg.), BeckTKG-Komm., § 30, Rn. 10.

904 *Mayen*, in: Scheurle/Mayen (Hrsg.), TKG-Komm., § 30, Rn. 33; *Fetzer*, in: Arndt/Fetzer/Scherer/Graulich (Hrsg.), TKG-Komm., § 30, Rn. 23.

betreffenden Vorschriften – wie oben dargelegt – auf die grundlegenden Vorentscheidungen der vorzunehmenden Regulierungsart jeweils für den bestimmten Fall verweisen, ist die Entscheidung über die Art der Entgeltregulierung in der Tat „ergebnisoffen ausgestaltet“[905]. Denn der Gesetzgeber nimmt hierbei keine Vorstrukturierung der behördlichen Ermessensbetätigung vor und schreibt damit nicht (mehr) ein begründetes Regel-Ausnahme-Verhältnis fest, sondern gewährt neben der Darlegung der legislativen Ausnahme vom Regelfall mit etwaiger Vorab-Abwägung eine exekutive Ermessensbefugnis, indem die behördliche Entscheidungsfreiheit auf Grundlage der Einräumung des intendierten Ermessens nicht wegen der Hervorhebung des Regelfalls eingeschränkt wird[906]. Die BNetzA muss damit jedenfalls selbst positiv aussprechen, warum sie der Ansicht ist, dass von der Entgeltgenehmigung bei der in Frage gestellten Zugangsleistung nach § 21 DeTKG nicht abgewichen werden muss (§ 30 Abs. 1 S. 1 DeTKG)[907] oder im Falle der Zugangsleistung i. S. v. § 18 DeTKG oder anderen Zugangsleistungen nicht für erforderlich gehalten werden kann und eine reine Ex-post-Entgeltregulierung bereits ausreichend ist, die Regulierungsziele nach § 2 DeTKG oder den Ende-zu-Ende-Verbund von Diensten im Falle des § 18 DeTKG zu erreichen (§ 30 Abs. 2 S. 1 DeTKG)[908]. Ebenfalls muss die BNetzA darlegen, warum die übrigen beiden subsidiären Regulierungsarten zur Erreichung der Regulierungsziele nach § 2 DeTKG nicht ausreichend sind (§ 30 Abs. 1 S. 2 DeTKG) oder zur Erreichung der Regulierungsziele oder der Ende-zu-Ende-Kommunikation nicht erforderlich sind (§ 30 Abs. 2 S. 2 DeTKG)[909].

§ 30 Abs. 3 DeTKG schreibt noch den Grundsatz der zugangsbezüglichen Entgeltregulierung vor. Die BNetzA muss sich bei ihrer Regulierungsentscheidung i. R. d. Zugangsentgelte für das ökonomisch effiziente, wettbewerbsfördernde

---

905 BT-Drs. 17/5707, S. 60. Beispielsweise wurde der vor der DeTKG-Novelle 2012 noch bestehende § 38 Abs. 4 DeTKG 2004 aufgehoben, nach dem die Ex-post-Regulierung für das Entgelt der nach § 18 auferlegten Zugangsleistung abschließend anzuwenden war. Zum Rechtproblem des § 30 DeTKG i. d. F. 2012 vgl. *Coppik*, MMR 4/2007, S. 225 ff.; *Kühling*, WiVerw 2010/2, S. 139 f.

906 *Kühling*, in: Geppert/Schütz (Hrsg.), BeckTKG-Komm., § 3, Rn. 20; *Fetzer*, in: Arndt/Fetzer/Scherer/Graulich (Hrsg.), TKG-Komm., § 30, Rn. 5; *Säcker/Wolf*, K&R 1/2007, S. 25.; *Mohr*, Sicherung der Vertragsfreiheit, S. 628 f.; als „Abwägungsdirektive“: *Neumann/Koch*, TKG, Kap. 3, Rn. 304. Es wird betont, dass ein pauschaler Verzicht auf die Ex-ante-Regulierung nicht gestattet ist. Vgl. dazu *Kühling/Heimeshoff/Schall*, K&R Beiheft 1/2010, S. 26.

907 *Fetzer*, in: Arndt/Fetzer/Scherer/Graulich (Hrsg.), TKG-Komm., § 30, Rn. 24.

908 *Groebel*, in: Säcker (Hrsg.), TKG-Komm., § 30, Rn. 45.

909 *Mayen*, in: Scheurle/Mayen (Hrsg.), TKG-Komm., § 30, Rn. 42.

und aus dem Standpunkt der Verbraucher nicht als kurzfristige Vorteile angesehene Entgelt einsetzen. Dies wiederholt großteils die allgemeinen Regulierungsziele des § 2 DeTKG[910]. Daneben sind insb. die zugrunde liegenden Investitionen, angemessene Verzinsung des eingesetzten Kapitals nach § 30 Abs. 3 S. 2 DeTKG sowie Investitionsrisiken bei dem NGN-Ausbau nach § 30 Abs. 3 S. 3 DeTKG zu berücksichtigen[911].

Zusammenfassend verfügt die BNetzA nach § 30 Abs. 1 i. V. m. Abs. 2 DeTKG über die umfassende Ermessensbefugnis, die normierte Regulierungsart beim betroffenen Zugangsentgelt auszuwählen[912]. Diese Ermessensausübung ist mit einer kompletten Abwägung unter Einbeziehung von allgemeinen Regulierungszielen nach § 2 DeTKG, Zielen der Entgeltregulierung nach § 28 Abs. 1 DeTKG, besonderen Entgeltregulierungszielen nach § 30 Abs. 3 DeTKG einschließlich der (Nicht-)Erforderlichkeit der Vorabregulierung nach § 30 Abs. 1 S. 2 i. V. m. Abs. 2 S. 2 DeTKG verbunden. Vor dem Hintergrund der Verknüpfung der Ermessensausübung der anzuwendenden Regulierungsart mit der Regulierungsverfügung nach § 13 Abs. 1 DeTKG als Folge der Marktdefinition und -analyse belässt § 30 Abs. 1–2 DeTKG zwar keinen klaren Anhaltspunkt für den Beurteilungsspielraum[913]. Aber der in § 30 DeTKG angelegte Ermessenspielraum ist ein untrennbarer Bestandteil des Regulierungsermessens[914].

bb) Verhältnis zw. Ex-ante-Regulierung am KeL-Maßstab und Ex-post-Missbrauchskriterien am Missbrauchsmaßstab des § 28 DeTKG

Trotz der Einräumung des vollen Auswahlermessens für die Regulierungsart i. R. d. Entgeltkontrolle ist noch nicht beantwortet, in welchem Verhältnis die Ex-ante-Regulierung mit der Ex-post-Regulierung steht, da es bei der Auswahl

---

910 *Kühling*, in: Geppert/Schütz (Hrsg.), BeckTKG-Komm., § 3, Rn. 44.

911 *Kühling*, in: Geppert/Schütz (Hrsg.), BeckTKG-Komm., § 3, Rn. 48; *Mayen*, in: Scheurle/Mayen (Hrsg.), TKG-Komm., § 30, Rn. 49.

912 BVerwG, Urteil v. 02.04.2008 - 6 C 15.07, Rn. 63 (bverwg.de) = BVerwGE 131, 41. Mit Rücksicht auf das Auswahlermessen der zugangs- und entgeltbezüglichen Regulierungsmaßnahmen nach § 13 DeTKG und Art. 13 Abs. 1 S. 1 RL 2002/19/EG (Zugangsrichtlinie) steht der BNetzA theoretisch auch ein Entschließungsermessen für die Vornahme oder den Verzicht auf die Entgeltregulierung zu. Vgl. dazu *Kühling*, in: Geppert/Schütz (Hrsg.), BeckTKG-Komm., § 3, Rn. 11.

913 *Kühling*, in: Geppert/Schütz (Hrsg.), BeckTKG-Komm., § 30, Rn. 40. Der Beurteilungsspielraum bei Tatbeständen des § 30 Abs. 1 DeTKG a. F. war abzulehnen. Vgl. dazu *Oster*, Normative Ermächtigungen, S. 241 f.

914 BVerwG, Urteil v. 02.04.2008 – 6 C 15.07, Rn. 66, 70 (bverwg.de) = BVerwGE 131, 41.

der Regulierungsart insoweit nur um den Eingriffszeitpunkt geht. Dies spiegelt unmittelbar die Frage wider, ob ein maßgeblicher Unterschied zw. dem KeL-Maßstab i. S. v. § 31 DeTKG und den Missbrauchskriterien i. S. v. § 28 DeTKG besteht. Hierbei wird nach der Rechtsprechung und dem Schrifttum davon ausgegangen, dass das Vorliegen der materiell unterschiedlichen Maßstäbe jeweils für die Ex-ante- und Ex-post-Entgeltregulierung gilt. Während der KeL-Maßstab nach wie vor auf die Einzelgenehmigung angewendet wird, gelten die weniger strengen Missbrauchskriterien i. S. v. § 28 DeTKG für die Ex-post-Regulierung.[915] Die Annahme der dichotomen Maßstäbe stützt sich insb. auf die Anerkennung des Erheblichkeitszuschlags bei nachträglicher Aufsicht gegen den Preishöhenmissbrauch, bei dem der untersuchte Preis erheblich höher als der hypothetische Als-ob-Wettbewerbspreis gesetzt werden muss[916]. Nach dieser Schlussfolgerung sei der KeL-Maßstab eine abschließende Regelung der Preisobergrenze i. R. d. Ex-ante-Entgeltregulierung und stelle sich damit als *lex specialis* gegenüber dem großzügigen Missbrauchsmaßstab nach § 28 DeTKG im Falle des Preishöhenmissbrauchs dar[917]. Aus der als Erheblichkeitszuschlag genannten Diskrepanz zw. der als Ausbeutungsmissbrauch vermuteten Preishöhe und dem wettbewerbsanalogen Preis lassen sich jedoch keine unterschiedlichen Kontrollmaßstäbe ableiten, weil das in der Gerichtspraxis eingeräumte „außergewöhnlich hohe Missverhältnis" zw. dem geforderten Preis und den tatsächlichen Entstehungskosten nicht als rechtlich anzuerkennender Bestandteil der Preisbildung oder gerechtfertigte Missbrauchsprämie zugunsten des marktmächtigen Unternehmens gekennzeichnet werden soll, sondern vielmehr als normrelevanter Index, der als Folge von Marktunvollkommenheiten sowie irrationaler Kundenpräferenz für heterogene Güter erkannt wird[918]. Vor diesem

915 BVerwG, Urteil v. 02.04.2008 – 6 C 15.07, Rn. 67 (bverwg.de) = BVerwGE 131, 41. Die BNetzA vertritt die gleiche Ansicht. Vgl. BNetzA, Hinweise zur konsistenten Entgeltregulierung, i. S. d. § 27 Abs. 2 TKG, 04.11.2009, S. 52. Literatur vgl. *Groebel*, in: Säcker (Hrsg.), TKG-Komm., § 28, Rn. 20 f.; *Fetzer*, in: Arndt/Fetzer/Scherer/Graulich (Hrsg.), TKG-Komm., § 30, Rn. 25; *Geppert/Berger-Kögler*, in: Geppert/Schütz (Hrsg.), BeckTKG-Komm., § 38, Rn. 45 f.; *Ludwigs*, in: Schmidt/Wollenschläger (Hrsg.), Kompendium, § 12, Rn. 69; *Burgi*, DVBl. 2006, S. 270 f.; *Kühling/Elbracht*, Die Verwaltung 40 (2007), S. 560; *Neumann/Koch*, TKG, Kap. 3, Rn. 329.

916 BVerwG, Urteil v. 02.04.2008 – 6 C 15.07, Rn. 68, 69 (bverwg.de) = BVerwGE 131, 41.

917 *Radtke*, Materielle Maßstäbe, S. 210.

918 *Säcker*, Der wettbewerbsanaloge Preis als Kontrollmaßstab, S. 462; *Säcker*, Methode der Ermittlung missbräuchlich überhöhter Preis, S. 286.

Hintergrund gilt der Erheblichkeitszuschlag theoretisch auch für die Feststellung des Ausbeutungsmissbrauchs mit Hilfe des KeL-Konzepts[919].

Angesichts des gemeinsamen Ziels und der vergleichbaren Problemlage liegt kein wesentlicher Unterschied zw. der dem allgemeinen Wettbewerbsrecht sich annähernden Ex-post-Missbrauchsaufsicht und der als primäres Instrument des Regulierungsrechts angesehenen Ex-ante-Preiskontrolle vor[920]. Das Als-ob-Wettbewerbskonzept beinhaltet „keinen empirisch-ökonomischen Maßstab", sondern stellt sich dar „als ein Ausdruck des allgemeinen rechtlichen Leitbilds freien und lauteren Wettbewerbs"[921]. Der im Regulierungsrecht angewendete KeL-Maßstab enthält daher keinen vom allgemeinen Wettbewerbsrecht abweichenden Inhalt[922]. Damit ist festzuhalten, dass das KeL-Konzept mit der Preismissbrauchskontrolle im allgemeinen Wettbewerbsrecht übereinstimmt[923].

b) Vorgehensweisen der Ex-ante-Regulierung

aa) Auswahlmöglichkeit der BNetzA

Die BNetzA kann i. R. d. Entgeltgenehmigung gem. § 31 Abs. 1 und Abs. 2 entscheiden, welche Vorgehensweise vorzunehmen ist. Hierbei stehen die klassische Einzelgenehmigung nach § 31 DeTKG, das Price-Cap-Verfahren nach § 33 DeTKG, das Retail-Minus nach § 31 Abs. 2 S. 1 Nr. 1 DeTKG und andere Vorgehensweisen nach § 31 Abs. 2 S. 1 Nr. 2 DeTKG zur Verfügung. Die in § 31 Abs. 1 S. 1 DeTKG verankerten Vorgehensweisen nach dem KeL-Maßstab nach § 32 DeTKG stehen gleichrangig nebeneinander[924]. Der BNetzA steht ein Auswahlermessen in der Frage zu, ob sie ein regulierungsbedürftiges Entgelt im Wege der Einzelgenehmigung oder des Price-Cap-Verfahrens durchführt[925]. Hingegen bestehen unterschiedliche Anwendungsvoraussetzungen für

---

919 *Säcker*, Der wettbewerbsanaloge Preis als Kontrollmaßstab, S. 462. Auf dem Markt, wo eine andauernde Bottleneck-Situation besteht, sollte der Erheblichkeitszuschlag jedenfalls geringer sein als auf Märkten, auf denen ein spürbarer Restwettbewerb noch vorliegt. Während der 10 – 20% über dem wettbewerbsanalogen Preis gestiegene Erheblichkeitszuschlag bei heterogenen Gütern anerkannt wird, liegt eine erhebliche Abweichung beim Überschreiten des wettbewerbsanalogen Preises um 5% vor. Vgl. dazu *Säcker/Böcker*, Entgeltkontrolle, S. 97 f.

920 *Säcker*, in: Säcker (Hrsg.), TKG-Komm., Einl. I, Rn. 21 f.

921 *Mohr*, Zugangs- und Entgeltregulierung, S. 110 f.

922 *Mengering*, Entgeltregulierung, S. 116 f.; *Säcker/Mengering*, N&R 2/14, S. 74 f.

923 *Kleinlein/Schubert*, NJW 44/2014, S. 3193; *Säcker/Böcker*, Entgeltkontrolle, S. 78.

924 *Lünenbürger/Hölscher/Stamm*, in: Scheurle/Mayen (Hrsg.), TKG-Komm., § 31, Rn. 6.

925 *Kühling*, in: Geppert/Schütz (Hrsg.), BeckTKG-Komm., § 31, Rn. 5.

den Retail-Minus-Ansatz und „andere Vorgehensweisen". Während der Retail-Minus-Ansatz nur auf die Zugangsleistungen des Resale-Geschäfts anwendbar ist, untersteht die Vornahme der generalklauselartigen Auffangvorschrift einem sehr strengen Superiorität-Test mit besonderer Begründungspflicht[926]. Dabei ergibt sich kein gesetzlicher Anhaltspunkt für die Eröffnung eines Beurteilungsspielraums, bei dem sich die Geeignetheit der Anwendung der in § 31 Abs. 2 DeTKG angelegten Vorgehensweisen abweichend von der Entgeltgenehmigung oder dem Price-Cap-Verfahren zur Erreichung der Regulierungsziele nach § 2 DeTKG bewerten lässt[927]. Zu beachten ist, dass sich die Auswahlentscheidung über die Vorgehensweise bei der Genehmigungspflicht in der Regulierungspraxis bereits in den Rahmen der Regulierungsverfügung integriert[928]. Die Einzelgenehmigung nach § 31 Abs. 1 S. 1 Nr. 1 DeTKG wird regelmäßig in der Regulierungspraxis angewendet[929]. Die Regulierungsbehörde prüft für jedes einzelne Entgelt i. S. v. § 31 Abs. 1 S. 1 Nr. 1 DeTKG, ob es die Maßgaben nach den §§ 28 und 31 Abs. 1 S. 2 DeTKG einhält[930].

bb) Price-Cap-Verfahren

Neben der Einzelgenehmigung ist es der BNetzA erlaubt, auf das Price-Cap-Verfahren nach § 31 Abs. 1 S. 1 Nr. 2 DeTKG zurückzugreifen. Anders als bei der Einzelgenehmigung genehmigt die BNetzA dabei gem. § 31 Abs. 1 S. 1 Nr. 2 DeTKG die Entgelte mehrerer vergleichbarer in Körben zusammengefasster

---

926 Dazu bereits oben Teil 3. C. III. 2. b). aa). Die Genehmigung in anderen Vorgehensweisen ist in diesem Abschnitt nicht erneut zu diskutieren.

927 *Kühling*, in: Geppert/Schütz (Hrsg.), BeckTKG-Komm., § 30, Rn. 42f; *Lünenbürger/Hölscher/Stamm*, in: Scheurle/Mayen (Hrsg.), TKG-Komm., § 31, Rn. 48. Als nennenswert führt das VG Köln in der jüngeren Zeit an, dass die Gestaltungsermächtigung nach § 31 Abs. 2 S. 1 Nr. 2 DeTKG ein Regulierungsermessen eröffnet. Vgl. VG Köln, Urteil v. 21.12.2016 – 21 K 5914/13, Rn. 99 (NRWE).

928 Beispielsweise siehe BNetzA, Beschluss v. 31.07.2017, BK 3c-17/006, S. 19. Zu beachten ist jedoch, dass das BVerwG in seiner jüngeren Rechtsprechung solch eine Integration der Regulierungsverfügung i. S. v. § 13 DeTKG mit der Ermessenentscheidung für die in § 31 DeTKG dargelegte Vorgehensweise der Ex-ante-Entgeltregulierung für rechtswidrig hält. Vgl. dazu BVerwG, Urteil v. 30.05.2018 – 6 C 4.17, Rn. 18 ff. (bverwg.de).

929 *Kühling/Schall/Biendl*, TKG, Rn. 352. Demgegenüber ist die Anreizregulierung in Wirklichkeit von untergeordneter Bedeutung im Telekommunikationsbereich. Vgl. dazu *Neumann/Koch*, TKG, Kap. 3, Rn. 333; *Ludwigs*, in: Schmidt/Wollenschläger (Hrsg.), Kompendium, § 12, Rn. 67.

930 *Fetzer*, in: Arndt/Fetzer/Scherer/Graulich (Hrsg.), TKG-Komm., § 31, Rn. 5.

Produkte auf Grundlage der vorgegebenen Maßgrößen für die durchschnittlichen Änderungsraten des Entgelts. Es handelt sich daher um das gesamte Preisniveau mehrerer Produkte anstelle der Kostenorientiertheit des einzelnen Entgelts für eine Leistung[931]. Das Price-Cap-Verfahren kann aus wirtschaftlicher oder regulatorischer Perspektive unterstützt werden. Zum Ersteren ist die Umstellung von der herkömmlichen Rentabilitätsregulierung (Rate-of-Return-Regulierung), die regelmäßig zur Anreizverzerrung (*Averch-Johnson-Effekt*) und zu unnötigem administrativem Implementierungsaufwand führt, zu einem relativ einfachen Preisbildungsansatz, bei dem die produktionsfaktorbasierte Bemessung nicht mehr zugrunde gelegt wird[932]. Zum Letzteren bedarf es unter Anerkennung der ständigen Informationsasymmetrie zw. der Regulierungsbehörde und dem regulierten Unternehmen eines Regulierungsinstruments, durch das einerseits die regulierten Entgelte von den zugrunde liegenden Kosten des Unternehmens entkoppelt werden und andererseits die Preisbildung auf kompetitiven Märkten imitiert werden kann[933]. Durch die einfache Festlegung der zulässigen Obergrenze der Preisänderungsrate, der die gesamtwirtschaftliche Preissteigerungsrate und zu erwartende Produktivitätsfortschrittsrate des regulierten Unternehmens zugrunde liegen, erhält das Unternehmen mehrere Preissetzungsspielräume und damit ist es dem Unternehmen gestattet, durch autonome Kosteneinsparung, nämlich Steigerung der Produktionseffizienz, zusätzlichen Gewinn zu erwirtschaften[934]. Da die Anreize zur effizienten Leistungserbringung verstärkt werden, gilt dieses Regulierungsmittel auch als Anreizregulierung[935].

Das Price-Cap-Verfahren ist in zwei Stufen geteilt. In der ersten Stufe bestimmt die BNetzA den Inhalt der Körbe nach § 33 Abs. 1 DeTKG und ein Ausgangsentgeltniveau nach § 33 Abs. 2 DeTKG. Mit Blick auf den Wortlaut „für einen Korb zusammengesetzter Dienste" in § 31 Abs. 1 Nr. 2 DeTKG müssen zumindest zwei Dienstleistungen zusammengefasst werden[936]. Darüber

931 *Neumann/Koch*, TKG, Kap. 3, Rn. 334.

932 *Knieps*, N&R 2/10, S. 66; *Berndt*, Anreizregulierung, S. 67 f.

933 *Mohr*, Sicherung der Vertragsfreiheit, S. 624; *Berndt*, Anreizregulierung, S. 69; *Neumann/Koch*, TKG, Kap. 3, Rn. 336; *Trute/Broemel*, ZHR 170 (2006), S. 728 f.; *Höffler*, in: Arndt/Fetzer/Scherer/Graulich (Hrsg.), TKG-Komm., § 33, Rn. 5.

934 Vgl. *Groebel*, in: Säcker (Hrsg.), TKG-Komm., § 31, Rn. 22; *Säcker*, Anreizregulierung, S. 481; *Säcker/Böcker*, Entgeltkontrolle, S. 118; *Mengering*, Entgeltregulierung, S. 325; *Fetzer*, in: Arndt/Fetzer/Scherer/Graulich (Hrsg.), TKG-Komm., § 31, Rn. 10.

935 *Stamm*, in: Scheurle/Mayen (Hrsg.), TKG-Komm., § 33, Rn. 4.

936 *Groebel/Voß*, in: Säcker (Hrsg.), TKG-Komm., § 33, Rn. 12; *Winzer*, in: Geppert/Schütz (Hrsg.), BeckTKG-Komm., § 33, Rn. 9; *Berndt*, Anreizregulierung, S. 203,

hinaus besteht kein Grund dafür, dass ein einzelner Dienst auch dem selbstständigen Korb zugeordnet werden kann. Ein Korb mit einem Dienst widerspricht dem Sinn der Durchschnittspreisbildung beim Price-Cap-Verfahren[937]. Welche Dienste in einen Korb zusammengesetzt werden können, hängt von der zukünftigen Wettbewerbsintensität bei den betroffenen Leistungen ab[938]. Hierbei steht der BNetzA wegen des prognostischen Charakters ein Beurteilungsspielraum zu[939]. Da mehrere Entgelte für verschiedene Leistungen in einem Korb zusammengesetzt werden, wird das Ausgangsentgeltniveau durch die Kalkulation des gewichteten Durchschnitts derselben Entgelte berechnet[940]. Bei der zweiten Stufe werden die Maßgrößen der zulässigen Preisänderungsrate gem. § 33 Abs. 3 DeTKG unter Einbeziehung der gesamtwirtschaftlichen Preissteigerungsrate und der zu erwartenden Produktivitätsfortschrittsrate des marktmächtigen Unternehmens festgelegt. Die KeL spielen bei der Genehmigungsfähigkeit des Entgelts im Zuge des Price-Cap-Verfahrens insoweit eine Rolle, als sie bei der Vorgabe der Maßgrößen gem. § 33 Abs. 4 DeTKG mit dem Ausgangsentgeltniveau übereinstimmen müssen[941]. Dabei sind Produktivitätsfortschrittsraten des SMP-Unternehmens nach § 33 Abs. 5 DeTKG auf vergleichbaren, den Wettbewerb geöffneten Märkten zu berücksichtigen. Da sich das Price-Cap-Verfahren nach dem Preisniveau richtet, würde eine unerwünschte Quersubvention zw. den innerhalb von einem Korb liegenden Leistungen auftreten und ferner eine Dumping-Strategie entstehen. Die BNetzA kann gem. § 33 Abs. 3 Nr. 3 DeTKG zugleich Nebenbedingungen bestimmen, um das Missbrauchsverhalten i. S. v. § 28 zu verhindern[942]. Dementsprechend dürfen die Entgelte für Endnutzerleistungen gem. § 39 Abs. 1 S. 4 DeTKG nicht mit den Entgelten für Zugangsleistungen in einem Korb zusammengefasst werden[943].

---

937 *Radtke*, Materielle Maßstäbe, S. 219 f.

938 *Groebel/Voß*, in: Säcker (Hrsg.), TKG-Komm., § 33, Rn. 13; *Höffler*, in: Scheurle/Mayen (Hrsg.), TKG-Komm., § 33, Rn. 17.

939 *Oster*, Normative Ermächtigungen, S. 293 f.; *Winzer*, in: Geppert/Schütz (Hrsg.), BeckTKG-Komm., § 33, Rn. 12.

940 *Winzer*, in: Geppert/Schütz (Hrsg.), BeckTKG-Komm., § 33, Rn. 15. Zur Formel der Berechnung ders Ausgangsentgeltniveau vgl. *Höffler*, in: Scheurle/Mayen (Hrsg.), TKG-Komm., § 33, Rn. 18.

941 *Berndt*, Anreizregulierung, S. 204 f.

942 *Groebel/Voß*, in: Säcker (Hrsg.), TKG-Komm., § 33, Rn. 25.

943 *Radtke*, Materielle Maßstäbe, S. 220; *Geppert/Berger-Kögler*, in: Geppert/Schütz (Hrsg.), BeckTKG-Komm., § 39, Rn. 41.

cc) Resale-Zugangsleistung nach Retail-Minus-Ansatz

Nach § 31 Abs. 2 S. 1 Nr. 2 DeTKG kann die Zugangsleistung zu bestimmten, vom regulierten Netzbetreiber angebotenen Diensten zu Großhandelsbedingungen, nicht unmittelbar durch der Kostenermittlung am KeL-Maßstab, sondern durch die Gewährung eines Abschlags auf den Endnutzerpreis (retail minus), der es einem effizienten Anbieter ermöglicht, genehmigt werden. Die BNetzA hat daher die Möglichkeit, bei der Entgeltgenehmigung für Resale-Zugangsleistungen i. S. v. § 21 Abs. 2 Nr. 3 DeTKG im Wege der Abschlagsmethode ein angemessenes Entgelt zu entscheiden[944]. Die Legaldefinition der Resale-Zugangsleistung bezeichnet sich gem. §§ 21 Abs. 3 Nr. 3 i. V. m. 31 Abs. 2 S. 1 Nr. 1 DeTKG als derjenige Dienst, der vom Netzbetreiber seinen Konkurrenten zu Großhandelsbedingungen angeboten wird, den der Zugangsnachfrager (Konkurrent) seinen Endkunden im eigenen Namen und auf eigene Rechnung wiederverkaufen kann[945]. Der Wettbewerber erwirbt daher einen vollständigen, vom marktmächtigen Netzbetreiber erbrachten Telekommunikationsdienst und erbringt selbst nur auf der Vertriebsstufe die Resale-Produkte[946]. Vor diesem Hintergrund ist die zu Großhandelsbedingungen angebotene Zugangsleistung mit dem Wiedervertriebsprodukt identisch. Die Gewährung der Resale-Zugangsleistung erlangt eine wesentliche Bedeutung im gesamten Zugangsregulierungssystem, da der Dienstleistungswettbewerb ohne den Aufbau der alternativen Netzinfrastruktur des Wettbewerbers stattfinden kann[947].

Die Anwendung der Abschlagsmethode kann gewissermaßen von den KeL abweichen, da sich der abzuschlagende Gegenstand, nämlich Endnutzerpreis, im Wesentlichen nicht an die Kostenorientiertheit bindet. Der Abschlag soll so festgesetzt werden, dass er einem effizienten Anbieter die Erzielung einer angemessenen Verzinsung des eingesetzten Kapitals auf dem Endnutzermarkt ermöglicht. Die vermeidbaren Kosten der Vertriebsstufe liegen daher dem Abschlag zugrunde.[948] Trotz der Umstellung der regulatorischen Vorgehensweise bleibt

---

944 *Groebel*, in: Säcker (Hrsg.), TKG-Komm., § 30, Rn. 40.

945 *Fetzer*, Staat und Wettbewerb, S. 217 f.

946 BVerwG, Urteil v. 03.12.2003 – 6 C 20.02, Rn. 52 (jurion.de) = BVerwGE 119, 282; *Fetzer*, Staat und Wettbewerb, S. 218; *Neumann/Koch*, TKG, Kap. 3, Rn. 337.

947 BVerwG, Urteil v. 03.12.2003 – 6 C 20.02, Rn. 20 (jurion.de) = BVerwGE 119, 282. Dies ist aber für die Wettbewerbsförderung in der Gesamtschau zwei Seiten einer Medaille und könnte den Fortschritt des Infrastrukturwettbewerbs belasten. Vgl. dazu *Fetzer*, Staat und Wettbewerb, S. 218 f., 321 f.

948 *Groebel*, in: Säcker (Hrsg.), TKG-Komm., § 30, Rn. 42; *Lünenbürger/Hölscher/Stamm*, in: Scheurle/Mayen (Hrsg.), TKG-Komm., § 31, Rn. 34.

aber der KeL-Maßstab nicht aus. Der Abschlag kann nicht so hoch bemessen werden, dass der Wiederverkaufspreis niedriger als der Preis für andere Zugangsleistungen ist. Um die Verdrängungswirkung auf andere Zugangsleistungen zu vermeiden und ein konsistentes Entgeltregulierungssystem aufrechtzuerhalten, sieht § 31 Abs. 2 S. 1 Nr. 1 Hs. 2 DeTKG vor, dass dieses Entgelt mindestens den KeL entspricht[949]. Ein genehmigungsfähiger Wiederverkaufspreis fällt daher unter die Spanne zw. dem Endnutzerpreis und den KeL[950].

c) *Methoden der Kostenermittlung*

aa) *Auswahlmöglichkeit der BNetzA*

Als Anfangsphase der Entgeltgenehmigung muss das regulierte Unternehmen nach § 31 Abs. 3 S. 1 DeTKG sowohl das genehmigungsbedürftige Entgelt als auch alle für die Genehmigungserteilung erforderlichen Unterlagen vorlegen, die die Kostenunterlagen enthalten sollen. Das regulierte Unternehmen hat durch die Vorlage der die konkretisierten Forderungen nach § 34 DeTKG einzuhaltenden Kostenunterlagen die tatsächlichen, durch kaufmännliche Kalkulation berechneten Kosten (Ist-Kosten) für das genehmigungsbedürftige Produkt nachzuweisen[951]. Die Regulierungsbehörde überprüft insoweit die Vollständigkeit, Transparenz, und Richtigkeit der Kostenunterlagen[952]. In der nächsten Phase erfolgt die Beurteilung der Erforderlichkeit der geltend gemachten Kosten anhand des KeL-Maßstabs, um ein genehmigungsfähiges, ein den Soll-Kosten entsprechendes Entgelt festzulegen[953]. Diese zweistufige Kostenermittlungsweise wird auch als Top-down-Ansatz gekennzeichnet, der neben umfassenden Kosteninformationen ebenso einen objektiven Effizienzmaßstab voraussetzt, durch den die Regulierungsbehörde ineffiziente Kosten beseitigen kann[954].

Nach § 35 Abs. 1 S. 1 DeTKG ist bei der Ermittlung der maßstabsgerechten Entgelte die Prüfung der Kostenunterlagen (Top-down-Ansatz) im Regelfall

---

949 *Kühling*, in: Geppert/Schütz (Hrsg.), BeckTKG-Komm., § 31, Rn. 25; *Groebel*, in: Säcker (Hrsg.), TKG-Komm., § 30, Rn. 43.

950 *Fetzer*, in: Arndt/Fetzer/Scherer/Graulich (Hrsg.), TKG-Komm., § 31, Rn. 19; *Groebel*, in: Säcker (Hrsg.), TKG-Komm., § 30, Rn. 41.

951 *Trute/Broemel*, ZHR 170 (2006), S. 722 f.

952 *Hölscher*, in: Scheurle/Mayen (Hrsg.), TKG-Komm., § 34, Rn. 8; *Mengering*, Entgeltregulierung, S. 176.

953 *Groebel*, in: Säcker (Hrsg.), TKG-Komm., § 34, Rn. 23.

954 *Kühling/Schall/Biendl*, TKG, Rn. 364.

anzuwenden[955]. Die Regulierungsbehörde kann aber „neben“ dem Top-down-Ansatz „zusätzlich“ auf die Vergleichsmarktmethode (Nr. 1) und/oder die Kostenmodelle (Nr. 2) zurückgreifen. Nur wenn die vorliegenden Kosteninformationen nicht ausreichend sind, um die genehmigungsbedürftigen Entgelte nach dem KeL-Maßstab zu prüfen, kann die Entscheidung der Genehmigungserteilung nach § 31 Abs. 1 S. 2 DeTKG allein auf der Vergleichsmarktmethode oder den Kostenmodellen basieren[956]. Damit ist es naheliegend, dass ein gesetzlich ausdrückliches Rangverhältnis i. R. d. Kostenermittlungsmethoden besteht[957]. Durch die ergänzende Heranziehung oder ggf. die alternative Anwendung der beiden Methoden wird die Regulierungsbehörde ermächtigt, sich von den unternehmensindividuellen Kosten abzukoppeln und weitergehend eine unabhängige Effizienzeinschätzung vorzunehmen, um die Informationsasymmetrie zw. regulierten Unternehmen und der Regulierungsbehörde und die begleitende Gefahr der fehlerhaften Einschätzung der maßstabgerechteten Entgelte zu überwinden[958]. Vor diesem Hintergrund stehen der BNetzA drei Kostenermittlungsmethoden, nämlich Top-down-Ansatz, Vergleichsmarktverfahren (Benchmarking)[959] und Kostenmodelle (Bottom-up-Methode)[960], trotz

955 *Berger-Kögler/Cornils*, in: Geppert/Schütz (Hrsg.), BeckTKG-Komm., § 35, Rn. 14; *Mayen/Lünenbürger/Mayen*, in: Scheurle/Mayen (Hrsg.), TKG-Komm., § 34, Rn. 35.

956 *Mayen/Lünenbürger/Mayen*, in: Scheurle/Mayen (Hrsg.), TKG-Komm., § 34, Rn. 38.

957 *Mengering*, Entgeltregulierung, S. 327 f.

958 *Mengering*, Entgeltregulierung, S. 323 f.; *Trute/Broemel*, ZHR 170 (2006), S. 723. Zur Wechselwirkung zw. dem Maßstab und der Methode und zur Befürwortung eines relativen Effizienzmaßstabs mit Rücksicht auf die unternehmerischen Entscheidungsspielräume vgl. *Ludwigs*, NVwZ 2008/9, S. 955 ff. Auch kritisch zu objektiven Kostenmodellen ohne Rücksicht auf die unternehmerische Entscheidungssituation vgl. *Knieps*, MMR 11/1998, S. 599 f.

959 Nach § 35 Abs. 1 S. 1 Nr. 1 DeTKG muss ein vergleichbarer Markt ein dem Wettbewerb geöffneter Markt sein. Aber ein entsprechender Markt, der noch reguliert wird, kann auch in Betracht kommen. Vgl. *Groebel*, in: Säcker (Hrsg.), TKG-Komm., § 35, Rn. 19. Bei der Wahl der Vergleichsmärkte und der Entscheidung über den notwendigen Ab- oder Zuschlag steht der BNetzA ein Beurteilungsspielraum zu. In der jüngeren Rechtsprechung wird daher eine Kontrolle für Abwägungsfehler vorgenommen. Vgl. BVerwG, Urteil v. 29.11.2017 – 6 C 56.16, Rn. 22 (bverwg.de).

960 Die Bottom-up-Methode ist ein Ingenieurmodell, das die Ortnetzkomponenten aus Bausteinen zusammensetzt. Die Kostenverursacher entsprechen ihren Größen, die sich auf die Netzdimension und Netzplanungen auswirken. Das Netz ist daher in verschiedene Komponenten getrennt und die Kosten werden für dieselben Komponenten modelliert. Gegenüber dem Top-down-Ansatz, durch den die ineffizienten Kosten ausgeschlossen werden, baut der Bottom-up-Ansatz Dienste durch

der gesetzlich vorstrukturierten Ermesseneinschränkung alternativ oder kumulativ zur Verfügung[961].

bb) Beurteilungsspielraum bei Kostenermittlung am KeL-Maßstab

Während die Regulierungsbehörde anhand der vorgelegten Kosteninformationen die genehmigungsbedürftigen Entgelte überprüft, tritt die Frage auf, ob der Regulierungsbehörde ein Beurteilungsspielraum bei der Kostenprüfung zukommt, da die Ermittlung der KeL in der Regel eine wertende Entscheidung erfordert, die sich auf einem komplex ökomischen Sachverstand mit der Einschätzung prognostischer Natur beruht[962]. Für diese Frage nach dem Beurteilungsspielraum bei der Berechnung der erforderlichen Kosten hat das BVerwG die grundlegende Entscheidung getroffen, dass der gerichtlich nur eingeschränkt überprüfbare Beurteilungsspielraum nicht durchgängig eingeräumt werden darf[963]. Nach Auffassung des Gerichts wird ein Beurteilungsspielraum für die Regulierungsbehörde vorbehalten, wo die „in besonderer Weise durch eine Abwägung gegenläufiger Regulierungsziele sowie ökonomische Wertung und Prognosen geprägte Elemente der Kostenkontrolle" vorliegen[964]. Dies verweist darauf, dass ein Beurteilungsspielraum möglich ist, wenn eine Prüfung der Kosten auf Effizienz und Erforderlichkeit eine Abwägung von Regulierungszielen, die ökonomische Wertungen oder Prognosen in sich birgt, nach sich zieht[965].

Eine weitere Frage ist daher, inwieweit ein solcher Beurteilungsspielraum besteht. Dabei kommt vor allem die Bemessung des Anlagenwerts in Betracht. Der Streitpunkt des in Rede stehenden Problems dreht sich vor allem darum, welche Methoden für die Ermittlung der kalkulatorischen Kapitalkosten

---

das Zusammenfügen von Komponenten auf. Vgl. dazu *Vogelslang*, MMR 11/1998, S. 596 f.

961 *Säcker/Mengering*, N&R 2/14, S. 76; *Oster*, Normative Ermächtigungen, S. 249 f.; *Koenig/Senger*, MMR 5/2007, S. 291 f.

962 *Oster*, Normative Ermächtigungen, S. 251.

963 BVerwG, Urteil v. 24.06.2009 – 6 C 19.08, Rn. 21 (bverwg.de); BVerwG, Urteil v. 29.05.2013 – 6 C 10.11, Rn. 31 (bverwg.de); BVerwG, Urteil v. 25.09.2013 – 6 C 13.12, Rn. 31 (bverwg.de) = BVerwGE 148, 48; BVerwG, Urteil v. 18.07.2016 – 6 C 50.15, Rn. 12 (bverwg.de).

964 BVerwG, Urteil v. 25.09.2013 – 6 C 13.12, Rn. 31 (bverwg.de) = BVerwGE 148, 48. Der EU-Rechtsrahmen überträgt auch der nationalen Regulierungsbehörde die Abwägungsspielräume zur Ermöglichung der Regulierungsziele des EU-Rechts. Vgl. EuGH, Urteil v. 03.12.2009 – C-424/07, Rn. 91 – *Kommission/Deutschland.*

965 *Säcker/Mengering*, N&R 2/14, S. 80.

anzuwenden sind und wer über die Ermittlungsmethode auf Basis von Wiederschaffungswerten oder historischen Kosten (Anschaffungskosten) oder einer Mischung aus beiden Aspekten entscheiden darf[966]. Unter Wiederbeschaffungskosten versteht man die geschätzten Anschaffungs- und Herstellungskosten, die bei einem Vermögensgegenstand zum Zeitpunkt seiner Wiederbeschaffung anfallen würden. Hingegen leiten sich die historischen Kosten (Anschaffungskosten) aus den Aufwendungen ab, die für die Herstellung der Produktionsmittel tatsächlich entstanden sind[967]. Das BVerwG hat grundsätzlich der BNetzA die Letztentscheidungskompetenz für die Wahl der Methode zur Bestimmung des Anlagenwerts zugebilligt[968]. Auf dessen Auffassung steht der BNetzA wegen

966 *Berger-Kögler/Cornils*, in: Geppert/Schütz (Hrsg.), BeckTKG-Komm., § 35, Rn. 45. Auch *Kleinlein*, N&R 2/10, S. 75 ff.; *Klotz/Brandenberg*, N&R 2/2009, S. 1 ff.; *Kleinlein/Schubert*, NJW, 44/2014, S. 3191 ff.; *Kühling*, K&R 4/2009, S. 243 ff.; *Kühling/Schall*, CR 11/2010, S. 708 ff.; *Schütze/Salevic*, CR 2/2010, S. 80 ff.

967 Zum Verhältnis zw. beiden Bewertungsmaßstäben und den daraus entwickelten Bewertungskonzepten näher vgl. EuGH, Urteil v. 24.04.2008 – C-55/06, Rn. 86 – *Arcor & Co. KG*; *Mengering*, Entgeltregulierung, S. 205 ff.; *Kleinlein/Schubert*, NJW, 44/2014, S. 3195 f.; *Kühling*, K&R 4/2009, S. 244; *Neumann/Koch*, TKG, Kap. 3, Rn. 250 f.; *v. Colbe*, in: Säcker (Hrsg.), TKG-Komm., vor § 27, Rn. 49 f.

968 BVerwG, Urteil v. 23.11.2011 – 6 C 13.10; BVerwG, Urteil v. 29.05.2011 – 6 C 10.11 = BVerwGE 146, 325; BVerwG, Urteil v. 25.09.2013 – 6 C 13.12 = BVerwGE 148, 48. In der jüngeren Rechtsprechung wird diese Auffassung auch bestätigt. Vgl. dazu BVerwG, Urteil v. 18.07.2016 – 6 C 50.15, Rn. 23 (bverwg.de). Das Problem, bei dem es um die Wahl der Einschätzungsmethode des Anlagenwerts geht, wurde zuerst im *Arcor*-Urteil (EuGH, Urteil v. 24.04.2008 – C-55/06 – *Arcor & Co. KG*) diskutiert. Der EuGH vertritt die Auffassung, dass bei der Bestimmung der Angemessenheit der Kapitalkosten ein der BNetzA zur Verfügung stehendes „Ermessen" zu bejahen ist (Rn. 116 des Urteils). Das betreffende Ermessen enthält beispielsweise die Zinsen für das eingesetzte Kapital, die Abschreibung der Anlagegüter, die Berechnungsgrundlage dieser Kosten und der Kostenrechnungsmodelle (Rn. 159). Über die Frage, ob der nationalen Regulierungsbehörde i. R. d. Anwendung des Grundsatzes der Kostenorientierung der Preise (also KeL-Maßstab) bei der Ermittlung der Grundlage für die Berechnung der Kosten auch ein „Ermessen" zu gewähren ist, ging der EuGH davon aus, dass die *tatsächlichen Kosten*, nämlich *historischen Kosten* sowie die *voraussichtlichen Kosten*, wobei *letztere* ggf. aufgrund des *Wiederbeschaffungswerts* des Netzes oder bestimmter Teile davon zu kalkulieren sind, zu berücksichtigen sind (Rn. 119). Dies impliziert, dass historische Kosten bei der Kostenermittlung während des Heranziehens des Wiederbeschaffungswerts als Bezugsgrundlage zumindest berücksichtigt werden müssen. Zu der Auffassung vom EuGH bestehen zwei divergente Interpretationen zw. der BNetzA und dem VG Köln. Während die BNetzA einen umfassenden Beurteilungsspielraum findet, durch den sie eine ausschließliche Anwendung einer der

der unionsrechtlich vorgegebenen Abwägung der widerstreitenden Interessen ein Beurteilungsspielraum zu, der sich in einer besonderen Nähe zum Regulierungsermessen befindet[969]. Die Bewertung der BNetzA ist daher so zu prüfen, als ob sie im Hinblick auf Kriterien, die in der Rechtsnorm ausdrücklich hervorgehoben oder in ihr angelegt sind, plausibel und erschöpfend argumentiert habe[970]. Auf Grund des der BNetzA zustehenden Beurteilungsspielraums bei der Kostenprüfung am KeL-Maßstab wird ein Beurteilungsspielraum auch für die Bemessung der angemessenen Verzinsung des eingesetzten Kapitals als ein weiterer abgegrenzter Teilbereich i. R. d. Bestimmung der KeL eingeräumt[971]. Hingegen verfügt das Unternehmen – sofern die BNetzA noch nicht nach § 29 Abs. 2 S. 1 DeTKG eine materielle Kostenrechnungsmethode festschreibt – über hinreichende Entscheidungsspielräume bei der Ausgestaltung der Zuschlüsselungsmethode, da keine weitere Vorgabe eine permanente Schlüsselungsmethode im DeTKG vorsieht[972]. Die vorgenommene Schlüsselung muss aber gem. § 34 Abs. 2 Nr. 2 DeTKG „plausible Mengenschlüssel für die Kostenzuordnung zu den einzelnen Diensten" wählen, d. h., dass die Zuschlüsselungsmethode für

beiden Kostenrechnungsmethoden (Rechnungsbasis auf *historischen Kosten* oder *Wiederbeschaffungswert*) oder eine Mischung aus beiden Ermittlungsmethoden entscheiden kann (vgl. BNetzA, Beschluss v. 31.03.2009, BK 3c-09/005, S. 19 ff.), verwirft das VG Köln die Auffassung der BNetzA mit dem Einwand, dass die BNetzA nach dem *Arcor*-Urteil einen *Mischansatz* aus *historischen Kosten* und *Wiederbeschaffungskosten* wählen müsse. Vgl. VG Köln, Urteil v. 27.11.2008 – 1 K 1749/99, Rn. 100 (openjur.de). Die BNetzA und die DTAG hatten vor dem BVerwG gegen das Urteil vom VG Köln Nichtzulassungsbeschwerde eingelegt. Trotz des Scheiterns der Nichtzulassungsbeschwerde geht das BVerwG bezogen auf das *Arcor*-Urteil davon aus, dass *tatsächliche Kosten* nur der *Oberbegriff für die historischen und die voraussichtlichen Kosten* sind, die nach ihrem Verhältnis zu berücksichtigen sind und damit auch allein berücksichtigt werden könnten. Vgl. BVerwG, Urteil v. 23.11.2011 – 6 C 13.10, Rn. 28 (bverwg.de), da das im *Arcor*-Urteil zum Ausdruck gebrachte „Ermessen" bloß „in Erwägung ziehen" bedeutet (Rn. 29 des Urteils). Die BNetzA ist daher nicht verpflichtet, eine Methode i. S. d. kumulativen oder gemischten Kostenansatzes ausschließlich anzuwenden. (Rn. 29 des Urteils). Dem *Arcor*-Urteil kann entnommen werden, dass das Unionrecht den Ermessensspielraum der BNetzA bei der Kostenberechnung anhand KeL nicht einschränken will. Vgl. dazu näher *Wieland*, DÖV 18 (2011), S. 705 ff.

969 BVerwG, Urteil v. 25.09.2013 – 6 C 13.12, Rn. 34 (bverwg.de) = BVerwGE 148, 48.

970 Für TAL-Entgelte: BVerwG, Urteil v. 23.11.2011 – 6 C 13.10, Rn. 38 (bverwg.de); für Zusammenschaltungsentgelte: BVerwG, Urteil v. 25.09.2011 – 6 C 13.12, Rn. 34 (bverwg.de).

971 BVerwG, Urteil v. 18.07.2016 – 6 C 50.15, Rn. 31 f. (bverwg.de).

972 *Mengering*, Entgeltregulierung, S. 286.

sachverständige Dritte verursachungsgerecht und nachvollziehbar sein muss[973]. Dementsprechend wird die Ausübung dieses Entscheidungsspielraums von der Regulierungsbehörde inhaltlich dahingehend überprüft, ob die betroffene Zuschlüsselungsmethode die Voraussetzung der Plausibilität erfüllen kann[974]. Hinsichtlich des eindeutigen Plausibilitätskriteriums sollten eine übergreifende Kontrolle durch die BNetzA und ein korrespondierender Beurteilungsspielraum regelmäßig ausscheiden[975].

d) Nachträgliche Regulierung

Die Ex-post-Entgeltregulierung enthält zwei unterschiedlich eingriffsintensive Typen, nämlich eine Ex-post-Entgeltregulierung mit Vorlagepflicht nach § 38 DeTKG sowie eine reine Ex-post-Entgeltregulierung nach § 38 Abs. 2–4 DeTKG. Das Unternehmen, das einer Ex-post-Regulierung in der Regulierungsverfügung mit Vorlagepflicht unterliegt, muss die Entgelte gem. § 38 Abs. 1 S. 1 DeTKG zwei Monate vor dem geplanten Inkrafttreten bei der BNetzA vorlegen. Falls der Entgeltplan offenkundig nicht mit dem allgemeinen Entgeltmaßstab nach § 28 DeTKG vereinbar ist, hat die BNetzA gem. § 38 Abs. 1 S. 1 DeTKG die Einführung des Entgelts innerhalb von zwei Wochen nach Zugang bis zum Abschluss ihrer Prüfung zu untersagen[976]. Diese Regulierungsweise dient einer präventiven Kontrolle des Entgelts, die von vornherein die negativen Auswirkungen des bedenklichen Entgelts im Markt verhindern kann und damit im Wesentlichen eine Nähe zum präventiven Verbot mit Erlaubnisvorbehalt bei der Ex-ante-Entgeltregulierung[977]. Hingegen hat die BNetzA bei der reinen Ex-post-Entgeltregulierung unverzüglich eine Überprüfung der Entgelte einzuleiten, sobald ihr Tatsachen bekannt werden, welche die Annahme rechtfertigen, dass Entgelte für Zugangsleistungen eines Unternehmens, das über beträchtliche Marktmacht verfügt, die Forderung der in § 28 DeTKG vorgegebenen Maßstäbe nicht tragen können[978].

Auf die beiden Ex-post-Entgeltregulierungsweisen ist das Vergleichsmarktprinzip i. S. v. § 35 Abs. 1 Nr. 1 DeTKG nach § 38 Abs. 2 S. 3 DeTKG

973 *Groebel*, in: Säcker (Hrsg.), TKG-Komm., Vor § 27, Rn. 68.
974 VG Köln, Beschluss v. 20.12.2006 – 21 L 1413/06, Rn. 30 (openjur.de).
975 *Oster*, Normative Ermächtigungen, S. 253 f.
976 *Geppert/Berger-Kögler*, in: Geppert/Schütz (Hrsg.), BeckTKG-Komm., § 38, Rn. 36 f.
977 *Kühling/Schall/Biendl*, TKG, Rn. 388.
978 *Stamm*, in: Scheurle/Mayen (Hrsg.), TKG-Komm., § 38, Rn. 22.

als vorrangige Entgeltermittlungsmethode anzuwenden[979]. Mit Rückgriff auf die Vergleichsmarktbetrachtung kann die BNetzA Preise derjenigen Unternehmen heranziehen, die entsprechende Leistungen auf vergleichbaren, dem Wettbewerb geöffneten Märkten anbieten. Als missbräuchlich gewertet wird daher vor allem der Preis, der den höchsten unverzerrten Wettbewerbspreis überschreitet, das von einem effizienten Unternehmen angeboten wird[980]. Abweichend vom oben „Best-Pratice"-Preis kann ein „gewichteter Durchschnittspreis" aller Betreiber in diesen Ländern in Betracht kommen[981]. Der preisgünstigste Vergleichsmarkt kann auch als dritte Alternative als eine Referenz für die Bestimmung der Größe des missbräuchlichen Preises herangezogen werden[982].

e) Änderungsvorschlag

aa) Exekutive Befugnis zur Ausgestaltung der Regulierungsmaßnahme

Das taiwanesische Regime der Entgeltregulierung sollte sich von der determinierten, konditionalen Programmierung auf eine systematische Normstruktur umstellen, in der ein Instrumentenkatalog mit Abwägungsdirektiven zur Verfügung steht. Hierbei können die Ermessensbetätigungen der Regulierungsbehörde in Anlehnung an DeTKG auch in die Auswahl jeweils für Regulierungsarten, Vorgehensweisen sowie Kostenermittlungsmethoden aufgeteilt werden, da diese Einteilung des Auswahlermessens geeignet ist, bestehende Defekte im taiwanesischen Entgeltregulierungsrahmen zu lokalisieren und ferner einen korrespondierenden Abänderungsantrag zum Ausdruck zu bringen.

Im geltenden Rechtsrahmen der taiwanesischen Entgeltregulierung liegt keine solche Norm vor, die die verfügbaren, nach dem Eingriffszeitpunkt zu differenzierenden Regulierungsarten vorschreibt. Hingegen werden mehrere imperative Genehmigungspflichten für bestimmte Zugangsprodukte in Form der konditionalen Programmierung in mehreren Verordnungen geregelt. Es besteht für das NCC allerdings die Möglichkeit, durch ein gesetzlich ermächtigtes

---

979 *Geppert/Berger-Kögler*, in: Geppert/Schütz (Hrsg.), BeckTKG-Komm., § 38, Rn. 56; *Koenig/Senger*, MMR 5/2007, S. 293.

980 *Geppert/Berger-Kögler*, in: Geppert/Schütz (Hrsg.), BeckTKG-Komm., § 38, Rn. 68.

981 *Koenig/Senger*, MMR 5/2007, S. 292. Ablehnend vom VG Köln, Beschluss v, 15.03.2006 - 1 L 109/06, Rn. 21 (jusmeum.de).

982 *Kühling/Schall/Biendl*, TKG, Rn. 390. Aber diese Option könnte ebenfalls unvereinbar mit dem vom VG Köln angeführten Gesichtspunkt sein, da die Kontrollmaßstäbe nach § 28 bei nachträglicher Entgeltkontrolle für großzügig gehalten werden sollen. Vgl. VG Köln, Beschluss v, 15.03.2006 - 1 L 109/06, Rn. 25 (NRWE).

Verordnungsermessen die aus seiner Sicht als regulierungsbedürftig gewürdigten Zugangsleistungen zu normieren, welche entweder einer Genehmigung oder nur einer reinen Ex-post-Regulierung unterliegen dürfen. Vor diesem Hintergrund hat das NCC tatsächlich einen Entscheidungsspielraum für die Auswahl der Art der Entgeltregulierung in der Hand. Dabei wird von dem NCC jedoch nicht wie in §§ 30 Abs. 1 S. 2 i. V. m. 2 Abs. 2 DeTKG gefordert, die mannigfaltigen Regulierungsziele abzuwägen, wobei u. a. die Erforderlichkeit der Entgeltgenehmigung berücksichtigt werden muss. Eine behördliche Begründung für die Auferlegung der Einzelgenehmigung oder Vornahme des Price-Cap-Verfahrens bleibt stets unsichtbar. Es ist hierbei nahezulegen, die zur Verfügung stehenden Regulierungsarten, u. a. die Entgeltgenehmigung, direkt im TwTKG und eine entsprechende Abwägungsplicht vorzuschreiben, da nur aus der Erforderlichkeit die Ex-ante-Regulierung durchgeführt werden kann, die sich als eingriffsintensivere Maßnahme darstellt[983]. Die Regulierungsbehörde sollte dabei darlegen, weshalb eine reine Ex-post-Regulierung bei bestimmten Entgelten der Zugangsleistungen ausreichend ist oder nicht.

bb) Einzelgenehmigung als grundlegende Vorgehensweise

Im geltenden Rechtsrahmen der Ex-ante-Entgeltregulierung für Zugangsleistungen wird eine abschließende Vorgehensweise jeweils für verschiedene Entgelte der Zugangsprodukte entweder in ZVO oder in EntRVO vorbestimmt. Die Zusammenschaltungsentgelte und die Entgelte für den Zugang zur blanken Kupfer-TAL, welche vom SMP-1KTU in Anspruch genommen werden, unterwerfen sich der Einzelgenehmigung. Hingegen unterliegen die Entgelte der durch die GH-Bek. vorgegebenen Großhandelsprodukte dem Price-Cap-Verfahren, das in EntRVO konkretisiert wird. Genauso wie im Falle der Entscheidung der Regulierungsart wird eine Erwägung zur Auswahl der Genehmigungsweise stets nicht in einem Verordnungsentwurf oder durch eine Bekanntmachung aufgewiesen. Daneben wird die Rechtmäßigkeit der betreffenden Vorordnungsregelung in Zweifel gezogen, da sowohl die Einzelgenehmigung für den Zugang zur blanken Kupfer-TAL als auch das Price-Cap-Verfahren für Großhandelsprodukte wegen des Fehlens einer gesetzlichen Ermächtigungsgrundlage unvereinbar mit dem Grundsatz des Gesetzesvorbehalts sind[984]. Es ist empfehlenswert, ein ausdrückliches Auswahlermessen für die Vorgehensweise der Entgeltgenehmigung direkt in das TwTKG einzuführen. Damit hat das NCC eine gesetzliche

983 Auch *Lee, C.*, The Taiwan Law Review 186, S. 192.
984 Siehe dazu oben Teil 3. C. II 2. b).

Befugnis, einem SMP-Unternehmen die Einzelgenehmigungsverpflichtung aufzuerlegen oder das zu regulierende Entgelt dem Price-Cap-Verfahren zu unterziehen.

Darüber hinaus liegt eine Reihe materieller Probleme jeweils bei der Ausgestaltung der Einzelgenehmigung und des Price-Cap-Verfahrens vor. Bei der Einzelgenehmigung handelt es sich vor allem um die anzuwendenden Methoden. In der Tat besteht weder eine eindeutige Vorgabe zur Regelung der zur Verfügung stehenden Kostenrechnungsmethoden für die Feststellung des genehmigungsfähigen Entgelts noch ein einheitlicher Prüfungsmaßstab. Es bleibt daher unklar, welche Ermittlungsmethode das NCC bei der Kostenprüfung am Maßstab jeweils für Zusammenschaltungsentgelte oder die Miete der blanken Kupfer-TAL anwendet. Es ist mithin zutreffend, neben der Prüfung der Kostenunterlage (Top-down-Ansatz) eine zusätzliche Möglichkeit zur Heranziehung der Vergleichsmarktmethode oder eines vorgegebenen Kostenmodells als ausdrückliche Ermessensermächtigung im TwTKG zu bestimmen, um eine transparentere Genehmigungserteilung sicherzustellen[985]. Hierfür bedarf es folgerichtig eines gesetzlichen Prüfungsmaßstabs, um die Genehmigungsentscheidung an ein grundlegendes Beurteilungskriterium zu binden. Der KeL-Maßstab nach § 32 DeTKG kann als Leitbild für die Novellierung des TwTKG angesehen werden, da ein nahezu gleichbedeutender Prüfungsmaßstab bereits in ZVO als TELRIC-Maßstab für die Genehmigung der schmalbandigen Zusammenschaltungsentgelte gekennzeichnet worden ist. Sowohl das NCC als auch die bezüglichen Wissenschaftler kennen sich mit diesem zukunftsorientierten Kostenkonzept aus. Es ist auch geeignet, den TELRIC-Maßstab weiterhin als generellen Kostenmaßstab im TwTKG vorzugeben, da der KeL-Maßstab exakt das allgemeingültige Kontrollkonzept des Als-ob-Wettbewerbspreises i. S. d. wettbewerbsrechtlichen Theorie widerspiegeln kann[986]. Solch eine Regelungsweise, durch die die bestimmten Maßstäbe jeweils für bestimmte Leistungen in Form der konditionalen Programmierung vorgegeben werden, ist möglichst zu vermeiden.

Zu beachten ist noch, dass der sog. „historische Kosten-Ansatz" bei der Genehmigung für das Entgelt des Zugangs zu entbündelten Kupfer-TAL in der derzeitigen Regulierungspraxis anzuwenden ist, § 18 Abs. 3 ZVO. Es bleibt dennoch unklar, ob die Regulierungsbehörde durch die Anwendung dieses Kostenkonzepts auch den Gemeinkosten und der angemessenen Verzinsung als

---

985 Vgl. *Doll/Wieck*, MMR 6/1998, S. 286.
986 Siehe dazu Teil 3. C. III. 2. b). aa).

notwendiger „Zuschlag“ Rechnung trägt. Wenn man dies unterstellt, bezieht sich die Bemessungsweise des Anlagenwerts auf das Problem um den Beurteilungsspielraum bei dem im KeL-Maßstab vorgegebenen Tatbestand, wie die Kontroverse zw. BNetzA, VG Köln und BVerwG zeigte[987]. Es wird angenommen, dass die Regulierungsbehörde grundsätzlich entscheiden kann, den Anlagenwert auf Grundlage von historischen Anschaffungskosten oder Wiederbeschaffungswerten zu berechnen oder im Wege eines Mischansatzes zu berücksichtigen. Hierbei bedarf es einer plausiblen und nachvollziehbaren Begründung. Dafür führte das NCC an, dass der auf Basis von Anschaffungskosten bemessene Schätzungswert bei Kupfer-TAL im Vergleich zu der durch die Berechnung der aktuellen Wiederbeschaffungskosten am TELRIC-Maßstab ausgeführten Preishöhe niedriger sein solle und zugunsten der Wettbewerber und Verbraucher vorrangig angewendet werden dürfe. Dieser Gesichtspunkt ist jedoch bedenklich, da kein absolut quantitatives Verhältnis zw. den Wiederbeschaffungswerten und den früher tatsächlich angefallenen Kosten nachgewiesen werden kann. Wegen des technischen Fortschritts könnten die Wiederschaffungskosten niedriger als die historischen Kosten sein. Demgegenüber könnte der Wiederschaffungswert angesichts der Erhöhung der Arbeitskosten oder der üblichen Geldentwertung höher als die Beschaffungskosten bemessen werden[988]. Es scheint angemessener, beide Aspekte gleichzeitig in Rechnung zu ziehen[989].

cc) Berechtigtes Price-Cap-System

Was das Price-Cap-Verfahren betrifft, ist es das durch EntRVO programmierte Regime, das sich aus einer bedenklichen Vorstellung ableitet. Es fehlt insbesondere im taiwanesischen Price-Cap-System an einer Stufe, bei der zumindest zwei Dienste in einem Korb zusammengesetzt werden sollen. Dies hat zur Folge, dass die Funktionsweise des als Anreizregulierung gekennzeichneten Price-Cap-Verfahrens mit der Einzelgenehmigung verwechselt wird, die keine gesetzliche Vorgehensweise der Ex-ante-Regulierung i. S. v. § 26 TwTKG ist. Diese Verwechslung wirkt sich auf die Debatte über die Schätzung des genauen X-Werts für einzelne Leistungen bei jeder Price-Cap-Periode aus, weil der zu bestimmte Price-Cap-Index nunmehr so verstanden wird, dass ein kostenorientiertes Preisniveau durch diesen einzigen künstlich variablen Indikator möglichst simuliert werden soll[990]. Vor diesem Hintergrund vertreten einige Autoren

---

987 Siehe dazu die in Fn. 968 dargelegte Rechtsprechung.

988 *Neumann/Koch*, TKG, Kap. 3, Rn. 252.

989 Vgl. *Neumann/Koch*, TKG, Kap. 3, Rn. 253; *Kühling*, K&R 4/2009, S. 246 ff.

990 Siehe dazu oben Teil 2. D. III. 2. b). aa).

die Meinung, dass der Bestimmung der Preisänderungsmaßgröße eine nachvollziehbare Rechnungsmethode, u. a. objektive Einschätzungsweise des X-Werts, zugrunde liegen muss[991]. Ebenso versuchte das NCC, eine oder mehrere zuverlässige Ermittlungsmethoden der zu erwartenden Produktivitätsfortschrittsrate zu entwickeln[992]. Es plant gegenwärtig, abweichend von der Kostenregulierung am LRIC+-Maßstab, eine Price-Cap-Regulierung mit einer anderen Methode, beispielsweise dem *Yardstick Competition*-Ansatz oder internationalen Vergleichsmarkt für schmalbandige Zusammenschaltungsentgelte, auch in die ZVO einzuführen[993]. Die Bemühung des NCC läuft dennoch der originalen Funktion der Price-Cap-Regulierung zuwider und verliert damit die wesentlichen Vorteile der Anreizregulierung.

Daraus wird die Schlussfolgerung gezogen, dass die gesetzliche Vorstrukturierung der Vorgehensweise (Price-Cap-Verfahren nach § 26 TwTKG) aufgegeben werden soll. Stattdessen soll für die Regulierungsbehörde durch die Hinzufügung der gesetzlichen Verfahrensvorgabe der Kostennachprüfung für einzelne Leistungen die Möglichkeit bestehen, eine Einzelgenehmigung sowohl für Zugangs- als auch für Endnutzerleistungen auszuwählen. Hierbei muss ein angebrachter Maßstab, z. B. KeL des DeTKG, welcher im TwTKG noch nicht ersichtlich ist, hervorgehoben werden. Dementsprechend können vielfältige Rechnungsmethoden i. R. d. Einzelgenehmigung zur Verfügung stehen, um den hohen Regulierungsaufwand und die Informationsasymmetrie aufzulösen. Demgegenüber steht das Price-Cap-Verfahren, in dem der die KeL auch berücksichtigende Regulierungsvorgang in zwei Stufen aufgeteilt werden muss. In der „ersten" Stufe ist ein Korb zu bilden, in dem mehrere Leistungen zusammengefasst werden. Zugleich sind die KeL aller im gleichen Korb gezogenen Leistungen dadurch zu ermitteln, dass die i. R. d. Einzelgenehmigung anerkannten Methoden angewendet und damit das angemessene Ausgangspreisniveau festgelegt werden. Hierfür sind die Kostenunterlagen und alle notwendigen Informationen anzuordnen. In der „zweiten" Stufe ist bei der Bestimmung der Produktivitätsfortschrittsrate folgerichtig auf den prozentualen Unterschied zw. dem Ausgangspreisniveau und

---

991 *Liu, K.-C.*, Communication and Broadcast Law, S. 169.

992 Siehe dazu oben Teil 2. D. III. 2. b). bb).

993 *NCC*, Meinungserhebung über das Regulierungsregime der Zusammenschaltungsentgelte an Festnetzen, S. 9. Es ist aber bedenklich, dass das NCC den *Yardstick Competition*-Ansatz als Rechnungsmethode des X-Werts in der Price-Cap-Formel ansieht. Der *Yardstick Competition*-Ansatz ist im Wesentlichen eine selbstständige Vorgehensweise der Anreizregulierung, die von der Price-Cap-Regulierung unterschieden werden soll. Vgl. dazu näher *Berndt*, Anreizregulierung, S. 83 ff.

den aktuell geschätzten KeL abzustellen.[994] Dabei darf – wie § 23 Abs. 5 DeTKG regelt – bei der Festlegung der Maßgrößen die Produktivitätsfortschrittsrate von Unternehmen auf vergleichbaren, dem Wettbewerb geöffneten Märkten berücksichtigt werden. Durch diese Anreizregulierung kann einerseits der Aspekt der Kostenorientierung im ausreichenden Maße in Rechnung gestellt, anderseits die Nützlichkeit der Anreizregulierung beibehalten werden, da ein hoher, sich aus der dichten Kostenermittlung ergebender Regulierungsaufwand in der Regel nur zu Beginn der Einführung der Anreizregulierung entsteht[995].

dd) Subsidiäre Regulierungsvorgehensweise

Über die Einzelgenehmigung und das Price-Cap-Verfahren hinaus kann die BNetzA nach § 31 Abs. 2 DeTKG abweichend von den beiden Entgeltgenehmigungsweisen am KeL-Maßstab durch den Retail-Minus-Ansatz oder andere Vorgehensweisen die Entgelte genehmigen. Diese zwei Ansätze sind jedoch i. S. d. Anwendungsverhältnis nicht gleichrangig mit der Einzelgenehmigung oder dem Price-Cap-Verfahren.

Der Retail-Minus-Ansatz ist gem. § 31 Abs. 2 Nr. 1 DeTKG nur auf die vom SMP-Unternehmen zu Großhandelsbedingungen angebotenen Zugangsleistungen anwendbar, da die Dritten den Weiterbetrieb im eigenen Namen und auf eigene Rechnung ermöglichen und als Großhandelsprodukte interpretiert werden. Der Retail-Minus-Ansatz gilt tatsächlich nur für Resale-Produkte, weil dessen Anwendung das Vorliegen eines gegenüber Endkunden angebotenen Wiederverkaufspreises voraussetzt. Dieser Ansatz ist daher ein Spezialmaßstab, den der Gesetzgeber in atypischen Fällen zulassen will[996]. Nach § 11 Abs. 4 EntRVO ist das dem Price-Cap-Verfahren unterliegende Ausgangspreisniveau der für andere Telekommunikationsunternehmen erbrachten (Zugangs-)Leistung, die als Großhandelsprodukt eingestuft wird, im Wege des Retail-Minus-Ansatzes festzulegen. Daneben kann dieses Entgelt für das Großhandelsprodukt nach demselben Ansatz genehmigt werden, § 11 Abs. 5 Nr. 1 EntRVO. Dies ist im höchsten Maße bedenklich. Die für andere Telekommunikationsunternehmen

994 Vgl. *Berndt*, Anreizregulierung, S. 208 ff.; *Groebel/Voß*, in: Säcker (Hrsg.), TKG-Komm., § 33, Rn. 27. Für die Schätzungsansätze des Effizienzwerts (X-Wert) im Bereich des Energierechts wird der in §§ 12–14 Anreizregulierungsverordnung vorgeschriebene „Effizienzvergleich" herangezogen, in dem die Effizienzgrenze nach den effizientesten Netzbetreibern (Best-Practice-Maßstab) bestimmt wird. Vgl. dazu *Mengering*, Entgeltregulierung, S. 332 f.

995 *Berndt*, Anreizregulierung, S. 83.

996 BVerwG, Urteil v. 12.06.2013 – 6 C 10.12, Rn. 44 (bverwg.de).

erbrachte Leistung kann nicht unbedingt gleichbedeutend mit dem Großhandelsprodukt sein, da ein entsprechender Wiederverkaufspreis mehrerer vom NCC qualifizierter Zugangsleistungen gerade nicht vorliegt. Das NCC hat den Begriff des Resale-Produkts missverständlich verwendet[997]. Der Retail-Minus-Ansatz ist freilich bei diesem Fall überhaupt unanwendbar. Es ist vorzuschlagen, die gegenwärtige Begriffsanwendung der Großhandelsprodukte aufzuheben und zugleich den Retail-Minus-Ansatz auf eine alternative Vorgehensweise der Ex-ante-Entgeltregulierung als solche so umzustellen, dass deren Anwendung nur bei „klassischen" Resale-Leistungen eingeleitet wird.

Die Regulierungsbehörde kann insoweit durch andere Vorgehensweisen die Entgelte genehmigen, wenn ihr insb. Tatsachen bekannt werden, welche die Annahme rechtfertigen, dass eine Genehmigung am KeL-Maßstab aus einem Sachgrund vermieden werden soll. Der taiwanesische Gesetzgeber sollte in Betracht ziehen, diese Vorgehensweise auch in das TwTKG als subsidiäre Maßnahme einzuführen. Nicht von vornherein auszuschließen ist der Fall, bei dem neben der grundlegenden Perspektive der Kostenorientierung noch ein zusätzliches Regulierungsziel zu berücksichtigen ist, das tatsächlichen Einfluss auf die in Frage gestellte Preisbildung nehmen kann. Diesbezügliche Sachverhalte sind zwar nicht häufig, sie sind aber praktisch nicht bedeutungslos. Die oben dargelegte Einzelgenehmigung nach dem „pureLRIC"-Maßstab kommt vor allem in Betracht. Die Aufforderung, die leistungsmengenneutralen Gemeinkosten im Falle der Kalkulation der Terminierungsentgelte nicht zu berücksichtigen, wird von der EU-Kommission unterstützt, da nach ihrer Auffassung die betroffenen Gemeinkosten bereits von eigenen Kunden des angerufenen Netzbetreibers durch die Erbringung anderer Dienstleistungen getragen werden. Falls Gemeinkosten auch bei der Berechnung der Zusammenschaltungsentgelte in Rechnung gestellt werden, führt dies zur Überdeckung der Kosten.[998] Daneben ist die Regulierung zur Ermöglichung eines symmetrischen Zusammenschaltungsentgeltniveaus zu empfehlen[999]. Durch die Festlegung des einheitlichen Niveaus der Entgelte (in der EU) sind die wichtigen Ziele der Regulierung, z. B. Wahrnehmung der Nutzer- und Verbraucherinteressen und Förderung des Wettbewerbs,

---

997 Dazu bereits oben Teil 2. D. IV. 2. a). Diese falsche Anwendung des Großhandelsbegriffs kann auf das Fehlen des gesetzlichen Zugangsbegriffs zurückgeführt werden. Siehe dazu oben Teil 3. C. I. 2.

998 *Monopolkommission*, Sondergutachten 78, Rn. 73.

999 EU-Kommission, Empfehlung 2009/396/EG, Erwägungsgrund 7, 16; vgl. auch *Kleinlein/Schubert*, N&R 5/13, S. 187.

sicherzustellen[1000]. Der Rückgriff auf die andere Vorgehensweise setzt aber jedenfalls eine Darlegung voraus, bei der die Regulierungsbehörde eine „bessere Geeignetheit" der angewendeten Genehmigungsweise im Vergleich zur Genehmigung am KeL-Maßstab begründet[1001].

4. Entgeltregulierung für Endnutzerleistungen

a) Genehmigungspflicht als Ultima Ratio im DeTKG

Die Entgeltregulierung für Endnutzerleistungen teilt sich – nicht anders als die Entgeltregulierung für Zugangsleistungen – in die Ex-ante-Regulierung nach § 39 Abs. 1 DeTKG und die Ex-post-Regulierung nach § 39 Abs. 3 DeTKG auf. Dies verweist jedoch nicht darauf, dass die Entgeltregulierung für Endnutzerleistungen überhaupt gleichrangig mit der Entgeltregulierung für Zugangsleistungen ist. Die Genehmigungspflicht für Endnutzerleistungen ist nach § 39 Abs. 1 S. 1 DeTKG nur dann aufzuerlegen, wenn vorliegende Tatsachen die Annahme rechtfertigen, dass die Verpflichtungen im Zugangsbereich zur Erreichung der Regulierungsziele nach § 2 führen würden. Bei der Vornahme der Entgeltgenehmigung kommt es daher auf eine Schlussfolgerung der Insuffizienzprüfung an, in der sich die in § 2 Abs. 2 DeTKG angelegten Regulierungsziele als Referenzmaßstäbe darstellen.[1002] Angesichts der besonderen Forderungen nach der zugangsrechtlichen Insuffizienz erweist sich die Genehmigungspflicht für die Preise der Endnutzerleistungen als *Ultima Radio* im deutschen Marktregulierungssystem[1003]. Der Vorrang der zugangsbezüglichen Entgeltregulierung spiegelt das Konzept der disaggregierten Regulierung wider, welches dazu auffordert, dass sich der Einsatz der Marktregulierungsmaßnahme grundsätzlich auf das nicht einfach durch einen Marktmechanismus ausgeglichene Bottleneck-Segment beschränkt, das sich im Regelfall nur auf der Netzebene befindet[1004]. Damit kann eine bedeutungslose Doppelregulierung vermieden werden[1005].

1000 BNetzA, Beschluss v. 19.12.2016, BK 2b-16/005, S. 93 ff., 101 ff.

1001 *Koenig/Meyer*, K&R 4/2013, S. 241 f.

1002 *Kühling/Neumann*, in: Säcker (Hrsg.), TKG-Komm., § 39, Rn. 53.

1003 Vgl. Begründung des Regulierungsentwurfs TKG, BT-Drs. 15/2316, S. 70. Die Erstreckung der Regulierung von vorgelagerten Zugangsmärkten zu nachgelagerten Verbrauchermärkten im Eisenbahnsektor kann hierbei als Beispiel für die Begründung des Regulierungseinsatzes angesehen werden. Vgl. dazu *Gersdorf*, WiVerw 2010/2, S. 163 ff.

1004 *Höppner*, Regulierung der Netzstruktur, S. 53; *Knieps*, Wettbewerbsökonomie, S. 95; *Mohr*, Sicherung der Vertragsfreiheit, S. 687 f.

1005 *Kühling/Neumann*, in: Säcker (Hrsg.), TKG-Komm., § 39, Rn. 2, 131.

Da die Genehmigungspflicht nur in Ausnahmefällen zur Anwendung kommt, wird die Ex-post-Entgeltkontrolle gesetzlich als Regelfall vorstrukturiert[1006]. Dabei sind lediglich solche Märkte, auf denen in absehbarer Zeit nicht mit der Entstehung der nachhaltigen Wettbewerbsorientierung zu rechnen ist, mit den Ex-ante-Maßnahmen regulierungsbedürftig, § 39 Abs. 1 S. 2 DeTKG. Hinsichtlich des Tatbestandsmerkmals „in absehbarer Zeit" handelt es sich um eine Prognoseentscheidung. Dafür soll der BNetzA ein Beurteilungsspielraum zukommen.[1007] Der Ermessensfreiraum für die Auswahl der Regulierungsart bei der Entgeltkontrolle für die Endnutzerleistungen ist – obwohl eine Reduzierung des Entscheidungsspielraums durch die zusätzliche Begründung als Tatbestandsvoraussetzung besteht[1008] – ein Bestandteil des durch die Abwägung gesteuerten Regulierungsermessens[1009].

b) *Änderungsvorschlag*

Im TwTKG besteht kein Rechtsrahmen, der sich vor allem auf die Entgeltgenehmigung für Zugangsleistungen richtet. Bei der einzigen gesetzlichen Vorgabe für die Entgeltregulierung (§ 26 TwTKG) handelt es sich vielmehr um die auf Grundlage der ermächtigenden Verordnung durch ein dezidiertes Price-Cap-Verfahren vorgenommene Preiskontrolle für Endnutzerleistungen. Dies führt zu einem hochkomplizierten Regelungssystem, das sich in der Entgeltregulierung des DeTKG nicht ergibt. Auf einer Seite darf das NCC jedenfalls von der Preisniveaukontrolle für Telekommunikationsdienste i. S. v. § 2 Nr. 4 TwTKG, nämlich Endnutzerleistungen, ausgehen. Auf der anderen Seite muss das NCC bei der Überprüfung der zugangsbezüglichen Entgelte zwingend auf die Anforderung der entbündelten Netzsegmente im Zusammenschaltungsregime oder das Price-Cap-Verfahren für die von dem NCC selbst geschöpften „Großhandelsprodukte" zurückgreifen. Die Normstruktur, in der die Preiskontrolle vorrangig für Endkundenprodukte gilt und divergierende entgeltbezügliche Vorgaben jeweils für verschiedene Zugangsleistungen ausgestaltet werden, steht im höchsten Maße

1006 *Stamm*, in: Scheurle/Mayen (Hrsg.), TKG-Komm., § 39, Rn. 14; *Geppert/Berger-Kögler*, in: Geppert/Schütz (Hrsg.), BeckTKG-Komm., § 39, Rn. 19.

1007 *Kühling/Neumann*, in: Säcker (Hrsg.), TKG-Komm., § 39 Rn. 67 f.; *Oster*, Normative Ermächtigungen, S. 272 f.

1008 *Kühling/Neumann*, in: Säcker (Hrsg.), TKG-Komm., § 39, Rn. 73 f.

1009 BVerwG, Urteil v. 29.10.2008 – 6 C 38.07 Rn. 66 (bverwg.de). *Stamm*, in: Scheurle/Mayen (Hrsg.), TKG-Komm., § 39, Rn. 15 f.; *Geppert/Berger-Kögler*, in: Geppert/Schütz (Hrsg.), BeckTKG-Komm., § 39, Rn. 29 f.; *Kühling/Neumann*, in: Säcker (Hrsg.), TKG-Komm., § 39, Rn. 70.

dem Konzept der disaggregierten Regulierung entgegen, nach dem eine konzentrierte Regulierung für monopolistische Engpassbereiche gefordert wird[1010]. In der Literatur wird die Meinung vertreten, dass gar keine positive Auswirkung der Wettbewerbsförderung durch die jahrelang durchgeführte Preiskontrolle für Telekommunikationsdienste auftritt[1011]. Dem NCC war schon bewusst, dass es sich in der Zukunft auf die Gewährleistung des offenen Zugangs anstatt auf hoheitliche Kontrolle des Preisniveaus an Verbrauchermärkten fokussieren soll[1012]. Daher ist vorzuschlagen, im Licht des § 39 Abs. 1 S. 1 DeTKG eine Begründungspflicht i. R. d. Entgeltregulierung für Endnutzerleistungen einzuführen. Vor der Einleitung der Entgeltgenehmigung für bestimmte Endnutzerleistungen muss die Regulierungsbehörde nachvollziehbar darlegen, dass die Regulierung für die Zugangsleistung und deren Entgelt nicht ausreichend ist, um die Ziele der Regulierung zu ermöglichen. Was die Arten und die verfügbaren Ansätze der Entgeltregulierung für Endnutzerleistungen betrifft, können diese direkt laut den Vorgaben für Zugangsleistungen angeglichen werden, indem das vorstrukturierte Price-Cap-Verfahren aufgehoben wird.

IV. Besondere Missbrauchsaufsicht

1. Flankierendes Instrument der Missbrauchsaufsicht

Neben der Missbrauchsaufsicht der Entgeltregulierung besteht noch eine sonstige Missbrauchsaufsicht, die durch § 42 DeTKG konkretisiert wird. Mit Blick auf die ausdrückliche Formulierung ist § 42 Abs. 1 S. 1 DeTKG eine Generalklausel, die sich auf alle möglichen missbräuchlichen Verhaltensweisen des SMP-Unternehmens richtet, das Telekommunikationsdienste, Leistungen nach § 78 Abs. 2 Nr. 5 DeTKG anbietet oder ein oder mehrere Telekommunikationsnetze betreibt[1013]. Die besondere Missbrauchsaufsicht findet nach Auffassung des BVerwG dann statt, wenn die in Frage gestellten Märkte zuvor in einem Marktdefinitions- und Marktanalyseverfahren als regulierungsbedürftig

1010 *Knieps*, N&R 2/10, S. 71.

1011 *Liu, K.-C.*, Communication and Broadcast Law, S. 168; *Lee, C.*, The Taiwan Law Review 186, S. 192.

1012 *NCC*, Meinungserhebung über die wettbewerbsfördernde asymmetrische Regulierung, S. 4.

1013 *Schütz*, in: Geppert/Schütz (Hrsg.), BeckTKG-Komm., § 42, Rn. 1; *Gersdorf*, in: Säcker (Hrsg.), TKG-Komm., § 42, Rn. 5 f.; *Kühling/Elbracht*, Die Verwaltung 40 (2007), S. 572.

festgelegt werden[1014]. Nach § 42 Abs. 1 S. 2 DeTKG liegt ein Missbrauch insb. dann vor, wenn andere Unternehmen unmittelbar oder mittelbar unbillig behindert oder Wettbewerbsmöglichkeiten ohne sachlich gerechtfertigten Grund erheblich beeinträchtigt werden. Dieser normativen Programmierung liegen offensichtlich die Vorschriften des GWB zugrunde, so dass § 42 Abs. 1 DeTKG in Anlehnung an § 19 Abs. 2 GWB auszulegen ist[1015]. Die Festlegung eines missbräuchlichen Verhaltens, also Behinderung oder Beeinträchtigung, bedarf einer Interessenabwägung, in der der Zielkatalog der Regulierung i. S. v. § 2 Abs. 2 DeTKG in Rechnung gestellt werden muss[1016]. In § 42 Abs. 2 DeTKG liegt eine Vermutungsregel für einen Missbrauch nach § 42 Abs. 1 DeTKG vor. Hierbei geht es um eine diskriminierende Gewährung der ungleichwertigen Bedingungen für die intern genutzten oder am Markt angebotenen Leistungen. Durch dieses Diskriminierungsverbot soll eine gleichwertige Bedingung für unternehmensinterne und -externe Sachverhalte gewährleistet werden[1017]. In § 42 Abs. 3 DeTKG liefert der Gesetzgeber einen anderen Vermutungstatbestand. Die Verzögerung von Zugangsanträgen durch Unternehmen mit beträchtlicher Marktmacht wird als missbräuchlich vermutet, wenn ein Betreiber eines öffentlichen Telekommunikationsnetzes mit beträchtlicher Marktmacht ohne sachlichen Grund seiner Verpflichtung aus § 22 DeTKG nicht nachkommt.[1018] Aus diesem Grund kann man davon ausgehen, dass diese Regelung die Anordnungsmöglichkeit des § 25 Abs. 1 S. 1 DeTKG ergänzt, der i. V. m. § 22 DeTKG beim ganzen oder teilweisen Nichtzustandekommen der Zugangsvereinbarung zum Einsatz kommt[1019].

Wie der Missbrauch i. S. v. § 42 Abs. 1 S. 1 DeTKG die Auslegung des Missbrauchsbegriffs des § 19 Abs. 2 GWB angleicht, nähert sich die Rechtsfolge der missbräuchlichen Ausnutzung der marktmächtigen Stellung des § 42 Abs. 1–3

1014 BVerwG, Urteil v. 18.04.2007 – 6 C 21.06, Rn. 22 (bverwg.de) = BVerwGE 128, 305. Vgl. auch *Bier*, N&R 1/09, S. 29.

1015 *Robert*, K&R 8/2005, S. 355; *Gersdorf*, in: Säcker (Hrsg.), TKG-Komm., § 42, Rn. 29.

1016 *Roth*, in: Scheurle/Mayen (Hrsg.), TKG-Komm., § 42, Rn. 18 f.; *Gersdorf*, in: Säcker (Hrsg.), TKG-Komm., § 42, Rn. 27; *Neumann/Koch*, TKG, Kap. 3, Rn. 409.

1017 *Schütz*, in: Geppert/Schütz (Hrsg.), BeckTKG-Komm., § 42, Rn. 100; *Gersdorf*, in: Säcker (Hrsg.), TKG-Komm., § 42, Rn. 43; *Robert*, K&R 8/2005, S. 356.

1018 *Stamm*, in: Scheurle/Mayen (Hrsg.), TKG-Komm., § 39, Rn. 69; *Gersdorf*, in: Säcker (Hrsg.), TKG-Komm., § 42, Rn. 46.

1019 *Robert*, K&R 8/2005, S. 356 f. Mit Rücksicht auf das Tatbestandsmerkmal „Verzögerung“ sind die Fälle hierbei nicht zu erfassen, in denen einer entsprechenden Anordnung nicht entsprochen wird. Vgl. dazu *Kühling/Schall/Biendl*, TKG, Rn. 424.

DeTKG an das allgemeine Wettbewerbsrecht an[1020]. Wird die missbräuchliche Ausnutzung der marktmächtigen Stellung gem. § 42 Abs. 1–3 DeTKG festgelegt, kann die BNetzA nach § 42 Abs. 4 S. 1 DeTKG eine Entscheidung fällen, um das missbräuchliche Verhalten zu beenden. Dabei kann die BNetzA nach § 42 Abs. 4 S. 2 DeTKG das missbräuchliche Verhalten nach Kenntnis untersagen (1. Variante) oder ein Verhalten auferlegen (2. Variante) sowie die betroffenen Verträge ganz (3. Variante) oder teilweise (4. Variante) für unwirksam erklären[1021]. Diese Vorschrift für die Rechtsfolge der missbräuchlichen Ausnutzung der marktmächtigen Stellung gilt gem. § 18 Abs. 2 S. 2 DeTKG auch für die marktmachtunabhängige Zugangsverpflichtung i. S. v. § 18 Abs. 1 S. 2 DeTKG. In diesem Rahmen verfügt die BNetzA über einen allgemeinen Ermessensspielraum[1022]. Zu beachten ist aber die nach der DeTKG-Novelle 2007 eingeführte Bestimmung für das missbräuchliche Verhalten auf den Endnutzermärkten. Gem. § 42 Abs. 4 S. 3 DeTKG finden die nach Satz 1 und 2 vorgegebenen Maßnahmen auch Anwendung, wenn Tatsachen vorliegen, die die Annahme rechtfertigen, dass ein Unternehmen seine marktmächtige Stellung auf Endkundenmärkten missbräuchlich „auszunutzen droht". Danach könnte die Behörde auch schon vor der Ausführung des Missbrauchs die Missbrauchskontrolle vornehmen.[1023]

2. Änderungsvorschlag

Obschon eine Vorgabe für die nachträgliche Missbrauchsaufsicht (§ 26-1 TwTKG) im Jahr 1999 eingeführt worden ist, bleibt sie in der Praxis stets bedeutungslos[1024]. Bei der Erklärung des taiwanesischen Regulierungsrechts im Telekommunikationssektor (Teil 2 dieser Dissertation) wird dies somit nicht besonders eingehend diskutiert. Es fehlt vor diesem Hintergrund an hinreichenden Vergleichsinteressen mit den Regelungen zur Unterbindung des missbräuchlichen Handelns des DeTKG. Es ist aber geeignet, eine Vermutung für deren Unausführbarkeit und einen entsprechenden Vorschlag für die Umstellung auf eine funktionale Institution im Hinblick auf § 42 DeTKG zum Ausdruck zu bringen. Die Regelung, die

1020 Begründung des Regulierungsentwurfs TKG, BT-Drs. 15/2316, S. 71; *Gersdorf*, in: Säcker (Hrsg.), TKG-Komm., § 42, Rn. 48.

1021 *Robert*, K&R 8/2005, S. 358.

1022 *Kühling/Schall/Biendl*, TKG, Rn. 426.

1023 *Gersdorf*, in: Säcker (Hrsg.), TKG-Komm., § 42, Rn. 51 f.; *Kühling/Schall/Biendl*, TKG, Rn. 425.

1024 Das einzige Lehrbuch des TwTKG weicht aus dem gleichen Grund von diesem Thema ab und hat es kaum beschrieben. Siehe dazu *Chiang, Y.-K.*et al., Telecommunications Law, S. 168.

die missbräuchliche Preissetzung eines SMP-Unternehmens i. S. v. § 26-1 Abs. 1 Nr. 3 TwTKG verhindert, ist hierbei nicht zu wiederholen[1025].

§ 26-1 TwTKG normiert mehrere Typen missbräuchlichen Verhaltens, das von einem SMP-Unternehmen durchgeführt wird. Dem 1KTU, das über beträchtliche Marktmacht verfügt, ist es gem. § 26 Abs. 1 TwTKG verboten, die folgenden Verhaltensweisen vorzunehmen: eine mittelbare und unmittelbare Verweigerung des Anspruchs von anderen 1KTU auf die Zusammenschaltung in technischer Weise (Nr. 1), die Verweigerung der Erteilung der Rechnungsmethode und diesbezüglicher Informationen für Zusammenschaltungsentgelte gegenüber anderen 1KTU (Nr. 2), die Verweigerung des Anspruchs von anderen 1KTU auf den vollständig entbündelten Zugang zum bestimmten Netzsegment ohne sachlichen Grund (Nr. 4), die Verweigerung des Anspruchs von anderen Telekommunikationsunternehmen oder Endnutzern auf die Mietleitung ohne sachlichen Grund (Nr. 5), die Verweigerung des Anspruchs von anderen Telekommunikationsunternehmen oder Endnutzern auf eine Verhandlung oder Prüfung ohne sachlichen Grund (Nr. 6), die Verweigerung des Anspruchs von anderen Telekommunikationsunternehmen auf die Kollokation ohne sachlichen Grund (Nr. 7), die Ungleichbehandlung gegenüber anderen Telekommunikationsunternehmen oder Endnutzern ohne sachlichen Grund (Nr. 8) sowie andere Verhaltensweisen, durch die die beträchtliche Marktstellung missbräuchlich ausgenutzt oder von der Regulierungsbehörde als unbillig gewürdigt wird (Nr. 9). Im Gesetzesentwurf von 1999 zur Hinzufügung des § 26-1 TwTKG wird eine Schutzinstitution gegen jegliche missbräuchliche Ausnutzung der beträchtlichen Marktmacht betont, welche die Beschränkung oder Verringerung der Wettbewerbsfunktion herbeiführen kann[1026]. Es lässt sich aus diesem Grund festhalten, dass die Funktionsweise des § 26-1 TwTKG im Wesentlichen an die Missbrauchskontrolle im allgemeinen Wettbewerbsrechts angeglichen werden soll. Weshalb die oben genannten Fälle zusätzlich zu ergänzen sind und wie die vorliegenden Tatbestandsvoraussetzungen in den jeweiligen Fällen entschieden werden, bleibt jedoch unklar. Es ist auch bedenklich, ob die Aufsichtsarbeit durch die Subsumtion der formulierten Tatbestände der vielfältigen Regelbeispiele, die meistens um die Zugangsverhandlung zw. 1KTU gehen, in gewissem Maße erleichtert werden kann. Zum einen handelt es sich um die Unfehlbarkeit der Tatbestandsformulierung, da in manchen Fällen redundante Tatbestände festgeschrieben werden, welche tatsächlich keinen materiellen Bezug auf die

---

1025 Siehe dazu oben Teil 3 E. III. 2. d).

1026 Entwurfsbegründung zum TwTKG (1999), LY-Drs. Nr. 88/37, S. 223.

Tatsache der Wettbewerbsbeschränkung nehmen. Die Bestimmungen der Fälle, in denen eine Verweigerung des Mietleistungs- (Nr. 5) oder Verhandlungsanspruchs (Nr. 6) oder eine Diskriminierungspraxis (Nr. 8) gegenüber „Endnutzern“ vorgenommen werden, überschreiten den Umfang des Rechts gegen Wettbewerbsbeschränkungen, das das ursprüngliche Ziel des § 26-1 TwTKG ist. Zum anderen holen sich die meisten in § 26-1 Abs. 1 TwTKG hervorgehobenen Fälle die Vorgaben wieder, welche bereits im TwTKG oder in der ZVO vorgeschrieben werden, beispielsweise das Verweigerungsverbot des Zusammenschaltungsanspruchs nach § 16 Abs. 1 TwTKG, das Verweigerungsverbot des Kollokationsanspruchs nach § 11 Abs. 3 ZVO und das Diskriminierungsverbot nach § 6 Abs. 1 ZVO. Diese Konstellation kann teilweise auf die normierende Regulierung zurückgeführt werden, da die durch konditionale Programmierung festgeschriebenen Regelungen über zugangsbezügliche Verpflichtungen im Wesentlichen von den Missbrauchsverbotsnormen kaum abweichen. Dies hat zur Folge, dass das Anwendungsverhältnis des § 26-1 TwTKG zu Vorgaben der Zugangs- oder Entgeltregulierung sogar zum Missbrauchsverbot des Kartellrechts nach § 20 FTA in höchstem Maße nicht eindeutig ist[1027]. Auch nicht zu vernachlässigen ist die grob vorgeschriebene Rechtsfolge der missbräuchlichen Ausnutzung der beträchtlichen Marktmacht in TwTKG. Die Bestimmung dieser Rechtsfolge sollte eine der Regulierungsbehörde zustehende Befugnis zur effektiven Neutralisierung des missbräuchlichen Verhaltens enthalten. Das NCC kann gem. § 62-1 Abs. 1 TwTKG neben der Geldstrafe gegenüber dem 1KTU, das seine marktbeherrschende Stellung missbräuchlich ausnutzt, anordnen, innerhalb einer bestimmten Frist einen Ausgleich für sein missbräuchliches Verhalten durchzuführen. Die Verwendung des Terminus „Vergleich“ ist so vage, dass man ihm nicht unmittelbar entnehmen kann, welche Anordnungen das NCC gegenüber dem Handelnden treffen kann. Es ist überzeugend, dass das NCC aus diesen Gründen zurückhaltend ist, § 26-1 TwTKG auf die konkreten Sachverhalte anzuwenden.

Angesichts dessen, dass die geltenden Regelungen für besondere Missbrauchsaufsicht nicht für funktionsfähig gehalten werden, sollen §§ 26-1 i. V. m. 61-1 TwTKG in Anlehnung an § 42 DeTKG umstrukturiert werden. Die Tatbestandsvoraussetzung, die ein entgegenzuwirkendes Missbrauchsverhalten auf Grundlage der marktbeherrschenden Stellung definiert, soll an das klassische Verständnis im allgemeinen Wettbewerbsrecht anknüpfen, nämlich das Vorliegen einer unmittelbar oder mittelbar unbilligen Behinderung gegenüber

---

1027 Siehe dazu oben Teil 3. A. II. 2. b).

anderen Unternehmen oder eine ohne sachlichen Grund durchgeführte Beeinträchtigung der Wettbewerbsmöglichkeiten anderer Telekommunikationsunternehmen. Die bestehenden Regelbeispiele können zum Teil verringert werden oder ganz weggefallen, indem die Rechtswidrigkeit des die Wettbewerbsbeschränkung herbeiführenden Missbrauchsverhaltens hervorgehoben wird. Der Regulierungsbehörde steht während der Festlegung eines Missbrauchsverhaltens eine gesetzliche Ermessenkompetenz zu, durch die sie die Entscheidung für eine Unterlassung des in Frage gestellten Missbrauchsverhaltens oder eine Auferlegung eines bestimmten Verhaltens zur Kompensation, und ferner eine Erklärung der ganzen oder teilweisen Ungültigkeit der betroffenen Vereinbarung fällen kann.

Teil 4 Zusammenfassung

1. Seit 1987 wurde das taiwanesische Regulierungsregime im Telekommunikationssektor schrittweise auf einen Rechtsrahmen umgestellt, der der Öffnung des Markts und der Förderung des Wettbewerbs anstatt der zuvor von Verfassung wegen gerechtfertigten Beibehaltung des staatlichen Monopolrechts dient. Das gesamte Normsystem der Telekommunikationsregulierung wird von einem grundlegenden Gesetzbuch (TwTKG) und dem auf die fundamentale Zielsetzung im Kommunikationsbereich gerichteten FCA mit mehreren Rechtsverordnungen jeweils für den Marktzutritt des klassifizierten Telekommunikationsunternehmens (z. B. TdFVO und 2KTUVO), der Zusammenschaltung (ZVO) sowie Entgeltgenehmigung im Wege des Price-Cap-Verfahrens (EntRVO) usw. zusammen gebildet. Mit Blick auf die dichte Regelungsintensität orientiert sich dieses Regierungsmodell an einer normierenden Regulierung. Diese Dissertation versucht vor allem, eine systematische Regulierungsstruktur im Rahmen des TwTKG und der begleitenden Verordnungen im Licht der Normstruktur des DeTKG zu vergleichen. Damit kann die bestehende oder potenzielle Problematik lokalisiert werden. Als zweite Stufe werden die zum Ausdruck kommenden Probleme durch einen Rechtsvergleich dem deutschen Recht gegenübergestellt und ferner Legislativvorschläge hervorgebracht. Da es sich bei der Regulierungsschwierigkeit in Taiwan meistens um die ökonomische Regulierung handelt, kommen der Zweck des Gesetzes, Regulierungsziele, das Marktzutrittsregime, Vorgaben für die Zugangs- und Entgeltregulierung wie auch besondere Missbrauchsaufsicht in Betracht.
2. Das TwTKG normiert zwei grundlegende Zwecke, nämlich die Gemeinwohlorientierung der Telekommunikationsdienstleistung sowie die Sicherstellung der telekommunikativen Sicherheit und der Rechte der Nutzer. Durch die Ermittlung des Willens des Gesetzgebers mit Rücksicht auf den Anpassungsbedarf an den Privatisierungsvorgang ist der erstgenannte Zweck so auszulegen, dass die Sicherstellung und Förderung des Wettbewerbs als erwünschtes Mittel zur Ermöglichung des Gemeinwohls verstanden werden sollen. Der zweite Zweck verweist darauf, dass dem Staat nach wie vor die Bewahrung der telekommunikativen Grundversorgung als Verfassungsauftrag obliegt. Daneben wird eine Reihe von Regulierungszielen im FCA festgesetzt, wobei die pluralistische Entwicklung, Technologieneutralität, unbeschränkte Zusammenschaltung sowie universale

Telekommunikationsdienste unterstrichen werden. Das Zusammenschaltungsprinzip ist insb. als wesentliches Konzept für die Regelung des Rechtsverhältnisses zw. Telekommunikationsunternehmen zu erfassen. Nach h. M. wird angenommen, dass sich die Vorgaben der Regulierungsmaßnahmen aufgrund derer Besonderheit als abschließende Vorschriften darstellen. Hingegen findet das allgemeine Wettbewerbsgesetz, FTA, i. R. d. Missbrauchsaufsicht in der Regel neben dem TwTKG parallele Anwendung.

3. Im Rechtsrahmen des TwTKG werden Telekommunikationsunternehmen in zwei Klassen aufgeteilt. Dementsprechend liegen zwei jeweils den Telekommunikationsunternehmen erteilte Lizenzarten vor, da unterschiedliche Erteilungsvoraussetzungen mit unterschiedlicher Eingriffsintensität ausgebildet werden. Das entscheidende Kriterium zur Klassifizierung bezieht sich darauf, ob das Unternehmen über ein eigenes Betriebsnetz verfügt. Während 1KTU der verteilungslenkenden Genehmigung mit strengerer Vertraulichkeitsprüfung unterliegen, stellt sich die Marktzutrittskontrolle für 2kTU als präventives Verbot mit Erlaubnisvorbehalt dar. Die Arten der erstklassigen Lizenz werden weitergehend anhand des geografischen Geschäftsgebiets oder Geschäftsgegenstands unterschieden und damit als Sekundärlizenz durch mehrere spezielle Verordnungen mit differenziertem Genehmigungsverfahren ausgeprägt. Parallel zu der Kontingentgenehmigung für 1KTU werden die Lizenzarten des 2KTU von der Regulierungsbehörde noch in die allgemeine und spezifische Lizenzklasse unterschieden. Der ausdrückliche Grund besteht darin, dass die Lizenzklassifizierung nicht von der Dienstleistung, sondern vom Netzbetrieb abhängig ist. Es besteht für das 2KTU jedenfalls die Möglichkeit, für seinen Kunden solche Telekommunikationsdienstleistungen, die in einem früheren Aspekt nur 1KTU anzubieten vermag, mithilfe von Zugangsleistungen des fremden Netzbetreibers zu erbringen und zugleich im Wettbewerbsverhältnis zu dem 1KTU am Markt zu stehen. Die Marktzutrittskontrolle für 2KTU bei diesem Bereich muss daher verstärkt werden. Eine objektive Grenzziehung zw. den beiden Lizenzklassen ist jedoch kaum sichtbar. Im Ergebnis liegt im taiwanesischen Regulierungsrecht ein hochkompliziertes Marktzutrittsregime vor.
4. Im TwTKG besteht keine allgemeine Vorgabe der Zugangsverpflichtung. Stattdessen wird eine Reihe konkreter Regelungen über die Gewährung der Zugangsvarianten durch die Verordnungskompetenz der Regulierungsbehörde in Form der konditionalen Programmierung ausgestaltet. Dabei kommt vor allem das Zusammenschaltungsregime in Betracht, das zu dem am meisten komplettierten Rechtsrahmen der Zugangsregulierung zählt. Das TwTKG regelt eine marktmachtunabhängige

Zusammenschaltungsverpflichtung von 1KTU mit einem behördlichen Interventionsverfahren für die Sicherstellung der fairen und diskriminierungsfreien Zusammenschaltungsvereinbarung. Die Regulierungsbehörde hat daneben durch die Begriffserweiterung der Zusammenschaltung innerhalb dieses Rahmens die Zugangsformen eingeführt, derer 2KTU oder Nachfrager nach der Kollokation bedürfen. Darüber hinaus werden das Mitnutzungsrecht der sog. Bottleneck-Einrichtung und die Vorgaben für die Gewährung der Möglichkeit zur Betreiber(vor-)auswahl im TwTKG vorgeschrieben. Nicht zu vernachlässigen sind die Vorgaben, welche beide Aspekte der Zugangs- und Entgeltregulierung kombinieren, d. h. den entbündelten Netzzugang zu den als Bottleneck-Einrichtung qualifizierten Netzkomponenten in ZVO sowie das Price-Cap-Verfahren für sog. Großhandelsprodukte in EntRVO. Was die begleitenden Verpflichtungen betrifft, wird in der Regel in ZVO gesondert vorgegeben. Das Diskriminierungsverbot und die Transparenzverpflichtung leiten sich ab aus der gesetzlichen prinzipiellen Vorschrift der Zusammenschaltung. Nur das Handlungsgebot der getrennten Rechnungsführung ist eine gesetzliche Regelung, die eine dezidierte Rechnungsmethode für regulierte Unternehmen in RmL herbeiführt. Insgesamt besteht ein uneinheitliches Normsystem der Zugangsregulierung.

5. Ebenfalls werden die Regelungen der Entgeltregulierung in Form des „Wenn-dann-Schemas" ausgestaltet. Die gesetzliche Regelung für die Entgeltkontrolle im TwTKG ist nur auf den Telekommunikationsdienst i. S. v. § 2 Nr. 4 TwTKG, also die Endnutzerleistung, gerichtet. Dafür ist das Price-Cap-Verfahren die einzige zulässige Vorgehensweise, deren Norminhalt durch die EntRVO konkretisiert wird. Die Regelungen, die bestimmte Ex-ante-Entgeltregulierungen für Zugangsleistungen beinhalten, befinden sich entweder in der ZVO oder EntRVO. Die Zusammenschaltungsentgelte unterliegen der Einzelgenehmigung am TELRIC-Standard, welches auf die Kostenorientierung auf der Grundlage der entbündelten Netzkomponenten verweist. Das Entgelt für den entbündelten Zugang zu blanken Kupfer-TAL ist im Wege der Kalkulation der historischen Anschaffungskosten zu genehmigen. In das Price-Cap-System eingeführt worden sind sechs vom NCC selbst festgesetzte Großhandelsprodukte, die sich tatsächlich auf breitbandige Zugangsleistungen beziehen. Neben den Verpflichtungsregelungen mit der Vorstrukturierung der Vorgehensweise und des Prüfungsmaßstabs sind noch einige Besonderheiten der taiwanesischen Entgeltregulierung zu erfassen. Das NCC beschränkt bei der Entgeltregulierung den Regulierungsadressaten im Regelfall auf dasjenige Unternehmen, das über beträchtliche

Marktmacht verfügt. Die betreffenden Vorgaben ergeben sich zwar aus der EntRVO, sie können aber nicht als Verfahren für die Marktdefinition und -analyse i. S. v. DeTKG angesehen werden. Die unternehmerische Kostenrechnungsmethode ist durch RmL determiniert. Das SMP-Unternehmen ist daher verpflichtet, sein Praxisbuch der Kostenkalkulation mit der angewandten Rechnungsmethode genehmigen zu lassen. Im Price-Cap-System liegt kein Prozess zur Korbbildung vor, bei der zumindest zwei Leistungen zusammengesetzt werden. Vor diesem Hintergrund versucht das NCC, die Abschätzung des X-Werts an der genauen Kostenprüfung der einzelnen Leistung zu orientieren. Es fehlt jedoch an den rechtlichen Vorgaben für den nachvollziehbaren Kostenmaßstab und die verfügbaren Ermittlungsmethoden.

6. DeTKG normiert bipolare Zwecke des Gesetzes, nämlich die technologieneutrale Förderung des Wettbewerbs sowie die Gewährleistung flächendeckend angemessener und ausreichender Dienstleistungen. Das DeTKG bezeichnet sich wegen der zuvörderst durch die Wettbewerbsförderung ermöglichten Gemeinwohlverantwortung als Regulierungsrecht, das einen verwaltungsrechtlichen Maßnahmenkomplex zur Ermöglichung der politisch gewollten Leistungsziele beinhaltet. Angesichts der zukunftsorientierten Gemeinwohlsicherung obliegt der BNetzA eine Gestaltungsaufgabe, bei der die Regulierungsbehörde die vielfältigen und ggf. widersprüchlichen Ziele abwägen muss. Sie befasst sich nicht nur mit dem reinen Dienstleistungswettbewerb, sondern auch mit dem Wettbewerb auf der Infrastrukturebene. An den Zweck des DeTKG knüpfen die Regulierungsziele und -grundätze an, die in § 2 Abs. 2 und Abs. 3 DeTKG aufgezählt werden. Hinsichtlich der Zielsetzung müssen insbesondere die Wettbewerbsförderung als fundamentaler Gesetzeszweck, die ausreichende Berücksichtigung des infrastrukturbasierten Wettbewerbs als unverzichtbares Regulierungsziel sowie die gesetzliche Bestimmung des Verhältnismäßigkeitsgrundsatzes im TwTKG festgelegt werden. Die Hinzufügung der deutlichen Zielsetzung und Regulierungsgrundsätze sind der erste Schritt für die Umstellung des TwTKG in einen Rechtsrahmen zur Finalsteuerung der regulatorischen Gestaltungsaufgabe. Die besondere Missbrauchsaufsicht des § 26-1 TwTKG zur Verhinderung des Missbrauchsverbots nach § 9 FTA ist angesichts der Spezialität der Marktregulierungsregelungen des DeTKG gegenüber dem GWB als *lex specialis* zu interpretieren.

7. Es bestand bei der Marktzutrittskontrolle im DeTKG i. d. F. 1996 noch der Grundsatz der Meldepflicht mit beschränkter Genehmigungspflicht. Durch die allgemeingültige Meldepflicht konnte die Regulierungsbehörde eine für

die Marktregulierung notwendige Gesamtschau über die tätigen Anbieter aufgreifen. Nur in beschränkten Tätigkeitsbereichen bedurfte es einer betriebsrechtlichen Genehmigung. Hierfür wurden fünf Lizenzklassen nach § 6 Abs. 1 DeTKG 1996 aufgeteilt. Diese Lizenzpflicht orientierte sich am präventiven Verbot mit Erlaubnisvorbehalt. Die Lizenzanzahl war daher nicht von vornherein begrenzt. Im geltenden DeTKG wird das Lizenzsystem komplett abgeschafft und nur die unternehmerische Meldepflicht für die Annahme, Änderung, und Beendigung seiner Tätigkeit beibehalten, die den Telekommunikationsdiensten i. S. v. § 3 Nr. 16a DeTKG zugeordnet wird. Im Vergleich zu deutschen Marktzutrittsvorgaben kann eine Gefahr der übermäßig extensiven Marktzutrittskontrolle wegen der nicht explizit formulierten Legaldefinition des Telekommunikationsdienstes nicht ausgeschlossen werden. Daneben führt die durch die Schaffung der spezifischen 2KTU-Lizenzklasse herausgebildete Drei-Stufen-Lizenzklassifizierung zu asymmetrischen Marktzutrittshindernissen zw. Telekommunikationsunternehmen, die in der Tat in Konkurrenz miteinander stehen (können). Die Erforderlichkeit für die Beibehaltung des Lizenzsystems ist im Hinblick auf den verfassungsrechtlichen Aspekt des Grundrechtschutzes für die Berufswahl- und Berufsausübungsfreiheit auch im höchsten Maß bedenklich. Solch ein Lizenzsystem steht im Wesentlichen der wettbewerbsorientierten Marktentwicklung entgegen. Ein für allemal ist die kontinuierliche Rücknahme der Marktzugangskontrolle vorzunehmen. Ein Erlaubnisvorbehalt oder eine reine Anzeigepflicht beim Marktzutritt ist bereits ausreichend.

8. Es ist festzuhalten, dass der taiwanesische Rechtsrahmen für die Marktregulierung drei bemerkenswerte Merkmale aufweist, welche sich vom DeTKG unterscheiden. Vor allem fehlt es am gesetzlichen Zugangsbegriff als zentralem Regulierungsgegenstand, so dass ein zersplittertes Normsystem für verschiedene Netznutzungsrechte besteht. Dies verweist auf die Unvereinbarkeit des TwTKG mit dem von der disaggregierten Regulierungsidee ausgehenden Telekommunikationsrecht Deutschlands, da auf der Netzebene nur die marktmachtunabhängige Zusammenschaltungsverpflichtung gegenüber Telekommunikationsunternehmen und eine Vorgabe für die Ex-ante-Entgeltkontrolle für Endnutzerleistungen gesetzlich bestimmt werden. Die Gefahr der insuffizienten Regulierungsbegründung kann wegen der Ermangelung des normativen Zugangskonzepts nicht vermieden werden. Die Festlegung der konkreten Regulierungsmaßnahme, z. B. die Anordnung der Gewährung eines bestimmten Netzzugangs oder die Einzelgenehmigung für Zusammenschaltungsentgelte, setzt tatsächlich keine Begründung der Regulierungsbedürftigkeit voraus, die durch die Marktdefinition und

-analyse als unerlässlicher Verfahrensschritt der Marktregulierung ermittelt werden soll. Zum Zweiten handelt es sich um das Modell der normierenden Regulierung. Anders als eine administrative Regulierung sind die Vorgaben für die Kontrolle des Verwaltungshandelns in Form der konditionalen Programmierung ausgestaltet, so dass die Rechtsverhältnisse sowohl zw. der Regulierungsbehörde und den regulierten Unternehmen als auch zw. mehreren Unternehmen zuvörderst entweder aufgrund des Gesetzes oder durch eine Verordnungsermächtigung vorstrukturiert werden. Die von der Regulierungsbehörde durchgesetzten Regulierungsmaßnahmen sind vor diesem Hintergrund zum großen Teil dezidiert mit dem Zweck, eine dichte Normierung sicherzustellen. Solche ein Regulierungsmodell bringt jedoch auch eine Kehrseite mit sich, welche die Unangemessenheit des normierenden Regulierungsansatzes für die vielfältige und zeitabhängige Zugangskonstellation im Telekommunikationssektor impliziert. Darüber hinaus ist der Umfang der vorliegenden Ermächtigungsgrundlage jeweils für die Verordnungssetzung im Wesentlichen noch nicht hinreichend, um alle verschiedenen Wettbewerbsprobleme aufzugreifen. Ein Teil der verordnungsrechtlichen Vorgaben für bestimmte Regulierungsmaßnahmen wird somit in der Frage um die Vereinbarkeit des Gesetzesvorbehalts gestellt. Zum Dritten besteht kein grundlegender Prüfungsmaßstab für das entgeltliche Regulierungssystem. Stattdessen sind divergierende Kontrollmaßstäbe jeweils für bestimmte Zugangsformen oder Produkte anzuwenden. Dies führt dazu, dass eine Verbindung der taiwanesischen Entgeltregulierung mit dem wettbewerbsrechtlichen Konzept des wettbewerbsanalogen Preises nicht ersichtlich ist. Im DeTKG wird hingegen ein gesetzliches Kontrollkonzept im Namen des KeL-Maßstabs als Grundlage der Kostenprüfung festgesetzt. Im Ergebnis könnte das von drei Merkmalen verursachte Kernproblem des Regelungssystems in Taiwan unter einem formellen und materiellen Aspekt besprochen werden. Unter dem formellen Aspekt liegt die maßgebliche Normlücke vor, die der nicht ausreichenden Regulierungsflexibilität widerspricht. Unter dem materiellen Aspekt wird die Vertretbarkeit der Regulierungsentscheidung, der keine ausreichende Rechtfertigung zugrunde liegt, in Zweifel gezogen.

9. Die Betrachtung der Entscheidungen der taiwanesischen Verwaltungsgerichte legt nahe, dass die gerichtliche Vollkontrolle bei der administrativen Entscheidung für die Marktregulierung trotz der Bevorzugung des normierenden Regulierungsmodells kaum vorgenommen wird. Dementsprechend werden sowohl die aufgrund des Verordnungsermessens ausgestalteten Vorschriften als auch der Beurteilungsspielraum für unbestimmte Rechtsbegriffe

auf der Tatbestandsseite der gesetzlichen oder verordnungsrechtlichen Regelungen mit Rückzug der vollständigen Kontrolldichte in der Rechtsprechung gebilligt. Eine sehr zurückhaltende Überprüfungspraxis des Gerichts kann daher ohne Weiteres anerkannt werden. Es ist zweifelhaft, inwieweit das Gericht seine vollständige Kontrolle über die exekutiven Regulierungsentscheidungen zurücknehmen soll und ob ein normierendes Regulierungsmodell die ursprüngliche Zielsetzung erlangen kann, welche auf die Schaffung eines völlig sicheren und vorhersehbaren Regelungssystems des behördlichen Regulierungshandelns ausgerichtet ist. Mit Blick auf die Entwicklung der deutschen Gerichtspraxis lässt sich festhalten, dass die gerichtliche Kontrolle für die administrative Entscheidungsbefugnis vor allem durch das Erfordernis der erschöpfenden und nachvollziehbaren Argumentation vorgenommen wird, die die Entscheidung der durch eine final programmierte Normstruktur gewährleisteten Gestaltungsspielräume für die zukunftsorientierte Regulierungsaufgabe der BNetzA ermöglicht. Hinsichtlich der in der taiwanesischen Rechtsprechung für den Entscheidungsspielraum des NCC auftretenden Schwierigkeit über den gerichtlichen, effektiven Rechtsschutz wird eine Schlussfolgerung in Anbetracht der vom BVerwG entwickelten Auffassung für die berechtigte Kontrolldichte des Gerichts gezogen, dass einerseits das NCC zu einer erschöpfenden Abwägung, unter der die vielfältigen Regulierungsziele ausgewogen berücksichtigt werden, bei seiner Entscheidung von Gerichten nicht entschlossen genug aufgefordert wird, andererseits eine reine konditionale Normstruktur für die Regelung des administrativen Entscheidungsfreiraums i. R. d. Marktregulierung nicht tragbar wäre.

10. Angesichts dessen, dass die geltenden Vorgaben für die Marktregulierung in Taiwan weder die ausreichende Begründetheit der vom NCC getroffenen Regulierungsentscheidungen noch die effektive gerichtliche Kontrolle für das administrative Regulierungshandeln erreichen können, ist eine übergreifende Gesetzesänderung im Licht des deutschen Regulierungsrechts im DeTKG zu erwägen. Ein vollständiges Regulierungsverfahren, bei dem das Erfordernis der Marktdefinition und -analyse als Begründungspflicht zur Festlegung der Regulierungsmaßnahmen vorgegeben wird, muss vor allem in das TwTKG eingeführt werden. Dieser Marktermittlungsprozess kann nicht lediglich – wie in § 2 EntRVO – als Einschränkungsregelung der Regulierungsadressaten verstanden werden. Die Regulierungsbehörde hat aufgrund des Ergebnisses der Marktdefinition und -analyse eine Regulierungsverfügung festzulegen, bei der sie die verfügbaren Regulierungsmaßnahmen auswählen und weiter konkretisieren kann. Dies bedarf jedoch einer normstrukturierten Umstellung von der

reinen konditionalen Programmierung mit determinierten Zugangsverpflichtungen oder Entgeltgenehmigungen auf eine finale Programmierung, durch die die verfahrensrechtlichen Abwägungs- und Ermessensdirektiven eindeutig vorgeschrieben werden. Anschließend soll eine systematische Zugangsregulierung wie folgt ausgestaltet werden: (1) Es ist eine marktmachtabhängige Zugangsverpflichtung mit Ermessenskriterien als zentrale Zugangsvorgabe anstatt mehrerer paralleler Regelungen über die Gewährung der varianten Zugangsformen zu bestimmen. (2) Das bestehende Schlichtungsverfahren des Zusammenschaltungsregimes kann als Bestandteil dieser Zugangsverpflichtung umgesetzt werden. (3) Eine marktmachtunabhängige Zugangsverpflichtung ist nur dann gerechtfertigt, wenn sie den besonderen Regulierungszielen dient. (4) Die begleitenden Verpflichtungen müssen unmittelbar im TwTKG festgelegt werden, um die zugangsbezüglichen Vorgaben systemgemäß zu programmieren. (5) Die überflüssigen Zugangspflichten wie Zusammenschaltung im weiteren Sinne, die durch die Anordnung der Entgeltregulierung ausgeprägten Zugangsverpflichtungen sowie des Mitnutzungsrechts der Bottleneck-Einrichtung können dementsprechend völlig aufgehoben werden. Für die Entgeltregulierung ist eine begründete Preiskontrolle zu fordern. Die zentralen Vorschläge für den Entgeltregulierungsrechtsrahmen werden wie folgt dargestellt: (1) Der allgemeine Grundsatz der Entgeltregulierung soll als Leitprinzip der kohärenten Regulierungspolitik bestimmt werden. (2) Die Abschaffung der permanenten Kostenschlüsselungsmethode ist zu berücksichtigen. (3) Ein ausreichender Entscheidungsspielraum für die Auswahl des Eingriffszeitpunkts und der Regulierungsvorgehensweise steht der Regulierungsbehörde in der Regel unter Abwägung der Regulierungsziele zur Verfügung. (4) Das Price-Cap-Verfahren soll nicht als Einzelgenehmigungsvariante angewendet werden. Es muss sich auf zumindest zwei Leistungen richten. (5) Ein grundlegender Maßstab für die Entgeltgenehmigung soll im TwTKG geregelt werden, wobei der in der ZVO angelegte TELRIC-Standard als angemessen gilt. (6) Die Ex-ante-Entgeltregulierung für Endnutzerleistungen ist nur als *Ultima Ratio* aufgrund einer Begründung für die Insuffizienz der Entgeltregulierung für Zugangsleistungen aufzuerlegen. Zu guter Letzt handelt es sich um eine besondere Missbrauchsaufsicht. Die Tatbestandsvoraussetzung der missbräuchlichen Handlung muss am klassischen Verständnis im allgemeinen Wettbewerbsrecht anknüpfen. Die bestehenden und überflüssigen Regelbeispiele des § 26-1 Abs. 1 TwTKG können folgerichtig wegfallen. Die administrative Ermessenskompetenz zur Beseitigung des Missbrauchsverhaltens muss durch das Gesetz gewährleistet werden.

Literaturverzeichnis

Literaturen in Taiwan

(Falls die angegebene Literatur, Bücher oder Zeitschriften über einen Titel auf Englisch verfügen, so wurde dieser benutzt, falls nicht, so wurden diese selbstständig vom Autor ins Deutsche übersetzt.)

Chan, Chen-Jung, Gestaltung und Begrenzung der asymmetrischen Regulierung im Telekommunikationsrecht, in: Liu, Kung-Chung (Hrsg.), Kommunikations- und Rundfunkrecht, Bd. 1, 2015. (zit.: *Chan, C.-J.*, Asymmetrische Regulierung)

ders., Daseinsversorgung, in: *Chan, Chen-Jung*, Privatisierung und Innovation der Regulierung, 2011. (zit.: *Chan, C.-J.*, Daseinsvorsorge)

ders., Das Systembildung der Trennung zwischen Lizenzzuteilung und Geschäftslizenz im deutschen Telekommunikationsgesetz, in: *Chan, Chen-Jung*, Privatisierung und Innovation der Regulierung, 2011. (zit.: *Chan, C.-J.*, Systembildung der Trennung zwischen Lizenzzuteilung und Geschäftslizenz)

ders., „Public-Private-Partnership" als ein Typ der Privatisierung, in: *ders.*, Privatisierung und Innovation der Regulierung, 2011. (zit.: *Chan, C.-J.*, Public-Private-Partnership)

ders., Die Theorie und Praxis der Verpflichtungen zum Einfluss und zur Regulierung vom Staat nach der Privatisierung, in: *ders.*, Privatisierung und Innovation der Regulierung, 2011. (zit.: *Chan, C.-J.*, Verpflichtungen zum Einfluss und zur Regulierung)

ders., Wirtschaftliche Verfassung, Taiwan Jurist Nr. 80, 2009, S. 65–73. (zit.: *Chan, C.-J.*, Taiwan Jurist 80)

ders., Administrative Organic Law in Transition: From "Latitude in Choosing Organic From" to "Requirement for Optimized Organization, Academia Sinica Law Journal, No. 1, 2009, S. 1–60. (zit.: *Chan, C.-J.*, Academia Sinica Law Journal 1)

ders., Theorie, Rechtsmechanismus und Praxis von der „Öffentlich-Private-Partnerschaft" in Taiwan, in: Taiwan Administrative Law Association (Hrsg.), Die Kritik am Verwaltungsverfahrensrecht und der Prozess der Rundfunkverwaltung, 2003. (zit.: *Chan, C.-J.*, Öffentlich-Private-Partnerschaft)

Chen, Ai-Er, Regulierung im Rahmen der „Öffentlich-Private-Partnerschaft": Schwerpunkt auf der regulierten „gesellschaftlichen Selbstregulierung", in: Taiwan Administrative Law Association (Hrsg.), Die Kritik am Verwaltungsverfahrensrecht und der Prozess der Rundfunkverwaltung, 2003. (zit.: *Chen, A.-E.*, Öffentlich-Private-Partnerschaft) *dies.*, Organisationsrecht, in: *dies./Li, Chien-Liang/Chen, Chun-Sheng/Lin, San-Chin/Lin, Ho-Min/Huang, Chi-Chen*, Einführung in das Verwaltungsrecht, 2000. (zit.: *Chen, A.-E.*, Organisationsrecht)

dies., Die Legalität und Legitimität der Privatisierung, The Taiwan Law Review Nr. 30, 1998, S. 39–46. (zit.: *Chen, A.-E.*, The Taiwan Law Review 36)

Chen, Ren-Jie, Regulierungsprinzip des Kommunikations- und Medienrechts, Science & Technology Law Review Vol. 16 No. 3, 2004, S. 43–51. (zit.: *Chen, R.-J.*, Science & Technology Law Review 16/3)

ders./Shyr, Shih-Hao, Vertical Separation of the Telecom Monopolist's Access Networks, Technology Law Review Vol. 8 No. 2, 2011, S. 1–71. (zit.: *Chen, R.-J./Shyr, S.-H.*, Technology Law Review 8/2).

Chen, Shin-Min., Verwaltungsrecht, 9. Aufl. 2015. (zit.: *Chen, S.-M.*, Verwaltungsrecht)

ders, Verfassungsrecht, 6. Aufl., 2005. (zit.: *Chen, S.-M.*, Verfassungsrecht)

ders., Forstoffs „Verwaltung als Leistungsträger", in: *ders.*, Schriftwerk für öffentliche Rechtlehre, 3. Aufl., 2005. (zit.: *Chen, S.-M.*, Verwaltung als Leistungsträger)

Chen Yin-Chin, Fair Trade Act als Wettbewerbsnorm für die Regulierung der Telekommunikations- und 4C-Unternehmen, in: Fan, Jian-De *(*Hrsg.), Die neue Ära des Telekommunikationsrechts, 2003. (zit.: *Chen, Y.-C.*, Wettbewerbsnorm)

Cheng, Fa-Chang, The Regulatory Issues to Fiber Loop Unbundling, National Univ. Kaohsiung Law Journal Vol. 12 No. 1, 2016, S. 81–121. (zit.: *Cheng, F.-C.*, Kaohsiung Law Journal 12/1)

Chien, Wei-Ke, Regulierung der Teilnehmeranschlussleitungen unter der Entwicklung des Breitbandes, in: Wu, Chao-Yen (Hrsg.), Technisches Recht in der nächsten Generation, 2008. (zit.: *Chien, W.-K.*, Regulierung der Teilnehmeranschlussleitungen)

ders., From the Convergence of Technologies to the Convergence of Regulations: Reviews of NCC Policies, Technology Law Review Vol. 4 No. 2, 2007, S. 229–285. (zit.: *Chien W.-K.*, Technology Law Review 4/2)

Chou, Yun-Tsai, Competition Policy of Fixed Broadband Network Open Access, Taiwan Law Review No. 185, 2010, S. 141–150. (zit.: *Chou, Y.-T.*, Taiwan Law Review 185)

Chou, Shih-Chen, Gewaltsteilung zw. der zentralen Regierung und Ländern – Schwerpunkt auf der Infrastruktur im Bereich der Telekommunikation, in: Fan, Jian-De (Hrsg.), Die neue Ära des Telekommunikationsrechts, 2003. (zit.: *Chou, S.-J.*, Gewaltenteilung)

Chiang, Yao-Kuo/Yeh, Chih-Liang/Lin, Meng-Nang/Hsiao, Ching-Teng/Chen, Ren-Jie/Chen, Chih-Yu/Chang, Chih-Peng/Lin, Ya-Hui, Telecommunications Law, 2017. (zit.: *Chiang, Y.-K.* et al., Telecommunications Law)

ders., An Analysis of Regulation on Application Services of Wireless Broadband Access, Science & Technology Law Review Vol. 4 No. 2, 2012, S. 28–45. (zit.: *Chiang, Y.-K.*, Science & Technology Law Review 4/2)

ders., On the Legal Regulation for MOD-Services, Taipei Bar Journal No. 276, 2002, S. 35–43. (zit.: *Chiang, Y.-K.*, Taipei Bar Journal 276)

ders./Chou, Yun-Tsai, The Legal Problems Arising from the Convergence of Cable and Telecommunications Industry, Chengchi Law Review No. 70, 2002, S. 87–148. (zit.: *Chiang, Y.-K./Chou, Y.-T.*, Chengchi Law Review 70)

Chuang, Yi-Fei/Liu, Chong-Jian, Strategic Analysis of Regulatory Policy Reforms in the Telecommunications Industry of Taiwan, Socioeconomic Law and Institution Review No. 28, 2001, S. 37–57. (zit.: *Chuang, Y.-F./Liu, C.-J.*, Socioeconomic Law and Institution Review 28)

dies., Asymmetric Regulation in the telecommunications Sector, Socioeconomic Law and Institution Review Nr. 26, 2000, S. 63–89. (zit.: *Chuang, Y.-F./Liu, C.-J.*, Socioeconomic Law and Institution Review 26)

dies., Study on Conduct Regulation of the Telecommunications Act, Socioeconomic Law and Institution Review No. 24, 1999, S. 43–63. (zit.: *Chuang, Y.-F./Liu, C.-J.*, Socioeconomic Law and Institution Review 24)

dies., Study on the Structure Regulation of Telecommunications Law, Socioeconomic Law and Institution Review No. 23, 1999, S. 83–111. (zit.: *Chuang, Y.-F./Liu, C.-J.*, Socioeconomic Law and Institution Review 23)

dies., Interconnection of Networks and the Development of Telecommunications, Socioeconomic Law and Institution Review No. 21, 1998, S. 77–96. (zit.: *Chuang, Y.-F./Liu, C.-J.*, Socioeconomic Law and Institution Review 21)

dies., On Price Regulation for Telecommunications, Socioeconomic Law and Institution Review No. 19, 1997, S. 1–34. (zit.: *Chuang, Y.-F./Liu, C.-J.*, Socioeconomic Law and Institution Review 19)

Dai, Hao-Jun, Erforschung für die Innovation des digitalen IT-Rechts, in: Fan, Jian-De (Hrsg.), Die neue Ära des Telekommunikationsrechts, 2003. (zit.: *Dai, H.-J.*, Innovation des digitalen IT-Rechts)

Dong, Shiang-Fe, Verfassung und Regierung, 2005. (zit.: *Dong, S.-F.*, Verfassung und Regierung)

Ho, Chih-Mai, FTA: The First Section – Monopolistic (second half), Taiwan Jurist Vol. 61, 2007, S. 71–77. (zit.: *Ho, C.-M.*, Taiwan Jurist 61)

Hsiao, Ching-Teng/Chiang, Yao-Kuo, Some Reflections on Telecommunications Pricing Policy – With Comments on the Draft of "Communications Regulatory

Act", Technology Law Review Vol. 5 No. 2, 2008, S. 31–61. (zit.: *Hsiao, C.-T./ Chiang, Y.-K.*, Technology Law Review 5/2)

Hsu, Teng-Ko, Legal System of Public Private Partnerships (PPP) in Germany: Analyses Based on the Ensuring State (Gewährleistungsstaat) and Its Afterthoughts for Taiwan, 2008. (zit.: *Hsu, T.-K.*, Gewährleistungsstaat)

Hsu, Tsung-Li, Privatisierung der Verwaltungsaufgaben, in: Festschrift für *Wong, Y.-S.* Bd. II, 2002. (zit.: *Hsu, T.-L.*, FS Wong)

Hu, Po-Yen, The Nation's Role under Liberalized Telecommunication Market-preserving Privatization of Telecommunications in Germany Market, Chihlee Law Review, No. 3, 2003, S. 31–58. (zit.: *Hu, P.-Y.*, Chihlee Law Review 3)

Huang, Chin-Tang, The Independence of Regulatory Authorities in German Law: With Focus on Telecommunication Field and Remark on Judicial Yuan Interpretation No. 613, Academia Sinica Law Journal No. 3, 2008, S. 92–125. (zit.: *Huang, C.-T.*, Academia Sinica Law Journal 3)

Huang, Ching-Ning/Dai, Hao-Jun, Das Modell des Rechts der Telekommunikation und elektronischer Medien – Analyse über „Fundamental Communications Act", Science & Technology Law Review Vol. 16 No. 9, 2004, S. 32–49. (zit.: *Huang, C.-N./Dai, H.-J.*, Science & Technology Law Review 16/9)

Huang, Shih-Hsiu, Rechtlicher Charakter der Bekanntmachung über Maßgrößen für Änderungsraten der Entgelte und deren Rechtsweg, The Taiwan Law Review No. 194, 2011, S. 166–194. (zit.: *Huang, S.-H.*, The Taiwan Law Review 194)

Huang, Tse-Ju, Entgeltregulierung zur Internet-Zusammenschaltung, in: Liu, Kong-Chung, (Hrsg.), Kommunikations- und Rundfunkrecht Bd. 1, 2015. (zit.: *Huang, T.-J.*, Entgeltregulierung zur Internet-Zusammenschaltung)

dies., Klassifizierung der Telekommunikationsunternehmen und der Wettbewerb in „Grenzfällen" (1. Teil), Rootlaw Review Vol.29 No. 4, 2013, S. 147–160. (zit.: *Huang, T.-J.*, Rootlaw Review 29/4)

dies., Klassifizierung der Telekommunikationsunternehmen und der Wettbewerb in „Grenzfällen" (2. Teil), Rootlaw Review, Vol. 29 No. 5, 2013, S. 173–181. (zit.: *Huang, T.-J.*, Rootlaw Review 29/5)

Huang, Yu-Wen, Internet Interconnection and Wholesale Access Service Price Regulations, The Law Monthly Vol. 60 No. 12, 2009 (zit.: *Huang, Y.-W.*, The Law Monthly 60/20)

Kao, Kai-Sheng, Entgeltregulierung auf den Telekommunikationsmärkten (I), 2008, abrufbar unter: http://www.myhome.net.tw/2008_09/price_control_vol.1.pdf (letzter Abruf: 02.01.2017). (zit.: *Kao, K.-S.*, Entgeltregulierung (I)) *ders.*, Entgeltregulierung auf den Telekommunikationsmärkten (III), 2008, abrufbar unter: http://www.myhome.net.tw/2008_12/price_control_vol.3.pdf (letzter Abruf: 06.06.2017). (zit.: *Kao, K.-S.*, Entgeltregulierung (III))

ders., Entgeltregulierung auf den Telekommunikationsmärkten (IV), 2008, abrufbar unter: http://www.myhome.net.tw/2008_12/price_control_vol.4.pdf (letzter Abruf 06.06.2017). (zit.: *Kao, K.-S.*, Entgeltregulierung (IV))

Lee, Chun, Analyse der „Regulierung für Einzelpreis", The Taiwan Law Review No. 186, 2010, S. 174–192. (zit.: *Lee, C.*, The Taiwan Law Review 186)

ders., On the Strategy of Convergent Communications and Broadcasts Laws, Science & Technology Law Review Vol. 20 No. 10, 2008, S. 2–9. (zit.: *Lee, C.*, Science & Technology Law Review 20/10)

Lee, Chih-An, Fundamental Regulatory Issues in the Era of digital Convergence, Technology Law Review Vol. 3 No. 1, 2006, S. 163–201. (zit.: *Lee, C.-A.*, Technology Law Review 3/1)

ders., Broadband Network Open Access and Competition Policy, Fair Trade Quarterly Vol. 12 No. 3, 2004, S. 25–57. (zit.: *Lee, C.-A.*, Fair Trade Quarterly 12/3)

Liao, Yuan-Hao, A Study on the Regulatory Procedures of Telecommunications – The Congruence of Telecommunication Laws and the Administrative Procedure Act, Socioeconomic Law and Institution Review No. 26, 2000, S. 91–125. (zit.: *Liao, Y.-H.*, Socioeconomic Law and Institution Review 26)

Liao, I-Nan (Hrsg.), The Annotation of the Fair Trade Law Bd. I. 2003, abrufbar unter: https://www.ftc.gov.tw/upload/0499b40e-43cd-411c-a760-3c80a07c377b.pdf (letzter Abruf: 22.11.2016). (zit.: Liao, Y.-N. (Hrsg.), Fair Trade Law Bd. I)

ders. (Hrsg.), The Annotation of the Fair Trade Law Bd. III. 2005, abrufbar unter: https://www.ftc.gov.tw/upload/96c37b35-a7c2-4601-88e0-090d25334dac.pdf (letzter Abruf: 04.08.2015). (zit.: Liao, Y.-N. (Hrsg.), Fair Trade Law Bd. III)

Li, Chih-Jen, The Beginning of Telecommunications Organization Regulation: A Market Entry Regulation Analysis, National University of Kaohsiung Law Journal No. 4, 2008, S. 153–186. (zit.: *Li, C.-J.*, National University of Kaohsiung Law Journal 4)

Lien, Yao-Nan, Introduction to Communication Networks for Practitioner, 2013. (zit.: *Lien, Y.-N.*, Communication Networks)

ders., Geeigneter Regulierungsrahmen im Telekommunikationssektor für künftige Informationsgesellschaft Taiwans, Taiwan Economic Research Monthly, Vol. 22 No. 6, 1999, S. 25–27. (zit.: *Lien, Y.-N.*, Taiwan Economic Research Monthly 22/6)

Lin, Hen, Vorschläge für die Orientierung der auf die Konvergenz der Telekommunikation, Medien und Information gerichteten Rahmenordnung, in: Fan, Jian-De (Hrsg.), Die neue Ära des Telekommunikationsrechts, 2003. (zit.: *Lin, H.*, Vorschläge für Rahmenordnung)

Lin, Tsun-Hung, A Study on Principles of Spectrum Management Legislation and Future Spectrum Planning, Cheng Kung Law Review No. 22, 2011, S. 1–66. (zit.: *Lin, T.-H.*, Cheng Kung Law Review 22)

ders., Kommentar für Regulierungsmodell des Rundfunks, in: Liu, Kong-Chung (Hrsg.), Kommunikations- und Rundfunkrecht, Bd. 1, 2015. (zit.: *Lin, T.-H.*, Regulierungsmodell des Rundfunks)

Lin, Shih-Gen, Telekommunikative Regulierung und Wettbewerb, 2004. (zit.: *Lin, S.-G.*, Telekommunikative Regulierung)

dies., Effect of Liberalization and Privatization of Telecommunication Business on The Provision of Universal Services: Take Chunghwa Telecom Co., Ltd. As An Example, Soochow Journal of Political Science, Vol. 18 No. 3, 2004, S. 69–109. (zit.: *Lin, S.-H.*, Soochow Journal of Political Science 18/3)

Lin, Ya-Hui, Wettbewerbsrechtlicher Regulierungstrend in der NGN-Generation, in: Wu, Chao-Yen (Hrsg.), Technisches Recht in der nächsten Generation, 2008 (zit.: *Lin, Y.-H.*, Wettbewerbsrechtlicher Regulierungstrend)

dies., Reforming the Wholesale Price Regulation, Ft Law Review No. 150, 2006, S. 29–51. (zit.: *Lin, Y.-H.*, Ft Law Review 150)

dies., Broadband Regulation – Network Neutrality, Taiwan Journal of Law and Technology Policy Vol. 4 No. 3, 2007, S. 1–44. (zit.: *Lin, Y.-H.*, Taiwan Journal of Law and Technology Policy 4/3)

Liu, Kung-Chung/He, Chen-Jan/Hsueh, Ching-Wen, The Conflict and Harmonization between Privatization and Liberalization in Telecommunications – The Case of Chunghwa Telecom, Fair Trade Quarterly Vol. 20 No. 1, 2013, S. 53–87. (zit.: *Liu, K.-C./He, C.- J./Hsueh, C.-W.*, Fair Trade Quarterly 20/1)

Liu, Kung-Chung, Communication and Broadcast Law, 2010. (Zit.: *Liu, K.-C.*, Communication and Broadcast Law)

ders., On the Competition Policy for IT industries and competition law, in: Peng, Hsin-Yi (Hrsg.), Selected Papers on Info-Communications Law, 2004. (zit.: *Liu, K.-C.*, Competition Policy)

ders., On the Norms for the Market Entry of Fixed Network Businesses, Science & Technology Law Review Vol. 12 No. 6, 2000, S. 36–43. (zit.: *Liu, K.-C.*, Science & Technology Law Review 12/6)

ders., Comments on the Policies and Laws Regulating the Telecommunications Industry, Ft Law Review No. 114, 2000, S. 12–24. (zit.: *Liu, K.-C.* Ft Law Review 114)

Liu, Shu-Fan, The Change of Administrative Tasks and the Development Tracks of "Semi-Public Undertakings" ("Mixed Enterprises"), Academia Sinica Law Journal No. 2, 2008, S. 1–108. (zit.: *Liu, S.-F.*, Academia Sinica Law Journal 2)

Liu, Chong-Jian, An Analysis on the Opening up of the Last Mile of Local Telephone Networks, Socioeconomic Law and Institution Review No. 35, 2005, S. 109–143. (zit.: *Liu, C.-J.*, Socioeconomic Law and Institution Review 35)

ders., Die Umformung der Regulierungsbehörde im Wege der Konvergenz zw. Telekommunikation, IT und Rundfunk, in: Fan, Jian-De (Hrsg.), Die neue Ära des Telekommunikationsrechts, 2003. (zit.: *Liu, S.-L.*, Umformung der Regulierungsbehörde)

ders./Lin, Ching-Ching/Lin, Hsuan-Liang/Lin, Yi-Wei, Strategic Analysis of Promoting Further Competition in the Domestic Mobile Telecommunications Market, Socioeconomic Law and Institution Review No. 22, 1998, S. 37–55. (zit.: *Liu, C.-J./Lin, C.-C./Lin, H.-L./Lin, Y.-W.*, Socioeconomic Law and Institution Review 22)

MOTC, Weißbuch für Liberalisierung im Telekommunikationssektor, 2002. (zit.: *MOTC*, Weißbuch)

NCC, Meinungserhebung über das Regulierungsregime der Zusammenschaltungsentgelte an Festnetzen, 2016, abrufbar unter: https://www.ncc.gov.tw/chinese/files/16081/54_36075_160812_1.pdf (letzter Abruf: 01.08.2018). (zit.: *NCC*, Meinungserhebung über das Regulierungsregime der Zusammenschaltungsentgelte an Festnetzen)

NCC, Meinungserhebung über die wettbewerbsfördernde asymmetrische Regulierung, 2014, abrufbar unter: https://www.ncc.gov.tw/chinese/files/14052/8_32170_140523_1.pdf (letzter Abruf: 31.05.2017). (zit.: *NCC*, Meinungserhebung über die wettbewerbsfördernde asymmetrische Regulierung)

NCC, Meinungserhebung über die Festlegung des X-Faktors vom Price-Cap-Verfahren, 09.19.2012, abrufbar unter: http://www.ncc.gov.tw/chinese/show_file.aspx?table_name=news&file_sn=33271 (letzter Abruf: 31.05.2017). (zit.: *NCC*, Meinungserhebung über die Festlegung des X-Faktors 2012)

NCC, Meinungserhebung über die Festlegung des X-Faktors vom Price-Cap-Verfahren, 05.11.2009, abrufbar unter: http://www.ncc.gov.tw/chinese/files/09110/54_12835_091105_1_C.PDF (letzter Abruf: 31.05.2017). (zit.: *NCC*, Meinungserhebung über die Festlegung des X-Faktors 2009)

NCC, Meinungserhebung über die Festlegung des X-Faktors vom Price-Cap-Verfahren, 31.08.2006, abrufbar unter: www.ncc.gov.tw/chinese/files/07052/54_1098_070521_1.doc (letzter Abruf: 31.05.2017). (zit.: *NCC*, Meinungserhebung über die Festlegung des X-Faktors 2006)

NCC, Plan für die Änderung der Geschäftsmodelle i. R. d. Telefonverbindungsaufbaus zw. Festnetz- und Mobilfunknetzbetreibern sowie die Behandlung der Zusammenschaltungsbelangen, 2008, abrufbar unter: https://www.ncc.gov.tw/chinese/files/08011/566_4863_080117_1.pdf (letzter Abruf: 31.05.2017). (zit.: *NCC*, Plan für die Änderung der Geschäftsmodelle)

Peng, Hsin-Yi, Regulatory of Spectrum Allocation – Scarce Resources?, Taipei University Law Review No. 75, 2010, S. 211–256. (zit.: *Peng, H.-Y.*, Taipei University Law Review 75)

dies./Chen, Jun-Lung, Kritik zur Prinzip „Technikneutralität" im Bereich der Telekommunikation und Medien, Taiwan Law Review No. 151, 2007, S. 92–114. (zit.: *Peng, H.-Y./Chen, J.-L.*, Taiwan Law Review 151)

dies./Chien, Wei-Ke, Initial Probe into the Control Structure for Digital Convergence – Taking Interactive TV as an Example, Ft Law Review No. 133, 2.2004, S. 52–67. (zit.: *Peng, H.-Y./Chien, W.-K.*, Ft Law Review 133)

dies./Chien, Wei-Ke, Problematik über die Beschränkung des fremden Kapitals vom Telekommunikationsunternehmen im Trend digitaler Konvergenz, in: Fan, Jian-De (Hrsg.), Die neue Ära des Telekommunikationsrechts, 2003. (zit.: *Peng, H.-Y./Chien, W.-K.*, Beschränkung des fremden Kapitals)

Sheng, Tsu-Lung, Herausforderung und Bewältigung des Rechtssystems des Verwaltungsvertrags in der Entwicklung der „Öffentlich-Private-Partnerschaft", in: Taiwan Administrative Law Association (Hrsg.), Die Kritik am Verwaltungsverfahrensrecht und der Prozess der Rundfunkverwaltung, 2003. (zit.: *Sheng, T.-L.*, Verwaltungsvertrag)

Shyr, Shih-Hao, Die sich nur auf einen bestimmten Personenkreis beziehende Rechtsverordnung – Maßgrößen für Änderungsraten der Entgelte unter Regulierungsverwaltung gegenüber spezifischen Unternehmen, Taiwan Law Journal No. 151, 2010, S. 177–181. (zit.: *Shyr, S.-H.*, Taiwan Law Journal 151)

ders., Zielorientierte Zusammenschaltungsregulierung und gerichtliche Kontrolle, The Law Monthly Vol. 61 No. 6, 2010, S. 23–42. (zit.: *Shyr, S.-H.*, The Law Monthly 61/6)

ders., Minority Report: The Opinions und Objections Form the First Appointed Member of NCC, 2009. (zit.: *Shyr, S.-H.*, Minority Report)

ders., Transformation der kommunikativen Sicherheit in Liberalisierung, in: *ders.*, Das wettbewerbsorientierte Konvergenz- und Telekommunikationsrecht, 2009. (zit.: *Shyr, S.-H.*, Transformation der kommunikativen Sicherheit)

ders., Einleitung zum Gesetzentwurf „Regulierungsgesetz für Telekommunikation und Rundfunk", in: *ders.*, Das wettbewerbsorientierte Konvergenz- und Telekommunikationsrecht, 2009. (zit.: *Shyr, S.-H.*, Regulierungsgesetz für Telekommunikation und Rundfunk) *ders.*, Das Definitionsproblem über „Rundfunk" im Hinblick auf die Novellierung der Kommunikation, in: *ders.*, Das wettbewerbsorientierte Konvergenz- und Telekommunikationsrecht, 2009. (zit.: *Shyr, S.-H.*, Definitionsproblem)

ders., Juristische Analyse über taiwanesische Teilnehmeranschlussleitungen im Festnetz, in: *ders*, Das wettbewerbsorientierte Konvergenz- und Telekommunikationsrecht, 2009. (zit.: *Shyr, S.-H.*, Teilnehmeranschlussleitung)

ders., Das von der Regulierung auf das Wettbewerbsrecht umgestellte Telekommunikationsgesetz Deutschlands, in: *ders*, Das wettbewerbsorientierte Konvergenz- und Telekommunikationsrecht, 2009. (zit.: *Shyr, S.-H.*, Telekommunikationsgesetz Deutschlands)

ders., Das System des Kommunikationsrechts und dessen Herausforderung, Cross-Strait Law Review Vol. 3, 2004, S. 97–110. (zit.: *Shyr, S.-H.*, Cross-Strait Law Review 3)

ders., Die Problematik der Kodifikation des Kommunikationsrechts, Taiwan Administrative Law Assoziation (Hrsg.), Die Kritik an Verwaltungsverfahrensrecht und der Prozess der Rundfunkverwaltung, 2003. (zit.: *Shyr, S.-H.*, Kodifikation des Kommunikationsrechts)

Su, Yung-Chin, Verfassungsmäßigkeit des Gesetzes über die Organisation des NCC, Taiwan Law Journal No. 82, 2006, S. 89–116. (zit.: *Su, Y.-C.*, Taiwan Law Journal 82)

ders., Anwendungsfrage des geänderten § 46 FTA, in: *ders.*, Privatautonomie im Wandel, 2002. (zit.: *Su, Y.-C.*, Anwendungsfrage des geänderten § 46 FTA)

Sun, Li-Chun, Erhebung und Benutzung der Lizenzgebühr, in: Fan, Jian-De (Hrsg.), Die neue Ära des Telekommunikationsrechts, 2003. (zit.: *Sun, L.-C.*, Lizenzgebühr)

Tsai, Hui-An, The Incentive Mechanism of Price Cap Regulation in Telecommunications: Theory and Taiwan Practices, Review of Public-Owned Enterprises Vol. 2 No. 1, 2000, S. 47–73. (zit.: *Tsai, H.-A.*, Review of Public-Owned Enterprises 2/1)

Tsai, Wen-Yi, Competition Law and Policy Issues for Taiwan's Telecom Market Liberalization: FTNS Liberalization Policy and Regulation of Interconnection, Fair Trade Quarterly Vol. 9 No. 3, 2000, S. 75–155. (zit.: *Tsai, W.-Y.*, Fair Trade Quarterly 9/3)

Tsai, Tsung-Chen, Vom Leistungsstaat zum Gewährleistungsstaat – Infrastruktursicherung als staatliche Verantwortung, Taiwan Law Journal Nr. 122, 2009, S. 33–36. (zit.: *Tsai, T.-C.*, Taiwan Law Journal 122)

Wan, Du-Tsun, Fair Trade Act, 6 Aufl., 2010. (zit.: *Wan, D.-T.*, Fair Trade Act)

Wang, Hsueh-Hwa, On the Characteristics of Telecommunications Costs, Taiwan Economic Research Monthly Vol. 19 No. 3, 1996, S. 39–42. (*Wang, H.-H.*, Taiwan Economic Research Monthly 19/3)

Wang, Pi-Fang, Judicial Review of Administrative Rules: Form Respective of French Law, Academia Sinica Law Journal 11, 2012, S. 129–202. (zit.: *Wang, P.-F.*, Academia Sinica Law Journal 11)

Wang, Vivian/Chen, Ren-Jie/Lo, Shan-Shan, The Theory and Practice of Telecom Wholesale Access Service Price Regulations – Analysis on the Methodology of Vertical Price Squeeze Test, Fair Trade Quarterly Vol. 18 No. 3, 2010, S. 1–37. (zit.: *Wang, V./Chen, R.-J./Lo, S.-S.*, Fair Trade Quarterly 18/3)

Wang, Wen-Yu, Regulatory Reform and Competition Policy for Regulated Industries: The Case of Telecommunication and Electricity, National Taiwan University Law Journal, Vol. 29 No. 4, 2000, S. 85–158. (zit.: *Wang, W.-Y.*, National Taiwan University Law Journal 29/4)

Wang, Yu-Chi, Fortentwicklung der Normen für Netzzusammenschaltung im Trend digitaler Konvergenz, in: Wu, Chao-Yen (Hrsg.), Technisches Recht in der nächsten Generation, 2008. (zit.: *Wang, Y.-C.*, Netzzusammenschaltung)

ders., Legal Issues of Internet-eXchange-services in Taiwanese Telecommunication Act, Science & Technology Law Review Vol. 17 No. 6, 2005, S. 22–38. (zit.: *Wang, Y.-C.*, Science & Technology Law Review 17/6)

ders./Wang, Ming-Li, Legal Issues of Internet Interconnection, Cheng Kung Law Review Vol. 9, 2005, S. 209–261. (zit.: *Wang, Y.-C./Wang, M.-L.*, Cheng Kung Law Review 9)

ders., Kritik an Klassifizierung der Telekommunikationsunternehmen – VoIP als Beispiel, in: *ders.*, Informatik, Telekommunikation und Recht, 2004. (zit.: *Wang, Y.-C.*, Klassifizierung der Telekommunikationsunternehmen)

Wei, Hsing-Fan, The Application of EU Regulations and Practices on Margin Squeezing in the Telecommunications Sector, Fair Trade Quarterly Vol. 22 No. 4, 2014, S. 1–32. (zit.: *Wei, H.-F.*, Fair Trade Quarterly 22/4)

dies., EU Regulatory Framework for Electronic Communications – Convergence and the Market Definition, Fair Trade Quarterly Vol. 20 No. 1, 2012, S. 1–32. (zit.: *Wei, H.-F.*, Fair Trade Quarterly 20/1)

Wong, Yueh-Sheng, New Developments in Constitutional Interpretations of the Constitutional Court, The Constitutional Review Vol. 39 No. 4, 2014, S. 1–23. (zit.: *Wong, Y.-S.*, The Constitutional Review 39/4)

Wu, Gen/Sen, Tsu-Lung, Theorie und Praxis des Verwaltungsrechts, 15. Aufl., 2017. (zit.: *Wu, G./Sen, T.-L.*, Theorie und Praxis des Verwaltungsrechts)

Wu, Hsin-Hwa, Allgemeine Gültigkeit der Auslegung der Verfassungsrichter am Justiz Yuan, Taiwan Jurist Nr. 47, 2006, S. 8–9. (zit.: *Wu, H.-H*, Taiwan Jurist 47)

Wu, Hsiu-Ming, Flucht der Steuerung gegen wettbewerbsbeschränkende Vereinbarungen in die Aufsicht gegen den unlauteren Wettbewerb, in: *ders*, The Beginning and Develop of Competition Law, 2004. (zit.: *Wu, H.-M.*, Wettbewerbsbeschränkende Vereinbarungen)

ders., The Antitrust – regulation of Monopolistic Pricing as a Control of Market Performance – The FTC as Supervisor and Regulator of Market Price(?), in: *ders*, The Beginning and Develop of Competition Law, 2004. (zit.: *Wu, H.-M.*, Regulation of Monopolistic Pricing)

ders., Verfassung und Grundordnung im wirtschaftlichen Bereich, in: *ders.*, Schrifttum für das Wettbewerbsrecht, 2010. (zit.: *Wu, H.-M.*, Verfassung und Grundordnung)

Yang, Chia-Wen, Access Pricing Rule Based on Just and Reasonable Ground in the Aftermath of Telecommunications Deregulation, Socioeconomic Law and Institution Review No. 28, 2001, S. 59–94. (zit.: *Yang, C.-W.*, Socioeconomic Law and Institution Review 28)

Yeh, Chih-Liang, On Reviewing the Power of the Telecommunication Tariff in Taiwan: An Analysis of Two Cases of the Supreme Administrative Court, Fair Trade Quarterly Vol. 24 No. 1, 2016, S. 47–91. (zit.: *Yeh, C.-L.*, Fair Trade Quarterly 24/1)

ders., Law of dispute wireless communication license release – Centers on the WiMAX technology development and existing control legal conflict, Taipei Bar Journal No. 312, 2005, S. 30–47. (zit.: *Yeh, C.-L.*, Taipei Bar Journal 312)

Literaturen in Deutschland

Arndt, Hans-Wolfgang/Fetzer, Thomas/Scherer, Joachim/Graulich, Kurt (Hrsg.), TKG-Komm., 2. Aufl., 2015. (zit.: Arndt/Fetzer/Scherer/Graulich (Hrsg.), TKG-Komm.)

Attendorn, Thorsten, Das Regulierungsermessen – Ein deutscher „Sonderweg“ bei der gerichtlichen Kontrolle tk-rechtliche Regulierungsentscheidungen?, MMR 4/2009, S. 238–241. (zit.: *Attendorn*, MMR 4/2009)

ders., Regulierungsbehörde als freier Marktgestalter und Normsetzer?, 2008. (zit.: *Attendorn*, Regulierungsbehörde als freier Marktgestalter)

ders., Das Bundesverwaltungsgericht, die Bundesnetzagentur und die Sinnenprüfung – planerische Gestaltungsfreiräume bei der Zugangsanordnung nach § 21 TKG?, DVBl. 2008, S. 1408–1417. (zit.: *Attendorn*, DVBl. 2008)

Badura, Peter, Netzzugang oder Mitwirkungsrecht Dritter bei der Energieversorgung mit Gas?, DVBl. 2004, S. 1189–1252. (zit.: *Badura*, DVBl. 2004)

ders., Wettbewerbsaufsicht und Infrastrukturgewährleistung durch Regulierung im Bereich der Post und der Telekommunikation, in: FS Großfeld, 1999. (zit.: *Badura*, FS Großfeld)

Bachof, Otto, Beurteilungsspielraum, Ermessen und unbestimmter Rechtsbegriff im Verwaltungsrecht, JZ 1955, S. 97–102. (zit.: *Bachof*, JZ 1955)

Barth, Anne-Katrin/Heimeshoff, Ulrich, Der angemessene Kostenmaßstab für Terminierungsentgelte – „Pure LRIC" vs. „KeL", DICE Nr. 29. (zit.: *Barth/Heimeshoff*, DICE Nr. 29)

BEREC, An Assessment of IP-Interconnection in the Context of Net Neutrality, BoR (12)130, abrufbar unter: http://berec.europa.eu/eng/document_register/subject_matter/berec/download/0/1130-an-assessment-of-ip-interconnection-in-t_0.pdf, S. 19 f. (letzter Abruf: 20.08.2016). (zit.: *BEREC*, BoR (12)130)

Berg, Achim/Eickers, Gerd/Eilers, Thomas/Fränkl, Charles/Henseler-Unger, Iris/Huber, Bernd/Knauer, Peer/Kurth, Mathias/lennertz, Horst/Neumann, Karl-Heinz/Spoerr, Eckhard/Stöber, Harald, Rahmenbedingungen der Zusammenschaltung IP-basierter Netze, 15.12.2006, abrufbar unter: http://www.bundesnetzagentur.de/SharedDocs/Downloads/DE/Sachgebiete/Telekommunikation/Unternehmen_Institutionen/Breitband/NGA_NGN/ip_zusammenschaltung/AbschlussberichtId8287pdf.pdf?__blob=publicationFile&v=3 (letzter Abruf: 22.07.2016). (zit.: *Berg* et. al., Rahmenbedingungen der Zusammenschaltung)

Berndt, Andreas, Die Anreizregulierung in den Netzwirtschaften, 2011. (zit.: *Berndt*, Anreizregulierung)

Berringer, Christian, Regulierung als Erscheinungsform der Wirtschaftsaufsicht, 2004. (zit.: *Berringer*, Regulierung als Erscheinungsform)

Biendl, Michael, Vorfahrt für den Netzausbau, N&R 1/2018, S. 19–26. (zit.: *Biendl*, N&R 1/2018)

Bier, Wolfgang, Aktuelle materiellrechtliche und verfahrenrechtlice Entscheidungen des BVerwG zum Telekommunikationsrecht, N&R 1/09, S. 25–32. (zit.: *Bier*, N&R 1/09)

Bosch, Klaas, Die Kontrolldichte der gerichtlichen Überprüfung von Marktregulierungsentscheidungen der Bundesnetzagentur nach dem Telekommunikationsgesetz, 2010. (zit.: *Bosch*, Kontrolldichte der gerichtlichen Überprüfung)

Britz, Gabriele/Hellermann, Johannes/Hermes, Georg (Hrsg.), EnWG-Kommentar, 3. Aufl. 2015. (zit.: Britz/Hellermann/Hermes (Hrsg.), Komm. EnWG)

Büchner, Wolfgang/Ehmer, Jörg/Kerkhoff, Bärbel/Pipenbrock, Hermann-Josef/ Schütz, Raimund/Schuster, Fabian (Hrsg.), Beck'scher TKG-Kommentar, 2. Aufl., 2000. (zit.: Büchner et al. (Hrsg.), BeckTKG-Komm.)

Bullinger, Martin, Regulierung als modernes Instrument zur Ordnung liberalisierter Wirtschaftszweige, DVBl. 2003, S. 1355–1361. (zit.: *Bullinger*, DVBl. 2003)

Bunte, Hermann-Josef/ Welfens, Paul J. J., Wettbewerbsdynamik und Marktabgrenzung auf Telekommunikationsmärkten, 2002. (zit.: *Bunte/ Welfens*, Wettbewerbsdynamik und Marktabgrenzung)

Burgi, Martin, Regulierung: Inhalt eines Handlungskonzepts der Verwaltung, in: FS Battis, 2014 (zit.: *Burgi*, FS Battis)

ders., Übergreifende Regelung des Rechts der Regulierungsverwaltung – Realisierung der Kodifikationsidee?, NJW 34/2006, S. 2439–2442. (zit.: *Burgi*, NJW 34/2006)

ders., Das Subjektive Recht im Energie-Regulierungsverwaltungsrecht, DVBl. 2006, S. 269–324. (zit.: *Burgi*, DVBl. 2006)

Cave, Martin, The Economics of Wholesale Broadband Access, MMR Beil. 10&2003, S. 15–19. (zit.: *Cave*, MMR Beil. 10/2003)

Coenen, Michael/Haucap, Justus/Heimeshoff, Ulrich, Einfluss der Regulierung auf die Entwicklung netzbasierter Industrien, in: Picot, Arnold/Schneck, Marcus (Hrsg.), Ökonomie der Regulierung, 2010.(zit.: *Coenen/Haucap/Heimeshoff*, Einfluss der Regulierung)

Coppik, Jürgen, Die sektorspezifische ex post-Entgeltregulierung von Teilnehmernetzbetreibern, MMR 4/2007, S. 225–230. (zit.: *Coppik*, MMR 4/2007)

von Danwitz, Thomas, Was ist eigentlich Regulierung?, DÖV 23 (2004), S. 977–985. (zit.: *v. Danwitz*, DÖV 23 (2004))

ders., Die gerichtliche Kontrolle der Entgeltregulierung im Post- und Telekommunikationsrecht, DVBl. 2003, S. 1405–1472. (zit.: *v. Danwitz*, DVBl. 2003)

ders., Die Gestaltungsfreiheit des Verordnungsgebers, 1989. (zit.: *v. Danwitz*, Gestaltungsfreiheit)

Detterbeck, Steffen, Allgemeines Verwaltungsrecht, 11. Aufl. 2013. (zit.: *Detterbeck*, Allgemeines Verwaltungsrecht)

Doll, Roland/Rommel, Wolrad/ Wehmeier, Axel, Der Referentenentwurf für ein neues TKG – Einstieg in den Ausstieg der Regulierung, MMR 8/2003, S. 522–526. (zit.: *Doll/Rommel/ Wehmeier*, MMR 2003)

ders./ Wieck, Reinhard, Analytische Kostenmodelle als Grundlage für Entgeltregulierungsentscheidungen, MMR 6/1998, S. 280–287. (zit.: *Doll/ Wieck*, MMR 6/1998)

Donges, Juergen B./Schmidt, Andreas J., Wettbeförderung auf Netzmärkten durch Regulierung: Wie und wie lange?, in: Picot, Arnold (Hrsg.), 10 Jahre Wettbewerbsorientierte Regulierung von Netzindustrien in Deutschland, 2008. (zit.: *Donges/Schmidt*, Wettbeförderung auf Netzmärkten)

Dörr, Oliver, Die Anforderungen an ein zukunftsfähiges Infrastrukturrecht, VVDStRL 73 (2014), S. 323–362. (zit.: *Dörr*, VVDStRL 73 (2014))

Durner, Wolfgang, BVerfG (1. Kammer des ersten Senats), Beschluss v. 08.12.2011 – BvR 1932-08 – Gerichtliche Kontrolle der telekommunikationsrechtlichen Marktregulierung = DVBl. 4/2012 – Anmerkung, DVBl. 2012, S. 299–302. (zit.: *Durner*, DVBl. 2012)

Eifert, Martin, Die gerichtliche Kontrolle der Entscheidungen der Bundesnetzagentur, ZHR 174(2010), S. 449–485. (zit.: *Eifert*, ZHR 174 (2010))

Elkettani, v. Eunike, Marktabgrenzungs- und Markanalyseverfahren nach Art. 15, 16 RRL, K&R Beil. 1/2004, S. 11–17. (zit.: *Elkettani*, K&R Beil. 1/2004)

Emmerich, Volker, Kartellrecht, 12. Aufl., 2012 (zit.: *Emmerich*, Kartellrecht)

Engel, Christoph/Knieps, Günter, Die Vorschriften des Telekommunikationsgesetzes über den Zugang zu wesentlichen Leistungen, 1998. (zit.: *Engel/Knieps*, Zugang zu wesentlichen Leistungen)

Erichsen, Hans-Uwe/Ehlers, Dirk (Hrsg.), Allgemeines Verwaltungsrecht, 14. Aufl. 2010. (zit.: Erichsen/Ehlers (Hrsg.), Allgemeines Verwaltungsrecht)

Fehling, Michael, Regulierung, Effizienz und Wettbewerb, in: Schmidt-Preuß, Matthias/Körber, Torsten (Hrsg.), Regulierung und Gemeinwohl, 2016. (zit.: *Fehling*, Effizienz und Wettbewerb)

ders./Ruffert, Matthias (Hrsg.), Regulierungsrecht, 2010. (zit.: Fehling/Ruffert, Regulierungsrecht)

ders., Mitbenutzungsrechte Dritter bei Schienenwegen, Energieversorgungs- und Telekommunikationsleistung vor dem Hintergrund staatlicher Infrastrukturverantwortung, AöR 121 (1996), S. 59–95. (zit.: *Fehling*, AöR 121 (1996))

Fetzer, Thomas, Staat und Wettbewerb in dynamischen Märkten, 2013. (zit. *Fetzer*, Staat und Wettbewerb)

ders., Anforderung an die künftige Ausgestaltung der Telekommunikationsregulierung, WiVerw 2012/2, S. 145–151. (zit.: *Fetzer*, WiVerw 2012/2)

ders., Next Generation Regulierung für Next Generation Networks, MMR 8/2010 S. 515–520. (zit.: *Fetzer*, MMR 8/2010)

Franke, Peter, Rechtschutzfragen der Regulierungsverwaltung, Die Verwaltung 49, 2016, S. 25–54. (zit.: *Franke*, Die Verwaltung 49 (2016))

Franzius, Claudio, Die Bundesnetzagentur zwischen politischer Steuerung und gerichtlicher Kontrolle, DÖV 2013, S. 714–721. (zit.: Franzius, DÖV 2013) *ders.*, Schutz der Verbraucher durch Regulierungsrecht, DVBl. 2010, S. 1086–1094. (zit.: *Franzius*, DVBl. 2010)

ders., Wer hat das letzte Wort im Telekommunikationsrecht, DVBl. 2009, S. 409–416. (zit.: *Franzius, Claudio*, DVBl. 2009)

Fuchs, Andreas, Regulierung, Effizienz und Wettbewerb, in: Schmidt-Preuß, Matthias/Körber, Torsten (Hrsg.), Regulierung und Gemeinwohl, 2016. (zit.: *Fuchs*, Regulierung, Effizienz und Wettbewerb)

Geperrt, Martin/Schütz, Raimund (Hrsg.), Beck'scher TKG-Kommentar, 4. Aufl., 2013. (zit.: Geppert/Schütz (Hrsg.), BeckTKG-Komm.)

Gärditz, Klaus Ferdinand, Regulierungsermessen im Energierecht, DVBl. 2016, S. 399–406. (zit.: *Gärditz*, DVBl. 2016)

ders., Die Rolle des parlamentarischen Gesetzgebers im Regulierungsrecht, in: Kurth, Matthias/Schmoeckel, Mathias (Hrsg.), Regulierung im Telekommunikationssektor, 2012. (zit.: *Gärditz*, Die Rolle des parlamentarischen Gesetzgebers)

ders., „Regulierungsermessen" und verwaltungsgerichtliche Kontrolle, NVwZ 16/2009, S. 1005–1010. (zit.: *Gärditz*, NVwZ 16/2009)

Gerpott, Torsten/Winzer, Peter, Entgelte für kupferbasierte Teilnehmeranschlussleitungen und Entwicklung des Marktes für Anschlussnetze der nächsten Generation, N&R 5/13, S. 178–184. (zit.: *Gerpott/Winzer*, N&R 5/13)

Gersdorf, Hubertus, Regulierung von Entgelten und Gebühren in Netzwirtschaften, in: Schmidt-Preuß, Matthias/Körber, Torsten (Hrsg.), Regulierung und Gemeinwohl, 2016. (zit.: *Gersdorf*, Regulierung von Entgelten)

ders., Konzept des Eisenbahnregulierungsrechts am Beispiel der Einsenbahnverkehrsmärkte, in: FS Säcker, 2011. (zit.: *Gersdorf*, Konzept des Eisenbahnregulierungsrechts)

ders., Der Staat als Telekommunikationsunternehmer, AfP 5-98, S. 470–475. (zit.: *Gersdorf*, AfP 5-98)

ders., Blick über den Tellerrand: Telekommunikationsrecht als Referenzgebiet für die Regulierung der Eisenbahnverkehrsmärkte?, WiVerw 2010/2, S. 159–166. (zit.: *Gersdorf*, WiVerw 2010/2)

Global Competition Review (Hrsg.), Telecoms and Media – an overview of regulation in 43 jurisdictions worldwide, 2004. (zit.: Global Competition Review (Hrsg.), Telecoms and Media)

Gonsior, Florian, Verfassungsmäßigkeit administrativer Letztentscheidungsbefugnisse, 2018. (zit.: *Gonsior*, Verfassungsmäßigkeit administrativer Letztentscheidungsbefugnisse)

Gosse, Gesa Marisa, Wettbewerb der Regulierung? Die Forderung nach einem einheitlichen dauerhaften Netzinfrastrukturrecht, in: *Boesche, Katharina V./Füller, Jens/Wolf, Maik* (Hrsg.), Variationen im Recht: FS Säcker, 2006. (zit.: *Gosse*, Wettbewerb der Regulierung)

Haucap, Justus/Heimeshoff, Ulrich, Regulierung zwischen Investitions- und Wettbewerbsförderung, WiVerw 2010/2, S. 92–100. (zit.: *Haucap/Heimeshoff*, WiVerw 2010/2)

ders./Kurse, Jörn, Ex-Ante-Regulierung oder Ex-Post-Aufsicht für netzgebundene Industrien, WuW 3/2004, S. 266–275. (zit.: *Haucap/Kurse*, WuW 3/2004)

von Hayek, Friedrich A., Der Wettbewerb als Entdeckungsverfahren, in: Streit, Manfred. E. (Hrsg.), Rechtsordnung und Handelsordnung, 2003. (zit.: *v. Hayek*, Entdeckungsverfahren)

Henseler - Unger, Iris, Die Regulierung von Netzindustrie Europa – am Beispiel der Telekommunikation, Wirtschaftsdienst 2010 Sonderheft, S. 13–17. (zit.: *Henseler-Unger*, Wirtschaftsdienst 2010)

Hermes, George, Staatliche Infrastrukturverantwortung: Rechtliche Grundstrukturen netzgebundener Transport- und Übertragungssysteme zwischen Daseinsvorsorge und in Europa Staatliche Infrastrukturverantwortung, 1998. (zit.: *Hermes*, Staatliche Infrastrukturverantwortung)

Hermes, Patrick, Wirksamer und effizienter Rechtschutz vor den Verwaltungsgerichten in Marktregulierungsverfahren?, CR 9/2006, S. 583–590. (zit.: *Hermes*, CR 9/2006)

Heun, Sven-Erik (Hrsg.), Handbuch zum Telekommunikationsrecht, 1. Aufl., 2002. (zit.: Heun (Hrsg.), Hb. TKG)

Hill, Herman, Rechtsstaatliche Bestimmtheit oder situationsgerechte Flexibilität des Verwaltungshandelns, DÖV 20 (1987), S. 885–895. (zit.: *Hill*, DÖV 20 (1987))

Hoeren, Thomas (Hrsg.), Handbuch Wegerechte und Telekommunikation, 2007. (zit.: Hoeren (Hrsg.), Hb. Wegerechte)

Hoffmann-Riem, Wolfgang/Schmidt-Assmann, Eberhard/Voßkuhle, Andreas (Hrsg.), Grundlagen des Verwaltungsrechts, 2. Aufl., 2012. (zit.: Hoffmann-Riem/Schmidt-Assmann/Voßkuhle (Hrsg.), GVwR)

Hoffmann-Riem, Wolfgang, Das Recht des Gewährleistungsrecht, in: Schuppert, Gunnar Folke (Hrsg.), Der Gewährleistungsstaat – ein Leitbild auf dem Prüfstand, 2005. (zit.: *Hoffmann-Riem*, Gewährleistungsrecht)

ders./Eifert, Martin, Regulierungskonzepte des Telekommunikationsrechts und der Telekommunikationspolitik: Innovativ und innovatiopnsgeeignet?, in: Hoffmann-Riem, Wolfgang (Hrsg.), Innovation und Telekommunikation, 2000. (zit.: Hoffmann-Riem/Eifert, Regulierungskonzepte des Telekommunikationsrechts)

Holznagel, Bernd, Innovationsanreiz durch Regulierungsfreistellung, MMR 10/2006. S. 661–666. (zit.: *Holznagel*, MMR 10/2016)

ders., Die TKG-Novelle K&R 12/2010, S. 761–767. (zit.: *Holznagel*, K&R 12/2010)

ders./Hmbergs, Anne, Bitstromzugang im Lichte des Referentenentwurfs des TKG, MMR Beil. 10/2003, S. 9–15. (zit.: *Holznagel/Hmbergs*, MMR Beil. 10/2003)

Höppner, Thomas, Die Regulierung der Netzstruktur, 2009. (zit.: *Höppner*, Regulierung der Netzstruktur)

ders., Netzveränderungen im Zugangskonzept, 2008. (zit.: *Höppner*, Netzveränderungen)

Hwang, Shu-Perng, Beurteilungsspielraum zugunsten außerrechtlicher Bewertung? –Eine kritische Bemerkung zur Einräumung behördlicher Beurteilungsspielräume im Umwelt- und im Telekommunikationsrecht, VerwArch 2012, S. 356–378. (zit.: *Hwang*, VerwArch 2012)

dies., Wirksamer Wettbewerb durch offene Normen, AöR 136 (2011), S. 553–577. (zit.: *Hwang*, AöR 136 (2011))

Immenga, Ulrich/Mestmäcker, Ernst-Joachim (Hrsg.), Wettbewerbsrecht Bd. 2 GWB/Teil 1 Kommentar zum Deutschen Kartellrecht, 5. Aufl. 2014. (zit.: Immenga/Mestmäcker (Hrsg.), Wettbewerbsrecht Komm.)

Insensee, Josef/ Kirchhof, Paul (Hrsg.), Handbuch des Staatsrechts der Bundesrepublik Deutschland Band III: Demokratie, Bundesorgane, 3. Aufl. 2005. (zit.: Insensee/Kirchhof (Hrsg.), HbStR III)

dies. (Hrsg.), Handbuch des Staatsrechts der Bundesrepublik Deutschland Band V: Rechtquelle, Organisation, Finanz, 3. Aufl. 2007. (zit.: Insensee/Kirchhof (Hrsg.), HbStR V)

Jacob, Thomas/Lau, Marcus, Beurteilungsspielraum und Einschätzungsprärogative, NVwZ 4/2015, S. 241–248. (zit.: *Jacob/Lau*, NVwZ 4/2015)

Kersten, Jens, Das Verwaltungsverfahrensgesetz im Spiegel der Rechtsprechung der Jahre 2004–2012, Die Verwaltung 46 (2013), S. 87–121. (zit.: *Kersten*, Die Verwaltung 46 (2013))

ders., Herstellung von Wettbewerb als Verwaltungsaufgabe, VVDStRL 69 (2010), S. 288–334. (zit.: *Kersten*, VVDStRL 69 (2010))

Kirchhof, Gregor/Korte, Stefan/Magen, Stefan/Fetzer, Thomas/Fuchs, Claudia/Gärditz, Claus F./Ohler, Christoph/Schorkopf, Frank/Thieler, Alexander/Unger, Sebastian/Wollenschläger, Ferdinand, Grundlagen des Öffentlichen Wettbewerbsrechts, in: Säcker, Franz Jürgen/Schmidt-Preuß, Matthias (Hrsg.), Grundsatzfragen des Regulierungsrechts, 2015. (zit.: *Kirchhof* et al., Grundlagen des Öffentlichen Wettbewerbsrechts)

Kirchner, Christian, TKG-E 2011: Investitionsanreizregulierung und Breitbandausbau, CR 6/2011, S. 365–371. (zit.: *Kirchner*, CR 6/2011)

Kleinlein, Kornelius, Die Berechnung der Abschreibungen bei der Entgeltregulierung im Telekommunikationsrecht, N&R 2/10, S. 75–82. (zit.: *Kleinlein*, N&R 2/10)

ders./Schubert, Daniel, Kontrolle von Entgelten monopolistischer und marktbeherrschender Anbieter, NJW 44/2014, S. 3191–3198. (zit.: *Kleinlein/Schubert*, NJW 44/2014)

dies., Entgeltregulierung am Scheideweg, N&R 5/13, S. 185–193. (zit.: *Kleinlein/Schubert*, N&R 5/13)

Klotz, Robert/Brandenberg, Alexandra, Der novellierte EG-Rechtsrahmen für elektronische Kommunikation, MMR 3/2010, S. 147–151. (zit.: *Klotz/Brandenberg*, MMR 3/2010)

dies., Vorgaben des Gemeinschaftsrechts zur Festlegung des TAL-Entgelts, N&R Beil. 2/2009, S. 1–12. (zit.: *Klotz/Brandenberg*, N&R Beil. 2/2009)

Kment, Martin/Vorwalter, Sebastian, Beurteilungsspielraum und Ermessen, JuS 3/2015, S. 193–201. (zit.: *Kment/Vorwalter*, JuS 3/2015)

Knauff, Matthias, Regulierungsverwaltungsrechtlicher Rechtschutz, VerwArch 98(2007), S. 382–409. (zit.: *Knauff*, VerwArch 98 (2007))

Knauth, Peter/Krüger, Frank, Grundlegende Neuerung des TKG-Regierungsentwurfs, K&R Beil. 1/2004, S. 3–11. (zit.: *Knauth/Krüger*, K&R Beil. 1/2004)

Knieps, Günter, Wettbewerbsökonomie, 3. Aufl., 2008. (zit.: *Knieps*, Wettbewerbsökonomie)

ders., Netzökonomie, 1. Aufl., 2007. (zit.: *Knieps*, Netzökonomie)

ders., Entgeltregulierung aus der Perspektive des disaggregierten Regulierungsansatzes, N&R 1/2004, S. 7–12. (zit.: *Knieps*, N&R 1/2004)

ders., Der Irrweg analytischer Kostenmodelle als regulatorische Schattenrechnungen, MMR 11/1998, S. 598–602. (zit.: *Knieps*, MMR 11/1998)

Koenig, Christian, Zu guter Letzt… sind die Ermessensspielräume der Bundesnetzagentur bei der Maßstabsfindung für die Regulierung der Mobilfunkterminierungsentgelts größer als angenommen!, N&R 5/16, S. 255–256. (zit.: *Koenig*, N&R 5/16)

ders., Herstellung von Wettbewerb als Verwaltungsaufgabe, DVBl. 2009, S. 1082–1089. (zit.: *Koenig*, DVBl. 2009)

ders./Senger, Marion, Methoden und Maßstäbe der ex-ante-Entgeltregulierung nach dem TKG, MMR 5/2007, S. 290–294. (zit.: *Koenig/Senger*, MMR 5/2007)) *ders./Neumann, Andreas*, Telekommunikationsrechtliche Ansprüche auf Leistungen der Fakturierung und des Inkassos für Internet-by-Call-Dienstleistungen, K&R Beil. 3/2004. (zit.: *Koenig/Neumann*, K&R Beil. 3/2004)

ders./Vogelslang, Ingo/Kühling, Jürgen/Loetz, Sascha/Neumann, Andreas, Funktionsfähiger Wettbewerb auf den Telekommunikationsmärkten, 2002. (zit.: *Koenig/Vogelslang/Kühling/Loetz7Neumann*, Funktionsfähiger Wettbewerb)

ders./Meyer, Matti, Erfolgsaussichten eines etwaigen EU-Vertragsverletzungsverfahrens wegen Nichtanwendung des „pure LRIC"-Kostenmaßstabs für die Anrufzustellung, K&R 4/13, S. 236–242. (zit.: *Koenig/Meyer*, K&R 4/13)

dies., Entscheidungsdurchgriff der Europäischen Kommission zur Harmonisierung von Kostenmethoden für die regulierten Telekommunikationszugangsentgelte?, K&R 6/2012, S. 236–242. (zit.: *Koenig/Meyer*, K&R 6/2012)

Körber, Torsten, TKG - Novelle 2011, MMR 4/2011, S. 215–221 (zit.: *Körber*, MMR 4/2011)

Kopf, Wolfgang, Transitorische oder unendliche Regulierung?, in: Kurth, Matthias/Schmoeckel, Mathias (Hrsg.), Regulierung im Telekommunikationssektor, 2012. (zit.: *Kopf*, Transitorische oder unendliche Regulierung)

Krüger, Frank, Marktabgrenzung im Telekommunikationssektor und die Definition von beträchtlicher Marktmacht (SMP), K&R Beil. 1/2003, S. 9–18. (zit.: *Krüger*, K&R Beil. 1/2003)

Kühling, Jürgen, Energierecht, 4. Aufl., 2018. (zit.: *Kühling*, Energierecht)

ders., Regulierungsrecht als Infrastrukturrregulierungsrecht oder mehr?, in: Säcker, Franz Jürgen/Schmidt-Preuß, Matthias (Hrsg.), Grundsatzfragen des Regulierungsrechts, 2015 (zit.: *Kühling*, Infrastrukturrregulierungsrecht)

ders./Schall, Tobias/Biendl, Michael, Telekommunikationsrecht, 2. Aufl., 2014. (zit.: *Kühling/Schall/Biendl*, TKG)

ders., Regulierungskonzepte nach § 15a TKG-E – ein neuer Baustein im Regulierungsverwaltungsrecht?, JZ 7/2012 S. 341–349. (zit.: *Kühling*, JZ 7/2012)

ders., Breitband jetzt – welche Regulierung bleibt erforderlich?, WiVerw 2010/2, S. 135–141. (zit.: *Kühling*, WiVerw 2010/2)

ders./Heimeshoff, Ulrich/Schall, Tobias, Künftige Regulierung moderner Breitbandinfrastruktur, K&R Beiheft 1/2010. (zit.: *Kühling/Heimeshoff/Schall*, K&R Beiheft 1/2010)

ders., Innovationsschützende Zugangsregulierung in der Informationswirtschaft, in: Eifert, Matthias/Hoffmann-Riem, Wolfgang (Hrsg.), Innovationsfördernde Regulierung, 2009. (zit.: *Kühling*, Innovationsschützende Zugangsregulierung) *ders.*, Die Regulierung der Entgelte für die Kupfer-TAL im Zeitalter der NGA-Migration, K&R 4/2009, S. 243–249. (zit.: *Kühling*, K&R 4/2009)

ders., Sektorspezifische Regulierung in den Netzwirtschaften, 2004. (zit.: *Kühling*, Sektorspezifische Regulierung)

ders./Elbracht, Alexander, Das Telekommunikationsrecht im Wandel – Eine erste Rechtsprechungsübersicht zum TKG 2004, Die Verwaltung 40 (2007), S. 545–582. (zit.: *Kühling/Elbracht*, Die Verwaltung 40 (2007))

ders./Schall, Tobias, WhatsApp, Skype & Co.- OTT-Kommunikationsdienste im Spiegel des geltenden Telekommunikationsrechts, CR 10/2015, S. 641–654. (zit.: *Kühling/Schall*, CR 10/2015)

dies., Die (Nicht-)Berücksichtigung von Gemeinkosten bei der Entgeltregulierung für Mobilfunk-Terminierungsleistungen, CR 2/2012, S. 82–88. (zit.: *Kühling/Schall*, CR 2/2012)

dies,, Die Zukunft der Kupfer-Entgelte zwischen EuGH, BVerwG, VG Köln und BNetzA, CR 11/2010, S. 708–718. (zit.: *Kühling/Schall*, CR 11/2010)

Kurth, Matthias, Die Teilnehmeranschlussleitung – Wettbewerbsförderung durch Regulierung, in: Kurth, Matthias/Schmoeckel, Mathias (Hrsg.), Regulierung im Telekommunikationssektor, 2012. (zit.: *Kurth*, Teilnehmeranschlussleitung)

ders., Bitstromzugang in Deutschland, MMR Beil. 10/2003, S. 3–7. (zit.: *Kurth*, MMR Beil. 10/2003)

Ladeur, Karl-Heinz, Regulierung nach dem TKG, K&R 11/1998, S. 479–486. (zit.: *Ladeur*, K&R 11/1998)

ders./Möllers Christoph, Der europäische Regulierungsverbund der Telekommunikation im deutschen Verwaltungsrecht, DVBl. 2005, S. 525–535. (zit.: *Ladeur/Möllers*, DVBl. 2005)

Littger, Michael, Staat oder Privat? – Grundfragen der Netzregulierung, WiVerw 2010/2 S. 118–121. (zit.: *Littger*, WiVerw 2010/2)

Ludwigs, Markus, Das Regulierungsermessen als Herausforderung für die Letztentscheidungsdogmatik im Verwaltungsrecht, JZ 6/2009, S. 290–297. (zit.: *Ludwigs*, JZ 6/2009)

ders., EU-rechtliche Vorgaben und nationale Gestaltungsspielräume – Behördenunabhängigkeit und Regulierungsermessen als Sicherung der effektiven Umsetzung von EU-Recht?, in: Säcker, Franz-Jürgen/Schmidt-Preuß, Mattias (Hrsg.), Grundsatzfragen des Regulierungsrechts, 2015. (zit.: *Ludwigs*, EU-rechtliche Vorgaben) *ders.*, Maßstäbe und Methoden der Entgeltregulierung im Spiegel europa- und verfassungsrechtliche Vorgaben, NVwZ 2008/9, S. 954–960. (zit.: *Ludwigs*, NVwZ 2008/9)

ders., Unternehmenseffizienz als neue Rechtkategorie im öffentlichen Recht, Die Verwaltung 46 (2013), S. 155–181. (zit.: *Ludwigs*, Die Verwaltung 46 (2013))

ders., Regulierungsermessen: Spielräume gerichtlich eingeschränkter Kontrolle im Regulierungsrecht, RdE 8/2013, S. 297–348. (zit.: *Ludwigs*, RdE 8/2013)

ders., Die Bundesnetzagentur auf dem Weg zur Independent Agency?, Die Verwaltung 44 (2011), S. 41–73. (zit.: *Ludwigs*, Die Verwaltung 44 (2011))

ders., Die Rolle der Kartellbehörden im Recht der Regulierungsverantwortung, WuW 5/2008, S. 534–550. (zit.: *Ludwigs*, WuW 5/2008)

Mangoldt, Herrmann von/Klein, Friedrich/Starck, Christian (Hrsg.), Kommentar zum Grundgesetz, 7 Aufl., 2018. (zit.: Mangoldt/Klein/Starck (Hrsg.), GG-Komm.)

Marcus, J. Scott/Elixmann, Dieter, The Future of IP Interconnection: Technical, Economic, and Public Policy Aspects, 1.2008, abrufbar unter: http://s3.amazonaws.com/zanran_storage/www.fub.it/ContentPages/19250588.pdf (letzter Abruf: 20.08.2016). (zit.: *Marcus/Elixmann*, The Future of IP Interconnection)

ders./Nooren, Pieter/Cave, Jonathan/Karter, Kenneth R., Netzneutralität: Herausforderungen und Antworten in der EU und in den USA (Hintergrundstudie im Auftrag des Europäischen Parlaments), 5.2011, abrufbar unter: http://www.europarl.europa.eu/RegData/etudes/etudes/join/2011/457369/IPOL-IMCO_ET(2011)457369_DE.pdf (letzter Abruf: 20.08.2016). (zit.: *Marcus/Nooren/Cave/Karter*, Netzneutralität)

Martini, Mario/von Zimmerman, Georg von, E-Mail und integrierte VoIP-Services: Telekommunikationsdienste i. S. d. § 3 Nr. 24 TKG?, CR 7/2007, S. 427–431. (zit.: *Martini/Zimmerman*, CR 7/2007)

dies., Voice over IP am regulatorischen Scheideweg, CR 6/2007, S. 368–373. (zit.: *Martini/Zimmerman*, CR 6/2007)

Masing, Johannes, Die Regulierungsbehörde in Spanungsfeld von Unabhängigkeit und parlamentarischer Verantwortung, in: Bauer, Hartmut/Czybulka, Detlef/Hahl, Wolfgang/Voßkuhle, Andreas (Hrsg.), FS R. Schmidt – Wirtschaft im offenen Verfassungsstaat, 2006. (zit.: *Masing*, FS R. Schmidt)

ders., Gutachten D zum 66. Deutschen Juristentag Stuttgart 2006 – Soll das Recht der Regulierungsverwaltung übergreifend geregelt werden?, 2006. (zit.: *Masing*, Regulierungsverwaltung)

ders., Grundstrukturen eines Regulierungsverwaltungsrechts, Die Verwaltung 36, 2003. (zit.: *Masing*, Die Verwaltung 36 (2003))

Maunz, Theodor/Dürig, Günter (Hrsg.), Grundgesetz-Kommentar, 82. Aufl., 2018. (zit.: Maunz/Dürig (Hrsg.), GG-Komm.)

Maurer, Hartmut, Staatsrecht I, 6 Aufl., 2010. (zit.: *Maurer*, Staatsrecht I)

ders./Waldhoff, Christian, Allgemeines Verwaltungsrecht, Aufl. 19, 2017. (zit.: *Maurer/Waldhoff*, Allgemeines Verwaltungsrecht)

Mayen, Thomas, Das Regulierungsermessen in der Rechtsprechung des Bundesverwaltungsgerichts, in: Ewer, Wolfang/Ramsauer, Ulrich/Reese Moritz/ Rubel, Rüdiger (Hrsg.), FS Koch, 2014. (zit.: *Mayen*, FS Koch)

ders., Das planungsrechtliche Abwägungsgebot im Telekommunikationsrecht, NVwZ 8/2008, S. 835–842. (zit.: *Mayen*, NVwZ 8/2008)

Mengering, Kim Sophie, Die Entgeltregulierung im Telekommunikations- und Energierecht, 2017. (zit.: *Mengering*, Entgeltregulierung)

Mestmäcker, Ernst-Joachim, Wettbewerbsfreiheit und Wohlfahrt – Ein ideengeschichtlicher Beitrag zum Verhältnis von Ökonomie und Recht, ORDO 63, S. 429–448. (zit.: *Mestmäcker*, ORDO 63)

ders./Schweitzer, Heike, Europäisches Wettbewerbsrecht, 3. Aufl., 2014. (zit.: *Mestmäcker/Schweitzer*, Europäisches Wettbewerbsrecht)

dies., Netzwettbewerb, Netzzugang und „Roaming" im Mobilfunk, 1999. (zit.: *Mestmäcker/Schweitzer*, Netzwettbewerb)

Mohr, Jochen, Sicherung der Vertragsfreiheit durch Wettbewerbs- und Regulierungsrecht, 2015. (zit.: *Mohr*, Sicherung der Vertragsfreiheit)

ders., Zugangs- und Entgeltregulierung als Aufgaben des Regulierungsrechts, in: Säcker, Franz-Jürgen/Schmidt-Preuß, Mattias (Hrsg.), Grundsatzfragen des Regulierungsrechts, 2015. (zit.: *Mohr*, Zugangs- und Entgeltregulierung)

Monopolkommission, Sondergutachten 73, Telekommunikation 2015: Märkte im Wandel, 2016. (zit.: *Monopolkommission*, Sondergutachten 73)

Monopolkommission, Sondergutachten 78, Telekommunikation 2017: Auf Wettbwerb bauen!, 2018. (zit.: *Monopolkommission*, Sondergutachten 78)

Möschel, Wernhard, Investitionsförderung als Regulierungsziel, MMR 7/2010, S. 450–453. (zit.: *Möschel*, MMR 7/2010)

ders., Der zukünftige Ordnungsrahmen für die Telekommunikation: Allgemeines Wettbewerbsgesetz statt sektorspezifischer Regulierung, MMR 2008, S. 503–508. (zit.: *Möschel*, MMR 2008)

ders., Zwischen Konflikt und Kooperation: Regulierungszuständigkeiten in der Telekommunikation, in: FIW (Hrsg.), MultiMedia: Kommunikation ohne Grenzen – Grenzloser Wettbewerb?, 1998. (zit.: *Möschel*, Zwischen Konflikt und Kooperation)

Müller, Marein, Zwei Jahre Marktdefinitions- und Marktanalyseverfahren des europäischen Telekommunikationsrahmens, in: Boesche, Katharina V./Füller, Jens/Wolf, Maik (Hrsg.), Variationen im Recht: FS Säcker, 2006. (zit.: *Müller*, Zwei Jahre Marktdefinitions- und Marktanalyseverfahren)

Neitzel, Jens/Müller, Birgit, Zugangsverpflichtungen von Betreibern ohne beträchtlicher Marktmacht, CR 10/2004, S. 736–741. (zit.: *Neitzel/Müller*, CR 10/2004)

Neumann, Andreas/Koch, Alexander, Telekommunikationsgesetz, 2. Aufl., 2013 (zit.: *Neumann/Koch*, TKG)

Neumann, Karl-Heinz, Wettbewerbsorientierte Regulierung auf Netzmärkten der Telekommunikation im internationalen Vergleich, in: Picot, Arnold (Hrsg.), 10 Jahre Wettbewerbsorientierte Regulierung von Netzindustrien in Deutschland, 2008. (zit.: *Neumann*, Wettbewerbsorientierte Regulierung)

Nolte, Nobert, Lizenzierung von Telekommunikationsunternehmen, CR 8/1996, S. 459–466. (zit.: *Nolte*, CR 8/1996)

Ossenbühl, Fritz, Gedanken zur Kontrolldichte in der verwaltungsgerichtlichen Rechtsprechung, in: FS Redeker, 1993. (zit.: *Ossenbühl*, FS Redeker)

Oster, Jan, Normative Ermächtigungen im Regulierungsrecht, 2010. (zit.: *Oster*, Normative Ermächtigungen)

Picot, Arnold, Theorien der Regulierung und ihre Bedeutung für den Regulierungsprozess, in: Picot, Arnold/Schneck, Marcus (Hrsg.), Ökonomie der Regulierung, 2010. (zit.: *Picot*, Theorien der Regulierung)

Pielow, Johann-Christian, Regulierungsrecht als Infrastrukturregulierungsrecht – oder mehr?, in: Säcker, Franz Jürgen/ Schmidt-Preuß, Matthias (Hrsg.), Grundsatzfragen des Regulierungsrechts, 2015. (zit.: *Pielow*, Regulierungsrecht als Infrastrukturregulierungsrecht)

Rieckhoff, Henning, Der Vorbehalt des Gesetzes im Europarecht, 2007. (zit.: *Rieckhoff*, Der Vorbehalt des Gesetzes)

Riehmer, Klaus W., Konfliktlösung bei Netzzugang und Zusammenschaltung in der Telekommunikation, MMR 2/1998, S. 59–64. (zit.: *Riehmer*, MMR 2/1998)

Röhl, Hans, Soll das Recht der Regulierungsverwaltung übergreifend geregelt werden?, JZ 17/2006, S. 831–839. (zit.: *Röhl*, JZ 17/2006)

Potacs, Michael, Herstellung von Wettbewerb als Verwaltungsaufgabe, VVDStRL 69 (2010), S. 254–282. (zit.: *Potacs*, VVDStRL 69 (2010))

Proelss, Alexander, Das Regulierungsermessen – eine Ausprägung des behördlichen Letztentscheidungsrecht?, AöR 136 (2011) S. 402–427. (zit.: *Proelss*, AöR 136 (2011))

Rädler, Peter, Die Preis-Kosten-Schere im Kartell- und Regulierungsrecht, CR 12/2010, S. 780–787. (zit.: *Rädler*, CR 12/2010)

Radtke, Martin, Materielle Maßstäbe der telekommunikationsrechtlichen ex ante Vorleistungsentgeltkontrolle, 2013. (zit.: *Radtke*, Materielle Maßstäbe)

Robert, Michael, Die besondere Missbrauchsaufsicht nach § 42 TKG, K&R 8/2005, S. 354–362. (zit.: *Robert*, K&R 8/2005)

Röhl, Hans Christian, Soll das Recht der Regulierungsverwaltung übergreifend geregelt werden?, JZ 17/2006, S. 831–839. (zit.: *Röhl*, JZ 17/2006)

Ruffert, Matthias, Regulierung im System des Verwaltungsrechts, AöR 124 (1999), S. 237–281. (zit.: *Ruffert*, AöR 124 (1999))

Rüthers, Bernd/Fischer, Christian/Birk, Axel, Rechtstheorie, 7. Aufl., 2013 (zit.: *Rüthers/Fischer/Birk*, Rechtstheorie)

Sachs, Michael/Jasper, Christan, Regulierungsermessen und Beurteilungsspielräume –Verfassungsrechtliche Grundlagen, NVwZ 11/2012, S. 649–712. (zit.: *Sachs/Jasper*, NVwZ 11/2012)

Säcker, Franz Jürgen, Zur Methode der Ermittlung missbräuchlich überhöhter Preis mit Hilfe des Effizienzkostenprinzips und zur Befugnis der Kartellbehörden zur vergleichsweisen Beendigung von Preismissbrauchsverfahren, in: FS Roth, 2011. (zit.: *Säcker*, Methode der Ermittlung missbräuchlich überhöhter Preis)

ders., Der wettbewerbsanaloge Preis als Kontrollmaßstab im Wettbewerbs- und Regulierungsrecht, in: *ders.*, Freiheit durch Recht, 2016. (zit.: *Säcker*, Der wettbewerbsanaloge Preis als Kontrollmaßstab)

ders., Die wettbewerbsorientierte Anreizregulierung von Netzwirtschaften, in: *ders.*, Freiheit durch Recht, 2016. (zit.: *Säcker*, Anreizregulierung)

ders./Mengering, Kim Sophie, Die Kosten effizienter Leistungsbereitstellung als wettbewerbskonformer Maßstab zur Regulierung der Netznutzungsentgelte bei Infrastrukturmonopolen, N&R 2/14, S. 74–83. (zit.: *Säcker/Mengering*, N&R 2/14)

ders. (Hrsg.), Kommentar Telekommunikationsgesetz, 3. Aufl., 2013. (zit.: Säcker (Hrsg.), TKG-Komm.)

ders. (Hrsg.), Berliner Kommentar zu Energierecht, 3. Aufl. 2014. (zit.: Säcker (Hrsg.), Berliner Komm. zu Energierecht)

ders., Ein einheitliches Regulierungsrecht für Netzindustrien, in: Picot, Arnold/ Schneck, Marcus (Hrsg.), Ökonomie der Regulierung, 2010. (zit.: *Säcker*, Ein einheitliches Regulierungsrecht)

ders., Verhältnis Ex post und Ex ante-Regulierung am Beispiel aktueller Debatten zum Entflechtungsregime, WiVerw 2010/2, S. 101–109. (zit.: *Säcker*, WiVerw 2010/2) *ders.*, Die Strom- und Gasmärkte zwischen Wettbewerbs- und Regulierungsaufsicht: Ist die bestehende Arbeitsteilung zwischen Kartellamt und Bundesnetzagentur sinnvoll(?), in: Oberender, Peter (Hrsg.), Wettbewerb in der Energiewirtschaft, 2009. (zit.: *Säcker*, Wettbewerbs- und Regulierungsaufsicht)

ders./Böcker, Lina, Die Entgeltkontrolle als Bestandteil einer sektorübergreifenden Regulierungsdogmatik für Netzwirtschaften, in: Picot, Arnold (Hrsg.), 10 Jahre wettbewerbsorientierte Regulierung von Netzindustrien in Deutschland, 2008. (zit.: *Säcker/Böcker*, Entgeltkontrolle)

ders., Das Regulierungsrecht im Spannungsfeld von öffentlichem und privatem Recht, AöR 130 (2005), S. 180–224. (zit.: *Säcker*, AöR 130 (2005))

ders., Freiheit durch Wettbewerb. Wettbewerb durch Regulierung, ZNER 2004/2, S. 98–113. (zit.: *Säcker*, ZNER 2004/2)

ders., Die Genehmigung von Entgelten für Zugangsleistung nach der Konzeption des Regierungsentwurfs zum TKG (TKG-E) – ein Leitbild für die Regulierung der Energieversorgungsnetze?, ZNER 2003/3 S. 214–220. (zit.: *Säcker*, ZNER 2003/3)

ders., Ex-Ante-Methodenregulierung und Ex-Post-Beschwerderecht, RdE 12/2003, S. 300–307. (zit.: *Säcker*, RdE 12/2003)

ders./Wolf, Maik, Rechtsprobleme der Mobilfunkregulierung im Hinblick auf § 30 Abs. 1 S. 1 TKG, K&R 1/2007, S. 20–26. (zit.: *Säcker/Wolf*, K&R 1/2007)

Scherer, Joachim, Neue Entwicklungen im Recht der regulierten Netzinfrastrukturen, NVwZ 20/2010, S. 1321–1384. (zit.: *Scherer*, NVwZ 20/2010)

Scheurle, Klaus – Dieter/Mayen, Thomas (Hrsg.), Telekommunikationsgesetz Kommentar, 3. Aufl., 2018. (zit.: Scheurle/Mayen (Hrsg.), TKG – Komm.)

Schings, Charlotte, Entbehrlichkeit der Festnetzregulierung wegen verstärkter Austauchbarkeit von Festnetz und Mobilfunk?, N&R 3&4/16, S. 156–163. (zit.: *Schings*, N&R 3&4/16)

Schmidt, Ingo, Wettbewerbspolitik und Kartellrecht, 9. Aufl., 2012. (zit.: *Schmidt*, Wettbewerbspolitik)

Schmidt, Reiner/Wollenschläger, Ferdinand (Hrsg.), Kompendium Öffentliches Wirtschaftsrecht, 4. Aufl., 2016. (zit.: Schmidt/Wollenschläger (Hrsg.), Kompendium)

Schmidt – Aßmann, Eberhard, Das allgemeine Verwaltungsrecht als Ordnungsidee, 2. Aufl., 2004 (zit.: *Schmidt-Aßmann*, Allgemeines Verwaltungsrecht)

ders., DVBl. 1997, S. 281–289. (zit.: *Schmidt – Aßmann,* DVBl. 1997)

Schmidt-Preuß, Matthias, Das Recht der Regulierung – Idee und Verwirklichung, in: Säcker, Franz Jürgen/ Schmidt-Preuß, Matthias (Hrsg.), Grundsatzfragen des Regulierungsrechts, 2015. (zit.: *Schmidt-Preuß*, Recht der Regulierung) *ders.*, Regulierung – Reflexion aus Anlass der Liberalisierung im Strom und Gasfaktor, in: Bauer/Czybulka/Hahl/Voßkuhle (Hrsg.), Festschrift R. Schmidt – Wirtschaft im offenen Verfassungsstaat, 2006. (zit.: *Schmidt-Preuß*, FS R. Schmidt)

Schmitz, Holger, Förderung des Strom- und Glasfasernetzausbaus durch Regulierung oder durch Regulierungsverzicht?, N&R Beilage 3/2011, S. 1–12. (zit.: *Schmitz*, N&R Beilage 3/2011)

Schnitker, Christiane, Regulierung der Netzsektoren Eisenbahn, Elektrizität und Telekommunikation, 2009. (zit.: *Schnitker*, Regulierung der Netzsektoren)

Schoch, Friedrich, Gewährleistungsverantwortung: Stärkung der Privatrechtsgesellschaft?, in: Gesellschaft für Rechtspolitik/Institut für Rechtspolitik an der Universität Trier (Hrsg.), Bitburger Gespräche – Jahrbuch 2008/1, 2009. (zit.: *Schoch*, Gewährleistungsverwaltung)

ders./Schneider, Jens-Peter/Bier, Wolfgang (Hrsg.), Verwaltungsgerichtsordnung Kommentar, Band I, 34. Ergänzungslieferung, 2018. (zit.: Schoch/Schneider/Bier (Hrsg.), VwGO-Komm.)

Schuppert, Gunnar Folke, Der Gewährleistungsstaat – modisches Label oder Leitbild sich wandelnder Staatlichkeit, in: ders. (Hrsg.), Der Gewährleistungsstaat – ein Leitbild auf dem Prüfstand, 2005. (zit.: *Schuppert*, Gewährleistungsstaat)

ders., Gemeinwohl, das oder: über die Schwierigkeiten, dem Gemeinwohlbegriff Konturen zu verleihen, in: Schuppert, Gunnar Folke/Neidhardt Friedheim (Hrsg.), Gemeinwohl – auf der Suche nach Substanz, 2002. (zit.: *Schuppert*, Gemeinwohl)

ders., Der moderne Staat als Gewährleitungsstaat, in: Schröter, Eckhard (Hrsg.), Empirische Policy- und Verwaltungsforschung, 2001. (zit.: *Schuppert*, Der moderne Staat als Gewährleitungsstaat)

Schütz, Raimund, Referentenentwurf zum TKG: Weniger Wettbewerb, mehr Bürokratie?, MMR, 8/2003, S. 518–522. (zit.: *Schütz*, MMR, 8/2003)

Schütze, Marc/Salevic, Marc, Check & Balances: Begrenzung des Regulierungsermessens durch EU-Konsolidierung oder subjektiven Rechtschutz, CR 2/2010, S. 80–87. (zit.: *Schütze/Salevic*, CR 2/2010)

Sickmann, Jörn/Neumann, Kleve/Neumann, Andreas, Regulierungsferien für Koinvestitionen?, K&R 2/2018, S. 92–99. (Zit.: *Sickmann/Neumann/Neumann*, K&R 2/2018)

Sörries, Bernd, Die Vectoring-Technologie: Fluch oder Segen?, CR 3/2015, S. 162–167. (zit.: *Sörries*, CR 3/2015) *ders.*, Breitbandausbau: Hochgeschwindigkeitsinfrastrukturen in Gebäuden und das DigiNetz-Gesetz, N&R 6/16, S. 272–276. (zit.: *Sörries*, N&R 6/16)

Spindler, Gerald/Schmitz, Peter (Hrsg.), TMG – Kommentar, 2. Aufl., 2018. (zit.: Spindler/Schmitz (Hrsg.), TMG-Komm.)

Spindler Gerald/Schuster, Fabian (Hrsg.), Recht der elektronischen Medien, 3. Aufl., 2015. (zit.: Spindler/Schuster (Hrsg.), Recht der elektronischen Medien)

Spoerr, Wolfgang, Zusammenschaltung und offener Netzzugang, MMR 11/2000, S. 674–681. (zit.: *Spoerr*, MMR 11/2000)

ders./Deutsch, Markus, Das Wirtschaftsverwaltungsrecht der Telekommunikation – Regulierung und Lizenzen als neue Schlüsselbegriffe des Verwaltungsrechts?, DVBl. 1997, S. 300–309. (zit.: *Spoerr/Deutsch*, DVBl. 1997)

Storr, Stefan, Soll das Recht der Regulierungsverwaltung übergreifend geregelt werden?, DVBl. 2006, S. 1017–1026. (zit.: *Storr*, DVBl. 2006)

Theobald, Christian/Hummel, Konrad, Entgeltregulierung im künftigen Energiewirtschaftsrecht, ZNER 2003/3, S. 176–182. (zit.: *Theobald/Hummel*, ZNER 2003/3)

Trute, Hans – Heinrich, Gemeinwohlsicherung im Gewährleistungsstaat, in: Schuppert, Gunnar Folke/Neidhardt, Friedheim (Hrsg.), Gemeinwohl – Auf der Suche nach Substanz, 2002. (zit.: *Trute*, Gemeinwohlsicherung im Gewährleistungsstaat)

ders./Spoerr, Wolfgang/Bosch, Wolfgang (Hrsg.), Telekommunikationsgesetz mit FTEG, 1. Aufl., 2001. (zit.: Trute/Spoerr/Bosch (Hrsg.), TKG)

ders./Kuhlmann, Simone, Möglichkeiten der Auferlegung einer Dienstanbieterverpflichtung im Rahmen der Marktregulierung und 5G-Frequenzzuteilung, K&R Beih. 1/2018 zu Heft 7/8. (zit.: *Trute/Kuhlmann*, K&R Beih. 1/2018 zu Heft 7/8)

ders./Broemel, Roland, Die Regulierung des Zugangs in den Netzwirtschaften, ZHR 170 (2006), S. 706–736. (zit.: T*rute/Broemel*, ZHR 170 (2006))

Ufer, Frederic, Zu guter Letzt…bleibt Wettbewerb die zu regulierenden Marktform!, N&R 1/17, S. 64. (zit.: *Ufer*, N&R 1/17)

Ule, Carl Hermann, Zur Anwendung unbestimmter Rechtsbegriffe im Verwaltungsrecht, in: Gedächtnisschrift Jellinek, 1955. (zit.: *Ule*, GS Jellinek)

Verein der Richter des BVerfG (Hrsg.), Kammerentscheidungen des Bundesverfassungsgerichts Band 16, 2011 (zit.: Verein der Richter des BVerfG (Hrsg.), BVerfGK 16)

Vogelslang, Ingo, Ökonomische Aspekte des Referentenentwurfs zum TKG, MMR 8/2003, S. 509–512. (zit.: *Vogelslang*, MMR 8/2003) *ders.*, Analytische Kostenmodelle – ein notwendiges Übel, MMR 11/1998, S. 594–598. (zit.: *Vogelslang*, MMR 11/1998)

Voßkuhle, Andreas, Beteiligung Privater an öffentlichen Aufgaben und staatliche Verantwortung, VVDStRL 62 (2003), S. 266–328. (zit.: *Voßkuhle*, VVDStRL 62 (2003))

Voßkuhle, Andreas, Grundwissen – Öffentliches Recht: Entscheidungsspielräume der Verwaltung (Ermessen, Beurteilungsspielraum, planerische Gestaltungsfreiheit), JuS 2/2008, S. 117–119. (zit.: *Voßkuhle*, JuS 2/2008, S. 117 ff.)

Waldhoff, Christian, Allgemeines Verwaltungsrecht und Wirtschaftsverwaltungsrecht: Regulierungs- und Rechtsfolgeermessen, JuS 3/2015, S. 286–288. (zit.: *Waldhoff*, JuS 3/2015)

Werkmeister, Christoph, Kommentar – Beurteilungsspielraum der Regulierungsbehörde bei Kostenorientierung für TAL-Zugang, K&R 3/2012, S. 226–228. (zit.: *Werkmeister*, K&R 3/2012)

Wieland, Joachim, Regulierungsermessen im Spannungsverhältnis zwischen deutschem und Unionsrecht, DÖV 18 (2011), S. 705–714. (zit.: *Wieland*, DÖV 18 (2011))

Wimmer, Nobert, Kontrolldichte – Beobachtungen zum richterlichen Umgang mit Entscheidungsprärogativen, JZ 9/2010, S. 433–440. (zit.: *Wimmer*, JZ 9/2010)

Winker, Viktor, Bundesnetzagentur und Beurteilungsspielraum, DVBl. 2013, S. 156–160. (zit.: *Winkler*, DVBl. 2013)

Wißmann, Hinnerk, Die Anforderungen an ein zukunftsfähiges Infrastrukturrecht, VVDStRL 73 (2014), S. 369–427. (zit.: *Wißmann*, VVDStRL 73)

ders., Richterliche Kontrolldicht im öffentlichen Wirtschaftsrecht, in: B Bauer, Hartmut/Czybulka, Detlef/Hahl, Wolfgang/Voßkuhle, Andreas (Hrsg.), FS R. Schmidt – Wirtschaft im offenen Verfassungsstaat, 2006. (zit.: *Wißmann*, FS R. Schmidt)

Wissmann, Martin (Hrsg.), Telekommunikationsrecht: Praxishandbuch, 2. Aufl., 2006. (zit.: Wissmann (Hrsg.), Telekommunikationsrecht)

Würtenberger, Thomas, Entscheidungen über den Marktzugang nach Regulierungsermessen?, GewArch 2016/1, S. 6–14. (zit.: *Würtenberger*, GewArch 2016/1)

Zuleeg, Manfred, Die Ermessenfreiheit des Verordnungsgebers, DVBl. 1970, 157–163. (zit.: *Zuleeg*, DVBl. 1970)

Ziekow, Jan, Öffentliches Wirtschaftsrecht, 4. Aufl., 2016. (zit.: *Ziekow*, Öffentliches Wirtschaftsrecht)

Veröffentlichungen des Instituts für deutsches und europäisches Wirtschafts-, Wettbewerbs- und Regulierungsrecht der Freien Universität Berlin, ab Band 48 fortgeführt vom **Institut für Energie- und Regulierungsrecht Berlin**

Herausgegeben von Franz Jürgen Säcker:

Band 1	Franz Jürgen Säcker (Hrsg.): Deutsch-russisches Energie- und Bergrecht im Vergleich. Ergebnisse einer Arbeitstagung vom 31. März / 1. April 2006. 2007.
Band 2	Franz Jürgen Säcker / Walther Busse von Colbe (Hrsg.): Wettbewerbsfördernde Anreizregulierung. Zum Anreizregulierungsbericht der Bundesnetzagentur vom 30. Juni 2006. 2007.
Band 3	Dirk Zschenderlein: Die Gleichbehandlung der Aktionäre bei der Auskunftserteilung in der Aktiengesellschaft. Zum Problem der Zulässigkeit der Weitergabe von Informationen an einzelne Aktionäre und Dritte. 2007.
Band 4	Simone Kirchhain: Die Anwendung der Vertikal-GVO auf innerstaatliche Wettbewerbsbeschränkungen nach der 7. GWB-Novelle. 2007.
Band 5	Franz Jürgen Säcker: Der Independent System Operator. Ein neues institutionelles Design für Netzbetreiber? 2007.
Band 6	Stefanie Otto: Allgemeininteressen im neuen UWG. § 1 S. 2 UWG und die wettbewerbsfunktionale Auslegung. 2007.
Band 7	Jochen Eichler: Vertragliche Dritthaftung. Eine Auseinandersetzung mit der Frage der Dritthaftung von sogenannten Experten und anderen Auskunftspersonen im Rahmen des § 311 Abs. 3 BGB. 2007.
Band 8	Markela Stamati: Die Anforderungen der operationellen Entflechtung nach den Beschleunigungsrichtlinien der Europäischen Kommission. Umsetzung in Deutschland und Griechenland. 2008.
Band 9	Franz Jürgen Säcker: The Concept of the Relevant Product Market. Between Demand-Side Substitutability and Supply-Side -Substitutability in Competition Law. 2008.
Band 10	Renate Rabensdorf: Die Durchgriffshaftung im deutschen und russischen Recht der Kapitalgesellschaften. Eine rechtsvergleichende Untersuchung. 2009.
Band 11	Franz Jürgen Säcker: Der beschleunigte Ausbau der Höchstspannungsnetze als Rechtsproblem. Erläutert am Beispiel der 380-kV-Höchstspannungsleitung Lauchstädt – Redwitz – Grafenrheinfeld mit Querung des Rennsteigs im Naturpark Thüringer Wald. 2009.
Band 12	Helen Mahne: Eigentum an Versorgungsleitungen. 2009.
Band 13	Franz Jürgen Säcker (Hrsg.): Russisches Energierecht - Gesetzessammlung. 2009.
Band 14	Franz Jürgen Säcker / Maik Wolf: Integrierte Energieversorgung in geschlossenen Verteilernetzen. Zum Gestaltungsspielraum des Gesetzgebers zur Neuregelung des § 110 EnWG im Lichte des Dritten EG-Energiepakets. 2009.
Band 15	Franz Jürgen Säcker (Hrsg.): Das Dritte Energiepaket für den Gasbereich. Deutsch-Englische Textausgabe mit einer Einführung. 2009.
Band 16	Franz Jürgen Säcker (Hrsg.): Das Dritte Energiepaket für den Elektrizitätsbereich. Deutsch-Englische Textausgabe mit einer Einführung. 2009.

Band 17 Thomas Dörmer: Die Unternehmenspacht. Rechtsstellung der Vertragsparteien unter besonderer Berücksichtigung der Pflicht des Unternehmenspächters zur ordnungsgemäßen Unternehmensführung sowie der Rechtslage bei Vertragsbeendigung. 2010.

Band 18 Klaas Bosch: Die Kontrolldichte der gerichtlichen Überprüfung von Marktregulierungsentscheidungen der Bundesnetzagentur nach dem Telekommunikationsgesetz. 2010.

Band 19 Geng-Sook Leem: Einheitliche Corporate Governance-Grundsätze für die Europäische Aktiengesellschaft (SE). Eine rechtsvergleichende Untersuchung anhand der Ausgestaltung der SE im deutschen und britischen Recht. 2010.

Band 20 Wiebke Gebhardt: Gentechnik und Koexistenz nach der Gesetzesnovelle von 2008: Zivilrechtliche Haftung im Vergleich Deutschland und USA. 2010.

Band 21 Cathrin Isenberg: Die Geruchsmarke als Gemeinschaftsmarke. Schutzfähigkeit und Einsatzmöglichkeiten. 2010.

Band 22 Franz Jürgen Säcker / Jochen Mohr / Maik Wolf: Konzessionsverträge im System des europäischen und deutschen Wettbewerbsrechts. 2011.

Band 23 Judith Antonia Loeck: Die unzumutbare Belästigung nach der UWG Novelle 2008 und dem Gesetz zur Bekämpfung unerlaubter Telefonwerbung und zur Verbesserung des Verbraucherschutzes bei besonderen Betriebsformen. 2011.

Band 24 Jörg Jaecks: Konzernverrechnungsklauseln und verwandte einseitige Verrechnungsbefugnisse im Mehrpersonenverhältnis. 2011.

Band 25 Franz Jürgen Säcker: Marktabgrenzung, Marktbeherrschung, Markttransparenz und Machtmissbrauch auf den Großhandelsmärkten für Elektrizität. 2011.

Band 26 Susanne Wende: Die einheitliche Auslegung von Beihilfen- und Vergaberecht als Teilgebiete des europäischen Wettbewerbsrechts. 2011.

Band 27 Leonie Kempel: Die Anwendung von Art. 102 AEUV auf geistiges Eigentum und Sacheigentum. Die Voraussetzungen des Kontrahierungszwangs nach Art. 102 AEUV und der Essential-Facility-Doktrin unter besonderer Berücksichtigung der Unterschiede zwischen geistigem Eigentum und Sacheigentum. 2011.

Band 28 Christoph Schuldt: Werbejingles – schützenswerte Kompositionen!? Die urheberrechtliche und markenrechtliche Schutzfähigkeit von Werbejingles vor unbefugter Nachahmung. 2012.

Band 29 Lydia Scholz: Die Rechtfertigung von diskriminierenden umweltpolitischen Steuerungsinstrumenten. Eine Untersuchung der Reichweite der Warenverkehrsfreiheit und ihrer Begrenzung durch den Umweltschutz als Vertragsziel am Beispiel der deutschen Energiefördergesetze EEG und KWKModG. 2012.

Band 30 Franz Jürgen Säcker: Investitionen in Kraftwerke zur Sicherung einer zuverlässigen Elektrizitätsversorgung nach der Energiewende. Rechtliche und ökonomische Rahmenbedingungen. 2012.

Band 31 Florian Leib: Kartellrechtliche Durchsetzungsstrategien in der Europäischen Union, den USA und Deutschland. Eine rechtsvergleichende Darstellung. 2012.

Band 32 Holger Hoch: Marktverschlusseffekte und Effizienzen vertikaler Zusammenschlüsse. Kartellrechtliche Beurteilung nach europäischem und deutschem Recht. 2012.

Band 33 Sebastian Kemper: Gasnetzzugang in Deutschland und in Spanien. 2012.

Band 34 Elena Timofeeva: Unbundling in der russischen Elektrizitätswirtschaft im Vergleich zum deutschen und europäischen Energierecht. 2012.

Band 35 Gisela Drozella / Harald Krebs: Marktbeherrschung im Bereich Stromerzeugung / Stromgroßhandel. Eine kritische Analyse der neueren Sicht des Bundeskartellamts. 2013.

Band 36 Christian Rehm: Die Einzel- und Gesamtverantwortung der Vorstandsmitglieder der Aktiengesellschaft. Die Verantwortung für die Leitung und Geschäftsführung im mehrköpfigen Vorstand in der unabhängigen und der herrschenden AG. 2013.

Band 37 Ann-Christin Richter: Mengen- und umsatzbezogene Rabatte marktbeherrschender Unternehmen in den Grenzen des Art. 102 AEUV. 2013.

Band 38 Nikolaos Pitsos: Die erhebliche Behinderung des wirksamen Wettbewerbs (SIEC-Test) im Fusionskontrollrecht. Zugleich ein Beitrag zur Problematik der oligopolistischen Marktbeherrschung unter Vergleich mit dem amerikanischen SLC-Test. 2013.

Band 39 Mirko Heinemann: Das Markenzeichen als Anknüpfungspunkt des Markenimages. 2013.

Band 40 Sylvia Lorenz: Der Immaterialgüterschutz virtueller Ladengeschäfte. Ein Vorschlag für die rechtliche Erfassung virtueller Güter. 2014.

Band 41 Anke Reimers: Wettbewerbsrechtliche und regulatorische Analyse der Kapazitätenvergabe an Grenzkuppelstellen im Elektrizitätsbinnenmarkt. 2014.

Band 42 Franz Jürgen Säcker / Carsten König / Lydia Scholz: Der regulierungsrechtliche Rahmen für ein Offshore-Stromnetz in der Nordsee. 2014.

Band 43 David Preisendanz: Der Humor in der vergleichenden Werbung. 2014.

Band 44 Martin Gerig: Vollendung des EU-Energiebinnenmarktes vs. nationale Marktabschottungen. Europarechtskonformität mitgliedstaatlicher Fördermaßnahmen und Kapazitätsmärkte am Beispiel Deutschlands. 2014.

Band 45 Jan Patrick Ehinger: Dritthaftung für Kunstexpertisen und Aufnahmebestätigungen in den Catalogue raisonné. Ein Beitrag zur Expertenhaftung. 2014.

Band 46 Julia Gerzen: Das Recht der Gesellschafter-Fremdkapitalfinanzierung. Rechtsvergleichende Analyse der Behandlung von Gesellschafterdarlehen vor und in der Insolvenz der GmbH nach deutschem und russischem Recht. 2014.

Band 47 Laura Börger: Die gerichtliche Kontrolldichte bei der Überprüfung von Entscheidungen der Europäischen Kommission auf dem Gebiet der Fusionskontrolle. 2014.

Veröffentlichungen des Instituts für Energie- und Regulierungsrecht Berlin

Band 48–65 herausgegeben von Franz Jürgen Säcker

ab Band 66 gemeinsam mit Jochen Mohr

Band 48 Daniel Simon Travers: Kopplungsangebote. Eine Studie zum Vertrags- und Lauterkeitsrecht. 2015.

Band 49 Anna Olbry-Sobieszuk: EU-rechtliche Schranken der Glücksspielwerbung in Deutschland, Großbritannien und Polen. 2015.

Band 50 Franz Jürgen Säcker/Lydia Scholz/Thea Sveen: Renewable Energy Law in Europe. Challenges and Perspectives. 2015.

Band 51 Lina Berezgova: Festlegung von Stromnetzentgelten in Deutschland und Russland. Eine rechtsvergleichende Untersuchung der anreizbasierten Regulierungsvorgaben. 2015.

Band 52 Fengliang Jin: Aufgreifkriterien in der Fusionskontrolle. Eine rechtsvergleichende Untersuchung des europäischen (Art. 3 FKVO), deutschen (§ 37 GWB), taiwanesischen (§ 6 FHG) und festlandchinesischen (§ 20 AMG) Rechts. 2015.

Band 53 Vasileios Triantafyllidis: Die Einordnung der Passing-On-Defense in das allgemeine Schadensersatzrecht. Eine rechtsvergleichende, dogmatische Studie. 2015.

Band 54 Peipei Liu: Die Inhaltskontrolle von Allgemeinen Geschäftsbedingungen und formularmäßigen Vertragsklauseln im deutsch-chinesischen Vergleich. 2016.

Band 55 Evelyn Kozak: Zur Notwendigkeit eines arbeitsrechtlichen und haftungsrechtlichen Whistleblowerschutzes. 2016.

Band 56 Genevieve Baker: Der bereicherungsrechtliche Nutzungsanspruch. 2017.

Band 57 Maria Zaykova: Der rechtliche Rahmen für den bergbaulichen Zugang zu den Erdöl- und Erdgaslagerstätten in der Russischen Föderation im Vergleich zum deutschen Bergrecht. 2017.

Band 58 Qian Luan: Geldschöpfungsprozess und Geld als abstraktes Schuldversprechen. Die europäisch-verwaltungsrechtliche Betrachtung des Geldschöpfungsprozesses der EZB und die Rechtsnatur von Zentralbankgeld und Geschäftsbankengiralgeld. 2017.

Band 59 Sára Gabriella Hoffman: Regulation of Cloud Services under US and EU Antitrust, Competition and Privacy Laws. 2017.

Band 60 Matthias Schöpf: Das neue Planungsrecht der Übertragungsnetze: Vorgaben des deutschen und europäischen Rechts. 2017.

Band 61 pek Çevik: Eine vergleichende Untersuchung der Joint Ventures – Gemeinschaftsunternehmen – nach europäischem, türkischem und deutschem Wettbewerbsrecht. Die Analyse von wettbewerbsrechtlichen Auswirkungen bei Gründung der konzentrativen und/oder kooperativen Gemeinschaftsunternehmen. 2017.

Band 62 Raffaele Mazza: Verbotsirrtum und Vertrauen auf Rechtsrat im europäischen Kartellrecht. Eine rechtsvergleichende Analyse des europäischen, des deutschen und des französischen Kartellrechts. 2017.

Band 63 Stavroula Antoniou: Die Kontrolle einseitiger Preisanpassungsrechte in Dauerschuldverhältnissen am Beispiel langfristige Energielieferverträge. Eine rechtsvergleichende Untersuchung nach deutschem und griechischem Recht. 2018.

Band 64 Lucas Noura de Moraes Rêgo Guimarães: Energieversorgungssicherheit im Europarecht mittels der Förderung erneuerbarer Energien und der Interkonnektion der Netze. 2018.

Band 65 Nino Kobadze: Regulation of Access to Gas Networks in Russia in Comparison with the Energy Law of Germany and the EU. 2018.

Band 66 Felix Krone: Das Recht der unkörperlichen Verwertung für das Internet als Teilhaberecht. Zugleich eine Grundsatzschrift für ein kommunikationsoffenes Urheberrecht 2018.

Band 67 Katja Stefanie Middelhoff: Das Spürbarkeitsmerkmal des UWG 2015. 2019.

Band 68 Tatjana Schleicher: Die Umsetzung des § 14a EnWG zwischen Markt und Regulierung im neuen Strommarktdesign. 2020.

Band 69 Eleni-Aristea Alevizou: Der Rechtsrahmen für die nachhaltige Entwicklung der Photovoltaikenergie in Deutschland und in Griechenland. 2020.

Band 70 Rui Long: Die Aufgreifkriterien der chinesischen Fusionskontrolle. Minderheitsbeteiligung, Gemeinschaftsunternehmen, konzerninterne Umstrukturierung und neue Fragen zum digitalen Markt aus rechtsvergleichender Sicht mit deutschem und europäischem Recht. 2020.

Band 71 Jochen Mohr / Hartmut Weyer (Hrsg.): Entwicklungen im Energieregulierungs- und Wirtschaftsrecht. Beiträge zum 80. Geburtstag von Prof. Dr. Gunther Kühne, LL.M. 2021.

Band 72 Jochen Mohr / Antonis Metaxas: Energy Arbitration and Judicial Dispute Settlement. Proceedings of the 4th Athens Conference on European Energy Law. 2021.

Band 73 Lina König: Betriebspflicht des Netzbetreibers versus Stilllegung von Netzabschnitten - dargestellt am Problem der Verpflichtung zum Anschluss von EE-Anlagen (§ 8 Abs. 1 S. 1 EEG). 2021.

Band 74 Chia-Yang Lin: Das taiwanesische Regulierungsrecht im Telekommunikationssektor im Vergleich mit dem deutschen Recht. Ein Rechtsvergleich unter rechtspolitischem Aspekt. 2021.

www.peterlang.com

www.ingramcontent.com/pod-product-compliance
Ingram Content Group UK Ltd.
Pitfield, Milton Keynes, MK11 3LW, UK
UKHW022105051026
15623UKWH00003B/697

9 783631 846681